西域への砂漠の道

西域探検紀行選集

ラティモア著
谷口陸男訳

白水社

（左）隊商のなかのベテラン

（右）内モンゴルの女たち

（上）砂漠の井戸で水を飲むラクダの群れ（枝編み細工のバスケットで水をくみあげ，水たまりに流しこんでいる）
（下）大砂丘盆地でのモンゴル人の野営（荷物・用具類は砂をかぶらないように，積み上げたラクダの荷ぐらからぶらさげてある）

（上）エツィン・ゴルに近い《白い地の井戸》で水を飲むラクダの群れ（木は《フェニックス》の木、つまり野生の砂漠ポプラ）

（右）ラクダの死体のそばに立つ犬のスジ（カラ・ゴビにて、キャラバンは偶然ここを通りかかった）
（上）カラ・ゴビを行く（磚茶を積んだラクダの群れ——鼻くぎにつけたひもによって、前のラクダとそれぞれつながれている）

（右）止泊中の回教徒キャラバンの剃髪日

（左）先導者モーゼ（磚茶を持っている）と鎮番少年

（左）サン・プ・クァン（三不管）の脱党したトルグート人

（右）ホワイト・ポプラ川（カルリク・ター連山のふもとの小丘にある、トルキスタン最初のオアシス）

（右）《死んだモンゴル人の峠》の入口（行進中の小休止を行なうために密集隊形をとりつつあるキャラバン）

（左）にせラマの館

（右）四乾路の入口にあるラオ・イェの杜

(左) 狩猟用のワシをつれたメチン・オーラのカザック人（《死んだモンゴル人の峠》付近）

(下) 火なわ銃をもったミンガン・モンゴル人（ユルトに立てかけた22口径ライフル銃のサイズと比較せよ）

(上) バルクル産の馬に乗ったカザック人略奪者リ・アル(李二)

(右) 人相よからぬラクダ曳きをつれたラティモア(右)とサン・タン・フ(三段湖)付近で射とめたカモシカ

(上) 死を待つ（凍った雪におおわれたゴビに捨てられたラクダ）
(下) ウ・トン・ウォ・ツ(梧桐窩子)でのクリスマス・キャンプ（テント近くに立つのは先導者モーゼ）

西域探検紀行選集

西域への砂漠の道

ラティモア
谷口陸男訳

Original title:
THE DESERT ROAD TO TURKESTAN
Author:
Owen Lattimore
Publisher:
Little, Brown, and CompBoston
Date:
1930

まえがき

わたしは本書に『西域への砂漠の道*』という表題を付することにしたが、それは、ここに取り上げた旅においてわたしのたどった道が、モンゴルを横切るかまたはモンゴルをへてシナ・トルキスタンにいたるかするすべての隊商路のうちで、最も乾燥した不毛の道であることに因んだものである。隊商のラクダ曳きたちのあいだでは、とくにこの道のことをヤオ・ル（繞路）、羊腸の道と呼び習わしているのであるが、やはり何と言っても、他の隊商路がことごとくツァオ・ティ（草地）すなわち草原地帯を抜けるか、さもなくばミン・ティ（明土）、《拓かれた土地》、すなわち耕作地帯の外縁に沿ってのびるかしているのと比べた場合、この道の最も著しい特色は、やはり、砂漠の道としての性格である。この西域への砂漠の道を行く四か月間の旅は、陸路北京からインドにおもむく旅の第一段階であった。その最初の部分をなすモンゴル横断の旅は、一九二六年にわたし一人で行なったが、あくる年のはじめにシベリア国境に近いチュグチャクにおいて妻と落ち合ってからは、二人でシナ領中央アジアを抜け、さらにカラコルム越えの道によってレー、カシミールにいたり、さらに最後の目的地であるインドにまで達したのである。

はじめの数章において、わたしはあとに述べる物語をよりよくおわかりいただくための背景として、モンゴルにおける隊商貿易の沿革と現状について、ごくあらましの解説を添えておいた。だが、それとともに、古代の貿易路や、それと今日使用されている隊商路との関係などについて、著しく専門的にわたる議論をさしはさむことによって物語の興味をそぐことのないよう極力留意したつもりであり、またシナとロシャのあいだに横たわる、かの広大な未知の国において今日進行しつつある経済的政治的変革に関しても、ほんの概略的な説明をつけ加えるにとどめたのも、そうした意図によるものである。

次に、本書に扱われた諸地域の名称の綴字法について一言ふれておく必要があろう。この種の綴字法にはきわめて厄介な問題が含まれ、いまだに権威ある結論を見るにいたっていないのが実情であり、わたしとしてもさしあたって独自の規準によらざるをえなかった。トルコ語の名称については、英国王立地理学協会の名称委員会が推薦する綴字法に従った。だが、シナ語名に関しては、今日広く一般に用いられているシナ郵政局の制定した公式の綴字法があるにもかかわらず、わたしはあえてそれに従わなかった。郵政局の表記法は、たしかに見た眼には画一性があって、いかにも使いやすいというよさを持っているのであるが、便利である反面、実際には何ら一貫した単一の音訳方式に基づいて作られていないという欠陥があることも否めない。そこでわたしは、代わりにウエードの音訳法に依拠することにしたが、ただし、各名称の音節の分けかたについてだけは、わたし自身の判断を取り入れて表記した。次に示す二、三の実例をごらんになれば、わたしの狙いとするところがほぼおわかりいただけるであろう。

ラン・チョウ（厳密に言えば、ランが都市の名であって、チョウは、旧帝国時代の制度におけるこの都市の格を表わす指標である）〔本訳書では蘭州と表記した〕

クェイ＝ファ（ハイフンでつないだ二語が一体となって都市の名を表わしており、日常の使用法においては、格を表わす指標は省略されるのが普通である）〔本訳書では帰化と表記した〕

ク・チェン＝ツ（クは「古い」という意味であり、チェン＝ツ〈城子〉は「都市」であるから、当然、これは二単位として扱うべき名称である）〔本訳書ではグチェン・ツと表記〕

かような綴字法とあわせて、わたしはシナ語の地名、とくに本土から遠く離れた奥地の地名について、わずかなりともそれの持つ意味を伝えるに足る訳語を添えるように心がけた。これは、主として、かの、世に隠れたりとはいえども、その心意気のゆえに大いに賞されてしかるべき二種類の人々の便宜に供することを狙いとしたものである。かく言う二つの人種とは、一つは、幾らかシナ語の心得のある旅行家のことで、わたし自身の経験に照らしてみるまでもなく、地名の表わすおおよその意味がわかるだけでも、しばしば大いに得るところがあるはずである。いま一つは、それよりもさらに世にうとんぜられた人種、つまり辞書を繰って各地の地名を漁ることを楽しみとしている好事家であり、そうした趣味にとっても、この種の訳語がまたとない手がかりとなることは必定である。なお、申すまでもないことではあるが、すでに充分に確立した英訳名のある二、三の地名だけは、そのまま記載することにした。たとえば、Tientsin（天津）という綴字を強引に本来のシナ語名に近づけて T'ien-ching と書いたりするのは、ヴィエナとすべきところを強いてヴィーンと書こうとするのにも似て、むだなことである。一方、わたしが手を加えた名称については、索引の項*においてそれ以外の綴字法をも示しておいた——たとえば、ラン・チョウ Lan Chou に対しては Lanchow という綴字を、クェイ＝ファ Kuei-hua には Kueihuating および Kueihuacheng の二つを、またク・チェン＝ツ Kuch'eng-tze については Kucheng-tze と Guchen の二つの綴字法を補足するといったぐあいである。また、地名以外のシナ語名についても、わたしはウェードの音訳法に従ったが、ただ一、二の例において、本来の方言的形態をより文語的な北京のクァン・ファ、「官語」に変えることなく、そのままの形で記しておいた。

最後に、モンゴル語の名称や用語についてであるが、これらは大部分、わたし自身の耳を信頼して発音どおりにつづるよりほかなかった。したがって、わたしとしては、これらの言葉に関するかぎり、その綴字法が絶対に正確で信頼するに足ると断言することができない。さらに申し添えるならば、モンゴル語の黒を表わす語に対しては、たとえばハラ・ホト、黒い町、という地名にも見られるとおり、常にハラ Khara という綴字を用いることにした。ただし、同じ黒い町を意味する地名でも、より古い時代に属するカラシャールに対してだけは、王立地理学協会の定めた表記法に従って、Qara Shahr という綴字を当てることにした。と言うのは、この場合の Qara はモンゴル語ではなく、トルコ語なのである。聞くところによれば、近くモンゴル語による官製のモンゴル地図が刊行されるということであり、そうなればおそらく、権威ある音訳法も確立されて、これらの厄介な問題もことごとく氷解することであろう。

なおいま一つ、同じ名称でありながら二とおりの表記法によって表わされる地名についてとくに説明しておく必要があろう。わたしは今日最も広く行なわれている用法に従って、この名称が湖と山脈を指す場合には、バル・クルと書き、町を表わす場合には、バルクルと書くことにして、それ以外の、たとえばこの町の正式のシナ語名であるチェン＝シー（鎮西）や、バルクルという名が訛ってできたにすぎないパ＝リ＝クン（巴里坤）という俗名などは、いっさい用いなかった。

本書において、わたしはしばしば先人の探検家の業績に言及する機会を持ったが、そうしたいわゆる「典拠」に関しては、巻末の書誌にまとめて掲げたりする代わりに、そのつど脚注を付してはっきりと示しておいた。これは、近ごろの旅行記が、ごく少数の真に優れたものを除いては、いずれも傲慢に起因する二種類の極端な態度に陥りがちな傾向を示しているのに鑑みて、ぜひとも本書をしてかかる誹りを免れしめたいと願ったからである。その態度というのは、一つは、自分の主題に関係ある書物ならば、まったく無益で的外れなものをも含めて、それこそ一冊残らず眼を通していることをひけらかそうとする態度のことである。いま一つは、それとは反対に、参考資料への論及をことごとく省略し、あたかも地図に載っていない前人未踏の国を、自分が初めて旅しているかのごとき印象を与えるという、はなはだけしからぬ傾向であるが、まことに遺憾ながら、わたしの同国人のあいだにとくにこの傾向が著しいようである。そこで、わたしは他の書物から示唆を受けた場合には、そのつどかならずその旨を記して、どの程度教えられるところがあったかということをも明示しておいた。それとあわせて、モンゴルの地理に興味のある読者のために、わたしの知るかぎりでは、たしかこれまでにまだ一度も調査の手が及んでいない未知の地域については、できるだけ詳しい説明を加えるよう心がけた。なお、コズロフの著作に関しては、あいにく現在まだ英訳版が一つも出ていないため、わたしは『地理学誌』に掲載された彼の踏査記録の（本書でも扱った諸地域についての）要約を参照するよりほかなかったということを、ここに申し添えておきたいと思う。

シナ内陸地方を旅することは、今日でも容易ならぬ難事業であり、したがって、たとえごくささやかな規模の一人旅にすぎないわたしの場合でさえも、多くの人々の援助と好意がなかったならば、おそらく今回の旅を成功裏に終わらせることはできなかったであろう。本書の刊行によって、それらの人々に、わたしの受けたかずかずの援助がむだでなかったことをお知らせし、あわせてわたしの感謝の気持を披瀝することができればさいわいである。だが、とりわけ、わたしに最初の激励と支援を与えてくれた『北京・天津タイムズ』の編集長H・G・Wウッドヘッド氏、トルキスタンにおいてわたしのためにかずかずの心暖まる援助を借しまなかったパン・シ・ル氏、および、奥地のシナ人貿易代理店に対する紹介状を書いてくれた、わたしの元雇い主である、天津のアーノルド商会に対して、紙上を借りて深甚なる謝意を表したいと思う。さらに、わたしの帰国後、書物や地図を自由に閲覧することを快諾してくれたローマの地理学協会、パリの地理学協会、ならびに英国王立地理学協会に対しても、ここに心からなる感謝の意を表するものである。

* (訳注) 原題は『トルキスタンへの砂漠の道』(The Desert Road to Turkestan)である。

目次

1　アジア奥地への道

シナ本土と、モンゴルおよび今日のシナ領中央アジアを結ぶ隊商の往来が、いつのころからはじまったのか明らかではないが、とにかくその第一歩が踏み出されてよりこのかた、常に人々はシナの製品や絹を運び出し、野獣の毛皮、砂金、翡翠などを持ち帰った。かかる貿易の起源についても、それ以来これら太古の道すじに沿ってたえまなく繰り広げられた幾多の戦乱や征服の歴史にさえぎられて、まったくその詳細を知ることができない。中央アジアに住む蛮族は勢力を得るたびに、シナの北部および西部の辺境地方に押し寄せて広大な地域を占領し、そこに彼らの王国や王朝を建設するのが常であった。またシナ民族の勢威が隆盛に向かったときには、今度は逆に彼らが征服のほこ先を遠く西域にまで押し進め、それとともに貿易の版図をも伸張拡大させた。かくして、カラコルム山脈やパミール高原を越えて北部インドと交流する道が開けたばかりでなく、さらには西トルキスタンをへて、行き尽く果てさえ知れぬはるかな未知の世界に通じる貿易路も開設されることとなった。この道によって、沿道諸国の商人はシナ人のもたらした信じがたいほど高価な絹物を受け取り、それを地中海地方に運んで、ギリシア、ローマの人々を喜ばせた。

シナと西方諸国とを結ぶ主要な交通路としてまず第一にあげるべきは、今日もなお残存し、一般に帝王の道という名で知られている、かの古典的路線である。現在の道すじは、(首都と揚子江流域地方とを結んでいる)北京＝漢口鉄道から分かれ、古代シナ最大の都西安をへて、さらに陝西および甘粛の両省を越えて、栄光の時代を通じて常に西方への旅の起点であった往時の玉門関にほど近い安西まで及んでいる。安西より先は、それぞれの時代の情勢や、隣接諸国に対するシナの支配力の消長に応じて、道すじをさまざまに変えながら中央アジアにまで達していた。この異なった道すじのどれかをたどることによって、その昔、強大を誇るシナの軍勢ははるかパミール高原からさらにサマルカンドにまでもその兵を進めたこともあり、また仏教の経典を求めて北部インドにおもむいたシナの巡礼者たちや、ポーロ父子、ベネディクト・ゴエス等西方の冒険家がたどったのも、ほかならぬこの道だったのである。

この他にも、あまり名の知られぬ幾つかの道が古くよりあって、それぞれに北京を中心とする北部シナとモンゴルを結び、さらに中央アジアにまたがるヨーロッパ＝カセイ間の幹線路に接続する役を果たしてきた。これらの道は、最初、蛮族の侵略者たちによって踏まれ、ついで辺境一帯の小汗国や王国等弱小民族諸国の商人によって門拓されたもので、チンギス・ハンとその後継者の治世下や、さらに時代を下ってシナの地に満州人の王朝が君臨した時期には、全盛をきわめるシナ文明の中心地と、帝国の最前哨地点とのあいだを行き来する大帝麾下の軍隊や使節の通行によって、常設路としての地位が確立し、泰平の世を迎えて、交易商人の幕舎や隊商の列で未曾有のにぎわいを呈するにいたった。

これらの道を総称してモンゴル路というのであるが、もともとそれは隊商のための道であった。と言うのは、そこには馬で疾駆する早飛脚の姿もときたま見られはしたが、ラクダを連ねた隊商の旅こそこれらの道における最も普遍的な形式だったのである。帝王の道は車馬のための道であり、定住民族の商人や軍隊の通行路であったが、それに反して、隊商路は常に遊牧民と、彼らからその技術を学んだシナ人のための専用路であり、車両のたぐいはたとえラクダに引かれた場合でさえ、これらの道を通行しないのが普通であった。

モンゴル路のうち主なものをあげると次のとおりである。張家口からウランバートルにいたり、さらに北にのびてシベリア国境にのぞむキャフタにまで達する道。ウランバートルからモンゴル西部のウリヤスタイとコブドにいたる道。帰化からウランバートルに通じる道。帰化と、ウリヤスタイおよびコブドを結ぶ道。帰化からグチェン・ツをへて、ウルムチないしはハミにいたり、ジュンガリアおよびシナ・トルキスタン地方の幹線路に合流する道。帰化から包頭をへて、黄河流域地方にはいり、甘粛省にまで及んでいる道——この道は車馬の通行も可能であり、帝王の道ともその西端延長路上において接続していた。さらに、帰化から内モンゴルを抜けて、ハミもしくはグチェン・ツにいたる道。

この最後にあげた道は、数ある隊商路のうちでも最も世に知られていないうえに、道すじもごくあいまいであったが、一九二六年にわたしはとくにこの道を選んで、モンゴルを横断してシナ・トルキスタンにはいり、さらにそのかなたに連なるさい果ての道を旅する機会を持ったのである。わたしがたどった道は、主として、中央および東アジア一帯の政情が急激に悪化したために、他の道による通行を妨げられた隊商が、最近になって再び利用するようになった太古そのままの道すじであった。それはまた広大な砂漠に取り巻かれ、軍隊の作戦を締め出す水不足と、車馬や自動車の進入を阻止する、巨大な砂の山に守られていることからも、おそらく世の変遷につれて姿を変えることのない数少ない太古の道の一つでもあった。新しい世界の人々はやがて自らの鉄道や自動車路を敷いて旅をすることであろうが、たとえそうなっても《羊腸の道》と称せられるこの道が、彼らの使用に供せられるべく改装されることがあろうとはとうてい考えられない。おそらくそれは果てしない砂の荒野に守られたまま、やがて昔ながらの旅人の行き来も絶えたあとは、名誉ある忘却の淵へと沈み行くことであろう。

ところで、わたしがかような旅を敢行するにいたったそもそもの動機は、けっして科学的な研究にあったのでもなく、またいかなる種類の《伝道》もしくは《探検》の任務のために派遣されたわけでもなかった。いわば見果てぬ夢を追う老人、あるいは大いなる幻視に憑《つ》かれた青年の気持が、わたしにこの旅を思い立たせたとでも言ったところであろうか。だが、もちろん、それだけではなかった。ある意味ではそれは、いろいろな政治的・経済的関心――歴史の多様なる統一、可知の源よりとうとうと注ぐ大いなる流れにじかに触れようとする意欲に駆り立てられた結果でもあった。ありていに言えば、太古の面影をとどめた隊商が意味するもの――過去よりの遺物であるとともに、またそれ以上のものでもあるということ、それが今日のわれわれの生活の根底もしくは源流の一つにほかならないという事実を、たまたまうかがい知ることができたのがきっかけで、わたしは昔ながらの隊商の姿をして、自ら隊商路を旅してみたいという切なる願いを黙《もだ》しがたく、ついにこの旅にのぼったというしだいである。

中世以後、列強諸国が再び競って中央アジアの国々に足を踏み入れるようになるまでのあいだ、この地方についてほとんど何一つ知られていないのは、東洋と西洋のあいだに海路による交通が開かれてからというもの、けわしい山岳や中央砂漠地帯を越える宣教師や巡礼や、使節や冒険家の流れがふっつりと途絶えたという事実によるのである。マルコ・ポーロでさえも、シナからの帰途にはインドまで海路をとったのであり、それ以後、海上交通が確立するにつれて、まことに奇妙なことに、しだいにシナの孤立化が深まっていった。シナの偉大な為政者や征服者たちが陸路によって西方諸国とわずかなりとも接触を保っていたあいだは、異民族との交渉にともなう利益と危険のバランスが常に彼らの想像力を活気づけていたが、民族の移動と部族抗争の時代が幕を閉じ、遊牧民の征服が終わりを告げるとともに、もはや異邦人を潜在的侵略者もしくは同盟者としてながめる必要もなくなった。海路によってこの国を訪れるほんの少数の勇敢な貿易商人については、シナの民衆も支配者たちも、むしろこれを単なる海賊ないしは無頼の徒ぐらいに考えて、まさかこれが恐るべき強国から派遣された侵略者であるとは思ってもみずに、大国シナの威光に恐れをなすあまり、よもや攻撃を企てたりするはずはあるまいとたかをくっていた。また外国人のほうでも、二、三の海港に通商の拠点を獲得することにのみ努力を傾注し、侮辱的な処遇にあってやむなく武力に訴えざるをえなくなるまでは威嚇的手段を用いず、もっぱら外交と追従の政策に頼るのがたてまえであった。その結果として、たとえ沿岸地域がほんのわずか蚕食されたところで、シナ人の目からすれば、それは侵略行為というよりは、むしろ単なる海賊的略奪としか映らなかった。こうして、比較的少数の人々によって盛大な貿易が営まれたにもかかわらず、依然としてシナとヨーロッパは、本質的に、内陸横断路に依存していた、あの半ば伝説的な時代にもまして、越えがたい深淵によって隔てられたままであった。

かような歴史の心理を解く一つの手がかりとして、船で訪れる貿易業者は、ラクダに乗ってやって来る商人とか、ラバを連ねて来訪する者とか、さらにはロバで訪れる者と比べてさえ、一国の生活や慣習に及ぼす影響力においで、はるかに微弱であるという事実をあげることができよう。

海上交通路にのみ人々の目が注がれていたこの長い時代を通じて、古い隊商路は忘れ去られ、ただほんの時たま、数人のシナ人貿易業者が昔ながらの商品を携えて、昔そのままの遠い道をたどり行く姿が見られるだけで、とかくするうちにも世は移り、時がいたずらに流れ去った。事実、ヨーロッパとシナをいまなお隔てている、それ自身中世の面影を色濃くとどめた奥地の国々に対する関心が復活するためには、六〇年前に起こったロシャの《前進政策》をまたねばならなかった。そしてさらに、この政策がソヴィエト・ロシャの対外方針における東漸政策に受け継がれるにおよんで、世界の関心はいま一度中央アジアに注がれることとなったのである。

かような政治的関心と表裏一体をなしているのが、経済上の関心であった。隊商貿易は、中世の末期にははやくも海上貿易との競合《せりあい》によって打撃をこうむりはじめたが、後にはかえってそこから利益を得るようになり、シナの港に集まる外国人貿易業者から直接の恩恵に浴して、思いもかけず往時の繁栄を取り戻すにいたった。一九世紀の最後の数十年間、外国貿易はおそらく不振の極にあったものと思われるが、その後シナが太平天国および回教徒の乱から立ち直り、さらに義和団の乱が平定されてより後は、外国商人も安全かつ盛大に業務を遂行することが可能になり、それにつれてこれまで不振をかこった外国貿易も、ようやく隆盛に向かいはじめた。扱われる商品も、これまでのように茶や絹といった貴重品に限られることなく、その他の原料物資に対する需要の増加につれて、膨大な量の取引きが行なわれるようになった。羊毛や獣皮、ヤギの皮や毛皮の需要が急激に増大したため、シナ国境に隣接するマンチュリアやモンゴル地方に産するものだけではとうていこの需要に応じきれなくなった。原料への要請は日をおうて奥地深く浸透して行き、かくして外モンゴルやシナ・トルキスタンやチベット国境の高原地帯等、僻遠の放牧地から原料を搬出する任を負った隊商の持主たちは、この降ってわいた幸運によって、たちまち財をなすにいたった。さらに、ロシャの《前進政策》がシナ領中央アジアから東洋にまで重圧を加えはじめるにおよんで、原料の争奪戦はますます熾烈《しれつ》の度を増し、隊商の往来も、北京にもはや昔日の勢威なく、シナ全土が政治的頽廃に呻吟《しんぎん》する現状をしり目に、かつて、北京が世界の半ばに君臨していた時代にも劣らぬ活況を呈するという事態が現出した。

羊毛の取引きは、すべて職業組合もしくは同業組合の組織を通じて行なわれる。まず隊商が鉄道の起点まで荷を届けると、鉄道はそれを天津の黄河河畔に運び、最後に川から海へ運び出されるという順序である。また停車場と外国商社とのあいだには、中継の役を勤めるシナ人のブローカーがいて、彼らは一と握りの羊毛を手にとって振ったりなでたりしてみるだけで、一〇〇ポンドの羊毛中にどれだけの塵が混入しているかを、ぴたりと言い当てる特技の持主ぞろいである。ところが、アメリカ人やイギリス人、さらには日本人の商人の中にも、彼らの上をゆく者がおり、もう一度くだんの羊毛をなでたり振ったりしたあげくに、その幾房かをつまんで匂いを嗅いでみたりさえして、それが青海省の高原放牧地において剪毛《せんもう》され、西寧の市場から送り出されたものか、それともいわゆる「西寧もののイミテーション」と称せられる、標高の低い甘粛地方でとれた、比較的品質のすぐれた羊毛を選りすぐったものにすぎないかを、たちどころに判定してみせることぐらい朝飯前なのである。

かような仕事はわたしの専門外のことであり、したがって、わたしには詳しいことは何一つわからない。この道に携わる人々は、いずれも自分の机からあまり遠く離れたがらず、彼らにとっての安息日の遠出と言えば、自動車に乗ってゴルフ・クラブへ出かけるくらいがせいぜいなのである。このわたしにしても、もし彼らに弟子入りしていたら、隊商路に足を踏み入れるなどということもおそらくなかったに違いない。ところが、いかなる運命のめぐり合わせか、たまたまシナ語が話せるというだけの理由で、わたしはある年、羊毛の買付け交渉のため《奥地》へ派遣されることになったのである。この旅に同行したのは、パン・シ・ル[1]という名のシナ人の青年であった。この青年は数年前からわたしの勤める商社に出入りしていたのであるが、たまたまこのときウルムチの生家に戻らなければならない用事があったのである。彼の父親がそれから数か月して亡くなったということであるが、この父親こそ、誰あろう、かのオーレル・スタイン卿がその著書の中で言及している、学識豊かな行政官潘大人その人であり、卿の探検の成功はこの人物の好意ある協力に負うところがきわめて大であったのである。シナの伝統的教養につちかわれた学究的な紳士であり、多くの要職を歴任した有能な役人でもあったこの人物は、新疆省の全住民の信望を集め、《潘大人》という尊称によってあまねく知られていた。その息子も、三〇歳前後ですでにひとかどの人物であった。彼にはこれまでにも幾度かシナ領中央アジアと北京のあいだを旅した経験があった。最初は、帝王の道を通ってハミからナン・シー、蘭州をへ、甘粛、陝西の両省を横断して北京にいたり、次のときには、大モンゴル路をさかのぼり、いま一度は、シベリアを回って北京に達したのである。大陸奥地で過ごした少年時代に、宣教師からフランス語と英語を学び、さらにロシヤ語をも修めたが、とくに英語は北京に出てからも学習を重ねて、いっそう磨きがかけられた。新疆省に戻るとただちに彼は重要な公職に任じられた。そして、わたしの今度の旅を成功させるうえで決定的な役割を果たしたのも、ほかならぬこの男の友情あふれる援助だったのである。

旅の予備知識としてわたしは、モンゴルと北京を結ぶ南口、いわゆる《南の門》のかなたに張家口の町があることや、さらには、張家口から豊鎮、帰化、包頭にかけて、直隷《チーリ》、山西の辺境地帯、およびシナ人入植者によってそのほとんどを占められ、最近に敷設されたシナ国有鉄道によって、開発統合されるにいたったモンゴル外縁地域などからなる、いわゆる北西地方が広がっていることも知っていた。また、いまは二月という一年のうちでも最も厳寒の季節であり、加えてシナ人は新年の休暇期間中は仕事をする意欲をまったく失ってしまうため、旅をする者にとっては不便このうえない時期であるということも、わたしは承知していた。そればかりか、政治的紛争のきざしもあって、軍隊の移動のために汽車の運行もとかく乱れがちであることも忘れてはならなかった。帰化に集まるすべての隊商路によって運ばれて来たおびただしい量の羊毛が、鉄道の末端基地に積み上げられたままになっていた。そのほとんどが、わたしの属する商社をも含めた外国の貿易商社によって買いつけられたものであったが、それを海港にまで運んで契約書に定められた期日内にアメリカへ輸送する見込みが立たず、目下各社ともそのことで頭を痛めている最中であった。わたしの商社が買い入れた羊毛を運ぶための車両を確保すること、それがわたしに課された任務だった。

出発前からわたしは寒風膚を刺す荒涼とじた帰化の町を想像していた。到着してみると、その点はまさに予期したとおりであった。だが、まったく予想外であったのは、わたしにとってはたしかに初めて見る珍しい世界ではあるが、それ自身の目からすれば昔そのままで、固有の伝統が支配し、古い時代から抜け出したような人々の住んでいる世界をそこに見いだしたことであった。汽車が数時間も延着したおかげですっかりからだがこわばり、寒さに震えながら駅に降り立つと、折よくそこに丸い幌をつけた二輪馬車がいて、われわれを迎えてくれた。普通《北京》馬車と呼ばれているものと同じ型の馬車であったが、ただこれには、リスやヒョウの毛皮や絹を用いた内張りがほどこされ、真鍮メッキの馬具をつけたラバ——それは、かつて北京の高官たちの自慢の種であった、かのたくましい山西産のラバと同種のものであった——に牽引されている点が珍しかった。

馬車に乗り込んだ瞬間から、わたしはついぞ聞いたこともない奇妙な方言をあやつる人々の世界に投げ込まれ、その後数日間というもの、まったく五里霧中の状態であった。まずわたしは隊商の持主たちに引き合わされ、ついで鉄道輸送の業務を扱っている代理業者のところへ案内された。彫刻をほどこした板を張りめぐらした彼らの事務所では、隊商を率いての冬の長旅をしのばせる埃を、その詰め物をした羊の皮の外套の上に厚くこびりつかせた荒くれ男たちが丁重に迎えられて、瀟洒《しょうしゃ》な事務員から茶をふるまわれているところであった。そこを出てからわたしは駅の貨物集積所に案内されたが、そこには、ここ数か月間に届いた羊毛がうず高く積み上げられたままになっており、隊商が到着するたびに滞貨の山はさらにふくれ上がるいっぽうであった。町はずれの地区には、たったいまシナ・トルキスタンからの長旅を終えたばかりの幾百頭とも知れぬラクダがひしめき、操車場の線路沿いにひざまずいたまま、数メートル先でうなりを上げている機関車におびえてしきりにかん高い声で鳴きながら後退《あとじさ》ろうとしていた。これらの獣の列をぬって、隊商のラクダ曳きたちがこの寒空にりんりと汗を流しながら、もろ膚脱いだ者さえ交えて忙しく動き回り、締付け金具を引き抜いて、トルファン産の綿花やカラシャール産羊毛の重い梱をどさりと地面に投げ落としたり、凍りついた綱の結び目を揺すぶって、最大の隊商基地グチェン・ツに集結したときに結んで以来一度も解かなかった梱の結索をゆるめたりしている姿が見られた。

まもなく、わたしに同行してくれたシナ人の友人が引き返して行ったので、それからわたしは一人で汽車に乗って一四五キロばかり離れた包頭におもむいた。包頭とは、荷の源、すなわち積み荷が発送される町、を意味する名である。ここから鉄道は、北に向かって湾曲する黄河の流れに沿ってさかのぼり、オルドスの砂漠を迂回してから再びシナ本土に向けて引き返している。黄河の川岸は低くて軟弱な上に、毎年の氾濫によって崩壊と変容を繰り返すため、その幅八〇〇メートルにも及ぶこの大河に橋をかけることはきわめてむずかしく、その先に横たわる砂漠に線路を敷くこともまたそれ以上に困難であるという事情が、鉄道の奥地進出を阻害しているのである。

黄河の流れを下ってはるばる蘭州から、甘粛や青海産の羊毛や獣皮を積んだ筏やはしけがこの地に集まって来るが、逆に包頭から奥地に向かっては、川の流れが急でいかなる舟の遡航も不可能なため、かわって隊商路がオルドスの砂漠を越えて内モンゴルのアラシャン公国に通じており、寧夏《ニンシア》および甘粛省の蘭州へは車馬とラクダのための道が通じているのである。わたしは包頭に二、三日滞在した。巨大な泥土の城壁に囲まれたくぼ地の底に小じんまりと固まった町で、ここのにぎやかな二つの通りに沿って商人街が連なっていたが、凍った汚水だまりが一面に広がるそのかいわいには、子供たちの喚声や、残飯を奪い合うのら犬のうなり声が響き、餌をあさる黒い豚がのっそりと歩き回っていた。わたしの泊まった隊商宿は、その中庭が数十人の商人や銀行家やブローカーたちのたまり場になっていた。ここでもまたわたしは、明けても暮れてもラクダや羊毛の値段とか、隊商の運賃とか、荷馬車の賃貸料のことばかりを語り合う人々の世界に投げ込まれた。どちらを見ても、何十日もかかって包頭からアジアの最奥の後背地にいたる長い旅の話とか、どのあたりに匪賊が出没したとか、どの道が軍隊によって遮断されたとか言った話題でもちきりだった。そうかと思うと、またときには、嵐とか、隊商の損害とか、誰それのおもわくがみごとに当たって一夜にして大金を手に入れたとか言ったうわさもとび出したりして、要するに、わたしも自身は鉄道に沿ってしだいに浸透しつつある現状を、この眼でしかと見届けたものの、彼らはおそらくまだほとんどその存在すら知らないであろう外来の文明とは、まったく異なった貿易や生活の様式に付随するあらゆる幸運や危険が、この世界での話題だったのである。

数か月前から匪賊の動きが活発になり、包頭の城壁の近くまで攻め寄せて来ることも珍しくなかった。そのため、城門はいつも日暮れとともに閉ざされ、街の外にある停車場は孤立状態におかれていた。しかし、その後、事態は幾らか好転のきざしを見せはじめ、狙われるほど金を持っていないと自ら公言する男たちが幾人か集まって、停車場で夜を明かすことさえあった。わたしも、翌朝に城門が開くのが遅れたり、警察の手続きに手間取ったりしてはと思って、最後の晩は駅の構内で寝ることに決めた。泥で作った荷役人夫用の小屋に泊めてもらい、彼らが食べているのと同じ豚肉とキャベツの食事をとった。油を注いだ皿に綿のよりを浸しただけのそまつなランプの光の下で、わたしは彼らから辺境地方に関する話の続きを聞いたが、それがまたすばらしく迫真力に富んでいて、わたしの心に強く訴えるものがあった。みなは早めに床についたが、わたし一人は、構内の警護に当たる数頭のモンゴル犬が鎖を解かれて歩き出さぬうちに冷たい澄んだ外気を胸いっぱいに吸っておこうと思って、むんむんする人いきれの立ちこめた天井の低い部屋をそっと抜け出した。羊毛や綿花の梱がうず高く積み上げられた陰から空を見上げると、星がごく間近に燦然と輝いていた。するととつぜん、前にもシナ奥地の他の場所を訪れたときに経験したことのある、ある感慨がわたしの心を襲ってきた——海沿いの港町での事務所暮らしからきっぱりと足を洗って、どこか遠い国へ行ってしまいたい、祖先から伝えられたしきたりを守っていまもなお人々が数千年の昔と少しも変わらぬ生活を送っている国へ行ってみたいという、切なる願望がわたしをとらえたのである。

かねてからわたしは、ふだんわれわれが、今日の生活の背後に葬り去られた亡骸として片づけている、あの古い時代の珍しい生活の実相にじかに触れてみたいと望んでいた。だが、このときのわたしの気持は、単なる願望以上のものであった。奥地の人々に会い、その話を聞いただけで、わたしの心は輝かしい幻と期待に満たされて、はやくも、まだ見ぬかの別天地に遊ぶ思いさえするのだった。

これが、一九二五年の初めごろのことであった。天津に戻ってから数日後に、わたしは勤め先に辞職を願い出た。そのあとで自分の向こう見ずな行動を振り返り、いささか意気阻喪したわたしは、さてどうやって必要な物資を調達したものかとあらためて首をひねった。金の持ち合わせはほとんどなかった。だが、ありがたいことに、たまたま天津で英字新聞の編集をしている親しい友人ができるかぎりの援助をしようと申し出てくれたので、どうにか計画を進めることができた。とは言っても、わたしが当てにしうる資金は、通常の《探検旅行》において隊員一人に割り当てられる金額のわずか五分の一ほどにすぎなかったのである。出発までにはまだかなりの日数があったので、それまでのあいだ、わたしは北京に住んで、もとの勤め先の商社でそのまま勤務を続けた。そして、この期間を利用して、北京とインドのあいだに横たわる、アジアの広大な地域のことを扱った文献資料を手当たりしだいに読みあさった。さらにアメリカのサベージ商会にライフルを一丁注文したが——そのためには、シナの官憲当局からおびただしい種類の許可証を取らなければならなくて、まったくもどかしいくらい時間のかかる仕事であった。そのうえさらに、パス・ポートを更新して、それをシナの外務省に認可してもらい、そのついでに武器と弾薬の携行を認める陸軍省の証明をもらうための手続きがあって、これに何と数か月を要するといったありさまであった。

それに加えて、アメリカ公使館もわたしの申請の受理促進のためにさっぱり熱意を示さず、ただわずかに眉をつり上げて、おきまりの認可手続きを踏んでくれただけだった。わたしには、宣伝のためにアメリカ人探検家を大々的に支援する学術団体や博物館の後楯がなかったので、おそらく公使館側では、すすんでわたしの計画を承認したと取られそうなことはいっさいしたくないという肚だったのであろう。そういう態度をとっておけば、万一わたしが目も当てられぬ悲惨な最期を遂げ、おかげで記録係の事務員が「ラティモア、名前オゥエン。不慮の死を遂ぐ」云々と記載した書類を作成する仕事に忙殺されることになったとしても、公使館としては、シナの政府当局から「それ見たことか」と言われて、この気の滅入るような外交上の駆引きにおいて後手にまわるようなことにはならずに済むというわけである。海外に駐在するアメリカの役人も、はなやかに宣伝された有名人をあと押しして壮途につかせることと、新聞にその首途を飾るべきはでな見出し一つ出してもらえぬ、迷惑千万な旅行者の身のほど知らずな冒険を支援することとの相違を嗅ぎ分ける抜け目なさにかけては、他のいかなる国の役人にもひけをとらないのである。

こうしてわたしが待たされているあいだに、友人の潘はロシヤ領内を抜けるシベリア経由の道でシナ・トルキスタンの郷里に帰ることになった。別れぎわに彼は、もしわたしが首尾よくモンゴルを抜けて彼の国にたどり着けたら、そのときにはきっとわたしを歓待しようと約束してくれたが、それと同時に、この旅にはこれまでになく多くの障害がつきまとうであろうことを改めてわたしに警告することも忘れなかった。シナ奥地やモンゴルの事情を知る者なら誰でもこれと同じ警告をしてくれるのであるが、より詳しい消息通の一致した意見では、なるべく隠密に機転と忍耐をもって行動しさえすれば、やってやれない旅ではないとのことであった。わたしにとってははなはだ不利な状況というのは、外モンゴルへは外国人の立ち入りが絶対に認められないということと、モンゴル人全体の感情がどんなぐあいであるかさっぱりつかめないということの、この二つであった。シナ奥地はどこも、五月三〇日の上海事件の結果として、いまなお外国人排斥熱でわき立っていた。しかし、新疆省そのものは、これまでにまだ一度も暴動の発生が報告されていない唯一の地方であった。こうした事態に対して当の諸外国政府のとった態度はと言えば、正確な情報も得られず、調査のための便宜もろくに与えられぬままに、ただ党派的感情の激発にどぎまぎするばかりで、動員された暴徒の勢力をどう理解してよいかもわからぬため、奥地において外国人に対する迫害がますます頻繁の度を加えてゆくのを、ただいたずらに焦燥の思いでながめているよりほかなかったのである。

ようやく出発の準備が完了したのは、一九二六年の三月であった。注文したライフルは、少なくともそれの弾薬だけが出発の数日前にやっと到着した。肝心のライフルは輸送の途中で盗難にあって、わたしの手もとに届かなかったのであるが、まったく運のいいことに、型もロ径も同じ中古のライフルを代わりに手に入れることができた。わたしは夜の汽車で北京をたった。ちょうどその日の午後、デモ隊の一団がシナの警官隊から発砲を受け、若い女性も交えた多数の学生が殺されるという事件が起こり、見物人の中からも数人の死者が出たほどであった。発砲が行なわれたのは、われわれの泊まっている家から数百メートルと隔たっていないあたりだった。市の町全体に緊張した無気味な空気がみなぎっていた。城門も早めに閉ざされてしまったため、城外にある汽車の駅へ行くのが一と苦労であった。

召使たちがみな恐怖におののいている中で、ただ一人泰然と構えていたのは、わたしの下僕のモーゼであった。「この事件のほんとうの意味を見過ごしてはいけません」と彼は言った。「これこそ、よいことの起こる前ぶれです。運命によってすばらしい繁栄を約束された人たちの行く手には、いつも社会的大事件や、あらゆる種類の惨禍が待ち受けているものなんです。」モーゼは、ここ数か月、天津に住むわたしの友人に《貸し》てあったのを、つい最近そこから連れ戻したばかりだったのであるが、どうやら彼は、北京の生活がよほど気に入ったらしかった。到着早々、われわれの泊まっている家のコックが彼の古い顔なじみであると知ったことが、その理由の一つだった。このコックというのは、以前、革命後天津に亡命した、さる満州人の王侯に仕えていたことのある男で、もともと生まれは地方の賤民の出でありながら、北京の上流の言葉づかいを身につけ、ことあるごとにモーゼに対してひどく尊大な態度をとろうとするのだった。モーゼがいっこうに《賄賂》で私腹を肥やそうともせず、ただひたすらきじるしの主人についていかがわしい土地へ出かけたがっているのが、彼には愚の骨頂に思われたのである。その仕返しにモーゼのほうでは、昔このコックがよく主人の満州人をだましたときに自分もその悪事の片棒をかついだことがあると称して、その意気さかんなりし古き悪しき時代の恐るべき武勇談なるものをでっち上げては、他の召使たちを相手に夜のふけるまで自慢話に花を咲かせるといったぐあいであった。

モーゼは、わたしが父から譲り受けた下僕であった。少年時代に、一時、義和団に属していたこともあったが、後に年期奉公の労働者として南アフリカに渡り、そこで暮らしているあいだに正しい英語を話せるようになった。だが、その後、シナ語を話せる外国人に長年仕えたため、いまでは彼の英語も流暢とは言えなくなっていたが、それでもこちらの話す英語を即座に理解することぐらいはできた。シナに戻ってからの彼は、まずかなり長い期間にわたりある外国人の召使を勤め、次に食堂車の《ボーイ》やホテルの酒場の給仕をしばらくやったあとで、最後にわたしの父の《腹心の下僕》になり、家事全般を一手に引き受けていたが、父がシナを去ったあとはそのままわたしに仕えることになったのである。コック兼下僕として、彼がわれわれといっしょに暮らすようになってすでに数年になるが、その間、たしかに有能で、誠実で、正直な男ではあったが、わたしとしてはまさか彼をモンゴルの旅に連れて行けるとは夢にも思わなかった。結婚して数年になる彼には、教育すべき幼い息子があった。そのうえ、最近の彼は、長年家令を勤める四〇男としてむしろ似つかわしい、血色のよい肥満気味のからだつきになっていたのである。そこでわたしは、あらためて本人の意向を問うてみるまでもなく、まだ一度もしたことのない野営や隊商の生活を彼がしたがるはずはあるまいとかってに推察して、いよいよ旅の計画を立てはじめるころになってからやっと彼に、わたしにできる範囲でりっぱな餞別を贈りたいということや、わたしのところなどよりはるかに良い働き口を、すでに彼のために見つけてやってあることなどを話して聞かせた。すると、とたんに彼はひどく気を悪くした。そればかりか、自分だけあとに残るのはご免だときっぱり答えさえしたのである。「誰にでも聞いてごらんなさい」と彼は言った。「わたしはあなたのおとう様やおかあ様に長年お仕えして、いつも『モーゼはいい男だ』と褒めていただいたものです。それなのに、あなたがどこへお出でになるにせよ、このわたしにはお供する資格がないと言われたのでは、わたしの面子《めんつ》は丸つぶれです。もしあなたのおとう様がシナに帰って来られて、『モーゼよ、わしの息子をどこへやったのだね？』とお尋ねになったら、いったい何とお答えしたらいいんです？」

わたしは、誰もが警告している肉体的苦難や危険のことを彼に説明してやった。「それがどうだとおっしゃるんですか」と彼は答えた。「本人のわたしが平気なのに、どうしてあなたが心配なさるんですか。危険なんて、たいてい話半分のものです。そんなものを誰もがまじめに聞いていたら、それこそ、西口外——すなわち、長城の西門のかなたに広がる地域——へ足を向ける者は一人もいなくなるはずです。ところが、現に天津から大ぜいの人があそこへ出かけて行って、盛大にやっているという話ではありませんか。それに、最近奥地で外国人が歓迎されないというのが事実なら、なおのことわたしのお供がいるはずです。わたしならシナ人のあしらいかたも心得ていますし、あなたのお世話をすることもできますからね。ほんとうに、こんなご時勢だからこそ、ぜひとも信用できる人間をちゃんとそばにつけて出かけることが必要なのですよ。」

最初の判断にはいささか反することになったが、結局、わたしは彼を連れて行くことに決めた。彼が天津を離れるに先だって、彼の友人たちは、シナ人同士が改まった話をする際に設けられる、例の晩餐の席に幾度か彼を招いて、この件について考えなおすようにと懇願したらしいのであるが、彼のほうではいっこうに意をひるがえしそうな気配を見せなかった。実際、当時は外国人の下で働いているシナ人に幾ら金を握らせて同行を求めたところで、それに応じる者などまずありそうにも思えない情勢であったが、彼は給料の増額すら要求しなかったのである。たしかに、旅の従者としても、彼はまたと得がたい男だった。ついぞ病気にもかからず、旅程を短縮してくれとか、仕事を軽減してくれとか言った弱音をはいたことさえ一度もなかった。たまたまわたしの妻も交えてモンゴルの辺境地方を旅していたときのこと、われわれはひどいアヘン中毒にかかった馬車曳きのおかげで、実に恐ろしいめに会ったことがあった。太陽がじりじりと照りつける中を、われわれはたっぷり五〇キロも歩かなければならなくなったのである。モーゼはまだ充分旅に慣れていないころだったので、疲れかたがとくにひどく、最後の四、五キロのあたりでは、せいぜい一〇〇メートルほどもよろよろと歩いたかと思うと、たちまちべったりと横になって息を入れるといったていたらくだった。村にたどり着いてから、われわれはさっそく彼を迎えにやった。ところが、彼は助けを断わって最後まで自分の足で歩き通し、着いて最初に言った言葉が何と、「奥様」はご無事ですかという質問だったのである。翌朝になって彼のいわく。「これにはやっぱり年期がいりますね。わたしもそのうちきっと強くなってみせますよ。」それから四、五日のあいだ、彼はびっこをひいていたが、後日その《年期》なるものを積んでからは、誰にもおくれをとらぬ健脚の持主になった。

われわれが北京をたった晩に、はやくも彼の真価が立証された。駅はシナの内乱の前夜につきものの、例の混乱状態を呈していた。三等車には一等車の乗客があふれ、一等車は三等の切符を持った連中や、無賃乗車の兵士たちでいっぱいだった。わたしは食料を入れた小さな重い箱を数個持っていたのであるが、かような荷物を車内へ持ち込むことはおそらく認めてもらえないだろうとのことだった。そこで、やむなく甘言か賄賂でも使ってこの場を切り抜けようとすると、そのとき、うしろからモーゼがわたしをつっついたので、わたしは引き下がった。先に汽車に乗って座席を見つけなさい、そのあいだに箱はちゃんと中へ運ばせますから、と彼は言った。

事実、彼はそのとおりにやってのけた。駅の事務室にいる駅員の中に、以前彼が職を世話してやった男の親戚の者がいるのに気づいたのである。その男の名前までは思い出せなかったが、そこは何とかごまかして馴れ馴れしく話しかけ、自分はその男の一族全員とじっこんの間柄であると相手に思い込ませてしまい、あげくに賄賂も使わずまんまと箱を全部汽車の中に運び入れてしまったというわけである。それが済むと、二等車に自分のすわる席を見つけ、そのまま三等切符でゆうゆうと快適な旅を楽しんだばかりか、そのうえさらに乗務員から食事の無料サービスを受ける特権にさえもありついたのであった。

彼がよろしくかけ合っているあいだに、わたしはいささか心細い思いで汽車のほうに歩いて行った。明りをつける係りの者がいないため、ほとんどの客車がまっ暗だった。暗がりの中でわたしは列車のボーイに突き当たった。わたしがシナ語を話せるとわかると、彼はすぐにわたしを客車の中に引っぱり込んだ。それからベッドが二つある客室にわたしを押し込んで、ドアに鍵をかけた。ドアの表には、《予約済》とか、《特別予約室》とか、《指定席》とか、《公用特別室》とかいったはり紙がべたべたとはってあった。これらは、この乗務員が自分でかってにはったものに違いなかった。おそらくこの男は、内乱の渦中を一度ならずくぐったことがあり、したがって、シナの国情には常に潮の満干があって、ひとたび上げ潮となれば、もはや汽車の切符などは有名無実と化することを思い知らされていたのであろう。こんなときにものを言うのは、いわゆる《顔》であり、個人的な取引きなのである。だからこそ、この男は列車の運行がもはや鉄道の職員によってではなく、乗り込んだ軍隊の指令によって行なわれると見てとるや、時を移さず客室を差し押えて、それによって自分のふところを肥やそうと計ったのである。

内乱の勃発が目前に迫り、戦火が内陸地方のどこまで及ぶかも予測しがたい情勢を考えると、わたしとしては一刻も早く出発する必要があった。われわれの計画では、この冒険的な旅の全行程中でも最も困難をきわめ、そしておそらく最も多くの危険を伴うと思われるモンゴルの道を、まずわたし一人で越えるはずであった。そして、ウルムチに到着したうえで、当地の無電局（この地方には、シナ政府のために設けられた局が二つあって、これはそのうちの一つであった）から電報を打てば、妻はシベリア経由の鉄道や自動車路を用いてわたしに合流し、それからいっしょにトルキスタンへの旅に上るという予定だったのである。

妻はわたしを見送るために、帰化まで同行してくれた。だが、ときすでに、彼女が北京へ引き返すための汽車を確保することがきわめてむずかしい情勢になっていた。軍隊の移動のため、一般乗客を運ぶ列車は数日間にもわたって運転が中止されることも珍しくなかったのである。われわれはこうした不当な遅延にじりじりしながら、帰化で数日を過ごした。わたしのラクダは、前もって相当な保証金を積んで借りてあった。ラクダの持主は、最初、二、三日の猶予を求めたが、そのときは別段彼の言葉を疑う理由もなかったので、わたしはそれに同意した。ところが、二、三日たっても男はいろいろ言を左右にしてさっぱり要領を得ず、その間にわれわれのおかれた状況も、いよいよ困難の度を加えてきた。それでも、最後になってやっとわれわれは彼からはっきりした約束をとり、引き渡しの日を決めることができた。わたしはその日の午前中に出発することに決め、妻は同じ日の午後、北京行きの汽車に乗ることになった。

わたしの出発は秘密裏に行なわなければならなかった。と言うのは、すでに当局からわたしの旅行を差し止めるようにとの厳命が土地の警察に示達されていたのである。わたしが通過するはずの地域は、これまでになく匪賊の襲撃を受ける危険が増大したからというのが表向きの理由であったが、ほんとうのところは、この地方一円に勢力を張る例の《キリスト教軍》が、モンゴルを経由する自動車輸送によってソヴィエト・ロシヤから軍需品の供給を受けているということにあったようである。その指揮官馮玉祥は、いまでもなお表向きの態度だけは多分にキリスト教的理想を掲げており、また諸外国の伝道団体から寄せられる賛助の価値も充分に心得ていたのである。したがって、彼がロシヤの後押しを受けている事実をすっぱ抜くようなニュースを沿岸地方の外国通信社に届けられては、彼にとってはなはだぐあいの悪いことになるというわけであった。

そこで、われわれは作戦を練って、まずモーゼがラクダを率いてまる一日がかりで丘陵を抜け、その向こうの平地に通じる峠を越えることに決めた。わたし自身は、みなをたたせたあとでぶらりと町を出て、警察や軍隊の警戒線を通り抜け、回教徒の共同墓地の近くにある人気のない場所に行って、そこで幌つきの荷馬車にもぐり込む。こうしてさりげなく峠を越えるという算段である。もし峠の警戒線で止められたら、自分は奥地へ商用で出かける者であり、すでに町の警戒線でも問題なく通してもらえたのであるからと言ってやるつもりだった。そして、平地に出てからわたしのささやかな隊商と落ち合い、その足ですぐ二、三日強行軍をやれば、たとえほんのしばらくでも、旅券検閲官の手の届かぬところへ逃げのびることができるだろうというのが、われわれの希望的な観測であった。

ラクダは明けがたにわれわれの泊まっている小さな家に連れて来られた。こぬか雨の降る薄暗い空の下で、てきぱきと荷の積み込みが行なわれた。荷を積み終わったラクダはよろよろしながら次々に立ち上がり、ラクダの持主がわたしの隊商の世話係によこしてくれた、にんまりした顔の弁髪の男に先導されて、にじるようにして門の外へ出て行った。モーゼは、帰化滞在中にモンゴルの言葉を幾つか覚えたのに自信を得て（と言っても、どれもまちがいだらけであったが）、これさえあればどんなことにぶつかっても大丈夫とばかり、琺瑯《ほうろう》びきの青いヤカンをひっさげて、ラクダのあとを追って行った。去って行く彼のゆうぜんとしたうしろ姿は、あたかも

「よしよし、これでこそほんとうの隊商というものだ」とでも言いたげであった。しかし、がらんとした泥壁の家に一人取り残されたわたしには、隊商の旅はとてもそんな生やさしいものだとは思われなかった。とつぜん、わたしはまるで胃袋をえぐり取られたみたいな気分に襲われた。ひょっとしたら、これが妻との永久の別れにな

帰化の主要回教寺院の一つ

るのではないかという恐ろしい予感さえして、やはり警察の連中のほうが賢明で、わたしにいろいろ忠告してくれたことも、あながちうそではなかったのかもしれないという不安が、ひしひしとわたしの胸を締めつけた。

　それから数刻の後、わたしはしいて平然としたふうを装うと努めたにもかかわらず、何となく後ろめたい気持に駆られながら家を出た。巡回中の警官がこんな早い時刻に出歩いている外国人をいぶかしんで振り向くたびに、わたしは正体を見破られたスパイのようにハッと縮み上がったが、それでもどうにか一度も誰何《すいか》されずに町を抜け、騎兵隊の警戒線の兵舎にひるがえる、ふさ飾りのついた軍旗の下を通り抜けることができた。共同墓地に着いて荷馬車の中にもぐり込んだわたしは、ともあれ人が長い旅につくのは、ほとんどいつも墓地からであることにふと思いいたって、はなはだ心穏やかならぬものがあった。

　帰化には回教徒の墓地が二個所あって、その一つには行ない正しき回教徒が葬られ、他の墓地には飲酒や喫煙やいかがわしい出入りなどによって、身をもち崩した背徳者たちが埋められることになってい

た。わたしが馬車に乗り込んだのは、さいわい行ない正しき人々の安息所のほうであったが、しかしそれにもかかわらず、旅のさい先はいっこうに良くなかった。まだ三キロと進まぬうちに、馬子が車を止めて、わたしの隠れている狭い箱をのぞき込んだかと思うと、自分に関係のない他人に災難がふりかかるのをながめる人間特有の妙な笑いを浮かべながら、旦那のラクダが引き返して来ますよと教えてくれた。

見ると、モーゼがいちばん背の高いラクダに乗ってこちらへ近づいて来るところだった。寝具類の積み荷の上にすわって、首をまっすぐに向けたまま——ラクダに乗り慣れないため、彼は積み荷の縁から身を乗り出すのがこわかったのである——彼は峠の入口で通行止めを食ったとわたしに報告した。そこを通るラクダは、すべて軍の使用にあてるために没収せよとの指令が、いましがた電話で峠の駐屯部隊詰所にはいったというのである。

これは、たしかにどう見ても容易ならぬ事態になりそうだった。まだ夜の明けきらぬ時刻であったが、三〇〇頭あまりのラクダがはるか丘のほうから護送されて来るのが見えた。荷馬車に戻って再び町のほうへ引き返しはじめたわたしは、困惑のあまり我にもなく意気消沈せざるをえなかった。シナの新政府の軍隊がこの峠にまでも進出して、この地方の繁栄のほとんどを担っている隊商貿易に打撃を与えることすら辞さなくなったとすれば、ましてや、一介の外国人にすぎないわたしに対しては、それこそ情容赦もない搾取をほしいままにするであろうことは火を見るよりも明らかだった。

事実、そのとおりであった。モーゼはラクダを率いて衙門《ヤーメン》に出かけて行った。わたしもいっしょに行きたかったのであるが、先に非合法的な手段で町を抜け出した身としてそれもならなかった。衙門に着いた彼は、まさに流浪の民の予言者(モーゼの名にかけた洒落)たるにふさわしい、巧智と虚勢の限りを尽くした弁舌をもって渡り合い、ラクダはただこの近辺の土地へ交易の旅に出かけるところだったのだと言った意味のことを縷々開陳におよんだらしいのであるが、すべては徒労であった。問題のラクダが外国人の所有物ならまだしも、シナ人から借りたものである以上は軍に供出しなければならないと言うのである。そして翌朝、ラクダは一頭残らず運び去られてしまった。

同じ日に、北京行きの鉄道路線が完全に遮断されたという知らせがはいった。それまでどうにか断続的に維持されてきた列車の運行も、これで全面的に停止してしまったのである。キリスト教軍の支配権は、これまで鉄道沿線の全地域はもとより、北京にまでも及んでいたのであるが、それが今度北京を放棄して、この路線の通過点に当たる南口の山峡に本拠を移したため、ここを中心として新たな戦闘が始まったのである。ラクダを借りるために支払った金も戻らず、借りたラクダも連れ去られてしまったいま、わたしはモンゴルへ向けてたつこともならず、さりとて妻とともに北京に帰ることもできなかった。

（1）このシナ語名を最も一般的な形でローマ字に直せば、ファン・チ・ロウとなるはずであるが、シナ人も英語で自分の名前を書く際には、ちょうどわれわれがシナ語でつづるときと同じように、かなり自由な綴字法を用いるのである。

2　境界線の果て

これが、一九二六年三月末のことであった。はじめてこの旅を思い立ってから約一三か月めにして、わたしは再び帰化の地を踏んだわけであるが、最初のときと違う点は、今度のが妻を伴っての旅であることであった。ラクダが没収され鉄道が途絶した当初は、ただ一時的に足止めをくらったぐらいに思っていたのが、いっこうにらちが明かぬままにいつしか五か月以上にも及ぶ一種の拘留生活に変わっていた。もちろん、モンゴルの北部辺境地方を少し旅するくらいなら許されていたが、この期間中われわれは隊商貿易の中心地であるこの町からほとんど一歩も出ずに過ごした。そのせいか、いつしかこの町もわれわれにとって、人間的な見慣れた土地、いわばわが家とさえ感じられるようになった。

帰化は、モンゴル高原の南縁隆起部を形成する大青山《タチンシアン》山脈(1)を北に控え、南には山西省の境界を縁どる山稜を配した広い谷もしくは盆地の中に作られた町である。水利の便に恵まれたこの広々とした盆地は、おそらく、昔から高原の遊牧民を養う天然の穀倉としての役割を果たしてきたのであろう。正式な記録が編纂されるようになる以前の、この地方の歴史については、現在ほとんど知られていないが、これは、遊牧民族と定住農耕民族とを分断する、この自然の境界地帯についての詳細な考古学的調査の結果にまたねばならないのであろう。ただここで一つだけ、推測的事実としてあげておくべきことがある。すなわち、チンギス・ハンの出現によって、それまでの襲撃と略奪の技術が侵略と征服の手段に高められるまでのモンゴルには、相争う多くの勢力があって、互いに興亡を繰り返したらしいのである。その証拠に、今日のモンゴル人には一つ以上の血筋や系統を引いていることを示す、肉体的特徴が認められるのである。

一三世紀まで下ると、より明瞭な記録に接することができる。マルコ・ポーロの見聞録と、カンバリクか北京の大司教を勤めたモンテ・コルビーノのヨハネの書翰の中に、その当時シナに建設されたモンゴル帝国の属国であったネストリウス派のテンドゥーク王国に関する記述が現われている。(2) この二人の記録では、王国と、それを治める王家は、プレスター・ジョンの伝説に結びつけられている。ところが、シナの記録には、ネストリウス派の王朝がこの地方に存在したということはまったく記されていないし、現在このネストリウス派の存在を証明する遺物も何一つ残っていないのである。しかし、将来帰化付近の古代都市の遺跡が発掘調査されたあかつきには、極東におけるネストリウス派の消長に関しても、今日知られているよりも、さらに多くの考古学的知識が得られるものと期待してよいであろう。この地方には、その地理的な立地条件から考えて、古代文明の母胎たるにふさわしい、いわゆる《廃都》なるものが幾つかあることはあまねく知られているのであるが、その遺跡を歴史的に突きとめる仕事は、まだまったく着手されていない現状である。わたし自身も、町の北の方角に当たって、おそらくテンドゥーク王国の境界を劃していたものと思われる城壁の遺跡があるのを目撃したが、これについてはいずれ後の章で詳しく述べることにする。

今日一般に流布されている帰化の歴史は、ワン・リー皇帝治世下の一五七三年ごろ、昔の軍隊駐屯地の跡に現在の都市が建設されたくだりから書き起こされている。その後、満州人が代わって帝国の支配者となった時代には、帰化はシナ軍の前哨地としてよりも、むしろモンゴルの交易の中心地として重きをなしたもののごとくであり、当時モンゴル人のあいだでは、蒼い町を意味するク・ホトという名で知られ、今日でもなおこの名が用いられている。この町はまた霊廟の地でもあり、霊地巡礼の季節になると、多くのモンゴル人の善男善女が集まる町の一つであった。シナの商人は、かような祭礼の催されるところへは千里の道もいとわずに必ず出かけて行って、市《いち》を開くのが常であったが、部族間の抗争に明け暮れた往時にあっては、おそらく《神命による休戦》のごときものを定めて、市の安全な開設を保証したのであろう。最も大規模の市が、ウランバートルや帰化のごとく天然の大貿易路にのぞむ町に集中したのは当然であり、そうした事情から、これらの市は必然的にその規模を増して、ついに永久的な商人社会を形成するにいたったのである。

当時の帰化は、僻遠の地から人々が集まる一大聖地であるとともに、またトゥメット・モンゴル人の部族的中心地でもあった。満州人による征服が始まるまでの動乱の時代に、トゥメット族はかつてのモンゴル帝国の統一と勢威を回復せんとはかるモンゴル人征服者に脅かされ、やむなくロシヤの皇帝に庇護を求めた。だが、この要請もほとんど効を奏せず、折から侵攻し来たった満州人に助けを仰ぐよりほかなかった。かくして彼らは、モンゴル諸族のうちで最も早く大清帝国に忠誠を誓う身となった。だが、これによって彼らの得た報酬はまことにみじめなものであった。満州人は帰化の軍事拠点としての重要性を認め、ここが強大な部族によって占拠されることを望まなかった。かくて、ひとたび政権を掌握するや、以前トゥメット族がロシヤとのあいだに取り交した協定を口実に、トゥメットの世襲的首長を廃絶して部族組織を解体したうえで、彼らをことごとく満州帝国の軍隊制度である《八旗》の下に編入して、ただちに兵役と軍事的訓練に服する義務を課したのであった。その結果、トゥメット族はかつてわが物であったささやかな自立の能力さえも完全に失うにいたった。これが満州帝国の計画的な政策によるものであることを立証するシナの地方口碑があって、トゥメットは満州人に「いびり殺された」といった意味のことが言い伝えられている。今日、トゥメット族は峡谷地帯や大青山山脈の山麓一帯に少数の集団をなして残存してはいるが、彼らの最も肥沃な領地は、はるか昔にシナの植民者たちの手に帰してしまっていた。しかしながら、今日の帰化の市街の建っている土地のほとんどは、いまなお彼ら部族の正当な所有権のもとにあり、トゥメットの首長らは昔ながらにこれらの土地から収入を得ているのである。

満州人来寇のもようは、新領土統合の礎を築いた清朝第二代の皇帝康熙《カンシー》（実は四代皇帝）に関する伝承中に回想されている。康熙帝は傑出した為政者であり、圧制的支配に伴う苛酷な現実を和らげるに異例な人物の個人的魅力をもってすべきことを心得ていた。領内巡幸の途上帰化に立ち寄った際に、彼はこの豊かな商都の支柱をなす教団の管長に会見を申し入れた。この人物は、モンゴルの民衆から大権現と仰がれる、いわゆる活仏の一人であった。世俗と霊界の王が相まみえた席で、皇帝はあえて自分から頭を下げた。それに対して活仏のほうでは、丁重な外交的答礼をなす代わりに、あたかも取るにも足りぬモンゴルの小領主を引見しているときのように、じっと眼を前方にすえたまま眉一つ動かさなかった。シナの帝王神性説を全面的に信奉している満州人が、この活仏の不遜な態度を見て立腹しないはずはなく、康熙帝の護衛のうちの数人がいまにも活仏をしてその場に平伏せしめんとするかのごとき挙に出た。すると、活仏に従うラマ僧たちのほうでも、聖者に対するかくも恐るべき冒瀆の所業にいたく驚いて、急拠彼を護るべく駆けつけた。言い伝えによると、この騒ぎのさなかに康熙帝はラマ僧の一人から衣を奪い取り、それに身を包んで逃げのびたとされている。パイという名の護衛隊長は、皇帝の姿を見失ったとき、てっきり皇帝の身に危害が及んだものと思った。そこで、まず活仏を刺し殺したうえ、おのが任務を果たしえなかった不名誉の償いに、自分の剣の上に身を投げて命を絶った。

　この隊長の忠義に報いるために、皇帝は彼を神の座につかせ、その像を刻んで城外の寺院に安置させたが、いまでもこの像は当時のままに残っている。殺された活仏の後継者たちは、モンゴル人のあいだで活仏の再来と仰がれてはいたが、誰一人として帰化に戻ろうとはせず、遠く町を離れたモンゴル奥地に居を構えたと伝えられている。と言うのも、町へ足を踏み入れたが最後、いまや自らも神と化したパイの像から発する瘴気《しょうき》に侵されて立ちどころに命を落とすと堅く信じられていたからであった。

　この伝説の最後の部分は、おそらく、話が混乱しているものと思われる。現に、帰化と深いつながりを持った活仏がいまなお存在しているのである。彼はフトゥフトゥ[3]の階級に属し、モンゴルの高僧のうち第二位に位する人物と仰がれており、第三の高僧はかつて一種の人質として北京におかれる習わしであった。事実、わたしの推察するところ、今日では彼が最高の地位にあると言えるようである。なぜなら、ウランバートルの活仏はすでにその顕現の週期を満たし終えて、もはやこの世に現われることがないからである。ここに述べた活仏は、帰化市内に寺院を持ってはいるが、別に高原の丘陵地帯の奥にも一寺を構えて、たいていはここに住んでいるのである。したがって、この人物は伝説の中に出て来る、かの活仏とは系譜を異にする者の継承者であるとも考えられるが、あるいはその直系であるかもしれず、町から遠く離れたところに寺を構えたという一事こそ、彼が町に戻ることを恐れていると断定した、早計なシナ人の言葉をいみじくも裏書きしていると考えられなくもないのである。

三〇〇年前、満州人は帰化の近くに綏遠《スイユアン》という新しい町を建設して、ここに自国の軍隊を配置して、シナ人の隊商貿易やモンゴル人による交易の監視と徴税の任に当たらせた。それ以来、シナ全土と諸部族を掌握する堅固な安定した統治の下にあって、帰化は繁栄をきわめた。一方、ウランバートルとの貿易、およびウランバートルを経由するシベリア貿易のほとんどは、依然として張家口の手に握られており、ロシヤ人が珍重する《内陸茶》は張家口からラクダの背に積まれてぞくぞくと送り出されていた。しかし、帰化は黄河を利用する奥地との貿易をことごとく掌中に収め、そのうえさらにモンゴル西部および新疆の辺境地方との大量の貿易をも吸収することに成功した。と言うのも、シナ本土の混み合った道を通るよりも、ラクダの隊商を利用するほうが輸送の費用も少なくて済み、また商人や官吏が旅をするにも、快適ささえ求めなければ、このほうが短時日で行けるという利点があったのである。帰化にある最も大きな商社の幾つかは、満州人統治時代の初期に創立されたもので――その昔、これら商社の社員たちは、あたかもモンゴル全土がおのれの縄張りででもあるかのごとく昂然と同胞を見下し、また商社の帳簿こそは、地方諸侯の《国家的機密》をうかがい知る鍵ともなっていたのである。この町がかくも大きな繁栄を見るにいたった原因は、幾つかの隊商路に加えて黄河の通商路をも支配下に収めたことにあり、またそれとともに、ラクダを養うための豊富な牧草地と、隊商貿易に従事する人夫のために安価に食料を供給する肥沃な耕作地を確保しえたことも、やはり見逃せない原因だったのである。

近年になって鉄道が帰化に通じ、その後さらに西へ一四五キロ延長されて黄河河畔の包頭にまで達したことによって、帰化の繁栄はいちだんと高まった。それまでにも、たしかに、町を富ますに足るだけの盛大な貿易が行なわれてはいたが、しょせんそれは主として局地的な内陸貿易の域を出なかった。鉄道が敷かれて、隊商の運び込んだ荷が市場に蓄えられる暇もなく、次々に積み出されて行くのを目のあたりにして、ようやく帰化の住民も海のかなたの諸外国の旺盛な需要をひしひしと感じるようになった。輸出の見返りとして外国製品が沿岸地方から送られて来るようになると、帰化の人々はそれの中継ぎをして、ときには太平洋に注ぐ諸川の水源よりもさらに遠い奥地にまでもそれらの物資を運んで行った。

運命の最後の転機が訪れたのは、シナ全土が新しい文明の攻勢の前に崩壊のきざしを見せはじめたときであった。強烈な自己主張と自信に支えられたこれらの文明は、同時にその性格においても、シナ固有の静的閉鎖的な文化形態とはまったく性格を異にするものだったのである。かくして、最新の武力を用いておのれの個人的野心を遂げようとする新しい世代の出現によって、シナは果てしない内乱の連鎖に巻き込まれた。北西地方は、高度な軍事訓練を受けた《キリスト教軍》からなる傭兵集団を率いた馮玉祥の占領するところとなった。この《キリスト教軍司令官》にとって、新たに占領した地域の利害などはまったく関心外のことであった。もともと彼は、政治的裏切りや戦場での背信行為などによって権力の座に上りはしたものの、それはまだ充分に安定したものとは言えなかった。この邪魔者を厄介払いすべく、他の将軍たちは相謀って、巧みに彼をこの地方におびき出した。これだけ遠くへやってしまえば、彼の力も本土へ届くまいという彼らの目算だったのである。ところが、案に相違して、彼はその全生涯を特徴づける心憎いまでの権謀術数をまたしても用いて、流謫の地をたちまち強力な政治的本拠と化したのである。彼の掲げたキリスト教擁立の旗じるしは、すでに多くの批判者の口を封じ、その他の人々をあっけにとらせ、さらには各地の伝道協会を、彼のためのこよなき宣伝機関に仕立てるうえに効果があった。さらに積極的な作戦として、彼は学生層と手を結び、シナ再生の望みを理論的説得に託すこれら予言者たちの運動が、陣頭に立つべき有力な擁護者を必要としていることに着目して、これを——単にキリスト教を掲げただけでは、シナにおいては目的を達しえないがゆえに——新しい政治結社の中核にすえることを思いついた。そして最後には、沿岸地方から武器の供給を受けられないと知るや、ソヴィエト・ロシヤと協定を結び、狡猾な彼の野望を完全に封じたとばかり思い込んでいた政敵たちの鼻を明かした。これによって彼は、公然とヴォーカル革命の一翼を担うことが決まり、モンゴルを経由する陸路によって軍需物資の供給を受けることになった。かくして強大な武力を得た彼は山ふところの要害から打って出て、北京を占領し、一時は天津をへて海岸に達する連絡路さえも掌中に収めた。この目ざましい勝利に驚いた政敵たちはそれまでの散漫な邀撃《ようげき》態勢を捨て、ただちに大同団結して反撃の軍を進めた。ために、彼はまもなく北京から撤退するのやむなきにいたった。勢いに乗った同盟軍は、彼を徹底的に撃滅する決意を固めて、北京を睥睨《へいげい》する丘陵地帯に構築された敵の防禦線を攻略しにかかった。こうして始まった内戦のおかげで、われわれはいつ解かれるかもわからぬ長い足止めを食わされることとなったのである。

戦闘は春から秋まで続いた。われわれが帰化にやって来たときには、すでに褐色の地膚をむき出しにした大地の果てしない広がりに冬の終わりが感じられはしたが、野にも森にもまだ確かな春の訪れを告げる緑の色は見られなかった。山地の雪どけのために空気が濡れ、湿った冷たい風が気ぜわしく渓谷や高地を駆けめぐり、荒涼とした平原の上を吹き渡っているばかりであった。

ようやく春が訪れた。日中、妻とわたしは牢を出された囚人の思いで、帰化と綏遠の通りや郊外を散歩し、夜にはいって南へ渡るガンの声を聞いた。道ばたのポプラや柳にそこはかとなく萌え出たひ弱な緑の芽も、あわただしい酷暑の夏を迎えるころには厚い葉をうっそうと茂らせて、土埃をかぶって重く頭を垂れたり、どしゃ降りの雨に叩かれて震えたりする姿を見せてくれた。小麦や燕麦がのびてむき出しの褐色の原野をおおい尽くすと、冬のあいだのくすんだわびしい地平線のながめも魔法にかけられたように一変して、紫紺にかすむ輝かしい遠景を呈し、その果てに連なる丘陵は神々の砦のようにはるか北の空を塞いでそびえ立ち、不平に満ちたいまわしい人間どものひしめく町を超然と見下ろしていた――

人々の嘆き悲しむ声湧き起これども、
その聖なるとこしえの静寂を破る能わず。

八月にはいると、新旧両都市を結ぶ約一・五キロの道の両側に並んだ小さな菜園は、一面目を奪うばかりにはなやかなケシの花におおわれた。陶酔を誘う白と、豪華なピンクと紫の花の色どりと、東洋の露地に立ちこめるすえた悪臭に対してさえも東洋的超脱を促すその強烈な芳香は、われわれにこのままいつまでも泰平の夢を貪っていたいという誘惑を覚えさせずにはおかなかった。

帰化にはささやかな外国人居留地があって、そこの住人はみなわれわれを手厚くもてなしてくれた。まず第一にあぐべきは、スウェーデン伝道団であるが、われわれはここにしばらく滞在させてもらったばかりでなく、いよいよわたしが壮途に上ることになったときに、あとに残る妻を託したのもまたこの伝道団であった。次はカトリックの伝道団で、ここには付属の病院があり、そこに働く二人の非信徒のベルギー人医師とその家族も住んでいた。また個人としてわれわれを最もよく助けてくれたのは、ゼーデルボム兄弟という二人の若いスウェーデン人であった。《長城の向こう》で生まれ、育ったのも辺境地方という彼らは、僻地におけるさまざまな風習や、北西地方に住む、まったく異種のシナ人に関して得がたい知識を持っていたのである。彼らと、他にスコットランド人の青年の三人は、この地でモンゴル産の羊の取引きを行なっているイギリスの商社に勤めていた。この商社では、最近、《協定違反》を理由に数千頭の羊を《キリスト教軍》に没収されて、ために経営は極度の苦境に追い込まれるにいたり、その立て直しを計るべく別のスコットランド人が着任し、その後さらにアイルランド人が一人派遣されて来ていた。いちばん最後に、ハズルント・クリステンセンというデンマーク人がこの町と同じ戦線内にある張家口から馳せ参じた。この男は、五年ばかりもモンゴル各地を放浪して歩いた経歴の持主で、完璧なモンゴル語を話し、ユルトの住民や放浪生活者の暮らしはもとより、寺院の住人たちの生活にさえも通じていた。後日わたしの妻が北京に戻る際に力になってくれたのも、この男であった。

しかし、われわれはほとんどいつも二人だけで過ごした。こっそり町を抜け出して、丘陵の谷あいにキャンプを張ったり、後には丘を越えてその先の高原にまで出かけて夜を明かしたりしたが、そのあたりはいつ匪賊に襲われるかもしれない危険な土地であり、思えばまことにスリルに満ちた生活であった。またわれわれは二つの町の暮らしにも深くなじんで、通りすがりの旅行者なら見過ごしてしまうような、人目に立たぬささやかな美さえも味わいうるまでになった。だが、ここにも新しい時代の波が押し寄せ、世相の移り変わるきざしがいたるところに認められた。潔い東洋的忘却の淵に葬り去られた、かつての帝政はなやかなりし時代のスポーツをためさんものと、腕の先にタカをのせ猟犬を従えて、守備隊の町から馬で乗り出して行く晴れがましい満州人の姿も、もはやどこにも見いだすことができなかった。彼らがかつて手にした弓は、古い時代から伝えられた精巧な工芸技術の粋をこらした逸品で、竹と水牛の角を樹皮でたばね、つるには絹の糸を用いたみごとなものであったが、それすらも、いまはみすぼらしい屋台に並べられて、婚礼の席で祝いの矢を三条射るのに使いたいと思うシナ人や、これを勝利の記念品として、どこかの薄汚ない寺院のさむざむとした暗い片すみに祀られた神に捧げるつもりのモンゴル人たちに、一ドルかそこらの捨て値で叩き売られている始末であった。新市街を取り巻く黄灰色の城壁の内側にいまなお残る満州人統治の名残りと言えば、それはただここの住民の話し言葉にみられる豊かな抑揚だけであった――響きのよい、かの北京官語とそっくりのこの抑揚は、それをあやつる人たちに魔法をかけ、村や旧市街に住む卑しい生まれの農夫や商人が使う抑揚に乏しい鼻にかかった話しかたと比べるとき、一種異様な重々しさを帯びているように感じられるのであった。

旧市街では、新しい光と空気と、そして寄せ来る進歩の波を迎え入れるために、北門を除くすべての城壁がとり払われていた。しかし、われわれが最初にここを訪れたときには、現代の進歩とも、キリスト教軍とも、新生シナともまったく何のかかわりもない、喧騒と雑踏が通りや市場を埋め尽くし、買手と売手は自分たちだけの知る古いしきたりに従って取引きを進めていた。たまたまこの春の隊商がこれから出発するところだったのである。隊商の持主たちは、ブローカーとの最終的な取決めをするのに忙しく、貿易商人たちは遠い旅のための最後の準備に余念がなかった。また、ラクダをひいてはるばる西の奥地へおもむく人夫たちも、グチェン・ツの露天市場で自分のためのささやかな商いをするために、小間物やその他の安い品物を買い込んでいた。ただ彼らの仕入れる品物が、トルコ人に売りつけるはでな更紗《さらさ》とか、シナ人の男や女に売る天津製のフラシ天の靴とか、シナ人の若い娘や幼児向きのけばけばしい飾りや模造真珠のついたあざやかなピンク色の帽子とか、どこでも売れる紙巻タバコとかいったものである点を除けば、こうした商売は遠い有史以前の時代から連綿として受け継がれてきた習わしなのである。

帰化の町が、隊商と貨物列車が互いに積み荷を交換する場所としてとどまるかぎり、その昔ながらの生活も依然として命脈を保ち続けるであろう。たとえ隊商によって運ばれる内陸向けの諸物資が、モンゴルやシナ・トルキスタンを変貌させずにはおかないとしても、現にその物資を運ぶ隊商そのものは、アジアにはまだ白人はただの一人も足を踏み入れたことがないとでも言わんばかりに、いまもって悠久の昔そのままの方法によっているのである。だが、これすらも、早晩滅び去る運命にあることは否めない。いかに歩みは遅くとも――シナにおける時の歩みは、ほとんど五〇年が単位なのである――避けがたく訪れるであろう新しい時代を迎えて、外国人からその技術を習得した人々が鉄道をさらにここから寧夏、蘭州にまで延長したあかつきには、隊商の業務は必ずや凋落の途をたどり、アラシャンの砂漠の丘や大草原地帯の放牧地などを回ってほそぼそと商いをする行商人の地位になり下がるに違いない。このように、さい果ての地におもむく隊商を支えとして、いつとも知れぬ昔から営まれてきたたくましい生活の鼓動を感じながら、また一方では、いまにも明日の光が射せばここにある様式も性格もたちまち似ても似つかぬものと化してしまうであろうことを知りつつ、この市場を歩いていると、まことに奇妙な感慨に打たれざるをえなかった。ラクダ曳きたちはめいめい小さな包みをこしらえると、まるで三〇分足らずで行ける自分の家にでも帰るときのような気軽さで、よたよたした足どりで町から出て行ったが、実は彼らの歩いて行く先は、丘陵の向こう側でラクダを放牧しながら、予定の積み荷がすっかり集まるまで待機している隊商の宿営地なのであった。キャンプをたたむと、彼らは再び歩き出し、中央アジアに着くまでその旅が続くのである。けだし、かような人夫仲間たちはみな、家を捨てて露営の生活を送る身となったおかげで、もはや何の未練もなく、電信や新聞や銃剣や戒厳令の文明世界をたって、彼らにのみ近づくことを許されたさい果ての秘境へと出かけて行くことができるのであろう。

ここに描いたような帰化の町をわれわれが見ることが

できたのは、ほんのわずかな期間にすぎなかった。ラクダがすっかり軍隊に徴発され、鉄道が閉鎖されると、たちまちにして隊商の活動は完全に絶えてしまったのである。電信が途絶したため、《内側》から——つまり長城の内側、いまではカンバリクにも劣らぬはるかな地に思われる北京からは——何一つニュースがはいらなかった。郵便物も送られて来ず、ただわずかに風の便りに聞く数か月遅れの断片的な消息だけが頼りだった。市場には、数人の百姓のほかは人影一つなく、一頭のラクダすら町にやって来なかった。あるのはただ、いやおうなしに軍資金を醵出させられるたびに恐慌をきたして震え上がる商人たちの姿であり、町の南西からぞくぞくと繰り込んで来る負傷兵の列であった。それと、近隣の村から徴集された若い農夫から成る新兵が、軍隊式の歩調をとって行進する姿——一、二、三、四！　一、二、三！これが当時帰化の町を支配する唯一のテンポであった——と、軍歌を合唱する声の響きがあるばかりであった。

その間、わたしはいま一度輸送の手段を確保すべくあらゆる手を打ってみた。モンゴル旅行でラクダを借りる際には、契約書が作られてしまったあとでも、しばしば厄介な問題が持ち上がることが珍しくない。しかし、とにかく何とか話をつけないことにはらちが明かないので、そこでぜひともブローカーの助けが必要ということになるのである。事実、正式の契約書が書かれないことはしばしばあっても、ブローカーがあいだに立たないということはまずないのである。このように、当事者間の契約を文書または口頭でまとめたあとで発生するかもしれない紛争を調停することが、ブローカーの主な役目である。調停に当たっては、どちらの当事者とも取引き関係があり、それを損いたくないために彼としては、両者が適当なところで折り合うよう最善を尽くすのが常である。また、当事者のほうでも、法廷で争うよりはむしろブローカーをあいだに立てて話をつけることを望む傾向があった。と言うのも、法廷の裁判官はとかく原告と被告の申し立ての正否を考慮するより先に、両者のふところぐあいを測りがちなのである。シナの法廷というのはまさに、裁判官が俳優を、訴訟人たちが観客を勤める、百鬼夜行の悪夢劇である。しかも、この喜劇の一大特色は、楽しませてもらうはずの観客が実は楽しみの提供者であり、俳優たちは、なるほど観客が金を払って聞きに来た台詞を口にはするものの、その実自分たちのほうが楽しませてもらっているという珍妙な現象である。そればかりか、芝居が終わると、観客は、満足したと否とにかかわりなく、入場料を払ったうえに、またしても退けぎわに金を払わされるという、とんだおまけまでもついているのである。

ようやくわたしは、ブローカーから保証人兼仲介者としての署名をもらって、文書による契約を済ませた。この斡旋に対する報酬として、彼はラクダの持主から、貸し出したラクダ一頭につき二〇銭の手数料を受け取った。これまでにわたしの聞いたかぎりでは、ブローカーもラクダの持主も、商談の最中こそ悪辣きわまりないけれども、いったん話がまとまってしまえば、あとは実に厳格公正に契約を履行してくれるとのことであった。隊商の持主の遵守すべき最も重要な契約条項は、いかに自分が損害をこうむっても積み荷を無事に目的地まで送り届けるということなのである。往々にして、前もって取り決めた輸送の予定日数を超過することがあるが、この種の違反に対しては損害賠償の責に任じる必要はなく、要は無事に送り届けること、それがこの商売における犯すべからざる不文律なのである。

ところが、わたしの場合、ことはそううまくは運ばなかった。一般の慣例に従って、わたしはラクダの持主に対して前金で支払いを済ませた。その金で彼は新たに数頭のラクダを買い入れ、それをまたわたしへの貸し出しに当てたが、かようなやりかたもまたごく普通に行なわれていることなのである。ところが、こうして集められたラクダが軍隊に没収されると、とたんに彼は不可抗力条項を主張しはじめた。もともとわたしがこの男を取引きの相手に選んだというのも、要は彼が帰化の人間ではなく、はるか西方のバルクルの生まれであり、したがって帰りの旅ともなれば帰心に駆られて、それだけ旅もはかどるに違いないと判断したからだった。だが、手持ちのラクダを奪われてしまった現在、彼には、わたしに返済する金を作るために売り払うか抵当に入れるかすることのできそうな物件は何一つ残っていなかった。没収されたラクダの他にも、約七〇頭のラクダを持ってはいたが、これはすでに紛争の起こる数週間前にこの町をたってしまっていた。そして、彼の言うには、この隊商本隊の運送費として受け取った金は、残らずラクダや物資の購入のために支払ってしまったとのことだった。それに——これもまた至極もっともなことであるが——こんな政情不安の時代には、手もとに担保物件がなければ、信用で金を借りるなどということは、とうていおよびもつかないと言うのであった。

かくして、結局、またブローカーに頼んで、現金なりラクダなりで勘定を決済してもらうことになった。すると彼もまた、とても他のラクダを手に入れることはできない、軍の徴発命令によってすでに数千頭のラクダが連れ去られ、恐慌を来たしたラクダの持主たちが、残りのラクダをことごとくはるか離れた安全な隠し場所に追いやって、絶対に町の近くへは連れて来ようとしないのだから、と言って譲らなかった。春の隊商はすでにそのほとんどがたった後であり、したがって徴発を免れたラクダで使えそうなものはほとんど残っていなかった。奥地からやって来る隊商も、丘陵のうしろで停止して、あとは荷馬車で積み荷を町へ運び込んでいたが、この隊商のラクダを借りようにも、冬の長旅の後でもあり、とうていいますぐに再度の旅にたてるような状態ではなかった。それならば金を返してもらうよりほかあるまいと言うと、あいにく一銭の持ち合わせもないというにべもない返事であった。

ところが、数人のシナ人旅行者の一行はこれよりもはるかにりっぱな処遇を受けたということを、わたしは後になって聞いた。ラクダの持主もブローカーも、自分たちの経済的損失を覚悟のうえで、あちこち奔走して使えそうなラクダを捜し出し、それを丘陵のうしろに集めてから、さらに客をそこまで荷馬車で送り届けて旅にたたせたというのである。わたしのブローカーは全然そんなことはしてくれなかった。かりにわたしが訴え出たところで、当局ではこれさいわいとばかり、改めて外出禁止を申し渡すだけであろうから、おそらく表立って裁判沙汰にすることはできまい、とたかをくくっていたのである。どうやら手をこまぬいて待つよりほかなさそうだった。ラクダを徴発された持主たちのもとへは、ときおりその後の消息がもたらされた。それによると、ラクダは補給物資を積んで張家口へおもむいたとのことであった。そして任務が終わってからも、釈放される代わりに、戦線の後方に無用のまま放置され、畑にはえた作物を食い放題に食って、日ましに肥っているもようであった。

た。ブローカーも、ほかのみなと同じように、ラクダを返してもらえるかもしれないという、はかない希望にすがりついていた。

八月の初めに、数組の隊商が草原地帯のはずれの百霊《パイリン》廟《ミアオ》に集結して、荷馬車によって運ばれて来た荷を積んで、西域へたつ準備を整えているというニュースが、わたしの耳にはいった。積み荷の大部分は、春の初めごろにすでに輸送の契約が済んでいたものばかりで、それがこのときになるまで発送されなかったのは、おそらく、ラクダが徴発されてしまったためか、あるいはラクダがただちに旅をするのに適さず、毛のはえ代わる季節のあいだ放牧して休養させねばならなかったのであろう。これから新規に契約を結ぶことはまったく不可能だった。一月と二月に送り出された荷は、すべて前の年に鉄道で運ばれて来たものだったのである。もうかなり前から、帰化にはただの一台の貨物列車もやって来なかったが、そのあいだにも西域からはぞくぞくと隊商が到着していた。旅を終えたラクダを夏のあいだ放牧して、持主たちが奥地向けの貨物を捜しているあいだに、物価は暴落の一途をたどっていた。そのため、彼らはほとんど採算を度外視してでも、貨物の輸送を引き受けたがっていた。それというのも、戦局がそろそろ憂慮すべき様相を呈しはじめ、キリスト教軍の形勢が予想外に悪化しつつあることから、彼らは早晩起こるべき総退却のときまでに、手持ちのラクダを安全なところに移しておくに若くはなしと考えたのである。わたしが帰化を訪れた当初、正規の貨物運賃はラクダ一頭分につき四四両《テール》（英貨に換算して、五ポンド強）か、ときにはそれを上回ることもあったが、わたしが町を去るころには、一八両《テール》も出せば喜んで引き受けてもらえるほどの暴落ぶりであった。

わたし自身も早急にここを逃げ出さないと、旅の計画のいっさいがご破算になってしまう恐れがあった。キリスト教軍は、おそらく、退却の際にここを通り、あらゆる種類の輸送手段を根こそぎ奪って行くであろうし、あたりの丘陵や《後背地》には、匪賊にも劣らぬ危険きわまりない落伍兵や脱走兵が満ちあふれるに違いない。そこで、わたしはこれが最後のつもりでいま一度ブローカーに圧力をかけてみたところ、やっとどうにか納得のゆく結果を得ることができた。すでに渡した金のほかに、さらに一〇〇ドルをラクダの持主に前貸ししようと、わたしは持ちかけたのである。するとブローカーのほうでも、それにもう幾らか足して（と言う彼の言葉を信用すればの話であるが）、それで新たにラクダを買い入れ、わたしをたたせようということになった。かくて、以前に相手がたに貸したままになっている金の返済保証として、わたしにラクダの保有権を認める条項を加えた、新しい契約書が作成された。

前回と同じように、わたしは荷馬車で町をたつことにした。わたしの荷物は、一切合財、四頭のラクダに積まれるはずであった。このラクダというのが、いったいいままでどこに隠してあったのか知らないが、とにかく、軍隊でさえ見向きもしないようなひどい老いぼれラクダだったのである。これで一六〇キロあまり離れた地点まで行って、そこで待機しているラクダに乗り継いでその先の旅を続けるという手はずであった。まさにきわどい綱渡りさながらの旅であった。キリスト教軍はすでに壊滅に瀕しており、武器を手にした脱走兵の小集団が連日のように町から抜け出して行った。一、二日もすれば、最前線から後退する大部隊が貨車でぞくぞくと到着し、町中が敗戦の波に飲み尽くされるであろうことは、目に見えていた。

今度もやはりさんざん待たされて、前回のときにも増してやきもきさせられたうえに、いよいよ土壇場になって、またもや約束をはぐらかされそうになったりはしたが、それでも、一九二六年八月二〇日、蒸し暑い午後も遅くなってから、どうにか待望の旅に上ることができた。警察当局では、徴集兵の兵舎で暴動が起こりはしないかという不安に日夜さいなまれて、すっかり気もそぞろになっていたため、わたしのことなどまったく忘れてしまっていた。妻は町の少しはずれまでわたしを見送ってくれた。いよいよ別れを告げ、それからふと足を止めて振り返ると、くぼんだ野道のかたわらのニレの木陰にある盛土の上にたたずんでいる妻の姿が見えた。とたんに、どういうわけか、いままでの張りつめた気持が一度にどっとくじけるのを覚えた。ほんの二、三か月もすれば、アジア中央部のどこかで再び落ち合うことになってはいたが——ただ、それが翌る年まで持ち越されることになろうとは、神ならぬ身の知るよしもなかったが——しかし、それまでのあいだ、わたしは妻をたった一人で、この、領事館からも海軍の砲艦からもはるか離れた奥地の町に、おそらく一両日中に敗走軍が街頭にあふれ、ほとんどまちがいなく略奪が行なわれるであろうそのまっただ中に、残さなければならないのである。もちろん、ここ数か月軍隊の干渉が絶えたために、これまで以上の無法地帯と化した匪賊の国を越えなければならないわたしに比べれば、伝道団に身を寄せている妻のほうがまだしも安全であると言えなくもなかった。だが、いずれにしろ、いまになってわたしの行動が少々気違いじみたものに思われてきたことだけは否めなかった。

それからしばらく行くと、宵闇の迫るころになって雨が降り出した。わたしはやる瀬ない思いで荷馬車の中にもぐり込んだ。しかし、なるほど旅立ちこそはなはだ見ばえのしないものではあったが、今度の旅は、この前のときと比べてまことにさい先がよかった。帰化から峠の入口までは、北の丘陵を抜けるとわずか七、八キロの道のりなのである。途中、この地方を管轄する税関の前を通らねばならず、ここで不審訊問にひっかかる恐れも充分にあった。ところが、ありがたいことに、役人たちは険悪な情勢下にあって日没後表に出ることを好まなかったのか、あるいは、ただ雨をきらうシナ人特有の性癖のせいなのか、屋内に閉じこもったまま出て来なかった。われわれはそこからさらに少し進んで丘陵にはいり、ここで夜を明かすことに決めた。

峠の手前にあるこの峡谷一帯には、一度に数組の隊商が野営とそっくりの要領で休める、広い庭を持った宿屋が幾軒も並んでいた。世が世ならば、はるばる帰化を訪れる隊商の列がひきも切らずこのあたりを通る光景が見られるはずであった。だが、町の城壁はすでに取り壊されてしまったにもかかわらず、依然として「夜間は城門を閉鎖すべし」という滑稽千万な警察条令が守られているのである。そのため、隊商はみな旅の最後の晩をこの峡谷で過ごし、翌朝日の出とともに町にはいるのが習わしであった。

われわれはいちばん小さな宿屋に泊まった。隊商宿ではなく、荷馬車曳きの泊まる宿屋だった。わたしの荷馬車は、大きな山リンゴの老木の陰に格納されたが、この木の回りにはたくさんのラクダがうずくまっており、その姿が厚い木の葉をもれるかすかな月明りにぼんやりと浮き出して見えた。雲はすでに晴れ上がり、夜の空気は冷たくさわやかで、どこからともなく、泥の匂いとは全然違った、湿った土の香りがし、それに混じって、樹木の薫りや、谷底にあるこの宿の軒端に急崖をなして迫る山膚の匂いも漂って来た。宿の建物は、ま新しい泥煉瓦づくりで、内部も、作られたばかりの木組にところどころ赤い塗料による粗い縁どりがほどこされ、壁ぎわには、このあたりの山地の農家が誇りとしている、大きなどっしりした感じの赤いたんすが並べられてあった。

　ところが、ここの住民そのものは、意気消沈し、不安におののいていた。このあたりの散村は、過去二日にわたって数人からなる脱走兵の集団に襲われて食料と金を略奪されたうえに、今日の午後にも、わたしの到着するわずか数時間前に、三度めの襲撃を受けたばかりだったのである。略奪後、脱走兵たちは丘陵の奥に引き揚げたが、まだ付近に潜伏していることも充分考えられた。奪われずに済んだ金と言えば、ほんの数枚のドル紙幣だけであったが、おそらくこれは、事実そうであったように、まもなく反古《ほご》同然になると、彼らが判断したからなのであろう。

　人々の挙措にも何となくそわそわしたものが感じられた。ときおり、小さな子供が奥の部屋から小走りに出て来ては、外国人のわたしをしばしまじまじと見つめた。二人の女が食事を作っていた——からす麦の粉を平たくねり固めたものをまるく棒状にのばして、これを沸騰した湯の上にわたした篩《ふるい》に載せて蒸し上げるのである。これが、一年三六五日、ここの住民たちにとっての唯一の主食であった。一人の老婆が部屋の隅にうずくまって、長いきせるを喫いながら、聞こえよがしに唾を吐いたり、口の中で何やらぶつぶつぶやいたりしていた。山間部落の女たちは、都会の女と違って、男たちの前でも常に気ままにふるまい、ときには世間話の仲間入りをすることさえあるほどだった。

　わたしもなぜとはなく落ち着かなくて、そっと戸口のところへ行くと、しばらくそこにたたずんで内庭をながめやった。そうしているあいだも、たえず何かおそろしい異変が起こりそうな予感がしていたが、だからといって——現に身もすくむ恐怖を体験した気の毒な村人たちの場合とは異なり——それはただ、当人の心の中にしか存在しない恐怖の幻影にすぎなかった。だが、とにかく、こうした落ち着かない気分を嘲笑するかのように、ふだんと変わりなく村人の素朴な生活が営まれているのを見ると、なぜかそのもどかしいまでの鈍重さがひしひしと膚に迫って来るかのようで、その緊張がいっそうわたしの神経をいらだたせるのだった。戸口にたたずんでいるあいだ、餌を反芻《はんすう》しているラクダや、足を踏み鳴らしている荷びき用のラバや、うなったりかん高く鳴いたりしている黒い子豚や、月明りの中から暗い物陰へ足音もなくさっと身を隠す犬の気配を、わたしは眼や耳でとらえる代わりに、むしろ直接心に感じ取ることができるようであった。隣の内庭に人声がして、屋内の灯が射していたが、道の上には動くものの影一つ見えなかった。ときおり、頭の上で山リンゴの木がかすかな葉ずれの音を響かせていた。

しばらくすると、わたしの乱れた心もだいぶ静まった。そこで、部屋に戻って、シナのパンを少し食べ、そのあとでタバコを喫ったり茶を飲んだりしているうちに、蒸し暑い部屋の中に立ちこめた人いきれや、糞を乾かして作った燃料や、シナのタバコや、新しい木の香や、カン（炕、シナで用いられる一種の寝台）に掛けられた蒲団や毛布などの匂いに酔ったのか、少し眠くなってきた。すぐにわたしは寝袋を広げて、服を着たままでその上に横になった。さめているとも眠っているともつかぬ状態でうとうとしていると――こうした状態は、安らかな気分にあるときにはまことに快いものであるが、逆に気がたかぶっていると、まるで悪夢にうなされているのも同然である――近くでひそひそとささやかれている会話の断片がわたしの耳にはいった。シナの農夫たちのささやき声というのは、喉の奥から発する声で、ちょうど歯が幾本か欠けたのこぎりをひくときのような響きなのである。話の様子では、どうやらわたしはキリスト教軍に加わっていたソ連の将校ということで、本隊より一と足先にウランバートルへ逃げて行く途中だと思われているようだった。これにはわたしも大いに当惑したが、さりとてわざわざ否定するほどのことでもなかった。なまじ否定などすれば、かえって彼らの確信を強めるだけである。それにしても、何とくだらないことに心をわずらわすわたしであろう！　スパイだと思われようと、雇われ軍人だと思われようと、あるいは旅先でよりも新聞などでよく見かける類のとてつもない怪人物だと思われようと、そんなことはどうでもよいではないか。帰化のごときくだらない町に妻を一人残して、くだらないラクダの群れなどを引き連れてモンゴルのようなくだらないところへ旅立ったことだけでも、すでに心配の種は充分過ぎるほどではないか。

そうは言うものの、この会話を小耳にはさんだおかげで、われわれはまったく思いがけない幸運にありつくことができた。と言うのは、モーゼもこの話を盗み聞いたらしく、たちまち天来の妙案が彼の心に閃いたのである。

（1）どういうわけか、昔の探検家たちはこれをユイン・シャンまたはイン・シャン（陰山）と呼び習わしていた。
（2）ユール『マルコ・ポーロ士の書』ロンドン、ジョン・マレイ社刊。
（3）いわゆる《生き仏》には幾つかの位階があって、ウランバートルと帰化のフトゥフトゥの上には、ラサとタシ・ルンポに居を構えるチベットの大活仏があり、彼らの下にもまたモンゴル諸地域に君臨する多くの群小権現が並んでいるのである。

3　ヒバリの寺を目ざして

　無事に峠に達したわれわれは、帰化から大青山山脈を抜けて北の草原地帯にいたる公道上に出た。この峡谷の帰化側の進入路は、把口《バコウ》、すなわち峠の口と呼ばれており、ここから道はさして傾斜の大きくない上り坂をなして二二、三キロ進み、最後に急勾配の斜面を上り詰めると、その先は二つに分かれて、一つは急な下り坂となって西に面した峡谷に下り、いま一つはより真北に近い進路をとって別の峡谷にはいってから、さらに長い上り坂に沿って山を越え、可鎮《クオチエン》にまで達している。帰化からの全行程は優に四八キロはあったが、そのほぼまん中あたりにそびえる山嶺がいわゆる蜈蚣爬《ウクンパ》であった。パ（爬）というのは、天津では、よろめくとかやっとのことで歩く、または纒足《てんそく》の女のような歩きかたをする、という意味の言葉であるが、北西地方の方言においては、山道を上るとか、深い砂地を歩くとか言った意味に用いられ、また名詞として用いると山越えの道を意味するのである。

　蜈蚣爬は、今日、帰化から、このあたりでいわゆる《輿地》の名で総称されているモンゴル高原にはいる道のうちで、最も安全な道であるが、昔は荷馬車が通れないほどのひどい悪路だったのである。一、二年前に、数台の荷馬車がこの峠で豪雪に埋まり、人が一人凍死するという事件が起こったのがきっかけとなって、よりゆるやかな勾配の道が新たに作られた。この新道は、ゆくゆくは自動車輸送の路線として使用するつもりで作られたものらしく、現在のままでも自動車の通行が可能であり、おそらく、鉄道輸送の補いとして物資を市場へ運ぶ自動車便が開設される日もそう遠くないに違いない。

　平地から広い高原地帯に通じる山道は、このほかにもまだかなりあるが、それらはいずれも狭隘な峡谷を経由するために険阻をきわめ、とうてい荷馬車の頻繁な通行など望めないばかりか、ラクダによる輸送ですらそう多くを期待できない現状なのである。こうした事情が、大規模な密輸を阻止するうえに役立っていることは確かであるが、それでもアヘンのような小さい高価な荷なら、矮馬に乗った商人や、二、三頭のラクダをひいた人たちの手で、税関をへずに帰化に持ち込むこともきわめて容易である。隊商の仕事に従事する連中のあいだでは、西部の奥地で持ち金を投じて安価なアヘンを買い入れるということがごく普通に行なわれており、とくに帰りの旅が冬季にわたる場合にそれが盛んである。と言うのも、暑い気候の下ではアヘンが匂って容易に発覚してしまうからなのである。連中のやりかたは、帰化に戻る途中、あと二、三日で町に着くというところに、たいてい仲間の一人を隊から遅れさせ、脚を痛めたラクダや疲れきったラクダをひいてあとからゆっくりとついて来させる。その際、古ぼけた荷鞍をこのあとから来るラクダに託すわけであるが、わらを詰めたその鞍敷きの中には、多量のアヘンを難なく隠すことができるのである。ラクダを任された男は、それから人気のない峠のどれか一つを通って山を下り、平地にはいってから向きを変えて、あたかも大隊商路を旅して来たのではなくて、どこかそのあたりの村からでも出て来たような顔をして、帰化に着き、かくして誰にも疑われずにまんまと町の中にもぐり込んでしまうという寸法なのである。

われわれは、いよいよこれから峠を越えなければならなかったが、この峠こそ、われわれの帰化《脱出行》において遭遇する最も厄介な障害の一つなのである。蜈蚣爬の向こう側に、帰化の当局が直轄する分哨があって、ここで荷馬車やラクダの通行を取り締ったり、積み荷の一つ一つに対して少額の追徴税を取り立てたりしているのである。旅行者や隊商はすべて、ごく近いところへ出かける場合でさえも、人やラクダの数と、積み荷の内容と、目的地を記載した許可証を携行しなければならない決まりになっていた。ところが、そうした必要書類をすっかり用意してくれるはずのブローカーが、われわれを卑劣きわまるペテンにかけたことに皆が気づいたのは、すでにわれわれ一行がこの分哨のほとんど目と鼻の先にまで来てしまってからであった。ブローカーは、モーゼに向かっては、書類はみなラクダをひく男に渡してあると言っておきながら、当のラクダひきには、書類はわれわれに渡したと言ったらしいのである。どうやらこのブローカー、警察でいろいろと問いただされるのがこわくて、書類の申請を全然やらなかったというのが真相のようであった。

モーゼが前の晩に宿屋で聞いたないしょ話から思いついた妙案なるものを実行に移したのは、まさにこのときであった。わたしはそのときすでに荷馬車の中でぐっすりと眠り込んでいたので、彼は自分一人で実に有能かつ迅速に全作戦を遂行したのである。世情穏やかならぬ昨今のこととて、見慣れぬ旅行者と見れば必ずやきびしい詮議をせずにはおかないであろう検問所の前へ、通行証も持たずにやって来てしまったからには、押しの一手で行くよりほかないと見てとった彼は、さっそくラクダ曳きの男にちょっと耳打ちをした。すると、この男もまた、同業仲間の例にもれず、密輸業者の本能を持ち合わせていたとみえて、くどくど言われるより先にすばやく意のあるところをくみ取って、ラクダの足を早めさせ、たちまちわれわれを数百メートルも引き離した。検問のために停止を命じられると、彼は苦情を述べ立てるときのような調子で、実は徴発されて輸送に当たっているのだと訴えた。だから、この仕事の性質を証明するような書類は何も持っていない。自分もラクダも、一と言の説明もなしにこれこれしかじかの衙門《ヤーメン》に連れて行かれ、そこでこの荷をラクダに積ませられたのである。たぶん後から来るおかたが旅の目的などをご存じらしいが、あのおかたはたいそう素っ気なくて、こちらから何を尋ねても教えてくださらない。それだけ言うと、許しも待たずに男はさっさと歩き出した。検問所の役人たちはいささかあっけにとられて、そのまま彼を通してしまった。

ラクダを全部先へ行かせるために、荷馬車はゆっくりした速度で進んだ。ようやく検問所に着くと、役人たちはおずおずした慇懃《いんぎん》な調子でモーゼに問いかけてきた。シナ奥地の徴税役人が慇懃な態度に出た場合には、おうへいに構えて応対するのが安全であるばかりでなく、こうするのが最良の策でもあると言われている。概して、連中は弱い者いじめが得意であり、しかもその手口はすこぶる陰険で、とくにその道のベテランともなると、貧乏人の弱味を握ったり、無力な人間をかぎ分けたりすることにかけては驚くほど敏捷なのである。そんな彼らが慇懃な態度に出たというのは、とりも直さず、確信がぐらついていて、徹底的に究明することをためらっている何よりの証拠である。そうと見抜いたモーゼは断固とした調子で、自分にはそれについて答える権限が与えられていないと応酬した。だから、もしあなたがたにそれをするクン・シー――つまり権限もしくは職権――があおりなら、ひとつ中においでの旦那（ウエイ《偉》という尊称を用いたのである）に直接お尋ねになるがよかろう、旦那はいまお休みになっておられる。こんな些細な用件で旦那をお起こしするような非礼は自分にはできない。だから、それをするからにはあなたがたも然るべき責任をとっていただかねばなるまい。そう言われて、役人の一人がわたしの隠れ家の正面をおおったカーテンの端を上げて、おそるおそる中をのぞき込んだ。彼の眼に映ったのは、一足の外国製の靴と、その先にのびる二本の外国人の脚であった。彼はそっとカーテンを下ろした。概して外国人というのは、ありとあらゆるいかがわしい仕事に首を突っ込んでいるものと相場が決まっており、キリスト教軍でも、外国人に対しては誰彼の差別なくきびしい態度でのぞむのがたてまえになっているということは、彼も聞き及んでいた。しかし、ここにいる外国人の場合、たとえいかがわしい仕事をしているにしろ、衙門というちゃんとした官庁の口添えがあるとすれば、いまさらそれにとやかく横槍を入れたりするのも能のない話であろう。そう言えば、キリスト教軍から厚く遇されている得体の知れぬ外国人がほかにも何人かいるという話ではないか。こんなぐあいに役人がまだいずれとも決めかねているあいだに、モーゼは、「さあ、出かけよう、ジェイムズ」とでも言わんばかりに、荷馬車の御者をひじでつついた。と、御者は待ってましたとばかり、馬車を進ませた。

こんなやりとりがあったことをわたしが知ったのは、あとで少し歩いてみようと思って馬車から下り立ったときであった。モーゼは、ことの顚末を語り聞かせるあいだ、子供のように得意げな作り笑いを浮かべていたが、そのそばでラクダ曳きの男も、しきりに首を振りながら、せせら笑うようににやにやしていた。「ちょっと高飛車に出てやりゃあ、あのとおりでさあ」と彼は言った。ラクダを曳く男にとっては、日ごろ、逃げ場もないようなまの悪い道の曲がり角などから急に現われて、袖の下を使うよりほかに返答のしようのないような訊問をしかけて来る、いまいましい役人どもを、まんまとへこますことのできたのが、何とも痛快でならなかったのである。

時刻はちょうど正午であった。やがて昼を少し回ったころにわれわれは、水の涸れた河床を利用した、細かい砂利や柔らかな砂ばかりの困難な山路を、悠長な歩調で上って行く迷惑千万な数台の牛車の列に追い着いた。どうやらそれは、引っ越しをする数家族の農民の一行らしく、その悠揚迫らぬ旅の姿にはまさに、シナ全土を再三にわたって吹き荒れる政変や戦禍などはどこ吹く風と言った無関心さがあった。沿道の住民がみな不安におののいているのを見ても、彼らの春風駘蕩の足並みだけはいささかも乱れないのである。いったい誰が、急いで逃げるためにわざわざこんな牛車を奪ったりするものか、とでも言いたげであった。それに、肉を食べる目的でこんな牛を捕えて殺すような者がいるとも思えない。鞍に積んで運ぶというわけにもゆかぬであろうし、それに肉がほしければほかに幾らでも羊が手にはいるのだから。

この連中は、おそらく、高原地方のより安価な土地でより広い畑を耕そうとして、帰化の平地を捨てて来た農民なのであろう。荷車の外側には、およそ紐で結ぶかロープで縛るかすることのできるあらゆる品物がくくりつけてあった。それ以外の物はすべて車の中に積まれ、揺れるたびにがらがらと音を立てていた。女たちは荷車に乗ったきりであった。と言うのは、山西の女は、一日中立ったままでいろいろ働かなければならないため、例の纏足という古い習慣をがんこに守り通しているのである。そのため、家の中や農場の回りぐらいはどうにかよちよちと歩けても、朝から晩まで歩き続けるなどということはとうていできないのである。男たちはみな歩いていた。子供たちはと見ると、互いに髪の毛を引き合ったり、道にすわりこんで大声でわめき立てたりしていたが、みな歩き疲れてひどく気が立っているようだった。一方、乳飲み子は、はじき飛ばされかねない車の動揺から守るには母親の胸に預けるしかなく、どの赤子もひるのようにぺったりと母親の胸にすがりついて、満足げに眼をぐるぐる動かして太陽の照りつける山腹をながめ回していた。

やがて牛車の一行が停止した。牛はかじ棒や引き革につながれたまま、その場に横になって休んだ。男たちは道のまん中に数枚のむしろとフェルトで即製の日よけを作って、その下に寝ころんでアヘンを喫いはじめた。女たちはそのそばにじっとすわり、子供たちは互いに喧嘩をするか眠るかしていた。われわれも、まもなく、小ざっぱりした新しい宿屋を見つけて――小ざっぱりしていれば、それはまず建ったばかりの宿屋に決まっているのであるが――そこで一と休みすることにし、うだるように暑い丘の斜面にラクダを放って、そこにはえているほんの一と握りほどの堅い雑草を食わせてやった。われわれは何とか百霊廟への旅程を一日短縮しようと懸命だったのである。そのためには、昼間だけ旅をして夜は休むという方法の代わりに、昼夜の別なく進んでは休み、それからまたすぐに出発するという強行軍をとらざるをえなかった。知らぬが仏とはよく言ったもので、われわれが休んだ宿屋の主人は、何と、後日わたしがモンゴルのはるか奥地で出会った匪賊の兄弟だったのである。われわれのほかに二人の男がこの宿屋に休止して、茶を飲んだりアヘンを喫ったりしていたが、この二人とはその後しばしば道連れになったりして親交を結ぶ機会があった。やっとわれわれが宿をたったのは、高い山地のあたりはまだ空に午後の光が残ってはいるが、谷間にはすでに夕闇が忍び寄り、暑かった丘腹が冷えるにつれて微風が吹きはじめる時刻になってからであった。陽が沈み、夜の闇が訪れ、ついで月の光があたりの景色を浸すのを見ながら進むうちに、両側の丘陵がしだいにせばまって、やがて峡谷はゆるやかに起伏する高原地帯に向かって開きはじめた。再び休息のために停止したとき、われわれは可鎮を隔たることわずか一・六キロの地点にまで達していた。

今度の宿屋は新しくなかった。わたしがそのことに気づいたのは、炕に臥して休もうとしたときだった。と言うのは、ここのナンキン虫はなかなかの古つわものぞろいだったのである。ナンキン虫は普通光をこわがるものとされているのであるが、ところがどうして、油を満たした小さな陶器の鉢に灯心を立てて一と晩じゅうくすぶらせておいたにもかかわらず、奴らは猛然と襲いかかってきて、陸に打ち上げられた鯨さながらにわれわれのからだを食い荒らしたのであった。

翌朝、われわれは日の出前に宿をたった。このあたりは、国じゅうでもとりわけ不穏な地方で、脱走兵が群れをなして荒らし回り、略奪と殺戮をほしいままにしていたのである。われわれは、可鎮の町の土の煙突から夜明けの蒼白い光の中にうっすらと立ち上る煙をはるかかなたに見ながら、町を遠く避けて通った。この町の起源は、そのモンゴル名クク・イルゲン、すなわち《青い布》という名からもわかるとおり、奥地との貿易所であって、現在でもこの名はシナ語の名に劣らぬくらい広く用いられている。周辺の土地がモンゴル人の手を離れ、シナの農民に開放されて以来、この町もめざましい発展を遂げて、シェン（県）、すなわち地方の中心都市となり、行政府も置かれて、町の名も正式には武川県《ウチュアンシエン》と呼ばれるようになった。それによって、この町にも城壁をめぐらす資格が生じ、ここに新興のシェン都市のすべてが慎重に考慮すべき問題が提起されることとなった。と言うのは、元来シナ人は城壁に囲まれて暮らす安心感を好み、巨大な城門の威厳を愛する国民なのである。だが、実際には、城壁というものは、野盗や匪賊を防ぐにはまことに便利な手段ではあるが、戦争の際にはほとんど無用の長物と化してしまうのが常である。加うるに、それの構築には莫大な費用を要するのである。可鎮の住民はその辺の事情をよく心得ていたとみえて、結局、威容を誇るとともに、古い慣習に敬意を表する意味もあって、政府の高官を迎えるのに便利なようにと南の方角に面して表門だけを建て、城壁のほうは、造ったつもりだけで満足することにしたのであった。

可鎮（と呼ぶのは、この町の名称として最も正確さを欠くうらみがあるわけであるが、当然のことながら、かえってこれが一般には最もよく用いられているのである。クオ〔可〕というのは、クク・イルゲンをシナ語に音訳した長いつづりの最初の文字であり、チェン〔鎮〕は地方都市よりも格の低い町のことを指す言葉である）は、峠の奥の入口を固める要衝として、帰化とは一本の電話線によって結ばれていた。われわれの中には、さしあたって、電話の厄介になりたいと思う者は一人もいなかった。それというのも、一つには、この種の旅ではしばしば靴が山峡を通り抜ける際の切符として大いに役に立つらしいのであるが、しかしこれが電話で訊問を受けたとなると、まさか返答の代わりに靴を受話器の前に差し出すというわけにもゆかないのである。だから、一刻も早く可鎮を通過したいものと、われわれも躍起になっていた。この町さえ無事に抜けてしまえば、あとはトルキスタンに着くまでのあいだ、正式な行政機関のある町は一つもなく、したがってたとえ捕えられたとしても、正式な手続きを踏んだ取調べを受けたり、われわれの身許を中央の機関へ即刻照会されたりする危険からは完全に解放されることになるのである。もちろん、これから先でも、役人の地位を振りかざす人間どもに出会うことはあろうが、そんな場合には、彼らがいかなる言動に出るか、そしてわれわれがそれに対していかに応じるかは、要するに、力とか人数とかいったごく単純な事柄によって決まるに違いない。そして事実、あとで述べるとおり、ときには役人が勝ちを占めることもあったが、またときにはわれわれのほうが勝つこともあったのである。

ありがたいことに、可鎮の役人たちは、まだ外へ出るには早過ぎる時刻だったとみえて、みな家の中に閉じこもっていた。おかげで、われわれはただ彼らの眼にとまらないように気をつけさえすればよかった。やがて、この地方を灌漑する小さな流れのほとりに達したとき、奥地に向から荷馬車の一隊が野営しているのに行き会った。彼らは数隊分の隊商の荷を運んで行く途中であったが、これより先へ進むのを恐れ、ひとまず数人の男を偵察に送り出したところであった。われわれの行く手には、ごく最近に匪賊や脱走兵が出没した地区が幾つかあるから、としきりに警告してくれる彼らの厚意を感謝しながら、われわれはなおも前進を続けた。やがて、回りに広々とした平地が開けてきた。折から太陽が上り、細長く仕切られた耕地や、焼けただれた牧草地の草の上に、澄み切った強烈な朝の光がさんさんと降りそそぎはじめたが、あたりのながめは奇妙に閑散とした感じだった。それもそのはず、ここの農民はそれぞれの農場に分散して住まずに、シナ本土におけると同じように村落を作って、そこに固まって生活しているからであった。われわれのラクダは歩きながらしきりに道からそれて、畑の作物を失敬するのに余念がなかったが、一方、ラバのほうは深い轍《わだち》のしるされた赤土の道に沿って荷馬車をひいて進むのに懸命だった。はるかかなたに、青や赤紫色にかすんだ丘陵が見えてきた。ラクダをひく男の重い足どりにも何となくきびきびしたものが感じられ、荷馬車の御者も仕事に打ち込む男の心意気よろしく、高らかに鞭を鳴らした。「この調子で、途中悪者にも会わずにヒバリの国まで行けるようだと、おれたちの運も、たしか

チャオ・ホのモンゴル寺院

に、まんざらでもないというものだ」と彼らは互いに話し合ったことであった。

ラクダの大放牧地のはずれにある百霊廟までは、まだ一六〇キロ近い旅が残っていた。近年、帰化周辺の土地はしだいにモンゴル人の手から買い上げられて、シナ人移住者に分配される傾向にあり、そのため、今日では、その広大無辺の大地を吹き渡る烈風のほかはモンゴル的特徴を持ったものはほとんど何一つ残っていないのである。シナ北部の大平原は、行き尽くし果てがないのではないかと思われるほどに平坦そのものであり、ために距離感さえも鈍ってしまうほどであった。かような単調きわまる地域を出てモンゴル高原に足を踏み入れた瞬間に、人ははるかな遠景の持つ美しさを思い出して、いまさらのごとく驚嘆の念に打たれるのである。それは、主として、山脈の存在が景色の奥行を意識させてくれることによって、人は距離の何たるかをあらためて痛感させられるからなのである。水の乏しい夏の畑にわずかばかりはえた作物が朝の風にそよいでいるこの広漠たる大地の広がりをながめ渡したわたしは、あと二、三日もすれば、はるか遠くに山並みが見え、奥行もあり色彩にも富んだかの大高原のまっただ中を、隊商を引き連れて旅をしているであろう自分の姿を思い浮かべて、われ知らず子供のような喜びに胸をおどらせた。この山脈を越えれば、向こう側には未知の国が開け、おそらくわたしは、生涯にただ一度、そこを旅する機会を得て、ほんの数十日間とは言え、いまに残る太古の生活をつぶさに体験することができるのである。

われわれは、昨日と同じように、日ざかりの数時間を避けて、泥の家が立ち並ぶ村で休息をとった。そして、暑さがやわらいでから再び行進をはじめ、月が沈むころまで歩き続けて、その晩はチャオ・ホ、すなわち《寺の川》と呼ばれるあたりに宿営した。このあたりは見渡すかぎりの広野で、匪賊にとってまたとない活動の場所であった。襲撃するのに容易であり、待ち伏せをするための格好な起伏にも富んでいるうえに、矮馬で遁走するのにもまた理想的な地形なのである。さらに、いつでも食糧を入手できる村がここかしこに点在し、中には、裕福そうな隊商の到着を通報する密告者が配置されている村さえもあった。騎兵隊が討伐に乗り出して来れば、匪賊たちのほうではただ大青山山中に逃げ込みさえすればよく、討伐隊としても、そこまで追い討ちをかけては待ち伏せに会う危険もあり、とうてい勝ち目はないのである。実際、匪賊の多くは、この山岳地帯にある寒村の住民であり、徒党を組んでいないときの彼らは、石ころだらけのわずかな畑を耕すか、数頭の羊を飼うかして、細細と暮らしているしがない小作人なのである。襲撃を終えると、次の機会まで武器のたぐいはすべて、屋根裏とか、泥壁のうしろとか、炕（カン）の中などに隠しておくのである。

これらの匪賊から隊商を守る目的で、帰化の商業会議所では、一九一七年に、パオ・シャン・ツァン（保商団）、通商警護団と称する団体を設立し、富裕なモンゴル人を選んでその最高責任者の地位につかせ、さらにかつて匪賊だったことのあるいま一人のモンゴル人を副司令官に任命して、実戦の指揮に当たらせた。その後の戦いにおいてこの男は、有能な指揮官であるとともに勇猛果敢な戦士でもあることを証明した。その下に働く騎馬隊員たちは、少数のシナ人を除くと、ほとんどがモンゴル人であったが、彼らもまた不屈の勇士ぞろいであった。彼らの中にも、以前は匪賊であった者が少なくなく、またそのほとんどの者が、もし匪賊討伐隊に雇われてさえいなかったら、自ら匪賊にもなりかねない連中ばかりであった。彼らに支払われる給料は、月にわずか数ドルにすぎず、しかも馬はすべて自分持ちであった。そのため、隊員の中には隊商に加わっている知り合いの依頼で、アヘンをひそかに帰化に運び込むことによってわずかばかりの副収入を得ている者もあったが——制服の男を調べたりするような徴税吏のいるはずもなく、これこそまさに絶対安全な方法というべきであった。また中には、ほんの二、三か月働いてから飄然と馬で立ち去り、辺境地方に出没する、ところ定めぬ無頼の徒や一旗組の野武士らの群れに加わる者もあった。

警護団を維持するための費用として、商業会議所ではその会員からラクダ一頭分の荷ごとに少額の税金を取り立てるうえに、さらに護衛を受けた旅行者からもそれを若干上まわる額の税を徴収するという方法を採ったのである。さしたる危険も起こりそうにない場合には、通常一人ないし二人の騎馬隊員が隊商の警護に当たるが、匪賊の動きが活発になると、さらにそれ以上の人数の分遣隊が送られることになっていた。警護団の人員は総勢合わせて約四〇〇人、帰化に兵舎を持っている他に、チャオ・ホには泥造りの砦があって、ここに司令官と副官が駐在しているのである。さらに百霊廟にも、小規模な砦が一つあった。この軍団が設立されてからというものは、護衛のつく区間内で隊商が匪賊の襲撃を受けたという話はほとんど聞かれなくなった。他にこれと同じような警備隊が包頭にもあって、町に出入りする隊商の警護に当たっているということであった。

ひとたび隊商が草原地帯にはいってしまえば、匪賊に襲われる危険もはるかに薄らぐのである。なぜなら、大きな集団をなした盗賊は農耕地帯を離れたが最後、たちまち食糧難に陥って、せいぜい数日間しか行動することができないであろうし、そうかと言って少人数で行動すれば、モンゴル人の住民たちから手酷い処遇を受けるに決まっているからである。しかし、われわれ一行がこの警護団の砦の前を通りかかったのを見ても、彼らは護衛隊を出してくれなかった。と言うのも、折から匪賊ならぬ脱走兵の集団による襲撃の危険が高まっていたからであった。これらの集団はときには数百人もの大勢力に上ることもあり、そのほとんどが甘粛への逃走路を求めて移動しているのであった。これほどの大部隊になると、とうてい警護団の手には負いかねるばかりか、ある意味で、この両者は互いに気脈を通じ合った、いわば戦友同士でもあったのである。かてて加えて、この警備隊を率いる二人のモンゴル人指揮官はともに、チャオ・ホという地名の起こりとなった、この地の寺、というよりはむしろ僧院と呼ぶにふさわしいものであるが、それの安泰をはかることになみなみならぬ関心を持っており、自分たちの部下を糾合してこの寺を危害から守ることさえできれば、周辺の地域などは落武者どもの蹂躙《じゅうりん》に任せてもかまわないというつもりだったのである。この寺というのが、ほかならぬ、かつて帰化の教団の首長であったかのフトゥフトゥ、すなわち活仏なる人物の住む寺なのである。現在の寺は、昔の建物のあとに新たに建て直されたもので、活仏自身も市内の寺に住むことを好まず、もっぱらここを常住の地としているためこの寺には——少なくとも、一般に信じられているところでは——聖者自身のほかに、驚くべき財宝があまた秘蔵されているとのことであった。

一応地図の上では、本街道と呼ばれる道が砦と寺の前を通っていることになっており、シナ人が奥地のこのあたりにまで進出して来る以前には、そこからウランバートルへの道が分岐していたのである。しかし、いざやって来てみると、本街道らしきものはなく、ただ漠然とした通り道がしるされているだけで、このあたりの村から帰化や草原地帯に穀物を運ぶ荷馬車の通行によって踏み固められた、同じ方向に走るおびただしい道のどれか一つを、荷馬車は任意に選んで進めばよいのである。われわれは、砦から数キロ川をさかのぼったあたりで商人の簡易宿泊所を見つけてそこに泊まり、あくる朝早く再び旅路についた。例の《悪人ども》に本街道の上で襲われるか、それとも村の道のどこかで襲われることになるのかまったく予測がつかず、すべては運を天に任せるよりほかなかった。この日は昼どきの休息をとるのをやめてそのまま前進を続け、ユルトが二つ三つ立ち並んだ、帯状にのびるモンゴル人居住地を通り抜けて、午後遅く、シナ人定植地の最前線である察察《ツァツァ》にたどり着いた。この、細長い形に広がるわずかばかりの耕地は、いわば大部分のシナ人開拓者の住んでいる地域の前線をはるかに飛び越えて、モンゴル人居住地のまっただ中に作られた島のごときものであった。このようにして、少人数の集団の植民によって牧草地を侵食して行く方法を用いると、モンゴル人の住民が孤立状態に陥ることをきらってその地を引き払うため、わずか二、三年のうちに前哨部落の背後の土地をも、いとも簡単に手に入れることができるのである。

察察は、百霊廟から約六四キロの地点にあり、四方から集まる荷馬車路はこのあたりで一つに合流していた。この部落の近くに、土と雑草におおわれた濠と城壁の残骸からなる奇妙な境界線が、ほぼ東西に果てしなく続いており、村はその南側に位置していた。どうやらこの城壁は、プルジェワルスキーが一八七一年の探検旅行の際に報告している例の城壁(彼が発見したのは、もう少し東に寄った地点らしいのであるが)と同一のもののようであった。わたしが質問をしたシナ人たちはいずれも、それが自然の造成物か、さもなくば廃棄された灌漑水路の跡であろうと断言し、昔の防塞跡かもしれぬというわたしの考えを一笑に付した。《万里の長城》との類似を指摘しても、彼らはいっこうにわたしの説には納得しそうになかった。だが、それがこの地方の外縁を取り巻くようにして走っていることから考えても、灌漑用の水路として作られたものでないことだけは確かだった。考えられる結論はただ一つ、それはかつて帰化の平原を支配した古代王国にゆかりのあるものに違いないということである(なぜなら、北方からの侵略に対してこの広い高原地帯を防衛するためのものとしては、ほとんど役に立たなかったであろうから)。おそらく、それが築かれた目的は、王国の領土を拡大するためか、もしくは、よりありうべきこととして、遊牧民が大青山山脈に潜入し来たって、さらにその峡谷を根城にして黄河流域の定住地を襲撃するのを阻止するためだったのであろう。

私見によれば、この城壁こそ、マルコ・ポーロが「テンドゥークの国」の中で言及しているかの北辺の境界もしくは外堡そのものにほかならないようである。(1) 最初にユールが取り上げ、その後コルディエによっても論じられた問題の一つは、ほかならぬ、帰化地方がネストリウス派の流れをくむテンドゥーク王国の一部であったか否かということであった。ポーロと、モンテ・コルビーノのヨハネ(彼は一三世紀の最後の数年を北京で過ごしたのである)はともに、同じネストリウス派の王国のことを扱ったと思われる記述の中で、この国をプレスター・ジョンの伝説に結びつけている。ユールは、プルジェワルスキーの著書(2)がイギリスで刊行されるのに際して、これに序文を寄せ、さらに簡単な解説をもつけたりしているが、この古代の城壁については、彼もコルディエも一言の言及もせず、これが最もみごとな形で現存する考古学的物証であることを全然認めていないのである。コルディエはパラディウス管長の言葉を引用して、マルコ・ポーロとモンテ・コルビーノのヨハネがテンドゥークの王朝をプレスター・ジョンの後裔と見なしたのは、おそらく名前の混同によるものであろうと論証している。プレスター・ジョンの原型となった中央アジアの君主の一人に、アウン・ハンという名の人物があった。この名を一部シナ語に書き改めれば、ワン・ハンとなり、これだと、おそらくオングートのごく普通のシナ名であると思われるワン・クと容易に混同されるおそれがあるというのである。このオングートというのは、満州系のツングース族の一つだったようである。「ワン・ク族は、最初、これらの部族」――すなわち、帰化の北方に住む諸部族――「を統べる王家として登場し、そのうちのイン・シャン・ワン・クは金朝の領土であるシナ北部の辺境地域の守りにつくかたわら、放牧の仕事にも当たった。後に、金朝は、砂漠に住む部族の侵攻を食い止めるため、タングート王国の境界から満州にまで及ぶ長大な城壁を新たに構築して、イン・シャン領内の主要地域の防衛をワン・ク王朝に委ねた。」

ここに述べられた塁壁と言うのが、どうやらわたしの見た城壁のことであるらしい。金族またはチン族とは、一二世紀にシナ北部を支配していたダッタン人もしくはツングース族の王朝のことである。「タングート王国の境界から」発すると記されたこの城壁は、タングート王国の首都が今日の甘粛省の寧夏にあったことから考えて、おそらく、黄河上流地方のどこかを起点としていたものと思われる。陰山《イン・シャン》とは、より正確に言えば、大青山のことである。ところで、このワン・ク王朝こそ、後のネストリウス派の信徒であり、したがって彼らの王国がその後いわゆる「テンドゥークの国」と呼ばれるようになったと見てさしつかえないようである。さらに私見をつけ加えるならば、この民族の一大合流点において、多くの部族を同化吸収したことによってワン・ク王朝は、かのトゥメット・モンゴル族へと発展する礎を築いたと考えられるのである。
いまは亡きこのネストリウス派の王国に関して、最後にもう一つあげておきたいのは、ユールがいみじくも「興味ぶかくももどかしい話」と名づけたところの、かのネイ・イライアスなる奇怪な人物から聞いたと言われる物語である。この人物の書き残したものはほとんど公刊されてはいないが、それでも今日われわれの目にふれるものもかなりあり、それによってこの人物がきわめて魅力的な探検家であったことが充分うかがわれるのである。

わたしが帰化のチェン（テンドゥーク）にいたとき、一人の老人が訪ねて来て、自分はシナ人でもモンゴル人でも回教徒でもなく、この町から少しばかり北に行ったところにある領地に住んでいる者であるが、この土地は、昔、皇帝から自分の先祖に特別に賜わったものであって、いまでもそこに数家族の子孫が暮らしている、と語った。次いで彼は、自分の家族と皇帝一族との姻戚関係に語り及んだが、わたしにはそのつながりぐあいがはっきりのみこめなかった。さらに、これもわたしにはよくわからなかったのであるが、世が世ならば自分は王侯になっているはずだったとか、現にそうであるとか言った意味のことを話した。そのときたまたま他の者たちが部屋にはいって来たため、彼は話をやめてそのまま帰ってしまった。……彼が部屋にいたのはせいぜい一〇分くらいであり、これを見ても、興味深い情報というものはまったくの偶然にでもよらないかぎり、いかに手に入り難いものであるかということがよくわかるのである。……そのときふとわたしが考えたのは、ひょっとしたらこの男こそ、テンドゥークのジョージ王の末裔なのではないかということであった。実は、貴著『マルコ・ポーロ』伝の範にならって、わたしもかねてより貴著によって示唆された問題について鋭意調査を行なっていたのである。……帰化県にいるあいだ、わたしは厳重な監視下に置かれ、わたしの召使などもわたしに対して、過度の詮索をつつしむよう警告せよと、再三にわたって迫られていたようであった。

ワン・ク族の王家の子孫には、モンゴル皇帝の女婿となった者も幾人かあったことを考え合わせると、ネイ・イライアスの述べている老人というのも、おそらく、ワン・ク王家と血のつながりがあるのを理由に皇帝との姻戚関係を主張したのではないかと思われる。それにしても、ここに記された会話が行なわれたのは、満州人がシナを支配していたころのことであり、満州人の王朝には、それより数百年も昔に存在したモンゴル帝国とのつながりは全然なかったのである。したがって、かの老人は、満州人でないとすれば、おそらくトゥメット族の子孫で、しかも自らは何か他の部族の末裔であると代々語り伝えてきた一族の人間なのではないかというのが、わたしの推測である。だが、満州人にせよモンゴル人にせよ、とにかく彼の一族は過去に一度その娘を王室に送ったことがあり、それによっていわゆる《皇帝》との姻戚関係なるものを獲得したのであろう。

かような問題はいずれも、現在の段階では単なる推測の域を出ず、それが最終的な解答は、すぐれた装備を持ったすぐれた考古学者による今後の発見にまつよりほかないのである。それよりも、わたしがネイ・イライアスの記録をここに引用した第一の理由は、実はその最後の言葉なのである。たしかに、この言葉には、わたしの心胆を寒からしめずにはおかないものがあった。

この古い城壁を越えてしまうと、もはやわれわれの行く手には一片の耕地すらなかった。三二キロばかり進んだころ、わたしの荷物を積んだラクダの世話をしている男が急にめんどうを起こしそうな気配を示した。この男はひどいアヘン中毒にかかっており、その日の朝にも、彼のおかげでわれわれの出発がすっかり遅れてしまったばかりだった。と言うのも、前の晩に放牧したラクダの世話もそっちのけで、キセルにばかり夢中になっていたために、ラクダを見失ってしまったのである。そして今度は、やぶから棒に、しかも片意地な調子で、もうこれ以上先へ進むのはご免だと言い出したのである。すでに手持ちのアヘンをすっかり喫ってしまい、ぐったりとなった彼の姿は見るも哀れなほどであった。この分では、われわれも広野のまっただ中で宿営するはめになりそうだった。後になって聞いたことであるが、もしわれわれがそこで野営していたならば、十中八九、脱走兵の一団に寝首を掻かれていたに違いないのである。だが、さいわいにも、くだんの男が泉のある沼地のほとりで仕事を怠けている二人の牧童を見つけた。彼らには、野営の用意として、小さなたき火と、それにアヘンがあるだけだった。そのアヘンを分けてくれと男は二人に懇願したが、相手は頑として応じなかった。と、そのとき、にわかに身を切るように冷たい豪雨が沛然《はいぜん》と襲ってきた。こうなってはもはや野営するどころのさわぎではなかった。アヘン常習者にとっては、雨は最大の鬼門であり、濡れた服を着てぞくぞくするような寒気に襲われるのは、まさに拷問にも等しい苦しみなのであろう。それかあらぬか、つい先刻まで気息奄々たる様子だったわれわれのラクダ曳きは、急にてのひらを返したように、どうしても先へ進むのだと主張しはじめた。アヘンを手に入れるには百霊廟へ行くのがいちばん近いのだから、アヘンにありつくか、途中で倒れて死ぬかのどちらかを選ぶしかないというのだった。そして、アヘン欲しさの一心で、彼は遮二無二前進を続け、驚くなかれ六四キロもの道のりを一気に歩き通してしまったのである。おかげでわれわれは、帰化から百霊廟までの一七六キロないし一九二キロを、夜を日に継いでの強行軍によって、しかも終始監視の目をくぐりながら、わずか四日と少々で踏破することができた。しかもそれが、くたびれた四頭のラクダに残酷なくらい過重な荷を積んでの旅であったことを考えれば、まさに快挙と呼ぶにふさわしいりっぱな記録であった。旅を終えて地面にひざまずいたラクダは、重荷から解放されてもほとんど起き上がれないくらい疲れ果てていた。その様子ではとうてい再度の旅には耐えられそうになかった。だが、彼らの持主はそんなことにはいっこうにお構いなく、自分のからだを暖めるための火とアヘンを求めて一目散に走り去ってしまった。

百霊廟というのは、ヒバリの寺を意味する名である。これは主にシナ人によって呼ばれている名であるが、モンゴル語ではこれを何と言うのか、まだわたしは一度も聞いたことがない。内モンゴルには、壮大なラマ教の僧院が数多くあり、その数は優に外モンゴルのそれをしのぐほどであるが、ここの寺はそれらの大僧院の一つなのである。ここには約一五〇〇人のラマ僧が住んでいるということであったが、わたしが訪れたときは、たまたま夏の悪魔払いの踊りが終わった直後のことで、すでにラマ僧の姿はほとんどなく、おそらく《休暇を得て》それぞれの家へ帰ったか、あるいは、ラマ僧には托鉢の勤めが半ば義務として課されていることから考えて、托鉢の名目のもとに漂泊の旅に出かけ、はるか異郷の地で無為の日々を楽しんでいるもののようであった。この機会にわたしは僧院の内部をぜひ見ておきたかったが、ひそかに単身偵察におもむいたモーゼが戻って来ての報告によると、主な建物の入口はすべて厳重に閉ざされているとのことだったので、あきらめざるをえなかった。彼の話では、僧院には若い見習僧しか残っておらず、たまたま彼が行ったとき、彼らは音吐朗々と経文を唱えている最中であった。いったい何のためにそんなことをしているのか、と彼が尋ねると、彼らは、略奪者どもが寺に近づかぬよう祈っているのであると答えた。すると、モーゼはとたんに蛮族に対するシナ人特有の侮蔑の念に駆られて、それではこの前略奪者が襲って来た際にも祈禱の効き目はあったのかと聞き返したというのである。百霊廟の旧僧院は、外モンゴルの暴徒とおぼしき一団の襲撃を受けて焼失し、現在の建物はすべてその後新たに建て直されたものなのである。焼き打ちがあったのは、一九一一年のシナ革命の直後のことで、当時、外モンゴルの諸部族は、ロシヤの後押しもあって、こぞって自主独立の熱に浮かされていた。かような情勢を前にして、シナ政府は百霊廟周辺に住むモンゴル諸部族との友好関係を維持することに躍起となった。万一彼らがシナに敵対し、貿易路を遮断するようなことにでもなったら、内モンゴル全域の他の諸部族もそれに習って反旗をひるがえすかもしれないと恐れたからであった。一説によると、僧院再建のための基金は、善隣友好のしるしとしてシナ共和政府の初代大統領袁世凱《ユアンシーカイ》によって起こされたということである。

「いずれにしても」とモーゼは、いかにも旅慣れた者のようなきっぱりとした調子で、こともなげに言ってのけた。「百霊廟はもう『見込みなし』ですよ。」

このあたり一帯の土地は、シナ人のあいだでは、パイ・リン・チ、ヒバリの国、と呼ばれている。豊かな牧草に恵まれたこの地方の起伏した平原に巣を作るモンゴルのヒバリは、シナ北部地方の人々のあいだで大いに珍重されており、とくに山東では多額の金を出してこれを買い求める愛好家が少なくないのである。ヒバリの雛が、まだ完全に飛べないまでも巣を離れてりっぱに育つくらいに成長する初夏のころともなると、数百人のシナ人がこの雛鳥を捕りにやって来る。そして、帰化に小鳥の市が開かれて、他の市がまだはじまらない早朝のうちに、活気に満ちた取引きが行なわれるのである。鉄道が通じる以前は、山東からはるばる歩いてやって来て、ヒバリを捕ったり、市で買い入れて、それを天秤《てんびん》につるした二つの籠に積めるだけ積んで帰って行く者がいたということである。この商売は、やってみると投機にも劣らぬおもしろ味があるそうである。まず捕えた小鳥は、雌雄の判別がつくころまでそのまま飼っておき、鑑別後、雌鳥はことごとく逃がして雄だけを手許に残し、やがてさえずるころになると慎重な選別が行なわれる。いかにヒバリの本場でとれた鳥でも、みながみな美声の持主とはかぎらないからであるが、さして声のよくない鳥でも、ときには、老練な鳥のそばに置いて練習を積ませると上達することもあるそうである。かような海のものとも山のものともつかぬヒバリは、せいぜい二、三セントでしか売れないが、もって生まれた美声のヒバリともなると、地方の市場でさえ、二、三〇ドルの高値で売れるのである。

このあたりに住むモンゴル人はすべて、さまざまな系統の部族を糾合したウランチャプ同盟に属している。恥ずかしい話であるが、わたし自身はこれらのモンゴル人に関する知識をほとんど持っていなかった。しかし、このあと、わたしはアラシャン地方にはいるまでのあいだ、彼らの住む地域を旅してたえず彼らと接触しなければならないことでもあり、また彼らの部族組織については、プルジェワルスキー[3]もロックヒル[4]も詳しい記述を残していないことでもあるので、わたしはここに、研究半ばにして惜しくもフランダースの地で亡くなった故G・Cビンスティードの論文[5]を、そっくり引用させてもらうことにしたいと思う。ビンスティードは、彼自身の観察以外にも、英語訳では読むことのできないロシヤ語の文献を豊富に援用しているのであるが、そのすぐれた研究はついに一度も書物の形で公刊されることなく終わった。

彼の論文によると、ウランチャプ同盟には四つのアイマクがあって、その区分は次のとおりである。

一　ダーベット・ヒュエット・アイマク（シナ語名

は、スュ・ツ・ピュ＝ロ〈四子部落〉。一つのホシュンよりなる。

二　マオ・ミンガン・アイマク。一ホシュン。

三　オイラート・アイマク。三つのホシュンよりなり、それぞれ、中央、前、後と呼ばれる。

四　ハルハ右翼アイマク。一ホシュン。

このうちで、ダーベット・ヒュエットは、その名から判断しても、当然、西モンゴル地方に住む部族から成るものと思われる。マオ・ミンガンは、おそらく、純粋の内モンゴル人か、さもなくば西モンゴルのミンガン（これも、ときにはマオ・ミンガンという名で呼ばれることがあるようである）と血縁のある部族なのであろう。オイラートは、おそらくモンゴル語のオイラート、すなわち同盟と同じ意味を持つ語なのであろう。それを構成する三つのホシュンの部族名がわかれば、容易にその起源を推測することもできるのであろうが、わたしにはここにあげた、前、中央、後のホシュンがそれぞれどの部族を表わすのか、はっきり見きわめることすらできなかった。これについてプルジェワルスキーは、それぞれバルン・クン、ドウンズ・クン、ツン・クンの名をあげている。これらの名に付されたクンという語は、通常公と訳されるシナ語の称号らしいのであるが、ここでは、モンゴル人のあいだでよく見られるように、ホシュンを治める世襲的小君主または首長を表わす語として用いられている。バルンとツンは、それぞれ西と東を表わすモンゴル語であり、したがってドウンズはおそらく中央の意なのであろう。一方、ロックヒルは、南と西と中の《公》をあげている。わたしも、トゥン・クン（東の公）、シ・クン（西の公）、およびトゥン・タ・クン（東大公）の名を聞いたことがあるが、この最後の名は、あきらかにプルジェワルスキーのあげたドウンズ・クンのシナ語名のようである。ただ、ここで一つだけ奇異に感じられるのは、東から西へ並んでいるはずのこれらのホシュンの呼びかたが、東、西、中央（ドウンズ、またはトゥン・タ）という順序になっていることである。最後に、ハルハ右翼アイマクであるが、これはその名から判断すると、外モンゴルの中央部から移動してきた部族を指すもののようである。

ここにあげたような部族の分類名は、実際にもしばしば用いられているものであるが、よりわかりやすくするためにいま少し詳しい説明をつけ加える必要があろう。これもまた、主としてビンスティードの研究からの援用である。この同盟（シナ語では、メン。モンゴル語では、チグルガン、またはチュグルガン、もしくはチュルガン）というのは、実は従来からあったモンゴル部族の系列の上に、満州人によって押しつけられた人為的な分類であり、もともとそれは各部族の勢力を押え、同盟の運営指導に当たらせるために任命した、大部分シナ人からなる政府役人の手に権力を移行させせんとする清朝の施策の一環にほかならなかったのである。清朝の支配権が常に最も微弱にしか及ばなかった外モンゴル諸部族の中央集団であるハルハの場合には、新しい同盟の分類は従来の四つのアイマクと一致しているが、他方、内モンゴルにあった二四のアイマクは、むりやりに六つの同盟に再編成された。先にあげたウランチャプは、それらのうちで最も西に位置する同盟なのである。

かような人為的に課された編成を一と皮剝がせば、その下にはいまなおモンゴル古来の部族組織が残っているのである。アイマクとはビンスティードがバラノフ大佐なる人物の言葉を引いて説明しているところによると、

「君主の領地を表わす古いモンゴル語であって、単一の王族の遺産として受け継がれた一つまたはそれ以上の公国の集合よりなっており……それらはかつて、アイマクを構成する各ホシュンの当主らの共通の祖先たる、ただ一人の君主を戴いた単一の国であったことから、血統と歴史的過去の単一性をもとに結束しているのである。時がたつにつれて、アイマクはしだいに分かれて幾つかの独立した公国になったが、それにもかかわらず、これら公国間の連繫は失われることなく、今日でもなお最も古いホシュンの一族を統べる最年長の君主がアイマクの首長とあがめられているのである。」

シナ語の呼びかたでは、ハルハ・アイマクはピュ、内モンゴルのアイマクはピュ・ロというのであった。

アイマクを構成する各ホシュン（シナ語名はチ（旗））であるが、これは満州人のいわゆる《八旗》制度を表わすのに用いられている呼称とまったく同じである）は、世襲的君主、すなわちジャサック（札薩克）の率いるい

わば一族郎党のことである。英語では、ホシュンのジャサックに対しても、アイマクを統べる最長老のジャサックに対しても、常に同じ《君主《プリンス》》という呼称が漠然と用いられているが、おそらく後者はむしろ《公《デューク》》と訳されるべきものであろう。このほかにも、《供》を持たないスコットランド高地の族長そっくりに、君主の血筋につながりながら治めるべき領地のない首長がいたるところにいるのである。ホシュンは、ときにもう一段細分されることがありそれをソモンと称するのであるが、この区分は一個の単位というよりはむしろ、名目は軍政でありながら同時に一般行政上の目的をもかねて作られた、きわめて融通性に富む区分なのである。したがって、ソモンという名は、一五〇人の騎兵を供給しうる部族の所帯数を表わすものと考えることができる。

百霊廟の周辺地域に住むモンゴル人に関しては、残念ながら、彼らがどのホシュンもしくはアイマクに属しているか、ついにわからずじまいであったが、推測するところ、ダーベット・ヒュエットかハルハのいずれかであると思われる。シナ人は、彼らを呼ぶときにはきまってヒバリのモンゴル人としか言わず、彼らの首長のことも、単にヒバリの君と呼んでいるだけである。だが、それにしても、ヒバリの君とはまた何と妙を得た呼び名であろう。ヒバリの君なる称号を奉られてもなおそのうえに、何々族の君主と呼ばれることに固執するような君主があるとすれば、それこそ風流を解さぬ朴念仁と笑われてもしかたがあるまい。

(1) 『マルコ・ポーロ士の書』
(2) 『モンゴル、タングートの国、および北部チベットの荒野』E・デルマー・モーガン訳。ロンドン、一八七六年。
(3) 『モンゴル、タングートの国、および北部チベットの荒野』
(4) ウイリアム・ウッドビル・ロックヒル『モンゴル、チベット旅行誌（一八九一―一二年）』ワシントン、スミソニアン・インスチチュート、一八九四年。
(5) エセックス連隊G・Cビンスティード中尉「モンゴルの部族および行政組織」『極東評論』所載。上海・マニラ、一九一三年七月。

4　隊商の放牧地

モンゴルの道はすべて百霊廟から発しているかのようである。ウランバートルへの道は北に、張家口への道は東に、ウリヤスタイ・コブド方面への道は北西に向かってのび、シナ・トルキスタンに通じる二つの道は、はじめのうち、真西よりやや北寄りの方角に進んでいる。この二つの道のうち旧道のほうは、満州人統治の全時代を通じての常設路であり、全区間のほぼ中間点あたりまでは、大西方路と小西方路の二本に分かれている。百霊廟を出た道が最初に二つに分かれるのは、西へ約二、三日行程進んだあたりで、そこから大西方路は山脈の北側に抜けている。この山脈の、百霊廟に近い東の突出部あたりは、黒い山脈(1)と呼ばれているが、山脈全体の名は何というのかわたしには確認することができなかった。この区間は、ウリヤスタイにおもむく隊商も利用することがあるという話であった。小西方路は、山脈の南側を迂回している。分岐した二つの道は約四〇日行程をかけてこの山脈の西端を回り終えてから、カラニウトというモンゴルの一大貿易中心地において再び合流しているのである。そこを出ると、全行程中の最大の難所である不毛の荒野に分け入り、東アルタイ山系の地下水流に養われた泉が砂漠を潤しているあたりにまで達する。この二つの道は、途中ほとんどほかの道と交わることなくまっすぐに続いているため、当然ながら西域への通行路として最もよく利用されるのである。そればかりか、この道はゴビ砂漠の北縁をわずかにかすめ、カラ・ゴビを二個所で横切るだけであり、一木一草もはえぬ真の砂漠地帯を通ることもきわめてまれで、ほとんど全行程を通じて、沿道にモンゴル人住民の姿を見ることができるのである。また、嶮しい山路を上らずに常に泉の湧く山脈のふもとをめぐっているため、実際、道はきわめて平坦で、快適な旅が可能であり、富裕な旅行者は好んでこの道をラクダにひかせた車に乗って旅するのが常であった。

一九一一年のシナ革命と同時に、モンゴル人はロシャの後押しで自国の内政問題に関する名目上の自治を獲得したが、モンゴルの外務に関しては、依然としてシナ政府がこれも名目的な支配権を握っていた。モンゴル人がこの程度の独立を獲得しても、シナは最初のうち、その重要な対モンゴル貿易や、さらにはモンゴルを経由するシナ・トルキスタンとの貿易に、さしたる打撃はこうむらなかった。ロシヤはかねてから自国の領土拡張政策の一環として、モンゴルの自治を支援してきたが、一九一九年にいたり、内乱の勃発によってロシヤの勢力が衰えたのに乗じて、一挙にモンゴル全土を手中に収めんと計る野心的なシナ人が現われた。だが、その試みは、《白系》ロシヤ人の遊撃隊とモンゴル人の連合軍によって打ち破られ、ついで白系ロシヤ軍も赤軍によって駆逐されるにいたった。かくして、結局、赤軍が反革命を制圧し、モンゴルは再びロシヤの勢力下に置かれることとなったが、ただし今度の支配者は、体制を一新したまったく新しいロシヤだったのである。

ソヴィエトの支配とともに、シナに対する姿勢にも決定的な変化が現われた。モンゴルを経済的にロシヤに結びつける方策として、まずモンゴル人がシナ商人に負うている負債のすべて(それは、たいていが数十年にわたって滞り、そのあいだ高率の複利を課されているため、その総額は実に驚くべき数字に達していたのである)が抹消され、さらに一方的に対シナ貿易を抑圧する差別待遇が設けられた。そのために、シナは二つの西方路をほとんど完全に放棄せざるをえなくなった。ただモンゴル向けの茶と織物を運ぶ隊商だけは、その後もひき続き対モンゴル貿易の一翼を担っていたことは事実であるが、それはこの二つの商品がモンゴル人にとっての必需品であり——とくに茶は、ほとんど通貨にも等しい地位を占めているからなのである。それに反して、モンゴルを経由するシナ・トルキスタン向けの貿易はたちまちのうちに壊滅してしまった。それは、しばしば奥地向けの物資がモンゴル人によって彼らの領内の通過を禁じられたためであり、それとともに、モンゴル領内での販売を目的とした雑貨類の搬入さえも不可能となった。もともと日用雑貨類は、モンゴルにおいては一定の価格基準のあったためしがないのである。必需品以外のものに関しては、モンゴル人はきわめて気まぐれな買い手であって、気に入らない品物となると半値でも買おうとしない反面、たまたま気に入ったとなると有り金をはたいてもこれを買おうとするのである。かような種類の取引きによってシナ商人の上げる利益は、常に数百パーセントという単位で計られる膨大なものであった。したがって、今回の禁制によって最も甚大な打撃を受けたのは、ほかならぬこの種の商品だったのである。税関の役人と称する人々も、実は通商を阻止するためにほとんど無制限の権力を与えられた者たちの集まりにほかならず、検査と称して商品の梱包を破ったときなど、しかるべき搾取の基準がないのをさいわい、まさに傍若無人の横暴ぶりを発揮するのである。帽子一つにつき一〇ドルの税を課するといったん彼らが決定すれば、その製作費がたった二ドルしかかからなかったのだといかに抗弁してみたところで、はじまらない。一〇ドルを支払え、それがいやなら帰化へ持って帰れ、というのが彼らの返答なのである。かような種類の妨害は、とくにモンゴル経由でシナ・トルキスタンにおもむく隊商に対して頻繁に用いられた。

この種の抑止政策によって極度の不振におちいった貿易を立て直すためには、ぜひともシナ・トルキスタンへの新しい道を開拓することが急務であった。しかも、それは次のような二つの条件を満たすものでなければならなかった。すなわち、リキン（釐金）と称する通行税を取り立てるシナの役人の監視をできるだけ避けて通ること、および、搾取を免れるために、独立したモンゴル人部族の居住地から充分な距離を保つこと、以上の二つである。そして、やがてこの条件にかなった道が隊商によって発見され、ヤオ・ル（繞路）、すなわち羊腸の道と命名された。この道は、かつてエツィン・ゴルに面するハラ・ホトがタングート王国の都市であった時代に、アラシャンを経由してこの町と内モンゴル東部地方とをつないでいた往時の貿易路とおぼしき道の一部を、そのまま利用したものである。エツィン・ゴルから先は、道はカラ・ゴビを越え、それ自身アルタイ山脈から南へのびる支脈であるアジ・ボグド山脈の最南端の支脈と思われる山塊のふもとをめぐりながら、無人境といわれる不毛の地帯を通り抜ける。それからやがて、天山山脈の外縁と思われる万年雪をいただく山嶺がはるかに望み見られる、とあるわびしい沼のほとりに達するのである。ハミとかバルクルといった重要都市は、この天山山脈の南側または山麓沿いに位置しているが、羊腸の道はこれらの都市の北を迂回して進み、グチェン・ツから一〇日行程ばかり手前のところで大西方路に合流している。かくして、大小両西方路と羊腸の道は、一本に合して最終の目的地グチェン・ツの町に繰り込むのである。

羊腸の道のおおよその道筋は、隊商貿易成立の当初からすでに知られていた。事実、これにかぎらず、一般にモンゴルの貿易路を研究する際にぜひ銘記しておかなければならないのは、いずれの道も純然たる道路というよりはむしろ単なる旅の道しるべのごときものにすぎないということである。どの道も、多くの脇道や枝道から成っており、貿易商人らはときに応じ、目的に合わせて任意にそのどれかを通るのである。また、ほぼ東西に走る地下水脈を横切って、旅にとって欠くことのできない泉を探り当てながら、穀物や小麦粉を買い入れるために南の農耕地におもむくモンゴル人の隊商も、新しい土地を求めて移動する家族や戦闘を交える部族も、すべてそのつどこれらの道のどれかを利用するのである。一八八七年にヤングハズバンドが、近代式装備を持ったモンゴル探検旅行のさきがけとなった旅を企てた際に、彼の案内人がたどった道筋も、その後回教徒の反乱が鎮圧されてシナの勢威が回復した八〇年代から、外モンゴルにおけるシナの支配権が完全に崩壊する一九二〇年前後にかけての、隊商貿易の全盛時代に一般の通行路として認められるようになったどのコースからも、著しくそれていた。今日でも、長年隊商を率いて旅をしたモンゴル人やシナ人の老人の中には、その気になりさえすれば、ほとんどどこの大きな町へでも、はなはだしい水や牧草の不足に悩まされずに行ける《新しい》道を見つけることのできる者が少なくないのである。

ところで、アラシャンを越えるこのヤオ・ルの道筋が、きわめて古くからあったことを示すと思われる証拠が幾つかある。その一つは、沿道のいろいろな土地にまつわるおびただしい伝説である。だが、あいにく、隊商の人夫たちは、この復活した道を利用するようになってまだまもないため、それらの伝説についてはほとんど何一つ知らなかった。より顕著な証拠は、人里離れた荒野のまっ只中に大きな僧院の建物が残っているという事実である。中央アジアに関して一家言を有するほどの者ならば、おそらく、これらの僧院は人口の分布が今日とは異なっていた時代の建造物として、きわめて古い聖地の伝統をそのままいまに伝えるものであるとの推論を試みたくなるところであろう。けだし、かような信仰の中心というものは、それが遊牧民のみならず、砂漠によって隔てられたオアシスに住む定住民のためのものでもある場合には、当然、最大多数の人々が行き来するところに建てられるはずだからである。きわめてわずかな気候の変化でも、家畜を養うための牧草に依存している人々の経済をくつがえすに充分であり、事実、歴史的記録が残されるようになった最初のころに、かような変化が中央アジアを襲ったということが知られている。したがって、かつて未開の遊牧民のあいだに繰り広げられた移動の戦いも、そのほとんどがかような気候の変化によって新たな牧草地を見つける必要に迫られたことに起因すると考えることもできる。そのような旱魃、というよりはむしろ乾燥期の循環ないしは《波動》(2)に関してきわめて詳細な研究がなされている東西両トルキスタン地方と同じように、モンゴルにおいても、雨水は海に落ちずに内陸に向かって流れている。したがって、これら一連の地域にとっての水源は、もっぱら山岳地方に降った雨か、さもなくば山頂の万年雪だけに依存しているのである。山を下った水は、通常、いくばくも流れぬうちに地中に没してしまうため、川の流れが地表から消えた下流地域に住む人々にとっては、地下水を汲み上げるために掘った井戸こそが頼みの綱なのである。

降雨量がほんのわずか減るか、高い山脈の頂をおおう雪が後退するかしただけでも、たちまち地下水の量に変化が起こり、人間の居住可能区域がせばめられる。このことは、アラシャン地方の大部分についても当てはまる。と言うのは、ただ漫然と地図をながめただけでは、この地方も黄河流域によって代表される太平洋側降雨排水地帯に含まれるかのごとくに思われるかもしれないが、実際には、ここはエツィン・ゴル盆地に酷似した条件をそなえているのである。甘粛省の南山山脈の万年雪に源を発するこのエツィン・ゴルの流れは、モンゴルにまで下ったあと、じめじめした内陸湖をなして終わっているのである。

今日、内モンゴルにおいて最も乾燥した地域とされているこのあたりに、有史以後の時代にもかなり多数の住民がいたことを証明する最も決定的な証拠は、エツィン・ゴル河畔にあるハラ・ホトの《都市跡》である。かつては堅固な城壁をめぐらし、人々でにぎわったこの町を中心とする地域には、いまでは遊牧民の姿さえほとんど見られず、最近にいたり四囲の情勢変化にともなって貿易路が再開されるようになるまでは、これといった隊商の通行もなかったのであるが、マルコ・ポーロが訪れたころにも相当なにぎわいを呈していたことからみて、少なくとも民族大移動の時代の終わりころまでは、この町も重要都市としての地位を保っていたと考えられるがゆえに、一応ここでその歴史的背景にもふれておく必要があろう。それには、ただ一つ次のような推測が成り立つだけである。エツィン・ゴルの流域地方は、かつて農耕地として広く利用されたことがあるとは考えられず、したがって、かような地域に重要都市が長年にわたって存続しえたとすれば、それはひとえに貿易によってもたらされた繁栄のたまものであり、またこのことから、貿易がこの地方に集中しえたとすれば、周辺地域に遊牧民の諸部族が住んでいたに違いないという推測も成り立つのである。オーレル・スタイン卿の説(3)によると、エツィン・ゴルの川筋はモンゴルからシナ西域に侵入するのに格好の通路をなしており、チンギス・ハン自身も、一二二七年に最初の襲撃を行なうに当たってここを通ったとのことである。そこでわたしの考えるには、もともとハラ・ホト――マルコ・ポーロのころには、エチナという名でも呼ばれていたらしいのであるが――は、単なる守備隊の駐屯地以上のものであり、それが設立の目的は、おそらく単にこの通路の防衛に当たることだけではなく、内モンゴルの豊かな地域、とくに今日帰化と呼ばれているかの青い町クク・ホトに対する東方貿易の監督統制の任に当たることも含まれていたのではないかと思われる。

西域への旅においてわたしがたどったのも、ほかならぬこの道であった。プルジェワルスキー、ヤングハズバンド、コズロフ、オーレル・スタイン卿といった偉大な探検家も、かつてその旅の途上でこの道を横切ったことがあり、またわたしの前にエチナを訪れたのは、一九二三年にこの地を踏んだアメリカ人の考古学者ラングドン・ウォーナーが最後であった。その他にも、グチェン・ツからはるばるこの道を旅した少数のロシヤ人がいるのであるが、その大部分はシナ・トルキスタンを越えて落ちのびる白系ロシヤ人の亡命者であった。したがって、この道の歴史や、アジア奥地に通じる他の主要な公道との関係を探り、半ば忘れられたとは言え、なお大きな意義を有する古い時代に、これらの道を行き来することによって自らの歴史を築き、さらに出でてはアジアやヨーロッパ諸国の歴史にその名をとどめた多くの商人や戦士たちの偉大なる息吹きに触れてみたいという明確な意図のもとに、全行程をたどるのはほかならぬこのわたしが最初であった。

百霊廟は、泰平の時代にも、隊商の一大集結地であり、またすべての隊商路のかなめでもあったが、それは、隊商貿易にとって欠くべからざる牧草が、このあたりではきわめて安価でしかも安全かつ容易に得られるという好条件によるのである。隊商のしきたりでは、通常、ラクダははるばる帰化の町まで行って積み荷を下ろすのであるが、そのあとラクダの持主は、たとえ一日でもラクダを町にとどまらせれば飼料代がかさむであろうことをおそれるあまり、その日のうちに再び町を出て周辺の牧草地に引き返すのである。そのため、人夫たちは、一年有余に及ぶ長い旅を終えて、やっと戻って来たばかりであるにもかかわらず、自分たちの家の前を素通りしてラクダとともに町を出て行かなければならないのである。

放牧地は、そのほとんどが百霊廟の西側に続くマオ・ミンガン・ホシュンの領内にあって、そこではラクダ一頭について月に二〇銭を《草と水の代金》としてモンゴル人に納める定まりになっているが、それ以外には、ただ帰化の当局がラクダ一頭につき年に一ドル六〇セントの税を取り立てるだけで、ほかには料金もいっさい取られず、またわずらわしい監督や干渉に悩まされることもないのである。ここを流れている二、三の川は、いずれもごく小さな流れであり、しかも広い地域に分散しているうえに、乾燥期ともなるとその川水はほとんど当てにすることができなくなるが、その代わりに、あたりの窪地を五、六〇センチも掘れば確実に水が得られるのである。隊商はかような井戸を求めて集まり、通常二隊か三隊がいっしょになって宿営するのがきまりであった。地表を流れる水こそ乏しいが、地面には牧草の生育にとって充分な湿りがあり、その適度な塩分はラクダの嗜好にも合い、また羊の飼育をも可能にする程度であって、そのためこの地方でとれる羊肉は脂肪分こそ多くはないが、風味はきわめて良好なのである。がいして、大青山山脈気候帯に含まれる地域はすべて、他のモンゴル諸地域に比して湿度が高く、そのため冬の寒さは純然たる砂漠におけるよりもはるかにきびしく、かつ骨身にこたえるような不快感をともなうのである。

　長途の旅を終えてここに到着したラクダは例外なく疲労困憊の極にあり、少なくとも二か月間は豊かな牧草地に放って休養をとらせないことには、再度の使役につかせることはまずもってむりである。しかも、疲れたラクダに真の回復が望めるのは、一年を通じてただ一度の時期しかなく、それは毛の抜け落ちる六月から七月にかけてなのである。そのころになると毛はほとんど一本残らず抜け落ちるため、一時は完全なまる裸の状態になるのであるが、かような時期にはラクダは体力が弱って労役に適さなくなると、モンゴル人のあいだで常に信じられており、またシナ人もたいていはそう信じこんでいるようである。だが、事実は必ずしもそうとは言えない。デリラ（旧約聖書に出る大力無双の勇士サムソンの妻。夫の怪力の秘密が彼の髪の毛にあることを知り、睡眠中に彼の毛を刈り取り夫を敵に売り渡す）にラクダの毛をすっかり刈り取られても、そのために破産した隊商の持主は一人もいないのである。そうは言うものの、脱毛期のラクダは寒気に冒されやすいので、旅を終えた直後の、ほてったからだにはとくに慎重な扱いが必要であるということも否めない。それにまた、夏のあいだ使役され続けたラクダは、抜けたあとの毛が充分にはえそろわず、冬の労役に耐えられなくなるということも事実であるが、実際には、どの隊商も輸送賃が最も高い夏のあいだを狙って旅をするのが普通である。

　帰化から最もたくさんの隊商が繰り出す時期は、放牧の季節までに西域に着くことのできる二月と、こちらで放牧が終わった直後の八月である。ラクダの体調が最良の状態にある八月に送り出された隊商は、うまくゆけば次の放牧の季節までに再び帰化に戻って来ることも可能である。グチェン・ツには冬に到着し、そのあと弱ったラクダは冬の放牧地に残して何とか露命をつながせ、強健なラクダだけを集めて、まず数週間穀物の餌を与えて充分に体力をつけさせてから、帰化に送り返すのであるが、その際、道中の食糧となる穀物の運搬にかなりの数のラクダがあてられる。しかし、このような旅はごくまれであって、普通は八月に出発して、だいたい三か月から八か月くらいの日数をかけて目的地にいたり、そこで次の放牧期を迎えて、翌年の八月に再び帰路につくという方法がとられている。ただし、この方法によると、帰化に残った隊商の持主は約一年半ものあいだ、取引きの収支決算がつかないままで待っていなければならないわけである。そこで、これに代わる最も有利な投機的方法として、春のうちにたって、向こうに着いてからラクダを放牧し、同じ年の秋にこちらへ戻って来るというやりかたが用いられるのである。

夏の放牧地にラクダを放ってから、世話をする男たちは、草のよく茂った場所を捜すのと同時に、最もむし暑い窪地を見つけてそこへラクダを導き、旅のあいだ飲み水の量を極力制限していたのとはうって変わって、毎日ふんだんに塩と水を与える。こうすると、ラクダは暑さがいっそう身にこたえて、それだけ脱毛が促進されるのである。毛がすっかり抜け落ちたあとは、目に見えて太りはじめ、背中のこぶも膨らんで堅くなり、そろそろ秋の気配が感じられる八月ごろには新しい毛がびっしりと厚くはえそろい、やがて冬が近づくにつれてそれがしだいに濃く厚くそして長くなるのである。ラクダが自らの力で最良の体調を獲得するのは、まさにこの期間をおいてほかはなく、実際、その太りかたは驚くべきもので、しばしば旅にたつに先立って、一週間かあるいはそれ以上ものあいだ、柵につないだままいっさい食べ物を与えないでおく一種の《耐乏訓練》を施す必要があるほどなのである。

こうして、二か月から三か月ものあいだたっぷりと食べ物をとったラクダは、事実上、その年いっぱいはほとんど何も食べなくても働けるのである。モンゴル人所有のラクダは、それに比べると、働く期間もまちまちで、仕事の量も少ないため、秋になって牧草が枯れるとじきに食欲も衰えて、日にわずか二、三時間食事をするだけとなるが、それでも体の調子は依然としてすこぶる旺盛である。と言うのも、一二月はラクダにとって発情期に当たるのである。しかも、寒さがきびしい時ほど、雄のラクダはますます狂暴になるのが常である。そのような時期の雄はきわめて危険であり、食べ物もまったく食べずにもの狂おしく雌のラクダを求めて歩き回り、楽しみのじゃまをするものがあれば、人間たると仲間のラクダたるとを問わず、猛然と襲いかかるのである。かような発情期の雄ラクダをあしらうことができるのは、熟練した人夫だけであり、それもごくやんわりと穏やかに扱わなければならないのである。叩いたりすれば、かえって怒り狂い、歯とひづめで牧夫に襲いかかって地面に投げ倒し、膝とひづめで踏み殺すことさえ珍しくないからである。この時期の雄ラクダは苦痛や恐怖をいっさい受けつけなくなっているため、人間に襲いかかってきたときにこれを叩いて追い払うことはほとんど不可能である。したがって、隊商の使役には雄のラクダを用いることはめったになく、たとえ用いたにしても、その場合には、発情期が近くなるにつれて、餌をまったく与えずに潰れるほどたくさんの荷を背負わせて、むりにもおとなしくさせなければならないのである。

ラクダの子は、一三か月間胎内にいて、一月に生まれる。子を宿した雌ラクダは分娩の当日まで働くことができるが、分娩のあとで授乳をすると親ラクダは目立ってやせ衰える。子が親のもとで育てられる期間は約一年半であり、したがってラクダの分娩はほぼ三年に一度しかみられないわけである。

《放牧期》と呼ばれている、この数週間にわたる閑暇は、ラクダはもとより人夫たちにとってもまた最良のときなのである。彼らは交替で家に帰ることが許されるばかりか、キャンプでも新たに雇った臨時の牧夫に放牧の仕事を手伝ってもらえるおかげで、正規の牧夫は一日ラクダを追い、一と晩不寝番をしさえすれば、そのあと五日から七日のあいだは《のんびりと》くつろげるのである。そういう暇な時間を、彼らは編物という変わった楽しみにふけって過ごすのが常である。ところで、ラクダの柔毛とか、または単に毛と一概に呼ばれているものが取引きされるようになったのは、それほど古いことではなく、それももっぱら外国の商人に教えられて始まったものであった。ヤングハズバンドが一八八七年に述べているところでは、そのころようやくこの取引きが行なわれるようになったばかりで、当時はラクダの毛一ピクルの値段が天津で約五両《テール》であった。それが今日では、一ピクルすなわち一三三ポンドが何と七〇両《テール》もするのである。外国からの需要が来る以前は、抜け落ちたラクダの毛はそのまま砂漠に捨てられて風に舞い、ときにはそれが固まって巨大な球になることもあった。一頭のラクダから抜ける毛は平均約六ポンドで、そのほかにたてがみや前脚の膝頭の毛房からも、品質の劣る粗い毛が一ポンド半ないし二ポンド抜けるのである。

ラクダの毛を編む技術のほうは、それよりもさらに後になって取り入れられたものである。隊商の人夫たちの話では、それは最初、シナ・トルキスタンから追われた白系ロシヤの兵士から伝授されたとのことであった。当時、数百人の白系ロシヤ人は沿岸地方へ落ちのびるに当たって少人数の組に分かれ、それぞれ異なった隊商について旅をしたが、そのときにラクダ曳きたちは競って靴下の編みかたやクローセ編みの技術などを彼らから学び取ったというのである。ラクダから取った毛は、もちろん、法的にはすべて隊商の持主のものであるが、実際には、ラクダ曳きたちが自分のはく靴下を作るためなら好きなだけ使ってもよいということが役得として認められているため、持主の損失は相当な量に上るのが常であった。ラクダ曳きたちは、毛を盗んで町で売るようなことはけっしてしなかったが、自分で使うもの以外にもたくさんの品物をこっそり作っては、それを売りさばいていた。わたしが帰化に滞在していたときにも、ラクダ曳きの編んだ長いスカーフなどが当地の富裕なシナ人たちのあいだで大いに珍重されていた。われわれが旅に出た当初は、まだ毛がすっかり抜け変わっていないラクダもかなりいたのであるが、ラクダ曳きたちが歩きながら編物をしているその手ぎわはまったくみごとなものであった。毛糸がなくなると、彼らは列の先頭のラクダのところへ戻って行って、首のあ

行進中も編みものをするラクダ曳き

たりの毛を一と握りむしり取り、それをてのひらの中で伸ばして毛糸の原型を作り上げる。それから、強く押えながらその一端をよって紡ぐ糸口を作ると、次々に毛を繰り出して糸により上げてゆき、たっぷり毛糸がたまったところで再び編み物にとりかかるのである。

隊商が放牧地に休んでいるあいだに、持主は帰化のブローカーを介して、積み出す貨物の契約を結ぶのである。ラクダの準備が整い、積み荷もすっかり集まると、ラクダを町に連れて来て荷を積むか、または荷馬車に載せて百霊廟まで運ぶかして、送り出される。シナ人の直轄地と、いまなおモンゴル人が所有している地域との境界線は、いたるところでぼやけているが、百霊廟だけは確実にモンゴル人の地域に属すると考えられており、したがってそれは、ある意味で彼らにとっての聖所なのである。よほどの必要にでも迫られないかぎり、シナ人はかような部族の所有地では常に慎重な行動をとるよう心がけ、たとえ現にモンゴル人に対して仮借ない搾取を加えてはいても、そうするに当たって相手の体面をつぶさぬようなしかるべき手順を踏まねばならないということを片ときも忘れなかったのである。と言うのも、このあたりは内外両モンゴルのあいだの行き来がきわめて容易であるため、シナの管轄下にある部族でも、不用意な圧迫を加えたりすれば、たちまち仲間の部族のもとへ走って、シナの勢力を駆逐するために立ち上がるかもしれないからである。それだからこそ、この年の春に軍隊がラクダの徴発を行なった際にも、シナ人の所有地にいるラクダはうむを言わせず連れ去ってそのまま返還しなかったのに、一方、百霊廟へ徴発におもむいたシナ軍の巡察隊が、彼らの権威を認めることを拒否するモンゴル人たちによって追い返されても、シナ当局はあえて高圧的な態度に出ることを差し控えたのである。そして代わりに、婉曲な手段を用いることにして、各部族の君主に対して、この内乱に際して侵略軍から彼らを《保護》するための軍資金の一部を負担する意味で、ぜひ《借款》を引き受けてくれるようにと申し入れた。しかも、これには、借款の一部として家畜を差し出してもよいということが暗黙のうちに認められているうえに、この厄介な負担を配下の部族民に転嫁するのに必要な時間的猶予も充分に与えられていたのである。このようにしてシナ政府は、君主たちの友情をつなぎその威信を傷つけずに、まんまと望みどおりのものを手に入れた。君主たちにしても、かような負担が直接自分の身にかかってこないかぎりは、むしろシナの味方についていたいと望んでいた。と言うのも、外モンゴル諸部族の君主たちが、シナと絶縁してソヴィエト・ロシヤの勢力下にはいって以来、ことごとくその財産と権力を失ってしまったことを、彼らはよく知っていて、いかなる独立運動にもついぞ気が進まなかったのである。

このように、純粋にモンゴル人にのみかかわる事がらに関しては、その首長に直接の決定権のほとんどを与えておきながら、同時に遠くから彼らを操り続けるという、この巧妙な政策の一環として、シナ政府は、隊商の人夫と貿易商人を除くすべての自国民に、モンゴル人とのあいだの自由な行き来を禁止する法令を布いた。もしそうでなく、無制限にシナ人の移住が許されていたら、当然民族的反感や境界紛争の発生は避けがたかったかもしれないのである。それがこの政策のおかげで、モンゴル人は、現実にはいわゆるシナ前線とでも呼ぶべき地域一帯にわたって、たえず自分たちの土地を売り渡して後退することを余儀なくされながらも、なお自分たちに残された土地においては依然として主人であるという誇りを失わずに済むのである。これに関連して、シナ政府がとくにきびしく課している規則の一つに、いかなるシナ人も武器を携行してはならず、ましてや鳥獣を撃つことはいっさいまかりならぬという一項がある。モンゴル人自身のあいだでは、ほとんどどの家にも旧式の口装銃の一丁ぐらいはあり、中にはそれ以上の武器を持っている家もあるほどで、住民のすべてが狩猟の愛好者である。

パイ・リン・ティ草原を分断する山地には、――モンゴル人がオヴィス・アモン、またはアルガリと呼んでいる――みごとな野生の羊が多数棲息しているが、どういうわけか、このあたりでは、とくに宗教上の理由とも、神聖な寺の近くだからという理由とも思えぬのに、モンゴル人でさえもこれらの獣を撃つことが禁じられているのである。これまでに外国人でこの猟場を訪れた者はたった一人しかいないという話であるが、この男の場合にも、べつに立ち入りを禁じられるようなことはなかったようである。ここに棲む羊の中には、りっぱな角を持ったものも少なくないそうであるが、モンゴル人たちは、アルガリを撃つことを許されている土地でも、もっぱら雌羊や若い雄羊ばかりを狙うということである。そのほうが警戒心も乏しく、そのうえ肉もはるかに美味だからである。大きな角を持った年老いた牡羊は、人間よりもむしろオオカミに殺されることのほうが多く、冬季に深い雪の中に追い込まれて動けなくなったところを簡単に仕止められるのである。

百霊廟の町の近辺でモンゴル人の姿を見かけることはめったになく、せいぜい彼らが日用品を買い入れるか酒を飲むかするためにやって来たときぐらいのものである。僧院の近くに、小さなシナふうの家に住みついて手広く商いをしている、ツェ・ハオと呼ばれる商人の部落がある。これらのツェ・ハオの店で商う品物は、地酒、反物、靴、鞍、タバコ、茶、小麦粉等、多岐にわたっており、しかも《応接室》をしつらえて、ここにモンゴル人の客を招じ入れて、煉瓦づくりの寝壇にすわらせ、茶をふるまったり、真鍮製のきせるに、刺繍をほどこしたタバコ入れまで添えて出したり、気のおけぬ世間話などをしたりして、歓待にこれ努めるといったサービスぶりなのである。彼らはまた、めいめい小規模の隊商を持っており、中には五、六組も持っている者もあって、これに商品を積んで遠隔地のモンゴル人部落を巡回して売り歩くのである。その際、銀貨による売買も行なわれはするが、取引きの大部分はいまなお物々交換によってなされている。モンゴル人はシナ人以上に金をためることが好きで、銀貨による現金払いをするくらいなら、むしろ物品や家畜でその二倍の額を払おうとするほどであり、シナ人のほうではそうした心理を巧みに利用して商いをしているのである。

シナ商人が商品の代価として受け取るものには、羊毛、家畜、矮馬、ラクダ、羊、それにときには獣皮や毛皮なども含まれるが、この種の取引きはまさにキツネとタヌキの化かし合いに終始するのが常である。小麦粉を売る際には、シナ商人は小さな枡を使い、逆に羊毛を買うときには重いはかりを使うといったぐあいである。するとモンゴル人のほうでも、仕返しに、羊毛に塵を混ぜたり、ときには少量の砂糖を湯で溶かしてそれを羊毛に振りかけて砂粒をこびりつかせたりして対抗するのであるが、しかし結局は、抜け目なく差引勘定をして利息を課するシナ商人のほうに凱歌の上がるのが普通である。たとえ買い入れた羊毛の半分が砂だったとしても、心配御無用、こちらの使ったはかりは一斤の錘《おもり》がたっぷり二斤はあり、そのうえ、輪につるした竿ばかりであるから、きように操れば少々の水増しくらいはわけなくはじき出せるのである。しかも、取引きが小さいほど儲けも増すという寸法である。なぜなら、子羊の毛皮を一枚とか、ラクダの毛をわずか二ポンド持って買物に来るようなモンゴル人なら、強い酒をちょっぴりふるまってやりさえすれば、そういつまでもしつこく値切ったりはしないであろうし、それにまた、少量の小麦粉を売るときには、シナ商人はなるべく枡を使わずに、見かけだけはいかにも気まえのよさそうなむぞうさな手つきで、どんぶりで量って渡すようにしているのである。とかくシナ商人は目先の利益にばかりとらわれているという非難をよく耳にするが、とにかく目先の小さな利益にさといという点では、ユダヤ人の商人といえどもとうていシナ商人の敵ではないことだけは確かである。

　百霊廟滞在中、わたしはあるツェ・ハオの家に泊めてもらった。すでに彼らの商売もすっかりさびれ、部落には、平和な時代ならばモンゴル人のあいだを回って商いに精を出しているはずの男たちが群がっていた。これといってする仕事もないままに、彼らはよい知らせの到着を待ちわびるかのようにたえず家の戸口に出てたたずんでいた。脱走兵がこのあたりにも現われたという話だったが、さいわいここ二、三日は彼らも姿を見せなかった。南からやって来る者もなく、またこちらからも誰一人あえて南に出かけて行こうとしなかったが、他の部落の商人の中には、東西の道を行き来している者もあって、そういう連中が旅先で聞いた荒唐無稽な話を持ち帰って来るのだった。日がな一日、シナ人たちはカン(炕)の上にすわって、タバコを喫いながら世間話にふけっていた。アヘンを喫っている者も二、三人あったが、たいていの者はツン・シェンという、緑色がかった、かさかさの、ひどく埃っぽいきざみタバコを喫っていた。他に一人だけ、カモシカの脚の骨で作ったきせるを使って、根気よく吸ったり吐いたりしている男がいたが、このきせるにはからの薬莢で作った口金と火皿がついており、男がこれにつめて喫っているタバコは、普通水ぎせるに用いられる種類で、からいツン・シェンタバコに比べるとほとんど甘いとさえ言えるほどの、まろやかな味のタバコであった。見た目には、赤くてぼさぼさした細かい糸くずのような感じであったが、埃っぽい味はまったくなかった。これを喫うには、まず火のついたろうそくをきせるの火皿のところへ持っていって、喫っているあいだずっとそのまま当てていなければならないのである。二息も喫えば充分で、そのあと喫煙者は吸い殻を吹いて捨てて、また同じことを繰り返すのである。

彼らはまた、赤い獣脂のろうそくの光の下で、一と晩じゅう麻雀にふけることもあった。悋嗇《りんしょく》をもって聞こえる山西人の例にもれず、彼らのやりかたは、欲深な逡巡に終始する、まことに緩漫でぎごちないものであった。それでも、山西人の彼らでさえ、屈託のないモンゴル人の生活になじんでくると幾らか気まえもよくなることがあるらしかった。いずれにしろ、彼らの一人が負けた腹いせに言ったせりふではないが、幾ら負けようといまなら少しも惜しくはなかったのである。と言うのも、みなが賭けている金は、キリスト教軍直轄の銀行が発行した紙幣であって、それはすでにキリスト教軍の敗北によって反古《ほご》同然になっていたからであった。

われわれのいた宿には、ほかにもう一人、隊商の持主が泊まっていたが、彼は西域のハミに近いチン・チェン出身の男であった。かなりはぶりのよい男でありながら、本名も名のらず、無頓着な隊商仲間の習慣に従って、チン・チェン・リという名で呼ばれているだけだった。この男のおかげで、やっとわたしは、さきにわたしが契約を結んだ男との取引きがさっぱりうまく運ばなかったそもそもの原因なるものを知ることができた。彼の話によると、くだんの男は帰化の淫売宿にいるある女に熱を上げているとのことであった。ラクダに投資するはずの金もすっかり女とアヘンに注ぎ込んでしまい、本来ならとっくに店をたたんであんな物騒な町から逃げ出してしかるべきであるのに、再度ラクダを調達してくれるようにとのわたしの要求をはぐらかして、ただひたすら女のために帰化にとどまっているのであった。

ある晩、シナ人たちの長話の果てに、話題がたまたま回教徒のことに及んだ。回教徒の聖都は、トルキスタンから西へ、北京からトルキスタンにいたる道のり以上も行ったところにあり、町には真鍮の城壁がめぐらされているそうだ、と一人の男が言った。すると、子供のころにトルコ語を習ったことがあるというチン・チェン・リが、ランプのそばでアヘンを調合していた手を休めて、頭を上げた。「そう、わしもターバンを巻いた連中からそんな話を聞いたことがある。何でも、ロウムとか言う名の町だそうだ」と彼は言った。コンスタンティノープルのことを、中央アジア一帯ではそう呼んでいるのであるが、その名を耳にしたとたん、わたしはシナの長城をはるかに越えて来た我が身の寂寥をひしひしと感じずにはいられなかった。

チン・チェン・リは最初から、わたしの雇ったラクダの持主はもう戻って来まいと予言していた。確かにそのとおりであった。代わりに別の男がやって来て、わたしに同行するために雇われたと名のり出たのである。最初に請負った男もそうであったが、今度の男との道行きも欺瞞に満ちた掛け引きの連続であり、それがわたしの旅にひとかたならぬ支障を及ぼしたことでもあるので、一応彼らの悪行のかずかずをここにかいつまんで述べておく必要があろう。

最初の男は、バルクルに住むさる資産家の出としてあまねく知られていた。この一族が所有するラクダは約七〇頭もおり、それらは二月帰化をたったおかげで、首尾よく軍の徴発を免れることができた。その他に数頭のラクダを手もとに残して、帰化にとどまっていたのが、問題の男であったが、彼がわたしに貸してくれたのは、実はこの残ったラクダだったのである。彼の意図では、このラクダを駆って、ゆっくり進んでいる隊商の本隊に追いついたうえで、その中から元気なラクダを選び出して、それから快速の行進をして先へ進むつもりだったらしく、それだからこそ、わずか七〇日という短時日でモンゴルを横断する契約をわたしと結ぶこともできたのである。最後になって、わたしが代わりのラクダを用意してくれるようにと頼むと、彼は、どういうつもりか、これから新たに買い入れるようなふりをした。もちろん、彼がそんなことをするはずもなく、結局、百霊廟でわたしに会った例の男から借り出したのであった。

今度の男が連れてきたラクダは九頭であった——これは、わたしが契約書の中で指定した数よりも二頭余分だった。だが、最近のはなはだしい相場の下落もあって、男はわたしが七頭分の代金としてすでに支払った三五〇両《テール》の代わりに、九頭で二四〇両《テール》という条件で喜んでこの下請け契約に応じたのであった。しかも、彼はまだその代金を全額受け取ってさえもいなかった。バルクルの男は、わたしが前渡しした一〇〇ドルを彼に支払っただけで、あとはロープや荷鞍やその他の道具類でどうにか契約類の半分を埋め、あとの半分は、わたしの場合と同様に、バルクルの一族が所有するラクダに対する優先的取得権をもってこれにあてたのである。しかのみならず、安い賃貸料に落ち着かせるために、最初の男は恥知らずなブローカーの入れ知恵で、運ぶ荷物の重量に関してもうそをついたのであった。おかげで、今度の男も、九頭のラクダがあれば、わたしの荷物を一つ残らず運べるはずであることなどはそっちのけにして、とにかくもっと少ない荷を運ぶためにきわめてわずかな運賃しかもらっていないのだから、その金額のままでは断じてそれ以上の荷を運ぶわけにはゆかないと主張して譲らなかった。だが、彼が荷物の重量に関してだまされたとすれば、このわたしも別のことでまんまと一杯食わされた被害者にほかならなかった。と言うのは、最初に請負った男の約束では、彼自身が同行するほかに、もう一人人夫をつけるから、わたしとモーゼは路上でも宿営地でも全然仕事をしなくてもよいとのことだったのである。いや、それだけならまだしも、もっと困ったことには、今度の男は羊腸の道を旅した経験がなく、最初の男に案内してもらうことを当てにしていたのであった。

かくして、われわれはのっぴきならない窮地に陥った。バルクルの男は、わたしに一〇〇ドルの借りがあり、今度のラクダ曳きの男には一二〇両《テール》の負債を負ったことになるが、それを返済する方法として彼は、われわれに同行して西域にある自分の家に着いてから支払うことにしようと、われわれ双方に対して約束したのである。自分のラクダを担保にするからと言ってわれわれを納得させた彼ではあるが、いつまでたってもわれわれの前に現われないところを見ると、どうやらわれわれ二人をぺてんにかけるつもりであるとしか思われなかった。積み荷の重量の食い違いの一件は、わたしと今度の男とが完全な了解に達するうえでただ一つの大きな障害となった。しかも、この一件で男はことさらに騒ぎ立てて、ことをいっそうめんどうにしてしまったのである。わたしとしては、彼が道中りっぱに務めを果たしてくれれば、充分に報酬をはずんでもよいと思っていたのであるが、男のほうでは自分が不当に瞞着されたことを恨みがましく思いわずらってばかりいて、そのため、最初不機嫌そうにむっつりしていたのが、しだいに手がつけられなくなり、ついには気が狂ったように暴れ出し、いまにもモーゼとわたしの二人を殺しそうな剣幕さえ示すにいたった。

こうしてぐずぐずしているあいだに、町には日を追って不穏なうわさが広がっていった。帰化からやって来る旅人は一人もなく、どうやらわれわれが最後の脱出者となったようであった。ところが、三日めになって、一人の外国人が自動車で到着した。それは、羊を取引きしているイギリス商社に勤めるミラーという名の若いスコットランド人であった。彼はわたしよりも数日早く帰化をたって、いままで各地を商用で巡回していたとのことであった。そしてつい先日、彼は帰化へ使いの者を行かせたが、その男が戻って来て報告したところによると、峠の道は封鎖され、町へ通じるいっさいの交通が差し止められているということであった。そこで彼は、ただちに難を避けるべく、百霊廟へ車を走らせた。昼ごろ、とある小さな村で休んでいたとき、馬に乗った四〇人ばかりの兵士たちが、彼のいるところとは反対の端から村にはいって来たそうであるが、中庭に置いてあった彼の車に気がつかなかったのか、それとも奪う値うちがないと考えたのか、彼には目もくれずに、村の住民たちに命じて、持っている矮馬を全部供出させ、ほかに少量の食糧と金も徴発してから、おそらく道案内をさせるためであろう、二人の村人を連れて立ち去ったとのことであった。それから村を出てしばらく行くと、今度は三、四人の脱走兵に遭遇したが、この連中もべつだん彼を襲うような気配は見せなかった。彼らの言うには、もっと大部隊の仲間が現在帰化の町を脱出しようとしており、彼らはその先遣隊として偵察の任務に当たっているのであって、ついいましがた貿易所を一個所襲撃して来たばかりだということであった。

この話を聞いて、わたしはもちろんのこと、今度のラクダ曳きの男も、道には不案内ながらもうこれ以上ぐずぐずしてはいられないと、やっと決心のほぞを固めた。実際、もうとっくに逃げ出していなければならなかったのである。道も、はじめのうちはきわめてわかりやすく、迷う心配もないが、それから先はおそらく他の隊商を見つけて、それといっしょに旅をすることになるのであろう。だが、とにかく、肝心なことは、戦乱の響きや砂塵の届かぬ遠方へ逃げのびることである。いまからでは、いかに強行軍を重ねても無事に脱出できる可能性はきわめて少なく、どう見ても、十中八九、途中で何度も逃げ隠れさせられるはめになりそうであった。ラクダは、たしかに、旅の道連れとしては親しみがあり、写真にとっても見ばえのする動物ではあるが、しかし、今回のように、脱出の成否にわれわれの生命がかかっているような重大な事態ともなると、やはりラクダよりも自動車のほうがはるかに心強いことは否めない。ところが、あいにく、スコットランドの友人の逃げる方向は、わたしのそれとは逆だったのである。わたしは西へ逃げるのに対して、彼ははるか南東の方向に逆戻りして張家口へ落ちのびる予定であった。予備のガソリンも積んでいたおかげで、彼は途中敗走する軍隊の混乱を避けるために途方もない回り道をしいられながらも、ついに無事張家口にたどり着いた。それは、出発以来三週間あまりも要した旅であったが、その同じ日にたまたまわたしの妻も、帰化を脱出する最初の汽車で張家口に着き、おんぼろ自動車に乗ってモンゴルの奥地からよたよたとやって来たミラーに会って、わたしが百霊廟でしたためた手紙を彼の手から受け取ったのであった。

異郷の地で知り合った、この、自動車に乗った外国人の友人がスコットランド人であると聞いたら、わたしの両親もさぞかし安心することであろうと思うと、それがせめてもの慰めであった。と言うのは、故郷にあてた手紙に、スコットランド人の姿を見かけたと書くことほど、みなを安心させられるものはないのである。近ごろは、誰もが最近の書物から得た知識をもとにして、モンゴル旅行の恐ろしさや孤独についてあれこれと途方もない想像をめぐらしているようであるが、そんなときに、ただ一と言、「いや、そんなことはありませんよ。ちょいちょいスコットランド人に出会ったくらいですからね」と言ってやりさえすれば、アイルランド人でもないかぎり、みなほっと胸をなで下ろすこと請け合いなのである。

いったん逃げ出すことに話が決まると、まったくあれよあれよというまにほかの問題も簡単にまとまってしまった。百霊廟に滞在中は、はげしい口論のしどおしであったが、ラクダ曳きの男は最後にもう一度、わたしの積み荷を少しばかり減らすようにと、それもかなり強硬に申し入れてきた。だが、それもだめとわかると、ひとしきり、あらゆる国の荷役人夫が口にする例の悪態を吐きはしたものの、それっきり文句も言わずにラクダを連れて来て、地面にひざまずかせた。荷物がうず高く積み上げられ、すぐにラクダの背にくくりつけられた。すると、ラクダはうなり声を発しながら、いまにもぬるぬるした緑色のにれを吐きかけそうな勢いで、起き上がった。雌のラクダはとくにこうしたにれを人間めがけて吐きかけるのがうまいのであるが、雌にかぎらず、牧草地から戻ったばかりで長いあいだ荷役から遠ざかっていたラクダなら、全部が全部、かような汚物をさかんに吐き出すのである。しかも、この食い戻しの悪臭たるや、まったくもってすさまじいかぎりであり、シナ広しといえども、かの悪名高き寧波《ニンポー》の、汚水のあふれた石の下水溝の道をはい回ってさえも、かような有毒腐敗の臭気に匹敵しうる臭いにぶつかることがあろうとも思われないほどであった。万一吐きかけられたときには、汚物が乾くのを待つよりほかなく、そのあとでこすればわりに簡単に落とせるのである。

　われわれは日が暮れてから霧雨をついて出発したが、やがて雨足が募っていつしか本格的な降りになった。この地方が海から隔絶したモンゴルのまっただ中であることを示すかのように、北に向かって流れる小さな川——最近の雨で増水して、川幅は一〇メートルほどもあった——を歩いて渡ったあと、われわれは長い列をなして僧院の前を通り過ぎ、夕闇にかすむ起伏した牧草地帯に向かって進んで行った。みるみるうちに、夜のとばりがあたりの景色を包んでいった。最初の一、二時間、わたしはラクダの背にじっとすわって、あらかじめ警告されていた二つのこと——すなわち、ラクダ酔いと、ラクダ疲れと呼ばれるもの——が襲ってくるのを待ち構えた。わたしのすわっている荷の両側には、衣類のはいった袋がつないであった。この二つの袋とラクダのこぶとのあいだにできた窪みがわたしの席で、ここにかけて両足をラクダの頸の上に投げ出した姿勢をとっていたのである。地面ははるか下にあり、このままラクダが暴走をはじめたらどうやって止めたらいいのだろうかと考えると、いささかそら恐ろしくもあったが、それ以外には、まったく何の不安も感じなかった。それに、わたしは万一さしこみが起こった場合に備えて、あらかじめ胴巻き代わりに目のさめるようにはでな紫色の飾帯を腹に巻いていたのである。だが、滝のような雨をついて暗い夜の道をかなり進んだのに、いっこうにさしこみも疲れも襲ってこなかった。そこで、並足で歩くラクダの揺れや傾きのぐあいがどうにかのみ込めたところで、わたしは下におりて、四、五キロ歩いてみた。それから再びラクダの背にはい上がったが、旅における最初の教訓の一つを学んだのはそのときであった。それは、行進している最中にラクダに乗る場合、ラクダをひざまずかせるのは最良の方法ではないということであった。こうすると、当のラクダにとってもほねがおれるばかりでなく、あとに続くラクダの進行をはばんで、列を乱してしまうのである。もっと良い方法は、ラクダの鼻輪に結んである綱を引いて頭を下げさせて、頭のすぐうしろの頸部に左の膝を載せるのである。すると、すぐにラクダは頭を起こして、軽々と地面から持ち上げてくれるので、すかさず右足を首の中間まで届かせ、左膝を一段進めて積み荷の端に近い首のつけ根に当ててから、最後に一しきりもがいてからだをずらしさえすれば、それでことは無事完了するのである。少し練習を積めば、ラクダを停めなくても乗れるようになるとのことであった。

だが、ラクダの背に揺られながら進む、この無気味なまでに静まり返った果てしない行進の最中に、夢や、回想や、とりとめもない空想の迷路をさまよい歩くこつを会得するところまでは、まだとうていいたらなかった。いよいよ人家も乗物もない広野に旅立つ不安に心騒いだあの出発時のはげしい興奮も、いまではしだいに静まっていった。はるか足下に、地面がうしろへ流れて行くのがぼんやりと見え、粗い砂地の道を踏みしめるラクダの柔らかな足音がわたしの耳を打った。降りしきる雨のひそやかな音をまじえた夜の静寂があたりを包んでいた。ときおり、道から遠く離れたところで、モンゴル犬が通り過ぎるわれわれに向かってけたたましく吠え立てる声が聞こえた。一度、オオカミとおぼしきものの影がわれわれの一五メートル前方を横切った。すると、先頭を行くわたしのラクダはおびえて、はげしく鼻を鳴らした。雨に濡れた草原の快い香りがあたりに立ちこめていた。夜は、ここでは、限られた時間の継起ではなく、いつ始まりいつ終わるかを思いわずらうこともない永遠の流動にほかならなかった。

一〇時間に及ぶ強行軍を終えた明けがたの四時ごろ、どうもうな犬の一群が行く手に現われてはげしく襲いかかって来たのを見て、われわれはやっと他の隊商のいる宿営地に到着したことを知った。不寝番の男が近づいて来た。わたしの雇ったラクダ曳きとは顔見知りらしく、すぐに彼は犬を呼び戻した。数分後、ラクダが地面にひざまずくと、積んでいた荷物が地面に下ろされた。われわれは暗がりの中でテントを張り、濡れた草の上にフェルトを敷いた。そして、めいめい寝袋を広げ、不寝番のたき火にかかっていた湯沸しの湯をもらって熱い茶を一杯飲んでから、トルキスタンへの旅の最初の行程を無事に終えたことを喜びながら、快い眠りについた。

(1) これには、ボイエ・ボグドというモンゴル名もあるということをわたしは聞いた。
(2) いわゆる《旱魃》に関する研究は、エルズワース・ハンチントン著『アジアの鼓動』(ボストン、ホートン・ミフリン社刊)を参照されたい。
(3) 『地理学会会報』一九二五年五月。

5 無法地帯

翌日、われわれは昨夜の雨で濡れたテントを乾かすかたわら、われわれよりも先に宿営していた隊商との交歓に一日を過ごした。このあたりは、完全にモンゴルに属する広大な平原のまったただ中であり、敗残兵の大部分は甘粛の国境を目ざしてもっと南の地域を移動しているので、襲撃を受ける危険はまずないと言ってよかった。われわれの隣人は、いわゆるフ・ラ・マオルと呼ばれる一団であったが――この呼び名には、多少とも、寄り合い所帯と言った軽蔑的な意味がこもっているようである。その名のとおり、この一団には二〇〇頭あまりのラクダがおり、それが六、七頭からせいぜい二〇頭ぐらいまでの単位でそれぞれの持主に属していて、持主みずからラクダをひいている者もあれば、代わりに人を雇ってひかせているのもあるといったぐあいであった。また各持主は、自分や雇った男のための食べ物を自弁したうえに、隊商の引率者とその馬、およびキャンプの番犬を養うために、それぞれのラクダの持ち数に応じて金を出しているのである。引率者自身の持ち物は、テントと、飲料水のたると、その他の道具類、およびそれらを運ぶ数頭のラクダである。グチェン・ツまでの往復の旅の報酬として引率者に支払う金や、その他の諸経費を合わせて一五〇両《テール》を分担し合うほかに、各持主は食糧運搬用のラクダの賃貸料に当てるために、テントを利用している自分の雇い人一人につき二〇両《テール》の料金を引率者に払うのである。このような寄り合い所帯の隊商の引率者は、たいてい最も有能な旅のベテランであり――長年この道に携わって信用と声望を博したすえに、たっぷりため込んだ金を元手に独立して商売を始めるのが常であったが――ただし、この種の隊商に物資の輸送を委託することは、必ずしも得策とは言えないのである。もちろん、引率者には、ほとんどあらゆる面で、他のいかなる隊商の責任者にも劣らぬ絶対的権限が与えられてはいるが、実際問題として、常に彼は一人の持主の利害よりも、いわば全体としての旅行集団の利害のほうを念頭におかなければならない。したがって、一人の持主に属する五頭のラクダが疲れて動けなくなった場合、近くに牧草地があれば彼らに回復の機会を与えるために、他の元気な二〇〇頭あまりのラクダまでがいっしょに休まなければならなくなるのである。

この隊商の連れている犬の群れの中に、一頭だけ仲間はずれにされた犬がいるのにわたしは気づいた。それは外から迷い込んで来た犬である、と彼らが教えてくれた。死んだラクダを食べるのに夢中になっていて遅れたり、足を痛めたりして、自分の隊商にはぐれてしまう犬はよくあるらしく、そんな場合、次に通りかかる隊商の犬と戦って首尾よく割り込めれば、その力に免じて拾ってもらえるが、負ければ餓死するよりほかないのである。わたしの見た犬は、鋭い歯にものを言わせて餌袋にありつくことはできたらしいが、まだほかの犬と親しくなるまでにはいたっていなかった。歯の白さや尖りぐあいから判断して、せいぜい二歳か三歳ぐらいと思われたが、背丈はセント・バーナード犬ほどもあり、体の色は前脚が白く、胸のあたりに白い斑があるほかは、まっ黒だった。たいていの犬は、体じゅうがまっ黒で、ただわずかに眼の上に黄褐色の小さな斑があるのが普通であった。わたしが手ずから餌をやると、犬はすぐにわたしのテントにやって来て離れなくなった。ラクダ曳きたちは、「わたしの心がこの犬にかよった」のを見て、よかったら飼ってみてはどうかと言ってくれた。そのお目見えの晩に、彼はわたしのテントに訪ねてきた男にはやばやと襲いかかったのである。男はラクダの囲いに用いる棒をひっつかんで、したたかに犬を撲りつけ、骨に達する深でを負わせたが、もっと弱い犬なら、まちがいなく脚をへし折られたところであった。

わたしは宿営地の名にちなんで、この犬をスジと呼ぶことに決めた。あとで聞いたところによると、スジというのは羊の骨盤を意味するモンゴル語であって、宿営地にこの名がつけられたのも、泉のある小さな窪地の形状が羊の骨盤に似ていることによるのであった。だが、それはわたしの犬につける名としても確かにふさわしいものだった。なぜなら、この犬はいわばわたしに贈られたものであり、羊の骨盤もモンゴル人のあいだでは敬意のしるしとして客人に贈るのがならわしだったからである。ところが、その後道連れになったどの隊商の人夫に聞いても、わたしが犬にそれを手に入れた場所の名をつけたのは、きわめて滑稽なことだと決めつけられてしまった。かような素朴な人々のあいだでは、何ごともしきたりどおりに運ばれるのが常であり、犬の名についても、古くから伝わった彼らなりのつけかたがあったのである。たとえば、トラとか獅子とか、黒い雄牛、赤い雌牛、やくざ者といった名が好んで用いられ、また雌犬には、シナ人の女のように主として花の名がつけられる。後日いっしょに旅をしたある隊商の連中は、スジのことをいつもレン・ツォウと呼んでいた。レン・ツォウというのは、偏屈者の意で、たとえば、鉄片が熱く灼けていると教えると、すぐさま手でさわってみてほんとうに熱いかどうか確かめずにはいられないとか、あるいはやんわりと穏やかにやろうと言うと、とたんに喧嘩をおっぱじめるとかいった変わり者を指して言う言葉なのである。スジのことをそう呼んだのは、すべての犬が守るべき第一の掟、すなわち餌をもらったらお礼に必ずそこで見張り番を務めるという鉄則を、彼が破ったからであった。スジは誰がくれる餌でも喜んで食べはするが、その男がわたしのテントにやって来るとたちまち襲いかかるといったぐあいで、餌にありつけるところならどこへでも出かけて行くものの、食べ終わると決まって飛んで帰って来て、わたしのテントの番をするのであった。

隊商の犬は、ラクダ曳きたちよりももっと幼いときから仕事につかせられるが、それというのも、彼らが旅の最中に生まれることが多いからである。一二月と一月に生まれた子犬が最も頑健であると言われている。子犬が生まれるとすぐに母犬はテントの中に寝ることを許されるが、子犬のほうはたいてい雪の中に数時間放置され、そのあいだに虚弱なものが陶汰される。行進がはじまると、子犬はラクダ曳きの上衣の胸にはいって運ばれ、小休止のあいだだけ胸から出されて、親犬のもとであわただしい食事をとらされる。少し大きくなると、いっしょに生まれた兄弟全部とともに、ラクダの積み荷につるしたかいば袋に入れられ、やがて走り回ることができるまでに成長すると、群れに混じって先輩の犬から鍛えられるのである。

犬の重要な役目は、夜間にキャンプの番をすることである。見張り番の男二人はテントの入口に陣どり、犬は見張りの目の届かない裏手の警戒に当たるのである。また行進の最中は、常に隊の先頭に立って走るのであるが、最前列のラクダを率いているのはたいてい料理人頭で、この男が犬の食事の世話係もかねているので、犬のほうでも彼の声をよく知っていてその命令に従うのである。隊商が出発する際に、彼は長々とさえずるような声で、「レイ、レイ・レイ・レイ・レイ・イ・イ・イ！」と呼んで犬を集める。反対の方向に向かう隊商の率いる犬の群れに出会うと、ちょっとした小ぜり合いが演じられることもあるが、たいていの場合、双方とも密集隊形を作って互いに飛びかかる隙をうかがい合ったまま慎重にすれちがうのが普通であった。また、犬は餌をもらったことのない人間にはなかなか気を許さないため、二つの隊商がいっしょに旅をしている場合でも、相手がたのテントに訪ねて行って犬に襲われずに済むようになるにはかなりの日数が必要である。これらの犬は名目上は隊商の持主に属しているが、不寝番に立つ男たちの手助けをする関係上、実際にそれを自分のものとみなして可愛がっているのはこれらの男たちなのである。したがって、犬のことで何かもんちゃくが起こるようなことがあれば、ことの起こりはまずラクダ曳きたちにあると見てまちがいなく、たいてい、誰かがよその隊商から可愛らしい子犬を盗んだといったことが原因なのである。

「喧嘩好きの犬には狭い場所を、喧嘩好きの人間には広い場所を」という意味のシナのことわざがあるが、これは、自分の耕している二、三枚の畑が全世界であり、村の寺と、村の質屋と、村の茶店よりほかには文化の恩恵に浴したことのない世間知らずのシナの村人が、衙門の集金人や、下っ端役人や、その他むやみと威張り散らすよそ者の前に出るとおじ気づいて、いとも簡単にだまされてしまうことを、暗に警告したものなのである。だが、その飼犬のほうは、よその人間を見ることもめったにないうえに、もっぱら家の番をするのが役目であるため、飼主よりもはるかに勇敢である。ところが、それは田舎だけのことで、都会になるとそうはゆかず、住民は好むと好まざるとにかかわらず、あらゆる種類のいかさまに自力で対抗し、ありとあらゆる搾取をかわす術を身につけなければならないのである。一方、犬はシナの都会では誰からも必要とされず、誰からも嫌われるばかりののら犬になり下がり、その対人間関係は、もっぱら人間の怒りにふれぬよう逃げ回ることでしかないというのが実情である。

隊商犬のうちでもとくに最良種と言われているのは、張家口に近いシナ国境沿いの寒村に産する犬で、がっしりした骨格に加えて、猛暑の夏と酷寒の冬に鍛えられるため、その性きわめて勇猛なるをもって知られている。このあたりの山間部落は常に小規模な匪賊の出没に悩まされており、そうした危害から住民を守るものは犬をおいてほかにはないところから、村では犬をきわめてたいせつに育て養うのである。そのため、ここの犬は、もともとモンゴル犬の一種でありながら、同種の他の犬と比べると際立って頑健である。張家口の付近まで旅をしたことのあるラクダ曳きたちのあいだでは、この村からまんまと犬を盗み出すこと――と言うのも、モンゴルでは最も優秀な犬でさえめったに売買されないからであるが――がこのうえない自慢の種になっていた。

だが、このすばらしい犬よりもさらに優秀で、他の種族の犬などその足許にも寄りつけないとされているのが、タ・シェン・クエイ（太昇貴）の犬なのである。スジをわたしにくれた隊商の人夫たちは、スジが彼らの隊商に割り込んで来た一、二日前に、タ・シェン・クエイに属する矮馬の群れが近くを通ったということと、スジがひときわ大きくたくましい体つきをしていることとを考え合わせて、てっきりこの犬もタ・シェン・クエイの犬に違いないと決め込んでしまった。ところで、このタ・シェン・クエイという貿易商社は、すでに二〇〇年以上も前から帰化の町に進出しており、その輝かしい歴史はかのハドソン・ベイ貿易会社のそれにも比肩しうるほどで、またそれが所有する犬はすべて特別な訓練をほどこされているのである。

この商社は、自社以外の者の依頼で荷の輸送に当たったりすることはけっしてなく、もっぱら自主取引きによってモンゴルの産物を買い入れ、それを自社のラクダで帰化に送り届けるのである。ウランバートル、ウリヤスタイ、コブド等、重要都市にはすべて貿易所を置き、多くの農場も管理統制下において、原料品ばかりでなく家畜類の買付けをも行なったので、その権益は広範囲に及んで、ついにはモンゴルの諸王侯の内政をさえも左右するにいたり、またラマ教の大僧院の業務をも代行するほどの勢力を占めるまでになった。商社の隊商を率いる者は、いずれもこの道のベテランであり、それに従うラクダや犬や矮馬はすべて屈強の精鋭ぞろいであった。またその差配人には、最高の信用を誇る商人がこれに当たったのである。だが、後に外モンゴルにおけるシナの支配権がロシヤの勢力に駆逐されるに及んで、ようやくこの商社もその地位の脆弱さを露呈するにいたった。商社では、部族の領地や王侯の収入を担保にして貸出しを行なったため、モンゴル人の金持の中には商社に莫大な負債を負っている者が少なくなかった。ところが、ソヴィエトの後押しでモンゴル人がシナの主権をくつがえすのと同時に、シナ商人に対しても排斥政策をとったため、これまでの負債や債務はことごとく白紙に戻されてしまったのである。結果はシナ人にとってまさに致命的であり、タ・シェン・クエイも、かつてモンゴル貿易を牛耳った大商人のグループに属するすべての商社の例にもれず、今日では往時の繁栄の名残りをかろうじてとどめているにすぎない。

昔、モンゴルにまだ電信が敷設されなかったころ、タ・シェン・クエイでは、犬に特別な訓練を施して通信連絡に用いた。どの犬にもそれぞれ自分の属する基地があって、隊商について旅に出ても、縄を解かれるとすぐにこの基地へとんで帰るように仕込まれていた。このような、他の商社のおよびもつかぬ方法によって、タ・シェン・クエイは取引き市場と常に密接な接触を保ったのである。移動して行く先々で、隊商は値段や在荷に関する情報を犬の首輪に結びつけて、基地に送り返した。放たれた犬は、途中ただわずかに水を飲んだりラクダの屍肉を食べたりするために立ち止まるだけで、あとは全然休まずに驚くべき長距離を一気に走破するのが常であった。基地に到着すると、ただちに伝言は帰化の本店に送達されることになっていた。このような連絡網を維持してゆくために、タ・シェン・クエイでは、他の商社や隊商組合よりもはるかに多くの犬を育てなければならず、しかもそれは体力においても知力においても、すぐれた犬であることが必要だったのである。こうした余分の支出をまかなうべく商社では、おそらく商業の歴史においても前例のないある方法を採用した。すなわち、社の帳簿にとくに犬の会計項目を設け、犬の協力があったすべての取引きから得た利潤の一〇パーセントをその項目に繰り入れて、その金で全部の犬を養うとともに、種族の改良をはかったのである。後に電信が通じて、犬による連絡方法がすたれてからも、依然としてこのすぐれた素質は商社の隊商犬に受け継がれていた。

一説によると、タ・シェン・クエイでは、こうした犬による断続的な連絡方法のほかに、仕入れの季節には騎馬の急使による定期的な通信連絡をも行なっていたもののようである。この伝令の乗馬には、慎重な訓練によって細くひきしまり強靱な体力を身につけた特別の矮馬が用いられた——それというのも、モンゴル人がやるように、放牧地からそのまま連れて来た矮馬だと、牧草で腹ばかり大きく膨れてはいても、穀物を食べていないのでせいぜい一区間ぐらいしか走れないのである。急使はかような矮馬を二頭連れて出かけるのがたてまえで、途中この二頭を交互に乗り換えて旅し、乗っていないほうの馬に彼の食糧であるわずかばかりの乾パンと、馬の食べる穀物を幾らかと、必要に応じて少量の水をも積んで運ばせる。こうして旅を続け、ついに眼をあけていられないくらい眠くなると、馬を止め、二頭の両脚を縛っておいて二、三時間の仮眠をとったのである。旅の歩度は、だく足と言われる速歩が用いられた。もともとシナ人は、乗り心地や見た目のよさという点から、モンゴル人やカザック人やトルコ人以上に緩歩を好むのであるが、ただし、持続性とか着実さということになると、いかにシナ人といえども、だく足を踏ませたほうがはるかに長続きすることを認めざるをえないのであろう。

ところで、帰化をたった隊商が、シナ人のいわゆる緩急いずれにも偏らぬ歩度で旅して——ということは、つまり、途中であまり長く停滞しないで進むことであるが——ウリヤスタイに達するのには、約二か月を要する。したがって、その距離はほぼ九六〇キロから一四五〇キロのあいだと推定される。シナ人たちの自慢話によると、急使はわずか二頭の馬を乗り換えながら、この長途の旅を六日で走破するとのことであった。だが、どうもこの話ばかりは眉唾ものと言わざるをえない。たしかに、彼らのテントのたき火に招かれて、《屈託ないひととき》を、彼らの語るよもやま話に耳を傾けて過ごしたあとで、自分のテントに戻って日誌に彼らのことをうそつきと書き記すというのは、はなはだ不人情なことには違いないが、だがとにかくこの話だけは、どう考えて

スジの井戸を立ち去る一行（右端モーゼ）

も、まったくの作り話としか思われなかった。わたしの想像するところでは、おそらく、果てしない荒野のまっただ中を行くときには彼らの述べたような方法に頼らざるをえないであろうが、ひとたび外モンゴルの牧草地帯にはいれば、元気な矮馬を次々に乗り継いで走るモンゴル人のほうがはるかに早く手紙を運ぶことができるはずである。それはともかくとして、モンゴル産の矮馬は長距離の旅がきわめて得意であり、その面で実に驚くべき快挙を演じることも珍しくないのである。かりにわたしがかつてモンゴル全土に君臨した皇帝のごとき地位にあったならば、さっそくイギリス・アラビア馬協会を招いて、モンゴルの矮馬を相手にこの同じコースで耐久競争をやらせてみたいところである。

われわれは、二日めの午後に、この楽しいスジの泉の宿営地をたって、再び旅にのぼった。《ヒバリ》のモンゴル人の居住区を劃するオボをすでに越えて、われわれはいまマオ・ミンガン・ホシュンの領地を通っているのであった。モンゴルでは、境界線の決定にはすべてこのようなオボによる方法が行なわれており、たいていわかりやすい高い場所にオボ、すなわち石塚を建てて、それにこう記すのである。「ここより、向こうの丘に建つ次のオボとを結ぶこの丘陵の尾根をもって、我らと汝らのあいだの境界となす。」かように、彼らは峡谷によってではなく、分水嶺によって境界を劃するのであるが、それは境界設定の主な目的が放牧地の分割にあったからなのである。

われわれが次に宿営したのは、そこから二〇キロほど先の、細い水の流れが小さな沼地に注ぎ込んでいるあたりで、そこはエルリゼン・ゲゲンという名で呼ばれていた(ゲゲンというのは、高位のラマ僧の呼称である)。いちばん近い耕作地からでも約四八キロ北に離れているこのあたりにも、シナ人の移住者によってしだいにくさびが打ち込まれており、われわれが宿営した場所もすでに彼らの所有に帰していて、早くも入植をはじめた移住者もあって、来年にはいよいよ土地の耕作が開始されそうな形勢であった。われわれのいる地点は、包頭のほぼ真北に当たり、この付近に帯状に広がる《丘の背後の》シナ人占有地は、ク・ヤン・シェンという小さな町の管轄下にあったが、この町と包頭との関係は、ちょうどクオ・チェンが帰化に対して占めている地位とよく似たものであった。

翌日、われわれはこれまで親しくつき合ってきた隊商と別れた。少し先にラクダ税を取り立てる関門があるはずで、あいにく通行証を持っていない彼らは、その北側を迂回するよりほかなかったのである。わたしの雇った男は全部のラクダの許可証を持っていたので、われわれは思いきってこのまままっ直ぐに進んでみることに決めた。それからさらに二四キロほど西に進んで、それぞれバガン・ノール、イキ・ノールという名の二つの小さな湖を過ぎて、低い丘陵地帯にさしかかったあたりで宿営した。翌日、出発まぎわに、一人の小柄な老人が、自分ではラクダと称している、何ともすさまじい悪臭を放つ腫れ物のかたまりのごときしろ物に乗って、われわれのところへやって来た。この獣の片面はただれて腫れ上がり、他の面は飢えと老衰のためにげっそりと落ち窪んでいた。老人の語った途方もない話によると、彼はクオ・チェンからここまでのおよそ八二キロの行程をわずか三日でやって来たそうで、ちょうど西へ行く道連れを捜していたところだというのである。グチェン・ツには彼の所有のラクダが三〇頭ちかくもおり、それを甥に預けてあったのが、最近の動乱のために甥はクオ・チェンに戻って来ることも送金することもできなくなったので、やむなくこちらからもう一度西域へ出かけてみることにしたのだそうである。男の年は五一歳、すでに数年前に仕事をやめて隠居の身であったが、若いころから隊商貿易に携わり、一時はアヘンの運搬にも手をそめたこともあったらしいが、それはまだアヘンが、名目上、法律によって禁止される以前のことであった。当時、アヘンは外モンゴルの道によってトルキスタンから運び出されていたが、荷の送達には三五日間という保証期限が課されていた。かような迅速な輸送を実現するには、ゆっくり旅をしている大きな隊商の持主と提携することが必要であった。アヘンの運搬人は隊商に追い着くたびに、自分の連れている二、三頭のラクダを元気なラクダと交換して、再び先へ進み、自分が眠ったり食事をしたりするために止まる以外は全然休むことなく、ひたすら道を急ぐのである。こうして期限内に到着することができると、一日ごとに特別の配当金が加算される仕組になっており、そのため、中にはわずか二九日めにして帰化に降り立つ者まで現われるほどであった。

爺さんとまもなくわれわれが呼ぶようになったこの老人は、われわれのテントに腰をすえて、さかんに話をしたり食べたりした。そしてわれわれが出発するまぎわまでしゃべり続け、ラクダに荷を積むのを手伝ってから、われわれのささやかな隊商の最後尾についた。そのあいだ、自分のラクダを見やりながら、老人のいわく。「いや、たしかに、こいつはもう一四歳にはなってますぜ。ひょっとすると、一五か、あるいは一六、いや、もっといってるかもしれん。じゃが、これでもけっこう向こうに着くまで持つじゃろうて。老いぼれてると言やあたしかに老いぼれてるが、なあに、まだまだ使えるて。」彼の持物と言えば、乾燥オートミールが二、三ポンドと、それに、現に着ている綿入れの服のほかに、よれよれの羊の皮の服が一着あるだけだった。本人の話では、途中で追剝ぎに会って、数ドルの金と、少量の乾パンと、それに外套を奪われたのだそうである。だが、モーゼはこの話を頭から信用しなかった。なあに、この男は安上がりな方法で西域に行きたくて、はじめっから隊商のおなさけにすがるつもりだったんですよ、と彼は言った。だが、そんな男でも、いまのわれわれにはいないよりはましだった。「最初は犬、今度は人間と、これはなかなかついていますね」とモーゼが言った。われわれは人手が足りなくて、わたしやモーゼも荷の積み下ろしや、宿営地での雑用を手伝わなければならないほどだったのである。それにひきかえ、食糧のほうはあり余るほどあったので、この際、爺さんを雇い入れて、食費分だけでも働いてもらうというのもたしかに名案であった。

やっと三時間ばかり進んだころ、はげしい雨が降り出して、あたりが急に暗くなったため、われわれは入り組んだ丘の迷路に迷い込んで進路がわからなくなってしまい、やむなくその場に野営を張った。テントを張り終わるか終わらぬうちに、二人の男が提灯を持って近づいて来た。スジが襲いかかろうとするのをかろうじて引き止めると、二人は、われわれのラクダの通行証を調べに来た旨を告げたが、われわれがここに泊まると聞いて、明朝あらためて出なおすことにすると言い残して帰って行った。

翌日は、びしょ濡れのテントや湿ったフェルトをたたむ仕事をするだけでもいいかげんうんざりさせられたのに、そのうえ、徴税官を相手のひと悶着が待ちかまえていた。実際、それははげしい口論になり、しかも満足すべき結果が得られなかった。この日はちょうど九月一日であったが、何と九月一日というのは、ラクダ税を更新する期限であって、そのことは通行証にはっきりと記載されていたのである。税は一ドル六〇セントで、それを北西地方当局の名のもとに各地に配置された役人が徴収する仕組みになっていた。通行証は、いつどこでそれを入手しても、次の九月一日まで有効なのである。われわれの雇った男は、自分のラクダの通行証を獲得した日付を古いシナの陰暦で覚えていたため、てっきり購入の日から一年間有効だと思い込んでいたらしく、おかげでわれわれはとんだ騒ぎの巻き添えを食う仕儀と相成ったのである。

こんな調子でかけ合っていたら一週間もかかりそうだと見てとったわたしは、ラクダ曳きの男に心ゆくまで役人と陰陽の暦について議論させることにして、そのあいだにモーゼを従えてラクダをひいて歩き出した。一キロ半あまりも進んだころに、もちろん、男は追い着いて来たが、数人の武装した警備兵が彼に付き添っていて、われわれに向かって、この男は金を持っていないから、代わりにわれわれに払ってもらいたいと言った。そこでしばしはげしいやりとりがあって、結局、わたしが全部のラクダの通行証を法定額の半値で買い取ることで話がまとまり、われわれは再び旅を続けることができた。もちろん、わたしの雇った男は、はじめから腹帯に入れて金を持っていた。だが、そうと知られたら、全額を払わされたうえに、《追徴金》まで取られるかもしれないと思って、取り出さなかったのである。

このように、われわれは税の半額を払っただけで通行を許されたが、例の爺さんにいたっては、どう見ても一文無しとしか思えないというただそれだけの理由で、まったく無料で通過することができたのである。これほど融通がきくということは、明らかに徴税請負制度の腐敗を示す以外の何ものでもなかった。この種の税は法で定められたものであり、発行される通行証そのものも、効力の範囲内において公認されているのであるが、ただ徴税の実際面は、この特権にありつこうとする請負人の手に委ねられている現状なのである。協定した数の通行証を売りさばいてしまえば、そのあとで徴収する金はすべて請負人自身のふところにはいるわけであり、それだからこそ、通行証が正式な価格の半分で手に入るというようなことも珍しくないのである。そればかりか、隊商のほうでは、当然のことながら、できるだけ徴税吏につかまるまいとするので、どの徴税請負人も課税対象となるラクダを摘発するために、武装巡察隊を編成して周辺地区の探索に当たることが認められている。かような巡察隊の隊員には《官給》のライフルが与えられてはいるが、彼らの資格はあくまでも請負人個人の傭兵なのである。かかる私設の武装兵が武器を持たぬ人々を相手に行なう暴虐行為には、往々にして実に目にあまるものがあるらしいが、さりとて徴税吏の上司に訴えてみても、上級の役人自身が税金のうわまえをはねている以上、さっぱりらちが明かないばかりか、しかるべきところに正式に訴え出れば、それだけ余分の《賄賂》をしぼり取られることになるのがおちなのである。したがって、農民にとっては、《法》とか《役人》とかいう言葉が恐怖以外の何ものをも意味しないとしても、少しも驚くには当たらない。イギリスでは、人は有罪と決まるまでは潔白であり、アメリカやフランスでは、無罪と確定するまでは罪人として扱われると言われているが、シナにおいては、金さえ出せば無罪にもなれ、また他人を有罪にすることも思いのままなのである。たとえ真剣に改革をこころざす政府が現われたとしても、国民自身があまりにも盲従に堕しており、民政についての彼らの概念も、長年にわたるこの種の悪政によって完膚なきまでに破壊され尽くしているため、シナ全土からこのような悪弊を一掃するには少なくとも二、三世代の時間を必要とすることであろう。

口論に手まどったおかげで、再び行進に移るのがすっかり遅れてしまった。日が暮れてまもなく、われわれはまたもや道に迷って二進も三進も行かなくなり、そのまま宿営するよりほかなかった。そこへもってきて、再び雨が降り出したため、前日のキャンプを引き払う際に持物を乾かす暇のなかったわれわれのみじめさは、またひとしおであった。この辺の低い丘陵地帯は、ヤン・チュアン・ツェ・コウ（羊腸子溝）すなわち羊を放牧する谷という名で知られていた。家畜商人によって奥地から連れて来られた羊は長途の旅に疲れ果てており、そのままではとうてい町の市場に出せないので、冬のあいだここのような山に囲まれた水の豊かな谷に置いて休養させるのである。春になって、毛を櫛《くし》ですき取ってから（この地方では、羊毛は春さきに櫛ですいたものが最上等で、夏の終わりに刈り取った羊毛はそれよりも品質が落ちるとされているのである）、包頭や帰化の町へ出されて、一部はそこで屠殺され、残りはそこからさらに北京や天津の市場へと送られて行くのである。

雨に濡れてすっかり体が冷えてしまったため、われわれはみな寝苦しい一夜を過ごした。しかし、真夜中ごろになって雨も上がり、やがてラクダ曳きの男が星の光りを頼りに、夜明けの近いことを告げたので、われわれはいっせいにキャンプをたたんだ。どうにか道が捜せるくらいの明るさになったころには、ラクダの荷も積み終えて、いよいよ行進をはじめた。概して、わたしは、世の大人たちの例にもれず、このように早朝から起きて動き回ることには、どうも気がすすまないのである。起きようとも思わぬときにはやばやとベッドから叩き起こされる不快さもさることながら、それにもまして、見たくもない夜明けの美しさとやらを鑑賞させられるために、まことに理不尽な早起きをしいられたりするのは、まったくもって迷惑千万な話である。健康的な夜明けがもしあるとすれば――もちろん、都会での話であるが――それは、おそらく、夜を徹して――まあ、誰かいい人とでも――楽しく踊ったあとで、歩いて家に帰る道すがらに迎える夜明けぐらいのものであろう。だが、この荒野における夜明けは、そんな大人の文明人の生活とはおよそ無縁なものであった。それは、まさに子供かさもなくば野蛮人のためのものであった。しかし、このわたしにしても、時刻を定めずにまっ昼間にキャンプをたたんだり、夜中にキャンプを設営したり、あり合わせのものを何でも食べ、横になれるところならどこにでも寝るといった、荒野の生活にしだいに慣れてきたところであり、これがわたしにとってまことによい手引きの役を勤めてくれたおかげで、ここでの夜明けもけっこうすばらしいものに感じられるのであった。急ごしらえのキャンプのじめじめした冷たい寝具にくるまっているよりは、夜明けのひんやりとしたさわやかな外気のほうがはるかに好ましかった。雨上がりの大地のみずみずしい香りもすばらしく、また雨に洗われた丘の、ほとんどイギリスの風景かと見まごうばかりの微妙な色合いも、丘の斜面をおおう灌木の下ばえも、さらには山膚に沿って軽やかに流れる朝靄も、わたしの眼を楽しませるに充分であった。

前の晩、われわれは浅い川に行き当たって、渡ろうか渡るまいかと迷ったものであったが、いま見ると、この川の河床はいたるところ柔らかい流砂からなっており、昨夜、暗闇にまぎれてそこに落ち込まずに済んだのはまったくさいわいというものであった。だが、今度は夜明けの光を頼りに、わたしのささやかな隊商は、緩漫なおぼつかない足どりながら、どうにか無事に川を渡りきることができた――それにしても、パステル画を思わせる灰色と淡い緑と、バラ色とかすかな青色を配した朝の景色の中を、浮かぬ顔つきの九頭のラクダがゆっくりと進むあとから、爺さんの乗ったぶざまなラクダが憤懣やるかたない眼をしてついてくる姿は、まことにほほえましくも異様なながめであった。

霧もしだいに晴れて、射しはじめた朝の光を浴びながらわれわれは道を急いでいた。そのときであった、馬に乗った男が五人、われわれのほうに向かって近づいて来た。その姿を一と目見ただけで、わたしは彼らが武器を帯びていることに気がついた。危険な土地を旅していると、相手の持物をはっきりと見分けられる距離まで近づかないうちに、相手が武装しているかどうかをいち早く察知する鋭い勘がすぐに身についてしまうのには、まったく驚くばかりである。「匪賊だな！」とわたしは思った。そうとすれば、こんなふうにラクダの背に乗っていたのでは、こちらから射撃をするにしてもまことに都合が悪いばかりか、射撃された場合には、それこそ撃ってくれと言わんばかりの実にまの抜けた姿勢をさらすことになるとわたしは気づいた。だが、さいわい、隊商の人夫たちには、危険な連中と、ただ単にうさんくさい連中とを、まったく気味悪いくらい的確に識別する力が備わっているらしく、しばらくしてわたしの雇った男が確信ありげに言ったことには、この見知らぬ連中は実はツ・ファン・ツ（土蕃子）、つまりアヘンの運び屋であり、この種の旅人に対しては用心するにしくはないが、あながちひどく恐がったりするには当たらないとのことであった。やがて声の届く距離にまで近づいたとき、互いに相手がどう出るかを測りかねたように、どちらからともなく立ち止まった。五人のアヘン運搬人のうち二人が、ライフルを肩からはずして手に構えながら馬から下りた。わたしのライフルは、革のケースに入れて積み荷の上に置いたままだった。この場はやはりラクダに乗ったままでいたほうがいいとわたしは判断したが、念のために、肩をすくめるように動かして、羊皮の上着の下に隠し持った拳銃をからだの前へずらしておくことを忘れなかった。こうして油断なく身構えたまま、われわれはしだいに近づきながら大声で慇懃なあいさつを交わし合った。

　この五人の男はいずれも、サラール族[1]と呼ばれるトルコ系の、褐色の膚とたくましいからだつきをした毛深い男たちで、その一族は甘粛省の河州《ホチヨウ》周辺に居を定め、いまなお古いトルコ語の方言を使っているが、もちろん、たいていの者はシナ語も自由に操ることができるのである。男たちの中には軍服を着た者もいたが、そうでない者も含めて全員が官給品とおぼしき武器を携行していた。騎兵用のカービン銃と歩兵のライフルがそれぞれ一丁、それに多数のモーゼル拳銃。そのほかにも、二人の男が双眼鏡を持っていた。キリスト教軍がまだこの世に現われず、馬《マ》福祥《フシヤン》が北西地方の総督を勤めていた時代に作られた、総督直属の騎兵隊は、ほとんどが河州出身の回教徒によって構成されていた。当時、隊員たちは指揮官の命令で多量のアヘンを甘粛から運び出し、やがてそれが彼らの本業となるにいたった。アヘンを持ち出す経路としては、モンゴル国境沿いの間道が利用されたが、帰りには銅貨を満載した荷車を連ねて包頭＝寧夏街道を通るのが常であった。最近、シナでは、鉄道が通じている地方ならどこでも銅貨が氾濫し、一ドルに対して最少三三〇枚という安値を呼ぶまでになっているのであるが、甘粛地方は貨幣鋳造所がないうえに、鋳造所を有する最も近い土地からも匪賊の横行する地帯によって遮断されているため、ここならばいまでも二銭銅貨五〇枚で一ドル銀貨と交換できるところが少なくないのである。

アヘンの取引きは日ごとに活発化し、やがてその影響は、常時鉄道によって天津の鋳造所と直結している帰化にまでも波及するにいたった。かくて、為替相場を安定させるためにも、西部地方への銅貨の搬出を禁止する法令の布告が必要となった。しかしながら、かような禁止令といえども、清廉潔白なるはずの兵士に対してまで適用するわけにはゆかず、結局、直接の被害者となったのは、またしても貪欲な銀行家や商人たちばかりであった。

後にキリスト教軍が北西地方を占領するに及んで、馬福祥の軍隊もキリスト教軍に編入された。キリスト教軍では、この軍隊の財政能力と節操のいずれをとるのが得策であるかをはかりにかけて量ったところ、資力のほうが軽すぎると出たので、節操の側のおもりを少々取り除かなければならないことになった。かくして《暇を出された》回教徒の騎兵隊員たちは、いままでどおりにアヘンの売買を続けることを認められた。それどころか、新たに北西地方でもアヘンの生産をはじめることによって、貿易は拡大の一途をたどることとさえなった。そのためにはまず、査定官を農村地域へ派遣して、ケシの栽培に適した畑に対して税金を課すという方法がとられたが、この税たるや実に法外な重税であって、それを納めるためには、いやでもアヘンを作るよりしかたがなかったのである。ほかの地方でとれたものは、たしかに質はきわめて上等であったが、需要に応じるだけの量がなく、おかげで西部産のアヘンもさして値が落ちるということはなかった。一九二六年には、甘粛におけるアヘンの買入れ値段は、一ドルにつき約三シナ・オンス[2]であり、帰化での売値は、キリスト教軍に徴収される税をも含めて、一オンス約一ドル三〇セントであった。

ところで、われわれの出会ったサラール族の五人の男は、彼らの鞍に詰めたアヘンのほかに、さらに荷役用の矮馬を二頭連れていた。それから判断すると、おそらく、彼らの運んでいるアヘンの量は、それがさしてかさばらず簡単に隠して運べるうえに、どこでも容易に買手がつく品物の性質からおして、数千ドルは下るまいと思われた。男たちの顔はいずれも、かような職業に従事する人間にふさわしく、いかにも好戦的な表情をしていた。アヘンの運搬を業とする以上、どうしても荒々しい向こう見ずな気質にならざるをえないのであろう。それでも、彼らのほとんどは、普通の匪賊と比べると、シナ人のいわゆる《気のいい》男たちなのである。また彼らは少人数で旅をするのが常で、そのため途中でさまざまな危険に会うことも免れない。と言うのも、彼らの運ぶ手ごろな荷は匪賊にとってもまさに格好の獲物だからである。したがって、アヘンを運んでいるあいだだけは、彼らもなるべくめんどうを起こすまいと努めるのだが、ひとたび荷を運び終えて甘粛に戻る段になると、たちまち悪名高い無頼の徒に早変わりして、場当たりな悪事を働きかねない。甘粛から出かける際には、オルドスや黄河流域地方一帯を牛耳るコ・ラオ・フェイ、すなわち長老団の匪賊との接触を避けて、寧夏からモンゴルにはいる道をたどるのが普通であった。こうして旅の装いも豪華に、彼らは人のあまり通わぬアラシャンの間道に沿って、できるだけ荒野の丘や砂丘の陰に身を隠しながら、ひたすら道を急ぐのである。彼らの矮馬の糧秣は、途中で、モンゴル人相手に穀物を商うシナ商人から、そのときの気分で市場価格以上の金を出して買い入れることにしているのである。

われわれの出会った男たちは、目下彼らのアヘンを帰化に運び込んだものかどうか、思いわずらっているところだった。もし鎮圧軍がすでに帰化にはいっているのであれば、アヘンを持ち込んだが最後、法に照らしてではなく、単に軍の利益のために、立ちどころに没収されるのがおちであろう。彼らはわれわれがたどって来た道の状況についてしきりに問いただしてから、今度はわれわれに対して、三〇〇人からなるキリスト教軍の分遣隊が、本隊の退却に備えて輸送用のラクダを徴発しているといううわさが流れているから充分用心するようにと教えてくれた。どうやらこのサラール族の男たちは、われわれに危害を加えるつもりはなさそうだった。と言っても、それはこのわたしが最新式のすばらしいライフルと一〇〇〇発の弾薬を持っていることを知らないからであり、もしそれを知っていたら、おそらく、そんなけっこうな玩具ならちょっと拝借させてくれないかと言い出さずにはいなかったに違いない。シナの匪賊は、概して、できるだけ穏便にことを運ぶのが好きらしく、旅をしていて武器を持った連中から金か馬を貸してもらいたいと言われたら、これはまちがいなく匪賊なのである。そして相手が抵抗でもしないかぎり、彼らはめったに威嚇や暴力の手段に訴えない。さいわい、こんなやりとりは、われわれとこの毛深い冒険家たちとのあいだには交わされずに済んだ。互いに相手から聞くべきことを聞き終わると、サラールの男たちはただちにその場で宿営して、仲間の一人があたりの偵察に出かけて行った。われわれはそのまま旅を続け、みちみち、今度また新たな危険に会ってもうまく切り抜けられるだろうかと、しみじみ語り合ったことであった。

(1) プルジェワルスキーは前掲書の中でモンゴルの伝説を引用しているが、それによると、昔、ココ・ノールの周辺にイエグル（おそらく、これはウイグルのことであろう）と呼ばれる一部族が住んでいた。彼らはその後モンゴル人の侵略者によってその地を追われた。（そのときのモンゴル人侵略者はいまでもココ・ノールの近くに住んでいる）チベットへ逃げる途中で仲間からはぐれた一部のイエグル族は、今日、モンゴル人のあいだでは《黒い》タングートという名で呼ばれているが、たぶんそれは、近年になってとくに略奪をほしいままにしているゴロクという部族のことらしいのである。それ以外のイエグル族の者たちは、プルジェワルスキーの聞いたところによると、河州地方に逃れ、そこで他の部族と融け合ってサラール族となり、カラ・タングート族とは信仰も異にするようになったため、今日ではこの両者は完全に別種の部族と見なされている。甘粛省西部は、これまでにも幾度かトルコ系諸部族の侵入を受けたことがあったのである。

(2) 一六シナ・オンスで一キャティ（チン）であり、これはわが国の一ポンド三分の一に相当する。ただし、これは名目上のものであって、地方によって重量の基準は千差万別である。

6　羊腸の道

アヘンの運搬人と別れてかなりの道のりを進んでから、われわれもひとまず宿営して、暗くなるのを待って再び旅を続けることに決めた。ここまで来る途中でわれわれは数軒の小屋の前を通ったが、そのうちの一軒から一人の男が馬に乗って現われて、われわれと並んで歩きながら、しきりにわれわれから話を聞き出そうとした。最近、辺境地方の住民は誰もがこうした旅人の話を聞きたがっているようだった。われわれに話しかけてきた男は老人で、冬のあいだそこを通る隊商に干した豆を売りつけるのが彼のおもな仕事だったが――これがまた、一年の大半をほとんど何もしないで遊び暮らせるうえに、すばらしい儲けがころがり込むという、まさに笑いの止まらないぼろい商売なのであった。

それというのも、この羊腸の道は、荒涼とした不毛の地域を通っているため、冬になると宿駅を出たラクダは途中でほとんど食べ物を得ることができず、ために多数のラクダが餓死することが、大小両西方路と比べて最大の難点とされていたのである。ここを通る隊商は、したがって、商品の荷一〇〇個につき約三〇荷の割で干した豆を携行しなければならない。そのためには、帰化の出発地で乾物の豆を買うか、グチェン・ツをたつときに大麦を買うかするのが、最も安上がりである。こうして買い入れた糧秣は、出発の際に予備のラクダに積まれ、それが途中でしだいに食べ尽くされてラクダの背があくと、他の積み荷が再配分されて、全体のラクダの負担が軽減されるのである。糧秣の携行はどの季節にも欠かせないことであるが、とくに冬は、隊商の持主のふところが最も痛む時期なのである。なぜなら、この季節には単に食糧を携行するだけでなく、途中で不足した分を土地の商人から買わなければならないのであるが、この商人なるものが実に血も涙もない冷酷な連中ばかりで、目の玉の飛び出るような高値をふっかけるときているのである。

わたしが言葉を交わした奥地の商人はみなそうであったが、この老人も、飢えた脱走兵の群れがいつ襲って来るかもしれないという不安におびえながらも、すっかりあきらめきった態度で日を送っていた。時世が悪いのだから、民衆が塗炭の苦しみをなめるのもいたしかたのないことだとでも言うのであろうか。老人の教えてくれたところによると、われわれはいま包頭の北方やや西よりに一六〇キロほどの地点にあり、包頭から発する幹線路がこの少し先でわれわれの進んでいる道と合流しているとのことであった。さらに、ここからほんの一六キロほど行けば耕作地に出られるが、そのあたりの肥沃な土地は最近にモンゴル人から買い取られたもので、来年にも開拓民がどっと押しかけるに違いない、と彼は言った。わたしの見るところでは、かの羊を放牧する谷を流れている川は、プルジェワルスキーのあげたクンドゥ・リン・ゴルに相違なく、彼によると、それはドゥンドゥ・クン(トゥンタ・クン)・ホシュンの境界近くを流れていることになっているのである。このあたりは、土地そのものが肥沃であるうえに、モンゴル流に言えば川と称せられるこの小さな流れがあるため、農耕地としてまさに絶好の場所である。とすれば、ここに住むモンゴル人たちが畑や家や理解しがたい異国人の生活の進出におびやかされて、この地を引き払うのも時間の問題であり、付近の丘に棲む鳥や獣もやがてその美しい棲家を追われるに違いなく、矮馬や羊や白いユルトの見えるのどかな風景が失われて、代わりにむさくるしい百姓部落が点在するだけの世界となり果てるのであろう。わたしのような頭の古い者からすれば、これはまことに悲劇的なこととしか思われなかった。

シナ人によるモンゴル侵食は、いまにはじまったことではなく、すでに数世紀の昔から行なわれていたのである。たとえば、満州人の皇帝が帰化周辺のトゥメット・モンゴル人を武力によって平定し、この地に満州人の守備隊を置き、さらにシナ人の商人や農民を入植させることによって、この軍事・貿易両面の一大関門を確保せんとはかった事実にも見られるとおり、戦略上重要な地域においては、満州人皇帝によって常に積極的にこの政策が推し進められた。さらにキリスト教軍とその好戦的な為政者が北西地方を占領するに及んで、新たな漸進政策が実行に移された。この政策の狙いとするところは、一つには、張家口から甘粛にいたる国境線沿いの内モンゴル諸地域に対するシナの戦略的主権が、外モンゴルの離脱によって著しく弱体化したのを、いま一度立て直さんとすることであった。しかし、より直接的な目的は、課税対象たりうる新たな土地を獲得し、課税対象たりうる穀物の数量をふやすことによって、この地方における歳入の増加をはからんとすることにほかならなかったのである。

農民自身の語ったところによると、モンゴルの土地は、馮玉祥の統治時代に一ミュ(1)あたり一ドルという均一価格で買い上げられたというのである。もともとモンゴルの土地は、遊牧民社会の基本的律法に基づいて、単一の個人のものではなく、すべて部族全体に所属するものと定められている。唯一の例外は、大きな僧院の寺領として割り当てられた土地であるが、見かたによっては、僧院そのものも一種の独立した部族組織と考えられなくもないのである。寺の所有する家畜類の世話をするために雇われたシャビ、つまり農奴を見るとそのことがよくわかるのであるが、彼らは完全に他の部族組織から離脱して、部族の名を名のらぬばかりか、部族の支配権に従う必要もなく、また税を納める義務さえも免れることができるのである。

一ミュにつき一ドルの割で支払われた金は、わたしが幾人かの定植者から聞いたところでは、そのうちの八〇セントが金の受け渡しをした役人の手に残され、あとの二〇セントがおそらくモンゴル人の首長たちのふところにはいるのであろうから、部族全体としては領地をまったくただで奪われてしまったも同然の結果になるのである。こうして買い上げた土地を、現地の当局は一つに集めてから、あらためて配分しなおすのである。地味豊かな低地は、一ミュにつき一ドル六〇セントで入植者に割り当てられるが、他方、痩せた砂地の土地は、おそらく、せいぜい二〇セントか三〇セントの捨て値で払い下げられたものと思われる。土地を割り当てられた入植者は、そこに泥の家を建てて住み、処女地にはじめて鍬《くわ》を入れてから一、二年のうちにはやくも豊かな収穫をあげるにいたったが、とくにめざましい収穫は、からす麦の一種でユ・マイと呼ばれる穀物であった。このからす麦の粉は、北西地方の農民や労働者にとって一年を通じての主食であるばかりか、ほとんどこれが唯一の食糧であって、ほかに二、三の新鮮な野菜を添えるということすら行なわれていない。大青山山脈の南の地方でも、温和な気候に恵まれて小麦や高粱《コーリャン》の栽培が可能であるにもかかわらず、これらの高価な穀物はすべて輸出に振り向けて、農民はもっぱらより安価な炒米を食しているのが実情である。

シナ当局は、内モンゴルにおいて漸進政策を推し進める表向きの理由として、財政や戦略上の理由——ここに言う戦略も、つまりは武力を後楯とする財政にほかならないのであるが——を掲げようとはせず、もっぱらシナ奥地地方の人口過剰を緩和し、餓死の恐怖におののく農民を広い新天地に移り住ませて再起をはからせることを、この政策の主眼として強調している。だが、さきにも述べたとおり、この政策がかくも強力に推進される真の理由は、ほかならぬ現地での折衝をつかさどる役人や地方行政当局が、これによって多大の利益を得られることにあるというのがわたしの考えであるが、たしかに、行政当局としても、遊牧生活をするモンゴル人から不定額の税を集めるよりは、シナ人入植者からまとまった租税を徴収したほうがはるかに有利なことは明らかである。キリスト教軍長官のとった政策は、それが近代的感覚を盛った適切なうたい文句によって世に喧伝されたため、とくに多大の関心を集める結果となったが、キリスト教軍が北西地方から駆逐された今日、そのあとをいかなる行政機関が引き継いだにしても、この政策自体はおそらくそのまま踏襲されることであろう。シナの役人たちにしてみれば、共感の余地もなく、また保護する義務をも認めないモンゴル文化をはぐくんでその恩沢に浴するよりは、最も安直なシナ文化の様式を推し進めたほうが、利益を上げるうえからははるかに手っ取り早いのである。

わたしがこうした事態を指して悲劇と呼ぶのは、それがシナ人からもモンゴル人からも均等な機会を奪っているという事実に照らしてのことなのである。モンゴル人は、今日、一個の民族として、現に衰滅の一途をたどっているとは言えなくとも、たしかに行き止まりの状態にあることだけは事実である。だが、たとえいまからでも、処遇よろしきを得れば、必ずや二世代をへずして、かつての誇り高き独立独行の精神を回復するに違いない。彼らを取り巻く文明世界は、羊毛や獣肉や獣皮の供給源としての放牧地の獲得伸張に狂奔している現状であるが、その渦中にあるモンゴル人は、ロシヤとシナの両勢力を腹背に受けて、まったくなす術を知らないかのごとくである。彼らには武力もなく、一つの国家としての統一すら存在しない。彼らの政治形態は、シナを支配した満州人皇帝の巧妙な政策によって、二五〇年あまりのあいだに完全に払拭されるにいたった。それとともに、その社会組織も、同じ政策に基づいて故意に奨励された無制限な教会活動の氾濫によって、崩壊寸前の状態に追い込まれたのである。こうした衰滅の過程は、現在も引き続いて、いよいよ急速の度を加えつつあるばかりでなく、今日のように依然として彼らがシナ人の政治的支配に甘んじているかぎり、彼らの果たしうる重要な役割もまったく捨てて顧みられないままである。けだし、正しい理解のもとに国力の増強がはかられさえすれば、山と砂漠と牧草地からなるこの巨大な国土こそ、ロシヤ人とシナ人によって代表される、ヨーロッパ民族対アジア民族の恐ろしい衝突の危険をはらむ唯一の地域において、最も堅固な政治的防塞、緩衝地帯としての機能をりっぱに果たしうるはずなのである。

またシナ政府にとっても、自国の経済的混乱を単に人口の分散によって収拾せんとして、いたずらに経済版図の拡大を計ることは、けっして賢明な政策とは言えない。モンゴルに移り住むシナ人入植者は、昔の生活様式をそっくり新しい土地に持ち込んでおり、それに内在するさまざまな悪弊がそのまま踏襲されるかぎり、将来新天地の人口が増加したあかつきには、たちまちこれまでと同じ経済的不況と悲惨が招来されることは火を見るよりも明らかである。ヨーロッパの過密地域からアメリカやカナダやオーストラリアへ移住した人々は、自分たちがより高度な生活基準の支配する新世界の一員となったことを自覚していた。それに反して、シナ人入植者は生活基準を高めようとしない。シナ奥地地方に暮らしていたころほど、あくせくしなくても飢餓に瀕する恐れのないことはたしかであるが、それでいて相変わらず家の中は不潔をきわめ、病気の種類には限りがなく、余暇は依然として無為のうちに過ごされているのである。とくに、せっかく金が残っても、それを安全に投資する方法がほとんどないありさまである。大家族をかかえた故郷の家では、一人の移住者を送り出したくらいで逼迫《ひっぱく》した生活に目立った変化の現われるはずもなく、それは新天地に築かれた家においても同様である。二〇歳で入植したとすれば、おそらく六〇歳を迎えるころには、おびただしい息子や孫を擁する大家族に膨れ上がり、しかもそうした子供たちのいずれもが、百姓か、さもなくば手に職を持たぬいやしい労働者になるよりほかにまったく能のない厄介者であるうえに、みながみな、親の農場を離れることをきらうとあっては、生活の窮迫は、河南《ホナン》や直隷《チーリ》の生活と何ら質的に変わらぬばかりか、悲惨の程度においてもまったく選ぶところのないものとなるに違いない。

　すでに一と昔以上も前に、シナの災いの根源が人口過剰に起因する低い生活水準にあるということを看破したのは、同情的な東洋研究家をもって聞こえる、あの奇行の人ラフカディオ・ハーンであった。そうした論理的確信を、彼は書物によって表明し、例の黄禍と言う、当時大いに喧伝された愚説は、軍事的侵略としては絶対にありえないが、しかし、経済上の脅威としては充分に起こりうることであり、将来、東洋にひしめき合う巨大な人口によって、人為的に維持された西洋諸国の高い水準が引きずり下ろされるという事態が現出するかもしれないと述べている。かようなシナ国民の貧困の生まれ出る原因は、つまり先祖の墳墓から新生児にいたるまでの、いっさいの家族制度に対するほとんど迷信的とでも言うべき崇敬の念であり、それが実践に際しては、無計画な婚姻と出産という形をとって現われるのである。古代シナ文明の生んだみごとな哲理も、ひとたびそれが国民の最大多数を占める無学な徒によって最も低俗な解釈がなされるとき、たちまち致命的な結果を生ぜしめずにはおかないのである。永久に先祖の土地にすがりついたまま、一刻も早く自分の一家を立てようとただそのことばかりを慮《おもんばか》るあまり、シナの農民はゆとりのある閑暇の何たるかも解さず、結婚の慎重になされるべきことにも思い及ばず、ましてや、息子たちに対して彼らの能力を充分に発揮する機会を与えるような教育をほどこす術もまったく知らない。かかるシナ経済の悪弊を匡正《きょうせい》する道は、ただ一つ、愚かな婚姻の習わしを捨てて、代わりにより健全な制度をしくことであって、単に国民の飼育場と埋葬地の面積を広げることではけっしてないのである。

と、こんなぐあいに大局的な瞑想にふけっていると、雨に濡れた革の半ズボンをはいてラクダの背にすわっていたせいか、何となく皮膚がひりひりしてきたので、かゆいあたりを手で掻きながら、それにしてもわたしの前に立っている、この人のよい愚昧な、五厘銅貨をせっせとため込む以外に能のない穀物売りの老人の眼には、政治理論の批判にふけるわたしがどんなふうに映っているのだろうかと、ふとそんなことを考えてもみた。こうしているあいだにも、大青山山脈を背負った、この赤や青や、また黄金色や紫色に映える辺境地方では、その境界全線にわたってモンゴル人の住民は、わたしの計算したかぎりでは、年に約一六キロの割りで、じわじわと追い立てられているのである。

日暮れにたったわれわれは、まもなく丘陵地帯を抜け、闇をすかして見たかぎりでは、まったく平坦で無気味なまでに広漠とした平原にさしかかった。夜霧が雨のように降り注ぎはじめ、ひんやりとしたさわやかな夜気がわれわれを包んだ。のろのろと進む隊商のペースに合わせながら歩くのは、意外とほねのおれることで、三、四時間もすると、一と足運ぶごとにからだじゅうががくがくするような感じがしてくるほどだった。だが、そうした肉体的苦痛や出発時のひそやかな興奮にもかかわらず、ゆっくりした行進のリズムがしだいにわたしの心を静めてくれたらしく、いつしか危険について考えることすら何となくばかげているように思えてきた。たまたま水の涸れた広い浅い河床を渡っているとき、われわれの足音に驚いた矮馬の群れがいっせいに暴走をはじめるという一幕があった。かん高い鳴き声と荒い鼻息を立て、入り乱れたひづめの音もすさまじく、われわれの前方を横切って逃げて行ったのであるが、不思議なことに、わたしには数メートル以内の距離を通過したはずの馬の姿が全然見えなかった。空には星がこぼれんばかりに輝いているというのに、平原の上では、手ごたえのないとばりを思わせる漆黒の闇がわれわれをすっぽりと包み込んでいるかのようであった。

ほどなく、われわれは二、三の小高い丘にぶつかったが、そこに踏み込んでまもなく道に迷い、みなでからだを折り曲げるようにしてあたりを捜し回ってみたかいもなく、完全に進路がわからなくなってしまった。ついにあきらめて、われわれはぼんやりとたたずんでいたラクダを地面にひざまずかせて積み荷を下ろし、ゆっくり腰をすえて日の出を待つことにした。わたしはフェルトを広げ、用意した長いモンゴルふうの外衣をとり出してすっぽりとからだにかぶった。それは夜露を受けてぐっしょりと濡れていたにもかかわらず、すぐにわたしはうとうとと眠り込んでしまったようだった。眼がさめたとき、モーゼがしきりにわたしの肩を揺さぶっていた。見ると、ほとんどのラクダは荷を積み終わって起き上がろうとしている最中で、すでに小さな月が空高く上っていた。さっき見失った道も、われわれのラクダ曳きがここからさして遠からぬあたりで見つけ出していた。からだが冷えて何となく関節がこわばったような感じに襲われたわたしは、ラクダと並んで歩きながらしきりに足を踏み鳴らした。こうして、やせ細った月の緑色がかった光の下で見るラクダは、いかにも黒々として無気味なまでに巨大な姿だった。時刻は三時半であったが、それから一時間もたたぬうちに、夜明けを告げる香りがあたりに漂いはじめた。

出発してまもなく、われわれ一行は幾百頭とも知れぬカモシカの大群に出くわした。夜の明けぬうちから起きて草を食べはじめたらしく、鳴き交わす彼らの声――それは、実に異様な、耳ざわりな鳴き声であった――があたりに満ちあふれていた。朝の光が射しはじめると、地上をはう朝靄を通して動き回っている彼らの姿がここかしこに見えてきた。だが、ライフルの照準が合わせられるくらいの明るさにまでなると、もはや彼らは絶対に三〇〇メートル以内の距離には近づこうとしなかった。わたしはこれまでにも、大群をなして走るカモシカの話は聞いたことがあったが、壮麗な夜明けの大地を駆ける彼らの姿が、これほどまでに美しいとは夢にも知らなかった。数にしておよそ一〇〇〇頭かあるいはそれ以上もいたであろうか、それがいっせいに散開して逃げ出すかと思えば、急にくるりと旋回して密集隊形をつくり、こちらを振り向いてじっとわれわれをうかがうのであった。ときおり、もっとよくながめようとしてか、あちこちで自分の背丈よりも高く空中へとび上がるカモシカの姿が見えた。

七時半に、われわれは野営を張った。そこは、おそらく二四キロないし三二キロほどの幅で、東西に、さえぎるもの一つない地平線の果てにまで広がっている平坦な平野のまっただ中であった。南には、大青山山脈、と言うよりはむしろその延長——プルジェワルスキーがムンニ・オーラ山脈と名づけた山々が、青いびょうぶを立て並べ、北の方角には、七、八キロかなたに、赤土かまたは風化した岩の地膚をむき出しにした丘がそびえていたが、これが、モンゴル人のあいだでカティと呼ばれている丘であった。はるか遠くにモンゴル人のユルトが点在するのが見えた。われわれが野営をはじめてまもなく、数百頭からなる荷を積んでいないラクダの一隊が、包頭の方角から近づいて来た。それは、いましがた巡察隊の追尾をかわしたばかりで、これから安全な隠れ場所を求めて丘の中に逃げ込もうとしているところだった。このあたりは粗い砂地の土質であったが、降雨量が多いため、シナ人のあいだで《砂タマネギ》と呼ばれている球根類が豊富に生育していた。春タマネギに似たきわめて芳醇な舌ざわりに加えて、ニンニクを思わせる強烈な芳香を持った球根であるが、地面の上に出ている部分を引いただけでは容易に抜けてこないのである。そのためわれわれが食べたのは、もっぱら管状の茎もしくは葉であったが、これは地面にはうようにして互いにからみ合いながら、一二センチかそこらの長さに成長するのである。旅のあいだわれわれの口にはいった《あお物》と言えば、これだけであり、霜で枯れてしまうまで、われわれはありとあらゆる調理法を用いてこれを食べたが、とくに茶色をした羊脂のかたまりでいためて食べるのが最も美味であった。われわればかりでなく、ここに棲む獣たちもみな好んでこれを食べており、家畜の飼料としても普通の牧草にまさるものと考えられているのであるが、ただし、ラクダにこれを食わせると、ただでさえ鼻もちならないその悪臭がいちだんとすさまじさを増すのにはまったく閉口であった。

この平原のいたるところで、われわれは矮馬の姿を見かけた。内モンゴル産の矮馬に共通の小柄な体格でありながら、東寄りの地方に産する矮馬に比べると肩の線がほっそりとしているため、はるかに均整のよくとれたからだつきをしていた。毛の色で最も多いのは、あし毛よりもむしろ栗毛と褐色であった。この種の馬は、たいてい緩歩を踏むのがへたであるうえに、荷馬車馬としても不向きであるため、シナ人にはあまり好まれないようである。しかし、わたしの見たところ、慎重な飼育によっていまより一と回りからだを大きくさえすれば、きっとすばらしい馬になるのではないかと思われる。たしかに、全体としてモンゴル産矮馬の体格や外見をよくすることは、さしたる難事ではなさそうである。と言うのは、発育の悪い原因が遺伝的素質にあるのではなく、むしろ不手ぎわな育てかたをされたことにあるからである。モンゴル人は母馬の乳を飲み物として愛用するばかりでなく、これをチーズに加工して冬の食糧としたり、夏のあいだ、発酵させてクミーズを作ったりするのである。そのため、子馬はまだ自分で満足に草を食うことができないうちから、授乳の量をきり詰められる結果となり、これではとうてい最初の二度の冬を耐え抜くだけの充分な体力が備わらないのも当然である。このように、必要な母乳が足りないうえに、冬のきびしい寒さにさらされるという悪条件が重なって、子馬の成長が妨げられ、骨格もすんなりと長く伸びずに、太く無格好な形に歪んでしまうのである。

それにまた、矮馬は普通の馬に比べて成長の度合いが遅く、完全に成長しきるのは六歳から七歳のあいだごろであり、中には八歳馬でも、栄養と飼育法さえよろしきを得れば、ときに二・五センチも伸びることがあるほどである。ところが、モンゴル人は若い矮馬の柔らかい乗りごこちを好むとみえて、二歳ぐらいになると早くも乗馬として使いはじめるが、わたしの想像するところ、どうやら無格好な肩の形はこのことと関係がありそうである。と言うのは、モンゴル人の乗りかたというのが、鞍を鬐《き》甲の真上に当てて、矮馬の肩に最も大きな負担のかかる、ひどく前のめりの姿勢でまたがる変則的やりかたなのである。繁殖の方法もでたらめで、種馬も雌馬も全然管理されていないため、雌馬は四歳ごろになると早くも交尾するのが普通であるが、これは種族全体にとってもあまりかんばしい結果をもたらすとは言えないようである。一方、雄馬は三歳になると去勢される。矮馬の働き盛りは七歳ごろとモンゴル人のあいだでは考えられているが、もともとこの種族はいたって頑健であるせいか、二〇歳かあるいはそれ以上の年になっても、まだ充分重労働に耐えることができるのである。

アラビア人以外の遊牧民はすべてそうであるが、モンゴル人もやはり雌馬や、種馬にさえも、まるで無関心で、もっぱら去勢馬ばかりを重用している。(2) それればかりか、ひときわ頑健で体格のすぐれた雌馬を群れから選んでシナ人に売り渡すという心ないやりかたが、さらにモンゴル人の繁殖用家畜の劣化を招来しているのである。売られた雌馬は、シナ人の手でラバの繁殖に用いられるのであるが、モンゴル人のあいだでは、手持ちのロバが幾らあっても、自分たちでラバの繁殖を図ろうとする努力は全然行なわれていない実情である。ところが、シナでは、たくましいラバは大型の矮馬よりも常に高く評価されている。と言うのも、ラバは餌が少なくて済むうえに、荷車をひかせても荷物を担わせても矮馬以上の働きをし、過酷な扱いにもよく耐えぬく力を備えているからなのである。運搬用ラバの積載能力は、ラクダのそれが三五七ポンドないし四〇〇ポンドであるのに対して、三〇〇ポンドとさして遜色はなく、しかもラバはラクダの所要時間の半分くらいの時間で、一日の旅程を踏破することができる。そうは言っても、もちろん、長期間にわたる旅ともなれば、さすがのラバもラクダ以上の快足を発揮することはむりであり、またラクダのようにはなはだしい食糧の欠乏に耐えることもできず、酷寒に対する耐久力においてもやはりラクダの敵ではないが、それにもまして著しい弱点は、毎日飲み水を欠かすことができないという一事である。

たまたま馬に乗ってわれわれのところへやって来た二人のモンゴル人の若者を相手に、わたしはこのような話をして一時間ばかり過ごした。それから、わたしは彼らの一人を伴って出かけた。(他の一人は、わたしに万一のことがあった場合の人質として、テントで待っているようにとのモーゼの主張をいれて、あとに残った。)連れている矮馬のかげに隠れてカモシカに忍び寄ってみようと思ったのである。これはモンゴル人のあいだでも、高度の技術を要することとされていた。ところが、いざ来てみると、朝のうちに見たおびただしい群れは、まるで神隠しにあったかのようにすっかり消えてしまっていた。わずかに子を連れた雌のカモシカを一頭だけ見かけるには見かけたが、このカモシカもわれわれの矮馬にはいっこうに関心を示してくれなかった。ほとんど正午ごろまで、われわれは獲物を追ってほねのおれる追跡を続けたが、何ぶん身を隠す場所が一つもないうえに、一〇時ごろカモシカの群れがやっと草を食い終えて地面に横になってからでも、たえず二、三頭が油断なく見張りに立っているため、さっぱり近づけなかった。昼からの再度の追跡に同行してくれたモンゴル人の言うには、幾ら追いかけてもほねおり損であるからあきらめたほうがよいとのことだった。この男や、その後出会ったいろいろな人たちから聞いたところによると、大きな群れをなしているカモシカや野生のロバは撃ってはならないという、モンゴル人特有の考えかたがあるようであった。なんでも、聖者かまたは釈迦の霊が一頭の野獣のからだに乗り移り、その霊の光に魅きつけられた他の獣たちが回りに多数集まって群れを作るというのである。この《神がかり》の獣を誤って撃ち殺すようなことがあってはたいへんというので、モンゴル人の狩人はまず最初、非常に長い時間をかけて群れを分散させ、それから仲間にはぐれた、明らかに神性とは縁のない二、三頭の獣を追って、これを仕止めるという方法をとるのである。

ところで、以前にわれわれも警告を受けたことのある例の三〇〇人の兵隊の動静について、この二人の若いモンゴル人が話してくれたところによると、ついこのあいだ、約三〇人からなる分遣隊が包頭へ連れて行くラクダを徴発する目的で、このあたりを通ったとのことであった。しばらくして、そのうちの二〇人が数百頭のラクダを率いて戻って来たが、残りの一〇人はさらに奥地へ進んで行ったらしく、いつ何どきわれわれの行く手に立ち現われないともかぎらなかった。モンゴル人たちはあわてて自分のラクダを山中に追い込んだが、結局、それもむだであった。と言うのは、所定の頭数のラクダを供出せよという軍命令が各部族の首長に対して発せられたからで、もしそむいたならば、必ずしかるべき報復が加えられるという容赦ない厳命だったのである。首長たちは相談の結果、彼らの財産を減らすのは残念であるが、もしそれによって一刻も早くこのめんどうから抜け出せるものなら、そうするのが最善の策であろうという結論に達した。このあたりに住むモンゴル人は、オイラートのホシュンに属するシ・クン族で、もともと彼らは、マオ・ミンガンや、百霊廟付近に住むモンゴル人に見られるような自主独立の精神を、いまだにわが物とするまでにいたっていないのである。

そんなわけで、日没少し前にわれわれは、例の兵士の一隊を何とかうまくかわして、戦乱のちまたから完全に脱出する最後の努力を試みるべく、キャンプを出発した。このまま強行軍を続けて、ラクダ曳きたちが例によってシナ語とモンゴル語をおもしろおかしくつき混ぜてヘイリュツオ・ミャオ（廟）と呼んでいる寺を迂回して通る予定だった。帰化や包頭からのびる無数の野道がすべてこの平原に集まって、小西方路もしくは南を回る大西方路の支線に合流したあと、われわれがさきに北の方角に見た丘のふもとに沿って走っていたが、幾百年とも知れぬ長い歳月にわたって何千何万のラクダの足に踏まれ続けた跡が深く地面に刻まれている一〇条ばかりの野道が並行して走る、実に広いりっぱな道であった。「世が世ならば」とラクダ曳きたちはうらめしげに嘆息して言った。「途中で羊腸の道なんかにはいり込んだりせずに、ずっとこんないい道を通ってグチェン・ツまで行けるはずなんですがね。毎日のようにモンゴル人にも行き会えるし、旅の連れもできるし、肉だってミルクだって手にはいる――これがほんとうのまともな旅ってもんでさ。道はどこまで行ってもずっと平らで、険しい山路を上ったりしなくてもいいし、宿駅ごとに牧草地があるんですぜ。ラクダにも人間にも、まったくおあつらえ向きの道というやつでさ。ところが、これが羊腸の道となるとそうはいきませんぜ。砂丘がなくなったなと思えば、今度は石ころだらけのゴビが待っているといったぐあいで、人っ子一人通るじゃなし、それに水ときたら、まずくてとても飲めるようなしろ物じゃありませんぜ。」

例の兵士たちの一隊は、僧院の近くに潜んでいそうにも思われたが、とにかくはっきりした所在がわからない以上、安全な道をとるにしくはなしと考えて、われわれは本道からそれ、北に連なる丘陵地帯を四、五キロかけて通り抜けるかなり険しい山道にはいった。これならば、たとえ僧院のそばを通りかかって不意をつかれても、おそらく道ばたの谷に逃げ込む暇があろうというものであった。そこで、先へ進む前に、まずわれわれは、めいめいの演じる役割の下稽古を行なって、万一兵隊に行き会った場合に言う、しかるべきうその陳述の口裏をしっかりと合わせておくことにした。とにかく要は、いかに敗走軍といえども、かつてのキリスト教的精神をまだ完全には失っていまいから、そのわずかながらに灯っている彼らの信仰心に、われわれのすべての希望を託すことに決めたのである。つまり、わたしは西部地方の改宗におもむく宣教師と言うふれ込みであり、モーゼは、いかなる危急の場に臨んでもひるまず、常にその場にふさわしい言葉を思いつける驚くべき才能を見込まれて、わたしの案内役を勤める土着民の布教師という役がふり当てられた。そして、連れているラクダはすべて、いまなお帰化に踏みとどまっている最も信仰心のあついさる将軍が、わたしのためにとくに仕立ててくれたものであるという筋書であった。

ざっとこんなぐあいに備えを固めて、あとは運を天に任せることにした。だが、実を言うと、わたし自身としては、そんないかめしい役よりも、たとえば生ける屍《しかばね》とか、その他何でもよいから最も哀れを誘いそうなものに化けて、兵士たちの眼をごまかしてやったほうがどんなによかったか知れなかった。それというのも、わたしはカモシカを仕止めるのに夢中になって、夜明けから日暮れまで歩いたり矮馬に乗ったりして動き回っていたので、前の晩ぐっしょりと露に濡れたラクダの陰で風をよけながらしばらくうたた寝をした以外は、ここ三六時間ばかりというもの、まったく一睡もしていなかったのである。そこでまず、何とか眠り込んだりころげ落ちたりしないで済むようなすわりかたはないものかと思って、わたしのラクダの積み荷の上に乗ってみた。それから今度は、地面に下りて、眠ったりころんだりせずに歩けるかどうか試してみた。結局、最後にもう一度ラクダの上に乗って、足をラクダの首のあたりにのせ、頭をしりに当てるようにして、積み荷の上に長々と横になり(ラクダの上で頭を前にして寝ると、ひどくバランスが悪くてとうてい眠れるどころではないのである)、荷を縛った綱のあいだに両方の腕をからませてから、幸運を念じながら眠りに身をまかせた。

午前二時ごろ、ラクダの行く手にすさまじい犬の吠え声を聞いて、わたしは眼をさました。見ると、ちょうど僧院にほど近い貿易所の前にさしかかったところだった。ここで、スジがはでな立ち回りを演じたのである。普通、隊商犬のあいだでは、いかに獰猛な犬でも他の群れの縄張りにはいったときには、卑屈なくらいおとなしくふるまっても何ら恥とするには当たらないとされているのである。ところが、わがスジは、襲いかかって来る相手をかたっ端から迎え打って、われわれが急ぎ足で貿易所の前を通り抜けながら、シッと低い声で制止したのも耳にはいらばこそ、すっかり喧嘩にうつつを抜かして、いつまでもその場を離れようとしなかった。われわれはラクダの鈴の音を消して通ったので、かりに兵隊が近くにいてこの騒ぎを聞きつけたとしても、おそらく土地の犬同士のごくありふれた喧嘩ぐらいに思ったことであろう。そこを通り過ぎてから、われわれは夜通し行進を続け、ようやく東の空が明るむころになって、野営を張るために立ち止まった。

明るくなってから、われわれは草一つはえぬ粘土と砂ばかりの低いなだらかな丘陵地にはいって、休息をとった。わたしが聞いたかぎりでも、この丘は幾とおりもの名で呼ばれていたが、最もよく用いられている名は、ガイゼガイ・フトゥというのであった。ここに隠れていれば、モンゴル人の眼をもってしても、われわれを捜し出すことはできまいといささか安心しかけたのもつかのま、昼近くになってわれわれのキャンプから一キロと離れていないあたりに、かなり大部隊の隊商とおぼしき一行が、積み荷を地面に投げ出したまま悄然とうずくまっているのが見つかった。彼らは、帰化周辺の紛争についてごく漠然としたうわさを聞いてはいたものの、詳しい事情は少しも知らずに西部地方から出て来たところ、われわれが回避にやっきとなっている例の巡察隊につかまって、連れていたラクダを一頭残らず没収されてしまったということであった。

まったく困ったことに、この日もまた雨の降りそうな空もようとなった。とにかく、シナ人は何が嫌いと言っても、雨ほど嫌いなものはないのである。隊商の行進中に雨が降り出せば、彼らは野営を張り終わらぬうちにやむかもしれないという希望にすがって、そのまま歩き続けることもあるが、宿営しているときに雨の降るけはいがきざしたが最後、とうてい人間業をもっては彼らの腰を上げさせることは不可能である。わたしの雇ったラクダ曳きもその例にもれず、雨に濡れて歩くくらいなら、テントの中でつかまったほうがましだと言って、一歩たりとも動こうとしなかった。どうやら、この男、雨にたたられ通しだった最初の数日間、めずらしく不平一つこぼさずに歩き続けたうえに、途中いろいろ危険な思いを味わされたため、すっかり疲れ果てて頭がどうかなってしまったと考えられなくもなかったが、もしかすると、抜け目のない彼のことであるから、例の巡察隊は一度すばらしい収穫を上げて引き揚げた以上、あとに残された隊商がきっとそこを通りかかる者に警告を発しているに違いないような場所へは、すぐに引き返して来ることはあるまいと判断して、こんな大胆なことを言ったのかもしれなかった。なるほど、たしかに狩猟の法則に照らしても、われわれはここにいるかぎり、ずっと安全であると言えなくもなかった。とにかく、奪われるおそれのあるラクダを持ったシナ人でさえ雨の中を逃げ出そうとしないのに、そのシナ人を捕えるためにわざわざ雨をおかして出かけて来るようなシナ人兵士がいるとはとうてい考えられないことであった。

案の定、まもなく小雨が降り出したため、われわれが出発したのは翌朝の六時になってからだった。数時間歩き続けて再びもとの本道に出たところで、塩分を含んだ水をたたえ、白い化学的沈澱物に縁どられた小さな沼を見つけて、そのほとりに野営を張った。そこからはるか南の方角に、ラマ教の僧院の建物が見えたが、わたしの雇った男に聞くと、それはホシャトゥ・ミャオであると教えてくれた。ミャオ(廟)とは、寺を意味するシナ語であり、ホシャトゥというのは、わたしの聞いたところでは、地名を表わすのによく用いられるモンゴル語で、コルすなわち二つの丘にはさまれた家という意味であった。ここから隊商路は、南東にのびて包頭に達する道と、南西にのびてアラシャンに通じる道の二つに分かれていたが、われわれのいるところから南の方角に見える丘陵がウランガンガンという名で呼ばれているのをわたしがはじめて耳にしたのも、やはりこのあたりであった。

その日の午後、われわれは再び旅に上り、次に宿営するまでに、たっぷり四〇キロはある長い行程を一気に踏破したが、いざ宿営地に着いてから、今度は三日間も足止めを食わされ、まったくいら立たしい思いを味わわされた。と言うのは、わたしの雇った男が案内人なしに羊腸の道にはいるのはいやだと言って動こうとせず、おまけに頼みのほかの隊商もあいにく一つも通りかからなかったのである。それは、不愉快なことこのうえない宿営だった。たえず強い風が吹きまくり、またすぐ近くに池があって水には事欠かなかったとは言うものの、その肝心の水がかすかにではあるが尿の臭いが鼻について、どうにもがまんのならないしろ物だったのである。宿営地の回りの草原にはモンゴル人が住んでいて、夕方になると矮馬に水を飲ませるために池に集まってきたが、なかなかわれわれとうちとけようとしなかった。彼らの言うには、足手まといになる羊はすでに彼らより先に奥地へやってしまってあり、情勢が悪化ししだい、彼らもすぐにそのあとを追う手はずになっているとのことであった。ここに滞在中、わたしにとってただ一つの慰めだったのは、帰化に向けてゆっくりと旅をしながら無事に町へはいる機会をうかがっている隊商の一隊が通りかかったことであった。わたしが手紙を託すと、彼らは快く承知して(礼金などはいっさい取らずに)それを帰化まで運んでくれた。その後、手紙はそこから北京にいる妻のもとへ無事に送り届けられたのであった。

あとの余った時間は、ユールの『マルコ・ポーロ』伝を読んだり、王立地理学協会発行の『旅行者必携』を頼りに、旅行者としてわたしに欠けている知識を数え上げてみたりして過ごした。たしか、この本を買った最初の動機は、ショーの『ダッタン高地とヤルカンド』の中でしばしば言及されている、例のガルトンの『旅行の技術』という、どうやらスイスのロビンソン一家のような知恵がぎっしりと詰まっているらしい魅惑的な本と同じ類の書物かもしれないという期待があってのことだったのである。少なくとも、ボーイ・スカウトの少年のように、時計の針を見て北の方角を探り当てたりする方法を、この『必携』も教えてくれるに違いない、いや、ひょっとしたら、ガルトンのように、火薬を作る方法とか、その他これに類するすばらしい奇跡のかずかずを伝授してもらえるかもしれない、とわたしはひそかに思ったものであった。いざ読んでみると、こうした奇跡の代わりに、わたしは等圧線地図とか、気象観測に必要な最少限の知識といったものを教えられた。さらにまた、わたしの持っているカメラは装備が不充分であり、身に帯びた武器の類もまったく目的に合わないものばかりであると知らされて、ひどく口惜しがったものであった。だが、一つだけ、わたしとしても王立地理学協会にぜひとも高い評点を捧げてしかるべき項目が載っていたことを認めるにやぶさかではない――それは、トカゲを撃つのに用いる最小散弾装填用の一番口径のサルーン・ピストルについての説明であったが、この本を読まなかったら、おそらくわたしはそんなものがいるということすら、とうてい考え及ばなかったに違いない。

だが、それはよいとして、次にどういうものをどういうぐあいに撓《たお》したらよいかを論じたくだりになると、わたしは、たしかにまじめな旅行者にはあるまじき態度ではあるが、つい何度もくすくすと笑い出さずにはいられなかった。と言うのも、たとえば、虫を殺すのに、どういう薬壜や何かをチョッキの各ポケットに入れて持ち歩いたらよいかとか、どういう予備の銃や弾薬を第一の従者に持たせ、どういう釣竿と捕蝶網を第二従者に持たせたらよいかとかいったことが、こと細かに書いてあったのである。とすると、さしずめモーゼがわたしの第一の従者ということになるわけであるが、これは、たしかに、思っただけでも滑稽なことだった。それればかりか、そこに書かれてあることを逐一忠実に守って旅をするとなると、わたしは、輸送用の自動車や、キャンプの設営にあたる家来や、それに皇帝や王様の催す（昔ふうの）戦闘遊戯にも劣らぬくらい大ぜいの家臣郎党を引き連れて、近代的旅行を楽しむサルタンも顔負けの装備を持たなければならないことになるのである。こんな豪勢な旅行者はいるにはいても、この年に内モンゴル旅行を試みた、ただ一と組のこの種の旅行者でも、せいぜい張家口にまでいたるのがやっとだったのである。そこでわたしは、思案のすえ、かような格式の高いまじめな旅行者などを志すことは、この際きっぱりとあきらめることにした。第一従者とか、第二従者とか、そんなくだらぬ装備や余計な随員なんか糞くらえである。たしかに、トカゲ撃ちができないことだけはかえすがえすも残念であるが、それもいたしかたあるまい。とにかく、わたしにはいまのような放浪の旅のほうが性に合っていることでもあるし、見ばえこそしないが頼もしいモーゼが、ご主人の命息のお供をして地の果てにまでも探り入ろうと意気込んでいる、その姿を見るだけでも満足なのであるから。

とは言うものの、やはりこんな当てのない宿営を三日間も続けていると、さすがのわたしも暗澹たる憂鬱に陥らざるをえなかった。こんな調子でいつグチェン・ツに着けるかもおぼつかなく、これから最大の難所にかかるというのに道案内が得られるかどうかもわからず、かてて加えて、わたしの雇ったラクダ曳きがまったく度しがたい悪党であることが、いまになってようやくはっきりしてきたのである。ついに待ちきれなくて、われわれは運を天に任せてキャンプをたつことにした。歩き出すと、いままでの憂鬱は魔法のように消えてしまった。わたしは隊の先頭に立って、カモシカを求めながら暗くなるまで歩き続けた。あたりの原野はわずかな起伏があり、太陽が沈んでからも夕焼けがたっぷり三〇分間も空を焦がし、はるか行く手に連なるラオ・フ・シャン（老虎山）山脈の陵線の切れ目を赤々と燃え上がらせていた。そのときである。くっきり浮き出した地平線の上に、草を食っている二頭のカモシカの姿が見えた。すでに夕闇があたりを包んで、ライフルの照準を合わせるのはむりだったが、わたしはあえてそのシルエットに向かっておおよその狙いをつけて引き金を引こうとした。そのとき、彼らははるか離れたラクダの鈴の音を耳ざとく聞きつけてしまった。たちまち、その一頭が、だいだい色とサフラン色に燃える空を背に、脚をこわばらせたまま美しい弧を描いて高く跳び上がった。とみるまに、二頭そろってわたしのほうに向かって斜めに走り出したかと思うと、まるで魔法にかかったみたいに一瞬のうちに、丘の陰に黒々と沈む闇の中にかき消えてしまった。

とかくするうちに、わたしはどうにかいまではほの明りを頼りに、夜でも物の形をおぼろげながら見分けられるようになっていたおかげで、われわれの進む道がやがて二つに分かれているのを認めることができた。そこからほど遠からぬ地点に、隊商の一隊が宿営していた。彼らの犬の襲撃をどうにかかわしてほっとするまもなく、ラクダ曳きたちに道を尋ねたところ、ここからすぐに南に進めとの返事だった。そこで、われわれはそれからさらに二、三キロばかり進んで、やっと低い裸の丘に囲まれたモルグジンという名の宿営地にたどり着いた。まさに身も引き締まる思いの旅であった。ついにわれわれは、羊腸の道の出発点に立ったのである。

(1) もともとミュには一定の基準はないが、一般に用いられているのを平均すると、だいたい六・六ミュが一エーカーに相当するようである。

(2) アラビア人が雌馬を重要視し、常に雌馬を中心にして血統をたどるのは、商業的な理由から起こったものである。彼らには、中央アジアの遊牧民のように広々とした放牧地がないため、充分に飼いならされていない馬の群れを自由に放牧して、無統制な繁殖に委ねるという方法が当てはまらない。アラビア人の各家族が所有する数頭の馬は、ほとんど雌馬ばかりで、これを交配させて生まれた子馬を売りに出すのである。したがって、各雌馬の交配を管理できるところから、血統の純正を保つことも可能なのである。

7　アラシャンの境界を越えて

モルグジンは、いわば砂漠にはいる門口のごときものである。われわれが野営を張ったのは、砂が固まってできたような土質の低い裸の丘が、ちょうど羊腸の道が小西方路から分岐する丁字路の一角を埋めるようにして無数に群がっているあたりであった。この丘塊はさらに尾を引いて、南にのびる山脈に続いていたが、この山脈には砦のような形をした二つの小さな丘に守られて、幅が約四五メートル、長さはせいぜい四〇〇メートルほどの裂け目があった。そして、この小さな谷の底に、泉がわき出していた。

翌朝われわれが出発の用意を整えていると、連れのシナ人の一人がテントの外から興奮の面持ちでわたしを呼んだ。わたしのライフルで野生の羊を撃ってもらえまいか、と彼が言った。見ると、例の裂け目を守っている丘の岩かどを越えて、五頭のアルガリが梯陣をなしてこちらへ下りて来るではないか——しかも、五頭とも若い雄羊なのである。彼らの出てきた背後の丘は、どう見ても、大角種の羊が棲むには低すぎるうえに、草もはえぬ不毛の地であることから判断すると、この獣たちは泉の水を求めてかなり遠くからやって来たものに違いなかった。頭にかざしたいわゆる《角》は、みごとというほどの大きさではなかったが、それでも、それを高く構えて歩く彼らの姿には、優美な中にも、いどむような傲然とした風情があり、その足どりも愚鈍な羊のそれではなく、いわば奔放不覊なシカのそれのごとくであった。ときおり、彼らは足を止めて、はるか平原の底にうごめくあわただしいキャンプの情景を悠然とながめ下ろした。距離はまだ優に二五〇メートル以上もあった。そこで、わたしはいますぐ撃ってまぐれ当たりを期待するよりは、彼らが丘の正面を通過するのを待って、泉へ下りて行く途中を確実に狙ったほうがよいと判断した。しんがりの羊が空にくっきりとその姿を浮き上がらせて岩棚の上に立ち止まり、あとを追って来るものがあるかどうかを確かめるかのように、うしろを振り返った。もちろん、これだけの用心で気を許すような彼らとも思えなかった。猟獣の中でもとくに用心深いと言われる野生の羊のことである、どこかに見張りを立てていないはずはなかった。それかあらぬか、わたしが泉を見下ろす岩の上によじのぼって彼らを待ち伏せていると、不意に小石が丘をころげ落ちて行くかすかな音が聞こえてきた。すぐに双眼鏡をのぞいたわたしの眼に映ったのは、やはり見かけほど命知らずではなかったらしく、不毛の丘のかなたにいちもくさんに逃げて行く五頭の雄羊のうしろ姿であった。

　この宿営地で、われわれは包頭からやって来た隊商と落ち合った。ようやくこの隊商から旅の道案内を確約してもらえたうれしさに、すぐ彼らのあとについてキャンプをたった。狭い谷を通り抜けると、はるか南に向かって、さえぎるもの一つない広漠たる原野の広がっているのが見えた。われわれの進む右手には、モルグジンの丘塊からのびるなだらかな丘陵が続いていた。この丘に、岩を積み上げた巨大な塚が建っており、それを中心にして小さい塚の列が南と北にのびていた。これが、ウランガンガン・オボと呼ばれる塚で、ここから南に向かって数行程の範囲に広がっていたウランガンガンの領域のおおよその限界が、これによって示されているのであった。いよいよわれわれは、この国の西の境界線を越えて奥地に踏み入ったわけである。話によると、モンゴルにある主要なオボはたいていそうらしいのであるが、このウランガンガン・オボにも昔から言い伝えられた禁制があった。それは、欽定訳聖書の婉曲な言い回し(1)を借りて表わすと、つまりなん人《びと》も足もとをおおうに際して、オボの方を向いてはならないというのである。この禁を犯した者は、天なる神の怒りにふれて、立ちどころに全身がしびれて死んでしまうと言われていた。

　原野に出ると、なま温かい西風がかなりはげしく吹いていた。その風に乗って、濃い靄のようなものが流れて来た。どうやら、それは砂塵らしかったが、あまりにも細かい粒であるため、皮膚についてもほとんどざらざらした感じがしなかった。なるほど日が暮れてから気がつくと、わたしの耳に砂埃が厚く付着していたが、もともと科学的な観察となるとまったく無能なわたしには、それがこの二、三時間のうちについたものか、それとも一週間も前から徐々に積もった埃なのか、見分けがつかなかった。この乾いた靄は厚く空をおおい、そのため太陽も白熱した真鍮の円盤の輝きほどに薄れ、肉眼でも容易にこれを直視することができた。これはまさしく乱世の前兆である、とわたしの雇ったラクダ曳きの男が言った。こんな不吉な現象は、ここ二六年間――つまり、義和団の乱のあった年以来――絶えてなかったことなのだそうである。

とげのあるつる草が一面に生い茂った、小さな起伏に富むなだらかな下り坂の原野を一六キロばかり進んでから、われわれはすぐ目の前を山脈が横切るあたりで野営を張った。この山は、例のラオ・フ・シャン、もしくはタイガー・マウンテンズと呼ばれる山脈で、われわれが小西方路から現在の道にはいった日にも見えたが、その後はウランガンガン・オボ周辺の低い丘陵にさえぎられて見ることができなかった。この山脈のふもと一帯は、地面の丸い隆起のあいだなどにわずかながら牧草がはえていたりして、わりに生命の営みが活発で、あたりにユルトの影こそ見えなかったが、モンゴル人の矮馬やラクダも放牧されており、はるか北の方角に当たって、僧院の白い建物が山の中腹を色どっているのが望まれた。われわれのキャンプの近くに、シナ人の商人がユルトを構えていた。そこでわたしは、この男をつかまえて、翌朝カモシカ狩りをする際の手伝いに少年を一人貸してくれるようにと頼んでみた。この付近にかなりたくさんの獲物がいることを、わたしは前もって見きわめておいたのである。ところが、相手の商人は、どうやらわたしの考えには同調しかねる様子だった。そんなことをするよりも、いっそ自分のところで飼っている羊を買ったらどうか、と言うのが彼の提案だった。しかも、その羊たるや、さして大きくもなく太ってもいないのに、何と一〇ドルという目の玉のとび出るような高値をふっかけてきたのである。このように旅人相手に羊を売りつける商人のいる場所が、羊腸の道の沿線には二、三個所あるが、そのどこでもこれと同じ悪どい商法が幅をきかせているのである。はるばる帰化まで運んで行ってさえ、三ドル半にも売れないような羊が、現地で平均一〇ドルという高値で取引きされるのであるから驚きである。それでも隊商としては、肉がなくなると人夫たちが不機嫌になって仕事を怠りがちになるので、ぜひとも手に入れなければばならず、そうした弱味につけ込んで、商人たちは言い値で買うか、それがいやなら買わずにおけ、の一点張りで押し通すのである。

交渉をあきらめたわたしは、やむなく一人で出かけることにしたが、深いため息がもれるのをいかんともなしがたかった。と言うのも、こんな広い原野のまっただ中で、忍び寄るための遮蔽物もなしにカモシカを撃つのは難事中の難事であることを、すでにいやというほど思い知らされていたからだった。カモシカを仕止める最も確実な方法は、群れを追い散らすことである。と言っても、もちろん、それは追い散らしかたに当を得た場合のことであるが。いわゆる《勢子《せこ》》は、ことを運ぶに当たってまずあわてないことである。獲物が驚いて暴走してしまってはおしまいだからである。だが、風向きを正しく見きわめながら、徒歩か、さもなくば矮馬に乗るかして何気ない様子で行動しさえすれば、難なくカモシカの群れを仲間の猟師が待ち伏せている風上に向かってゆっくりと移動させることができるのである。わたしの狙う獲物は、広々とした大地のはるかかなたに群がっていた。そこでわたしはいささか気落ちして、敗退するナポレオンの軍隊そっくりの足どりで出かけて行った。すると、わたしの行動に興味を覚えたらしい二頭のラクダが近づいて来て、わたしが身をひそませようと思っていた場所のすぐそばに陣どってしまった。わたしは大声を張り上げてこのいまいましい獣を追い払いたかったが、カモシカのことを考えるとそうもならなかった。それならいっそ、彼らのどちらかを隠れ馬がわりに使ってやろうかとも思ったが、あいにく、彼らはモンゴル人の飼っているラクダらしく、ほとんど無期限に放牧されているため、鼻の鉤輪に綱がついていなくて、どうにもつかまえようがなかった。そこで、わたしはあおむけに寝返って、糞のかたまりを拾って彼らに投げつけた。やがて彼らは、たまりかねてか、つかえたような道化た声の鼻あらしを吹きながら逃げて行った。それからわたしはカモシカの群れに向かって、匍匐《ほふく》前進をはじめた。ところが、あいにく、身を隠そうにも、地面の起伏はせいぜい一五センチくらいしかなく、まだわたしが射撃可能の距離にまで達しないうちから、そろそろ彼らは浮き足立ち、しきりに起き上がっては不安げにせかせかと駆け回りはじめた。あげくの果てに、やけを起こしたわたしがむだと知りつつ放った銃声一発を合図に、彼らの姿は永久にわたしの前から消えてしまった。

このあたりの原野は、包頭から訪れる者にとっては、わずか一週間でやって来られるという好条件も手伝って、まさに格好の猟場となっているに違いない。戦乱のちまたからもはるかに隔たり、北に見えるラマ教の僧院もたしかに一見の価値はあるであろうし、また肝心の獲物も実に豊富で、わずか半日の滞在しか許されぬ旅行者のわたしには、残念ながら一頭も手にはいらなかったが、腰をすえてかかりさえすれば、それこそ幾らでも獲れそうである。わたしの出会った例の商人も、雄のノロジカの角をたくさん持っていたが、それらはすべてこの付近の山で獲れたものであった。これらの角は、シナ人の薬種商が金に糸目をつけずに買い求めるオオジカの枝角の、安価な代用品として利用されるのである。ノロジカのほかにも、この猟場には——内モンゴル産のオヴィス・アモンと呼ばれる——野生の羊が多数棲息している。現にわたしも、丘陵地のはるかふもとのあたりに、岩の陰を利用した彼らの冬の隠れ家があるのを見つけた。双眼鏡をのぞくと、五頭の雄羊の姿が見えた。また谷間の池の回りには、おびただしい羊の足跡があった。そのうちの一つは、その大きさから判断すると、まさしく、シナ人やモンゴル人の猟師たちのうわさにのぼるだけで、外国人で実際に見た者はほとんどいない、例の「ロバよりも大きい」と言われる年老いた巨大な雄羊に違いなかった。たしかにこの丘陵地帯は、羊が棲むのに理想的な場所であり、したがってとびきりみごとな雄羊をこのあたりで見かけたとしても、少しも不思議ではないのである。

さらに、地理学的に見ても、この山脈はかなり新しい土地である。シナ人に聞いたところでは、その南端は、大青山山脈から西へのびる支脈で、黄河を見下ろす狼山《ランシャン》山脈に連なっているとのことであったが、他方、その北の端はどこへ続いているかは、シナ人にもわからないらしかった。しかし、プルジェワルスキー(2)とヤングハズバンド(3)の記述を読み合わせてみるに、このラオ・フ・シャン山脈というのは、どうやら、狼山山脈(プルジェワルスキーのいわゆるカラ・ナリン山脈)の支脈であるらしく、またこの両山脈はさらに、この二人の探検家がともにその名をあげているフルク山脈に接続して、これによってほぼ南東から北西ないしは西北西にまたがる完全な円弧を形成しているもののようである。プルジェワルスキーは、アラシャンからウランバートルにおもむく途中で、南から北に向かってフルク山脈を越えたことがあり、彼の本では、その横断地点のあたりにこの山脈の名が記されている。彼が聞いた話によると、それははるか南にのびて、カラ・ナリン山脈に連なっているということであった。さらにまた、幅約一一キロのこの山脈が、それの南側に広がる寂莫たる砂の荒野から北側の、いわゆる大草原と呼ぶにふさわしい原野への推移を劃する重要な自然の境界線であることを発見したのも、やはり彼の功績であった。彼のあとを受けてこの地域の究明に尽くしたのは、ヤングハズバンドであるが、彼の場合は、まずフルク山脈の東端とおぼしき山陵を越えてから、さらに山脈の南麓沿いにかなり長い日数にわたって旅したのである。彼が山越えをしたのは、帰化をたってから二三日めであり(わたしがラオ・フ・シャンを越えたのは、一六日めであった)、それから三日後に、ボルツム、またはボルツォンの泉のほとりで、かつてプルジェワルスキーが通った道の上に出たのである。したがって、プルジェワルスキーがフルク山脈を越えた地点は、ヤングハズバンドが越えた地点から北西に寄ったあたりであり、またヤングハズバンドのそれは、わたしがラオ・フ・シャン山脈を越えた地点の北西に当たるようである。ヤングハズバンドがフルク山脈の《東端》と呼んでいる部分は、おそらく、より正しくは、本来のフルク山脈とラオ・フ・シャン山脈とのあいだの単なる窪みとして解されるべきものではないかと思われる。だが、二人の記録を比較参照したところでは、どうやらフルク山脈というのはラオ・フ・シャンにもましてひどい不毛の地であるらしいので、やはりこの両山系は区別して呼んだほうがよいのかもしれない。

われわれが宿営したところは、タイガー峠と呼ばれる峠のふもとであった。峠の傾斜はいたってゆるやかで、ラクダの足どりもさながら平地を行くときのように軽やかだった。不毛の山膚に、すばらしいニレの老木が、ただ一つ、亭々とそびえているのが見えた。このあたりの山塊は、堅いいきいきとした灰色の岩からなっており、これまでわれわれの進路に沿って続いていた低い丘陵の、風化した古い岩とは似ても似つかぬものであった。三時間でわれわれは峠の頂に着いた。そこは小さな平地をなしていて、みずみずしい草が一面に生い茂っていた。草地のところどころに、灰色の岩が突き出ていたが、不思議なことに、それらの岩はいずれもすべすべしていて、中がうつろになっており、ダイダイ色の地衣が厚くその表面をおおっていた。おりしも、隊商のはるか前方を行くわれわれの犬が、二頭のカモシカを狩り出すのが見えた。

やがて、夕焼けの最後の光を浴びながら、われわれは峠の西側の斜面を下りはじめたが、このときの空の色合いたるや、えも言えず美しく、神秘なまでに絢爛たる色調をない交ぜて見る人を魅了し、ためにわたしも、この微妙な光輝をかもし出す秘密が、実は——すき通るように薄青く澄みわたった空にかかる新月にあるということが、しばらくわからなかった。月の下には、はるか遠く、狼山山脈の一部と思われる山並みがさらに淡い青色に煙って、はうように低くえんえんと連なっていた。山頂から一方の側にかけて、黄褐色に燃える夕焼けが月の光の下でしだいに薄れて、サフラン色に変わりつつあった。しばし、わたしは岩の上に立って、しきりに膝にからだをすり寄せてくるスジと並んで、甘美な憂鬱に浸りながらこの景観に見とれていた。まもなく、隊商の列が——わたしのラクダをしんがりに、少なくとも一五〇頭は下らない大部隊であったが——峠の向こうから姿を現わし、パステル画を思わせる夕空に鈴の音をせわしく響かせながら、ゆっくりとした足どりでわたしの立っている岩の前を通って行った。わたしもすぐに自分のラクダに乗り、再びラクダの背にゆらゆらと揺られながら、夕映えと夜の闇が交錯する中を進んだ。やがて新月は山の端に隠れ、あとには、その残照とおぼしき燦光が、星屑をちりばめた夜空全体に広がった。

大いなるたのしき安らぎの、
さながら虹色に輝ける
天空より降り来る……
げに、心うれしきひと時ぞ。

いまにして思えば、たしかに、こうした旅の憂鬱——酒の酔いにも似た憂鬱、モンゴルの夕暮れの中でふと心に浮かんだ、この嚠喨《りゅうりょう》たる響きと、嫋々たる余韻をたたえた精緻なヴェルレーヌの詩行のように、とらえがたくしかも甘美な憂愁こそ、わたしを旅へと駆り立てた第一の誘因であったと考えられなくもなかった。

ラオ・フ・シャン山脈は、荒野のただ中にひときわいきいきと力強くそびえ立っていた。この山並みと次の丘陵とのあいだは、広い砂洲によって占められ、そこここに水の涸れた川の跡が漫然としるされていた。われわれは、チャガン・エルレゲンというところで次の野営を張ったが、この地名は白い泉を意味するとのことであった。だが、それは名ばかりのことで、水を得るためにはやはり地面を掘らなければならなかった。河床をほんの三〇センチほど掘るとたっぷりと湧き出てきたが、その水は少しばかり苦いうえに、ほんのわずか塩気を含んでいた。この付近は、粗い砂地の痩せた土地で、そのため夏の雨もたちまち地中に吸い込まれてしまうのである。最もよく見かける植物と言えば、常緑のシダ類の葉を小型にしたような形の、砂漠特有の背の低い草だけであった。隊商の人夫たちは、それをチェン・ツァオ――塩草――とか、シェン・ツァオ――ソーダ草――とか呼んでいた。ラクダの飼料としてこの草は、飲み水もなしに長途の旅をする場合以外なら、充分役立ちうるし、またほんのしばらくのあいだであれば、ロバもこの草だけでけっこう持ちこたえることができるが、ただし、矮馬にだけは、この草はまったく不向きとのことであった。草の根に火をつけると、明るい白熱の炎を上げて勢いよく燃え、ときには、塩分を含んでいるせいで、炎が青色を呈することもあった。実はこの草は、ブルツァというチベット名で旅人たちに親しまれている数種の植物のうちの一つなのである。ほんとうのブルツァは、ショー(4)が「ラベンダー草」と名づけたところの、サルビアというシソ科の植物をさすらしいのであるが、しかし、このソーダ草も、よく見ると、形こそたくましく粗野であるが、どことなくラベンダーに似ていなくもなかった。

われわれは、翌日の午後、雲一つなく晴れ渡った静穏な天気に恵まれてキャンプをたち、風のない快晴の夜を迎えるまでに約二六キロの旅程を歩き終えて、真夜中少し前に、モダチン（あるいはモダジン）とも、カラ・テルゲンとも呼ばれているところに着いて、そこに野営を張った。この二つの地名のうち、カラ・テルゲンというのは、より正しくは、この宿営地の名ではなく、われわれがこれから踏み入ろうとしている丘陵地帯の呼称であり、名の意味は、わたしの聞いたところでは、黒い丘の頂ということであった。[5] ここの水も幾らか塩分を含んでいたが、それでもこのあたりでは最も良質の水であるらしく、われわれのキャンプの近くには二、三のユルトが立ち並び、シナ人の商人の姿も見受けられた。われわれの進路からはるかにそれた丘の斜面に、僧院の建物が建っているのが見えた。ここで宿営した夜のことをわたしがとくによく覚えているのは、モーゼがわたしの靴下を洗濯して自分の手もきれいになったところで、わたしの荷物にあったわずかばかりのふくらし粉を使って――バターも、卵も、ミルクも入れずに――世にも珍しいホットケーキを焼いてわたしに御馳走してくれるという一幕があったからなのである。

あくる日もまた、雲一つない静穏な一日であったが、陽が沈むころになって空は燃えるような血の色に染まり、夜ふけとともに空全体が厚い雲におおわれた。はるか遠くに、南から南西の方角にかけて、さきにわれわれがラオ・フ・クォウの頂に立って眼前に広がるその美しい姿をあますところなくながめた大青山山系、というよりはむしろ狼山山脈の、青くかすんだ山膚が、ここからもほんのわずか望まれたが、それもわれわれがキャンプをたたんで移動をはじめるとまもなく、カラ・テルゲンの丘にさえぎられて見えなくなった。黒い岩が一面に露出した、起伏のはげしい低い丘陵が雑然と群がったこの山塊は、カラ・ナリン、もしくは西狼山山脈の末端が北にのびてできた、いわば末梢的隆起なのである。

狼山山脈という呼称におけるランは、狼《オオカミ》を意味するシナ語ではなく、実は名門の生まれの若者につける敬称からとった言葉なのである。この山脈には、パ・ラン（八狼）一族と呼ばれる八人兄弟に関する古いシナの伝説が残っており、その昔、シナ人と辺境の部族とのあいだに繰り広げられた攻防の戦いを主に扱った一群の神話に登場するこの英雄たちと、因縁浅からぬものがあると言われている。二番めの兄弟アル・ラン（二狼）が八人のうちでもとくに有名で、この山脈の名も彼にちなんでつけられたのである。[6] この一連のできごとを扱った伝説によると、帰化がクク・ホトと呼ばれ、その峡谷の支配権がタ・ツ[7]の手に握られていたころのこと、シナとの境界線は、今日山西省本土の北側境界線をなしている、帰化の南に連なる山脈のあたりに引かれていたらしいのである。ところが、たえまない国境紛争によって、境界線はこの山脈を中心にして前進と後退を繰り返したもののようで、そのことは、大同にある五世紀のウェイ・タタール（北魏）王国の記念碑が如実に物語っており、またそれよりもさらに南に位する五台山山脈は、住民はすっかりシナ人によって占められていながら、いまなおモンゴル人の巡礼が集まって来るという事実を見ても明らかである。

だが、ついにアル・ランに率いられたシナの軍勢が圧倒的な勝利を収めるにいたって、さしもの蛮族もすすんで和を乞い、境界線を引き直すことを承諾した。それに対して、巧智にたけたアル・ランの出した条件というのは、まず北に向かって矢を放ち、それの落ちた地点がどこであれ、とにかくそれを境に、南側の土地はすべてシナ人のものとし、遊牧民は——モンゴル人たるとツングース人たるとを問わず、現にそこに住んでいる者は一人残らず北の方へ立ち退くことというのであった。この条件が蛮族によって受け入れられると（興味深いことに、この種の伝説では、いつも蛮族は勇猛果敢な戦士の姿に描かれながら[8]、最後には、信ずるに足る唯一の文明の唯一の継承者である、シナ人の巧妙なてくだと計略によって打ち負かされるといった筋書きが用いられるのである）、アル・ランは彼の大きな弓を取り出して、矢を放った。矢はたちまち見えなくなり、みないっせいに落ちた矢を捜しはじめたが、実はこれこそ、蛮族を出し抜くために仕掛けたアル・ランの巧妙な罠だったのである。彼はひそかに早馬の使者を仕立て、これにさっき放った矢と同じものを持たせて先に行かせた。この矢を使者は、一説によれば、大青山山脈の中に立てたとも言われ、また異説によると、狼山山中に立てたとも伝えられているが——とにかく、モンゴル高原の南縁にそびえる一連の山脈中のどこかに立てたことだけは確かである。まんまと一杯食わされた蛮族は、もはや戦う気力も失って、そのままおとなしく引き下がってしまい、かくして山西の丘陵地帯と、今日もなおモンゴルの境界をなしている地域とのあいだに横たわる、広大な土地を飲み尽くさんとする、シナ人の大移住の第一歩がここに踏み出されたと言われている。しかし、シナ人の勢力がしだいに強まってきたにもかかわらず、モンゴル人のほうでは、このかつての領土を完全に明け渡してしまったわけではなかったのである。今日でもモンゴル人の姿は、黄河からかなり南に下った地域（とくに、オルドスのあたり）でもよく見受けられる。とは言え、たしかに、狼山山脈と黄河とにはさまれた最も肥沃な土地は、とうの昔にシナ人定植者の占領するところとなり、土地そのものは、疑いもなく、モンゴル的な特徴をとどめているにもかかわらず、この地に対するモンゴル人のつながりと言えば、せいぜい、いまなおこの地域にあって富裕を誇るおびただしいラマ教の僧院[9]に寄せる関心ぐらいのものであるということも、否みがたい事実である。

宿営地をたってまもなく、われわれは黒い丘の頂にはいり、ゆるやかな歩調で、みずみずしい緑草の茂る牧草地を越えて、広々とした高原地帯を上り詰めたあと、さらに約一三キロ進んで、水の流れている峡谷に達した。この流れを渡って、さらに次の峡谷を約三〇キロ奥へ進んだところで、野営を張った。この一つづきの峡谷は、途中で一度せばまってから再び外に向かって大きく開いていたが、それでもまだわれわれのいるあたりは、周囲をびっしりと丘に取り巻かれていた。近くで数人のモンゴル人が野営しているのを見つけて、この宿営地の名を聞いてみたが、あいにく彼らもやはり動乱を避けて東から移動して来た旅の者だったので、この付近の様子には全然通じていなかった。彼らのラクダは、さいわい、途中で軍隊に徴発されずに済んだものの、ここまで来るのがやっとといった、ひどいやつれようであった。われわれのラクダも、ここ数日間、休憩ごとの二、三時間の放牧ではとうてい満腹するほどに草を食うことができなかった。われわれ一行の中には羊腸の道に詳しい者が一人もいなかったため、このあたりを旅しているあいだじゅう、われわれは行く先々の地名がわからなくて大いに当惑したものであった。道案内は、もっぱら包頭の隊商を引率しているラクダ曳きに任せきりであった。この男はこれまでにも数回この道を旅したことがあり、一応方角や距離には通じていたが、さすがに地名までは知らなかったのである。再び行進をはじめてまもなく、周囲の地形はいよいよ険阻の度を加え、峡谷の幅もせばまって、荷を積んだラクダが通り抜けることさえもむずかしくなった。と言うのも、綱の最後尾につながれたラクダが、まっすぐに歩かずに、たえず草を求めて脇にそれようとするため、そのたびに積み荷を岩角にぶつけたりこすったりするからだった。おかげでわれわれは、一〇時ごろ、月が沈むとすぐに行進を中止しなければならなかった。

いざテントを張る段になって、とんでもない騒ぎが持ち上がった。と言うのは、わたしの雇ったラクダ曳きが、テントの綱をとめる杭を打とうとして足を踏み出した拍子につまずいて、水の涸れた河床に転がり落ち、ご丁寧にもそのあとでまたもやひっくり返って、あやうくラクダの下敷きになるところだったのである。実は、かなり前から彼は眼を悪くしていて、そのために自分がひどい目に会うだけでなく、他の者たちにも一方ならぬ迷惑のかけ通しだった。このときにかぎらず、いままでもしばしば彼の眼は、薄い粘液状の膜が張って、数日間も盲同然になることがあった。最初、わたしはてっきり白内障の初期の兆候が現われたのではないかと疑ったが、モーゼの説明するところによると、人は誰でも瞳孔の奥に二人の小人、ツン・ジェン（童人）を持っているのだそうである。誰の眼をのぞいてみても、小人のいるのが見えるはずで、それが二人とも背を向けていたら、その眼の持主は盲になるというのである。それで、われらのラクダ曳きの場合は、モーゼの言うには、眼の中のツン・ジェンがそろそろ背中を向けはじめた——つまり、例の膜のために小人の姿がはっきり見えなくなったといった症状にあるらしいのである。それはともかく、この症状に襲われると、男はいつも、遠くのものならはっきりと見えるのに、手前のものはすっかりかすんで何一つ見えず、夜ともなるとほとんど完全に盲になってしまう、としきりにこぼした。行進中も始終つまずいてころんでばかりいるかと思えば、宿営すればしたで、今度は積み荷やテントの綱につまずいて脛や手を痛め、そのたびに一人で腹を立てるといったあんばいだった。そこでわたしは、彼に硼酸洗眼液をすすめてみたが、何を思ったのか、男はせっかくの液に小麦粉を入れて糊状に練り、それを藁《わら》しべでまぶたの裏に塗りつけて、あとになって、全然効き目がないと苦情を申し込んできた。さらに、前額部を剃ると眼病に卓効があるとシナ人のあいだで信じられているところから、彼もこの方法をためしてみたが、やはりいっこうによくならなかった。だが、眼病はもとより、からだのあらゆる組織の病気に対して最も治療効果のある食べ物と言えば、やはり、煮た肝臓に優るものはないとされており、とくに黒いヤギか羊か雌牛の肝臓が効き目があると信じられていた。わたしが彼らにその点をもっと突っこんで質問してみたところ、彼らも、直接の治療法としてこれがどんな場合にも効果があるとは言えないことを認めた。それはむしろ予防的処置、ないしは強壮剤といった部類にはいるものであり——要するに、彼らの言う《間接療法》に過ぎないのである。ところが、後にわたしはひどく脚を腫らした男と道連れになった。彼はできるだけラクダに乗ってからだの疲労を防ぎながら、最初の機会を逃さず、肝臓を食べるだけの目的で黒いヤギを一頭買い入れた。二、三日もすると、彼の症状は見違えるほどよくなったのである。

　後になって聞いたことであるが、この地方のどこかに——たぶん、われわれの通る道の南にそびえる狼山山脈の中らしいのであるが——一団をなした三つの聖峰があるということであった。その中央の峰には、ボルフンウル[10]と呼ばれる聖者の顔が印された岩が立っているそうである。わたしがここで、刻まれたと言う代わりに、印されたと書いたのは理由があってのことで、それは、昔ある聖者が岩に面して坐禅を組んでいると、いつしか自分の姿がその岩に印されるにいたったという、きわめて古い伝説と、この岩とのあいだに、何か関連がありそうに思われたからだ。峰へ近づく道としては、それと隣の山とを隔てる奈落にさしわたされた一本の丸太があるきりで、この丸太を渡れるかどうかが、巡礼の信仰の真偽をはかる試金石とされているのである。ラマ僧でさえも、ここでは安閑としてはいられない。と言うのは、かつてあるラマ僧が酒に酔ったうえに女を連れてここを渡ろうとして丸太を踏み外し、罪深き者たちへのみせしめとなって命を落としたこともあるからなのである。

　翌日、わたしはのんびり日なたぼっこをしながらホーマーを読んで、旅の疲れを癒すことにした。ところが、いくばくも読み進まぬうちに、はやくもわたしの心は、

　　城壁に向かいて忍び寄る亀甲隊の上に、
　　小尖塔を、はたまた胸壁を千切りて
　　投げ落とす丈高き勇士たち

からそれてしまった。それというのも、この日、九月一五日は、ペイ・チー・リ湾に臨む、かの、シムラやケンダルの見かけ倒しの再生版ともいうべき北大河に、かつてわたしとともに滞在したことのある友人の誕生日に当

たっていたせいなのである。北京からこの避暑地にやって来た各国の公使は、夏のあいだ、それぞれの国旗を掲げ、外交団全員もこの期間は、ダンスとか、醜聞とか、賭博といった厳格な日常の勤務から解放されて、気ままに水浴したり、賭けごとにふけったり、うわさ話に花を咲かせたりして、浩然の気を養うしきたりになっていた。「天津の気候はヨーロッパ人には耐えられぬ」というわけで、家族の婦女子たちもみなここへ集まって来るのであるが、夕方ともなると、婦人に伴われた子供たちが、汽車で着く父親を迎えに駅に出かけて行く姿や、父親が次の週末になるまでやって来ない家庭の婦人連が、自分たちだけで、目を見張らせるばかりに美々しく着飾って町を行く姿が見られるのである。そればかりか、宣教師さえも「ひと息入れ」に——もともと宣教師は、他の人々と違って、完全な休暇というものが取れないからだが——ここへやって来る。要するに、巡回図書館も、電信施設も、信仰再興伝道集会も、何もかもすっかりそろっている、小じんまりとした小粋な別世界、それがこの町なのである。ここに滞在している外交官と国旗の安全のために、たいていいつも砲艦が一隻警護に当たり、またこの町には、通常、シナの官憲はいっさい介入しないというけっこうな申し合わせさえもできているのである。

北大河の思い出がよみがえったとたんに、わたしの心ははげしい喜びに満たされた。別れた友人のことが急にありありとまぶたに浮かび、海辺の砂浜に続いている段庭、波静かな入江に映る月影、そしておそらくはるか沖合いにまたたいているであろう、慇懃なイタリア水兵が大ぜい乗った砲艦の灯火などを、いま一度まのあたりに見る思いだった。もちろん、そこでは、晩餐の席には必ず靴や靴下をはいて臨まなければならないというわずらわしさはあるであろう。だが、とにかく、水滴のついた冷たいグラスに注がれたカクテルが次々とオロ・ボーイによって運ばれて来るであろうし、夜もふけて蚊がくるぶしのあたりに活発に襲いかかって来る時刻ともなると、子供たちはお休みの挨拶をしに、ヴェランダから下りて来ることであろう。そのあとで客人は、巨大な蚊帳を思わせる網で仕切られたヴェランダの一隅に集まって、いよいよ北シナ随一のすばらしい料理に舌つづみを打つというわけである——荒野のまっただ中にいるいまのわたしにとって、それはまことに懐かしくもうらやましい思い出であった。そして、靴、靴下、それに純白のフラノのズボンは言うにおよばず、そのうえネクタイまでもつけたまさに一分の隙もない自分の姿を意識し、ありがたいことに一日中海水浴をしていたおかげで、指の爪にも垢一つたまっていないという快い安心感に浸りながら、わたしは明るいろうそくの光の下で、北シナ随一のうるわしい婦人の姿をうっとりとながめることであろう……。

と、やがてテントをたたむ時刻になり、わたしもラクダに荷を積む仕事を監督しなければならなかった。てきぱきと荷を二対の蝶番《ちょうつがい》式の輪に木釘でつないでゆく作業が終わると、われわれは再び行進に移った。

ところが、ひとたび心によみがえった昔の思い出は、歩き出してからもわたしを夢想に駆り立てずにはおかなかった。宵闇から月の光へ、さらに星明りへと、しだいにふけて行くすばらしい砂漠の夜を仰ぎながら、隊商の前方を一人離れて歩くあいだ、わたしはいまさらのようにかの条約港におけるまやかしの生活ぶりを逐一思い出し、天津、北京、北大河のはなやかな世界と、帰化での生活や、町に近い丘の背後に横たわる辺境地帯を妻とともに踏査して歩いたあの最初の輝かしい旅、そしていまわたしのしている、この隊商とともに旅する漂泊の生活との著しい相違を、心の中でつぶさに考量してみた。すると、はるか遠い旅の空にあって、これからさらに僻遠の地へとおもむこうとしている我が身の寂寥感が、打ち寄せる波のようにひたひたとわたしの心に押し寄せてきた。長いあいだシナで暮らしたわたしには、人並みに故郷を慕う気持がなくなっていたが、しかし、いまこそわたしは、海路が通じるまでは唯一の交通路であった陸の道づたいに、はるばるアジア大陸を越えて故郷に帰ろうとしているのだ。夕暮れの残光の中に、起伏する広野の果てしない世界をほのかに望みながら、ラクダとともに歩む長蛇の道、たしかにそれは多年の願望の実現には違いなかったが、いまや新しい夢が生まれたことによって、にわかに輝かしい喜びがそれにつけ加わることになったのである。

たしかに、冬にはまだまがあり、旅そのものもとくにほねがおれると言うほどでもないいまのような時期は、こうした夢想にふけるのにはもってこいであった。モンゴルという国の持つ魔力の一つは、単調な疲労と完全な怠惰の生活に浸りきった者のみの知る、あの満ち足りた肉体的な喜び――移り変わる景色をながめ、雄大無比な大地の広がりを行く晴れがましい旅人にのみ与えられる、あの肉体的高揚にほかならないのである。いま一つは、あの大地に住む人々の、粗野ではあるが昔からのしきたりにかなった暮らしぶりや、交わりにうかがわれる人情や気風をじかに知る楽しみである。それは、要するに、この大地に生きる者に求められるさまざまな肉体的要請にほぼ即応したものであり、小ざかしい思考の生む気まぐれも虚偽もはいり込む余地のない、のんびりとした怠惰な長話と、それ以上に長いのどかな沈黙こそ、その現われなのである。さらにわたしにとってもう一つの楽しみは、ほかならぬ、夢と追憶の断片が薄い魔法のヴェールとなって、容赦なく迫る荒野の世界の脅威からわたしを隔ててくれる、かようなたまさかの心なごむひと時であった。

モーゼとわたしは、いつのまにかラクダの列をはるかうしろに引き離してしまったので、道ばたにしゃがみ込んで、隊商が追い着いて来るのを待った。本隊をやり過ごしてから、それぞれのラクダに乗るつもりだった。主人思いのモーゼは、ぶっきらぼうにただ一と言、こんなわたしの姿をわたしの父に見せたいものだと言ったきり、あとは何もしゃべらなかった。やがて、われわれに追い着いた隊商を見て驚いたことに、いつのまにか速足の行進に切り変えたらしく、無気味なまでにひそやかに足を運ぶ大きなラクダの縦列が次々と目まぐるしくわれわれの前を大股で通り過ぎて行った。ようやく、そのあとからわれわれの隊商がやって来た。積み荷の上にはい上がって腰を落ち着けたわたしを目がけて、うしろに従うラクダの鈴のかん高くせわしい音と、前を行くおびただしい数の鈴が奏でる、耳を聾するばかりに騒がしい混然たる響きが襲いかかり、たちまちわたしの心はこのあわただしい行進のリズムに引き込まれてしまった。次の夜も、次の旅程も、このリズムが続くのであろう。そこでは、時間そのものまでが、胸の鼓動さながら、はげしく脈うっているかのようであった。西の空を染めていた夕映えが色あせて、やがて消えてしまうと、代わってあやしい月の光が南西の空を色どりはじめたが、われわれはなおも足並みをゆるめず、銀色の光の洪水に向かって突き進んで行った。星空の下には、かすかな風のそよぎすらなく、そのため、行進のあいだ、騒がしいラクダの鈴の音は片ときも耳から離れなかった。はげしい律動的な響きが、あたかも池に石を投げてできた波紋が次々に広がって行くときのように、暗い夜の世界に伝わって行くのを聞いていると、わたしは幾つかの鈴の互いに重なり合った音をはっきりと聞き分けることさえできた。

黒い丘の頂を通り抜けて、やっとトルキスタンへの旅における最初の大きな区間を踏破したわれわれは、善丹廟《シャンダンミャオ》という名の大きな僧院の少し手前で休息をとった。善丹廟は、プルジェワルスキーの地図に記入されているので、その位置をもとにしていまわたしのたどっている道を、他の探検家の通った道に関連づけて、大小両西方路と羊腸の道とのおおよその位置関係をも決めることができるはずであった。しかし、残念なことに、わたしは北京をたつ前にプルジェワルスキーの著書をじっくりと調べる暇がなかった。それに、詳しい地図も持っていなかったし、旅の途中でごく大ざっぱな地図を自分で描くというわけにもゆかなかった。と言うのも、わたしはしばしばスパイと疑われたことがあったので、うっかり紙に地図を描いているところなどを見られでもしたら、たちまち危険なスパイと思われて官憲に通報されるかもしれず、そうなったらせっかくの旅も、まずまちがいなくフイになってしまうに決まっているからである。そんなわけで、わたしは帰化から善丹廟にいたるあいだの地理に関してごく概略的なことしか述べられないのである。

現在手にはいるモンゴル経由の貿易路に関するごく限られた資料のうちで、最も興味深いものは、北京のシナ政府の経済事務局が発表した数字である。それによると――もとの資料では、数字はすべて里で表わされているのであるが、それをわたしは大ざっぱに三里が一マイルに相当するものと見なして、一応マイルに換算して表わしてみた（本訳書では、マイルはすべてキロに換算した）――

大西方路経由で、帰化からグチェン・ツまでの距離は、二八七五キロ。その間、六〇里ないし一〇〇里単位に区切られた名目上の行程が七一。（実際には、重い荷を運ぶ隊商の場合は、一二〇日という長期間を要するのが普通であり、所定期限内の託送に対して割増し金のつく商品を運ぶ隊商なら、九〇日。また、ごく身軽な支度で、いわゆるクア・チュイ・チュンに旅をする――しいて訳せば、「強行軍につぐ強行軍で」とでも言うところであろうか――旅行者でさえ、七〇日というのが精いっぱいの記録である。）

小西方路経由で、チャオ・ホから、小西方路が再び大西方路に合流するハラ・ニウトまで、一四七七キロ。その間の行程は三五。この地点までの両西方路の道のりの差は、約七四キロと記されている。（だが、わたし自身の聞いた話では、百霊廟からハラ・ニウトまでは、大小いずれの道を通っても「約四〇日の行程」であるとのことであった。ただし、これは重い荷を運ぶ隊商についての数字である。）

帰化からモルグジンまで、五〇七キロ。モルグジンにおいて、羊腸の道が小西方路から分岐する。この道に関しては詳細な記述がなく、ただ、他の二道に比して屈曲多く、不毛の地帯を通るために旅は困難をきわめ、一〇〇日以上の日数を要するとのみ記されているだけであった。（わたしが自分で計算したところでは、帰化からモルグジンまで四五六キロという結果が出た。）

これらの数字は、おそらく、隊商の統率者たちの算定をもとにして作られたもののようであるが、はたしてこれが信ずるに足るものであるかどうかを知るために、かつてヤングハズバンドが帰化からハミまで旅をした際に、その道のりを二〇〇八キロと算定した事実と照らし合わせてみる必要がある。もちろん、ハミとグチュン・ツでは、後者のほうがはるかに西に寄ってはいるが、とかくシナ人はモンゴルにおける道のりを誇大に表わしがちなので、ぜひともこうした照合をしなければならないのである。一応シナ人のあいだでは、長城以遠の地で用いられる里は普通より長い尺度の里であるとされているのであるが、実際には、どちらかと言えば、むしろ短いに違いない。と言うのは、モンゴルには文明国に見られるような里程標がないため、シナ人の旅行者は、この途方もない広野の単調さに心身ともに疲れ果てて、つい里数の勘定を水増ししがちだからである。

経済事務局の資料では、帰化から約八八キロの距離にあるチャオ・ホが、隊商の分岐点ということになっている。おそらく、以前はそうだったのであろう。だが、その後、耕地の開発が進んだために、いわゆる《後背地》

における今日の隊商の集散地点は、帰化からざっと一七六ないし一九二キロ離れた百霊廟に移っているのである。これだけでも、全行程の計算に幾らかの異動が生じてくるはずである。これに関連していま一つ興味深い事実は、隊商の中心地の移動が常に寺のある地点を選んで行なわれ、またそうした旅の通路の要所要所に、いつもおあつらえ向きに大きな寺が建っているということである。

わたしの場合、ラクダの歩度から判断する以外に、わたしの歩いた距離を測る方法がなかった。そこで、一応一時間に四キロの歩度と仮定し、とくに旅がはかどったときや難渋したときには、常に幾らかの幅を持たせることにした。用意して来たらしん盤は二つともとっくの昔にこわれてしまい、そのため昼間は太陽によって、夜は星の位置を頼りに方角を知るというみじめな状態に追い込まれたが、もともと日没時の太陽の位置が、真西からどれだけそれているかさえもはっきりわからないわたしなので、こと方角に関するかぎり、とうてい確信を持って答えることはできそうにない。最後に、わたしのたどった道によるグチェン・ツまでの旅の総行程は、大西方路よりも長いというのが通説であるが、これもまた、途中で道からそれてバルクルに寄ろうと試みて果たさなかったことがあったりしたために、残念ながら詳しい算定を断念せざるをえないのである。だが、おおよその計算によれば、その距離はほぼ二四八〇キロから二六四〇キロのあいだという結果が出たのである。

モンゴルに関するわたしの知識は、そのほとんどがロシヤ人の残した記録から集められたものであり、そのため、これまでにわたしが地図のうえで確かめることができたのは、ほとんどすべて北から南へ向かう道ばかりであった。と言うわけで、キャフタからウランバートルをへて張家口に達する隊商の幹線路なら、明確な位置づけが可能であるが、他方、東から西に通じる道となると、ロシヤ人の調査記録には、ただそれらの道が彼らの隊商路と接触する地点における相互の位置関係しか記されていないため、いまもってごく漠然とした道筋しかわからないのである。大西方路は、ネイ・エリアスが一八七二年の旅行の際に主として通ったと推定されるが、ただし、彼の場合は、途中で道をそれてウリヤスタイとコブドを訪れたため、グチェン・ツまでは行かなかったようであり、それに、彼の記録はまだ一度も完全な形で公刊されたことがないのである。小西方路は、一八八七年にヤングハズバンドが通ったが、彼の場合もまた、帰化をたって六〇日めに、どういうわけかグチェン・ツへの道からそれてハミにおもむき、そこから荷馬車に乗ってシナ・トルキスタンを横断した。だが、羊腸の道に関してだけは、これまでのところ、記録らしいものは何一つ残されていないのである。

そこで、わたしは、ひとまず、善丹廟にいたるまでのわたしの旅のあとを簡単に振り返ってみたいと思う。百霊廟から、わたしは小西方路に沿ってモルグジンに達した。この地点から分岐して南西にのびる羊腸の道をさらに二行程進んで、老虎溝山脈を越えた。ここからも再び道が分岐し、南に向かって山脈を越えれば、狼山山脈の南麓を走る甘粛辺境路に出ることができる。この道は、純粋にモンゴル的とも、純粋にシナ的とも言えない中間的な性格の道であるが、最も古くから利用された重要な隊商路の一つであることは確かで、しかもモンゴルにあるいかなる道と比べても、単一の道としての様相に乏しく、いわば、オルドスの砂漠と黄河流域地方を貫いて同じ方向に走る幾本もの荷馬車路やラクダの踏みならした道が雑然と寄り集まったものの総称にすぎない。ユック、プルジェワルスキー、ロックヒルと言った探検家も、それぞれの旅において、ときには同じ道を進み、ときにはまったく異なった進路をとりながら、いずれも一度は部分的にこの道をたどったことがあった。この道の最も重要な部分は、包頭から寧夏にいたる区間であり、それから先は多くの枝道に分かれて、甘粛省のあらゆる地域に広がっているのである。

モルグジンから善丹廟にいたるあいだの山系の配列についても、残念ながらわたしにはあまりはっきりしたことがわからないのであるが、ただこれからわたしが越えようとしている山系は狼山山脈の北に位する支脈に違いなく、また老虎山の東から西にかけて広がる砂漠は、おそらく、ガルピン・ゴビの南の延長であろうと考えられる。しかし、善丹廟そのものは、プルジェワルスキーの地図を見ても、カラ・ナリンもしくは狼山山脈の北西方にその位置がはっきりと示されている。アラシャンの探検を終えてウランバートルに戻る途中で、プルジェワルスキーは前にも一度訪れたことのある善丹廟の西側を通った。彼の記録によると、まず彼は、アラシャン・モンゴル族とハルハ・モンゴル族とのあいだに《楔状に》打ち込まれたオイラート・モンゴル族の居留地のある高原地帯にはいり、それからガルピン・ゴビの窪地に下りた後、再び道を上ってフルク山脈に分け入ったもののようである。フルク山脈を越える少し手前で、彼はボートソンの泉を見つけてそこで宿営したが、後にヤングハズバンドが彼の進路を横切ったのも、ほかならぬこの地点であった。また彼の記録には、ここを中心として、ウランバートルへ向から道と、グチェン・ツ＝ハミ方面への道と、甘粛へ向から道と、帰化＝包頭方面へ向から道が、放射状に分岐していることが記されている。

この記述は、わたし自身が善丹廟において見聞した事柄に照らしてもまちがいのないところであり、この寺のある場所が、帰化と包頭の管轄に属する内モンゴル地域と、シナ人とモンゴル人の関係の調整が甘粛省の行政当局の権限に委ねられているアラシャン地方との、ちょうど中間点であるということも確かである。顕著な山脈系列を持ったウランチャップ同盟の領域を、わたしのように東側からはるばる通り抜けて、砂の荒野に下り立った者にとって、変化は単に地理的なものではなく、政治的な変化をも意味しているのである。なぜなら、アラシャン地方は、正確には、内モンゴルの属領ではなく、単に行政上の区分によってそこに含まれているにすぎないからである。アラシャンに住むモンゴル人は、おそらく、大昔の部族分裂の結果生じたと思われる西方の大部族グループに属するエリュート族の子孫である。これについては、隊商の人夫たちのあいだでもそれとなく言い伝えられているらしく、その証拠に、彼らはエリュート族のことをとくに《黒い》タ・ツ（韃子）と呼び、それ以外のモンゴル人をすべて《黄色い》タ・ツと一括して呼んでいるのである。かような差別のしかたは、おそらく、モンゴル人自身から聞き知ったものなのであろう。

善丹廟の現在の建物がいつごろ建てられたにせよ、寺そのものはきわめて古い時代からこの地にあったと考えてさしつかえないようである。と言うのは、地形的にみてもここは、外モンゴル、アラシャン、甘粛省、黄河流域、および帰化に向から各貿易路の接合点をなしているからである。(11)中でも、外モンゴルに通じる道はとくに重要視されている。(12)それというのも、モルグジンの西方には、大小両西方路にはさまれて、きわめて苛酷な条件のガルピン・ゴビの砂漠が控えており、北と南のあいだを往復する貿易商人や旅行者は、当然、最も楽に越えられる道を求めて、この貿易路に集中するからなのである。

また、モルグジンの西には、ユルトを構えて穀物や小麦粉を元手にして、モンゴル人相手にささやかな物々交換を営んでいるシナ商人の一団があった。この種の商人は、一日の旅のあいだにせいぜい一人ぐらい見かけるのが普通なのであるが、善丹廟では、りっぱな部落をなして住んでおり、おそらく全部で二〇軒ほどもあると思われる彼らの店が、僧院の祭礼の季節ともなると、市《いち》の中心となって、集まった人々で大いににぎわうのである。彼らの商う品物は穀物だけにとどまらず、モンゴル人の欲しがる物なら何でも——きせるでも、ナイフでも、靴でも、絹物でも、その他、綿布、タバコ、帽子、さらには鞍の類にいたるまで、すっかりそろっているのである。アラシャンの商人を見分けるには、ロバを連れているかどうかを見ればよいとさえ言われているとおり、ゆるい砂地の道では、ロバのほうが矮馬よりも経費の割には能率がよくて有利であるうえに、矮馬に比してよく粗食にも耐えることができるところから、ロバが好んで用いられるのである。商人ばかりか、アラシャンに住むモンゴル人のあいだでも、ロバが大いに利用されており、それかあらぬか、善丹廟の周辺で見かけるロバの数の多いことといったら、まったく驚嘆の一語に尽きるものがあった。

(1) モンゴル人や中央アジアの諸部族は、実際に長い衣のすそで足もとをおおって用を足すということであり、この点ではシナ人よりもつつましやかである。

(2) 『モンゴル、タングートの国、および北チベットの荒野』

(3) 『大陸の奥地』ロンドン、ジョン・マレー社刊、一八九六年。

(4) ロバート・ショー『ダッタン高地、ヤルカンド、カシュガルを訪ねて』ロンドン、ジョン・マレー社刊、一八七一年。

(5) この地名は、プルジェワルスキーが西狼山山脈の別名としてあげているカラ・ナリンと対比させると、はなはだ興味深い。と言うのは、彼の聞いたところによると、これも《黒い尖った山並み》という意味を表わすらしいのである。

(6) ヤングハズバンドは、ここよりはるか東にあるシェイテン・オーラ山脈の別名として、ラン・ラン・シャン（正しくは、リアン・ラン・シャン〈両狼山〉）もしくはアール・ラン・シャン（正しくは、アル・ラン・シャン〈二狼山〉）という名が用いられているのを耳にしたそうであるが、この山脈は、正確に言うと、大青山山脈と狼山山脈の中間に位し、より一般的には、ウ・ラ・シャン（烏喇山）——すなわち、オイラートの山というシナ名で呼ばれている（ロックヒル『旅行日誌』）。リアン（両）は基数の二であり、アル（二）は序数の二である（また、ときには基数として用いられることもある）。したがって、ヤングハズバンドの案内人は彼に、この山脈が第二のラン・シャン山脈であるという意味のことを説明したのを、彼のほうでは固有の地名と受け取ったのであろう。

(7) タ・ツ（韃子）は、おそらく韃靼と同義語であると思われる。だが、いまではこの語はほとんど常にモンゴル人、またときには満州人を指して用いられるが、伝説中では、モンゴル人以前の遊牧民の侵略者をも包含しているのである。モンゴル人部族は、ごく少数の者が好んでこの呼称を用いるほかは、たいていこの名で呼ばれることをきらっており、その点では満州人も同様である。

(8) 北シナのユァン（元）王朝の没落をうたった第八の月の一五日の伝説と比較されたい。言い伝えによると、モンゴル人はシナ人を騎乗用の家畜として使役していたということであり、シナ人の一〇家族が一人のモンゴル人に農奴として仕えていたが（もちろんこれはまったくの伝説であって、歴史的事実ではないのである）、第八の月の一五日に、かねて示し合わせておいた合図とともにシナ人たちは立ち上がって、彼らの圧政者を虐殺したというのである。

(9) 北京にほど近い西方丘にある大覚寺の仏教僧院からながめると、はるかかなたの丘の頂に一基の塔が建っているのが見える。アル・ラン（二狼）の塔とそれは呼ばれていた。がっしりした石造りの建造物で、おそらく、その昔、北京がモンゴル人の略奪者たちの脅威にさらされていた時代に、望楼の役を果たしていたものなのであろう。

また、わたしは六番めの兄弟リュウ・ラン（六狼）に関する珍しい断片的な言い伝えを聞かされた。それによると、彼は晩年になってかモンゴル人らの手にかかって命を落とすことを極度に恐れるあまり、僧侶になって、五台山の僧院もしくはラマ教の寺にこもったということである。モンゴル人との因縁浅からぬこの地の僧院を選んだというのが、はなはだ意味深長である。

(10) わたしはこの名を鎮番のワ・ワから聞いたとおり、できるだけ正確につづったつもりである。この名は、コズロフがアルタイ山脈南東部の、北緯四六度、東経九六度のあたりで見つけた山の名としてあげているブルハン・ブッダと、奇妙に似ているように思われる。鎮番のワ・ワの発音には、アラシャン南部に住むモンゴル人特有の、言葉の区切りのはっきりしないなまりがあった。辺境地方に住むモンゴル人のあいだでは、とかくモンゴル語の発音が微弱になって、シナ人が発音するのとほとんど変わらないものになりがちのようである——たとえば、カラと言うべきところを、ハラと発音すると言ったぐあいである。

(11) わたしの聞いたところでは、シャンダン（善丹）は「小さな流れ」を意味するモンゴル語で、ミャオはシナ語の「廟」である。

(12) プルジェワルスキーは北へ向かう途中で善丹廟の西側を通った際には、これとは別の道、すなわちツコメン・ミャオ（彼の記録では、バイン・ツフムという名が用い

られている）の寺を経由する道をたどったのである。（下文参照）
フルク山脈の北一三九キロの地点で、彼は大西方路の支線の一つを越えた。そこからさらに一六〇キロ北に進んで、もう一つの枝道を横切ったが、これは、彼の説明によると、郵便や役人の通行のために設けられた道とのことである。わたしの想像するに、最初の支線というのは実は大西方路そのものであり、二番めの道はウリヤスタイ街道であったようである。プルジェワルスキーがこの地方を旅したのは、甘粛省内に回教徒の反乱があったころで、南北の貿易路はそのために廃絶に瀕していた。彼の話を引用すると、一八七三年に新たな活仏を求めてウランバートルをたった数隊の隊商は、それぞれ異なった道をとって、階段形編隊をなしてゴビ砂漠を横断した。その際、先遣隊を編成して本隊よりも先に、善丹廟の付近を通過するはずの幹線路を南下させて、古い井戸を処分して新たに別の井戸を掘らせたが、概して水の不足に悩まされ通しだったもののようである。

8　ラクダ曳きさまざま

北西地方の行政権が及ぶ範囲は、善丹廟までとなっているところから、とくにこの地を選んでリキンの徴税吏の一団が配置され、地方税を取り立てるべく通過する物資に対して常に監視の眼を光らせていた。われわれがここに着いた日の翌朝のこと、いっしょに旅をしている包頭の隊商のもとへ、はやくもくだんの徴税役人がやって来た。すると、隊商の連中は、道中でのいっさいの税を免除する旨を記した通行証を持っていたにもかかわらず、役人の機嫌を取り結ぶために、心づけもしくは賄賂を贈った。これを称して、「お上の顔を立てる」というのであるが、シナの商人が耐え忍ばなければならない災難としては、これなどはまだほんの序の口にすぎないのである。シナの役所が発行する文書は、ほとんどみな言葉づかいがあいまいであるため、かようなリキンの徴税吏にとっては、これを自分たちに都合のいいように論駁することぐらい朝飯前なのである。そうしたことから、いたずらに引き止められて余分な出費をしいられる憂き目を見たくないばっかりに、商品の運搬人たちは、すでに通行証を手に入れるために大金を支払ったうえに、さらに旅の途中で出会う徴税役人の維持費として、これといった保証のあるわけでもない余分の税の徴収をも甘受せざるをえないのである。現に善丹廟の徴税吏詰所には、おびただしい数の梱が積み上げてあったが、これはある種の課税に対して不服をとなえた小さな隊商から没収したものであった。これらの没収品はやがて競売に付されて、名目上は政府の収入に繰り入れられるはずであったが、実際には、おそらく、役人たちのふところを肥やすことになるに違いなかった。

それから数日後にわたしは、例の徴税吏が包頭の隊商のテントを訪れた際に、わたしのことをいろいろ尋ねて行ったということをはじめて知らされた。おとなしく役人どもの《顔》を立ててやったあとでもあったので、包頭の連中としても、奴らの顔をつぶすに絶好の機会を見逃すはずはなかった。「あの外国人の旅行家は」と彼らは言った。「それは大したご身分のおかたでしてな。うそだと思うなら、あのおかたの護照《フシャオ》（旅券）を調べてごらんになるがよろしい。だが、その前にまず上等の干し糞を拾って来て、火を焚いてさし上げなきゃなりませんぜ。あのおかたは、いつもお役人にそうさせておいでですからな。」あとでこの話を聞かされたわたしは、みなといっしょに声を上げて笑った。たしかに、底意地の悪いユーモアをたしなむラクダ曳きの面目躍如たる冗談であった。とは言うものの、すぐにわたしははたと考え込まざるをえなかった。外国人はこわいものという評判がかえってこうしたすばらしい冗談の種にされるような現状では、シナ人たちが権威もなしに幾ら外国人の名において行動したりしゃべったりしたところで、はたしてどれほどの効果が期待できるというのだろうか。

出発を控えて、われわれは荷物の整理に忙しかった。わたしの雇ったラクダ曳きは、例によってここ数日、ひどく不機嫌な様子をしていたのに、このときになって急にてのひらを返したように上機嫌になり、眼もかなりよくなったおかげでふさぎの虫も退散したと、いとも無邪気に言ってのけた。そのとき、爺さんが悪い知らせを持ってあたふたと駆け込んで来た。われわれのラクダが他の大きな隊商のラクダの群れにまぎれ込んだので、爺さんは包頭の隊商から二人の人夫の加勢を得て、ラクダを宿営地に追い帰そうとしていたところ、急に群れの一部が例によってラクダ特有の気まぐれな暴走をはじめて、一気に数百メートルも突っ走った。うちの一頭が水の涸れた河床を渡ろうとして、つまずいたかよろめいたかしてひっくり返り、脚を折ってしまったというのである。それが何と、われわれのラクダのうちでも最も元気のよい二頭のうちの雌の一頭であった。さっそくわたしは、雇ったラクダ曳きを連れて傷ついたラクダを調べに行った。前脚のつけ根が肩のすぐ下のあたりで無残に折れて、肉のあいだから骨がとび出していた。これでは、まったく手のほどこしようもなかった。

隊商の人夫たちは、ふだん、ごく些細な故障が起こってもすぐに不平を言ったり口論をはじめたりするのが常であるが、ただし、ラクダを失くしたときだけは、こともなげな顔をして済ませるのが最大の名誉だとでも考えているらしかった。ラクダを失くしたのがひどい痛手であることを色に表わそうものなら、たちまち嫉妬深い悪魔が残りのラクダに危害を加えること必定であり、このうえさらに不幸を招きたくなければ、そういった不運についてはいっさい口に出して言ってはならないのである。そこで、われわれのラクダ曳きも、潔く笑顔を作って、くるりと背を向けながら次のように言ったものである。「ただで手に入れたにしては、まったくいいラクダだった。あれは匪賊からもらったんだが、たっぷり六、七年は働いてくれたからな。」

モンゴルを旅する隊商のラクダ曳きたちは、ラクダがけがや飢えのために死に瀕しても、けっして自ら手を下して殺そうとしない。そんなことをしたら、せっかく何かの奇跡が起こって助かるかもしれない望みを絶つことになるとでも考えているのか、あるいは、わざと殺すと、その獣の迷った魂が隊商の他のラクダにつきまとって災いをもたらすという恐れによるのかもしれない。とにかく、このように苦悶する獣を見ても平然としているシナ人の冷酷さは、多くの西欧人をして慄然たらしめるに充分である。だが、これは、実を言うと、生き物の命を故意に奪うことを極度にきらう東洋人特有の感情から発したものであり、そうした気持がいつしか歪められて、獣の怨霊《おんりょう》に悩まされるくらいなら、いっそ殺さずに苦悶にのたうたせておいたほうがよいと考えるまでになったのである。激昂でもしないかぎり、彼らはつとめて《死ぬ》とか《殺す》とかいう言葉を避け、代わりに婉曲な表現を用いようとさえするほどである。「わしらのラクダは死ぬまでわしらのために苦労のしどおしなんですぜ」とあるラクダ曳きがわたしに言った。「それだけでも充分じゃないですか。このうえ、死ぬまぎわに手荒なことをやったら、それこそ、わしらの身に天罰が下りますぜ。」

ところが、爺さんにとっては、これが旅の掟をまんまとあざむく絶好の機会だった。われわれが行進をはじめると、彼はすぐに商人のところへ飛んで行って、けがをしたラクダをタバコの包み二つと引き換えに売り渡したのである。商人にしてみれば、こんなに安い買物はないはずであった。と言うのは、商人なら隊商の掟に拘束されないので、ためらうことなくラクダを屠殺して、その肉を食べたうえで、獣皮を売ることができるからである。受け取ったタバコの包みの一つを、爺さんはまず自分のために《くすね》て、あとの一つをラクダ曳きの男にもったいぶった手つきで差し出した。

わたしの雇ったラクダ曳きの男は、山西人の一部によく見られる頭がい骨が狭く長い顔をしていた。鼻も長く、しかも尖っていて、外から見た感じは冷たく堅いにもかかわらず、内部はひどく粘液質で、夏にはそこからねばねばした鼻水が垂れ、冬になると氷柱がぶら下がった。気むずかしそうな厚く垂れ下がった下唇も、彼の外貌をきわ立たせる特徴の一つで、それが浮かべることのできるユーモアの表情と言えば、せいぜい薄気味の悪いせせら笑いぐらいのものであった。名門の生まれでありながら、この男には多くの波瀾に満ちた経歴といかがわしい評判がつきまとっていた。最初、貿易商の店に見習いとして奉公し、そのあいだに読み書きを少しばかり覚えたが、これは隊商人夫のあいだではきわめて異例のことに違いなかった。やがて、彼の勤めている商社が小規模ながらモンゴルにまで投機の手を広げるようになると、彼は一躍荷主代理の地位に抜擢され、商社の隊商を率いて、預った取引きの商品を輸送する任務に携わった。ところが、ほどなくして商社は破産の憂き目を見たのであるが、この男に取引きの全権が委ねられていたとすれば、それもさして驚くに当たらないことである。とにかく、その後ほかにこれといった職にもつけなかった彼は、結局、一介のラクダ曳きとして出なおすよりしかたがなかったのである。

隊商の下で働く人夫たちのすべてが、この男のように、広く各地を旅した経験の持主というわけではない。と言うのは、たいてい彼らは、グチェン・ツや、ウリヤスタイや、ウランバートルに通じる幹線路のどれか一つだけを往復することで一生を送るのが普通だからである。だが、この男だけは特別で、見聞の広いことにかけては、彼の右に出る者はほとんどいないくらいであった。ラクダを連れて行ける場所なら、ほとんどどこへでも隊商を率いて行ったことがあり、しかも通った道もモンゴルの主要路に限られず、甘粛に広がる無数の支道をもくまなくたどっての旅であって、彼の歩いた範囲は、寧夏、涼州、蘭州、西寧から、遠くはココ・ノール、チベット、さらにはシナ・トルキスタンのトルファン、シベリア国境に臨むチュグチャクにまでも及んでいた。隊商の仕事の合間には、いろいろ他の商売にも手を出したもののようである。かなり長いあいだ、モンゴル人の中で暮らして、行商のような仕事をやったこともあるらしいが、わたしのにらんだところでは、この男、モンゴルの匪賊の生活にもかなり通じているに違いないのである。事実、ひところ、バルクルやグチェン・ツの満州人と組んで、もと皇帝直属の廐から盗み出した矮馬を売りさばく仲介の仕事をやったこともあるらしい。その後、数年間、帰化に通じる街道に出没する大青山山脈の匪賊に雇われて、ファオ・ツェイル・ティ——文字どおりに訳すと、いわゆる《走り使い》——の役を勤めた。隊商のしきたりに通じ、積んでいる荷の中味も容易に見抜けるところから、彼は帰化に潜入して、旅支度を整えている隊商を探り出し、それを匪賊に通報したのである。当時彼を雇っていた匪賊の首領というのが、誰あろう、今日帰化通商警護団の実戦指揮をとっている、かの富裕にしてきわめて有能なモンゴル人紳士その人だったのである。通報の労に報いるために、匪賊たちはときおりラクダやロバを褒美として彼に贈ったらしいが、こうした仕事に携わったことがあだとなって、ついに彼はお尋ね者のレッテルを貼られ、定期的に行なわれる匪賊討伐戦で追われた後は、半年ものあいだ地下にもぐらねばならない羽目となった。だが、やがて山中の隠れ場所から戻った彼は、数頭の《由緒正しい》ラクダの持主として、誰はばかるところのない堅気の生活をはじめた。このわずかなラクダを使って彼はもっぱら百霊廟までの近距離の荷物輸送に携わってかなりの利益をあげた。今年の夏、ラクダを徴発されるのを恐れて人目につかぬところに隠したものの、キリスト教軍の壊滅とともに世情の不安がしだいに募ってくるのを見て、いっそ自らラクダを率いてはるばるシナ・トルキスタンに落ちのびようと決心するにいたった。かくして、たまたまわたしと最初の契約を結んだ例のバルクルの男と知り合う、これがきっかけとなったのである。

この男にかぎらず、ラクダ曳きはほとんどみな、悪人とは言えないまでも、気性の荒い男たちばかりである。気だてのよいラクダ曳きなどいるはずがないとは、彼らが自ら好んで口にする言葉であるが、確かにそのとおりで、ちょっとした眼つきや些細な言葉がきっかけで、たちまち殴り合いの喧嘩をはじめるかと思えば、隊商に加わっている《旅の者》に対しては、たとえチップをはずまれても、絶対に世話をやかないということを自慢の種にさえしている彼らなのである。自分たちはラクダの世話をするのが仕事であって、人間に仕えているのではないと言うのが、その言い分だった。また、相手が自分の身を守れないような弱い者と見ると、寄ってたかってだましたりいじめたりはしたが、食べ物以外に他人の物をあからさまに盗むことだけはしないのが常であった。彼らの中には、かつて匪賊の仲間だった者も珍しくなく、こういった連中は、例外なく、根っからの悪党ぞろいであった。だが、奇妙なことに、いつもわたしの場合は、相手が悪党であればあるほど、かえってよく意気投合したのである。これは、おそらく、名うての無法者たちにとって、西も東もわからぬ若い外国人がたった一人で彼らについて旅をしようという、そのむてっぽうさが気に入ったのであろう。ただちに彼らはわたしを冒険者仲間として受け入れ、そのときからまたと得がたいよき友となってくれたのである。これに反して、わたしの雇ったラクダ曳きは、遺憾なことに、正真正銘のずぶとい悪党ではなかった。匪賊に雇われたと言っても、れっきとした匪賊になったわけではなく、こそ泥めいた密告者にすぎなかったのであり、こうした狡猾な底意地の悪い性格が、彼の卑劣なふるまいにははっきりと現われずにはいなかった。

始終、彼は例のブローカーとバルクルの男にまんまと一杯食わされたことを未練がましく思いわずらっていたが、しだいにそれが昂じて、しまいには手がつけられない粗暴な態度に出るようになり、われわれ二人を欺いた当の相手に会って決着をつける日のために、わたしの好意をつなぎ止めようと努めてしかるべきなのに、かえって逆にその鬱憤をわたしとモーゼのうえにぶちまけはじめたのである。しかも、彼の手口は、ほとんどすべて、対抗策の立てようのない陰険なものばかりだった。まず彼は、われわれの無知につけ込んで、ことごとにわれわれをだましにかかった。さいわい、他の隊商のラクダ曳きたちが親切にも隊商のしきたりをわれわれにいろいろ伝授してくれたおかげで、どうにか事なきを得たが、それがなかったら、この男のためにわれわれの旅は最後までひどく味気ないものになってしまうところであった。さらに、われわれをラクダから下ろして歩かせようという下心から——もちろん、そんなことをされなくても、われわれは自発的に旅程の大半を徒歩で行くことにしていたのであるが——いつもわれわれの乗るラクダに荷を積む際に、ことさらに乗りごこちが悪くなるような積みかたをした。ついで宿営する段になると、たき火の煙がまともにわれわれのほうにかかるような位置にテントを張ったり、また自分の食事を前もって他の隊商から恵んでもらえるとわかると、われわれの食べる料理にわざとひどい味をつけようとしたりするのだった。

それだけならまだしも、なおそのうえに、ひどく性悪なラクダが一頭いて、これが数日間いとも神妙に歩いたかと思うととつぜん狂ったように暴れ出して、あがいたり跳びはねたりしたあげくに、積んでいた荷をすっかり振り落としてしまうのである。そこに目をつけた男は、わたしの荷物をだいなしにしてやろうとばかり、次々にこのラクダに積んで振り落とさせるように仕組んだのである。かように、この男は口でこそ大きなことを言うものの、いざ実行することと言えば、ほとんどすべて、取るにも足りない姑息な策ばかりであったが、しかし、いかに姑息な策であっても、長い砂漠の旅を続けるうちには、ひどく神経にさわってきて、どうにもがまんのならなくなるのもいたしかたなかった。そんなわたしの気持を察してか、モーゼはいまにも強硬手段に訴えようとするわたしをしきりに押しとどめた。と言うのも、シナ人と外国人が殴り合いの喧嘩をはじめれば、理非の判断などたちまち民族感情に押し流されて、理由のいかんを問わず、外国人のほうが悪いと見なされてしまうことを、モーゼはわたしよりもはるかによく心得ていたのである。そこで、モーゼとしては、決着をつけるのは旅が終わってからにしたかったらしいのであるが、この卑劣な意地悪をしばらく忍んでいるうちに、わたしはそれよりもときどきはでに渡り合ったほうが効果的であることを知った。男のやり口でとりわけ腹にすえかねるのは、何かというと「われわれをゴビの砂漠に放り出して」さっさとラクダを連れて行ってしまうというおどしの文句を口にすることだったが、こういう威嚇に対してとるべき道はただ一つ、断固としてそれに立ち向かうことであった。シナではは げしい言葉のやりとりをしても、節度さえ守っていれば殴り合いの喧嘩にまでいたらずに済むのである。ひとしきり口論を戦わせてから引き下がることも、そばに調停者がいてくれる場合には、けっして恥にはならないのであり、事実、われわれが他の隊商の人夫たちと親しくなってからというものは、わたしの肩を持ってくれる調停者に事欠くことは一度もなかった。この男とのあいだに最もはげしいいさかいが起こったのは、われわれがいちばん近い井戸から五〇キロも離れたところにいた日のことで、例によって男は、最後にわたしを置いてきぼりにすると言っておどした。それに対して、わたしは高飛車に応酬するのを控えて、彼に威嚇どおりのことをやらせてみることにした。他の隊商はすでに出発したあとだった。そこでわたしは彼をからかって、みなのあとを追うように仕向けた。だが、もちろん、道義的にもわたしのほうが正しいことは明らかなので、他の連中がそれを黙って見逃すはずはなく、結局、彼はすぐにもとの場所に引き返してわたしの荷を運ぶよりほかなかったのである。

こういった徹底的な喧嘩をしたあとでは、彼はいつもきまってひどく神妙になり、ときにはそうした状態が数日間も続くことがあった。そんなときの彼は実に愉快な話し手となって、チベットや、ロシヤや、シナの辺境地方で過ごしたほぼ三〇年間に――と言うのも、はるか西寄りの甘粛を別にすれば、この男はまだ一度もいわゆる長城の内側のシナ本土で暮らしたことがないのである――見聞した物や人について、おもしろおかしく語り聞かせてくれた。それ以外にも千変万化の生活を送ったおかげで、彼はモンゴルの風習にも精通し、鉄の鍋と干糞のたき火を使わせれば腕ききのコックであり、靴の修理や繕い物をやらせてもそつがなく、ラクダの扱いにかけては、まさに間然するところのない技量の持主であった。

羊腸の道にはいったときからずっと包頭の連中と行をともにしているせいか、わたしはしだいに大きな隊商の下で働く人々の暮らしぶりが好ましいものに思われるようになった。最初から彼らは、彼らのテントに自由に出入りすることを許してくれたばかりか、下へも置かぬもてなしぶりで、隊商の統率者の隣の席をわたしに与えてくれたほどであった。たしかに、彼らはわたしが旅の途上で出会ったどの隊商にもまして精鋭ぞろいであり、全員が屈強の若者で、そのうえほとんどの者が自分名儀のラクダを二、三頭は所有していた。おかげでわたしは、北西地方で過ごした数か月間に、彼らの使っている独特の方言も幾らかわかるようになり、また気質的にも彼らの厳格なしきたりに少なからぬ魅力を覚えていたので、じきに彼らのあいだに立ち混じっても仲間の一人として通用するくらいにまでとけ込むことができた。

これらの男たちの皮膚は、例外なしに、古木のように黒く、そのうえ、いつも吹き荒れる風や砂塊や、ぎらぎら照りつける太陽の光や闇夜や、テント内のたき火の煙を通して物を見つめる習慣のために、眼の回りにはたくさんのしわができていた。だが、同じように黒くしわだらけではあっても、些細に見ると、ラクダの列の前をとぼとぼと歩いて一生を送るように生まれついた男特有の鈍重な顔つきをした者もいれば、また一方、つらい年期奉公が明ければ自分のラクダを持ち、隊商の統率者となるように生まれついた人物たることを思わせる、しっかりした、たくましい、抜け目のない顔と、ときには堂々たる形の頭をした者も少なくなかった。実際、他のいかなる職業の男たちと比べても、これほどすばらしい形の頭をした者が数多くそろっているのを見るのははじめてだった。それは、一つには、きびしい気候にさらされどおしの生活によって、顔や頭の肉がすっかりそぎ落とされ、骨格の形があらわに浮き出したせいなのであるが、さらに加えて、彼らの剃髪の習慣がその効果をいっそうきわ立たせるのである。剃髪には二つの種類があって、頭全体を剃る者と、前額部だけを剃って、残りの髪を一本の長い弁髪にするか、あるいはよりしばしば二本のおさげに結ってうしろに垂らす者とがあった。

ところで、この弁髪の習慣は、一般に満州人統治の置きみやげと考えられており、そのため共和政府の時代になってから、数回にわたって禁止令が出されたほどであった。キリスト教軍も、北西地方を占領するとただちに弁髪廃止運動を起こした。隊商の人夫たちの中には、武装した護衛を従えて帰化の市街を巡視して回る当局の《執行吏》につかまって、弁髪を切り落とされた者も少なくなかった。だが、そんな目に会っても、彼らはあとでまた髪をのばすのが常であった。このように、正式の弁髪ならぬ、肩まで届くだけの短いおさげを二本垂らす奇妙な風習は、張家口から北西地方一帯にかけて広く行なわれており、これまで幾多の迫害を受けながらいまだにすたれないという点から考えても、わたしにはこれが満州人のそれとはまったく無関係なものであるとしか思えない。おそらく、それはもっとはるかに古い別の民族的遺産の名残りなのであろう。

ラクダを率いて、ホウ・シャン（後山）、すなわち山奥の地方を旅する男たちは、自分のことを表わすのにいつもきまってラ・ロ・ツォ・ティ（拉駱駝的）という呼称を用いるだけであるが、これは単に《ラクダ曳き》を意味するだけにすぎない。また、きまりきった日常の生活なども、そのほとんどが、人間ならぬ、ラクダを中心とした言いかたによって表わされる。たとえば、これから長い旅に出ようとするときなどには、「チン・ティエン・タ・タ・ティ・ラ（今日われわれはたくさんたくさん曳く）」と言ったような表現をするのである。何はともあれ、彼らは大きな集団生活の課するきびしい訓練によって結ばれた、いわゆる同じ釜の飯を食った仲間なのである。彼らの中には、親子数代にわたって隊商貿易に携わってきた家の出身者も少なくないが、誰の場合でも、たとえ裕福な家に生まれた者であっても、最初は必ず過酷な年期奉公を勤めるのが習わしである。ラクダの扱いかたがわからなければ、隊商の仕事をしても儲かるはずがないのであるから、彼らとしては何よりもまずラクダの習性を知ることが先決であり、そのために、昼夜を問わず、行進の最中にも、宿営地にあっても、ラクダの世話に専念し、群れを集めたり、水を飲ませたり、休息をとらせたりすることから、いまにも暴れ出しそうな機嫌の悪いラクダのあしらいかたや、数十日もの長い旅で疲れ果て、いまにも倒れそうなラクダの手当てにいたるまで、あらゆる知識を学び取ろうと努めるのである。

ちなみに、ラクダにどれだけの荷を積んで立ち上がらせることができるかがわかるようになるには、あらゆる気候のもとで、一日に三六頭のラクダを相手に荷の積み下ろしを経験しなければならないと言われている。ラクダという獣は、人間に使役される家畜のうちで最も愚鈍な動物であるうえに、病気にかかったが最後、それを直す確実な療法がないという、まことに厄介なしろ物なので、ラクダ曳きとしては、ぜひともラクダを病気にかからせないようにしなければならず、したがって、常に最良の牧草のありかや、歩き疲れたラクダにはどれだけの水を飲ませたらよいか、また太りぎみで汗をかきやすくなったラクダにはどれくらい飲み水を減らせばよいかといったことにも、精通しておく必要があるのである。その他、吹雪の荒れ狂う真冬の夜など、ラクダをできるだけ自然の猛威から守るために、互いにぴったりと寄り集まった形で休ませるにはどこに駐めたらよいかとか、化膿したひづめの肉趾をつぶして血を取るにはどうするかとか、あるいはまた、ただれた荷ずれの痕をどのように消毒して、そのあとで積み荷の重味がかからないように、どういう当て物をしたらよいかとかいったことも、やはり覚えておかなければならないのである。

　こうした仕事にいったん精通すればしめたもので、ラクダの毛をほんのわずかむしり取って毛根を調べるだけで、それが、よく引きしまった肉がたっぷりついたラクダであるか、ただ単に売り物にするために太らせただけのラクダであるかを、立ちどころに判定することもできるのである。また、ラクダが体力の限界以上の労働をしいられて疲れ果て、しかも付近に牧草もなく、糧秣も底をついてきたといった状態において、歩きたがらぬラクダをなだめすかしながらさらに二、三行程の旅を稼ぐといったむずかしい技巧も思いのままであり、さらに、歩度を早めたりゆるめたりする時機の選択や、どの季節には朝のうちに少しばかり進んでおいて、夜になって再び歩き出すほうが、一度に長い行程を歩き通すよりも能率的であるかの決定も、ぞうさなくできるようになるのである。

　これらの技術を身につける努力と併行して、彼らはまた同時に、この道に携わる者の守るべきさまざまな戒律と、犯すべからざるラクダ曳き相互の権利を会得し、あわせて、行進の際や、テントの中や、宿営地において従うべき掟のいっさいに通暁しなければならないのである。しかも、こうした事柄を知るには、経験によって学び取る以外に方法はない。なぜなら、何ぴとも他人から援助や忠告を期待してはならないということこそ、何よりもまず守らねばならない彼らの不文律だからである。したがって、自分がやってもわからないことは、ほかの者がするのを見て覚えるよりほかなく、違反者に対する処罰には一片の情容赦も認められないのである。

　ラクダの列のことをリェン（連）と称し、一人のラクダ曳きが一つのリェンの世話をするのがたてまえである。一つのリェンに含まれるラクダの総数は一八頭で、ラクダ曳き一人にこれ以上の数のラクダが任されることはまずありえない。こうした仕事のことを表わすのに、ラクダを曳くという表現を用いるのが普通であるが、それ以外にも、ティン・リュン・ツ（定連子）という言葉が使われることもある。ティンというのは、われわれの言葉で、仕事をうまく果たすことを表わすのに用いられる、維持するとか、押えつけるとか、匹敵するとか言った言葉と、だいたい同じ意味の言葉である。どのラクダも列に並ぶ位置が決まっていて、行進のときには常にその位置に並んで、常に同じ荷を運ぶのが通例であるが、ただし、疲れたときには、列の先頭を行くよりも最後尾についたほうがかえって旅がはかどるラクダもいるため、たまにはそうした状況を考慮のうえ、位置の変更が行なわれることもありうる。そして、二つのリェンが組んで一つのパ（把）を作り、宿営地では、この組になった二つのリェンが互いに一列に並ぶか横に向き合って休むのである。各リェンを率いる二人のラクダ曳きは、ラクダが荷物をはさんで一列にうずくまると、その両側に分かれ、互いに協力して荷の積み下ろしを行なう。だが、二人が力を貸し合うのはそのときだけで、それが済めばまったくかかわりを持たなくなるのが普通である。なぜなら、宿営地では、一方の者がラクダを集めたり見張りをしたりする役目についているときには、他の一人は必ず勤務を離れなければいけない決まりになっているからである。

職業のいかんを問わず、シナ人は独特の隠語とか、ハン・ファ、つまり同業者同士の符牒《ふちょう》といったものを好んで用いるようである。ラクダ曳きたちのあいだでは、自分の所有するラクダの正確な頭数をけっして口にしないという習慣がある。しいて数を表わすときには、必ず一リェン半とか二パとかいった、最も近い概数を用いる。また、ラクダが死んだり、旅の途中で遺棄されたりしても、《失くす》という表現はけっして用いずに、常に《捨てられる》という言いかたをするのである。それと同じようにして、彼らの旅のことを表わすのにも独特の言葉が用いられる。モンゴルやシナ・トルキスタンに向けて旅をするのは《上り》であり、逆にそこから戻って来る旅のことを《下り》と称するのである。上りの旅では、ラクダ曳きたちは自分のラクダに乗る場合を除いて、全行程を歩くことが義務づけられていて、それには、たとえどんなにひどく足を痛めようと、病気になろうと、あるいは荷を積んでいないラクダを何頭も連れていてさえも、特例はいっさい認められない。ほんとうに病気であると判定されるのは、食べ物が喉を通らなくなったときだけである。ものを食べられなくなった者は、ラクダに載せられ、必要とあれば紐でくくりつけられて、再び食事がとれるようになるか、またはそのまま死んでしまうかするまで、こうして運ばれるのである。ところが、いったん隊商が下りの旅につけば、今度はラクダ曳き全員をラクダに乗せる義務が雇主に課され、しかもそれは、たとえラクダが荷を満載していても、苛酷な気候と飢えのためにすっかり弱っている場合でも、あくまで守られなければならないのである。

行進の際に、先頭のラクダの列を率いるのは、料理長である。クォ・ツォウ（鍋頭）、すなわち鍋の長というのが、この男の肩書である。二番めの列を率いる男は、とくにこれといった地位も肩書きもないが、荷の積み下ろしをするときに鍋の長の手伝いをする関係上、この位置におかれるのである。その次の、三番めの列を率いるのは、アル・ツォウ（二頭）、つまり副長、料理長補佐である。要員が完全にそろっている隊商には、必ずラクダに乗った男が二人いて、そのうちの一番めの男と、さきの料理長補佐が、飲み水の補給を担当するのである。井戸が道の近くにないときなど、彼らは遠くまで捜しに出かけて、幾つもの大きな水樽をいっぱいに満たして戻らなければならないのであるが、水を満たした樽の重さは並みの荷よりも大きく、それを運ぶためには最も力の強いラクダを使わなければならない。このように、料理頭補佐は飲み水を補給する井戸のありかをすっかり覚えることができるため、ひとたびこの地位に任じられた者は、将来の出世を約束されたも同然である。料理頭補佐の地位からやがて鍋の長に昇進して、隊商の先頭に立ち、思いのままに行進の歩度を調節しながら、同時に旅の道筋にも精通して、ついには目をつぶっていても一日の旅程が終わるころあいが測れるまでになるのである。こうして、井戸のありかや道の状況について第一人者と呼ばれるにふさわしい知識を身につけたあかつきには、隊商の中でラクダに乗ることを許された二番めの地位、すなわちシェン・ション（先生）の資格を得るのが普通であるが、それを飛び越してただちに隊商の統率者に推されて、ラクダと、それを曳く人夫たちのすべてを意のままに動かす絶対的権限を与えられることも珍しくない。しかし、羊腸の道だけは、まだ開設以来まもないため、隊商の統率者の中にはこの道の様子にうとい者も少なくないようである。包頭の隊商の統率者もその例にもれず、もともと経験豊かな腕ききの男ではあったが、宿営や旅程のことに関しては、もっぱら鍋の長の宰領に頼らざるをえない状態であった。だが、たとえそのような事態にあっても、隊商のしきたりだけは厳然として守られるのが常であり、包頭の統率者の場合も、これによって彼の絶対的な権威にひびがはいったというようなこともなく、また鍋の長のほうでも、ただ隊を先導し、尋ねられたことに答えるだけで、それ以外の野心などは毛頭いだかなかったのである。

　ラクダ曳きの標準賃金は、一か月に銀二両《テール》であるが、ざっと換算して、五シリングといったところである。これではとうてい靴や衣類を買う費用にも満たない。と言うのは、ラクダ曳きが一度の旅ではきつぶす靴は数足にも及び、またグチェン・ツをたつ際には、いつも新しい服と羊の皮の外套を買わなければならないのである。だが、彼らはもともと、賃金が欲しくて働いているというよりは、むしろ自分たちの仕入れた品物をいっしょに運ばせてもらう特典が目当てなのである。その証拠に、賃金をはずむ代わりに品物を運ぶ特典を取り上げるといった特殊な契約が提示されることがあっても、腕のいいラクダ曳きならそれには目もくれずに、昔ながらの特典を認めてくれる隊商主のところへ行ってしまうのである。

　ラクダ曳き一人につき、どれくらいの量までサオ・チェ、すなわち携行することが許されるかについては、はっきりした決まりはないようであるが、通常、上りの旅ではラクダ一頭分の荷の半分の量までの携行を文句なしに認められ、帰りの旅では、まる一頭分まで運んでもよいということになっているようである。しかし、実際には、タバコか磚《タン》茶でもなければそんなにたくさんの品物を仕入れるだけの元手を持っている者はほとんどなく、たいていは、足首に巻く飾りバンドとか、鏡とか、腹帯とか、色あざやかなプリント布地とか、安ものの模造宝石とか、女相手の飾り物とかいった小間物類を商うのがせいぜいである。ただし、茶を運ぶ隊商のもとで働くラクダ曳きの場合は、有り金を全部茶に注ぎ込むこともまれではないようである。これだと、小間物の商いでおもわくが当たったときに比べて利益は少ないが、その代わりそれだけ危険も少ないのである。しかも、リキンの役人たちも――彼らが温情のあるところを見せるのは、このときぐらいのものであるが――たかがラクダ半頭分のがらくた荷や、ラクダ曳きたちの役得物などには目もくれないので、おかげでラクダ曳きたちは運賃がただであるうえに、関税さえも払わずに商売をすることができる。西域に着いてから、これらの商品は、獣皮、羊毛、砂金、アヘンなどと物々交換されるか、または現金で売られ、その金がまた同じような商品を仕入れるのに使われるのである。グチェン・ツで流通している両《テール》紙幣の兌換率は、紙幣三両《テール》三〇銭に対して銀一両の割りであるが、帰りの荷の買付けに当たって抜け目なく立ち回れば、その荷を再び帰化で売るときに、紙幣の一両《テール》が少なくとも銀一両《テール》くらいに相当する儲けを得ることができるのである。

まったくのところ、ラクダ曳きたちがもしグチェン・ツの町ではでに札びらを切ることさえしなかったならば、と言っても、雑多な人種が群がり、無謀な浪費に明け暮れるこの町にあっては、いましがた「ゴビの砂漠を下りて来た」と称する男たちが、飲食店で見えを張り、酒や博奕にふけったあげくに、町に住むありとあらゆる国籍の女たちのところへしけ込みたがるのを、あながち責めるわけにもゆかないのであるが、とにかく、この悪習さえなかったならば、誰もがたちまちのうちに一財産築き上げたに違いない。グチェン・ツの町にまだかようなにわか景気が訪れず、わびしい一寒村にすぎなかったころには、ラクダ曳きたちはみな、帰化の店で担保なしに五〇両あまりの品物を信用貸ししてもらえたものであるが、それがいまやグチェン・ツも昔と変わり、ありとあらゆる浪費への誘惑に色どられるに及んで、悪銭身につかずのたとえどおり、ほとんどの者が町を去るまでに最後の一銭までも使い果たしてしまうため、もはや帰化では、彼らに信用貸しを認めるような店はただの一軒もなくなってしまったのである。

ラクダ曳きたちの誰もが等しくいだいている望みは、自分のものと名のつくラクダを数頭持って、いままでどおり統率者の下で働きながら、それらのラクダをいっしょに連れて行けるようになることである。彼らにとって最もありがたい特典の一つに、ラクダ一頭を買えるだけの金がたまった者は、それを雇主の隊商に預託することができるという決まりがある。預託を受けた雇主は、たとえ自分のラクダに積む荷が充分にないときでも、必ず預託者に対して一頭分の荷を振り当てなければならない。こうして割り当てられた荷の運賃は当人の負担であり、しかも割引はいっさい認められないのであるが、これが六頭以上のラクダを所有しているラクダ曳きの場合になると、賃金をもらって働く代わりに、自分の食事代と、利用した宿営設備や飲み水を運ぶラクダなどの維持費として割り当てられた隊商の仕事をするだけでよいのである。このように自分のラクダさえ持っていれば、一銭の金も出さずに年に数百両《テール》もの金を稼ぐことができるわけである。さらに、ラクダの数がふえて、たっぷり一リェン・ツ（連子）ほども所有する身になると、新たな地位に昇進して、これまでの雇主とはいわば独立した共同経営者のような関係に立ち、賃金をもらわないばかりか、逆に自分の食費と、糧秣運搬用のラクダの分担費用の名目で、一回の往復の旅につき二〇両のテント料なるものを雇主に支払うことになるのである。

ラクダ曳きの中には、長年この道に携わり、すべての隊商にその名を知られている者も珍しくないが、しかし、必ずしもそのような男たちのすべてがチィ・マ・ティ（騎馬的）——ラクダに乗る男——になれるとは限らないのである。責任ある職務を自らも望み、またそれにふさわしい能力を持っている者は、ごくわずかしかいない。昇進が決まった者は、通常、最初はシェン・ションという役目につかなければならない。この名称は、本来、《年長者》を意味する言葉であるが、ここではただ学問のある者に対する敬称として用いているにすぎない。したがって、この名のとおりとすれば、シェン・ションは、当然、隊商の文書係になってしかるべき人物であるが、実際は彼らの中で文字の読める者はほとんどいない。そのため、比較的多額の費用を使う隊商の統率者でさえも、数か月にわたる収支決算をすっかり頭の中で行なわなければならないようなことが珍しくないのである。

隊商が野営を張ったときから再び行進をはじめるまでのあいだ、キャンプを管理するのがシェン・ションの役目である。放牧したラクダを監督することはもとより、ときには数キロも遠方へより豊かな牧草を捜しに出かけて行くこともあり、そのうえさらに、ラクダに水を与えたり、ラクダ曳きたちのための水樽を満たす仕事を監督したりもしなければならないのである。一回の旅が終わって、ラクダが長期の放牧に出されると、その世話をするのもやはり彼の役目である。このように、一般のラクダ曳きには、大昔から伝えられた一定の仕事以外のことをやらせるわけにゆかないため、シェン・ションはあらゆる雑務を引き受けて、休む暇もなく立ち働かなければならないのである。それでいて、彼の賃金は月にたった六両《テール》から八両《テール》くらいであり、しかも、彼には、名目上、

騎乗用ラクダに乗った隊商所有者

自分の品物を運ぶ特典が与えられていない。ただし、ラクダを持っていれば、もちろん、他の者と同じように、それを隊商に預けてもさしつかえなく、その際には、たいてい他のラクダ曳きと共同で商品を買い入れるのが常である。また、将来隊商の統率者の地位を約束された者だけがシェン・ションになるとは限らず、単に同じ雇主の下で長年勤め、旅の道筋やラクダの扱いに精通したベテランというだけでこの地位が与えられた者も少なくない。そういう連中は、たいてい、寄る年波のためにつらい徒歩の旅に耐えられなくなったにもかかわらず、蓄えを持たないので引退することもできないといった人たちである。事実、ラクダ曳きの中には、年をとっても無一文である者が珍しくなく、それは本人が無能で金を稼げなかったためか、さもなくば、せっかく稼いだ金をすっかりはたいて買ったラクダが、一銭の利益も上げぬうちに、「ゴビの砂漠で難に会って」、いわゆる「捨てられて」しまったことによる不幸な結果であった。

このように、シェン・ションの中には、いわば

年金代わりに働かせてもらっている者もいるのに対して、隊商の統率者のほうは、例外なしに、並みいるラクダ曳きたちの中から選び抜かれたこの道の精鋭ぞろいである。彼には、一般のラクダ曳きのように、自分の品物を運ぶ特典は認められていないが、自分のラクダを数頭持っているのが普通である。また彼の場合は、月ごとに賃金をもらうのではなく、往復の旅ごとに一定額の報酬を受け取るしくみになっていて、そのあいだ、自分の経費はまったく不要であり、しかも取引きがうまくゆけば、そのたびに特別の報奨金がもらえるのである。シナ人のあいだでは、統率者のことをリン・ファン・ツェ・ティと呼んでいるが、これは隊商の指導者ないしは案内者の意である。だが、これよりももっと一般的な呼び名として、チャン・クェイ・ティ（掌櫃的）というのがあり、これは事業の管理者を表わす商業語であって、その意味は「箱の——つまり、金銭出納箱と帳簿の——管理人」というのである。おそらく、最も適切な訳語は、隊商の元締めとでも言ったところであろう。統率者となる者は、ラクダのことや道の状況などについて充分な知識を備えているのはもちろんのこと、さらに、気の荒いラクダ曳きたちを巧みに統御する手腕をも持ち合わせていなければならず、そのためには、尊大に構えずとも威厳が保て、峻厳な規律をもって臨まずとも権威を維持できるような人物——要するに、この道に携わる者たちの守るべき掟の解釈に当たって、常に隊商主とラクダ曳きたちの双方の利益を図ることのできる人物であらねばならないのである。そればかりか、旅の途中でシナ人やモンゴル人の役人に出会った場合にも、これを巧みにあしらうだけの才覚も持っていなければならず、そのうえさらに、ラクダ曳きたちの食糧やラクダの飼料の購入費をも含めた、旅のいっさいの支出に対する全責任が、彼の肩にかかっているのである。

隊商の持主は、自分で隊商に同行できないときには、必ず代理の者をつけてやることになっているが、この任務にはできうるかぎり身内の者を当てるのが普通である。この男の役目は、向こうに着いて荷受人に荷を引き渡すことと、その場で隊商の統率者とも当座勘定の決済を済ませ、有利な投資と判断したならば、新たにラクダの買付けを行なうことである。帰りの旅では、自分の判断にしたがって、荷を運ぶ契約を結んでもよく、あるいは手持ちの金を注ぎ込んで、《自前》の商品を買い入れてもさしつかえない。しかし、旅の途中においては、彼には全然発言権がなく、必要経費や隊商の運営に関する権限はすべて統率者の手に握られているのである。したがって、統率者は、荷の輸送にとって必要と判断したならば、自分の一存によって新たにラクダを借りるか買い入れるかしてもかまわないのである。ここまで来る途中でわたしも、一度ならず、隊商主もしくはその代理と、それに雇われた統率者とのあいだに、はげしい口論が戦わされたといううわさを耳にしたが、いずれの場合にも、最後に自説を押し通したのは、隊商の統率者のほうであった。一例として、こんなことがあった――敗走軍の脅威から一刻も早く逃れなければならないというときに、雇主の息子が時間に遅れて帰化の町から出て来たために、せっかくの旅があやうくだめになりそうになったのを怒った統率者が、彼をこっぴどく叱りつけたことから、喧嘩がはじまった。両者は何か月ものあいだ互いに口をきかなかったが、統率者は次のようにきっぱりと言い放った。「あなたの隊商を指揮するわたしのやりかたがお気に召さないんでしたら、グチェン・ツに着きしだい、隊商をあなたにお返しします。何でしたら、わたしをそこでくびになさってもかまいませんよ。しかし、旅をしているあいだは、これはあなたの物じゃありません――あなたはただの旅行者にすぎないんですからな――このわたしの物なんです。」そう言われても、雇主の息子には返す言葉がなかった。隊商の掟は、相手が主人たると雇人たるとを問わず、等しく服従を求めるからなのである。

シナでは、正直で有能な召使いならいつでも容易に見つけられるが、いっさいの責任を引き受けてほかから命じられなくても仕事を果たすことのできる者となると、そうおいそれとは得られないのである。したがって、隊商を無事に目的地まで届けて連れ帰ることのできる有能なチャン・クェイ・ティには、往復の旅の報酬として八〇ないし九〇両《テール》の金が支払われるのが普通である。中には、一五〇両《テール》も取る者もおり、話に聞いたところでは、なんと三〇〇両《テール》もの高給を取っていた者さえあったということである。近ごろで最も有名な統率者の一人がつい二、三年ばかり前に亡くなったそうであるが、この男は、雇主の一家のために一財産築きながら、自分自身は死ぬまで貧乏であった。抜け目のない商人でもあり、またりっぱな統率者でもあった彼は、モンゴル人のあいだでも絶大な信望を集め、後にモンゴル人がシナ人の商人を迫害するようになってからでも、彼だけは少しの危険もなく完全装備の隊商を率いて外モンゴルを旅することができた。それればかりか、彼が死んでからも、雇主一族の息子が、父に雇われていたこの男の名を楯にして、外モンゴルの奥地を無事に通り抜けたことがあったとさえ言われている。これもみな、古きよき時代をいまに伝える大アジアならではのできごとである。ところで、この統率者自身は、故郷を遠く離れた旅先で、彼の雇主が送り出した別の隊商の一隊が統率者の不手ぎわから、五〇頭ものラクダを失ったという報告を受け取って、悲嘆のあまり死んだのであった。彼の遺体は、モンゴル人たちによって大僧院の奥に丁重に安置され、雇主もはるばる帰化から豪華な柩《ひつぎ》を送り、かつてモンゴルにおいてその例を見なかったほどの盛大な葬儀をもって、遺体をラクダの曳く車に載せて連れ帰ったということである。

これが、わたしにテントへの自由な出入りを認めて、気のおけぬ語らいでわたしを楽しませてくれた男たちの世界であった。彼らのことはいま思い出しても、なんとなくほのぼのと心が暖まるのを覚える。たしかに、彼らのように、何か月もの労苦をわずか数日間のはでな乱痴気騒ぎや浪費によってまぎらす生活の魅力に惹かれる人間は、どこの国にもいるであろうが、そんな場合、結局最後には労苦そのものが彼らの心をとらえて離さなくなるのが常である。ただ、今日われわれが接する普通のシナ人だけは例外であって、何ごとによらずほねのおれる仕事を明らさまに厭うのが彼らの通有性なのである。彼らのあいだで、ほてい腹が尊ばれるというのも、要するに、それが生きるためにあくせく働かなくてもよい人間の証拠だからなのである。事実、わたしの会ったかぎりでも、ラクダ曳きたちを別にすれば、自分の仕事に対して感傷的とでもいうべき態度で臨むシナ人は一人もいなかった。そういう中にあって、ラクダ曳きだけは、まったく別種の、一風変わった精神の持主である。一度ならずわたしは、ラクダ曳きたちがたき火の回りに集まって話に興じているときなどに、いやな天気だとか、飲み水がまずいとか、埃が食べ物にはいったとか言って、さんざん悪態を吐いたあげくにそのうちの一人が、「ラクダ曳きとは何かいな?」という修辞的な問いを発しては、自分でそれにへたな詩で答えるのを聞いたことがあった――

吃《チー》的《ティ》屎《シ》、喝《ホ》的《ティ》尿《ニャオ》、
乱《ラン》毛《マオ》口《コウ》袋《タイ》睡《スイ》好《ハオ》覚《チャオ》
(糞をくらって、小便飲んで、
ぼろの袋を敷いて寝る、「それがラクダ曳きという
ものさ」)

すると、それに対して他の一人が、「そりゃあそうだが、楽しい渡世にゃ変わりない――一度やったらやめられぬ」と応じると、残りの者たちもいっせいにつぶやき声や威勢のよいかけ声を発して賛意を表わすのである。そうした彼らの気持を要約するかのように、あるベテランのラクダ曳きが次のように言ったものであった。「わしは有り金をはたいて山の向こうの新開地に畑を買って、わしの甥に耕してもらっているんですがね。お袋もそこで暮らしているんでさあ。そんなもんで、二年前に大西方路でもめ事があって、わしが脚を悪くしたときにゃ、もうこの稼業から足を洗っちまおうと思いましたね――糞いまいましい! あったかいカン(炕)に寝て、隣近所の連中と世間話でもして、それに少しはアヘンも喫ったりして、もうつらい仕事なんぞしないで暮らそうと思ったんでさあ。ところが、わしの家というのが、あいにく道からあまり離れとらんもんだから、しばらくすると、昼となく夜となく、前の道を通るリェン・ツの鈴の音がチン・ラン、タン・ランとわしの耳に響いてきましてな。そいつを聞くと、とたんにわしはシン・リ・ナン・クォ(心裏難過)――胸がうずき出してしかたがないんでさあ。で、わしはこう言ったもんでさあ、ええい、畜生! もういっぺんゴビに戻って、ラクダを曳くとするか、とね。」

9　アラシャンの砂丘と砂漠

午後も遅くなって、われわれは善丹廟の宿営地をたち、一・六キロばかり進んで、ようやく宵闇が下りるころに、僧院の白い外壁の前にさしかかった。そこを通り過ぎるとまもなく、砂丘地帯であった――出発以来、大きな砂丘を見るのはこれが初めてだった。砂の道を、われわれは真夜中ごろまでのろのろとした重い足どりで進んだ。翌朝、眼がさめてから見ると、われわれ一行は砂丘に囲まれた平らな赤土の窪地にできた小さな池のほとりに宿営していた。池の名は、ウラン・ノール、すなわち《赤い湖》と呼ばれ、池の岸には黄色い花をつけたアヤメが一面に生い茂っていた。わたしにはこの池が、プルジェワルスキーの地図に載っていたエンゲリ・ノールではないかと思われるのであるが、断定はむずかしく、もしかすると、エンゲリ・ノールというのは、このあたりの砂丘の陰にある、これとよく似た別の池のことなのかもしれない。モンゴルの砂丘は、この宿営地に見られるように、幾つもの丘がちょうど円形劇場のような形に集まって、まん中に小さな平地を作るのが特徴らしく、そうしてできたまん中の窪地には、アシや檉柳《ぎょりゅう》の類が生い茂ることもあれば、またときには、ここのように小さな池ができることもあるようである。かような円形窪地のことを、カルザーズはファルジと命名している。果てしない砂丘地帯を旅する秘訣は、かような窪地を次々にたどって進むことなのである。

われわれがここに宿営していたとき、一人の乞食巡礼がやって来た。小さなロバを一頭連れただけの、ひどく痩せた背の高い、いかつい感じの男であったが、シナ人のあいだで西蕃子《シーファンツ》と呼ばれている、いわゆる西チベット族の者で、西寧からココ・ノールにいたるあたりの土地の生まれらしく、山西の五聖山といわれる五台山に上るために、長城の内側のシナ本土を目ざして旅をしていたところ、すっかり道がわからなくなってしまったということであった。わたしの眼には、男の服装はモンゴル人とそっくりだったが、彼はモンゴル語をまったく話せなかった。寧夏から彼は、もっぱらアヘンの運搬人やモンゴル人が利用する道の一つを通って、アラシャンを越えるつもりだったところが、砂丘地帯にまで来て道に迷ってしまったのである。この塩分を含んだ池の水を捜し当てるまでの三日間、彼は一滴の飲み水もなくさまよい歩いた。そればかりか、長い道中、モンゴル人にも全然会わなかったため、わずかばかりの手持ちの食糧もほとんど底をついていた。シナ語だけはかなり正確に話せたが、それが役に立つのは帰化に着いてからであって、それまではもっぱらモンゴル人の情けにすがって、各地の僧院を次々に渡り歩きながらこの地方を越えるよりほかなさそうであった。近づく冬の寒さを前にして、これから幾晩も戸外で寝なければならないというのに、彼の持っている防寒具は、羊の皮で作った長い外套がたった一着あるきりだった。だが、とにかく、五台山にたどり着けたらしめたもので、向こうの寺には彼と血を同じうするラマ僧がいて、彼を迎えてくれるはずであった。そして、翌年の春までそこに厄介になって、そのあいだに一生の分の功徳をみっちりと積んで、それから再び故郷の西寧に向けて托鉢の旅にたつというのが、この男の心づもりであった。

われわれは小麦粉を少しばかり彼に施してから、再び疲れたロバを曳いて善丹廟目ざして旅立って行く彼を見送った――その茫洋たるうしろ姿こそまさに、暗黒時代よりも古い昔からさまざまな異質の血と信仰にかき回されてきた、かの高地アジアの流浪民のそれであり、ラサでも、ウランバートルでも、北京でも、はたまたそれらを隔てる果てしない荒野のただ中にあっても、言葉の通じない旅の孤独をかこつことすら知らぬ放浪者の面目躍如たるものがあった。シナ人のあいだでは、西蕃子のうちとくにココ・ノールの付近に住む部族で、タ・ツと称するモンゴル人以外のほとんどすべての者を一括して、ファン・ツと呼ぶのが普通であるが、この男は自分のことをタングートと名乗った――それは、かつてマルコ・ポーロがヨーロッパから訪れたころ、強大な王国を支配していた栄光の部族であり、その版図は今日の甘粛省のほとんど全域に及び、チンギス・ハンの武力をもってしても、これを征服するのに前後三たびの遠征を要したほどであり、しかもその最後の戦役は、征服者みずからも陣中に倒れたほどの激戦だったのである。

われわれは午後四時半にウラン・ノールをたって、ただちに、高さが一五メートルから二一メートル、あるいはそれ以上もあろうかと思われる巨大な不毛の砂丘のあいだを曲がりくねって進む道にはいった。三キロばかり行くと、なだらかに起伏する原野が開けてきた。ここも相変わらず深い砂地ではあったが、それでも、ところどころにイバラの木が丸い茂みを作っていた。そこからさらに先へ進むと、やがて粗い砂からなる堅い地面が現われ、わずかに下り坂をなしたその斜面を、われわれは夜の一一時ごろまで歩き続けた。その間たえずわれわれは南に向かって進んでいたのであるが、こうするのが砂丘地帯を越える最短コースであるとのことだった。翌朝、起き出てみると、はるか北から北西の方角にかけて、広漠たる砂の山が黄色く輝く帯をなして広がっているのが望まれた。隊商がこの砂丘を迂回して北に行こうとすると、どうしても外モンゴル領内に立ち入ることになってはなはだ危険であるが、大西方路づたいに砂漠を横断すれば、わずか半日の行程で難なく越えられるという話であった。しかも、大西方路を通れば、たった一条の砂丘帯を越えるだけで済むのである。ところが、羊腸の道を選んだわれわれの行く手には、このあとまだ砂漠の大峡谷と人夫たちが呼んでいる難所が控えているのであった。

われわれの今度の宿営地は、低い丘に囲まれた、井戸のある小さな窪地であった。あたりにユルトの影こそ見えなかったが、夜が明けてから近くの丘の上をラクダに乗って通る数人の男の姿を見かけたことから察するに、丘の向こうにモンゴル人が住んでいることは確かだった。そればかりか、井戸のそばには、相当遠いところから持って来たと思われるニレの木をくり抜いて作った飼い葉桶が置いてあったが、その大きさから判断しても、おびただしい数の家畜がここを水飲み場にしているに違いなかった。ここから少し先へ行くと、またもや砂ばかりの荒野となり、しかもそのぼろぼろに砕けた細かい土壌が、夜明けごろを除いてほとんどたえまなく吹きまくるモンゴルおろしに乗って舞い上がるため、空は一日じゅう厚い靄がかかったようにどんよりと曇っていた。はえている草と言えばイバラの類ばかりで、そのほとんどが、カラ・ムもしくはカラ・ムンと呼ばれる種類であったが、おそらく、ロックヒルがハラマ・クと呼んだところの、例のすのき《ホワートルベリー》の実に似た味の、食用になる実をつけるイバラというのは、これのことなのであろう。またここには驚くほどたくさんのラクダや矮馬が放牧されていた。そのほかに、ヤギや羊の大群も幾つか見かけたが、砂漠における牧畜の常として、ヤギのほうが羊よりも圧倒的に多数であった。この地方の矮馬はいずれも肩と頭ばかりが大きい貧弱な体格だった。モンゴル種の矮馬は、岩山にはえるみずみずしい牧草を食って育ったものが最良と言われている。しかも、砂地で育った矮馬は体格が貧弱であるばかりでなく、ひづめまでが、山地産の矮馬に見られるような形のよい堅いひづめや、弾力に富むあくととは比ぶべくもない、扁平に開いた海綿状のものになってしまうのである。

　ちょっと考えると、砂漠での労役に使うには砂地で育ったラクダが最適であるように思われるかもしれないが、案に相違して、ラクダでも砂丘地方産のものはやはり質が劣るのである。砂地で育つと、ひづめが扁平に開いて肉趾が薄くなり、柔らかい砂の上では沈まなくて好都合であるが、どの隊商路もほとんどの区間が粗い砂礫からなっているため、ひとたび旅に出ればたちまち皮膚が破れてしまうのである。ここで産するラクダはまた普通のラクダよりもはるかに背が高くなるのが特徴である。アラシャン産のラクダはとくにそれが著しく、その背丈や、長く細い鼻面や、ときにはごく暗い色のベアスキンにも似た暗褐色をさえ呈する、その濃い体色などを一と目見ただけでも、すぐにそれとわかるほどである。背が高いということそれ自体は、たとえそのために絶対的な力も幾らか立ちまさっているにしても、やはり欠点と見なされる。なぜなら、背の高いラクダはがさ張った荷を積んで強い逆風の中を進むときなどには、それだけ疲労するのが早いからである。そればかりでなく、背の高いラクダは食べ物を手に入れるのに、普通のラクダよりも遠くまで行かなければならないので、それだけ餌を食べる時間も余計にかかるといった非難さえも、耳にしたことがあった。事実、わたしが経験したところでも、たしかに、平均して、背の低いずんぐりしたラクダのほうが旅を終えたあとで、より多くの体力を残しているようであった。

いま一つ、アラシャン産のラクダの著しい欠点は、手に負えないくらい気性が荒いことである。それよりは、南に寄ったアラシャン山系に産するラクダのほうがはるかに優れているようである。多目的の仕事に使うには、肉趾の厚い、小さなまるいひづめを持った、最もずんぐりした脚の短いラクダが最適である。アラシャン山脈のほかにも、かような優れたラクダを産する山岳地方は幾つかあるが、その中でも、外モンゴルのツシェグン僧院で取引きされるラクダが最も優秀と言われている。ここのラクダは、きわ立って赤味を帯びた毛をしているうえに、眼の回りには、独特の暗褐色ないし淡黒色の輪があるのが特徴である。このほかに、バル・クル山脈に産するラクダも、やはり最良種として珍重されているようである。

アラシャン産のラクダは、おそらく隊商のあいだではとかく敬遠されがちであるせいなのであろうか、もっぱら北京あたりで使役されるラクダの主たる供給源として、石炭や石灰などを運んでは夜ごとに宿屋の庭で夢を結ぶという、まことに見下げ果てた獣に堕落するのがほとんどである。その買付けは、アラシャンの《都》と言われる王爺府《ワンイェーフ》、すなわち王侯の宮殿を中心に、回教徒の商人によって行なわれ、一度に多数のラクダが取引きされるのである。この小さな町には、羊毛の取引きや、王侯の塩専売権の代行を業としているシナ商人のほかに、古い帝国時代に置かれた守備隊の子孫である満州人も住んでいる。この町の回教徒の商人は、たいていサラー族の人間か、寧夏生まれのシナ人であるが、彼らは買い入れたラクダを使って、甘粛省の碰口《テンコウ》へ羊毛を送り出しているのである。そんなところから、シナの市場では、アラシャン産の羊毛のことを碰口ものと呼ぶようになったのである。碰口に着くと、回教徒たちは羊毛といっしょにラクダも売り払い、帰りには甘粛産のラバを買ってこれに銀貨を積んで持ち帰るのが常である。モンゴル人相手の取引きでは、銀貨は常に額面以上の流通価値を持つと言われている。ところが、王爺府に住むシナ人や満州人のあいだでせっかく荷馬車用のラバに対する需要がありながら、モンゴル人のほうではいっこうにラバを育てようとしないのである。

碰口の町でラクダや羊毛を買い取るのは、包頭からやって来たシナ人たちであり、以前にはこうして買い入れたものを、彼らははるばる張家口や北京に運んだものであった。最近では、たいてい羊毛は鉄道の起点に住む商人に売り渡されるのが普通であるが、ラクダのほうはいまでも、ときにはソーダのような粗悪な荷を積んだりして、張家口からさらには北京あたりまでも送り出されることが珍しくないようである。このように、ラクダを売買の対象として扱うしきたりは、包頭の隊商のあいだにいまなお残っており、それが彼らと帰化の隊商とを区別する著しい相違点になっているのである。帰化の隊商は自分が必要とするだけのラクダを買い、それが脱落して死ぬまで使役するのが普通であるが、包頭の連中の場合は、常に売買が目的で買うのである。したがって、彼らの隊商には予備のラクダの数が多く、荷ずれが生じるのを防ぐための、荷の積み替えもより頻繁に行なえるわけである。隊商に加わって実際に荷を運ぶ訓練を受けた若いラクダは、成長しきるまで全然働かなかったものよりも商品的価値が高いということには、ほとんど異論の余地がないようである。そのため、包頭の隊商もラクダの調整には細心の注意を払い、荷ずれのあとに白い毛の斑点ができたりして、せっかくの毛並みがだいなしにならないように気を配りながら、乏しい水と粗末な草だけで長い苛酷な旅に耐えられるりっぱなラクダに育て上げる。そして、育てたラクダが売れるようになると、また新しいラクダを買い入れて、再び第一歩からはじめるのである。シナ人の世界では別段驚くにも当たらないことであるが、この包頭の連中と、帰化の隊商とのあいだにも、ほとんど親密な感情の交流はなく、前者が帰化の連中のことを、商品の運搬しかできない無能な人間と言って非難すると、帰化の隊商のほうでも、包頭の連中をラクダの行商人と呼んで頭から軽蔑するといったありさまなのである。

ラクダが重労働に耐えられるようになるのはだいたい四歳ごろと言われているが、この年齢になっても初めは半分の荷を担わせて徐々に慣れさせてゆかなければならない。しかも、最初のうちは扱いにくいことおびただしく、先輩のラクダが平然としているようなときでも、ごく些細な物事におびえて暴れ出し、積んでいる荷を振り落としてしまうのである。しかし、よくおびえるという点では、どのラクダもたいして変わりはなく、ただ古いラクダの場合は恐慌から立ち直るのが早いというだけの違いである。ラクダがおびえるのは、夜中に道の近くで見慣れないものを見たりしたときなどはもちろんであるが、それ以外には、概して眼で見るものよりも、むしろ物音によって驚くことのほうが多い。たとえば、背後からギャロップで駆けて来る矮馬のひづめの音を聞いただけで、隊商じゅうのラクダがいっせいに暴走を起こすことがあり、そこに眼をつけて、匪賊はしばしばこの手を使って隊商を襲うのである。そのため、隊商に属している矮馬や犬にはすべて鈴をつけて、ラクダがおびえないようにしているほどである。

しかし、若いラクダは何と言っても足が速く、しかも歩きかたがなめらかなので、乗りごこちという点では断然すぐれている。モンゴル人のあいだでは、とくにだく足を踏めるラクダや緩歩のできるラクダが珍重されており、これだと人間を一人乗せて、一行程で何と一六〇キロも歩くことができると言われている。そればかりか、一説によると、かような強行軍を連続して六、七行程行なっても充分耐えられると言うのであるが、これだけはどうも話半分であるとしか思われない。だが、とにかく、現にモンゴル人は、急ぎの長旅などで換え馬が得られないような場合には、矮馬よりもむしろ足の速いラクダのほうを利用するようである。そのような旅に出る前には、まず腹を《引き締め》て、ほてったからだが急に寒気に触れて起こる疝痛にかからなくする必要から、数日間にわたって断食をさせ、さらに旅に出てからも、食べ物はほとんど一口もとらせないようにするのである。

最初の調教期間が終わって、ひざまずいたり荷を運んだりすることを一とおり習い覚えると、はじめて端綱が掛けられるのが普通である。鼻に穴をあけるのは三歳に達したときであるが、あける位置は、シナ人とモンゴル人のやりかたでは、鼻孔の開口部から下の、かなり奥まった部分である。ところが、カザック人やキルギス人は、鼻孔の端から上のほうにあけるようであり、その部分は軟骨がはるかに弱いために、鼻鉤を通すとほとんど例外なくすりむけて出血を起こし、ラクダが暴れて走り出したりすれば、そこが完全に千切れてひどい傷をつくることも珍しくない。カザック人はもともと多くの地域でモンゴル人とかなり密接に交わっていながら、モンゴル人のようにラクダの扱いに習熟することができないというのはまことに奇妙な話であるが、とにかく、モンゴル人と比べると、ラクダを育てる数も少なく、また最も有効に使役する方法も知らないというのが実情である。

またトルコ人は、ラクダを育てるよりも買うほうが多く、したがって、彼らのラクダを見ると、穴のあけかたも千差万別であり、そのうえさらに、手綱やはみをつけることさえあるが、こうしたやりかたは遊牧民のあいだでは全然見られない独特のものである。鼻に穴をあける道具としては、火にあぶって堅くした、先のとがった木の棒を用いるのが普通である。刃物や鉄製の道具はいっさい用いられないが、これは金物が傷の治りを遅らせると信じられているためである。穴があけられると、すぐにそこへ木の鉤《かぎ》を通し、その端に綱を結びつけて、これでラクダを曳いたりさばいたりするのである。この鼻鉤の削りかたや形にさまざまな種類があり、それを見ただけでラクダの持主の出身地がわかるとさえ言われている。たいていはきわめて入念な仕上げがほどこされたうえに、皮膚がすりむけるのを防ぐために、椀の形をした木の《座金》がついていたり、中には木の代わりに革製の座金を用いたものもあるといったぐあいである。

通常、ラクダの去勢は四歳か五歳ごろに行なわれるが、安全を期すにはもっと年をとってからのほうがよいようである。ラクダが働きざかりに達するのは七歳ごろで、その後少なくとも一二歳までは体力の最盛期が続くのが普通である。一二歳を過ぎると、歯が著しくすり減ってきて、年齢の判別が困難になる。一六、七歳にもなると、歯は完全にすり減って、ほとんど歯ぐきの中に隠れてしまうのである。そうなってからでも、飼い葉袋を当てがわれていれば、まだ充分体力を維持することができるが、貧弱な牧草地でひとりで草を捜さなければならないような状況に置かれると、満足に草を嚙み切れないため目に見えて衰弱してゆく。穀物の餌を与えられてさえいれば、三〇歳になっても依然として規定どおりの荷を担って全行程を歩き通すことができるということである。

かようなラクダ談義を、わたしは包頭のラクダ曳きたちからたっぷりと聞かされた。シナ商人もそうであるが、一般にシナ人の労働者は、ほかにこれと言って心を打ち込むような楽しみを持ったことがないせいか、もっぱら自分の職業の話ばかりをしたがるようである。包頭の隊商の統率者はいたって口数の少ない男であったが、わたしは彼ともきわめて親しい仲になった。年のころは四〇くらいであろうか、がっちりしたからだつきのきまじめそうな男で、日に焼けた顔に、角張った小さなあごと大きな獅子鼻が印象的だった。彼の話では、かつて若いころに一度だけ隊商とともに北京まで出かけたことがあり、そのときのラクダは荷を届けてしまったあと、西の丘陵地から石炭を運ぶために豊台《フエンタイ》で売り払ったということであった。それは、まだ鉄道もなかった遠い昔のことであった。北京に着いた彼は半日を城内で過ごしたという話だったので、さっそくわたしは、天壇を見たかと意地悪い質問をしてみた。「いや」と彼は答えた。「わしは店で着物を買ってから、町の中をあちこち見物して歩いただけでしてな。」これもやはり、昔ながらの旅人気質というものなのであろう。

窪地の井戸のそばに野営を張ったわれわれは、一夜明けてすばらしくよく晴れた朝を迎えた。さっそくモーゼがわたしの靴下を洗濯しにかかったのを見て、わたしもさっぱりした気分を味わいたくなり、ふと思いついたままに、これから井戸へ行くから桶で水を二、三杯わたしのからだにかけてくれないか、と彼に頼んだ。ところが、それを聞いたとたんに、彼はとんでもないと言った顔をした。彼だけではなかった。われわれのテントに来て話し込んでいた男たちも、みなふるえ上がらんばかりに驚いたのである。彼らの説明によると、地面の下から汲んだばかりの水は、太陽の光に当たったことがないため、イン（陰）と称する暗黒の、冷たい、死をよぶ女性の根源素を多量に含んでいて、きわめて危険であり、この水をあえて用いれば、ほとんどまちがいなく病気になるというのである。ただし、かような水でも、太陽の光が持っている生命的なヤン（陽）、すなわち男性の根源素によってある程度インを追い出してしまえば、それほど有害ではなくなるのだそうである。この愉快な説明を聞かされて、わたしはすっかりうれしくなってしまったので、からだを洗うのは快く断念して、顔と手を少しばかり濡らすだけでがまんすることにした。

それに、たとえからだを洗ってみたところで、たいした効果はなかったに違いない。と言うのは、しだいに気温が上がるにつれて、砂塵をともなった蒸し暑い風が吹きはじめ、あたりの景色をすっかりおおい隠してしまったのである。日暮れになって薄い雲が空にたなびき、やがて夜の訪れとともに、われわれは大きな暈《かさ》を着た月を仰ぎながら行進をはじめた。今度もまた南を目ざしてイバラの茂る砂漠の道をゆっくりと進む、まことにほねのおれる旅であったが、しばらく行くうちにハサ・ブチと呼ばれる土地にさしかかり、低い粘土質の丘の陰に建てられたユルトに住んでいる一団のシナ商人にまたしても出会った。彼らが話してくれたところによると、ここから六四キロほど東のほうに、以前モンゴル人の所有であった耕作地があり、現在は包頭の管轄下にあるということであった。おそらく、プルジェワルスキーの地図で、カラ・ナリン山脈と黄河の中間あたりに印されている、例の「シナ人の密集した」地域というのが、これなのであろう。だが、東のほうを見渡しても、あたりをおおった靄のせいか、わたしには丘らしきものが認められなかった。そこで翌朝、ユルトを眼下に見下ろすオボの上によじのぼってみたところ、南から南西の方向にかけて砂丘が連なり、その背後に、おそらくカラ・ナリン山脈の南の延長と思われる丘陵が青くかすんで連なっているのが見えた。北のほうを見ると、そこにも砂丘があった。さらに北西に眼を移したわたしは、スピア・グラスやイバラの生い茂る平坦な砂の荒野の中に、きらりと輝いている塩の沼に向かって、これからわれわれがたどるはずの道が一筋はるかにのびているのを望み見ることができた。

今度の行程は、たった二一キロほどしか進まなかった。一〇時ごろ雨が降り出したからであった。かならものなら、濡れた服のままで濡れた地面に野営を張るのだけは見合わせるのが通例であり、好き好んでその禁を犯したがる者のいるはずもなかった。だが、さらに困ったことに、われわれの歩く道は、表面の砂地がすり減って下の粘土質の底土が露出し、しかもこれにいろいろな塩類が厚く積もっているため、雨が降り出したとたんにひどくすべりやすくなり、足を取られたラクダはいたずらにもがき苦しむばかりで、どうにも先へ進めなくなってしまったのである。しかたなくわれわれは塩の沼の北側に宿営することにしたが、この沼の名は残念ながらついにわからなかった。「塩の沼でさあ」というのが、ラクダ曳きたちのしんぼう強い返事であった。翌朝起きてみると、あたりに小さな池が無数に点在しているのがわかったが、そのうちの幾つかは、塩やソーダの厚い層でおおわれているようであった。その結晶をなめてみたところ、炭酸塩の下剤に似た苦い味がした。子供なら、てっきりこれを《薬》とでも思い込むことであろう。アラシャンには、これと同じような塩とソーダの沈澱した沼がほかにもたくさんあり、その一部は、専売権を委託されたシナ商人によって現在採掘が行なわれていて、おかげで専売権を握る王侯のふところには毎年莫大な収入がころがり込み、その金で彼は北京にあって、他のモンゴルの王侯などの及びもつかない贅沢三昧の生活を送っているのである。そればかりか、この採掘から上がる多額の税収入は、シナの役人たちの変わらぬ友情をも彼に約束するのに充分なのである。

この辺には野鳥も多数棲息していると言うことであったが、いまはあいにく移動の季節に当たっているためか、鳥はすでに地上を離れ、はるか上空を飛び過ぎて行くのが見られるだけであった。沼を取り巻く平地にはソーダ草がびっしりと繁茂し、そのようやく色づきはじめた葉がおぼろな朝の光を浴びて、カンバーランドのワラビを思わせる、くすんだ赤紫色の輝きを放っていた。南に眼をやると、またもやうねうねと続く幾列もの砂丘がはるかに望まれたが、われわれのいる近くには、驚くべきことに、塩の大地にしがみついて豊かに葉を茂らせているニレの木が一、二本そびえていたのである――少なくとも一三〇キロ東に寄った老虎溝でただ一本のニレの木を見て以来、樹木と名のつくものを眼にするのはこれが初めてであった。

夜がふけて、いよいよ野営の夢を結ぼうというときになって、前日の宿営地をたつ直前にもち上がった大騒動の続きがまたもや蒸し返された。これもみな、もとはと言えば、わたしが単眼鏡を紛失したばかりに起こったことであった。出発前の一と時を利用して、わたしは昼寝を楽しんでいた。前もって眼鏡を取り出してそれを握りしめて眠ったのであるが、眼をさましてみると、眼鏡がなくなっていた。われわれは、テントの杭やたきものの切れ端（もちろん、たきものといっても雑木の薪《まき》のことであって、例の糞の乾物ではない）などであたりをほじくり返しながら、宿営地じゅうをくまなく捜し回り、あげくの果てに、他に眼鏡の隠れそうな場所も思いつかず、わたしは自分の革帯をはずして、着ているものを一枚残らず脱いで振ってみた。それでもやはり見つからなかった。ところが、今度の宿営地に着いてから、わたしの履ったラクダ曳きが、例によって、他人の心配事を見たらあおり立てずにはいられない性分を発揮して、わたしのはいている半ズボンをそっと脱いでみるようにと、わたしに勧めた。「わしもひところは、そりゃあいろんな物を失くしたが」と彼は言った。「それがいつも決まって、ズボンの中にはいっていたんでさあ。」彼がまだ言い終わらぬうちに、ほんとうに眼鏡が——ところもあろうに、膝の折り返しの中から出てきたのである。いったい全体、いつのまに、どうやってそんなところにはいり込んだのか、これればっかりはお釈迦さまでもご存知あるまい。おそらく、眠っているまに——まったく器用な話であるが——どこかかゆいところを引っかいて、その拍子に眼鏡をシャツの中に落としたのかもしれない。

「ほうれ、ごらんなさい」とラクダ曳きは、眼鏡が見つかったのでいささかがっかりはしたものの、それでも宝捜しに関する自分の理論が実証されたのに気をよくして言った。「何だってズボンを脱げば(ロウ・チュ・ライ)出てくるもんでさあ。」「お前さんの尻もな」と爺さんが羊の皮とフェルトの寝床から、つぶやくように言った。

われわれは、いつものとおり、昼過ぎに宿営地をたった。この日、一九二六年九月二〇日は、われわれが帰化を出てからちょうど一と月めであった。少しばかり行ったところに、甘粛省の行政府がモンゴル領内に設置したリキンの徴収所が控えていたが、さいわいわれわれは難なくそこを通過することができた。塩沢のいちばん奥まったあたりまで回って、われわれはかつてこの湖に豊かな水を注いでいたと思われる川の干上がった河床を渡った。この川筋に沿って、みごとなニレの大木が並んでいた。それらは、最も少なく見積もっても、樹齢五〇年は優に越していると思われるものばかりで、このことから察するに、おそらく、一と昔かそこら前からこの地方は乾燥の度合いが幾らか増して——そのため、新たに樹木がはえることを不可能にしたが、すでに深く根を張った古木を枯らすまでにはいたらなかったのであろう。この地点からわれわれは、砂丘群にはさまれた沼沢のある窪地をそれて、ゆるやかな上り坂の道を一六キロばかり進んだ。やがて、おぼろな月の光の中に、青白く輝く寺院の建物が、われわれの行く手に現われた。さだかにはわからなかったが、建物は、どうやら、まん中の広場を囲むようにして建ち並び、その側面に沿って回廊がめぐらされているようであった。

これが、ツコメン・ミャオと呼ばれる僧院であった。奇妙なことに、帰化にあるラマ教の寺はすべてチャオと呼ばれており、わたしの聞いたところでは、これが本来のモンゴル名だそうであるが[1]、この名を用いている帰化の人間も、いったんモンゴルの領内にはいると、決まって寺を意味するシナ語のミャオを使うのである。この地には衙門が置かれてあり、アラシャンを通るラクダに対して、一頭につき二〇銭の《草と水》税を取り立てているが、これは内モンゴルにおいて、モンゴル人が自分たちの領内を経由するあらゆる貿易に対して課する唯一の税であり、しかも課税額もごくわずかであることを考えれば、ことさらに不服を唱えるにも当たらないことである。それよりも、シナ政府が自国の役人を送り込んで、モンゴルにおいて貿易に従事するシナ商人をかり立てて重税をしぼり取って、これら徴税請負人どものふところを肥やしていることこそ、シナ人の利益を最もはなはだしく阻害する元兇なのである。

ところで、この草と水の税を取り立てている男自身はシナ人で、(わたしはその男に会わなかったのであるが)話によると、王侯とは古なじみの、アヘン中毒にかかった北京生まれの男とか言うことであり、徴税の権限もその王侯から委嘱されたものであるらしかった。だが、それも直接に委嘱されたのではなくて、差配人を介してこの仕事にありついたのであろう。いずれにしろ、その差配人自身も、モンゴル人の役人の監督下に置かれているに違いない。税は両《テール》の単位で徴収するのがたてまえであるが、もちろん、ドルで支払うことも認められている。ただし、アラシャンのモンゴル人も、他の大部分のモンゴル人同様、帝国時代に鋳造されたいわゆる《竜》のドル貨幣だけは絶対に受け取ろうとしないのである。竜は、満州人の大清王朝の紋章であり、肝心の王朝が滅びてしまった以上、その貨幣が法定貨幣として通用するはずがないというのが、彼らの弁である。香港ドルは、ブリタニアの像が刻んであるところから、《立ちん坊》という名がつけられているが、これなら彼らは喜んで受け取るのである。しかし、何と言ってもいちばん人気があるのは、袁世凱の顔が彫ってあるのにちなんで《顔》のドルと呼ばれている、共和政府発行の貨幣なのである。

わたしは、ふだんはたいてい隊の先頭を歩くことにしているのであるが、このときだけは列からかなり遅れてゆっくりとついて行った。やっと追い着いてみると、隊商は僧院の前で止まっていた。そして、包頭の隊商の統率者が、顔のドルと竜のドルについてしきりに言い争っている最中だった。一方、わたしの雇ったラクダ曳きはと見ると、爺さんといっしょになって、税を一銭も払わずに済ませようとして、あられもないうそをまくし立てていた。このラクダはみんなあの外国のおかたのものでしてな。いや、あのかたはモンゴル語もシナ語もまるっきりだめなんでさ。そりゃ、偉いの何のって――実を言うと、あのかたはお役人なんですぜ。そこまで作り話が進行してしまっては、いまさら余計な口出しをしないほうがよい、とわたしは判断した。なまじそんなことをすれば、ことがいっそうめんどうになるだけである。わたしが弱腰になったと相手に思われるであろうし、弱腰になったというのは何かを恐れているからであり、したがってわたしに何かうしろ暗いところがあるに違いないと勘ぐられるに決まっている。そうなったが最後、われわれは一と晩じゅうここに引き止められることになるかもしれないのである。

「外国人はラクダを買わないものだがね」と応酬したのは、抜け目のなさそうな年寄りのモンゴル人であった。高貴な身分のしるしとして、老人はニッケル張りのシナふうの杖を手にしていたが、その流暢な言葉づかいは北京生まれの者にも劣らぬみごとなもので、この男となら、わたしも夜の明けるまでじっくりと語り合ってみたいとさえ思ったほどであった。「あなたがた、雇われたラクダ曳きのやりかたはわかっていますぞ。何を言っても外国人にはわからないのをいいことにして、外国人の《顔》を利用して通り抜けようと言うつもりなんでしょうが。」そう言って彼は、釈明をさせるためにわれわれの爺さんを衙門のところへ引き立てて行った。そのあいだにわたしの雇ったラクダ曳きは、すばやくわれわれ全員を先へ誘導した。かなりたってから、爺さんは月の光に照らされた道を息せき切って追い着いて来た。彼の話によると、《通訳》を連れ戻して来いと命じられたらしいのであるが――爺さんはかってにモーゼを通訳に仕立てたのである――それに対してこう答えたというのである。通訳はかなり気位の高い人じゃから、ラクダから下りてはくれますまい。それよりも、モンゴルの旦那がたのほうで騎馬の使いをわしらのキャンプにつかわして、証明書をごらんになったほうが手っ取り早いでしょうな。もちろん、そんな役人は全然やって来なかった。

善丹廟をたって以来の進路から判断すると、（プルジェワルスキーも、一八七二―七三年の旅の初めごろにここを訪れたのであるが）このツコメン・ミャオと言う寺、僧院、もしくはラマ寺は、おそらく彼がバイン・ツフムという名で言及している寺と同じものなのであろう。たしかに、彼の用いた名称のほうが正しいモンゴル名のようにも思われるが、わたしは一応シナ人から聞いたとおりを記すことにしたのである。寺の位置は、プルジェワルスキーの測定によると、北緯四〇度四三分九秒、東経一〇六度〇分〇秒となっている。彼がここに達したのは、王爺府をたって北にほぼ一直線に進むこと一三行程、一八七三年の八月七日であった。そのときの記録に、海抜一三〇六メートル、アラシャンの最北端の境界線から南へ下ること一一・二キロ、と記されている。彼はここからさらに旅を続けて、ガルピン・ゴビを横断したのであるが、その地点における砂漠の幅は二九キロもあるはずなのである。しかし、冒険家の常として、彼もそのことについてはただの一と言も弱音を吐いていない。そのあと、彼はフルクの丘陵地帯と、帰化＝ウリヤスタイ街道を横切って、ウランバートルに向かい、九月一七日にそこに達した。したがって、所要日数から計算すると、バイン・ツフムは、王爺府からウランバートルにいたる道のほぼ三分の一の地点に当たることになるようである。また、コズロフの記録には、同じバイン・ツフムと言う名で呼ばれるいま一つの場所が記されているが、そこはいまの地点から北西寄りであり、記録を読んだかぎりでは、寺らしきものもないようである。

善丹廟から西に四八〇キロ以上もの距離を旅してエツィン・ゴルにまで達するあいだに、わたしのたどった道が他の探検家の経路と交わるのは、たった二個所にすぎず、南から北に向かったプルジェワルスキーと、北から南に下ったコズロフの進路に一度ずつ接するだけであり、この二人が通った道の中間の地域は、彼らの地図を見ても、まったく空白のままで残されている。したがって、アラシャンの深奥部を東から西へ横切るわたしの旅は、文字どおり前人未踏の地を行く旅と称しても過言ではないのである。

寺を通り過ぎて数キロ進んでから、われわれは乾いた粘土質の平地に隣接する巨大な砂丘のふもとに野営を張った。この砂丘のほとりに、塩分の含んだ水をたたえた池があり、ここでわたしは翌朝二羽の小ガモを射とめた。ジャガサタイというのがこのあたりの地名であったが、それが宿営地の名であるのか、池の名であるのか、はっきりしなかった。はるか北の方角に当たって、粘土質からなる禿げた急崖がそびえ、そのふもとのあたりに、数本の樹木が並んでいるのが見えた。おそらく、それは川の流れに沿って——と言うより、一連の井戸によって示される水の涸れた川筋に沿って、はえているのであろう。木立に伍して、二、三のユルトが点在しているのも見えた。さらに手前を見ると、ごくうっすらと緑の草が帯状にはえて、地表近くを流れる水のあることを示していた。わたしは砂丘の北側の急斜面を上って、あたりをながめ渡した。それによってわかったのは、わたしのいまいるところが、前にも見たことのある青い山脈をうしろに配して、南側の遠景を埋めている広大な砂丘群に続く外縁の隆起部であるということだった。砂丘群はほぼ東西に走っていた。宿営地の近くにそびえる粗い砂の崖に、このあたりの底土の地質がよく示されていた。それは、半ば石化したか、あるいは堅く圧縮された粘土のごときものからなっていて、露出した部分はいたってもろく、著しい風化作用を受けており、古い黄灰色の煉瓦を思わせる色を呈していた。推測するところ、砂丘地帯をおおう流動性の砂は、おそらく、かような粗い粘土からなる崖が風に浸食されてできたものなのであろう。

聞くところによると、ツコメンから南へ一行程ばかり行ったあたりの丘陵地帯——たぶん、それはさっき砂丘越しに見えた青い山のことなのであろう——の奥に、岩でできた彫像が安置されていると言うことであるが、モンゴル人たちの言うには、これは単なる彫像などではなく、ラオインジングォウと言う名の聖者の遺体なのだそうである。(この名も、わたしが聞いたモンゴル語の名のほとんどがそうであるように、シナ式の発音によって本来の呼びかたとはかなり違ったものになっているはずであった。)ところで、わたしの聞いた話によれば、この聖者は、あるとき旅に出た先で自分の死期が迫ったのを知った。そこで彼は乗っていた雄ラクダから下りて、連れていた二頭の白い雌のラクダを放してやった。すると、そのうちの一頭は西に向かって走り出し、名も知らぬ異国人の住む国に達したが、他の一頭は東にひた走って、はるかリァオ・ツンにまでいたり、その地で満州人たちから聖なる獣として祀られた。あとに残った雄のラクダは、老いたる聖者によって、両脚を綱で縛られた。それから、聖者は断崖の洞の中にすわって、従容《しょうよう》として死につき、息絶えるとともに「石と化し」た。雄ラクダも、脚に綱を巻いたままやはり石になった。今日、この崖の手前には、祠《ほこら》の中の聖者のそばへ人が近づけぬように、深い裂け目ができており、聖者の足もとからは、こんこんと泉が湧き出している。ラクダの発情期に当たる真冬のころになると、石と化したラクダが生き返り、口から泡を吐いて猛り立つ姿が見られると言われており、この時期には、雄のラクダはその姿を見るとたちまち魔力に打たれて死ぬ恐れがあるので、絶対に近づけてはならないとされている。石のラクダにかような《霊験》があるとすれば、当然の帰結として、発情期に雌のラクダをこのラクダに近づければ、必ず妊娠して、きわめて優れた子を生むであろうということが考えられるわけである。だが、残念ながら、わたしはこの点を確かめることができなかった。もちろん、彼らに直接聞いてみるという手もあったのであるが、純朴な人々から民間伝承のたぐいを聞き出す方法としては、質問を発するのは最もまずいやりかたなのである。尋ねられたら、おそらく彼らはとたんにふるえ上がったりおびえたりして、でたらめを言うか、さもなくばこちらがどう答えてもらいたがっているかを察して、それに見合ったようなうそをつくかするのがおちなのである。

善丹廟からハサ・ブチまでは、われわれは心もち西に寄りぎみに南下し、ハサ・ブチから進路を北西に転じて、ツコメンに達したが、それから先は、ほぼ真西を目ざして進んでいるのであった。ジャガサタイを出て第一日めの旅でわれわれは、いまではほぼ真南の方角に広がってみえる大砂漠の外縁に当たるなだらかな砂丘地帯を通り抜けた。やがて、われわれの行く手にうっそうとした檉柳の叢林が現われたが、おそらく、これは南の山脈から流れ落ちる水が砂漠の底にもぐり、このあたりで再び地表近くに湧き出しているせいなのであろう。檉柳を見るのはこれが初めてであったが、たしかに、草一つない回りの砂丘のまばゆい黄色を背景に、かすかにそれとわかる灰色の地色をひそめた暗緑色の叢林が広がっているながめは、まことに無気味と言うほかはなかった。それを過ぎると、坦々とした砂の道が続いていた。やがて夜のとばりが下りたが、モンゴル特有の膚を刺すような寒気とは打って変わって、蒸し暑い大気があたりに立ちこめていた。どんよりとした曇り空にもかかわらず、おぼろな月の光が満天にみなぎり、はるか西の空では、一分間ほどの間隔をおいて規則的にいなずまが閃いていたが、それもいなずま独特の鋭どい閃光ではなく、あたかも爆発によって放射される光のような拡散光であり、雷鳴らしきものもいっこうに聞こえなかった。われわれはシニ・ウスという名の井戸のほとりにシナ人の商人が泊まっているのを見つけて、その近くに野営を張った。どう見ても、モンゴル人の住んでいそうな場所が近くにあるとも思えぬ、満目蕭条たる砂漠のまっただ中であり、人間はおろか、他のいかなる生物でもこんなところではとうてい生きてゆけそうにもなかった。眼に映るものと言えば、ただ、ときには堅くときには砕け易い岩膚を露出した砂岩の層ばかりであった。ところが、驚くべきことに、よく見るとカモシカの棲んでいるらしい痕跡がここかしこに印されていたのである。

次の日の旅で、われわれは砂丘地帯をすっかり通り抜け、はるか南に見えていた山脈も視界から消えたが、それに代わって今度は北の方角に、地膚をむき出しにした低い山並みが現われた。まもなく、われわれはソーダ草の密生した幅五キロほどの、水の涸れた浅い沼を渡った。水が地中に消える際に残した波形の隆起が、沼底の土に印されていた。この沼のほとりで、われわれはモンゴル人の飼っているラクダの大群を見かけたが、人の住んでいるユルトはどこにも見当たらなかった。そこを過ぎて、月の照る道をかなり長時間歩いた果てに砕石層が幾つも地上に露出して、三〇メートルそこそこの高さの丘を形成しているあたりに達した。わたしはその丘の頂に上って、はるか下を隊商の一行がアリのように小さな姿ながら威風堂々と通り過ぎて行くのをながめた。われわれはさらに一・六キロ進んで、ハイル・クツ――双子の井戸――とも、ディル・ウスとも呼ばれている宿営地に着いたが、このあとの名は、たしか、悪い水を意味する語ではないかと思う。

宿営地には、われわれよりも先に帰り旅のバルクルの隊商が泊まっていたが、さらにわれわれのあとから二組の隊商が到着した。われわれは午前一時ごろに着いて、はやばやと茶を飲み終えて寝具にくるまっていると、深いしじまをついてはるかかなたからラクダの鈴のせわしげな音がかすかに聞こえてきたのである。近づくにつれて音はしだいに高まり、ついに隊商がわれわれのいる宿営地のはずれに達したと思われる瞬間、突如として大小さまざまの鈴が触れ合う騒がしい響きが湧き起こった。やがて、足音一つ立てずに歩くラクダの先頭の列がわれわれのテントの前にさしかかったが、それは、われわれが最初にかすかな鈴の音を聞きつけたときから、たっぷり一時間以上もたっていた。わたしも起き出てテントの入口に立ってながめると、前を通り過ぎるラクダの巨大な影がひきもきらず、ために夜の闇もいっそう暗さを増したかのようであった。先頭のラクダに乗って隊商を誘導しているのが、統率者であった。彼が立ち止まると、その位置を中心にして、あとに続くラクダの列は交互に右と左に分かれて進みはじめ、やがてまた内側に向かって旋回して、二列ずつ組んで互いに向き合う形になった。そして、各列はまっすぐに並んで立ち止まり、たちまち、地面にひざまずこうとするラクダの発するしわがれた唸りやかん高い叫び声があたりを包んだ。各列の最後尾のラクダにつけられた六〇センチもある大きな鈴がはずされて地面に投げ落とされる大きな音を最後に、騒がしかった物音も止み、すべてのラクダは空地を隔てて互いに向き合う二つの密集方陣をなして、ひっそりと地面にうずくまった。荷を下ろす作業が終わると、人夫たちはラクダを列から曳き出して、夜の休息場所に定められた中間の空地にひざまずかせた。続いて、そのうしろに、入口から荷やラクダを監視できるような向きにテントが張られ、たき火がともされた。もう一組の隊商は、さらに二〇〇メートル進んでから野営を張った。

数人のラクダ曳きが、茶が沸くまでのあいだを利用してわれわれのテントへ話をしにやって来た。その語るところによると、彼らはここまで来る途中、一行程六四キロもの強行軍を二度も行なったということであった。彼らのあとにはまだ五、六組の隊商が続いており、そのラクダを全部合わせれば優に一〇〇〇頭を越えるほどの大部隊で——首尾よく帰化と包頭を脱出することのできた隊商の、これが最後の集団であった。最初、個々に分かれて隠れたり逃げ回ったりしたあとで、一度全員が街道の上に集結したが、こんなにたくさんのラクダではとうてい一個所の井戸ではまかないきれないので、こうしてできるだけ間隔をあけて進むことにしたというのである。だが、われわれが追い着いたバルクルの隊商と、包頭の隊商と、それにいま到着した二組の隊商を合わせると、六〇〇頭以上にもなり、まだこれでは多すぎるくらいであった。そこで、さらにわれわれとの間隔を広げるために、これからもう一度強行軍を行なうつもりであると、あとから着いた隊商の連中が言った。わたしもできたら彼らといっしょに行きたかった。さいわい、わたしの雇ったラクダ曳きも、帰化の隊商とめぐり会えたら、すぐにも包頭の連中と別れたいと思っていた矢先だったので、この件に関してだけは、いつもに似ずしごく円満に話がまとまった。

夜が明けてから、わたしは付近の様子を調べてみた。このあたりは砂丘地帯からかなり離れているにもかかわらず、モンゴルのどの地方にもまして乾燥の度がはなはだしいようであった。幾つかある井戸の水も、ここに集まった全部のラクダに飲ませるには不足であり、牧草も、家畜の餌にするには最も不適当な質の悪い草——砂漠特有の、痩せて貧弱な灌木状の草が、ほんのわずかはえているだけだった。モンゴル人の住んでいそうな気配もまったくなかったが、例によって、穀物を売る商人だけはここにも店を張っていた。粗い砂礫に薄くおおわれた、堅い粘土質の、ほぼ平らな地面に沿って道が続いているのが見えた。宿営地の北側には、赤い砕石の低い丘陵が東西に走り、これとよく似た小さな山脈がもう一つ南に向かってのびていて、この二条の山脈が出会う山あいに、われわれの宿営地があったのである。さらに遠く南に眼をやると、甘粛省の境界線をなしていると言われるはるかに雄大な山脈が青くかすんで見えた。おそらく、これがコズロフの地図に記されているヤバライという山稜であると考えられなくもないが、その位置からして、むしろヤバライ山脈とアラシャン山脈との継ぎ目を埋めている山稜とみるほうが当たっているようであった。甘粛省の寧夏—鎮番—涼州—甘州—粛州を結ぶ線に沿った辺境地一帯は、どちらかと言えばシナよりもむしろモンゴル的性格を帯びた、範囲のあいまいな砂漠からなっているもののようである。この砂漠は北に行くにつれてしだいに勢いが弱まりはするが、それでもときおり力を盛り返してけわしい砂丘地帯を構成しながら、最後にアラシャンの荒野に連なっているのである。総体的に、この地域は北に向かって下降しており、プルジェワルスキーの記録にも、ガルピン・ゴビが低地帯として述べられているほかに、コズロフも彼自らゴイツォと呼んでいる窪地——わたしの聞いたところでは、拐子湖《カイツフ》という名であったが——の存在を力説している。事実、この地方一帯はモンゴル高原の広大な裾野をなす傾斜地であり、以前には北から南へ、今日では東から西へ、通り抜ける道が開かれてはいるものの、この地域の全貌が把握されるためには今後の詳しい調査にまたなければならないのである。さらに北へ進むと、土地は再び高まってアルタイとフルトの両山脈に連なっているが、これまでの調査によっても、途中の低地帯にも小規模な山脈が幾つか東西に走っていることが指摘されている。

　ディル・ウス（別名ハイル・クツ）をたったわれわれは、砂塵の靄をついて七時間あまりもひたすら前進を続けたが、午後にはいって靄はさらに濃さを増し、ごく近くの丘さえも見えなくなった。ようやく夜になってから、われわれの行く手にすさまじい犬の咆哮が聞こえた。隊商の一隊が宿営していて、彼らの犬がそばを通る他の隊商に向かって吠え立てているのだった。われわれもそこで一時休むことにした。と言うのは、わたしの雇ったラクダ曳きがまた眼を悪くして、靄の深い暗がりの中でたえずつまずいたりころんだりしてばかりいるからだった。だが、朝の四時半には早くもテントをたたんで再び行進をはじめ、どこの隊商でもよいから先を行く一隊に追い着くべく道を急いだ。われわれのすぐ隣に宿営していたのは包頭の連中だった。したがって、彼らとの道中はこれで終わりを告げたわけであった。

　やがて夜が明けて、月が沈んで行くにつれて朝の光が射しはじめた。空には無気味な色の光がみなぎり、前日のうだるような蒸し暑さとは対照的に、身を切るような寒気が襲って来た。三キロほど進んだあたりで、糧秣物資を積んで甘粛からやって来たと称する大がかりな隊商を連れた穀物商人のキャンプに出会った。そこから少し先へ行ったところで、われわれはバルクルの隊商を追い越したが、彼らも先頭を切ろうとしてここまでやって来たものの、ついにあきらめて野営を張ったということであった。彼らの休んでいる近くにも、穀物商人が店を張っていたが、それもただのユルトではなく、泥造りのりっぱな家であった。そこには、深さが三メートル足らずの大きな井戸があって、その水で持主は乾ききった荒野のまっただ中にささやかな菜園を営んでいた。栽培されているのは、チュウ・ツァイというタマネギやニンニクに似た作物と、カブラと、大輪のヒマワリであったが、ヒマワリは種がとくに美味であるため食用として栽培されるのである。そこからさらに六・四キロばかり進んで、やっとわれわれは先頭の隊商に達したが、それはさきの宿営地でわれわれのあとから到着した例の二組であった。彼らから一キロ半以内の地点で、われわれも野営を張った。

　われわれが宿営しているとき、数人のシナ人家族の一団がそばを通りかかった。彼らは飢饉に見舞われた鎮番付近の地方からやって来た難民で、これから身寄りを頼って包頭に行く途中であった。ここへ来る道すがら(2)、彼らは持っていたスイカを隊商の一隊に二個一ドルという値段で売ったそうであるが、後刻、それを買った男からわたしは半分に割ったスイカを分けてもらった。それは、帰化でなら、せいぜい二、三セントぐらいで買えるしろ物であり、ましてやトルキスタンだったら、おそらくただ同然に違いないのであるが、たとえ二個一ドルでも、とにかく砂漠のまん中でスイカにありつけるというのは、何と言ってもありがたいことだった。

　その日の午後にわれわれは宿営地を引き払い、今度は二組の帰化の隊商のあとについて行進をはじめた。出発してすぐ北に進路を向けて、砕石の多い丘陵地帯にはいった。途中、水の涸れた河床に数本のニレの木が茂っていたが、それは、われわれがこれまでに見たうちで最も大きくりっぱなものであった。丘陵を通り抜けたわれわれは、丸い大きな平地を見つけてそこに野営を張った。そのあたりには、野生の青カワラカラスが群れをなして棲息していたが、帰化からトルキスタンまでの旅でわたしがカワラカラスを見たのは、ここだけであった。近くでは、移って来たばかりの商人が泥の家を建てている最中だった。周囲のごつごつした丘陵や乾燥しきった平原を見ると、とうてい生き物などは住めそうにも思われないにもかかわらず、商人たちの話では、丘陵のふもとに行けばもっと水もあり、わずかながら草もはえているので、モンゴル人の姿もよく見かけるということであったが、たしかに、この地域にかなり多数の商人が住んでいるということ自体、この言葉を裏書きしているようであった。事実、商人の数はここ二、三年のあいだにかなりふえており、要するにそれは冬のあいだ、隊商相手の商売からいかに莫大な利益が上がるかということの何よりの証拠である。シナという国は、物を量る尺度がまちまちであるため、各地の値段を比較するのは困難であるが――中でも、この地方の商人が用いている甘粛の量目はとくにまぎらわしいのである。しかし、それだけならまだしも、この商人たちは、彼らの商う穀物がすべて飢饉にみまわれている地方で仕入れられたものであるという理由で、飢饉相場と称する文字どおり目の玉のとび出るような高値をふっかけるのが常であり、ためにそれを買わされる隊商のほうでは、いつも支払う金額に応じてそれだけ頭の痛い思いをさせられるのである。

そこをたったわれわれは、さらに二行程を費やして、商人の姿さえ見かけぬ、完全に静まり返った、まったくの無人の荒野を通り抜けた。それから北に進路を転じて、一群の丘塊を迂回し終わると、やがて北に向かって傾斜した起伏のはげしい高原状の台地に達した。干からびた岩には無数の亀裂が走り、乾燥した堅い地面は粒の粗い粘土質からなっていて、その上を薄い板状の黒い砂礫が一面におおっていた。この砂礫は、地上に露出した黒い岩から生じたもので、炎暑と酷寒に交互にさいなまれるこれらの岩はことごとく平べったいスレート状の細片のかたまりに砕け、それがやがてさらに細かく割れて、あたり一面をおおう砂礫と化すのである。おそらく、このような吹きさらしの粘土質の高原から、おびただしい量の砂塵が風に乗ってまき散らされるのであろう。われわれが最後に通った井戸も、砂が吹きたまってすっかり埋まっていた。ところどころ、黒い砂礫に薄くおおわれた黄色い砂地の広がりが堅い地面にとって代わることもあったが、そのような柔らかい砂地には、ほとんど決まって節くれ立った貧相な砂漠の灌木がはえていて、それが、ときには、身をよじらせるようにして一五センチほどの背丈に達するかと思うと、いよいよぴったりと大地にしがみついて離れないものもあった。

ここがカラ・ジャガン、すなわち黒い檉柳と呼ばれる地域であった。名の示すとおり、いたるところに檉柳の叢林があったが、ほんの二、三の叢を除いて、ほとんどすべて枯死しているかのようであった。黒い檉柳という名も、それがこのように枯れて黒ずんだ色をしていることからつけられたものであり、事実、このあたりの檉柳には、一三、四メートルの高さにまでのびるものはあっても、視界をさえぎるほどに厚く葉を茂らせているものは一つもないのである。ここでわれわれはまたしても例の商人たちの姿を見かけた。それもそのはず、鎮番からの道がここを通っているうえに、この地方は甘草の根の取引きの中心地なのである。この植物は、周知のとおり、野生のものが最良とされており、市場で最も高値を呼ぶのも決まってシナの西部地方——甘粛の諸地域、オルドスの砂漠、およびアラシャンなどで採れたものである。事実、それはアラシャン地方の最も重要な産物の一つに数えられているのである。モンゴル人自身は、もともと農作物の売買には無関心であるところから、甘草の取引きにもいっこうに手を出そうとしない。そのため、これの採集はもっぱらシナ人によって行なわれており、ごく短い期間ではあるが、甘草の根を干したり洗ったりするのに適した季節になると、商人に雇われた数千人の労働者が甘粛からこのモンゴルの地へどっと繰り込んで来るのである。ところが、このような飢饉と圧政に苦しめられて自暴自棄になったシナ人の群れがモンゴル領内に流れ込んで来るのを快く思わぬモンゴル人たちは、二、三年前からアラシャンにおけるこの種の取引きを禁止する措置を講じるようになった。だが、そうなってもシナ人のほうでは、公的な施策が長続きするはずのないことをよく知っているせいか、この措置に対してもいっこうに異議を申し込もうとしないのである。

(1) ロックヒル(『旅行日誌』)によると、チャオというのは、《主》を意味するチベット語ジョのことで、本来は、釈迦の存命中にその聖なる姿を見た彫刻家たちによって作られた仏陀の像を表わす語であったということである。現存する像は三体であるが、これにかぎらず、その複製の像であってもやはりジョもしくはチャオと言う呼称が用いられるのである。

(2) ここに言うドルは、本書においてはすべてそうであるように、シナのドル銀貨のことであり、換算率は、英貨の約二シリング、一両銀貨の約一〇分の七に相当する。

10　槍と伝統

帰化から来た二組の隊商と道連れになったわたしは、すぐに彼らともこの前の包頭の隊商とのとき以上に親しくなった。このうちの一隊は、雑貨類からなる委託荷を積んだ三パ半のラクダを擁した、帰化に住む回教徒の一族梁《リャン》家の隊商であった。他の一隊は、五パ——すなわち、ラクダ約一八頭をもって一列とする二列縦隊が五組——からなり、積み荷は紅茶であったが、このほうは大乗派の一家周《チョウ》家の所有であった。隊商を持っている家では、すべて商号なり店名なりを名のるのが普通であるが、ただし、隊商にだけは絶対にそうした名称を使わないことになっており、商社や組合に属する隊商でさえも、必ずその隊商の統率者個人の名を用いるのがしきたりとなっているのである。また、父子相伝の家業を営む旧家のあいだでは、自分たちの隊商を商号で呼ばせるよりもむしろ《家名》ないしは一族の名によって呼ばせることを無上の誇りとしているのである。

この二組の隊商はどちらも統率者の指揮下にあったが、積み荷の管理は、所有主の代理として随行しているそれぞれの家の息子によって行なわれていた。そのうちの一人と、わたしは以前に一度、帰化から高原に通じる峠の入口近くにある宿屋で出会ったことがあった。われわれはすぐにお互いに気がついた。喜んだ相手は、帰化から無事に脱出できたのも「わたしの幸運にあやかった」せいに違いないと言ってなつかしがった。彼の話では、あれから彼は砲火の響きに追われて二日間も峠の回りを逃げ回ったあげく、やっとのことで西への旅路につくことができたそうであるが、それはちょうどわたしがたったのと同じ日であった。周家の跡取り息子であるこの男こそ、まもなくわたしにとって、旅先でできた数ある友人の中でも最も得がたい親友となったのである。周家の家業は、彼で四代目であり、もともと一族は甘粛の出であったが、かなり昔にグチェン・ツの近くに移り住

大砂丘盆地を行く周一族のキャラバン

み、いまでもそこでは一族の分家が広大な土地を所有しているということであった。ところが、この男の祖父の代に当たる七〇年代に回教徒の反乱があって、一家は帰化に難を逃れたのであった。彼の父というのは、アヘンのたしなみにかけては通をもって聞こえる人物で、もっぱらこの道楽にふけるために早めに隠居して、隊商の仕事には直接関与しなくなっていたのである。一族の資産はそのときに分配され、したがって、現在周家を名のる隊商は三つあり、その二つは従弟の所有であった。わたしの友人の父は、隠居したとは言え、まだ五〇歳前であり、彼自身も三〇歳の若さですでに一四歳の息子の父親であった。しかも、彼の下には七人の弟があって、いちばん末は彼の息子と同年輩という、まことに旺んな家系の、彼はその当主というわけであった。

彼もやはり、将来自分が采配を揮うことになるはずの隊商の仕事を習得するために、ごく年少のころから一介のラクダ曳きとして自分の家の隊商に加わったのである。現在も、弟の一人が彼の下で同じように見習い奉公をしていたが、その待遇は他の雇人と少しも変わらぬばかりか、まったくの無報酬で働いているのであった。ただ、この弟は虚弱なからだのため、長い行程の旅では途中で少しばかりラクダに乗ることが許されていた。最初、彼はある貿易商社に徒弟として勤めていたところ、健康を損ねてしまい、そのときに彼の父親は、まだあとに幾らでも息子がいる気強さから、彼をゴビの砂漠に行かせて、「立ち直るか、それとものたれ死ぬかの、いずれかを選ばせる」ことにしたのである。さいわい、彼はすでに一度の旅を切り抜け、からだのほうもだいぶ頑健になってきたということであった。

みなのあいだでは、わたしの友人はリウ・ツェと言う幼名か、大きな頭を意味するタ・トゥオウというあだ名で通っていた。事実、彼は隊商路を行き来するすべての人々と親しく、わずかに例外は彼の肉親の従弟たちだけであったが、彼によると、長者ぶった彼らの態度が鼻もちならないというのであった。また、アヘンを喫うのが唯一の楽しみで、それ以外にはとくにこれと言った道楽も持たない男だったが、とにかく、幾らかでももったいぶったところのある人間とはいっさいつき合おうとしない反面、すべてのラクダ曳きたちからは深く敬慕されているというのが彼の身上であった。その彼がわたしのことをひどく気に入ったというのである。わたしには、外国人らしい感じも、商人くさいところもなく、むしろ隊商の仕事をやっていたら、きっとひとかどの人物になれたに違いないのだそうである。「それはともかく」と彼は、やや鼻にかかった声で言ったものであった。「わしたちはうまが合いそうですな。どうもわしという男は、アヘンのきせるとラクダ曳き以外には安心してつき合えそうもありませんのでな。」

短い脚、ほてい腹、それに大きな頭と、栄養の充分な豚そっくりの顔をしたこの男の魅力は、なかなかうまく言い表わせそうにもないが、とにかく、ラクダの背に乗ってやって来るずんぐりした太鼓腹の彼の姿を見るたびに、わたしも心楽しくなることだけは確かであり、また、みすぼらしい羊の皮の上着を着、まるいフェルトの帽子をかぶってはいても、モンゴル広しといえどもこの男の右に出る紳士はいないということも、わたしは断言するにやぶさかでない。言葉づかいは普通のラクダ曳きと少しも変わらないが、鼻息混じりのあえぐような声で、ゆっくりと、ものうげに、ややおどけた調子で語るその話しぶりには、一種異様な魅力があり、ときとして交える屈託ない哄笑がいっそうその魅力を引き立てていた。そう言えば、この男のすることなすことすべて、どことなく滑稽味があって、憎めなかった。そんな彼も、自分の隊商の統率者である、こせこせした感じの小柄な男とはあまりうまくいっていないらしかった。彼の隊商でも、あいにく食糧の管理は、しきたりに従って、統率者の権限に委ねられていた。そこで彼は、たまたまツァオ・ミエンがわたしの大好物であり、それの蓄えがなくなってわたしが困っているのを知ると、暗闇の中で野営を張る際のどさくさにまぎれて、もともと自分のものである例の品物を盗み出し、こっそりわたしのところへ忍んで来て、ぜいぜい息をはずませてうれしそうに笑いながら、そっとわたしに手渡してくれたものであった。

彼がわたしのテントにやって来ないときには、たいていわたしのほうから彼のところに出かけて行って過ごすといったぐあいで、こうして足繁く行き来するうちに、やがてわたしは、彼の隊商に働くラクダ曳きたちも、梁家のラクダ曳きたちもみな、気のおけぬ陽気な連中ばかりであることを知った。最初のうち、彼らは、わたしの前に出ると、いつもの彼らに似合わぬ用心深げな、わざとらしい態度でよそよそしくふるまっていたが、じきにそんな堅苦しさも消えてわたしのことを気心の通じ合う仲間の一人として無条件に受け入れてくれるようになった。だが、こうなったのには、わたしのほうでもこれまでのぎごちない態度を捨ててかかったこともあずかって力があったのである。つまり、わたしは自分にわからない事柄について明らさまな質問をしかける代わりに、みなの中に混じって雑談をするという戦法をとった。単純素朴な人々を相手にするときには、むりに話を聞き出そうとしているような印象を与えることは絶対に禁物であり、いったんそんな疑いをいだかせたが最後、彼らはたちまちカタツムリのように口をつぐんでしまうが、反対に彼らの異和感を解きほぐしてやりさえすれば、仲間うちでしているのと同じようなとりとめない長話を自ら進んで聞かせてくれるものである。そうなったらしめたもので、なまじ聞き手の気に入ろうとしてむりに言葉を飾り立てた無味乾燥な話とは打って変わり、自分たちの生活や信仰に関するほんとうの意見が、鉱山から掘り出したばかりの原石さながらに、とめどなく彼らの口をついて出てくるのである。

一方、シナ人のほうからは、外国人の話相手をつかまえるとほとんど必ずと言ってよいほど型どおりの質問を次々にしかけてくるのが常であった。貴公の国では雪が降るか。石炭は採れるか。土地を耕すか。それとも機械を使って食べ物を作るのか。死者は、シナ人のやるように、棺に納めて葬るのか。それとも、回教徒のように、帷子に包むだけか。あるいは、モンゴル人のように、なきがらを荒地にさらすだけなのか。こういった類の質問にいちいち答えていたらきりがないので、わたしはそのわずらわしさから逃れるために、自分から進んで長広舌をふるうことにした。そうしているうちにすぐに気がついたのであるが、ラジオとか摩天楼などに対する彼らの関心はほんのうわべだけのものにすぎず、そういう質問をわたしにしたのも、実はこのわたしが大金持の商人で、お伽話に出てくるような外国の金満家の暮らしぶりしか知らないだろうと思ったからなのであった。だからそういう質問に幾ら答えてみたところで、彼ら自身の住んでいる現実世界からあまりにもかけ離れているそんな話が、彼らの関心をそういつまでもつなぎ止められるはずもなかった。彼らにとって、それははっきり心に思い描くこともできないような遠い世界のできごとであり、それに対して彼ら自身の物語は、簡明直截で、絵に描いたようにいきいきと訴えるものがあったのである。

ある日、わたしはアラスカについて彼らにわかりやすく説明しようと思って、われわれの国でももちろん雪は降るが、いわゆる辺境地（ちょうど、シナにとってモンゴルが辺境であるように）では、畑を耕すこともできないくらいたくさんの雪が降るという話をした。食べ物も夏のあいだに捕獲する魚以外は、ほとんど外から運んで来なければならず、そんなところへ人々が出かけて行くのも、毛皮獣を罠で捕えたり、金を捜したりするためであり、一年の大半を通じて輸送はもっぱら犬橇に頼っているありさまである。と、そこまで聞くと、彼らは急に膝を乗り出してきた。輸送を業とする彼らにとっては、やはり輸送の話はことのほか興味をそそるのであろう。だが、彼らの眼からすればきわめて異国的なこの移動方式は、あまりにも現実離れしていて、どうにもよくのみ込めないらしかった。そう言えば、自動車についても、彼らのあいだには、なるほどそれは機械で動くものには違いないが、やはり一種の機械的動物であって、石油――この新造語を、彼らは炭酸ガスか蒸気のような気体のガス・オイルという意味に解しているようであったが――を食べて生きている、と漠然と考えている者が少なくないのである。機関車についても、ほぼ同じような考えをいだいているらしく、事実、彼らのあいだにまことしやかに語り伝えられている話に、ある機関車が帰化で急に「気が狂って」暴れ出したと言うのがあり――それによると、くだんの機関車はがんとして前進を拒み、逆にうしろへ突進して数人の人間を殺してしまったというのである。だが、犬ならそんなことはないというわけで、わたしが記憶を頼りに『荒野の呼び声』(アメリカの小説家J・ロンドン(一八七六―一九一六)の書いた小説)のあらましを話して聞かせると、たちまち彼らはそれを自分たちの隊商の伝説に組み入れてしまった。

一つだけ、わたしには長いあいだどうしてもわからないことがあった。幾らかでも威容を誇示せんとする隊商は決まってその先頭のラクダの上に、一本の槍を押し立てて旅をするのであるが、そのいわく因縁を、以前からわたしはぜひ知りたいと思っていたのである。槍というのは、かなり長いもので、鋭い穂の根元には赤い毛の房がついているのが普通であり、ときには隊商主の名前とか商号とか、出発地の名とかを染め抜いた小さな白い三角旗がついていることもあった。行進の際に、槍は、通常、旗を巻いたまま先頭のラクダの荷にくくりつけて運ばれるのであるが、いったん宿営地に着くと、ほとんど捨てて顧みられないのである。おそらく、わざわざそれをテントのそばに立てる手間を惜しんで、そのまま地面にほうり出してしまうのであろう。モンゴル人の隊商も、大きなものになると、これと同じような槍を携えているのがあるが、彼らの場合には、たいていそれは身分の高い旅行者がいることを表わすか、さもなくば王侯の用務を帯びて旅をしている隊商であることを示するしであり、したがって、これさえあれば途中で他の部族の首長に行く手をはばまれて税を取り立てられるわずらわしさからも免れることができるらしいのである。

旗のいわれについて、わたしが単刀直入に尋ねてみたところ、彼らは「昔からのしきたり」だからとだけしか教えてくれなかった。そこでわたしは戦法を変えて、それとなく探りを入れることにしたが、それでもなかなか話は核心にふれなかった。だが、ようやく、待ったかいがあって、ある別の話題をきっかけにわたしの知りたがっていた問題に話が及んだ。それによると、もともと槍を携えるという習慣は、一つには、モンゴル人の流儀を模倣したものとも言えるのであるが、現在行なわれている慣行にはいま一つ、それとは別の行事の名残りがあるということであった。

シナにおいて、今日のように銀行による現金輸送の制度が普及する以前には、パオ・ピャオ・ティ（跑票的）と称する、もっぱら財宝の輸送を業とする人々がいたのである。彼らの中には匪賊として勇名を馳せてから、後に堅気の生活に戻り、銀塊輸送に携わって財をなした者も少なくないと言うことであった。輸送される銀塊には一定の歩合が支払われ、その代わりにパオ・ピャオ・ティのほうでは担保を預けるか、保証人を立てるかして、輸送中のいっさいの損害を弁済する義務に服するのが常であった。ついで、輸送請負人は人夫を狩り集め、通過する地域の条件に応じて荷馬車を用いるか、ラバを連ねるか、ラクダの隊商を組むかして、財宝を輸送するのである。ときには、旅の途中で旅行者を拾って保護することもあり、たいていの地域では、かような輸送隊の庇護を受けるのが最も速やかに旅をする唯一の方法とされていたのである。それほど足の速いことで有名な輸送隊であったが、にもかかわらず、その旅装束そのものは案に相違してまったく人目をはばからぬ公然たるものであった。請負人も、その下で働く人夫たちもすべて、昔の軍隊の制服をかたどった衣装をまとい、頭には黒いターバンを巻いたというのであるが、おそらく夏のあいだは、とくに幅の広いゆるい縁のついた麦わら帽子をかぶって、リボンでその垂れた縁を帽子の山にたくし上げたのであろう。そして、広袖の短い上着の上には袖なしの胴衣を着け、だぶだぶしたズボンのくるぶしの部分に足首止めのバンドを巻いてしっかりと押え、その上にふくらはぎまで隠れる半長靴をはいた。表向きは革製ということになっているその制服の色は、黒地に赤の縫取りか、さもなくば白地に黒の縫取りをしたものが用いられたが、これは黒が伝統的な軍隊色であるからであり、一方、白ずくめの装いが忌避されるというのも、それが喪を表わす不吉な色だからである。そして最後に、腰の回りに飾りの帯をしめると、これで身じたくができ上がるのである。この飾帯のうしろ側に、引率者は自分の名や来歴をれいれいしく書き出した小さな旗をさして歩いたというのである。

町に近づくと、まず人夫たちは口々に大声を発して道をあけさせ、ついで引率者の名と護送品の内容を声高に告げて、略奪を企てる者あらばこれに応ぜんとの暗黙の挑戦を投げるしきたりであった。だが、かようなことをするのは、おそらくたいていの場合は、古い芝居のしぐさをまねた単なるこけおどしにすぎなかったのであろう。もともと、輸送隊の隊長には以前匪賊だった男がなっていることが多く、しかも彼らは自分の名が最もよく知られている地方で輸送に当たるので、その地の匪賊に自分の受け取る歩合からある一定額の金を握らせさえすれば、めんどうな事態などわけなく回避することができたはずだからである。こうして無事に旅を終えて、銀塊の託送先である家または商社に到着すると、隊長は携え来たった小さな旗を手にとって、その鋭い金属の穂先を戸口の鏡板に突き立て、銀の秤量が終わって量目にまちがいのないことがわかるまでは、絶対にそれを抜かせなかったということである。

山東省の境界にほど近い直隷《チーリ》にある滄州《ツァンチョウ》という町は、かつて無法者とパオ・ピャオ・ティがあまた輩出した地として有名であった。ここはまた、日本の柔術のもととなったパ・シー（抱戯）というシナの古武術の発祥の地でもあった。実際、滄州では盗賊になる者があとを絶たず、ために州内のある村では、村の墓地に葬られる死体に一つとしてまともに首のついたものがなかったとさえ言われているほどであり、言うなれば、ここの住民はみな、最後にお辞儀をする相手が首斬り役人だったというわけである。「今でも」とモーゼが言った。（実は、ここに述べた話はすべて彼の口から聞いたものであり、もともと彼自身もそのあたりの生まれだったのである。）「あそこの連中はみんなやくざな暮らしをしていますよ。どうして堅気の暮らしをしようとしないのかと聞こうものなら、こう答えるに決まっています。堅気になろうとした者もたくさんいるが、みんな悪人の血を引いているものだから、結局はそれが出るんだ、とね。」そればかりでなく、最近でも、満州や内モンゴル東部に跳梁する匪賊は、そのほとんどが滄州から移動して来た者たちであり、そのため、（長城の）「東の門から向こう」では、滄州訛りが最良の通行証になるとさえ言われている。そのことについてモーゼは、自ら教訓的逸話と銘打って、滄州生まれのある心正しい少年の話をしてくれた。その少年は、まともな仕事をして財をなそうという希望に燃えて、満州に出かけて行った。ところが、そこへ着いたとたんに、えたいの知れぬ男が近づいて来て彼の袖を引き、次のような意味のことを言った。「お前のしゃべりかたからすると、滄州の者らしいな。さあ、いっしょに来い、匪賊の仲間に入れてやるぜ。」そこまではよかったのであるが、そのあとにモーゼはつまらぬ所見をつけ加えて、せっかくの教訓をだいなしにしてしまったのである。「こういうぐあいだから、満州では滄州生まれの男は遊んで食べてゆけるんですよ。」

パオ・ピャオ・ティの活躍華やかなりし時代にも、滄州の町はその悪の血筋を恥じるどころか、天下に向かって昂然と誇ってはばからず、すべての財宝輸送人に対して、滄州の城壁から六五キロ以内の範囲では例の職業上の挑戦の声を立ててはならないという不文律を布いて、きびしく守らせたのである。かりにもそれにそむいて挑戦の声を発しようものなら、それこそあたりの住民たちは怒り心頭に発し、「音に聞こえた喧嘩の本家本元へ喧嘩を売りに来るとは、何という身のほど知らずな奴だ！」とばかりいっせいに立ち上がって、不届き者を打ちのめしてしまわずにはおかなかったことであろう。

こんな話は、まあ、ほんの余談であるが、しかし、余談と言えば、テントのたき火を囲んで取り交わされる話は、ほとんどがかようなとりとめないものでしかないのである。ただし、とりとめはなくとも、わたしにとってはいずれも大いに得るところのある話であった。ところで、いまの話の続きであるが、郵便や電信の出現とともに、パオ・ピャオ・ティは仕事を追われ、もはやグチェン・ツに通じる道の上にその姿を見ることはできなくなったが、それが携えていた旗だけは生き残って、隊商のしるしになったというのである。こうした由緒ある槍にとくに愛着を感じているのは、隊商の人夫たちであって、隊商主のほうはそれほどでもなく、むしろそれが風にひどくなびいたり揺れたりして屈強のラクダをさえも参らせてしまうという理由から、できればその使用をやめさせたがっているということである。したがって、ラクダ曳きたちこそ、このしきたりを廃絶から守っている守護者であり、彼らにとってそれはまさにパオ・ピャオ・ティの伝統の象徴にほかならないのである。それこそは、隊商が遠い荒野の旅を恐れず、荷と旅行者の安全な輸送に対して自ら責任を負わんとする心意気を示すものなのである。

　さらにもう一つ、わたしがこの散漫ではあるが活気に満ちた雑談から得た収穫は、シナ語の悪態についてあらためて見直したことであった。それまでわたしは、この種の言葉に関するかぎりシナ語はきわめて貧弱で、たった一つの卑猥な言葉をもとに作られたごくわずかな数の表現しかないものとばかり思い込んでいた。ところが、ラクダ曳きたちの話を聞いていると、語彙は思ったよりもはるかに豊富であり、言い回しも実に多種多様だった。ただし、わたしがこれまでに聞いたシナ語の悪態のうちで最も雄大なのを吐いた人物は誰かと言うとこれが実はシナ人ならぬ外国人だったのである。その男というのは、エリザベス朝時代の人間も顔負けするくらいあざやかに罵詈雑言のたぐいをあやつる才能を持った男であったが、ただ、くだんの悪態をこの男が自分で作ったものか、それとも悪態にたけた誰か他のシナ人の作ったものを受け売りしただけなのか、そこのところを確かめられなかったのは、わたしとしてはかえすがえすも残念であった。「あいつに言ってやるんだ」というのがその男のせりふだった。「おれは明日出直してきて、墓の中にいる奴の先祖をあばいて八代前の奴まで汚してやる、とな。」

　今日のように、あらゆる実験が歓迎される時代にあっても、悪態に関する研究ばかりは、もともとそうした言葉の持つ斬新にして荒々しい猥雑さが、ほとんど常に眉をひそめさせるような汚らわしい言葉の奇抜な結合によって成り立っているために、それを活字にして公表することを差し控えざるをえないというのは、まことに残念である。だが、それにもまして残念なのは、本などに出てくる悪態には、そのどぎつさを隠そうとするあまり、ありとあらゆるごまかしの表現が用いられているという事実である。と言っても、それは、たとえば、「d――！」（英語では「畜生！」の意味で使う「damn」を、そのまま使うのをはばかって「d――！」と書く）のような表わしかたや、「隊長はくるりと振り向きざま、『畜生！』と一声、罰当たりな悪態を吐いた」と言ったような文章に見られるごまかしのことではなく、わが国の文学において積極的に行なわれている重大な欺瞞のことなのである。この種の欺瞞にわたしが思いいたったのは、帰化のラクダ曳きたちの活気に満ちた会話を書きとめるに当たって、その力強さをそこなわずにいかがわしい表現を削除訂正することはできないものかと、いろいろ思案していたときだったのである。それにつけても、わたしにとって肚にすえかねるのは、これに限らず、ペルシア、エジプト、アラビア、インドおよび東方諸国における悪態の英語訳がすべて、ことさらにまやかしの装飾を帯び、見かけ倒しの「きらびやかな衣装」をまとっているという事実である。ラクダ曳きたちの言葉を書き記そうと苦慮しているうちに、やがてわたしの心に避けがたく浮かんできたのは、これら一群の古風な表現も、本来は隊商の人夫たちの用いる露骨な言い回しの多くと単に質的に似ているばかりでなく、使われている言葉そのものさえもまったく同じだったに違いないという推論であった。単なる推測の域を出ないが、もとの表現には、おそらく、英語訳に見られるような技巧を凝らした回りくどさはほとんどなかったのであろう。たとえば、コ・ブァオ！　ジ・タ・ツ・ツ！　という言い回し（ラクダに向かって彼らはよくこう呼びかけるのである）にしても、これを訳すとなれば、「おお、恥知らずな親から生まれた下司野郎！」とでも言うよりほかないのである。だが、逐語的に訳すと（比較的なじみの薄い北西地方の方言が混じってはいるが、なるべくシナ語の初心者にもわかるような簡単な例をあげたつもりである）、「生まれぞこないめ！　奴の親たちを――！」と言うことになる。

この、伏せ字で示した部分にどういう言葉を当てはめるかが、われわれにとって頭の痛いところなのである。「辱《はずかし》める」という訳語を当てれば、ある程度意味を伝えはするが、しかしすべての意味を完全に表わした絶対的な訳語とは言えない。それにまた、「辱める」という語には、もとの語にはない物柔らかな感じが含まれており、東洋語を模したわが国の英語表現のすべてに氾濫する例の隠喩や寓意が、ここでもことさらに用いられているという印象を免れないが、かような要素は本来の東洋語そのものにはほとんど含まれていないのである。では、それならば伏せ字の部分のもとの言葉をそれに相当する簡潔な英語で置き換えたらいいかと言うと、それでもやはり意を尽くしたことにはならない。たしかに、もとのシナ語には、英語では表わしえない豊かな余韻、とらえがたい含み、より深い内容、予弁的融通性といったものがあるのである――だが、そこまで立ち入った説明をするのはわたしとしてもあきらめざるをえない。わたしに言えることは、ただ、故ジェイムズ・エルロイ・フレッカー（一八八四―一九一五、中近東諸国語に詳しいイギリスの詩人・劇作家）でさえも、これと比べれば、残念ながら、数段見劣りがすることは否みがたく、またかのバートン（一八二一―九〇、バートン版で知られる『アラビヤン・ナイト』の英訳者）をおいてほかには、その弟子のためにひそかに出版の労をとってくれるような、この道の先覚者はおそらくいないに違いないということだけである。

それにしてもである、せっかく集めたこの貴重な知識が世に伝えられることなく終わるというのは、どう考えてもあきらめきれぬ一大痛恨事ではないか！

ざっとこんなぐあいに、われわれは食べ、かつ眠り、ひとしきり歩いては話に興じると言った日課を繰り返しながら、アラシャンの荒野をそぞろ進んで行ったが、その間ほとんどすれちがう旅人もなく、「どの宿営地も、千遍一律、まったく変わりばえのしないもの」ばかりであった。だが、これほど乾ききった不毛の土地にあっても、われわれはほとんど毎日のように商人のテントに出会ったばかりか、はるか遠くにモンゴル人のユルトを見かけることさえ一再ならずだったのである。ラクダ曳きたちは、羊腸の道の近くに住むモンゴル人が彼らに疑い深い敵意をいだいていて、隊商が通ってもけっして話や取引きをするために近寄って来ないと言って、ひどく恨んでいた。話によると、アラシャンの住民はみな暮らしが裕福とのことであった。これは、一つには、シナ商人との貿易によって多額の金がこの地方にもたらされるからでもあるが、そのうえさらに、彼らを治める王侯が塩の専売権から充分な収入を得ているおかげで、住民は不当な重税に苦しめられずに済み、また僧院の維持にしても、他の部族と比べると、それほど大きな負担がかからないという事実もさいわいしているのである。ところが、それにもかかわらず、彼らの生活状態はまことにむさ苦しく、他のモンゴル人なみに、たとえ汚れていてもせめて上等の衣服でもまとって、せっかく財産のあるところを誇示しようという気持さえ持たないかのようである。これは、おそらく、彼らが、人種学的に、西モンゴル人の血をひくエリュート族[1]であって、内モンゴルの部族とは系統を異にし、人種的特徴においても幾らか違ったものを持っていることからくるのであろう。たしかに、西モンゴル人という種族は、後日わたしが自分の眼で確かめたところでも、少なくとも暮らしぶりにおいては、たいていの遊牧民同様、いたってのんびりしたものであり、中には幸運に恵まれたおかげでこの世の栄華を掌中にする者もいるにはいるが、そういう連中でさえ、自分の富を見せびらかそうという気など毛頭なく、富める者も貧しい者もいっしょくたになって、不潔そのものの生活に甘んじているのである。

モンゴルでは、どこへ行っても必ずシナ商人の姿を見かけるほどに、昔から彼らの活動はさかんであった。モンゴル人は、元来、自分で貿易を営むことを潔しとしないのは事実であるが、それでも現にシナ人商社の幾つかは、富裕なモンゴル人から全額もしくは一部の出資を受けるか、モンゴルの王侯の大権の庇護を受けるかして運営されている。しかし、モンゴルにはいることができるのはこれら商人や隊商のラクダ曳きだけであり、その彼らも、常にシナの役人に監視されているため、活動はおのずとある種の制約を受けざるをえないが、これがほかの一般のシナ人となると、モンゴル人の社会に足を踏み入れることさえいっさい許されないのである。外国人の中で暮らしているすべてのシナ人がそうであるように、実際にモンゴル人の社会にはいった者は、風習も、身なりも、さらには言葉づかいさえも、半ば以上モンゴル人化してしまい、はからずもモンゴル人の持つかたくなな保守的傾向を裏書きする結果になるのである。モンゴル人の用いている靴や、帽子や、それに革以外の材料を使った衣服のほとんどが、すでに数世紀の昔から、シナで作られ、シナ商人によってもたらされたもので占められているにもかかわらず、彼らはシナの流行を取り入れようとする気配などみじんも示さない。靴も帽子も衣服もすべて、モンゴル人の好みに合わせて作らなければならないのである。

こうした保守的な傾向は、言葉の面にも現われているようである。とくにシナと境界を接する地域に住むモンゴル人は、シナ語を流暢に話せる者がほとんどであるが、それでいて彼らはシナ語を使いたがらず、またモンゴル領内に住むシナ人とも、相手がモンゴル語を使わないかぎり、つき合おうとしない。事実、シナとの行き来が行なわれるようになって数百年、その間多くのシナ人が彼らの中にはいり込む一方、行政上の任務を帯びたモンゴル人が毎年数十人も北京におもむいたり、それよりもさらに重要な巡礼の目的で、数千人にも上るモンゴル人が五台山に出かけたりしているにもかかわらず、いまもってモンゴル人はシナ人とのあいだにある一線を劃して、そこから先へは絶対に踏み入ろうとしないのである。こうしたシナ人ぎらいは、最近になってシナ人による土地の収用が活発化するにしたがって、とくにシナの行政下におかれた諸部族のあいだで、ますます高まる傾向を見せているようである。

そればかりか、アラシャンに住むモンゴル人にとっては、シナ人の隊商が最近彼らの土地に侵入して来るようになったことも、憤懣の種なのである。長年にわたり彼らは、はっきりした砂漠の障壁によって外モンゴルから隔てられていたこともあって、これまではモンゴル領内におけるシナ人の通商の条件に制約を加える権限をある程度保有していた。彼らによって認められていたのは、王爺府を拠点とする寧夏の商人と、砂漠地帯の鎮番商人と、それに回教徒のラクダ商人だけであり、これらの商人はいずれも、モンゴル人の住民とは交渉を持つことなく、ただ大きな市場のあいだを行き来するだけが許されていた。わたしもアラシャンを通り抜けるに当たって、その端から端まで踏破したわけであるが、この、一見無人の荒野と思われる地域にも、実は家畜を連れた驚くほど多数のモンゴル人が広く分散して住んでいたのである。それなのに、彼らはいずれも隊商を恐れ嫌っているかのように、われわれ一行に近づきたがらず、たまたま道で出会った数人の男たちもいっこうに話しかけてこなかった。おそらくそれは、モンゴルとシナの両地域にわたって現出しつつある新しい事態の変化を目の当りにして、彼らがひどくおびえているせいであるとしか考えられなかったが、たしかに、背後では外モンゴル全土に改革の嵐が吹きまくっており、いつ何どきそのまき添えを食わされるかもしれず、また前を見れば、甘粛に内紛が進行していて、敗走するシナ人の軍隊が彼らの領土に侵入して来ないともかぎらない現状を考えれば、それもまたむりからぬことでもあった。事実、黄金色の太陽と、立ちこめる砂塵の靄をついて、彼らの領土たる荒野をわが物顔に行き来しては野営を張る隊商の数は、ますます増加の一途をたどっており、北京にあってながめれば、それとても歴史の流れとともにすたれ行くものの哀れな姿としか映らないであろうが、現地に住むモンゴル人自身の眼には、それどころか、まさに彼らが望んでもいない通商と、彼らの醇風美俗を破壊するかもしれない政治の、いまわしい先ぶれとして映るに違いないのである。

隊商の人夫たちはみな、羊腸の道を通るようになった最近の旅のわびしさをしきりにこぼし、いまさらのように、長年の慣行に従ってモンゴル人とシナ人が親交を結んでいた大西方路の時代の豊かさをなつかしんでやまなかった。そのころは、いまとはこと変わり、宿営地に着くたびに、モンゴル人がラクダに乗ってささやかな取引きをしに集まって来たものであった——こうした取引きは、隊商主を潤す以上に、いわゆる《役得》を認められたラクダ曳きたちにとって大きな利益だったのである。大西方路を旅する者のしきたりとして、貴賤を問わずすべてのモンゴル人に、椀で一杯か二杯の小麦粉またはツァオ・ミエンをふるまうことが定められていた。この喜捨に対する感謝のしるしに、モンゴル人たちはたいていすり切れた靴や羊の皮の服をつくろってくれたものであり、中には鋳掛けを業とする者もいて、こわれた火格子や料理鍋などの修理を引き受けてくれることさえあった。こうして型どおり小麦粉の授受が行なわれてから、取引きが開始されるのが普通であった。モンゴル人たちは、羊毛やラクダの毛や子羊の皮などを出して、主に装身具や安物の模造宝石類と交換したが、ときにはそれで、綿布、綿糸、磚茶、きせる、タバコと言った日常の必需品を求めることもあった。また、小麦粉の見返りとしては、ミルクやチーズや羊肉、ときにはカモシカや野生のロバの肉などを交換に出すことも珍しくなかった。

ウリヤスタイの周辺では、当時、小麦粉は数倍の重量の肉に相当するほどの高値を呼んでいた。そのため、そこを通る隊商のあいだでは帰化よりも安く小麦粉を買えるグチェン・ツで余分に小麦粉を仕入れて、それを途中でモンゴル人に預け、次に再び西方に旅をする際にそれを糧食として受け取るという変わった方法がとられるようになった。小麦粉を保管する手数料として、モンゴル人はその一部を自分たちの食用に当てることが許されていた。かくして彼らは、潤沢な隊商から目いっぱいに預り、返すときには目かたを減らして渡すおかげで、手もとにはいつもたっぷりと小麦粉が残り、それを食べて安楽に暮らしてゆけるばかりか、食糧の不足した隊商を相手に量目をごまかして貸し与え、帰りに貸した分以上のものを取り立てるという抜け目ない商いさえもできたのである。

現在見られるようなシナ人とモンゴル人の関係が最終的に打ち立てられたのは、満州王朝の第二代康熙帝の功績に負うところが大であるというのが通説であるが、実際に、皇帝は満州人による征服地の地固めを行なうために、しばしばモンゴルの地に侵略をも兼ねた視察の旅を行なったと言われている。したがって、皇帝の名はモンゴル人にとっては恐怖の的であったに違いなく、それにつけ込んでシナ人は自分の地位を高めるのによく皇帝の名を持ち出したものであった。かつてシナに住む満州人がシナ人を見下したように、モンゴルに住むシナ人もモンゴル人に対しては尊大な態度で臨むのが常であった。当時は、シナ人でありさえすれば誰でも大手を振って闊歩し、相手が「帽子に青いボタンをつけているような」――それは身分の高い者のしるしなのである――モンゴル人であろうと、気軽に打ちすえることができたと言われているとおり、そうして浩然の気あふれるかつての時代を、ラクダ曳きたちがうらやましげになつかしんでいるのをわたしもしばしば耳にしたことがあった。大西方路には、いまでも康熙帝の乗った馬が印した蹄跡をとどめている岩があると言われており、(2) またこの皇帝の発案によって、今日みられるような、シナ本来のやりかたとは異なる隊商の慣例が制定されたということになっているのである。そればかりか、隊商の用いるテントを考案したのも皇帝であるとする説さえあり(ほんとうは、西モンゴル族の様式をまねたものなのであるが)、それによると、シナ太古の象徴であるパ・クァ、すなわち《八個の三重音字》をもとにしてテントの形が決められたというのであるが、実際にはテントは八面ではなく、一〇の面を持っているのであるから、この説は信憑性においてやや欠けるところがあるようである。

とすると、やはり真相は、満州人の支配者のきびしい命令によって、それまでシナ人がモンゴル人に対して保持していた優位が認められなくなって以後に、シナ人のほうで進んで蛮族とのあいだに橋を架けて歩み寄ろうとしたことの現われと見るべきであろう。彼らが取り入れた慣習のほとんどは、もちろん、康熙帝の口添えがあってのことではあるが、明らかに遊牧民社会の慣習への歩み寄りを示すものと考えることができる。事実、後に強欲一点張りの共和政府のほかには彼らの後楯となるべき竜の座がなくなるのを待ちかねたように、一連の災厄が彼らを襲って、モンゴルにおける生活を根こそぎ奪い去りはしたものの、それ以前には、モンゴル人とシナ人の家族間に親交がつちかわれ、ときにはそれが数代にもわたって続くことさえあったのである。モンゴルで名の知られた一族の隊商ともなると、ラクダを借りたり買ったりするのに、その場で金を払わなくても済むほどであった。借りたラクダが旅先で死んだ場合には、モンゴル人の持主は話し合いによってそのラクダの値段を決めてそれを取り立てるか、さもなくば、借り手の隊商の中から最もりっぱなラクダを代わりにもらうことが認められていた。わたしの知り合いのある隊商も、モンゴル人から二年前に借り受けたと称する二頭のラクダを連れていたが、それが今度の内乱が勃発する直前に二頭とも軍隊に徴発されてしまい、やっと戻って来たときには見るも哀れな姿に変わり果てていた。このうえまた徴発されるようなことになってはたいへんというので、すぐにその二頭を隊に加えて西方への旅にたったところ、二頭とも途中で死んでしまった。借り主は肩をすくめて、次のように言った。一頭について銀貨一二〇両《テール》を払わなければなるまい。何しろ、あれはいちばんいいラクダだったのだし、それに市場で高値がついていたときに借りたのだからな。それを聞いてわたしは、外モンゴルへは隊商を連れて行けないのにどうやって払うのか、と聞いてみた。すると答えて言うには、使いの者を他の用事でツォウ・ツォウル・ティに——盗人のように——送り出す予定だから、銀貨はこの男がついでに持主のところへ届けてくれるだろうとのことであった。これが、いわゆるシナ人の伝統的な正直さと言うものであり、これがあるからこそ、彼らは、血も涙もないやりかたで暴利をむさぼっているにもかかわらず、モンゴルにおいてかくも盛大に事業を営むことができるのである。

ツォウ・ホウ・ティ、スイ・ホウ・リ——奥地にはいれば、奥地のしきたりに従え——というのが、ラクダ曳きたちの格言である。その精神に則って、すべての遊牧民の信奉する歓待の掟ばかりか、さらにはテントの戒律さえも、モンゴル人のそれをそっくり踏襲しているのである。隊商のテントの内部は、ちょうどユルトと同じように、料理に使う諸道具が、入口をはいって右手に置かれ、水のはいった大樽や、井戸から水を汲むための柳細工のつるべや、ラクダ用の鞭や、その他の道具類は、左手に置かれるのが決まりである。鞭を手にしたままユルトにはいるのは、最も礼儀に外れたこととされており、それは必ずユルトの外側を押えるために張り渡された索にくくりつけてからはいるように定められているのである。テントにはそのような索がないので、代わりに、はいる前に手にした鞭をテントの中に放り出すのである。このラクダ用の鞭は、もっぱらラクダを追うときに用いられるもので、四五センチの長さの木の握りがあって、その先にラクダの生皮を編んで作った三メートルないし三・六メートルの鞭紐がついている。慣れない者がこの鞭を鳴らすのはきわめて危険であり、へたをすれば、眼がつぶれるか、耳が削ぎ取られるかすることも珍しくないのである。

さて、こうしてテントの中にはいると、今度は、二本の柱のあいだにたかれたたき火と、うしろの柱とのあいだの空間を絶対に横切ってはならないという掟が課されるのである。そのわけは、柱がモンゴル人の丸いユルトの奥の部分に相当するからであって、本来のユルトでは、入口の真向かいに、たき火の位置と同じあたりに一族の祭壇が置かれ、牛脂を使った燈明が供えられるのである。火そのものも神聖視されているが、これは、マッチが渡来するまではおそらく遊牧民にとって、火が神秘であるとともにきわめて貴重なものであったことを思えば、当然であろう。これにならって、新たな地にテントを張って火を起こしたときには、まっ先に用意した茶と食べ物を少しばかり、供え物としてたき火の中に投げ入れることが決められており、それと同時に、テントの外にも同じようなささやかな供え物をするのであるが、これは、人間がやって来たために眠りを妨げられたかもしれぬ土地の守護神や、あたりの荒野に棲むもろもろの悪霊の怒りを静めるのが狙いである。さらに、火の有する神性は、それ自身にとどまることなく、鉄の火床や火挟みの類にまでも及ぶのである。これらの道具は火の棲家であり、火の召使いであるがゆえに、それ以外の目的に使ってはならない。たとえば、これできせるを叩いて灰を落としたりするのは、そこに宿る霊の怒りを誘うがゆえに、冒瀆と見なされる。そういう場合、霊はものが言えないので、怒りを表わす方法として、もっぱらテントの中で眠っている人間に対して誰彼の見境なく、頭を殴られでもしたようなひどい頭痛を起こさせるという手を用いるのである。

かように、モンゴルにおけるこれらのしきたりを厳格に守るラクダ曳きたちではあるが、それにもかかわらず、彼らは誰一人として、それがおそらくモンゴル人の慣習の模倣であろうということに気づいていないようであった。そのことを指摘しようものなら、彼らは言下にそれを否定し、このしきたりはすべて康熙が定めたものであると答えるのであった。ところが、それでいてシナ人は、これらの慣習を自分たちの国まではけっして持ち帰らないばかりか、反対にこれに類する自国の慣習を旅先まで携えて行くこともしないようである――これは、たしかに、詳しく説明する必要もないくらいすでにあまねく認められている、例の原始宗教相互間の関係についての原理を立証する、きわめて興味深い実例と見なすことができそうである。すなわち、かような内外二様の慣行は、かつてシナ人が、シナの地を一歩離れればもはや自国の神々の助けを仰ぐことはできず、モンゴルにあってはモンゴル人の神の命じる禁忌に服さなければならないということを、心底から認めていた有史以前の時代の名残りにほかならない。したがって、「汝の神は我が神なり」と言った表現も、こうした古い信仰を奉じる者がこれを口にした場合には、自分の神よりほかに神は存在しないという意味に用いられたのでないことはもちろん、自分の神にかなう神はいないという意味でさえもないのである。こうした態度は、旧約聖書の中に認められるものとそっくりであり、事実、旧約を読むと、もちろんそれほど非外交的にあからさまな表現を用いているわけではないが、エホバの神ももとは全世界の神ではなく、モアブやフィリスティアの神々に戦いをいどみながらも、いざ彼らの領土を侵害するとなると急に落ち着かなくなるといった、単なる部族の守り神にすぎなかったことを認めた章句が、幾つか発見される。したがって、後の世になって、まったく存在しないという意味においてにせの烙印を押されたもろもろの異神も、最初のころにはその実在性を堅く信じられていたのであり、それがにせものと見なされるのは、ただ異郷の神であるという意味においてだったのである。

ここにあげた原理はきわめて根源的なものであり、かつ理解も容易であるため、モンゴルにおいて半ば遊牧民的な暮らしをしながら貿易に従事しているシナ商人たちにとっては、彼らとは生計の立てかたも違った隊商の人夫たちを縛っている掟にはかかわりなく、彼ら独自の戒律を持ったとしても、少しも不合理とは感じられないのである。したがって、ラクダ曳きには法度《はっと》とされているラクダの肉の嗜食や、ラクダの皮の売買も、商人たちならいっこうにさしつかえないわけである。ラクダ曳きも、野生のラクダなら食べないこともないとは言うものの、けがをしたラクダがたとえ太った若いラクダであっても、それを食用に供することは許されない。羊の肉代わりにそれを食べて費用を節約するためであろうと、とにかく死んだラクダで金儲けをしたりするのは、いままで彼らに生活の糧を与えてくれた恩人の霊を侮辱する行為と見なされるのである。ラクダの皮も、帰化で売れば、一頭につき六ドルないし一二ドルぐらいの値がつくのであるが――これは、一人のラクダ曳きがトルキスタンまでの旅の報酬として受け取る賃金とほぼ同額である――それでも彼らは、けがをしたラクダから絶対に皮を剝ごうとしない。せいぜいで、他の隊商が捨てて行ったラクダの死骸から厚い皮を一と切れ剝ぎ取って、靴をつくろったりするくらいのものである。

これに対して、商人のほうは、羊を取引きする関係上、当然羊に関するさまざまな禁制に服さなければならないのである。たとえば、羊肉を食べる際には、モンゴル人のするように、骨についた肉をきわめて念入りに取らなければならない。羊肉を少しでも浪費するのは、せっかく人間の生命を養うために自分の生命を捨てた羊の霊をないがしろにした行為であり、そうなれば当然羊の霊は腹を立てて、他の羊の群れにたたりを及ぼすかもしれない。さらにいま一つのしきたりとして、ある部分の骨、とくに肩甲骨を砕くという習慣がある。このしきたりの由って来る心は、おそらく、たとえ骨を切り離しても砕かずにおくと、それに宿る霊が完全な姿のままで自由に動き回ることができるが、主要な部分の骨を砕いておきさえすれば、霊も動きがとれなくなって、羊を殺した者をつけ回すこともできなくなるということなのであろう。

　こうしたしきたりに接して暮らしているうちに、わたしもすっかりそれになじんでしまったためか、はじめて回教徒の隊商のテントに招かれて、しきたりにとらわれないラクダ曳きたちのふるまいを眼にしたときには、わたし自身少なからず驚いたものであった。マホメット教徒はキリスト教徒と同様、どこへ行くにも必ず自分の神の禁制を携えて行き、蛮地の邪神によって課される礼儀作法の書などは頭から無視してかかるのを常としたのである。回教徒にとっては、したがって、火も神聖ではなく、またラクダが列から脱落した場合には、自然に死なせる代わりに、勇敢にも自ら手を下してその生命を絶つことも珍しくない。しかも、こうして殺すのは、肉や皮が目当てではなく苦痛を取り除いてやるためであり、したがって死骸はそのまま捨てて行くのである。一方、サラー族の者たちは、いつも銃を携えて旅をし、ラクダを殺すのにも喉を切る代わりに、銃で射殺するということであるが、こうするとラクダの肉が清められて、食用に適するようになると信じられていた。おそらく、厳格な戒律に従うと、ラクダは不浄の獣として食べることを禁じられているのであろうが、現にメッカに通じる道では、飢餓に瀕した巡礼にかぎってこれを食用に当てることを認めるために、しばしばその不浄を解くハラルが与えられることがあるのではないかと思われる。しかし、中央アジアに住む回教徒のあいだでは、馬肉の嗜食が問題にならないのと同様に、ラクダについても、不浄か否かということはさほど意に介されていないようである。持主が回教徒である隊商でも、たいてい回教徒のラクダ曳きはせいぜい一人か二人しかいないのであるが、いっしょに働く他の非信徒のシナ人人夫たちは、ここでも、シナ人の隊商に雇われてモンゴルの慣習に従うときと少しも変わらぬ神妙な態度で、回教の掟に自らを順応させているのである。

　シナ人回教徒のあいだでは、羊を屠殺するのに、コーランの掟に従って喉を搔き切る方法が用いられる。それに対して、モンゴル人のやりかたは、腹に小さな切り口をあけ、そこから手を差し入れて心臓を握りつぶすのである。熟練した者がやるとほとんど血を見ないで済むが、考えようによっては、このしきたりは、流血を禁じる仏教の戒律をせめてうわべだけでも守っているように見せかけんとする姑息《こそく》な意図の現われととれないこともない。しかし、それよりもやはりこれは、肉により豊富な滋養を持たせるための処置と考えたほうがよさそうである。この方法で殺した羊の肉は、血が抜き取られていないため、猟獣の肉に似たこくのある味がするのである。ラクダ曳きたちも、昔はこの方法に習って羊を屠殺していたが、後に隊商が羊腸の道を通るようになって、モンゴル人の生活と親しくふれ合う機会がなくなってからと言うもの、このしきたりも、他の多くの慣習とともに、しだいにすたれつつあるのはまことに残念なことである。

新参の者にして聞かせる話に、こういうのがあるそうである。すなわち、食事に肉をたっぷり出してもらえなかったら、ラクダの肉をテントの中に持ち込んで、たき火であぶって食べるようなふりをして見せて、統率者に思い知らせてやるにかぎるというのである。たしかに、隊商の決まりのうちで肉の割当てだけは、他の項目ほどに慣例によるきびしい規制は課されていないようである。まず旅に出発する際に、数頭の羊か、おそらくときには雄牛を一頭屠殺して、ソースに混ぜるための脂肪を取るとともに、二、三日のあいだ、ラクダ曳きたちにたっぷりと肉を食べさせるのが習わしとなっている。大西方路を旅した時代には、ほとんどいたるところで羊を買うことができたが、羊腸の道では、それが手にはいるところはほんの二、三個所しかなく、したがって、そのような場所にさしかかるたびに一頭ずつ買っては屠殺するのが普通である。

しかし、肉はモンゴル人にとっては食事に欠かすことのできないものであるが、シナ人の場合には、モンゴルを旅するシナ人にとってさえも、それはあくまで贅沢品にすぎない。彼らが主食として求めるのは、もっぱら小麦粉であり、ふだん支給される食糧も、精白小麦粉と、ツァオ・ミ（炒米）それにツァオ・ミエン（素麵）がほとんどである。料理法は、小麦粉をまず練って固め、それを刻んで太いうどんを作るか、または指でつぶして、チウ・ピエンルと称する平べったい団子にするのであるが、どちらにしても、調理のしかたはいたって簡単である。ときにはぶつ切りにした肉をまず少量鍋でいためておいて、次に水を加えて沸騰させる。充分に沸騰したところで、練った粉を投げ入れ、二、三分してから再びそれをすくい上げるのである。こうしてでき上がったものをめいめいの椀に分配したあとで、それに醬（チャン）と称する最も普通に用いられるソースを、さじに一杯ずつ添える。このソースは、ふだん携行するときには、濃縮されてちょうどペンミカンのような半固形状になっているのである。下地にはパンを用い、まずそれを醱酵させて、白かびがはえるまでねかしておく。それに加える材料としては、ぶつ切りの肉とか、羊肉の脂肪とか、その他調理人の気持しだいで何を入れてもよく——たとえば、豆、豆腐、しょうが、ししとうがらし、薬味とうがらしなどが使われることもあり、最後に貯蔵がきくようにするために多量の塩が混ぜられるのである。

これが、一日のうちで最もりっぱな食事であり、それを食べる時刻は普通昼過ぎである。その前後に、ラクダ曳きたちは各人の好みに応じて、ツァオ・ミやツァオ・ミエンを食べてよいことになっている。ツァオ・ミと言うのは、キビの一種をよくいって、随時食べることができるように加工したものである。ツァオ・ミエンは、きわめて細かくひいたからす麦の粉をいったものである。どちらも、茶を椀に注いでからその中に混ぜて飲むのである。ツァオ・ミエンはとくに粘り気が強くて、吸湿性に乏しく、なかなか水に溶けないが、茶とかき混ぜてどろどろした粥状の飲み物にすると、なかなか口あたりがよく、粥に似て飽きのこないさっぱりした風味も捨てがたいものである。この二つが、上りの旅のあいだじゅう、パンの代わりをつとめるが、トルキスタンからの下りの旅では、燕麦やキビがほとんど栽培されぬ代わりに小麦粉だけはシナのどこよりも安く手にはいる土地がらだけに、パンにことかかずに済むだけの小麦粉を確保することができるのである。西域に籍をおく隊商だけは、人夫たちの口が奢っているため、往復の旅ともパンが支給されるということである。だが、パンを好むことでは、帰化のラクダ曳きたちも変わりはなく、その証拠に、彼らは、グチェン・ツの一六〇キロも手前からその姿が望まれるボグド・オーラの雪をいただいた巨大な峰のことを、パンの山——モ・モ・シャン（饅饅山）、またはマン・ツォウ・シャン（曼頭山）、さらにはもっと親しみをこめて、タ・マン・ツォウ・シャン（大曼頭山）、大きなパンの山、と呼んでいるが、それと言うのも、彼らにとってはこの山こそ、まさに心ゆくまで白い小麦粉のパンを食べられるしあわせな人々の住む、西域の豊かな土地の象徴にほかならないからなのである。グチェン・ツに着いて、荷の引渡しが終わると、さっそく彼らは嬉々として道中の糧食の残りを投げ棄て、さも当然の権利のようにパンを要求する。楽園に来たからには、まずい食べ物など惜し気もなく捨てたところで、何の悪いことがあろう！

さらに付言するならば、シナ人のあいだでも、ツァオ・ミやツァオ・ミエンをまともな人間の食べる食べ物と認めているのは、北西地方に育った連中くらいのものなのである。たいていの人々は、この食べ物の名を「困苦欠乏」と同義語ぐらいに考えており、事実、これから隊商に加わってモンゴルの旅に出かけようとする人夫たちが、「いったキビと燕麦の粉を食べることになった」と言う表現を用いるのを、わたしも聞いたことがあった。だが、公正を期するためにも、この二つはどちらもりっぱな食糧であるということを、ここでぜひ強調しておく必要があろう。ツァオ・ミエンは強壮効果のある滋養に富んだ食べ物であり、またツァオ・ミには、シナ人のいわゆる《熱ざまし》の効果がある。そのことは、隊商の通則にも認められており、それだからこそ、キビが手にはいらない下りの旅では、穀物だけのかたよった食事が血液に及ぼす悪影響を和らげる効果のある酢が、代わりとして用いられるのである。

この年のはじめ、わたしがラクダを調達する目的で帰化のあたりを捜し回っていたころのことであるが、わたしの出会ったシナ人や、またモンゴルの生活に幾らかでも通じている外国人はみな口をそろえて、隊商がシナ人旅行者に出す食事ときたら、ラクダ曳きがふだん食べているものと少しも変わりがなく、そんなものを食べて生活しようなどと思うのは、頭がどうかしている（いや、頭ばかりか、からだまでがどうかなってしまうに違いない、と外国人の友人たちはつけ加えた）と、わたしに忠告したことであった。シナ人の旅行者でさえ、そんなときには、贅沢品ならぬ必需品として余分の食糧を幾らか携行するのが普通である。このせっかくの忠告を受けながら、わたしはなおも引き下がらず、これまでにもシナを旅行したときには、いつもあり合わせのものを手当たりしだいに食べても平気だったのだし、ロバやラバを追う人夫たちの食べ物を食べて暮らしたときも、けっこう彼らと同等にやって行けたのだから、と応酬したのであるが、それでもみなはわたしを思いとどまらせようとする努力をあきらめなかった。そりゃシナだからよかったのさ。いつだって、汽車に乗りさえすれば、二、三日で医者のもとへ行けるんだからな。だが、ラクダ曳きときたら、ラクダとたいして変わらぬ、まったく人間離れのした胃袋を持っているんだぜ、と、ざっとこんなぐあいであった。

ところで、わたしの胃袋であるが、これがまた、常にわたしをしてどんな食べ物でも一度はためしてみさせるようにしむけたばかりか、ためせばたいてい何でも気に入ってしまうという、まことにあっぱれな胃袋なのである。それでも、一応わたしは北京に戻ってから、このすばらしい胃袋を、かつてモンゴルで医療に当たったことのある友人の医師のところへ持って行って、これにどういうものを詰めたらいいだろうかと相談した。医者はさっそく適当な品目をあれこれ考えて、蛋白質とか含水炭素とかいった栄養素の比率が理想的に釣り合ったすばらしい献立表を作ってくれた。それから、その表をアメリカ海軍の規定食と照らし合わせて（と言うのは、この男、モンゴルに関する事柄以外にも、実にさまざまなことに通暁していたのである）、申しぶんのないことを確認してから、さらに幾つかの品目をつけ加えた。そのあとで、今度はわたしがそれを小切手帳と照らし合わせて、好ましからぬ品目を幾つか切り捨てた。こうして、ようやくわれわれは現実的な食餌法《モーズス・エディンディ》に到達した。この処法のもととなった根本理論のことはあまり詳しく覚えていないが、とにかく、アメリカの海軍というのは、いった豆と、それにアメリカ海軍用語でいわゆる《罐入りの》トマトと、この二つさえあてがっておけば、（俗に言う、ちょいと一と押ししてやるだけで）幾らでも浮かんでいられるものらしいという印象を受けたことは確かである。

しろうとながら、わたしは自分の胃液のことに関しては実に知的な関心を持っているのである。そんなわけで、医者が、彼のほうでわたしにぜひ買わせたいと思っているものと、わたし自身が実際に買えそうだと思う品目との食い違いをどうにか調整し終えて、まあ、これでもとにかくカロリーだけは、アメリカ海軍に負けないはずだ、と太鼓判を押したときに、わたしは思いきって、ではビタミンのほうはどうなのか、たとえばAとかBは、両方とも、あるいはそのどちらかでも、足りないことはないのか、と尋ねてみた。罐詰の野菜にはビタミンの含有量が少ないはずだが、とあからさまに言ってやったのである。たしかに、そう聞かれると彼にも返す言葉がなかった。われわれは、しばらく、ウイスキー・ソーダを片手にむずかしい顔をして黙然と考え込んだ。あげくの果てに、医師のいわく。「まあ、とにかく、アメリカが今日あるのは、主に罐詰トマトのおかげなんだからな。」これにはわたしとしても一家言あってしかるべく、ただちに……いや、そんなことはどうでもよかろう。いずれにしろ、アメリカ海軍が近年ますますたくましくなりつつあることは、まぎれもない事実なのであるから。

そう言うわけで、最初の罐詰トマトを開いたときのわたしは、これさえあればどうにかビタミン不足の憂目も見ずに済むらしいと思って、しごく安らかな気持でいられたのである。ところが、こんな泰平の気分はすぐに消えてしまった。わたしの食べている食事では、わたしの胃が求めているところの、例の、一人前に働ける男を約束する充実した食後感が得られないと言うことがわかったのである。わたしはやがて頭痛に悩まされるようになり、何となくからだもだるくて注意力が集中せず、おまけに歯齦《しぎん》までが炎症を起こして痛みを訴えはじめた。そうなってからやっとわたしは、例のビタミンの件で医者と渡り合ったあとで自分の主張を裏書きするつもりで、罐入りならぬ乾燥果物を少しばかり買い込んでおいたのを思い出した。さっそく、干しスモモを取り出してせっせと食べはじめた。すると、一日か二日で気分はぐっとよくなった。ラクダ曳きたちの話では、彼らもやはり旅のはじめのころにはいつも決まってこれと同じようなからだの不調に悩まされるらしく、中でもいちばん困るのは、歯齦の炎症だということであった。その原因を彼らは、新鮮な野菜が欠乏していることと、小麦粉ばかりの食事がからだにいわゆる「熱をこもらせる」、ということとは、つまり、便秘をひき起こすことであるが、この二つに帰していた。こんなときに、ビタミンに相当するシナ語さえわたしが知っていたら、彼らに不足しているものの正体を教えてやることができたのにと思うと、残念でならなかった。

しかし、かように干しスモモに支えられ、アンズに助けられているわたしではあったが、罐詰食料ばかりの食事ではとてもやりきれないと言い張る胃袋の抗議に、いつまでも耳をおおっていることはできなかった。そこでわたしは、一か八か、ラクダ曳きの食べているぞっとするような食事を一日だけ食べてみることにしたのである。

飼い葉袋で餌を食うラクダ

それっきり、わたしはもう他の食べ物など食べる気もしなくなった。

ラクダを連れ出して草を食わせる夜明けころ、ラクダ曳きたちがいっせいに眼をさますと、ただちに茶を入れるのが料理長の役目である。磚茶の入れかたは、他のシナの茶と違い、とろ火で煮つめて茶の成分をすっかりしぼり出すのである。シナ人の言うには、この茶にはからだを「暖める」効果があり、したがって、肉を食べるときに飲むとよく合うということである。磚茶の原料としては、揚子江の中流地方に産する葉が使われ、粗悪品ともなると、粉茶や小枝や、倉庫の塵などをいっしょくたに圧縮して固めたものが漢口の工場で作られている。南部産の茶は、それに比べると香りもよいが、いわゆる「熱を下げる」効果があるため、シナ人がこれを食事の前に飲むと、決まって胃をやられて下痢を起こすのである。だが、シナ人以外の野蛮な部族の連中のあいだでは、そんな話は聞いたこともなく、ましてや自分でそうした症状を訴えることはないようである。ところで、先の磚茶のことであるが、朝のうちにラクダ曳きたちはこれをまず椀で二、三杯飲む。そのあとでまた、今度は例のいった穀物を混ぜて二、三杯飲むのである。これがいわゆるチベットの旅行者のツァンバであるが、混ぜる穀物の種類は土地によっていろいろ変わるようである。それを飲み終わると、あらためてさらにもう二、三杯、混ぜ物なしの茶を流し込むという念の入れようである。

昼ごろになると、今度は二番めの料理人が勤務について、一日にただ一度ほんとうに腹のふくれる、例の小麦粉を使った食事を作りにかかるのである。この食事で一人のラクダ曳きが食べる量は、驚くなかれ、粉に換算して少なくとも一ポンドに相当するそうである。寒気がきびしいと、それだけ食べかたもせわしく、過重な負担にあえぐ胃袋を励ましながら、みな玉のような汗をかいて食べまくるのである。食事が済むと、またもや茶をブリキ罐で何杯も沸かして飲む。それも終わると、やがて、テントの上座に置かれたフェルトの敷物に端坐した隊商の統率者が、きせるの灰を叩いて落としながら、ごく打ちとけた口調で、「さあ、お茶にしよう」と宣する。しきたりによって、これがキャンプをたたむ合図とされていて、この言葉を聞いたラクダ曳きたちはいっせいに吠えるような大声を長々と張り上げて、「お茶アアだぞオオオ！」と叫ぶのである。シェン・ションはそのときすでにテントを出て、ラクダを宿営地へ連れ戻しに行っており、他のラクダ曳きたちも統率者の合図とともにテントを飛び出して行き、自分のラクダを集めてそれぞれの位置に並ばせ、荷の列のあいだにひざまずかせる。それから、からだの弱っているラクダだけに干し豆の餌がはいった飼い葉袋があてがわれ、そのあいだに人夫たちは、息つく暇もないくらい大急ぎで荷を次々にラクダの背にくくりつけてゆく。このすさまじい労働によってからだはたちまちほてってきて、厳冬のさ中でも腰まで裸になって働くことも珍しくない。なにしろ、これは一人で半分の荷をくくりつけるという荒仕事であり、まず約一七〇ポンドもの重量を膝の上にかつぎ上げ、じっとそれをラクダの脇腹に押しつけたまま、相棒の男が向こう側で支えている他の半分の荷とつなぎ合わせる輪に、すばやく掛釘を通さなければならないのである。

まっ先に積み荷の仕事を終えた者は、統率者やシェン・ションのところへ行って、テントをたたんで荷造りをしたり、水樽をラクダに積んだりする作業を手伝うのである。二〇人もの人間を入れるテントともなると、ラクダ一頭にやっと積めるくらいのかさがあるのである。

すっかり用意が整うと、ラクダの列は一線に並んで密集隊形をとり、出発の合図を待つ。その際、最後に茶を煎じたブリキ罐とか湯沸かしはかたづけずにたき火の熾《おき》の上に掛けたままにしておいて、出発まぎわに料理長がそれを手に取って、喉が乾いている者を呼んで飲ませ、それが終わってから、やおらおごそかな手つきで残りかすを捨てると、犬を呼び集め、自分のラクダの列を率いて行進をはじめる。他の連中もそのあとに続いて順に出発し、こうして再び隊商の行進がはじまるのである。宿営地をたつときには、決まってたき物を少しばかり携えるが、これは次の宿営地に着いてからすぐに茶を煎じて飲めるようにするためである。たき物は、宿営中にみなが交替で集めるのであるが、ただ料理人だけはこの労役を免除されるのが普通である。ぎょりゅうの繁茂している地方では、ごく容易にしかも質のよいたき物が手にはいるので問題はないが、草一つはえぬ不毛の荒野になるとそうはゆかず、古い宿営地跡にさしかかるたびに、ラクダ曳きたちが交替で隊伍を離れて、ラクダの休み場所から乾いた糞を一人一袋ずつ集めて来るという方法がとられるのである。

次の宿営地に着いて夜を迎えると、料理長は再び勤務について、たき火の番をしながら茶を煎じるのである。ここでもまたラクダ曳きたちは、茶といっしょにツァオ・ミやツァオ・ミエンを食べたいだけ食べ、それが終わると、不寝番に当たった二人の男が小さな床几をたき火のそばに引き寄せてすわり（ただし、それをすえる位置は、たき火と入口のあいだと定められている）、一方、他の連中はくつろいだ気分に浸りながら、タバコを二、三服喫ったり、あらためて茶を二、三杯ゆっくりとすすったりしたあげくに、フェルトの毛布を広げて、外套にくるまって横になり、もう何もすることがないと言わんばかりに、そのままぐっすりと眠り込んでしまうのである。

ところで、いま述べた床几であるが、高さは約一三センチで、幅も肥満体の男でなければ楽にすわれるだけのゆとりはあり、どの隊商も必ずこれを二脚ずつ携行する決まりになっているのである。そして、午前中は、料理長だけがこのうちの一つに腰かけることを許され、午後になると今度は二番めの料理人にだけそれにすわる権利が与えられる。そして、夜間とか、明けがたの一時とか、二時とか、三時とか、あるいはその他何時であろうと、とにかく一日の旅が終わって野営した夜には、不寝番につく二人の男にかぎりその使用が認められる。かくして、彼らが床几を持ち出して、たき火と戸口とのあいだに腰をすえると、長かった一日の仕事もようやく終わりを告げたことになるのである。

（1）　エリユート（Eleuth）という綴字は、カウリングによれば（『シナ百科辞典《エンサイクロペディア・シニカ》』、オックスフォード大学出版局刊、一九一七年）、フランス人宣教師が定めたものである。本来の発音は、むしろエルート（Ölöt）という音に近い。これの公式のシナ語名として認められているのは、ネ・ル・テ（衛拉特）という発音である。このようにモンゴル名をシナ流に発音する習慣が、おそらく、「エルート族の山」を意味するアラシャンなる地名をも生んだのであろう。

（2）　この伝説によく似たもので、甘州の南約六五キロの地にあるマ・ティ（馬蹄）の僧院に伝わっている、康熙帝ならぬ乾隆帝に関する伝説がある。ミルドレッド・ケイブル、フランセスカ・フレンチ共著『玉門関から中央アジアまで』（ロンドン、コンスタブル社刊、一九二七年）参照。

11　砂漠の沼沢地

カラ・ヤガンという地名は、乾燥の激化によって枯死したぎょりゅうの叢林が続く広大な地域全体をさす名として用いられているようであるが、われわれはこの地域の最深部と思われるあたりを、約二九キロにわたって横断した。北に向かってなだらかに傾斜しながら、その北端を一連の丘によって縁どられたこの高原を、さらに西側からさえぎっているのは、モンゴルにおいて特異な景観を形づくる、例の乾ききった不毛の丘陵の一群である。この丘陵の最頂部は、三つの切り立った峰をなし、そのそばにいま一つ小さな峰が突出していた。こうした丘陵全体の輪郭は巨人の歯並みを思わせるものがあり、事実、わたしが聞いたところでは、この丘のモンゴル名はソヤ・ケイリクン[1]、つまり乱杭歯というのであった。ただし、この名を当の山の面前で口にすることはかたく禁じられており、その禁を犯した者はたちまち山の怒りにふれ、巻き起こる砂嵐に飲み込まれてしまうと言われていた。高原の南側一帯は、風化した岩からなる丘陵に囲まれた荒涼たる砂漠地帯に連なっているもののようで、この丘陵地からわれわれのたどっている道に向かって、峡谷がゆるやかに開いていたが、聞くところによると、この谷は鎮番への道として頻繁に利用されているということであった。

この道で、われわれはハミから来た髭づらのトルコ人の率いる隊商に出会った。彼らの中には、シナ人の向こうを張って、毎年帰化や包頭にまでおもむいて荷の輸送に当たる者も、少数ではあるがいるのである。これらの隊商の持主はみな、シナの新疆省内の《原住地》と称する地域を支配するクムル（つまり、ハミのことであるが）の汗《ハン》のために貿易業務を代行している、有限責任組織の商人組合に属しているのである。われわれの出会った隊商の中に、単峰のラクダが数頭混じっていた。これはシナ領の中央アジアでときおり見かける種類であるが、実際の産地はそれよりもさらに西に寄った地方なのである。気味悪いくらい痩せた巨大なラクダで、われわれが連れている双峰ラクダよりも背が高く、われわれの眼には何となくしっくりしない奇異な感じに映ったが、これは、こぶが一つしかないために、荷の積みかたが他のラクダと違っているせいであった。この隊商のラクダはほとんどみな、鼻に穴をあける代わりに、端綱とはみをつけていた。また、シナ人の隊商では、各々の列の最後尾のラクダにだけ、長さが四五センチほどもある大きな円筒形の鈴をつけるのがしきたりであるのに、トルコ人の隊商の場合、鈴をつけているラクダがかなりたくさんおり、中には小さな鈴を束ねた房または首輪をしているものさえあった。端綱や、鈴をつるす紐も、やはりシナのそれとは趣きが異なり、目にもあざやかな赤と黄と緑の色に染め分けられた毛氈織地で、それに赤や黄の飾り房や玉房が幾つも結びつけてあった。こうした珍しい、いかにも異国ふうな趣向をいやがうえにもきわ立たせているのが、ほかならぬこの隊商の統率者のいでたちであった。眼のあたりまで隠れる大きな頬鬚をはやしたこの男は、鞍にまたがった脚のすぐ下にいとも古風なつくりの刀を革紐でつるしていたのである。われわれのラクダ曳きたちの話では、単峰ラクダは双峰ラクダに比べて、荷を運ぶ力は強いが、苛酷な砂漠地帯で食べ物が欠乏したときなど、双峰ラクダのようにたくましく耐え抜くことができず、また寒さに対する抵抗力もはるかに劣るということであった。そう言えば、われわれが見た単峰ラクダも、われわれの連れている双峰ラクダの豊かなたてがみや、ふさふさした毛とは比ぶべくもない、まことに寒々とした外貌であった。

　乱杭歯の丘塊を細い山道づたいに通り抜けると、道はわれわれの行く手を横切って西に広がる丘陵地帯にはいった。われわれはごく早目にたったおかげで、まだ日の暮れぬうちにここまでやって来ることができたが、それでもこの先数キロは宵闇の中を進まなければならなかった。そのうちに、どうやらやっと水の涸れた河床に達したらしく、荷を積んだラクダが満足に通れないくらい狭くけわしい峡谷をどうにか抜けて川原に下り立つことができた。河床がしだいに広くなるにつれて、隊商の統率者はしきりにあたりを見回して、四つの石塚を捜し求めた。やがて、その一つが空を背景にしてそり立っているのを見つけた彼らは、近づいて行ってそこに書かれてある文字を確かめると、すぐにわれわれを誘導して河床の道からそれ、人目につかぬ奥深い山あいの平地にはいって行った。

翌朝起きてみると、この宿営地は外部から完全に遮蔽されていて、例の四基の案内用の石塚が粘土と砕石の崖の上に立っていなかったら、とうてい河床の道からではその所在を想像することはできなかったに違いないと思われるほどであった。この谷をさらに奥へ進んだところに、ほとんど砂で埋まった小さな沼があった。ここかしこにわずかな水をたたえた窪みが残ってはいたが、どれも腐ったぎょりゅうの根や草の放つ鼻をつくような異臭が立ちこめていた。そこからさらに奥へ行くと、丘に囲まれて深い砂の吹きだまりがあり、これが水源の泉をふさいでいるのであった。そのため、良質の水を得ようと思えば、沼のほとりに浅い溝を掘って水を滲み出させるよりほかなかったが、こうして得られた水でさえ黄色く濁っていて、おまけにひどく苦かったのである。それでも、われわれは次の旅程を切り抜けられるだけの量の水を汲んで行かなければならなかった。と言うのは、次の宿営地までのあいだにも井戸はあるにはあるが、道から相当離れているうえに、きわめて多量の塩分を含んでいるという話だったからである。

われわれのいる宿営地は、沼にちなんでシャラフラス[2]、黄色いアシ、という名で呼ばれていた。この沼地で数羽のカモを見かけたが、おそらく、移動の途中で羽を休めるために下り立ったのであろう。われわれのいまいる位置は、ところどころ砂の平地を交えて不規則に広がった丘陵群の北端であった。小高い丘に上ってわたしがながめ渡したかぎりでは、峡谷がかなり広い幅を持っているところには決まって幾つもの砂丘が群がっていたが――このおびただしい砂は、回りの乾いてぼろぼろになった丘の岩が風化してできたものでもあろうが、その他にも、一部はきっと風によって遠くから運ばれて来たものなのであろう。さらに、この丘塊の、北に広がる平原に面した外側の斜面に沿って、流砂状の砂丘が幾つも連なっているのが見えた。

午後になって、出発前の茶を飲もうとしていたときであった。ぼろをまとった、見るも哀れな姿の男が一人、わたしのテントに近づいて来た。年のころは二〇歳くらいであろうか、あどけなさの残った丸い顔に、ぼさぼさの髪の毛が耳のあたりまで垂れている若者であった。ようやく犬のスジに襲われそうになったのをわたしが助けて、みなで彼をテントの前にすわらせ、旅のしきたりに従っていっさい質問は抜きにして、食べ物を恵んでやった。食べ終わると、若者は自分から話しはじめたが、すぐに気がくじけてしくしく泣き出し、どんな仕事でもするからグチェン・ツまで連れて行ってくれと懇願した。自分で語ったところによると、彼は鎮番に近い田舎の生まれで、うち続く飢饉と貧困に耐えきれず、自活の道を求めて故郷をあとにしたが、もともとラクダを扱うことには慣れていたので、ひょっとしたらグチェン・ツへ行く道でラクダ曳きの仕事にありつけるかもしれないと思っていたらしいのである。グチェン・ツには兄が住んでいるので、もしわれわれといっしょに砂漠を越えられさえすれば、あとはきっとこの兄がめんどうを見てくれるはずだ、とも言った。それから、若者は急にひどくおびえた表情をありありと顔に浮かべて、またもや泣き出した。南のほうからここまでやって来るのに(3)幾日かかったか覚えていないが、途中、深い山地を越えるあいだ、人一人住まぬ荒野にただ野生の羊だけが、少しも恐がる様子もなく彼をながめていたということであった。

家を出るときには少しばかり食べ物を持っていたものの、黒いぎょりゅうにたどり着いたころにはそれもすっかり尽きてしまい、やむなくそこに住む商人にすがって、仕事にありつこうとした。この商人たちはいずれも、若者と同郷の鎮番の人間であったが、もともとこのあたりに住む甘粛人というのは——先祖代々、飢饉との戦いにもみ抜かれたせいか——情け心など薬にしたくもないような連中ばかりなのである。実際、彼らは飢饉に苦しんでいる地方から穀物を運び出しては、砂漠を通る旅人に飢饉相場を上回る高値で売りつけて暮らしているしたたか者であり、そんな彼らから情けをかけてもらえると期待するほうがまちがいというものであった。若者の頼みに対しても、彼らはほんの一つまみほどの食べ物を与えただけで、あとは、こんなところにぐずぐずしていてもむだだと言って取り合わなかった。かようなむごい仕打ちに会って、若者は急にどうにでもなれといった自暴自棄な気持に駆られ、いっそ歩いてグチェン・ツまで行ってやろうと考えて、そこをたったまではよかったが、この岩と砂の荒野まで来てとうとう道がわからなくなってしまった。それから、われわれが来る二日前に、隊商が一隊通りかかった。若者は、暗闇の中で近づくのは危険だと知っていたので、夜半から明けがたまで、たえず距離を保って隊商のあとを追った。ところが、どういうわけか、隊商のほうでは彼がつけていることに気づいて、てっきり匪賊の密偵に狙われたと勘違いしたらしく、当の若者自身にも劣らぬひどいうろたえぶりを見せた。あくる朝になってから、彼は隊商のテントを訪れた。しかし、統率者は彼にたっぷりと食べ物をふるまったうえに、古びた上着を一着恵んでくれはしたが、いっしょに連れて行くわけにはゆかぬと言って、すげなく彼の頼みをしりぞけた。最後の望みを絶たれた若者は、本人の言うには、いまはこれまでとあきらめて、「山かげに身をひそめて、静かに死を待つこと」にした。夜ともなると、悪魔やオオカミに対する恐怖がこもごも襲ってきて、生きた心地もなかった。と、そこへわれわれの隊商の鳴らす鈴の音が聞こえてきたのであるが、今度も彼はすぐには近づかずに、夜の明けるのを待った。いや、夜の夜が明けてしまってからもなおしばらくためらい、夜の恐怖が無慈悲にあしらわれることの恐ろしさに打ち勝つまでは、とてもわれわれのところへやって来ることはできなかった。若者がどうにか筋の通った話をしたのはそこまでで、話し終わるとたちまち彼はわっと泣き崩れて、とりとめのないことを喚きはじめた。

わたしの雇ったラクダ曳きは、善行を施す絶好の機会が到来したと思ったのか、驚くほど熱心に身を乗り出してきた。と言うのも、この男、実は数日前から例の爺さんとものすごい喧嘩のし通しで、とっとと消えて失せろと幾度となく爺さんにおどしをかけているのを、わたしが砂漠のまん中でそんなことをさせるわけにはゆかぬと言って、きびしくたしなめていたところだったのである。これには、たしかに、爺さんにも罪があり、若いころから毒舌をもって聞こえたその本領を発揮して、出会う隊商の人夫たちを相手に、われわれのラクダ曳きの悪口ばかり言っていたのである。ユ・ツェイ（玉卒）——堅さも堅し、硬玉の口をした男というのが、爺さんのあだ名だった。何でも、彼は昔大きな隊商の下で働いて、シェン・ションの地位にまで上ったことがあったのに、やはりこの両刃の舌が仇となって、その後まもなく落ちぶれてしまったということであった。そういう点に関しては、この二人は互いに一歩も譲らぬ悪党同士だった。ラクダ曳きはラクダ曳きで、たえず怒ってばかりいて、もともと爺さんの食いぶちはわたし持ちであり、彼自身は一銭も出さずに仕事を手伝ってもらっているというのに、いっこうに爺さんと折り合おうという努力をしない。また爺さんのほうでも、ちょっとばかり隊商の仕事を手伝った報酬として、食事つきでグチェン・ツまでの長い旅をさせてもらえるのを身の幸運とも思わないのか、例のおそるべき老獪な舌を使って、しなくもがなの中傷を振りまくことにうき身をやつしているといった、まったくお話にならない二人のいがみ合いであった。

ところで、われわれよりも先にここを通って、この哀れな乞食の若者をすげなくはねつけた隊商というのは、爺さんと同郷の可鎮の連中であり、事実、そのうちの数人は爺さんと顔見知りだということであった。そこで、この際、できるだけ早くやっかいな爺さんを放り出して仲間のところへ行かせ、代わりに、若くて扱いやすそうなこの流浪の男を拾ってやったほうが万事好都合であろうと、わたしの雇ったラクダ曳きが考えたのである。わたしのほうで若者の食事をまかなってくれれば、あとは彼が向こうに着いてから支払うことにして、わずかながら賃金をはずんでもよいというのがラクダ曳きの出した条件であった。結局、そうすることで話が決まったが、実を言うと、こんなことをするのは隊商の慣例に反した異端的な措置であり、爺さんのように、少なくとも数ポンドの食糧と、自分のものと名のつくラクダを持っていて、とくに他人から助けてもらわなくてもどうにかやってゆけたはずの旅人を拾ったことと比べてさえも、はるかに異端的なことと見なされるのである。したがって、もしわたしが通りかからなかったら、この涙にくれた流浪の若者は、十中八九、砂漠のまん中でのたれ死にをしたに違いないのである。もちろん、他の隊商でも、通り合わせれば、その場で食べ物ぐらいは恵んでくれるであろう。たとえ匪賊の密偵かもしれぬという疑いがあっても、とにかくそうするのがしきたりだからである。しかし、だからといって、どこの馬の骨とも知れぬ男を拾って仲間に加えてくれるような殊勝な隊商がこのモンゴルにいるとはとうてい考えられない。もともとラクダ曳きは、どんなに低い賃金で雇われる場合でも、金のある者ならそれを担保にするか、またそうでない者は友人や親戚の者を保証人に立てるかすることが必要なのである。そうでもしないと、いつ何どき夜陰に乗じて、ラクダを二、三頭失敬してずらかろうという気を起こさないともかぎらないからである。たしかに、いまわれわれに救いを求めて来た男は、まだ年端もゆかぬ乞食の少年にすぎなかったが、それにしても、アジアでは、食べ物を恵んでやった乞食から感謝されることを期待したりするのは、見当違いもいいところなのである。だから、とシナ人のラクダ曳きたちは口をそろえて断言した、この若者だって、いつ何どき誰かのラクダを盗んで逃げ出すかわかったものではない。そうは言ったものの、結局、このおびえきった砂漠の迷い子を助けたために、たとえあとでどんな災いがみなの上に及ぼうとも、とにかくその責任はすべてわたしがかぶる（シナ語なら、「着る」、という言いかたをするところであるが）からということを彼らに納得させると、さっそく彼らは、シナ人とて他人の善行をたたえるにやぶさかではないということを示すべく進んで協力を申し出て、周家の隊商は小麦粉を、また回教徒たちはキビを、それぞれ少しばかり寄進してくれた。

こうして、一応問題は落着し、すぐにわれわれはテントをたたんで、出発の準備を整えた。

このあたりの地理に明るい者でなければ、ここから先へ進む道を捜し当てることは、おそらく、至難の業だったことであろう。われわれのいる位置は丘陵のほとんどいちばん外れだったにもかかわらず、この隠れ家から平地へ出るまでが一と苦労であった。と言うのも、広い峡谷に砂がいっぱいに吹きだまっていたからで、この砂のために、近年になってからも少なくとも一度くらいは道筋が変わったに違いなく、もとの道は東に向かって広がる砂丘群の底に埋まってしまったもののようであった。そのため、われわれ一行はしばらく北西の方向に進んだりして、一時間以上もかかってやっと砂丘を迂回し、現在の道が砂の下に埋もれた古い道筋と重なり合う地点に出ることができた。しかし、この吹きだまりを抜けても、依然としてわれわれの周囲には砂の荒野が続き、行く手をさえぎるように一群の高い峰が南西の空にそそり立っていたが、どうやらこれが、砂と岩からなるこの荒野の、いわゆる臍《へそ》にあたる部分のようであった。とくにその中で最も高い峰については、モンゴル人のあいだに言い伝えがあり、近くでこれを悪しざまに言う者があると立ちどころに砂嵐が巻き起こるがゆえに、常に畏敬の念をもって接しなければならないと言うのであった。

日が暮れてから、われわれが宿営していると、まもなく見慣れぬ隊商の一隊がそばを通りかかった。それは、歴史に名高いかの軟玉の王国なるコータンから、数千両《テール》に相当する軟玉の原石を運搬中の隊商であったが、聞いてみると、この原石は数人の商人が組んで思わく買いのつもりで買ったものらしく、コータンをたってからすでに一年以上にもなり、とくにコータンからグチェン・ツまでのあいだは困難な旅の連続だったということであった。コンロン山脈に発してロプの砂漠に注ぐ諸川、なかでもカラ・カシュの川で採れる玉は、その昔、皇帝への貢物としてはるばる北京に送られたものであった。と言っても、おそらくそれはいまを去る数百年も昔の話であり、それ以後というもの、輸送の困難にわざわいされて、シナ本土にまで運ばれる玉は、ときたまごくわずかずつ持ち出されるものを除いては、ほとんど皆無に等しい状態だったのである。近年になって、現地のコータンで玉の加工が行なわれるようになったが、そこで作られるのはもっぱらごく安価な色の悪いものばかりである。それは、コータンの加工技術が拙劣だからでもあるが、また一つには、もっと珍しい良質の玉を出したところで、地方の市場では買い手がつかないという事情にもよるのである。

玉の愛好家たちがとくに陥りやすい、早計な——わたしにはそうとしか思えないのであるが——結論として、これこれしかじかの質と色の玉がこれこれの時代を境に姿を見せなくなったのは、とりも直さずこの石の資源が尽きたからであると言った主張がなされるようである。たとえば、北京では、赤褐色をしたきわめて珍しい種類の玉のことを、普通「漢の玉」と呼んでいるのであるが、これと同じ色と質の石でさえあればすべて漢の玉と見なされ、それ相応の値がつけられるといったぐあいである。だが、漢王朝の歴史を振り返って見ればわかるとおり、この特殊な玉は、コンロン山脈中のどこか人の近づけぬ奥地で非常な危険を冒して集められたものであり、その後、西域におけるシナの支配力が衰え、二度と再びかつての漢時代の勢威を取り戻すにいたらなかったため、もはや誰も買収や強制の手段を用いてまで人をコンロンの奥地にやって、この玉を大量に搬出しようとはしなくなったと考えるほうが、はるかに真相に近いようである。あるいは、さらにありうべき推測として、たとえば大清王朝の盛時のごとく、国威が奥地にまで及んだ時代には、再びこの玉を運び出すこともできたはずであったが、その色合がすでに時代の好みに合わず、結局もてはやされずに終わったと考えられなくもないのである。

それがシナ革命の勃発とともに、ほとんど信じられぬくらい膨大な量の玉の原石が北京の宝石商のもとにどっと流れ込んで来たのである。これは、禁断の町にある清王室の宝物庫からの略奪品で、その中には幾百年とも知れぬ長い年月にわたって秘蔵されていた品も少なくなかった。だが、原石を手にしたシナの宝石商たちがシナ古美術品の価格高騰に刺激されて、この玉の細工に当たってそれにふさわしい学術的考証ときわめて高価な加工技術を惜しみなく施すようになったのは、ごく最近のことである。その後、シナ美術に対する諸外国の好みが、一七、八世紀を離れてさらに遠い昔の時代に集中するにつれて、漢の玉と称する、石質も色も細工も本物そっくりの品が、《玉通り》の店頭に多量に出回りはじめた。これは、需要にこたえるために、とくに専門の業者を奥地にやって手に入れたもので、最も素姓の確かな古代の墳墓から盗み出した逸品中の逸品だと業者が太鼓判を押してくれた品ばかりであるというのが、宝石商の弁であった。だが、この話はまっかなうそで、実際には、最近になって北京で漢やその他の古い時代の意匠をまねて作った模造品にすぎず、本物に見られる古代の職人の絶妙な仕上げも、今日のダイヤモンド錐を使えばいともぞうさなく再現することができるのである。おそらくいまでは、目のきく宝石商はもちろんのこと、いやしくも誠実を旨とするほどの宝石商なら、ほとんどみな、これが本物でないことに気づいているはずであるが、ときすでに遅く、相当数のにせ物がきわめて格式の高い美術館にさえも納まってしまったあとに違いないのである。

こうした模造品を作るための原石は、古代の道を通り、太古の方法をしのばせる費用と労力を惜しまぬ大がかりな装備のもとに、砂漠を越えて運ばれて来るのであるが、この原石の最も著しい特徴は、ほとんどの石がその大きさにおいて、これまでに知られているものをはるかにしのいでいるということであった。それだからこそ、北京に運び込まれてから無瑕の原石を幾つか選別して、これを極秘の裡に加工することができさえすれば、いかに眼のきく宝石商でも、てっきりこれはいままで知られなかった正真正銘の古代の王の墳墓から出土した品であると思い込んで、寸毫の疑いもいだこうとはしなかったのである。と言うのも、もともと、これにかぎらず意匠や仕上げがとくに優れたものでさえあればすべて本物として扱うのが、この商売のたてまえだからでもあり、いずれにしろ、今日では、わざわざ原石を運んで来て加工をするには費用がかかりすぎて、とても採算がとれるはずがないというのが通説なのである。そのような原石も、ようやく鉄道の開通によって北京にも容易に送り出せる時代になったというのに、不穏な社会情勢に災いされて、いまだに本格的な開発に着手されていないというのは、まことに残念なことである。だが、いずれ近いうちに、北京にもこの原石がどっと出回ることであろうし、そのときには、わたしもぜひその場に居合わせたいものである。玉の原石には、ラクダに積んで運べないくらい重い巨大なかたまりをしているものも少なくないが、だからと言ってこれを荷馬車に積んで昔の帝王の道づたいに北京に運んだのでは、途中リキンの徴税吏詰所を通るたびに、絶好の課税対象である原石に眼をつけた役人から、途方もない重税をしぼり取られることがわかりきっているので、誰もこの方法に頼ろうとはしなかった。これがだめとなると、あとはただ一つ、ラクダに荷車を曳かせて運ぶよりほかないわけであるが、それとてもけっしてなまやさしいことではなく、昔から羊腸の道は、条件が悪くて荷車を曳いたラクダではとうてい通れないと言われているのである。かつてこの方法で荷を運ぼうと試みたある隊商の場合も、幾ばくも行かぬうちに敗北を認めざるをえなかったということである。今日、原石の輸送に当たっているのは、曹家《ツァオ》という、帰化において最も誇り高い回教徒の一族であり、町の近くにある一族の果樹園は、トルキスタンをしのぶよすがに溢れているということで有名であった。とくに大きな原石のかたまりは、道の状況さえ許せば常に荷車に積んで運ぶのだそうであるが、わりあい平坦な道を行くときでさえ、荷車一台に三頭のラクダをつけなければならないほどであり、ましてや山道や深い砂地の道ともなると、石塊を一つずつラクダの背に移して、頻繁に肩代わりさせながら運ばなければならず、その苦労は並みたいていのことではないのである。したがって、最初に輸送の契約を結ぶ際には、膨大な数のラクダが「ゴビの砂漠に捨てられ」ることをあらかじめ計算に入れたうえで、値段が決められるという話であった。

あくる日、われわれが旅をはじめようとするころになって、急に暑さが襲って来たが、あいにく、われわれの手もとにはシャラフラスから運んで来た例の苦い水しかなく、幾ら何でもこればかりはとても飲む気になれなかった。出発してまもなく、われわれはまたしても一群の砂丘に遭遇した。砂丘のあいだを縫うようにして進むうちに、アラシャンの砂漠においてわれわれが出会う最後の泉となったオアシス地帯にさしかかった。わずかな距離をおいて並んだ二つの井戸を通り過ぎてから、われわれは三番めの井戸のところで野営を張った。はからずも、ここでまたもやわたしは（もちろん、このときにはまだそうとは知らなかったのであるが）、先輩探検家たちの足あとの印された土地に立つことになったのである。拐子湖の大窪地と言うのが、ここの地名であった。(4) コズロフは、一八九九年の探検旅行の際に、アルタイ山脈の最東端をたって鎮番におもむく途中、この窪地を北から南に縦断した。また、コズロフの探検隊の一員であったカズナコフは、後に単独でエツィン・ゴルから王爺府まで旅をした際に、やはりわたしの経路とほぼ同じ南東の線に沿ってここを通り抜けたが、ただし進行方向はわたしとは逆であった。コズロフの記録には、ゴイツォの窪地と記されているが、これは明らかに、シナ語の拐子湖のもととなった本来のモンゴル名を聞き違えたものとしか思われない。(5)

拐子湖は、わたしの見たところでは、約一〇〇キロにわたってほぼ東西の方向に広がった細長い湿地帯であった。われわれのいるところから北に向かって、広い帯状にのびるアシの茂みがそれと平行して走り、それが尽きると再び地面は高くなって、粗い砂ばかりのゴビ砂漠に連なっているということであったが、そのあたりの隆起部は、コズロフの地図にも記されているところである。南を見ると、これも岩ばかりの山に囲まれて、巨大な砂丘が幾つも連なっていた。われわれの宿営地よりもさらに肥沃なオアシス地帯がこの窪地の南側の縁にあり、そのあたりは北に向かってゆるやかに下降する傾斜面をなしていて、山地から砂丘の底をくぐり抜けて来たと思われる地下水が、ここで地表に湧き出しているという話だった。東側には、われわれがここへ来るときに通った、砂と土と、そしてときおり岩を交えた荒野が広がり、西側は一面の砂丘群によってふさがれていた。ラクダ曳きたちの話によると、これらの砂丘の奥には、まだほかにも幾つかアシの密生地や湿地帯があり、水をたたえたかなり広い池さえもあると言うことであったが、これほど徹底的に巨大な砂丘に埋め尽くされた荒涼たる景色を眼の前にすると、わたしもすぐにはその言葉をうのみにする気にはなれなかった。にもかかわらず、これはコズロフの調査によっても裏づけられた事実であり、ここからさらに南へ下ったあたりで、クク・ブルドンという名の小さな湖を見つけたことが、彼の記録にはっきりと記されているのである。この湖は、周囲一〇キロメートル、水深は一メートルないし一・五メートル、まれには三メートルに達するところもあり、このおびただしい水はすべて地中から湧き出したもので、塩分もまったく含まれていないということであるが、なおコズロフによると、この湖はシナ人の作成した地図にも、ユ・ハイ（玉海）という名の《大湖》として載ってい

砂とタマリスクの木（拐子湖付近）

るそうである。そこから南には、ヤバライ山脈が連なり、これがモンゴルのこの地方と、鎮番を中心とする比較的モンゴル色の薄い地域とを隔てる境界をなしている。したがって、湖の位置は、拐子湖窪地の東南端の隅にあたるわけであり、コズロフはこれを、「バダイン・ジャレンギ・イリス——砂丘の国——の大砂漠の外縁」という言葉で表わしている。また、彼の測定結果によると、地下水の水位は地表下三〇センチないし六〇センチということであった。コズロフの地図を見ると、クク・ブルドンの北の方にクド・クヅクという名の井戸(もしくは、井戸群)が記入されているのであるが、その位置から考えて、どうやらわたしが拐子湖窪地にはいる際に通った最初の井戸がそれであると見てまちがいないようである。たしかに、わたしはどこかこのあたりでクッ・クヅクという名を聞いたような気がしてならないのであるが——実を言うと——それをわたしは全然書きとめておかなかったうえに、その夜われわれが通った井戸に関する記録も何一つないため、残念ながらわたしにも確かなことはわからないのである。(6)

たしかに、そのころわたしは他のことにすっかり心を奪われていたようである。と言うのは、ちょうどそれと同じ日に、わたしは一大発見をしたのである。依然として日中は暑い天候が続き、とくに砂丘の陰にはいったときなどはひどい蒸し暑さであったが、それでいて、夜になると急に膚を刺すような寒気が襲って来た。めまぐるしい気温の変化に腹を立てながら、わたしはしぶしぶ純毛の下着を取り出して着用におよんだ。それは、感じの悪い商標が一面に押してある例のしろ物であったが、こんなものを押すとはまったく悪趣味もいいところである！　それはさておき、いよいよ着替えをする段になって、ふとわたしは、わたしのシャツの上に虫の大群がはい回っているのに気がついたのである。そう言えば、つい前日にも、わたしはこれと同じ虫を一匹見つけた。そいつはわたしのシャツの胸もとからころがり落ちたのであるが、そのときはわたしも仏教的な慈悲の心を大いに発揮して、運命の導くままに行かせるべくそれをそっと地面に下ろしてやった。だが、今度は、一匹ならぬこんなにたくさんの虫である。たちまち胸がむかむかしてくるのをどうしようもなかった。わたしはそのうちの一匹をつまんで、モーゼの手にのせてやった。「やあ、やっぱりシラミだ」と、モーゼは急にうれしそうな顔をして言った「この前からだいぶからだをぼりぼり掻いてらしたんで、きっとシラミがわいてるなと思っていたんですよ。」確かに彼の言うとおりであった。ここ数週間というもの、わたしは毎晩寝袋にはいってから、心ゆくまでからだじゅうを掻いて過ごすのが、一つの楽しみみたいになっていたのである。何となくからだに異常を感じはじめたのは、百霊廟をたってから数日めだったが、そのときには、てっきりこれは、乾燥した気候や、すっかり入浴と縁のなくなった日課や、ざらざらした衣類のせいで、皮膚が乾いてひりひりするのだとばかり思っていた。ところが、さにあらず、犯人は何とシラミだったのである。おそらく、帰化から抜け出す途中の宿屋で寝ていたあいだに、先発隊の数匹がわたしのからだに潜り込んだのに違いない。

長年シナに住んで、汽車の旅にはいつも三等車に乗り、山の中の宿屋でラバ追いやロバ追いの人夫たちとざこ寝をしたことさえあるわたしだが、シラミにお目にかかるのはまったくこれが初めてだった。たちまち、わたしはチフスの不安に襲われ、身震いしながら服を脱ぎ捨てるや、ズボンをモーゼに渡す一方、シャツを広げて恐怖と絶望におののく眼でシラミを追った。われわれは何十四何百匹とも知れぬシラミを殺し、文字どおり屍の山を築いた。いままでわたしは、シラミというのはせわしく動き回る小さな黒い虫だとばかり思っていたのだが、これはとんだ思い違いであった。ほんとうは、舟の形をした青白い極微動物で、もしからだのまん中に黒ずんだ斑点があれば、それは人間さまがごく最近に一杯ふるまってやったという証拠なのである。かまれた跡も、ナンキン虫やノミのそれとは違って、軽い発疹のような状態を呈する。その後数週間とたたぬうちに、わたしもすっかりシラミのことに詳しくなり、成虫ばかりでなく、その卵までも器用に捕えることができるほどの腕前になった。卵というのか、胚というのか、とにかくそういったもののことを、われわれ広野の旅人たちはシラミの子と呼んでおり、これをおや指に当ててつぶすと、ぱちっという音を立てるところなど成虫とそっくりであるが、ただし音そのものは成虫をつぶしたときほど大きくはない。

さっそくわたしは、夜のあいだだけ、衣類をテントの外に出すことにした。ラクダ曳きたちの言うには、そんなことをしてもあまりきき目はなかろうとのことであったが、やってみると、どうしてどうして、外気の冷たさがシラミの繁殖を鈍らせるうえに大いに効果があったのである。ラクダ曳きたち自身は、シラミの繁殖に絶好の場所である羊の皮を膚の上にじかに着ているのでおいそれと脱ぐこともできないとあって、半ばあきらめたように、どうせ厳寒の季節になってから一晩外にさらせば、シラミも凍えて小さな棒切れで簡単にはたき落とせるのだから、それまではがまんするよりしかたがあるまいと考えてでもいるらしかった。洗濯をしたらとれそうなものであるが、孵化する前の卵はまったく信じられぬくらい強靭にできているとみえて、熱湯で洗っても全然きき目がない。ラクダ曳きたちは、どうやら、シラミとその卵が同じものであるということがはっきりわかっていないようだった。それればかりか、爺さんの説によると、卵のほうは、汗をかいたときに皮膚から湧いてくるのだそうである。一方、シラミは、いろいろな土地の水を飲んでいるとかかる一種の悪疫のようなものであるというのが、全員の一致した考えであった。旅をしていると、どうしても違った土地の水を飲まざるをえない。だから、旅先ではいつもシラミが猖獗《しょうけつ》をきわめる。つまり、この《ポスト》あとに《・ホク・》、この故に《プロプテル・ホク》、というわけである。汚い水を飲めばシラミが湧くのはもちろんであるが、それならば最も清浄であるはずの雪どけ水なら大丈夫かというと、むしろその反対で、こういう水がいちばんたくさんシラミを繁殖させるというのである。

それはそれとして、わたしはわたしなりに自分の方法に固執して、毎晩必ず衣類を表てにさらし、昼間はせっせとシラミつぶしに精を出した。こうして、少なくとも日に一度は洗濯代わりに、おや指の爪を使って着衣をたんねんに改めるわたしの手つきもすっかり板についたころには、長い戦いもようやく終わって、わたしはまだ厳寒の季節にもならぬうちに、めでたくシラミどもを一匹残らず駆逐することができた。それはまさにかのボーア戦争（イギリスとトランスヴァールとのあいだに戦われた戦争。一八九九―一九〇二年）にも比せられるべき戦いであった。まず戦闘の第一段階は、神出鬼没の敵に対する正面攻撃であったが、この間、わがほうは終始苦戦の連続だった。だが、やがて戦局はしだいに我が軍に有利となり、そしてついにかの有名な《掃蕩作戦》に移って、潰走するゲリラの集団を捕捉殲滅したのである。かような戦いには、やはり根気ばかりでなく、巧妙な計略も必要である。真冬の凍てつくような外気にさらしても、それだけではシラミの卵を殺すにはいたらない。そこで狡智にたけた旅人なら、再び衣類を着込んで、一応卵どもが孵化して親父そっくりの勇敢なシラミになるのを待つのである。やがて彼らがちくりちくりと膚をかむのを感じるや、時いたれりとばかり、若い者どもが婚礼の宴を張るいとまも与えずに、厳寒の外気の中に送り出してやるというわけである。

このシラミ戦争の第一作戦段階が進行しているあいだに、すでにわれわれは四行程を旅して、拐子湖の窪地を通り抜けていた。昼夜の気温の差は驚くほど大きかったが、これは、われわれの左手にほとんどたえまなくその姿を見せている砂丘群が、日中、太陽の熱を多量に吸収するせいであった。実際、日中の暑さはすさまじいばかりで、ためにわたしまでが上半身裸になって歩き回ったほどであった。四時ごろ、そろそろ出発の準備を整えるというときになって、やっとわたしは服を着ることにしていたが、それが夜の八時にはすでに、行進中でさえ、羊の皮の外套をまとわなければ耐えられないくらいの寒さになっていたのである。われわれのたどった道の近くには、かなり多数のモンゴル人が分散して住んでおり、その数は少なくとも四〇家族を下るまいと思われたが、彼らの飼っている羊や、ヤギや、雌牛や、ラクダや、矮馬といった家畜の中に、まったく驚くべきことに、普通モンゴル人のあいだでは飼育されたためしがないと言われ、事実、わたしもモンゴルでは一度も見かけたことのない、ラバが数頭混じっていたのである。だが、これらの家畜は、アシのほかにはほとんど草らしい草も得られないせいか、いずれも貧弱な体格のものばかりであった。そのうえ、ここのモンゴル人たちは、アラシャンの住民として見ても、とりわけ不潔で、かつ非友好的であった。

オアシスのほぼまん中あたりに、オボ・チュアン、すなわちオボの泉と呼ばれる珍しい泉があった。泉の水が低い塚の頂から湧き出しているのであるが——かような不思議な現象が迷信深いラクダ曳きたちの興味をかき立てないはずはなかった。事実、泉のほとりには、この摩訶不思議な現象を記念して芝土の大きなオボが築かれており、現に他の幾つかのオボと同じように、ここでもラクダ曳きたちはモンゴル人の住民といっしょになって、香のあるときには香をたき、棒切れにぼろを結びつけたものを供えたりしていた。だが、わたしの見たところでは、この泉ももとは低い地面から湧き出していたただの泉にすぎなかったのを、後に風に吹き寄せられた砂で水の穴が詰まるのを防ごうとしてしだいに高く盛り上げてゆき、今日見るような砂山の頂を窪ませた形の小さな池ができ上がったというのが、ほんとうのところであるように思われる。しかし、そうは言っても、この泉だけがとくに崇拝の対象になったのには、たしかにそれ相応の理由があるはずであり、けっして近くに他の井戸がなかったからではないのである。このあたりも、井戸ならば一・六キロかそこら歩けば必ず見つかるほどたくさんあり、地面を一メートルも掘れば、ほとんどどこでも簡単に水が得られるのである。そればかりか、泉の水があふれ出して沼地に流れ込むといった、ほんのしるしばかりの小さな川もないわけではなく、オボの泉から少し行ったところにも、わたしの見たうちでは最も広い水面を張った池があったのである。それは、見たところ、家畜を洗うために作った大型の池ほどの広さはなかったが、その回りに密生しているおびただしいアシのかげには、まだ他にも水のたまっているところがあるかもしれなかった。

たしかに、冬のあいだここで宿営するモンゴル人の数は、ほかのところに比べてはるかに多いようである。アシや砂丘が格好の風よけとなってくれるため、冬の住み家としてはまさにうってつけの場所なのである。わたしが見たときには、あたりの沼地は、南へ渡るために集結した無数のガンやカモが群がっているほかは、人影もないまったく荒涼としたながめであった。ここに集まった鳥の中には、そのまま残って越冬するものも少なくないという話だった。たった一度だけ、わたしはアシの茂みをくぐって、数羽のカモの群れを仕止められそうな距離にまで近づくことができた。しめたとばかりわたしは、彼らに飛び立ついとまも与えず、そのうちの三羽にしたたかに弾を撃ち込んだ。弾の当たった個所が首だったため、あとで食べた肉の味はまた格別であった。近くには、鳥のほかに、カモシカもかなりたくさん棲んでいたが、彼らはたいていいつも砂丘の奥にいて、沼地へはただ水を飲むためにやって来るだけであった。

オアシス地帯の西端に達したわれわれは、エッィン・ゴルへの道をふさいでいる巨大な砂丘にぶつかった。この砂丘は、羊腸の道における最も大きな目じるしの一つに数えられているもので、ラクダ曳きたちはこれのことを、砂の大峡谷と名づけていたが、谷と表わしたのは、シナ語では砂丘そのものよりもむしろその中間の窪みを主にして呼ぶからなのである。この砂丘を越える旅は、ラクダ曳きたちからもひどく恐れられていた。それもそのはず、少しでも強い風が吹けば、先に通った隊商がつけた足跡も、二、三時間のうちにすっかり消えてしまい、あとにはただ見上げるばかりの黄色い砂の山が果てしなく続き、こんな定まりない乾ききった荒野にしては無気味と思われるくらいあざやかな緑色をしたぎょりゅうの叢林がそここに連なっているだけとなるのである。

われわれが最後に休んだところ——それは、拐子湖での最後の休息地であるとともに、アラシャンにおける最後の休息地でもあったが——は、無尽蔵と思われるほど豊富な水の湧き出すある井戸の近くであった。水の豊かなことはまったく驚くばかりで、同じ一日のうちに、われわれのグループの隊商に属する数百頭のラクダと、他に少なくとも一〇〇頭はいると思われるモンゴル人のラクダの群れにたっぷりと水を飲ませても、まだ余りあるほどだったのである。このあたりは、拐子湖窪地のうちでは比較的地味の痩せた最外縁の地で、柔らかい土からなるわずかな平地にはアシがびっしりと繁茂していたが、そのほとんどがモンゴル人のラクダに食われて、短く刈り込んだようになっていた。われわれのすぐ手前と南側には、おびただしい砂丘がぎっしりと寄り固まって並び、さらに北西に向かって、高さはそれほどでもないがより深い奥行きをもった帯状の丘塊をなして延々と続いていた。隊商の通り道は、最短距離に沿ってここを越えるように引かれていた。ラクダ曳きたちの話では、北側も南側も砂丘が深くて越えられないが、その中間の谷を行けば、アシの群生地や池も少しはあってはるかに凌ぎやすいということであった。

出発後数分にして、はやくもわれわれは砂丘地帯に踏み込み、果てしなく広がる砂のほかには何も見えなくなった。長い尾根を持った砂の山が迷路のように入り組んで、ときにはほとんど三〇メートルほどの高さにそそり立ち、平均して少なくとも一八メートルの高さを保ちながら、ほぼ南西から北東の方向に連なっていた。その中には、草一つはえぬ不毛の膚をさらした、流動性と覚しき砂丘もあるかと思えば、ぎょりゅうが茂ってしっかりとその場に定着した砂丘も少なくなかった。これらの丘にはえたぎょりゅうは、これまでに見たうちでも最もりっぱなもので、喬木のような堂々たる枝をのばし、重く垂れ下がるほどに豊かな葉を茂らせていた。三キロばかり行くと、小さな井戸のあるところに出たが、そこで帰化へ向かう隊商の一隊に出会った。そこを過ぎて一六キロ進んだところで、再び巨大な裸の砂丘にぶつかり、さらに一時間ばかり歩いて、帯状に広がるたくましいぎょりゅうの叢林に達したのをさいわい、そこで野営を張ることにした。この間、われわれはたえず針路をだいたい西に取るように心がけたのであるが、そうは言っても、実際には、砂丘の最も低い個所を選んで上る必要から、隊商をあちこち引き回し、ときには北東に向かって進むかと思えば、反転して南に下ることもあるといったぐあいに、その場に応じてどちらへでも進まなければならなかったのである。かてて加えて、吹き募る風のはげしさは、まさに周囲の砂丘を根こそぎ拐子湖の窪地に吹き落としかねないほどであり、その中を進むためには、常に傾斜の急な短い斜面を急ぎ足で駆け上がっては、南に面した長い坂に沿って、低く身をかがめながらゆっくりと下りるという方法しかなかったのである。

われわれが宿営したところに、節くれ立ったぎょりゅうの枝をちょうどインディアンのテント小屋のような形に積み上げた大きなオボが一基立っていた。このオボの中心あたりがうつろになっていて、その奥に、両脇に二頭の獅子を従えた小さな神の像がすえられてあり、それを取り巻くようにしておびただしい数の像が並んでいたが、それらの像の中にはみだらな姿を形どったものも少なくなかった。これらはすべて、ラクダ曳きたちが粘土を使って作ったものであり、中には、からかい半分の卑猥な気持で作られたと思われるものも幾つか見受けられはしたが、しかし、たいていの像の前にはしめやかに香がたかれ、この土地を治めている名も知らぬ神の力にすがって、砂丘を通り抜けるあいだ風から身を守ってもらうことを漠然と期待したラクダ曳きたちの真剣な気持をうかがわせるに充分であった。このオボは、またここに大きな井戸のあることを示すしるしでもあり、少し塩分を含み、ぎょりゅうの根の匂いのするやや黄色く濁った水が湧き出していたが、ラクダ曳きたちの話では、これでも、最近幾組かの隊商がここを通りかかって頻繁に水を汲んだため、ふだんのよどんだ水に比べるとずっとよく澄んでいるとのことであった。

周家の御曹司は、伝統を尊ぶ精神まことに篤く、道すがら名のある祠にさしかかるたびに、あふれるばかりの敬神の念を披瀝するのが常であったが、今度もやはり、いつもの例にたがわず、よたよたと重いからだをオボの前に運んで、何やら物穏やかな祈禱の言葉をつぶやきながら、一束の線香を供えた。だが、そのかいもなく、翌日は朝から強い風が吹きまくり、それに乗って膚を刺すような砂が容赦なく襲って来た。わたしのテントは、もともと下がゆるい砂地のため止め杭をしっかりと立てられなかったせいもあって、この強い風に会うとひとたまりもなくたるんでしまい、おかげで、眼がさめてから出発するまで、何もかもすっかり砂と埃にまみれて、まったく手のつけようもないありさまであった。昼ごろになって、風はやっと幾らか弱まった。しかも、さいわい追い風であり、隊商の統率者も砂丘地帯の中でぐずぐずしているのを好まなかったので、われわれはすぐに荷物をまとめ、正午を少し回ったころには早くも宿営地をたって、おぼつかない足どりで行進をはじめていた。午後にはいって、空をおおっていた砂塵も晴れ、われわれを取り巻く砂丘の、前日にもまして高くそびえる巨大な姿を仰ぎ見ることができた。なるべくそれらの砂丘を避けるようにしながら、われわれは比較的足場の堅いぎょりゅうの茂みづたいに進んだのであるが、とにかくその間と言うもの、北を見ても南を見ても、いよいよ高くそそり立つ砂丘の、朽葉色一色に塗りつぶされた蕭条たる光景が延々と連なるばかりで、はるか南に砂丘を支えてそびえていた例の岩山の姿も、砂丘の陰に隠れたのか、あるいはすでに通り越してしまったのか、われわれのところからは見えなかった。厚く積もった砂の下には粘土質の地盤があり、深く窪んだところなどではときおりこの堅い土がわずかに顔をのぞかせて、そこに数本の細いアシがはえていることがあった。われわれの通る道を横切って、カモシカの足跡がここかしこに印されていたが、肝心の生きた獣の姿は一つも見えなかった。ラクダ曳きたちの話では、このあたりでも低い窪地を六〇センチから一・二メートルくらいも掘ればけっこう水が湧き出すそうで、ところによっては、せっかく汲んでも濁っていて使いものにならないのもあるが、中にはどうにか飲める水もかなりあるということであった。われわれは重い足を引きずりながらも、ひたすら前進を続けた。そのかいあって、しだいに道も楽になり、やがてなだらかな砂丘の並ぶあたりに出ることができた。かくして次の宿営地にたどり着いたときには、とにかくも、この砂漠における最大の難所も、われわれのはるかうしろに遠ざかったことだけは確かだった。この二日間にわれわれが歩いた距離の総計は、たぶん五〇キロほどに上るはずであるが、これを直線距離に直せば、ざっと二四キロないし三二キロと言ったところであろう。今度の宿営地にはあいにく井戸はなかったが、ここからながめると、しだいに起伏がなだらかになってゆく低い砂丘が行く手に広がっているのが見え、それだけがわれわれにとってせめてもの慰めであった。

われわれがテントを張り終わったころ、西からやって来た別の隊商がそばを通りかかった。彼らに尋ねたところ、爺さんと同郷の連中の隊商とついさっきすれ違ったばかりだと言うことだった。そうと知って、われわれはさっそく爺さんを放り出して、先を行く仲間のもとへ行かせることにした。と言っても、むろんそんなにあっさりと事を運んだわけではない。こういうことはすべて、それ相応の手続きというものを踏まなければならないのである。まず、周家の御曹司が長話をしにわたしのテントを訪れ、たき火の前にすわった。すると、わたしの雇ったラクダ曳きが、このときとばかり、爺さんのしでかした大小さまざまの驚くべき悪事を、かってな粉飾を交えながら、縷々注進におよんだ。そして最後に、次のように締めくくったのである。この前死んだ彼のラクダも、爺さんが悪意からわざと投げた大きな石が当たって脚を折ったのがもとで死んだことは絶対にまちがいないのだから、グチェン・ツに着きしだい奴を裁判にかけてやるつもりだ、と。こんなぐあいにラクダ曳きがさかんにまくし立てているあいだ、爺さんはテントの入口のそばに敷いたフェルトにすっぽりとくるまって、じっとしていた。こんなときには寝たふりをしているにかぎるということを、彼はよく心得ていたのである。

夜が明けると、今度は爺さんが作戦を開始する番であった。彼はいつになく早く起きてモーゼをつかまえると、こう言ったものである。実に残念なことだが、どうもわれわれ一行のような旅のしかたではもどかしくてたまらない。とにかく、自分は一刻も早くグチェン・ツに着いて、甥やラクダを捜さなければならないのだ。そう言ったあとでさらに彼は、わたしを起こすにはおよばないから、どうかいますぐ自分のささやかな持物を調べて、自分があとを濁さずにたつことをしかと確かめてもらいたい、とモーゼに大見えをきったというのである。モーゼは、爺さんがわたしの小麦粉で作った平たい焼きパンをしこたまかかえこんでいることぐらい先刻承知であったが、爺さんの《顔》をつぶすのも気の毒と思って、検査するのをさし控えた。こうして爺さんは去って行ったが——五〇の坂を越してもなお無頼と冒険の心を失わぬこの老人が、ただ一人ひしゃげたラクダに乗って、足どりも重く砂漠の中に消えて行くそのうしろ姿を想像すると、なぜとなく哀れでさえあった。わたし自身としては、いつもこの放浪のならず者に何となく憎めないものを感じていたのである。わたしの雇ったラクダ曳きも負けず劣らずの悪党ではあったが、爺さんには、この男をやりこめるすばらしい奥の手があって、それさえ使えば、わたしのラクダ曳きはたちまちたじたじとなって、むやみと怒り出すのが常であった。もしお前さんがほんとうにこの旦那をトルキスタンまで送り届けるつもりだったら、と爺さんは言ったものである、道がよくわからんぐらいのことで、のろまな隊商のあとにくっついて歩くようなまねはせんはずだがね。「だいたい、道がわからんとはどう言うこったね？　わしがゴビを旅してたころはだね、まともなラクダ曳きなら、道がどうのこうのなんてことはひとっ言も言わんもんじゃった。わしはな、旅をするのに道を通りゃせんのじゃ。糞じゃよ——ラクダの糞をたどって行くんじゃよ。隊商が通るところだったら、必ずラクダの糞があるもんじゃ。それでたくさんなんじゃよ。ラクダの糞さえ見せてもらえば、わしはどこへだって行ってごらんに入れますぜ。」

まさに自慢話もここにきわまれりと言ったところであろうか。

(1)　この名の最後の三音節については、『地理学誌』第五巻（一九〇二年）（二七三—八ページ、地図添付）に載ったコズロフの地図にしばしば出てくるカイルカンという地名と比較対照されたい。

(2) わたしにはアシに相当するモンゴル語をはっきりつきとめることができなかった。この地名は、おそらく、正確に言うとシャラ・クル・ウス、黄色いアシの水、なのであろう。ここに言うアシ(シナ語では、ウェイ・ツ)は、モンゴルやシナはもとより、ジュンガリアの湿地帯やタリム盆地などにも群生している背の高い種類である。

(3) これは、まちがいなく、コズロフの地図にあるヤバライ山脈である。

(4) 『地理学誌』第五巻(一九〇二年)(二七三―八ページ、地図添付)所載の「要約」参照。

(5) この地名の音から察するところ、「ゴイツォ」は、ロシヤ語をもとにしてフランス語的つづりを当てたものであるが、それでも純粋なモンゴル語の発音とは言えないようである。(その後、わたしは、どこでだったかは忘れたが、この地名は「愉快な」という意味を表わすモンゴル語からきたものであるという話を聞いた)

クァイ・ツ・フという名の「フ」は、「湖」を意味するシナ語である。西域では、この語はモンゴル語の「ノール」とまったく同じ意味に用いられており、湖を表わすこともあれば(ただし、普通に言う湖は、よりしばしば、一段上のハイすなわち海という呼称を冠せられるようである)、またときには沼地、さらには古い湖や湿地帯の乾いた床を指すこともある。

(6) 『地理学誌』(前出)によれば、コズロフはこの窪地が海面より低いという測定結果を出しているが、四〇〇メートルという彼の数字については、同誌の編集者も疑義をさしはさみ、おそらくそれはもとのロシヤ語版の誤植によるものであろうとしている。

12　アラシャンの果て

わたしが起きたときには、すでに爺さんが立ち去ってから数時間もたっていたが、そもそもわたしが眼をさましたのも、みながどやどやとわたしのテントにはいって来た、そのときならぬ物音が原因だったのである。爺さんが逃げたと知ったわがラクダ曳きが、今度グチェン・ツで爺さんに出会ったら、ああしてやるとかこうしてやるとか言って、威嚇に満ちた勝利の気炎を上げるのを、聞きに集まって来たのであった。かくして爺さんを失ったいま、われわれのもとにあってラクダ曳き助手の仕事をしてくれるのは、荒野で拾った例の迷い子の若者――いまでは、みなは彼のことを鎮番のワ・リと呼ぶようになっていた――だけであった。ワ・ワ（娃娃）と言うのは、もともと天津あたりでは、お人形さんという意味なのであるが、これが帰化から西のほうになると、いろいろ意味も拡大されて、乳幼児から腕白小僧、さらにはおとなになりきらぬ少年、二〇歳を過ぎた未婚の若者にいたるまで、ほとんどあらゆるものを表わすのである。ところで、われわれの鎮番のワ・ワであるが、ありのままを語ることを恐れる生来の警戒心が、悩みを打ち明けたいという子供らしい衝動を押えるせいか、彼の語った身上話はいずれも食い違っていてあまり当てにはならなかった。どうやら、すでに彼も、ラクダ曳きたちのように、旅をする者はけっして旅をするほんとうの理由を明かしてはならないという、まことに当を得た古人の教えをよく心得ているらしかった。だが、とにかく、彼の語った話をまとめると、ざっとこんなふうであった。

彼がまだ幼かったころ、彼の父はグチェン・ツでささやかな貿易の仕事を営んでいた。そのうち、故郷に錦を飾るに充分な金もたまったこととて、彼は他に数人の鎮番出身の者を誘って、めいめい蓄財を銀貨に換えて、いっしょに町をたった。出発まぎわに、数人の回教徒が彼らの一行に近づいて来て、いっしょに旅をしたほうがお互いに安全だからと言って、道連れになった。グチェン・ツとバルクルを結ぶ山道を通って、やがて一行は大石頭《タシトウ》、大きな石、という名の町に到着した。時あたかもシナの暦における正月の祭りの最中であった。そこで、もともとこの祭りを祝わない回教徒たちは、連れのシナ人たちに向かって、夜の見張りは引き受けるから、彼らだけで陽気に正月を祝うようにと勧めた。鎮番の男たちはシナの酒をしたたかに飲んで、前後不覚に眠り込んだ。すると、真夜中になって、回教徒たちはいっせいに立ち上がり、眠っている彼らの上にテントを引きずり下ろし、その上から棒で全員を撲り殺した。そのあとで、彼らは死体を井戸に投げ込み、銀貨を奪って逐電した。事件は春になってからやっと発覚したが、そのあたりでは、こんなむごたらしい犯罪はめったに起こったことがないので、たちまちたいへんな騒ぎになり、この事件にまつわる伝説までも作られたほどであった。その伝説によると、事件の発見者は、たまたま付近を旅していたシナの役人で、彼の乗った矮馬がどうしても古井戸のそばを通ろうとしないのを不審に思って、さっそく護衛の者をやって井戸を調べさせたというのである。すると、井戸の底に死骸のあるのが見つかり、なおその上にオオカミの死骸も一つのっていたが、これは腐肉を求めて跳び下りたまま渇きのために死んだものらしかった。この点の解釈について、より広く認められた説によると、役人の乗った矮馬が立ち寄ろうとしないのは、オオカミの匂いを嗅ぎつけたからだというのである。いや、とんでもない——ほんとうは、この役人がまことに徳の高い人物だったため、その徳が矮馬にものり移って道にはずれた行為にいち早く気づかせたのである。と、こんなふうに話をもって行くのが、シナの逸話によく見られる論法である。だが、それほどの徳がありながら、役人も矮馬もついに犯人を捜し当てることはできなかった。

鎮番のワ・ワは、こうして父を失ったのに続いて、まもなく母にも死に別れ、兄のもとに身を寄せることになったが、この兄というのがひどい男で、始終彼を叩いてばかりいたので、ついにたまりかねて、八歳のときにそこを逃げ出した。さいわい、荷馬車に乗って涼州におもむく途中の数人の旅人が通りかかって、彼を拾ってくれた。涼州に着いた彼は、食べ物や着るものを働いて得なければならず、さっそく羊の番をさせられることになった。涼州の南にそびえる大山脈南山の山中に棲むオオカミは大胆不敵で、まっ昼間から羊をさらうことさえ珍しくないと言われている。かようなオオカミから羊の群れを守るために、この地方の羊飼いは、たくましいどうもうな犬を飼ってこれに訓練を施して、草を食っている羊の回りを駆け回って群れを固まらせるようにしているというのである。これははなはだ耳よりな話であり、シナ人にしろ、モンゴル人にしろ、その他中央アジアのどの民族にしても、とにかく彼らが犬を訓練して羊の番をさせるというのは、わたしにとってこれが聞き初めであった。

南山山脈の話が出たついでにぜひ述べておきたいいま一つの不思議な話は、この山に住むと言われている毛深い山男にまつわる伝説である。この話を聞かされたとき、わたしはすぐに、これはシナ人の伝説にも出てくる例のジェン・シュン、すなわち人熊、のことではないのかと問うてみた。人熊というのは、ひどく人間好きな獣で、人を見るとすぐに近寄って来て、いとしさのあまり前肢を人の肩にかけて顔をぺろりとなめるのであるが、あいにくなことにこの舌がおそろしくざらざらしたしろ物であるため、これでなめられると顔の皮はひとたまりもなく剝けてしまうそうである。このやっかいな人熊から逃げる方法は、たった一つ、音楽と踊りで人熊を恍惚とさせることであり、絶対安全を期したければ、踊り手は着ている物をすっかり脱いでしまったほうがいいということであるが——こういう踊りなら、人熊ならずとも恍惚となるのは当然である。

いや、とんでもない、とワ・ワは答えた。毛深い山男というのは、人熊とも違うし、その他どんなサルのたぐいとも違う。彼らのからだは、長さが一四、五センチもある白い毛でびっしりと厚くおおわれており、そのため、シナ人の使う旧式な鉄砲で撃たれても、比較的毛の少ない腹のあたりにでも当たらないかぎりびくともしないのである。彼らは好んで山の中の洞窟や穴を棲み家とし、目ざわりになる回りの立木や叢や石ころなどを、その恐るべき腕力に物を言わせてきれいに取り払うということである。食べ物はもっぱら獣の生肉で、たいてい手でそうした獲物をひねり殺すのであるが、しばしば食べるつもりもなしに、ただおもしろ半分に殺すこともあるそうである。たとえば、馬を殺したときなど、まず肩の肉を一と口味わってみる。そして、それが気に入らないと、あとは全然食べずに捨ててしまうが、気に入ったとなると、それこそ腹の皮が破れるまで貪り食って、そのあと数日間も眠りほうけるといったぐあいである。まれにきこりや狩人が彼らの姿を見かけることがあるが、そんなときでも狩人たちは、彼らの眠っているところへ行き合わせたのでもなければ、まず絶対に銃を向けたりはしないそうである。

毛深い山男と言えば、後にわたしがウルムチで会ったあるベテランの宣教師も、やはり涼州の近くを通ったときに、その話を聞いたということであったが、実は、かのプルジェワルスキー自身も、この荒唐無稽な話を聞いたことがあり、しかも彼はこの獣がクマであることを立証さえしていたのである。そのことをわたしが知ったのはもっとずっと後になってからであった。彼は現に山の中で生きている獣を一頭と、ある寺で剝製のものを一つ見たのである。彼の記述によると、それは頭と胴体の前部が薄ぎたない白い毛でおおわれ、背中の部分はうす黒く、手足はほとんどまっ黒だったということである。

さて、ワ・ワの話に戻ると、南山でも彼は雇主たちからこっぴどくぶたれたらしいのであるが、それでも今度は逃げ出そうとしなかった。ところが、一四かそこらになったとき、重い病気にかかった。すると雇主たちは、自分たちのもとで死なれてはめんどうと思ったのか、彼がどうにか歩けるようになるのを待って、ただちに暇を出した。彼は道々物乞いをしながら寧夏まで歩いて行き、そこからひと思いにアラシャンに住むモンゴル人の部落にはいり込んで、やっとそこで仕事にありつくことができた。今度の仕事もまた家畜の番で、報酬として月に一両《テール》相当の物品をもらったが、ここでも相変わらずぶたれどおしであった。と言うのも、相棒のモンゴル人の少年が怠けていたために家畜が迷い子になったことまで、たいてい彼の責任にされて、そのたびに罰を加えられたからであった。だが、ようやく一人前の働きができるようになると、家畜番の仕事から抜擢されて、今度はアラシャンのある貿易商人の組合——それは、モンゴル人の資本で運営されているシナ人の商社であったが——に雇われて、ラクダ曳きとして働くことになった。かくして彼はアラシャンの全域をくまなく旅して回っているうちに、モンゴル語も自由自在に操れるようになった。

これも彼から聞いた話であるが、王爺府の南にそびえるアラシャン山脈中の森林地帯に、ワピティ（アジア産のオオジカ）の聖域があって、そのあたりではときおり白いオオジカが姿を見せるということであった。またこの山脈には、エゾ松の王と呼ばれる並みはずれた太さと古い樹齢を誇る三本のエゾ松がはえているという話であるが、この大木は最初涼州に近い南山山脈にはえていたのが、後にそこを逃げ出してアラシャンにやって来たものなのである。涼州の山中には、いまでもエゾ松の王が二つだけ残っているが、これにまで逃げ出されてはたいへんとばかり、二本とも鎖でしっかりと縛ってあるということだった。ワ・ワは現にこのエゾ松を見たことがあるそうで、そのときには鎖もすっかり古びて腐蝕がはなはだしく、ちょっとさわっただけでもぼろぼろとさびが剝がれ落ちたほどであった。この話は、おそらく、南山山脈の樹木限界線が後退しはじめた乾燥期にさかのぼるものなのであろう。当時、この山の住民たちは、樹木が枯れるのはそれに宿る霊が失われたためであると考えて、そこでしかるべき木を数本選んでそれを神格化し、樹木そのものよりもむしろそれに宿る神秘的な力が逃げ出すのを防ぐために、鎖で大地に縛りつけた。しかも、もしこうした事態のところへ、アラシャンでは樹木が青々と茂っていると言う便りが届いたとすれば、彼らとしては、はっきり自分たちの森の霊がアラシャンへ逃げて行ったと考えるのも当然であり、おそらく、これが逃げ出した三体のエゾ松の王という話になって、この一連の伝説ができ上がったものなのであろう。

ワ・ワが雇われたアラシャンの隊商の人夫たちは、ほとんど全員が鎮番生まれのシナ人であったが、彼の受けた訓練は最初からきわめてきびしいものだった。しかも、彼らのしきたりは、あらゆる点で大貿易路を旅する隊商のそれと違っていて、たとえば、彼らの隊商には統率者というものがなく、また先頭のラクダの列を率いる料理長さえもいないのである。したがって、食事はみなが一日ずつ交替で作る習わしであった。宿営地をたつときには、二人ずつ組んで荷をラクダに積み、あとは積み終わった者から順に出発する。途中で荷が落ちても、誰一人積み直しを手伝ってくれる者はなく、あくまで自分だけで始末をつけなければならない。また、各旅程の距離も、全員の相談によって決められ、いったん荷を積むために並んだ列からラクダを立ち上がらせてしまえば、あとはおのおののラクダ曳きが自分の責任において、自分の率いるラクダと、積み荷と、そして自分を、所定の時間内に次の宿営地に届けなければならないのである。

また、これに使用されるラクダは、モンゴル人のもので、そのつど群れの中から選んで借り出しては、ごく短期間の旅が終わるたびごとにまたもとの持主に返すという方法がとられている。そのせいもあり、また積み荷そのものも貿易路における標準の荷よりもはるかに軽く、せいぜいで二七〇ポンドくらいでしかないと言うことや、さらには全員に騎乗用のラクダが一頭ずつ与えられていると言うこともあって、各行程の距離をきわめて長くとることが可能なのである。夜明けが近くなると、まずラクダをいっせいに草地に放ち、そのあいだに人夫たちは朝食を作って食べ、キャンプをたたむ。そして、太陽が上ってまもなく行進に移り、そのまま日没まで歩き続ける。それから野営を張って、当番の人夫二人がラクダを草地に連れ出して、真夜中ごろまで草を食わせたあと、地面にひざまずかせて数時間の休息をとらせるのである。この話の中ではなはだ興味深く思われる点は、ラクダは日が暮れてからは絶対に餌を食わないと言う、一般に根強く信じられている神話と、この話がまっこうから対立していることであるが——考えてみれば、そもそもかような神話が生まれたというのも、実は、貿易路を通る隊商では、もっぱら日暮れ近くから夜半まで旅をし、明けがたから昼過ぎまでラクダに草を食わせる習慣になっていることからきているにすぎないのである。それにまた、この習慣自体にしても、暗くなってから多数のラクダを草地に放ったのではとても監視の眼が行き届かないということから、そういう方法がとられるようになったと見てさしつかえないようである。実際には、夜間はものを食わないどころか、空腹を訴えさえすれば彼らは夜中でもしばしば、ひざまずいていた列から起き上がって、まだ食い足りぬ夕食を求めて草地に出かけて行くことがあり、おかげで見張りの人夫たちは、一と晩じゅうまんじりともせずに監視していなければならないのである。

わたしに拾われる二、三か月前に、この砂漠の放浪児は、八歳から一九歳までの長い少年時代をかけて血のにじむような苦しい労働によって得た二六両《テール》（約三ポン

周家の長男（左）と鎮番のワ・ワ

ド）の金を持って、鎮番に近い彼の家に帰った。二六両《テール》と言えば、鎮番の住民にとっては喉から手が出そうな大金であったに違いない。なにせこの町では、他のシナ人たちの話によると、冬に着る綿入れの着物一着分の綿花で妻を一人買えるくらいなのである。そこで、彼の兄はさっそく彼を二歳年上の女と結婚させる手はずを整えた。この女というのは、彼が赤ん坊だったころに、両親が嫁にもらう約束をしてあった女だったが、あいにく彼女にはほかに好きな男があり、彼のことをきらっていた。（女をこんなにかってにのさばらせるところを見ても、鎮番人の品の悪さがわかろうと言うものだ、とは他のラクダ曳きたちの感想であった。）そのため、結婚後四日めにして、彼は家を飛び出し、再びモンゴル人のもとへ走った。数か月して、兄が彼を家に連れ戻そうとして行くえを捜していると言ううわさが耳にはいった。捕まっては一大事とばかり、彼は半ば破れかぶれになってさらに遠くへ逃げ、隊商の通る荒野のはずれまでやって来た。もう一人の兄が住んでいるグチェン・ツまでラクダ曳きをしながらたどり着けるかもしれないという期待にひかれてのことであった。

このワ・ワの話について、ラクダ曳きたちが寄り集まってはあれこれと論じ合うのを、わたしは何度か聞いた。その結果、ワ・ワは、彼の妻またはその恋人、あるいはその両方ともを殺してから逃げ出したに違いないということにみなの意見が一致した。と言っても、もちろん、それをもって若者の非をとがめようとしたわけではないのである。シナの西部地方には、自分の本名を名のらない人間が山ほどあり、聞かれるたびに違った身の上話をする人間にいたっては、それ以上に多いのである。だが、誰もそんなことにはいっこうに頓着しない。要は、めいめいわが身のことにだけ気を配り、他人の中にはいったらあまり深く眠らないように心がけさえすればよい。それさえ忘れなければ、あとは好きなことを言い、聞きたいことを聞き、信じたいものを信じていっこうにさしつかえないが、あからさまな質問に対してあからさまならそ以外の返答を期待したりすれば、それは期待するほうがばかと言うものである。ワ・ワの話も、わたしにはどうもその真偽のほどがわからなかった。ときには、その口ぶりから、彼が何か大それたことをやって、そのためにおびえているのではないかと言う気がすることもあったが、結局、はっきりわかったのは、彼がひどくおとなしい若者で、人からぶたれたりすることを極度に恐れているということだけであった。例によって、わたしの雇ったラクダ曳きが彼をいじめるようになっても、彼はわたしが味方についているとわかるまでは、まともに立ち向かおうとさえしなかった。いや、わたしが味方だとわかってからでも、殴り合いの喧嘩だけは絶対にしようとしなかったのである。「八つのときから」と彼は言った。「わたしは兄にぶたれどおしで、それをきらって逃げ出したら、今度は赤の他人からいつもぶたれてばかりいたんです。」だが、そうは言っても、鎮番の人間と言うのはえたいの知れぬ連中ばかりであり、だから喧嘩をしたがらないからと言って安心していると、闇夜に乗じて相手をナイフでぐさりとやっておいて、そのまま姿をくらますということも大いにありうるのである。

ところで、ワ・ワの言ったもう一人の兄のことであるが、気の毒なことに、若者はこの兄とは永久に巡り会えない運命にあった。たまたまひどくもの寂しい荒野を通っていたとき、われわれは道ばたに一基の墓が立っているのを見つけた（羊腸の道で墓に出会うのはこれがはじめてではないのであるが）――それは、石をうず高く積み上げて、その上にラクダの荷鞍から剝がしたカバの板切れを立てただけの粗末なものであった。板には筆で何やら文字が書かれてあったが、すでに名は薄れていて読み取ることができなかった。そこから西へ、さらに数百キロ進んだころ、われわれはワ・ワの兄と知り合いだったという男に偶然出会ったのである。「おや、知らなかったんですか？」とその男は言った。「彼はもうかれこれ一年以上も前に亡くなりましたよ。ゴビの旅で。これこれしかじかの月に、これこれの井戸からしかじかの井戸へ行く途中のあたりでね。」では、あの墓がそうだったのか、とやっとそのときになってわれわれは気がついたことであった。

さて、爺さんが去ったあと、われわれは再び砂漠の旅をはじめたが――これが、砂の大峡谷における最後の行程であった。ほんの数キロも行くと、急に歩きやすい道になり、そのあたりからぎょりゅうの叢林が尽きて、代わりに、大地にへばり着くようにしてはえた草が一面に茂る起伏のはげしい広野になったが、たしかこの草は、ここへ来る途中のもっと東の荒野を通ったときに、その堅い地面にはえていた草と同じ種類であるようだった。そこを過ぎてさらに、夕陽がぎらぎらと照りつける低い砂丘を幾つか越えると、これで砂漠地帯の旅もすっかり終わり、やがて夜のとばりが下りた。七時半ごろだったであろうか、とつぜん、目のさめるように明るい星が空に現われた。それは、銀河の幅ほどもある大きな尾を引き、わずかにそれを横になびかせながら、三〇秒かそこらのあいだ、まぶしく輝いたのである。これを見て、ラクダ曳きたちはてっきり兇事の前触れと思い込んだらしく、不安げな面持ちで何やらひそひそとしゃべりはじめた。ところが、その中でただ一人、これはよい前兆であると主張した男があった。あれは馮玉祥（キリスト教軍の司令官）の星なのだ、とその男が言った。星の尾があのように北東の方角を指しているのは、北西地方から追われたキリスト教軍が甘粛省や新疆省のほうに進まずに、ウランバートルに向かおうとしている証拠であり、だからわれわれはもう彼らに悩まされることはあるまいと言うのであった。

それにしても、ラクダ曳きたちが真北の方角を探り当てるのにさえさんざん時間をかけて騒々しく議論し合っていたのは、まったく意外であった。あとで聞いてみると、何と彼らの中には大クマ座を知っている者さえごくわずかしかなく、ましてや北極星ともなると、もともと家を建てるときなど大工たちが祈願を捧げる聖者の星として、昔からあがめられているはずなのに、これのわかる者はほとんどいなかったのである。実際、ラクダ曳きたちは、方角に対して異常に鋭い感覚を持っているにもかかわらず、いわゆる羅針盤の三二方位に関してはごく大ざっぱなことしかわからないらしく、そのため、西と北とのあいだのどの方位も、彼らのあいだでは、すべて北西としか表わしようがなく——しいて表わそうとすれば、たとえば「西はたっぷりで、北が少し」と言った表現を用いるくらいのもので、これによって西と北西との中間あたりの方位を漠然と指したことになるのである。ところが、それでいて彼らは、日常の事柄においては、「左」とか「右」とか言う代わりにいつも羅針盤の方位を用いているという事実を思い合わせると、いよいよもって不可思議千万な話である。たとえば、自分の寝る場所はテントの入口から西側の列であると言ったりする者さえいるのである。大クマ座のことを、ラクダ曳きたちは北斗と言う名で呼んでいるが、斗と言うのは井戸から水を汲むのに用いる籐の籠のことであるから、まさにこれはわれわれが俗に柄杓《ひしゃく》と呼んでいるのに相当するわけである。

夜が明けてからながめると、あたりの景色はこれまでとがらりと変わっていた。短く刈り込まれたアシが一面に茂る、地盤の柔らかい窪地が広がり、ここかしこに鋭く切り立った堅い粘土質の凝塊が突出していた。地面は、いたるところ、おびただしいソーダの結晶でおおわれていた。この付近はいわば、拐子湖とエツィン・ゴルの中間に位する、輪郭のはっきりしない盆地帯であるらしく、アシの茂っている低地も、おそらく、その昔エツィン・ゴルの氾濫によって(あるいは、当時、川は一つではなく、現在のエツィン・ゴルがその唯一の名残りであるところの、同じ河川系に属する幾本もの川が、ここを流れていたとも考えられるのであるが)浸水した地帯であるとみてほぼまちがいないようである。かの、「刈り込まれ、裂き分けられしオクサスの流れ」のように、この川もまた、雪深い南山の「いと高き揺籃の地を忘れて」、ちりぢりに分かれ広がりながら流れ下るうちに、やがて力尽きて砂漠の果てで息絶えることであろう。この低地に沿って、いずれも梧桐樹とおぼしき数本の木がまばらに並んでいるのが見えたが、これこそまさしく、昔の河床のありかを示す最も決定的な証拠と言えそうである。

ここはまた、道の分岐点にもなっており、南西に分かれた道を行くと、エツィン・ゴルが甘粛省の境界線——と言うよりはむしろ、境界地帯と称するにふさわしい、きわめて漠然とした辺境地であるが——から出はずれる地点で、この川を渡り、さらに石炭坑の道と呼ばれる道を通って先へ進むことができる。これは、シナ人のいわゆる「こちら側」、つまり北山《ペイシャン》山脈（南山《ナンシャン》に対する北の山という意味でそう名づけられた、甘粛省西部に連なる雪をいただいた大山脈であるが）の南麓に沿って走り、その周辺には、ごく大ざっぱに引かれた水路網が、カルリク・ターもしくは天山山脈の東端の扶壁部から南東の方向に、エツィン・ゴルの上流目ざして広がっているのである。したがって、この道は、南山山脈によって代表される太平洋岸排水帯と、北山山脈の北側斜面からはじまるモンゴル内陸排水帯との、ちょうど中間に横たわる辺境地を縦貫しているわけであり、他にも南山山脈や北山山脈の水を集めたごく短い排水路網や滲水路網が縦横に通じていて、これが粘土や砂礫の荒野によって隔てられた幾つかの貧弱なオアシスを潤しているのである。メイ・ヤオ（煤窰）すなわち《炭坑の道》と言う名は、おそらく、粛州の町に石炭を供給している、付近のごく原始的な露天掘りの炭坑にでもちなんで名づけられたものなのであろう。しかも、この道は荷馬車の通行も可能であるうえに、清城《チンチェン》やハミにまで通じているため、シナ本土から山西・甘粛の両省をへて奥地に通じる大帝王路から分かれて、砂漠を抜けてナン・シーからハミにまでのびている大荷馬車路の、いわゆる外辺の代用路として、しばしば利用されると言うことである。ただ、この道には、甘粛の徴税役人が頻繁に出没するのに加えて、回教徒の匪賊が現われることさえ珍しくないそうで、それが最大の難点とされているのである。

一方、分岐したもう一つの道は、北西に進んで、エツィン・ゴルを、さらに北に寄った下流の地点で渡り、そこから西に転じるや、壮大なカラ・ゴビ横断の旅を敢行し、さらに無人境を越えて、アルタイ山脈と天山山脈に囲まれたモンゴル辺境地帯にまで達している。そのコースは、まず最初、北山山脈の北側山麓に沿って走り、やがて天山山脈と並行するあたりに達すると、南に越える幾つかの山道に分かれ、まず清城にいたり、次いでハミ、そしてさらにバルクルに通じるのである。そのうちで最も大きな道は、バルクルを通過したあと、さらに西寄りの針路をとって大西方路の最終路程に合し、最後には、シナ本土を発してシナ辺境諸省もしくは内外いずれかのモンゴルをへて、西域の門にいたるすべての荷馬車道およびび隊商路の一大集合点たるグチェン・ツに達しているということである。

エツィン・ゴルは、南山山脈の太平洋排水帯におけるいわば異常児である。と言うのは、もともと太平洋から内陸に向かって運ばれた湿気はこの高い山稜によって凝縮されるため、南山山脈はその影響を受ける気候帯の限界線をなしているにもかかわらず、エツィン・ゴルの水は太平洋に戻らずに、北に向かって流れ、いずことも知れぬモンゴル奥地の閉ざされた砂漠の中に没しているのである。エツィン・ゴルの、モンゴルにおける地理的位置はとくに重要である。今日、内モンゴルと外モンゴルとの境界は、入手しうるいかなる文書に照らしても、微細な点にいたるまで正確をきわめた線を引くことはほとんど不可能である。地理的には、内モンゴルは、モンゴル高原のうちでもとくに東西に広がる巨大なゴビの障壁によって隔てられている地域を占めるものとされているが、一方、内外両モンゴルの政治的境界線は、砂漠の南に住む部族と北に住む部族とを比べて、前者はこれまで常に、ゴビと言う余分の防壁によって隔離されている後者よりもはるかに直接的に、強大なシナの支配力を受けざるをえなかったという歴史的事実に基づいて定められているのである。

内モンゴルの部族と言うのは、したがって、シナの清王朝によって明確な政治的形態を与えられたうえに、その社会的影響をも直接に受けた部族のことである。さらにその西には、アラシャンがあり、地理的にはこれも内モンゴルに含まれるが、部族的に見ると、その住民は西モンゴル人の系統に属するのである。彼らは、その昔、初期の清朝皇帝とほぼ時を同じうして現われ、一時は清に拮抗しうるほどの勢力を持つにいたった好戦的なハンをいただく西モンゴル族の、侵略的な政策に組みすることを潔しとせず、自ら寝返って清帝国の領内に帰順して来た者たちの末裔なのである。

ここからさらに西に寄ったところに、他からまったく隔絶したエツィン・ゴルのなだらかな流域地帯が横たわっている。この川の名は、エチナ、すなわち黒い町にちなんでつけられたもので、モンゴル人たちはこれを訳して、ハラ・ホトと呼んでいる。エチナの廃墟は現在も残っており、これまでにもすでにコズロフとオーレル・スタイン卿、それにラングドン・ウォーナーの三人がここを訪れているのであるが、その昔、ここはモンゴル人ならぬタングート族の都市として栄えたところであり、彼らの王国は、南山山脈を根拠として、一時はシナ西部と西チベットにまたがる広大な地域を領有したほどの強国であった。エチナはモンゴルからの侵入路を扼する重要な拠点であったが、結局最後には、ほかならぬこの侵入路からチンギス・ハンが攻め入り、タングート王国の死命を制したのである。一三世紀にマルコ・ポーロが訪れたときには、すでにタングート王国はモンゴル帝国の属国となっていたが、町そのものはまだ往時の繁栄をとどめていた。それがいまや、エチナの城壁は砂の蹂躙に委ねられ、かつて権勢を誇ったタングート族も、その王国が跡形もなく消え失せてしまったいま、はるかココ・ノールの荒野に見捨てられた哀れな少数部族として、ほそぼそと露命をつないでいるにすぎないのである。

本来からすれば、エツィン・ゴルから西の地域は内モンゴルと言う呼称を冠せられるべきではないのであるが、にもかかわらずたいていの地図では、内外両モンゴルの境界線を表わす点線が、当てずっぽうと思われるしかたで、ためらいがちにこの地域に引かれているのが実情である。大ゴビは、このあたりで南に転じ、北山山脈と言う名で漠然と総称される山地を一気にまたいで、さらに西と南に向かって広がり、ゴビと並び称せられるいま一つの大砂漠タクラマカンの外縁をなすクルク・ターグ山脈にまで達している。エツィン・ゴルから西に進んで、カラ・ゴビを越えると、かなり広範囲に広がる入り組んだオアシス網が見られると言うことであるが、これらのオアシスは、アルタイ＝アジ・ボグド山系と、北山＝カルリク・ター山系とにはさまれ、カラ・ゴビを頂点として西へ行くにつれてしだいにその幅を増す広大な地域を母胎とするものである。おそらく、このオアシス地帯も、かつては人の住むに適したより恵まれた条件を備え、バルクルを中心とするフン族（正しくは匈奴族）の居住区域の一部をなしていたのであろう。だが、その後は、外モンゴルの諸部族でここを住み家とする者もないままに長い歳月が流れたに違いなく、したがって、隊商の人夫たちがこの地方の中心部を指して呼ぶところの、無人境と言う名は、むしろ全地域について用いられてしかるべきものなのかもしれない。

　あいにく、わたしは詳しい地図を持っていなかったため、エチナからどのくらい隔たったあたりを通ったのか確かめることができなかった。ラクダ曳きたちに尋ねても、廃墟の町があるなどと言う話は全然聞いたこともないと言う返事であった。だが、おおよその推定では、わたしの通過地点は廃墟からかなり南に寄ったあたりだったようである。と言うのは、その間わたしは、ウォーナー[1]氏の述べている「高さ一五メートルに達するものも珍しくない小高い砂丘の連なり」と言うのにも出会わなかったし——ただし、彼の言っているのが、拐子湖を出てすぐに横断した例の大砂丘帯のことでないとしたらの話であるが——あるいは、「樹木という樹木が一本残らず大地に倒れ伏した、迷路さながらの死の森」も、「たっぷり二・七メートルはあろうかという大きなアシの茂る涸れた湖床」も、いっこうに見かけなかったからである。それにしても、せっかく地球上の最もすばらしい秘境の一つが見られるかもしれぬという、この一生にただ一度の機会に恵まれ、しかもほとんど手の届きそうなところにまで来ていながら、それをこの眼で見ることなく通り過ぎてしまうというのは、どう考えても口惜しく、あきらめ切れないものがあった。実際、かいのない繰り言ではあるが、もしわたしがいわゆるいっぱしの大探検家で、あり余る資金の援助も得られ、各国の公使館がこぞって熱意あふるる協力の手を差しのべてくれる身分だったら、いまよりもどんなにか多くのものを見聞することができただろうかと、そればかりが悔やまれてならなかった。いまのわたしはそんなことなど思いもよらぬ、貿易に従事する隊商について歩く一介の旅人にすぎず——いつとも知れぬ遠い昔そのままの悠揚迫らぬ旅に明け暮れ、周囲のものごとにはまるで無頓着なラクダ曳きたちが仲間とあっては、いきおい行き当たりばったりの生活を送らざるをえず、ときには堅く口をとざして語らないかと思えば、また気が向きさえすれば問わず語りに語り出すラクダ曳きたちから、ようやくのことに聞き出した太古の伝承の断片も、果てしない無知の回廊を伝ってわずかにゆらめき洩れるほのぐらい燈火に似て、まことに心細いかぎりであった。

われわれは最初から北に向かう道を進む予定であったが、出発まぎわに出会った数隊の隊商から、川の岸につい最近徴税事務所が設けられたので、一と悶着なしには通れまいと教えられて、さっそくもっと北に寄った地点で川を渡ることに決めて出発した。次の宿営地は、三つの井戸のあるところであった。そこの地名は、シナ流に言えば、ポル・チュアン、もっとモンゴル語に近い正確な発音で言えば、ボロ・チュアンであるが、チュアンと言うのは泉を意味するシナ語である。この泉は塩分のない良質の水であったのに、われわれはうかつにもここをたつときに水を補給するのを忘れてしまい、途中で見つけた別の井戸から汲んで水樽を満たさなければならなかったが、あいにく今度の水は塩からかった。この井戸は、最初の井戸をたって北西の方向に八キロばかり進んだところにあり、途中われわれは、短く噛み切られた枯れアシの茂みの中に平らな面をした粘土の凝塊が幾つもそそり立っている窪地を通り抜けた。わたしはこの井戸のほとりに足を止めて、隊商の列をやり過ごしながら、ラクダ曳きたちが樽に水を詰めるのをながめていた。そのときであった。背の高い男と背の低い男が連れ立って、西のほうからこちらへやって来るのが見えた。二人ともロバに乗っていたが、長巻きにした寝具類や糧食もいっしょに積んであった。背の低いほうの男は大きなロバにまたがり、騎兵銃と、薬莢のびっしり詰まった布製の弾薬帯を携えていた。一方、背の高い男は小さなロバに乗って、いとも古めかしい作りの刀を一振り、もものすぐ下の荷に革紐でつっていた。そのほかに、この男の装いでとくに目をひいたのは、白い麦藁帽子をかぶっていることであったが、これは外国のフェルト帽そっくりに作られた例の天津製の帽子だった。この帽子だけを見れば、どうにか帳簿をつける程度の読み書きぐらいはできそうな、ささやかな商人と言った感じであるが、ものものしい武器を携えたり、相棒を連れたりしていることを合わせ考えると、商人どころか、まさしくこれはその筋から遣わされた下っ端役人に違いなかった。こう言ったことは、旅をしているとじきにそれと察しがつくようになるのである。

すぐに、背の高いほうの男は片足を地面について、もう一方の脚を高く上げながらロバを股の下から前へ押しやって、その場に下り立った——こうするのが、相手に対する好意と尊敬のしるしなのである。彼らは、われわれが多人数であるうえに、わたしに武器があることを知って、まずは用心深く話しかけて来た。と、隊商の統率者の一人が、何か助けを求めるような表情をしてわたしのほうを見た。それを合図に、わたしはとっさにシナ語が一と言もわからない外国人を装って、まの抜けた作り笑いを浮かべて見せた。どうやらこの統率者は、とっさのことに、外国人であるわたしを楯にとれば何とかこの場を切り抜けられるかもしれないと考えたものらしい。たちまち、双方のシナ人のあいだではげしい言い争いがはじまり、役人たちのほうでわれわれに積み荷の内容を申告せよと詰め寄れば、ラクダ曳きたちも負けずに彼らの資格証明書や令状を出して見せろと言って譲らなかった。結局、どちらの側も折れようとせず、このままではらちが明かぬと見てとった二人の男は、戦法を変えて、さし当たり自分たちはとくにどこへ出かけるという予定もないから、これからわれわれのお供をさせていただくことにしよう、といとも慇懃に言ったものである。統率者たちも、徴税役人に捕まったのが運の尽きとあきらめて、もっと北寄りの道をとるはずの当初の計画を放棄し、すぐにわれわれはエツィン・ゴルの浅瀬に向かって歩きはじめた。

その夜われわれが着いた宿営地の近くに、梧桐の森があった。拐子湖窪地を通ったときにも一度、暗闇の中でこれと同じ木を数本見かけたことがあったが——わたしの知るかぎりでは、確かにこの窪地が梧桐の分布区域における東の限界線であった——こんなに近くに寄って見るのはこれがはじめてだった。ところが、ラクダ曳きたちは、彼らなりの理由があって、この木のことを《にせの》梧桐と呼んでいるのである。本物の梧桐は、揚子江上流地方に産するドリアンドラのことであり、漢口の最も重要な輸出品の一つに数えられている桐油はほかならぬこの木を原料としたものである。[2] ドリアンドラは、後になって移り住んだシナ人たちがさまざまな粉飾を加えた伝説から判断して、その昔、揚子江流域地方の原住民のあいだで聖木としてあがめられていたらしいことがうかがわれる。ラクダ曳きたちの話では、この聖木の葉が散りはじめると、それはまぎれもない秋の訪れのしるしであると考えられているそうであるが——たしかに、これは神木に与える象徴性としてはまことにふさわしいものである。だが、それにもまして、この木があがめられる有力な理由は、不死鳥が地上を訪れるに際して、とくにこの木を選んで羽を休めるという言い伝えがあるからなのである。わたしは、残念ながら、まだ一度もいわゆる本物の梧桐を見たことがなく、どうして《にせの》梧桐と言う呼び名が生まれたのか、そのわけもいまだによくわからない。と言うのも、わたしが聞いた範囲のシナ人はただ、それがドリアンドラにあまり似ていないからだと答えるだけであり、所詮、ラクダ曳きたちが相手では、不死鳥がとまらないのだから本物ではないのだと言う、いたって簡単な説明しか得られないのも、むりからぬことであった。ところで、このにせの梧桐と言うのは、タリム砂漠を原産地とするトグラク、すなわち野生のヤマナラシのことで、シナ・トルキスタンやジュンガリア地方の半砂漠地帯、および砂漠の周縁部に広く分布しており、聞くところによると、インドでもしばしば見かけることがあるそうである。この木の著しい特徴は、まず第一に、老樹の幹の窪みなどによく小さな柳の幼木が寄生していることである。第二の特徴としては、葉の形状が実に多種多様であるということがあげられよう。エツィン・ゴルのほとりで見かけた木は、葉の形もかなりそろっていたが、それにひきかえタリム盆地では、縁がわずかに鋸歯状になったほとんどまん丸の葉もあれば、また中にはカエデの葉のように深い切れ込みのついた葉もあると言ったぐあいで、まったくまちまちであった。この木の幹は、木材としての加工には全然適さず、薪に使っても火勢が弱くて、充分な熱が得られないのである。どうやらその原因は、木の育った砂漠地帯の塩分が組織に深くしみ込んでいることにあるらしく、実際、これを燃やすと多量の樹液もしくは樹脂が滲出して来るのを見ても、それはうなずけるのであるが、このにじみ出した樹脂をラクダ曳きたちは「梧桐のソーダ」と名づけて、ソーダや酵母のように、パンを作るのに利用しているのである。

朝のうち、回教徒と周家の面々は、主としてわたしのテントに集まってひそかに会議を催し、手ごわい徴税役人にどう対処したらよいかをいろいろ相談し合った。回教徒たちは、役人を買収してこのまま北の道を行かせてもらうのがよかろうと主張したが、周家の側では、あくまで正面から対決すべきだと言う意見が強かった。だが、とにかく、外国人のわたしに雇われているようなふりをすることだけはもうやめにしようという点では、両者とも異存はなかった。そこでわたしも、いままでどおりシナ語のわからぬ外国人の役を喜んで引き受けるから、みなのほうでかってに話をでっち上げてもかまわないと答えたが、そのあとでもう一と言、どうせ書類を調べられることになるだろうから、すぐにネタの割れるようなうそは吐かないほうがよかろう、と一本釘をさしておくことも忘れなかった。一方、わたしの雇った男は、自分だけはわたしの名に隠れてほぼまちがいなく無事に切り抜けられそうだと知って気が大きくなったせいか、あんな役人などぶん撲って追い払ってしまえと威勢のいい提案をした。ついでに彼は、グチェン・ツからほど遠からぬ砂丘の陰で荷の引渡しが行なわれていた、密輸はなやかなりし古きよき時代を一くさり得々として開陳に及んだ。それによると、どうやら当時は、磚茶の取引きは、全部ではなくてもそのうちのある等級の品にかぎって、一部の業者の専売に委ねられていたらしく、そのために値段はいやおうなしに高騰し、それが密輸に成功した連中のふところをたっぷり肥やす結果になったようである。当時、租税の執達吏や専売人が少人数で歩き回るのははなはだ危険とされ、万一捕まったりすれば、ぎょりゅうの枝を燃やしたたき火の上で火あぶりにされかねないと言う、まことに物騒な話であった。

周家の御曹司は、これと言った意見も述べず、ただ一言、何かよからぬことが起こりそうだとはじめからわかっていてしかるべきだった、とだけ言った。この前の宿営地で、彼のラクダが二頭、一と晩じゅう鳴いていた——しかも、それがふだんの、ラクダ特有の喉声とも唸り声とも違った、長く尾をひくうめき声だったというのである。昔から言われていることだが、たしかにそれは悪いことが起こる前ぶれであると、みなが合づちを打った。この前にも周家の隊商にそういうことが起こって、そのときには連れていた矮馬を二頭とも、カザック人の盗賊に盗まれてしまった。

その間、二人の客人は、いかにも自信がなさそうなびくびくした態度でふるまっていたが、それを見ても、彼らの地位がせいぜい臨時雇いの小役人にすぎないことは明らかだった。彼らの一人がわたしのテントにやって来たとき、わたしはまず彼をそばに待たせておいて、そのあいだにゆっくりと日誌をつけ終えた。それから、モーゼを介して男の名を尋ね、それを紙に書き留めると、ついでに彼の写真を一枚写した――それだけで、早くも彼は不安そうにもじもじしだしたのである。やがて行進がはじまると、彼らの一人は、ス・イェ（司業）すなわち担当官、に知らせに行くからと言って、先に立って行った。残った男は、われわれに逃亡の意志のないことがはっきりするまでしばらくいっしょについて来たが、そのうち安心したらしく、ロバを駆ってあたふたと仲間のあとを追って行った。

今度の行程でわれわれは、いわば威風あたりを払うとでも言った感のある実に壮大な荒野を通り抜けた。それは南から北にのびる台地状の土地で、一面に鋭い裂け目が刻まれていたが、おそらくこれらの溝は、かつてエツィン・ゴルの臨時の水路として、南山山脈の雪が今日よりももっと多量にとけた大昔の時代に、川からあふれ出た水を運び去る役を果たしていたのであろう。裂け目の底にはたいてい砂がうず高く積もり、柳やフェニックス（棗椰子）の木が数本はえていて、上方に広がる平原の、苛烈なまでに空漠としたながめを幾らかなりとも和らげていた。この台地は堅い粘土質からなっており、台地の上面はほとんどまっ平らで、細かく砕けた黒い砂礫が一面に散り敷いていた。わたしは一行から離れて、はるか前方に歩いて行って、このきびしい荒野を一望の下におさめることができる地点に立った。見渡すと、数百頭のラクダが延々と一キロ半かそれ以上もの長い列をなして続き、細い縦列の先頭はすでに裂け目の一つに下りて行こうとしているのに、本隊は上方の台地をうごめき、しんがりのラクダにいたっては、まだ視界にさえはいって来ていなかった。はるか下方に、金色に輝くフェニックス樹の葉の濃いあざやかな色が眼にしみ、わたしの立っている足もとの黒い砂礫の照り返しが軽いめまいを誘った。それは、あたかも、急にどこか遠いところに運ばれて、さんさんと降り注ぐ太陽の光――モンゴル特有の、淡い、しかも強烈にして執拗な光であったが——を浴びたまま魔法の画布に写しとめられでもしたかのごとく微動だにしない太古の景色と、そしてそれをながめる孤独な旅人であるわたし自身とを、はるか上から見下ろしているような奇妙な感じであった。

われわれは二四キロばかりも休みなく歩き続けて、ようやく日が暮れたころに台地状の荒野を出て、小さな柳の叢林や、ひょろ長いバンチグラスや、フェニックス樹の茂る砂地の原に下り立った。このやぶをやっと通り抜けると、眼の前に何か茫漠とした黒いものが帯のように長く横たわっていた。たちまちわれわれはなだれ落ちるようにして、この黒い虚空の中に踏み入り、右に左にせわしく向きを変えながら、星明りを映してほのかに光っている水たまりを幾つか通り過ぎてから、大きな木が一列に並んでいる岸を上り詰め、かくしてやっと東エツィン・ゴルの砂州を渡り終えたところで、野営を張った。

翌日、すさまじい砂嵐の吹きすさぶ中で、いよいよ徴税役人との最後的な談判が行なわれた。わたしはこの喜劇の一部始終を興味深く見物した。けだし、シナにおける民間行政の堕落を示す実例には何度も出会ったことのあるわたしではあるが、しかし、これほどまざまざとそれを見せつけられたのは、まさに今度がはじめてであった。もともと、シナにおける外国貿易の成長と繁栄は、条約によって規制された関税率の庇護に負うところがはなはだ大なのであるが、一九二五年に北京で開かれた関税会議の席で、独立シナ共和政府は外国貿易もシナ人と平等の資格においてなされるべきことを主張した。つまり、諸外国政府は彼らの条約による規制を放棄して、すべての外国貿易をシナ人の自由裁量によるシナの関税率に従わせるべきだというのである。シナに住む外国商人なら、これがどういう結果を生むかぐらいはすぐにもわかるのであるが、ただ厄介なのは海外諸国の世論なるものであり、近年いわゆる「シナの独立主権」について並々ならぬ関心を寄せはじめた矢先であってみれば、この、純粋理性に訴えるかのごとくに見える要求に強く心を動かされるあまり、ややもすれば、権益の明確な主張はとりも直さず当該権益の合法的行使の確固たる保証たりうるという、誤った考えに傾かないともかぎらないのである。

ところで、問題の《担当官》というのは、何のことはない、われわれを逮捕した際の指揮者である、例の白い帽子の男がそれだったのである。きっと彼は、われわれが昨日のうちにおじ気づいて、見逃してもらいたさに賄賂でも使うだろうと思って、ひそかにそれを期待していたに違いない。昨日彼が語ったところでは、川を渡った向こう側には三〇人もの役人が見張っていると言うことだったが、あとで大きなロバにまたがり騎兵銃を携えた彼の相棒にこっそり聞いてみると、見張りの数は七、八人だという話だった。それすらもまっかなうそで、ほんとうは、鎮番出のシナ人であるくだんの白い帽子の男と、そのほかに彼に雇われた河州生まれの毛深い混血のサラール族の男が三人いるだけだったのである。男はわたしのテントにははいって来ようとしなかったが、他のシナ人ラクダ曳きたちと対決するに及んで、たちまちいっさいの事情が明らかになった。と言うのは、所詮、このいかさまも内乱の余波にほかならなかったのである。帰化を無事に脱出したからには、もう戦禍の及ぶこともあるまいと思っていたわたしの予想も、これでみごとに裏切られたかたちであった。

親しいラクダ曳きたちから聞いた話では、羊腸の道はほかに《借り物の道》と言う名で呼ばれることもあるそうで、そのわけは、これが甘粛省当局から無料で《借りた》ものであるからなのである。外モンゴルがシナ人の隊商を締め出すに及んで、シナ・トルキスタンの総督は、同地方の貿易が衰微するのをできるだけ食い止めんとして、自ら羊腸の道の開発に乗り出した。かくして、この道の一部が甘粛のシナ行政府の管轄下にある内モンゴル地方を通っているため、総督は甘粛当局と提携して、帰化とグチェン・ツのいずれかの発行になる協定書類を所持した隊商には、甘粛のリキンや、その他の内陸通行税のいっさいを免除すると言う協定を結んだのである。

ところが、内乱の勃発によってせっかくの協定も反古に帰してしまった。その前年、《キリスト教軍》は甘粛省を急襲してこれを傘下におさめたが、やがてキリスト教軍が敗北を喫するにいたって、シナ・トルキスタンの総督は、北西地方の本拠を追われた軍が奥地に向かい甘粛づたいにトルキスタンの占領を策するかもしれないと恐れ、ただちに甘粛との友好関係を絶って、グチェン・ツをたつ隊商に対して書類の発行を停止した。一方甘粛省自体も、キリスト教軍の壊滅後は収拾のつかない混乱状態にあり、それにつけこんで下級官吏たちはめいめい好きかってな行動をはじめたのである。エッツィン・ゴル上流の甘粛地内にあるオアシス、チン・タ（金塔）の地方徴税吏（あるいは、徴税請負人かもしれないが）もその例にもれず、リキンの徴税吏を自称してモンゴルで一と稼ぎする権利を、くだんの白い帽子の男に売ったに違いないのである。あきれたことに、男は隊商の積み荷表すらろくに読めないばかりか、身分を証明する書類らしきものも何一つ持っていなかった。実際、誇張ではなく、この男は正真正銘の略奪者であり、ものものしい武器に身を固めた三人の悪漢こそ、その身分を証しする信用状だったのである。

白い帽子の男とその一味がテントの中にはいっていたとき、別のテントにいるわれわれのところに一人のモンゴル人が訪ねて来て、どうか奴らの化けの皮を剝いでくれるようにと言った。聞いてみると、モンゴル人たちもこの連中に来られてはなはだ迷惑しているが、あえて追い払おうとするだけの勇気がないとのことであった。連中は数週間も前からエッツィン・ゴルのほとりに泊まっていて、大きな隊商には物乞い同然の卑屈な態度を示すくせに、少人数の隊商が通ると、追いはぎさながらに武器にものを言わせて金品を脅し奪っていたのである。ある小さな隊商のごときは、普通のラクダ税を課されたうえに、さらに積み荷に対しても、連中のかってな査定に基づいて従価税を取り立てられた。あいにくその隊商には、こんな法外な重税を納め切れるほど多額の銀貨の持ち合わせがないとわかると、連中は決済と称して積み荷の布を四八反も召し上げ——もちろん、それは隊商の持主が荷受人に弁償することになるのであろうが——受け取りさえ置いて行かなかったと言うことであった。ところが、わたしの仲間たちのように、毅然として立ち向かう相手にぶつかると、とたんに連中はがらりと態度を変え、暮らしもままならぬしがない下っ端役人になり下がって、わずかに「面子を保てる」程度の施し物にありつけるだけでも、ありがたがって三拝九拝するといったあさましい手合いなのである。

この連中のふるまいもさることながら、それを相手取ったわれわれ二組の大きな隊商のほうも、連中のいかさまをあばいておきながら、悪党どもに対して何らのきびしい処置もとろうとしなかったと言う事実そのものもまた、「民間行政の堕落」とわたしが呼んだものの一つの現われと見ることができよう。結局、われわれが連中に贈った物は、しめて磚茶が二塊とタバコ二包——一〇〇ポンドにも上るはずの《税》の代わりとしては、これはまったく滑稽きわまる贈物と言わねばなるまい。だが、話はそれだけではないのである。例の翡翠を積んだ隊商も八〇ドルに上る賄賂を使ってやっと見のがしてもらったことがあると言う話を、われわれも聞き及んでいたのであるが、何でもそのときに払った金は、たまたま単独で巡回していた、この回教徒の男たちのうちの一人の手に渡ったということだった。そこで、われわれは回教徒の一人が仲間から離れているところをつかまえて、この件について尋ねてみた。すると、何とその男が金を受け取った当人だったのである。あのときの金は全部着服したままになっているのだから、どうか仲間には黙っていてくれ、と男は手を合わさんばかりにしてわれわれに嘆願した。だが、盗人どもに仲間割れを起こさせるにはまたとないこんな機会を前にしては、少なくともラクダ曳きたちが黙っているはずもあるまいとわたしは思ったのであるが、驚いたことに、誰一人告げ口しなかった。要するに、これは、こんなこけおどしの悪党どもを懲らしめたり、仲間割れを起こさせたりしたところで、何の益もないばかりか、かえって大がかりな盗賊団の注意をひくことになり、隊商貿易にとっての被害はそのほうがはるかに致命的であるという深慮に基づいた処置だったのである。

ところが、聞くところによると、みなの恐れていたような事態がその後実際に起こったと言うことであった。この追いはぎそこのけの巡察隊に代わって、公式の職権らしきものを帯びた役人に率いられた強力な武装兵の一団が進出し来たり、ラクダ税のほかに、積み荷に対しても新たに関税を課しはじめたのである。この不法の措置によって、すべての隊商貿易はいっきょに収支の均衡を失う結果になった。と言うのも、税を払うために隊商は常に多額の銀貨を持ち歩かねばならず（奥地地方ではどこでも、紙幣はいっさい通用しないのである）、いきおいそれが匪賊から格好の獲物として狙われる危険をも増大させたのである。この政策を押し進めるに当たって、甘粛の役人たちは手段を選ばず、ひっそりと暮らしている少数の無力なモンゴル人の土地にまでも侵入して、たまたま略奪可能な距離のところを通ると言う以外には彼らの土地とは何のかかわりもないこの貿易——沿岸地方とシナ・トルキスタンを結ぶ隊商貿易——を、情容赦なく搾取したのである。これに対して、隊商にはほかに通るべき道がなかった。また、かつて貿易路の開発にあれほど力こぶを入れたシナ・トルキスタンの総督にしても、甘粛と帰化がもはや単一の行政府のもとにない現在では、新たな協定の締結を図ることすらできないありさまである。かくして、貪欲な役人たちに払う数千ドルの現金を用意するために、毎年数百万ドルにも上る貿易が失われて行くのを、ただ手をこまねいて見ていなければならないのである。それればかりか、かようなシナ人自身の愚かな政策が仇となって、シナ・トルキスタンにおける貿易はしだいにロシヤに肩代わりされかねない形勢にあり、シナ貿易をして今日あらしめた、沿岸地方に住む条約諸国の貿易商たちも、近年シナの治安と正常な発展を著しく阻害している行政当局との角逐によって、ますます大きな損害をしいられつつある現状なのである。

(1) ラングドン・ウォーナー『シナの長い太古の道』ガーデン・シティ、ダブルディ・ページ社刊。一九二六年。

(2) 後になって知ったことであるが、ジャイルズによれば(『辞典』参照)、不死鳥の伝説に出てくる梧桐は、ドリアンドラとは別物で、実はステルクリア・プラタニフォリア(Sterculia Platanifolia)のことであり、また、桐油のとれる木もドリアンドラではなくて、ほんとうはアレウリテス・コルダータ(Aleurites Cordata)(シナ名、ツン・ユ・シュ〈桐油樹〉)である。

13 エッィン・ゴル

貪欲な徴税役人とのうんざりするような交渉がやっと終わったところで、わたしはあたりの様子を調べに宿営地を抜け出した。と言っても、渦を巻きながら容赦なく吹きつける砂嵐の厚いとばりにさえぎられて、探索も意のままにならず、空さえも黄白色にかげり、眼に映る地上のものはいずれも混沌として奇怪な姿を呈していた。だが、まもなく、わたしは目ざす川を捜し当てた。いまだその名を世に知られざる川――それは、数個の水たまりをかかえて広がる二条の砂州に進路を妨げられながら果てしなく続く流れであった。水辺に沿って、ところどころ草地があり、それを囲むようにして灌木の茂みが並び、その上を大きなフェニックスの木がおおっていた。砂嵐にもめげず眼の届くかぎりくまなくながめ渡した結果、河床の幅は、ところによっては五〇〇メートルにも達することもあるが、大部分のところはそれよりもはるかに狭いということがわかった。近くの砂丘群の中に点在する、周囲を砂の砦に囲まれた窪地には、たいていアシが茂っていた。だが、これらの川や草地や樹木やアシなどをひっくるめて、総合的に判断してみるに、エッィン・ゴルによって養われる生命の分布範囲は、おそらく、せいぜい一・六キロ以内の区域に限定されるようである。それを越えればあとは、一面、黄色い粘土と黒い砂礫からなる果てしないゴビの荒野が続いているばかりなのである。

エッィン・ゴル流域に住むモンゴル人の居住範囲は、明らかに、夏のあいだだけは、例のけわしい砂丘地帯を越えてまもなく東のほうに見えた、アシの茂る貧弱なオアシス群のあたりにまで広がるようであるが、われわれが訪れたときにはすでに冬の居住区域に引きこもったあとであり、とくに深い窪地の底にひっそりと隠れているせいか、見渡しても、たった一つのユルトさえ見えなかった。そう言えば、たしか、「夏には（雨が降るので）山腹に野営し、冬には（風が吹くので）窪地の底で暮らす」と、ラクダ曳きたちから聞かされたことがあった。だが、人影こそなかったものの、おびただしい家畜の姿を見ることができた――羊、ヤギ、ラクダ、矮馬、それらはいずれも貧弱な体格のものばかりであり、しかも割合いから言って、角のある家畜の数がアラシャンのどの地方におけるよりも多いようであった。

探索から帰ってみると、宿営地では、砂嵐に混じってときおり突発的にはげしい雨やあられさえも降りはじめたため、これではとても進めそうにないと言うので、今日一日旅を休もうと言うことに衆議一決したところであった。すでに手回しよくモンゴル人から羊を数頭買い込んであったが、値段は一頭につき七ドルだったとかで、しかも皮はあとでモンゴル人に返すと言うことだった。これはむしろ慣例に反することで、本来なら当然皮も買い手のものになるはずである。隊商のしきたりによれば、隊商の持主が羊を買った場合には、その皮は一〇頭について七頭分が統率者のものになり、あとの三頭分がシェン・ションに分配されるのである。一方、隊商に加わっている旅行者が買った羊では、七頭の皮が料理長に、あとの三頭が料理長補佐のものになると定められている。しかし、かような旅行者――ラクダ曳きたちの呼びかたに従えば、いわゆる《客人》――を大ぜい抱えている隊商でも、めいめいが旅のあいだに羊を一頭ずつ買うきまりになっており、おかげでそう言う隊商のラクダ曳きたちはたっぷり美食ができるうえに、料理人たちもすばらしい役得にありつけると言うわけなのである。

羊の買付けは、モンゴル人の流儀に従って行なわれる。まず、品質についての掛合いからはじまり――小さい羊にするか、それとも良い羊にするか、とびきり上等の羊にするか、そして値段はどれくらいか、と言ったことが議論される。そして、結局、上等の羊を一頭につきこれこれの値段で買おうと言うことに話が決まるのが普通である。そうと決まると、さっそく売り手のモンゴル人は、どれもみな上等の羊であると称して、次々に二〇頭ばかりも出して見せる。すると買い手のほうは、そんなものはとても話にならんと言って一笑に付し、ありったけの羊を出して来させるのである。そのあげくに、これらの羊は概して上等であると言うことを買い手が認めると、モンゴル人は得たりと群れの中にとび込んで、そのうちの一頭を捕り押え、大声で「こいつが上等であ！」と叫ぶ。「とんでもない」と買い手は応酬する。「そいつはいちばん痩せた羊だ。」たしかに、これは買い手の言うとおりなのである。わたしの見たかぎりでも、遊牧民というのは、モンゴル人たると、カザック人たると、キルギス人たるとを問わず、例外なしに、群れじゅうでいちばんやくざな羊をすばやく選んで捕まえるのが、実に堂に入っているのである。さて、はねつけられたモンゴル人は、そんなはずはないと言ってひとしきり弁明にこれ努めてから、また別の羊を捕まえて見せる。するとまたしても議論がはじまるといったぐあいで、こんなことを数回繰り返したあげくに、結局、買い手は、数学的に言って平均値程度の群れの中の、数学的に平均値程度の羊を買わされることになるのであるが、これだけの取引きをするのに、さんざん言葉を費やし、滑稽な身振りを織り混ぜて、最低半時間から、長いときには半日もかかることとさえ珍しくないのである。

隊商の料理人が羊を調理するしかたは、いたって簡単である。ただでたらめに切り刻んで、ざっと骨を切り離すだけなのである。たとえば骨つきの厚切り肉なども、彼らの調理法にはなく、肋骨はみな一つ一つ肉から切り取り、背骨も小さくばらばらに刻んでしまうのである。こうして刻んだ骨と肉を大鍋に入れて、数時間煮るのであるが、その際に生じた肉汁は、ラクダ曳きたちもあまり好まないらしく、それを飲むのは冬のあいだぐらいのもので、しかもそのときでさえ、とくに脂肪をたっぷりと入れて調理したものでないと歓迎されないと言うことである。この特製の肉汁に、彼らはさらに著しく芳香の強いコショウを加えて一段と風味をよくしたうえで、椀に注いで飲むのである。わたしがこのコショウを口にしたのは、隊商路を旅しているときと、シナ・トルキスタンにいるあいだだけであったが――たしかに、これはシナ本土で用いられている品種に比べると、質も劣るとされている粗悪なコショウの一種だったようだ。

こうして調理されたあと、まず最初の食事のときに出されるのは、肉が少しと、それに頭、胃、腸、肝臓、心臓、およびその他の臓腑であるが、とりわけ小腸は、内側に厚い脂肪の層がついているので、とくに美味とされており、同様に、頬の肉と耳のうしろ側の肉も珍重されている。胃だけを別に煮て作った肉汁も、とび切り美味であるが、ただし、これはそのまま飲むことはしない。残った肉は、大部分とっておいて、あとで小麦粉の料理に混ぜて使うか、細かく刻んでソースを入れた大きな籐の籠に詰めて蓄えるかするのである。肉がまだたっぷりついている骨は、ラクダ曳きたちに公平に分配されることになっており、その際、いちばん上等の部分がいつも同じ者にばかり当たらないように、料理長が側について監督する習わしである。ラクダ曳きたちは普通二人で一個の小さな袋を共有し、これに自分たちがもらった肉を入れておいて、たき火であぶって食べたくなったらいつでも取り出して食べてかまわないのである。かくのごとく、ラクダ曳きが一〇人あまりもいれば、太った羊の二頭ぐらいはまたたくまに、跡かたもなく平らげてしまうのである。

回教徒である梁家の若主人が儀式にのっとって羊を屠ると言うので、さっそくわたしは見物させてもらいに出かけた。彼はまず手と顔を洗い、次いで指で鼻をかんだが、浄めの式にしてはいたって粗略で、おそらく霊地に近い土地から来た信者が見たら腹を立てたに違いないくらい、ごくあっさりと済ませてしまった。それから彼は、屠殺の儀式には必ず帽子をかぶらねばならないと言う決まりに従って、小さな丸い帽子を頭にのせ、ナイフを片手にさげて、テントを出た。いけにえの羊は、頭を西に向けて寝かされ、血を受けるために地面にいけた桶の縁に首をさし出していた。若主人は羊の喉のある耳のすぐ下のあたりをしきりにさすってから、毛を少しばかりむしり取った。次いで、口の中で何やら、シナ語ならぬ、おそらくアラビア語のなまったものと覚しき経文をつぶやきながら、ナイフで喉を裂いた。これで、儀式はとどこおりなく済んだのである。

その日は、午後いっぱいかかって羊の調理が行なわれ、夜にはいってすぐに盛大な会食が催された。わたしは両家の隊商から招かれて、食べ切れぬほどのご馳走をふるまわれた。例の徴税役人との一件では、わたしがその場にいてくれたことや、わたしの備忘録や、カメラや、銃などのおかげで、ずいぶん気強い思いをさせてもらったのであるから、それに対するせめてもの感謝のしるしであると言うのであった。そのうえさらに、周家の御曹司のごときは、モーゼをつかまえていとも丁重に、外国のおかたは羊の肉のどの部分がお気に召すのかお聞

東エツィン・ゴル

かせ願いたいと懇請して、わたしが肝臓をことのほか賞味すると言うことを教えられると、さっそく肝臓をわたしのところへ持って来てくれた。わたしはこれに、豆の罐詰を一と罐あけてあしらい、そのあとモーゼがそれにニンニクを入れて、外国ふうに料理してくれた。そして、周家の御曹司や、その他の主だった客を招いて(回教徒は会食の席で異教徒の料理を口にすることは法度とされているため、彼らを招けなかったのは残念であるが)[1]、この最後の、最も腹のふくれるご馳走に彼らともども舌鼓を打ったのであった。

翌日、われわれは東エツィン・ゴルをたって、西エツィン・ゴルに向かった。ところが、まだ八キロと進まぬうちに、モーゼがラクダから振り落とされるという事故が起こった。ことの起こりは、わたしの雇ったラクダ曳きが、例の性悪なラクダに積み荷を片っぱしから振り落とさせておいて、今度はそれをモーゼの騎乗用に回してよこしたのである。わたしがこれに抗議しようとすると、当のモーゼは、大丈夫だからといとも自信ありげに言って、手に負えぬラクダを乗りこなしてみせる自分にいささか得意気でさえあった。ラクダ曳きの男も、このラクダはここ数日全然暴れ出さないところを見ると、もうすっかり疲れておとなしくなっているに違いないと請け合った。ところが、行進をはじめてまもなく、前を行くラクダの荷から何かがころがり落ちた。と、たちまち、くだんのラクダは列を乱して駆け出し、モーゼを振り落とそうとはげしく暴れはじめた。モーゼは荷の上にはいつくばって必死にしがみつき、どうにか持ちこたえていたが、とうとう積み荷がはずれて、二メートル半か三メートル下の地面にまっさかさまに転落し、いっしょに落ちた荷の下敷きになって胸をひどく打ってしまったのである。さいわい、落ちた荷は、彼の寝具類とか、衣類のはいった袋とかいった柔らかいものばかりだったので、大事にはいたらなかったが、それでも衝撃のために息がつけなくなり、その後数日間にわたって胸に痛みを訴えたほどであった。転落してしばらく、彼は広大な砂漠にべったりとはいつくばったまま、まるで池の中からいきなりすくい上げられて地面に投げ出され、もとの住み家もわからなくなってうろうろしている大きなカエルみたいに、あたりを見回していた。回教徒の若主人がまっ先に駆けつけて、彼に手を貸してまず最初ゆっくりとあたりを歩かせた。これは、「血が胸の中で固まるのを防ぐため」と言うことだったが、たしかになかなか理屈にかなった処置のようであった。こんなことになったからには、ラクダ曳きの男に目にもの見せてくれようと、わたしはすぐさま振り返ったが、奴はモーゼには目もくれずに、逃げたラクダを追って駆け出して行ってしまった。あとで彼をつかまえて叱責したところ、ずうずうしくも彼はかえって威丈高になってわたしに応酬してきたばかりか、モーゼには引き続きあのラクダに乗ってもらうことにすると、きっぱりと言い放ちさえした。誰がどのラクダに乗るかは、この自分が好きなように決めていいことなのだ、と彼は言った。わたしも負けずに言い返して、どうにかその点だけは彼に譲歩させることができた。そのあとで、すぐに両家の隊商の統率者がやって来て、シナの流儀に従ってわれわれのあいだをとりなしてくれた。これは、奴が例の爺さんをまんまと追い出して以来はじめてひき起こした騒動であったが、この分では、これからもまだまだ騒ぎは起こりそうであり、しかももっとたちの悪いことも起こりかねないという気がするのであった。

それからわれわれは、おおよその見当で、真西に向かって三二キロほど進み、暗くなって西の川に達したところで、野営を張った。ここへ来るまでに越えた荒野は、もともとカラ・ゴビの一部であるが、砂漠本体に比べるとそれほどひどい不毛の土地ではなく、いたるところにわずかながらアシもはえており、ほんの数本ではあったが、野生のツァオル、すなわちナツメと呼ばれる――「スグリなどの実によく似た、食用になる核果」をつけるイバラの一種さえ、見かけたほどであった。

エツィン・ゴルは、南山山脈のふもとの、甘州および粛州の両オアシスを水源とする二つの流れをなしており、途中、チン・タをはじめとする幾つかの小オアシス群を潤したあと、北山山脈の南東端を出はずれた毛目《マオム》付近で、一本に合流している。それから先は、黒水《ヘイシュイ》、すなわち黒い水、と名を変えて、やや東寄りに北進し、甘粛省の境界地帯を越えて内モンゴル領内にはいるのであるが、そのあたりから黒水はまたもや、東エツィン・ゴルと西エツィン・ゴルの二つの流れに分かれ、そのまま外モンゴルにまで下って、最後はガシュン・ノールとソホ・ノールという、互いに通じている二つの湖、もしくは沼沢に注いでいるのである。

わたしの聞いた話によると、この風変わりな水系の水は、夏から秋にかけての期間は、もっぱら灌漑用として、甘粛一帯のオアシスに引かれるということであり、そのため、この時期にはモンゴルへは全然水が流れて行かず、エツィン・ゴルの二つの川筋はすっかり干上がって、一連の水たまりの列と化してしまうらしいのである。だが、やがて冬が来て、すでにたっぷりと原野に行きわたった水も凍って、春先にとけて大地を潤すのを待つばかりとなると、水路が閉じられるので、水は再び北のほうに流れて行くと言うことであった。この話は、しかしながら、どうもウォーナー氏の報告(2)とはいささか食い違う点があるようである。氏は、一一月から一二月にかけてこの地域に滞在したにもかかわらず、その間、川に水が流れていたということは一と言も述べていないのである。だが、いずれにしろ、水量の最も多い時期は春であるということにはまちがいないようである。南山山脈から砂漠にかけての地域にも、冬のあいだ、わずかながら降雪が見られ、これが春になってすぐにとけるわけであるが、一方、この川の最も大きな水源である南山山脈の雪は初夏になるまでとけず、しかもようやくとけはじめたころには、オアシス地帯の農民たちにすっかり取られてしまうのである。この最初の雪どけ期になると、エッィン・ゴルは著しく水かさが増し、一説によると、その時期には東西いずれの川も、流れの幅は四〇〇メートル、深さは腰のあたりにまで達し、浅瀬を歩いて渡るにも細心の注意を要するようになると言われているが、これは、流れの強さもさることながら、川底の流砂が往々にして足をすくうことがあるからなのである。かような増水期の川を隊商が渡ろうとするときには、まずラクダに乗った男が流れにはいって行って、浅瀬の位置を確かめる。位置がわかると、そこに目じるしとして柳の枝を立て、それに沿って荷を積んでいないラクダを二、三頭、ためしに数回往復させて、川底の砂が幾らか踏み固められたところで、いっせいに隊商の本隊を渡河させるのである。

この二つの川によって区劃された狭い牧草地帯が、いわゆるエツィン・ゴルの《旧》トルグート族の居住地である——彼らのことを旧トルグート族と呼ぶのは、おそらくは、トルグート族が乾隆帝の治世下に再建確立された際、彼らだけその部族組織から除外されたことを表わすのであろう。ビンスティードの述べているところによると、「この公国の成立の経緯は、後にそれが大清帝国に帰属するにいたった事情とも合わせて、きわめて興味深く、またエルート族もしくは西モンゴル族と、その驚嘆すべき大移動の歴史を傍証してあまりあるがゆえに、……現在ではわずか五〇〇人そこそこの構成員を擁するにすぎない小アイマクとして、その存在は他の多くのアイマクの中にあってほとんど取るに足りぬものであるにもかかわらず、その成立の歴史については、ぜひともここでふれておく必要があろう。(3)」

西モンゴル諸部族のあいだに長年にわたって抗争が繰り広げられ、ついに一七世紀のころにジュンガリア帝国が現われて一時的ながらこの地域を制圧するに及んで、トルグート族は征服者のジュンガル族に屈服することを好まず、(4)全部族をあげて、今日タルバガタイと呼ばれている地域を去り、シベリアを越えてはるばるボルガ河畔に移住した。それから約八〇年の歳月が流れ、シナの清朝の乾隆帝の時代になって、ジュンガル族を撃破し、残忍な虐殺を行なって事実上部族全員を抹殺した皇帝は、あらためてトルグート族にもとの地へ戻るよう勧めたのである。一七七〇年に、部族の大部分の者がボルガ川をたって、驚くほど遠いはるかな道を故郷へと向かったが、途中、きびしい冬の寒さやカザック族をはじめとする遊牧部族の襲撃に悩まされ、壮途半ばにして倒れる者も少なくなかった。無事に帰り着いた者たちは、幾つかに分かれて、もとの土地や、アルタイ山麓一帯や、シナ・トルキスタンなどに、それぞれ住みついたのであった。

エツィン・ゴルのトルグート人

しかし、エツィン・ゴルのトルグート族の歴史は、この部族大移動よりもさらに昔へさかのぼるのである。まだボルガ川のほとりにいたころ、アラブジュルというトルグートの王侯が一族郎党とその妻子を率いて、モンゴルのしきたりをそのままにラサに向けて巡礼の旅に上った。おそらく、この旅は、部族間の戦いが一時的に停止された時期を見て行なわれたものと思われるが、ラサから戻って来るころになって、またもやツェワン・ラパドゥを王とするジュンガル族およびその他のエルート諸部族と、トルグート族とのあいだに戦闘がはじまったため、ボルガへの帰途を絶たれてしまった。同胞のもとに帰る望みを失った彼は、そこで行先を変えて、一七〇五年に北京にはいり、ときの清朝皇帝に臣従の礼を致した。それを嘉して皇帝は、彼に清の位階を授けるとともに、彼とその郎党に領地を賜わった。さらに、一七三二年ごろ、彼の息子が跡を継ぐに及んで、一族はエツィン・ゴル河畔の現在の地に封ぜられ、一七八三年には、ペイ・ル（貝勒）と言う称号さえも贈られたのであった。

部族の末裔はいまもなおこの領地に住んでおり、現在の居住範囲は東にのびて、干からびたアシや雑草の生い茂る緑地づたいに、周辺の荒野にまで及んでいる。西や北の地域に住む他のモンゴル人とは、黒い砂礫におおわれたゴビ砂漠によって有効な接触を絶たれ、アラシャンの辺境を縁どるオアシス地帯からは高い砂丘群によって隔てられているため、部族の生活はもっぱら南に住むシナ人に依存せざるをえない現状である。と言っても、彼らはけっして逼迫《ひっぱく》した暮らしをしているわけではなく、その証拠に、こんなわずかな人数の小集団であるにもかかわらず、わたしが渡った地点からやや南に寄った西エツィン・ゴル河畔には、彼らによって維持されたラマ教の僧院さえ建っているのである。したがって、泰平の世でさえあれば、彼らは他のモンゴル人部族からもうらやまれるほどの満ち足りた生活を送れるに違いない反面、ひとたび不可解きわまるシナ人の対外政策や頻発する内乱などによってひき起こされる予測しがたい事態に遭遇すると、たちまち、その孤立無縁の境遇がかえって彼らをして漠然とした恐怖におののかしめずにはおかないのである。

きわめて少人数の部族でありながら、彼らもやはり他のモンゴル諸部族と同じように、その肉体的特徴においてさまざまな類型が見られ、いみじくもモンゴル人が純血種族でないことを裏書きしている。そればかりか、彼らの場合は、おそらくごく最近に異種の血が多量に混入したらしい形跡があり、それは主に甘粛省西部の辺境地方一帯に残存するタングート族との交流によるもののようであった。そのほか、衣装の形や、婦人の髪の結いかたなどにも判然とした違いがあって、同じエルート族の流れを汲むアラシャンのモンゴル人とも、あるいは純粋な内モンゴル諸部族とも容易に見分けがつくのである。また、彼らの中には、実にりっぱな顔だちをした者が少なくなく、眉間の開いたモンゴル人特有の眼に、中央アジアの人間を思わせる鋭くとがった鼻の取り合わせが印象的であったが、それにしても、彼らがロバに乗って行き来するときの姿は、容貌とは対照的にいかにも覇気に乏しい柔和そのものの感じであり、おそらく、ちょっと見ただけでは、これが、かつてロシヤのボルガ河畔の流謫地をたって、信じられぬほどの長い旅をへてラサにいたり、さらに転じて北京にまでもおもむいて、最後に、北に向かって流れるエツィン・ゴルの二つの川筋に沿って小さな塩湖や沼沢の群がる、この人里離れた平和な広い流域地帯へとやって来た、意気軒昂たる遊牧民の光栄ある子孫だとはとうてい信じられないくらいであった。

いま思い出しても、たしかに、西エツィン・ゴルのほとりで過ごした一日――それは、一九二六年一〇月一一日であった――こそ、わたしのモンゴル旅行を通じて最もすばらしい、絢爛たる美に色どられた一日であった。昼前の一と時、わたしは一人で散策に出かけ、背の低い野生の甘草の生い茂る牧草地を当てもなく歩き回ったが、やがて暑さに耐えきれなくなり、上半身裸のぐったりとした姿で、そうそうに宿営地に引き返した。はじめのうちは、ただむしょうに暑くてけだるいばかりであったが、正午を回ったころを境に、ようやく、この土地の持つすばらしい美しさ――水の涸れた川の岸に沿って広がる平坦な牧草地の褐色と、それに配するに、アズキ色をした柳の叢林、さらには赤銅色に輝くフェニックス樹の、微妙な色調の変化がかもし出す美しさ――に対する驚嘆の念が、はげしい潮のように、しだいにわたしの心に湧き上がってきたのである。午後遅く風がやんで、暑さの盛り返した重苦しい空気の中で、わたしは『イリヤッド』を取り出し、第一八巻武具づくりの段を開いて読んだ。かなり前にちょうどそこまで読んで、そのままになっていたのである。行進がはじまっても、まだわたしは本から眼を離さず、『オディッセイ』の第六巻ナウシッカの物語を読みふけった。これこそ、ホーマーのうちでわたしの最も好きな話であり、あかね色の秋の夕ばえがしだいにあせてゆく空の下でラクダの背に揺られながらこれを読む楽しさは、また格別であった。つまるところ、『イリヤッド』では、壮大無比な全体の景観を一望のもとに収めんとするたくましい力が、しばしば読者を圧倒することはあるが、また一方、そこに見られる眠けを誘うような細部の繰り返しは、ややもすれば滑稽に堕して、神々と英雄的戦士たちとのあいだに繰り広げられる果てしない格闘と駆け引きの茶番劇めいた印象をすら与えかねない。それよりはむしろ、『オディッセイ』の持つ多様な人間性のほうがわたしにはより好ましく感じられることは確かであり、そのうちでも第六巻はことにすばらしく、英雄的である以上に抒情的、あるいはむしろこの二つの要素をものの見事に融合調和させたかに見える、甘美にしてしかも痛切に心を打つ静謐さえたたえているのである。それは、あたかも、後代のイギリス文学においてしばしば人を驚かせかつ狂喜させずにはおかない、かのギリシア精神の再度の開花を、いちはやく予兆しているかのごとくでさえあった。そればかりか、今度それをこのようにして、モンゴルの旅の夕まぐれに読んでみると、かのさすらいのファエアキア人の由来がごくかいつまんで語られている、この巻のはじめの部分には、どうも、はるかな放浪の果てにエッィン・ゴルを最後の定住の地に選んだトルグート族の英雄伝説と一脈相通じるものがありそうな気がしてきて、ひょっとするとそれがこの後者の伝説の原型となっているのではないかとさえ思われてくるほどであった。

川の岸に沿って、フェニックス樹、甘草、柳の叢林、とげのある野生のナツメなどが群生した、細い帯状の低湿地——それが、西エッィン・ゴルとその溢水期の川筋を、砂礫とぎょりゅうのゴビ砂漠から隔てているすべてであった。ここを出た隊商路が長い緩斜面を上り詰めて砂漠地帯にはいろうとする地点に、ぎょりゅうの枝を積み重ねて作った巨大なオボが立っていたが、これは、エッィン・ゴルの流域地帯が見える最後の、あるいは最初の、地点であることを示すための目じるしであった。われわれは、雲一つなく晴れ渡った空の下を、オレンジ色と黄とくすんだ赤色に燃える夕陽に向かって行進を続けた。やがて、天を焦がしていた火も消えかけたころ、グチェン・ツから来た二組の隊商とすれ違った。彼らのラクダは、いずれも疲れきった様子で足どりも重く、首をぐったりと垂れて歩いていた。と言うのも、この年バルクルやグチェン・ツのあたりでは、雨不足にたたられて牧草の生育が思わしくなかったために、われわれの出会ったラクダにかぎらず、西のほうからやって来る隊商のラクダは、どれを見ても、骨と皮ばかりに痩せ衰えていたのである。

三二キロほど進んでから、われわれは野営を張ったが、回教徒の隊商だけはもっと先のほうで休むからと言って、そのまま旅を続けた。それにしても、昼間あれほど暑かったのにひきかえ、夜にはいってからの寒さはまったく驚くばかりであった。わたしのテントでも、木の椀に少しばかり残っていた茶が朝までにかちかちに凍っていた。だが、夜が明けると、昨日に変わらぬ猛暑が襲って来た。たちまち、黒い砂礫の平原は、見渡すかぎり、ゆらゆらと踊るまばゆい蜃気楼に包まれ、荒涼たるゴビのながめの単調さをわずかに破っている貧弱なぎょりゅうの茂みも、たまさかの砂の山も、ことごとくゆがんだ輪郭をゆらめかせはじめた。だが、蜃気楼は蜃気楼でも、これは、アラビアに関する古典的な旅行記の中でお目にかかる、陰深き森やうるわしい湖などの心楽しい幻覚とは異なり、単なる光の屈折現象にすぎないもののようであった。この光のいたずらによって、地平線までがいたるところでゆがみ、わが女王陛下の御代に活躍したウォーバートンばりの探検家ならば、おそらく満々と水をたたえているとでも錯覚したに違いない、湾や入江そっくりの形を呈するかと思えば、わずか二、三〇メートル先のぎょりゅうの茂みの中に、まばゆく輝いた鏡のような水面が忽然と浮き出して見えたりするのであった。カラスによく似た灰色の頭をした小鳥が、われわれのテントの回りに無数に集まって来て餌を漁りはじめたが、人を恐れることを知らぬのか、われわれの足のあいだにまでもぐり込んだり、ラクダの背にとまって、鞍ずれの痕をくちばしでついばんだりすると言った馴れ馴れしさであった。

午後にはいってすぐに宿営地をたったわれわれは、表面の黒い砂礫が踏み減らされて黄色い粘土の地盤が剝き出しになっている道を、ところどころにぎょりゅうを積み上げたオボが立っているのを頼りに、進んで行った。まもなく陽が沈むというころになって、またもや西のほうから来た数組の隊商とすれ違った。どのラクダもオオジカの角を山と積んでいたが、それらはいずれも自然に抜け落ちたいわゆる枯れた角ばかりであった。これよりも、初夏のころにオオジカを殺して取った、袋をかぶったままのいわゆる《血角》のほうが、はるかに高価であり、帰化に持って行けば、一頭分の角で優に八〇両《テール》ないし一二〇両《テール》くらいには売れるのである。だが、この角を無疵の状態で手に入れるのは至難の業とされており、話によると、バル・クルの山地あたりでは、オオジカを仕止める前にまず森の中から広い場所へ追い出すという方法が一般に用いられるそうであるが、この追跡がまた一と苦労で、ときには数日間にもわたることさえあると言う。こんな手数をかけるのは、もし森の中で射止めると、オオジカは高価な獲物をみすみす狩人に渡すまいとして、断末魔の力をふりしぼって立木に角を打ち当て、袋を破って中の血を流してしまうからだと言うのである。これは、もちろん、傷ついたオオジカがやぶの中をのたうち回れば、せっかくの袋角も傷むであろうという当然の推測から生まれたに違いない一つの伝説であるが、シナ人のあいだでは、この種の伝説は、オオジカにかぎらず、特別に高価な物のとれる他の野生の獣についても、必ずと言ってよいほど語り伝えられている。たとえば、満州産の黒テンの場合にも、銃で撃つにしろ罠で捕えるにしろ、すぐに息の根を止めないと、歯と爪でわれとわが身を引き裂いて貴重な毛皮をだいなしにしてしまうと言った話が、まことしやかに語られているのである。

こうして射止めたオオジカを山から運び下ろしたあと、のこぎりで慎重に角を突起のところから切り落とし、血がもれるのを防ぐために切り口を密封する。次いで、それを暗い場所にかけて陰干しにしながら、中の血を枝角からふくらんだ先端に集めて凝固させるのである。[5] ほんのちょっとした疵がついても角の値うちはなくなってしまうので、これが輸送に当たっては、きわめて念入りに詰め物をして木框に収めたうえで、モンゴル路を行く隊商に引き渡されるのが常であり、またそれを預かる隊商主のほうでも、必ず賠償の責を担う保証人を立てて、委託品の安全確実な送達を図るというのが決まりになっているのである。こうして作られた高価な血角は、あらゆる病気を冷温もしくは乾湿二様の体液の作用に帰するシナ古来の療法において、とくに[6]《熱を生む》薬として珍重されている。オオジカの袋角は、精力の衰えた男が最後にもう一人子供を作ろうというときなどに服んで卓効があるフ・ヤン、すなわち強精催淫剤であり、また、本来の体熱が消えかかっている老人などで、かのダビデ王のひそみにならって、アビシャクの胸に抱かれて温まろうにも、何ぶん無垢の若い娘を得ることはオオジカを捕まえるよりもなおむずかしいと言われる昨今のようなご時世にあっては、それも思うにまかせぬと言った向きにも、これは大いにきき目のある強壮薬なのである。

われわれの出会ったこの数組の隊商には、他に大ぜいの旅行者も混じっていた。そのうちのある者はラクダの背にうず高く積まれた寝具類の上にすわり、からだの正面で開く型の、すその長い、大きなえりのついた羊の皮の外套をまとっていたが、こうした服装から推しても彼らが中央アジアの住民であることは明らかであり、ぴったりした小さな毛皮のえりのついた、脇で開く形の外套を着たモンゴル人とは一と目でそれと見分けがつくほどであった。またその他に、ラクダの両脇に一つずつつり下げられたラクダ籠と称する、犬小屋そっくりの木の小さな箱の中に身を屈めるようにして乗っている者もあった。ラクダ曳きたちは互いに大声で挨拶を交わし合ったうえで、旅先で会った友人や、グチェン・ツや帰化に住む仲間たちに関する情報を手短に取り交わした。旅行者たちはと見ると、みないっせいに羊の皮の外套の奥から、われわれのほうをじっとうかがっていた。そのあいだに、ラクダに乗った双方の統率者は、自分たち同士で互いに寄り集まって挨拶を交わし、道の状況とか、牧草や水の状態とか、軍隊の徴発とか、敗残兵とか、徴税役人とか言った重要な問題について、しかつめらしい調子でしばらく話し合った。そうかと思うと、東に向かう兄が西へ行く弟を見つけて急いで駆け寄り、おそらく一年ぶりにであろう、互いにあわただしく言葉を交わしたかと思うと、そのまま西と東に別れ、それぞれのラクダの列を率いて歩き去る姿も見られたが、これっきりまた一年かそれ以上ものあいだ相まみえることのない肉親の邂逅にしては、いかにもあっけないものであった。ラクダもやはり人間なみになつかしい思いに駆られたのか、長い隊列がけだるげな鈴の音をのどかに響かせ合いながらすれ違うあいだ、しきりに振り返っては互いに見交わしていた。こうして、黄と赤に燃えるくすんだ夕空を背景に、灰色のぎょりゅうがまばらに生い茂る黒い砂漠のまっただ中で出会った隊商は、せいぜい相手をじっくりとながめ合うといった程度のあわただしい交歓のうちに、再びたもとを分かつのであった。

それから二四キロ進んで、われわれは、灌木の茂みや、フェニックス樹や、枯れたアシの叢がわずかに群がっている小さなオアシスに着いて、そこに野営を張った。白い土の井戸、または白い山の井戸というのが、この地名であった。翌朝、骨と皮ばかりに痩せ細った一人のモンゴル人がわれわれのテントにやって来た。男の語ったところによると、彼はエツィン・ゴルに住むトルグート族の者ではなくて、最近外モンゴルの諸部族を塗炭の苦しみに陥れている重税から逃れようとして、このあたりの荒野に落ちのびて来た二、三家族の難民の一人であるということだった。話から察するに、どうやらこの男の家族たちは、マルコ・ポーロのいわゆる「宿一つない四〇日の旅」で知られる例の太古の道を通ってやって来たものらしく、エチナからカラコルムのモンゴル人の旧都にまで通じているとマルコ・ポーロによって記されたこの道も、パラディウスの記録では、「いまでも道の跡は認められるが、すでに人の往来はまったく見られない」[7]ということになっているのである。

ここ二、三日のあいだに、東と西に向かう隊商が幾組もこのオアシスに立ち寄って水を汲んだらしく、あいにく井戸はほとんどからになっていた。そこで、われわれはただちにここを引き払い、さらに八、九キロ進んで、いよいよカラ・ゴビの横断を控えた最後の給水地にやって来た。今度の場所は、アシの井戸(ル・ツァオ・チン《蘆草井》)というところで、ゴビ砂漠本体を目の前に望む浅い窪地の底にあった。この井戸のすぐ近くに、ぎょりゅうの枝で作った、ラオ・イェ・ミャオ(老爺廟)と言う寺が立っていた。ぎょりゅうの枝を組んで作ったという、おそらくモンゴルじゅうで最も風変わりな寺で、大きさもせいぜい普通の祠ほどしかなく、幅はわずか二、三歩、奥行きはそれよりやや深くて、大股に歩いて数歩というところであった。屋根が低くて人一人満足に立っていられそうにもないいちばん奥の部屋に、老爺の色刷の肖像画が一枚飾ってあったが、これがまたたいへんなしろ物で、おそらく北京あたりで印刷したものを帰化の店から買って来たのであろう、絵の人物が片手で自分の黒いあご髭をつかみ、もう一方の手で福音書を捧げ持っているという構図もさることながら、そもそもこの福音書なるものが、およそこの世に知られているかぎりのどの神にも帰するも意のままと言った、まことに融通自在の福音書だったのである。ありていに言うならば、つまり、目もあやなこの福音書の、開かれたページには、何と、文字が一つも書かれていなかったと言うわけである。

この寺にも、青や赤の木綿のぼろ切れが所狭しと供えられていた。(その中に、一つだけ、とくに色あざやかな花模様の更紗が混じっているのが印象的であった。)たいていい、それらの布切れにはへたな文字が幾つか筆で書いてあるのが普通であったが、中にはつつましく沈黙の祈りを捧げただけのものも見受けられた。ぼろ切れのほかにも、荷箱から剝がした板切れに文字を刻みつけたものも幾つか並んでいたが、その中でアラビア文字の記された一枚の板がとくにわたしの注意をひいた。これは、おそらく、ハミから来たトルコ人が供えたものに違いなく、異郷の荒野を行く身の孤独からいっとき堅い回教の信仰もゆるんで、この邪教の祠に宿る未開の信仰を受け入れるにいたった、その旅の心がしのばれるようであった。それればかりか、薄い木片と紙で作った即製の提灯さえも供えられていて、それに油のはいった陶器の瓶もついているところを見ると、実際に光は出なくても、せめてそのつもりだけでも出そうとしたことがうかがわれた。さらに、老爺の肖像の前には、古い石鹼箱が一つ、はでな模様のある側を正面に向けて置いてあったが、これが線香立ての代わりらしかった。寺の内部ばかりでなく、表の正面にはこれまた実にすばらしいつくりの前庭があって、ぎょりゅうの枝と荷鞍を剝がしたカバ材の板で柵がめぐらしてあった。この庭のまん中に、木の鉾槍が数本、ひもでまっ直ぐに立ててあり、さらに寺の戸口には(寺であるからには、太鼓と鐘がないとやはり何となく格好がつかないと言うのであろう)、ラクダの鈴が一つと、フェニックス樹をくり抜いてラクダの皮を張った小さな太鼓が一つ、れいれいしくつるしてあった。

もともと、この寺は、ある意味で、グチェン・ツを隔たること一〇行程以上、ちょうど大西方路が二日の旅でゴビの砂漠を横断し終えるあたりにあったと言われている、これと同名のラオ・イェ・ミャオという有名な寺をしのぶために建てられたものなのである。そこでは、かつて隊商の人夫たちが砂漠横断の直前や直後に、僧侶から羊を買って屠るのが習わしであった。寺の羊を買い、寺の境内で殺すのであるから、当然それは神聖ないけにえとして扱わなければならないはずであるが、実際には、あとでラクダ曳きたちも相伴にあずかるのであった。このもとの寺は、現在の寺とは違い、煉瓦と木で作られたれっきとした寺院であり、長い頭髪を僧侶ふうに結い上げた道教の司祭も多数擁していたのであるが、それが内乱の勃発とともにキレイ・カザックの暴徒の襲撃を受けて崩壊し、一門のシー・フもそのときに殺されたか、あるいは追放されたかしたと言うことであった。信仰とは縁のないラクダ曳きたちもこの寺にだけは一目置いていたと言われるが、それもそのはず、この寺の教区民と称すべきものは彼らだけであり、その証拠に、いまもなお彼らは、より大きな砂漠の、より危険な横断を控えたこの窪地に、ぎょりゅうの寺を建てて往時をなつかしんでいるほどである。それにしても、彼らが自分たちだけでぎょりゅうの枝やキャンプのがらくたを寄せ集めて作った、この、仕える僧侶もいないささやかな仮の礼拝堂に対して、迷信と、畏敬の念と、冒瀆的な冷やかし気分の入り混じった態度で接するのをながめていると、何ともほほえましいかぎりであった。いや、そればかりか、こうした彼らの礼拝の態度にひそむ精神こそ、まさしく、中世以後ヨーロッパからほとんど完全に姿を消してしまったところの精神に違いない——たしかに、これこそ、孤高におごる狂信的な予言者が現われて、教義の足かせを解いて代わりに人間の心を鎖につなぐことによって救済を確保せんと夢みた、かの宗教改革を通じて、二度と立ち上がれぬ致命的な打撃を受けるにいたった、濶達にして旺盛な精神、すなわち、はっきりそうと口に出しては言わなくとも、信仰の深さは罪のあるなしにはまったく何のかかわりもないと言う、偉大なる洞察をしっかりと踏まえた精神にほかならないのである。

はてさて——わたしもついに、荒野において偉大なる真理を発見し、それを日誌にしかと書きとめるまでになったらしい。探検家たる者、すべからくかくあるべきなのであろう。

アシの井戸の水位は地下一・二メートルくらいで、古い川か泉の跡と思われる窪みから水が湧き出していた。井戸の名は、近くにある古いアシの茂みにちなんでつけられたものであるが、アシそのものはとうの昔に刈り取られて、地中に根が残っているだけであった。この井戸でもやはり、そばに穴を掘って水を引き、ラクダに飲ませるようにしてあった。われわれがここに着いたとき、いましがた砂漠の旅を終えたばかりのバルクルの隊商が二組、すでに野営を張っている最中であったが、彼らはひどく寛大なところを見せて、先にラクダに水を飲ませる権利をわれわれに譲ってくれた。もともと旅のしきたりから言えば、先に着いた隊商は、犯すべからざる権利として、先に自分たちのラクダに水を飲ませることになっており、この原則は絶対に守られねばならないのである。人間や、犬や、矮馬の場合には、この規則にとらわれずにかってに飲んでさしつかえないが、ことラクダに関するかぎり、どんなに水を飲む必要に迫られていようとも、先着の隊商を押しのけて飲むことは絶対に許されないのである。

この二組の隊商は、バルクルの人々のあいだでとくに珍重されているすばらしい白犬を連れていた。この犬のことは、わたしもかねてうわさに聞いてはいたが、実際に見るのはこれがはじめてであった。白犬と言っても、とくに珍種と言うわけではなく、ただ何か特殊な遺伝的素因があって、しばしば全身まっ白な犬が生まれるらしいのであるが、ただし、その白さは白子のそれとも違うのである。帰化の隊商は、白犬を絶対に飼おうとしない。闇夜に白い犬が歩き回ってはラクダがおびえるから、と言うのがラクダ曳きたちの弁であるが、現にバルクルの隊商では、ラクダが白犬を見慣れているせいもあってか、かような苦情はただの一つも聞かれないのである。とすると、やはり帰化の隊商が白犬を飼いたがらないほんとうの理由は、もっと別の、迷信的なものにあるのではないかという気もしたが、残念ながら、わたしにはこの問題の核心を衝くことができなかった。彼らの白犬ぎらいは疑う余地のない事実ではあるが、ただそれが昔から伝わった感情であるというだけで、理由そのものは、おそらく、彼ら自身にもよくわからなくなっているのであろう。しいて推量すれば、彼らにとって白は喪を表わす色であるがゆえに、とくに白犬を不吉として忌みきらうとも考えられるのであるが、そうだとすれば、この嫌悪は純粋にシナ人独特のものであり、バルクルの住民にはまったく関知しえない感情と言うことになりそうである。とくに、後者の場合、たとえば、後にシナ人によって駆逐されるまでバルクル周辺の山岳地帯に住んでいたフン族などのあいだで、かつて白犬が大いに珍重されたという事実を考え合わせれば、この間の事情はいっそう明白である。

ラクダが出発の準備にとりかかったのを見て、わたしは自分の犬を井戸のところへ連れて行って、これからの旅に備えてもう一度たっぷりと水を飲ませてやった。そうしているあいだに、ふとわたしは、はっきりした意図もなしに、井戸の水でしきりに顔を洗っている自分に気がついた。これはおそらく、ラクダ曳きたちがけわしい砂丘地帯とかカラ・ゴビと言った困難な旅程に踏み出そうというときなどに、身を浄めておきたいという漠然とした気持からなのであろう、よく顔を洗っていることがあるのを見て、わたしも我知らず彼らのまねをしてしまったものらしい。そう言えば、こんなことをするのはまったく久しぶりのことで、はたしてこの前の洗顔は今月にはいってからだったかどうかさえもよく覚えていないくらいだった。だが、それはともかく、顔を洗うことにも、次のようなよさがあることだけはぜひ言っておきたいと思う。すなわち、顔を洗わずにいる不愉快さというものは、次に顔を洗うときまではわからないが、いったん洗ってみると、それがいかに気分を爽快にしてくれるものであるかということに、いまさらのように気づくものなのである。

エツィン・ゴルから一路西に進んで、茫漠たる平原を越えて来た今日までの味気ない旅をわずかに慰めてくれたのは、前日、蜃気楼の中に浮かんで見えた小さな丘の頂であった。今度は、北西の方角に当たって不毛の山並みが一筋くっきりとそびえて、われわれを迎えてくれた。この丘陵帯のやや西寄りに針路をとりながら、いよいよわれわれは、四つの乾いた路によるカラ・ゴビ横断の旅に乗り出したのであった。

(1) すべてのシナ人回教徒の例にもれず、彼もうちわの場合——たとえば、モーゼやわたしだけといるときなどには、かようなかた苦しい偏見にはまったくとらわれなかった。一度など、わたしの出した罐詰の豆と豚肉の料理に舌鼓を打ったことがあった。もちろん、わたしはその事実をあげつらったりして彼の顔をつぶすようなことはしなかった。かように、大ぜいでいるときのシナ人回教徒とうちわの場合のシナ人回教徒との違いについて、シナ人たちのあいだには、次のようなうまいことわざがある。「三人の回教徒は一人の回教徒。二人の回教徒は半人分の回教徒。一人の回教徒は、回教徒でないのと同じ。」このことわざは、前に読んだ本の中で見たものである。だが、次の話は、わたしが父から直接に聞いたものである。父はそれを、かつて北京のアメリカ公使館でシナ語の第一書記官を勤め、一時は公使代理の職にもついたことのある、ティニー博士から聞いたと言うことであった。ある回教徒の旅行者が夜遅く町に着いた。例によって、町はすっかり寝静まり、表を歩いているのは、火鉢と、焼きたての肉パイをのせた盆を持って夜遅く商売をする食べ物売りの男だけだった。「そこにある肉は何だね?」と旅人は尋ねた。「豚肉でさあ」とシナ人が答えた。「なるほど」と回教徒は言って、さらに同じ盆に並んだ肉パイの別の列を指さしながら、「それじゃ、これは何だね?」と尋ねた。「豚肉に決まってまさあ」とシナ人。「それじゃ、これは?」と回教徒は三番めの列を指して、同じ質問を繰り返した。すると、食べ物売りはやっと客の心がつかめた。「これは羊の肉でさあ」と彼は答えた。「じゃ、何ではじめっからそう言わなかったんだ」と回教徒は言って、むしゃむしゃと食べはじめた。

(2) 『シナの長い太古の道』

(3) 『極東評論』一九一三年七月号所載の「モンゴルの部族および行政組織」よりの引用。なお、ダグラス・カルザーズ『未知の国モンゴル』(ロンドン、ハッチンソン社刊、一九一三年)をも比較参照されたい。

(4) ジュンガル族もトルグート族もともに、エルートと呼ばれる血縁部族の同盟に属していたのである。

(5) この点について、スティーブン・グレアムはいささか異なった説を述べている。角をとるためにオオジカを飼っている飼育場に関する彼の記述によると、それらのオオジカの角は毎年のこぎりで切り落としてシナ人の商人に売り渡されると言うことであるが、角の処理のしかたは、まず沸騰した塩水の中に浸してから、外気にさらして乾燥させるのだそうである。かようなオオジカの飼育場はロシヤ人の経営になるもので、ロシヤ領のアルタイ山脈中や、シナ・トルキスタンの国境に近いロシヤ領に広く分布していると言うことである。(スティーブン・グレアム『ロシヤ領中央アジアの旅』ロンドン、キャッセル社刊、一九一六年)

(6) シナ語のジュン(絨)という言葉は、まさにわれわれの国語の「ビロード」にぴったりである。

(7) ヘンリー・ユール卿、アンリ・コルディエ共編『マルコ・ポーロ士の書』の中に引用された言葉である。

14　黒いゴビ

すでに数日も前から、ラクダ曳きたちの話題はこの砂漠横断のことでもちきりで、ハン・ツァンとか、四つの乾いた道とか、三つの乾いた道とかについて、しきりに論議が戦わされていた。「これが砂の大峡谷と言うやつでしてな」と彼らは、拐子湖をたってまもなく、例の砂丘地帯を通りながらわたしに教えてくれたものであった。「風でも吹いたらことですぜ。道は砂で埋まってしまうだろうし、とても歩けたもんじゃありませんからな。それでも、乾いた道に比べれば、これなんかまだましなほうですぜ。何しろ、あそこじゃ、行き倒れの人間や、棄てられたラクダがわんさところがっているんですからな。」

前にも述べたとおり、ゴビ砂漠本体は、内外両モンゴルにまたがって、その長軸がほぼ東西に走っている広大な砂漠であるが、エツィン・ゴルから西は、南と北に向かってしだいにせり上がる傾斜面をなして広がり、タクラマカン砂漠の境界にまで達しているのである。この、エツィン・ゴルから西の地域が、カラ・ゴビ、すなわち黒い砂礫の砂漠であり、その全域にわたって北山山脈の入り組んだ山稜が、さながら荒海に浮かぶ不毛の島のように、そそり立っている。われわれがこれから越えようとしているのは、この砂漠のうちでも、最も幅の広い、しかも最も乾燥した地帯であり、われわれがたどるはずの道筋も、地図にないのはもちろんのこと、正確な所在すらわかっていないのである。実際、わたしが三二〇キロもしくはそれ以上にわたって横断した、この、西エツィン・ゴルと、一九〇〇年に編成されたコズロフの探検隊の一員であったラディギンがアルタイ山脈と甘粛の粛州とのあいだを、北から南に下った際の道筋とにはさまれた地域については、今日、何一つ知られていないのである。

行進をはじめてほとんどすぐに、ル・ツァオ・チン一帯の枯れアシの根と柔らかい土壌が尽きて、道は斜面を上り詰めてまっすぐに高いゴビの大平原にわれわれをいざなった。砂漠の縁に立ったわれわれを迎えたのは、見渡すかぎりまったく単一の様相を呈して、無気味な中にも何か壮麗な印象を覚えしめずにはおかないゴビの景観であった。足もとには、石板を砕いたような形をした黒い砂礫の細片が厚く積もって、地下何メートルに達するとも知れぬ粗い粘土質の黄色い底土をおおっていた。この荒野をのろのろと進んで、少なくとも二〇キロほど奥にはいったと思われるころ、急に平坦な道が尽きて、一行は行く手を横切ってのびる小さな峡谷に踏み入った。やがて日が暮れて、日中の暑さとは対照的に膚を刺すような寒気が襲って来る中を、われわれはほとんど方角もわからぬままに低い丘陵のあいだを縫って進んだ。こうして、この丘陵地帯をひたすら歩き続け、やっと午前一時ごろ、優に五〇キロは越すであろう長い一日の旅程を終えて、野営を張った。

拐子湖や、例の砂丘地帯や、エツィン・ゴルの流域といった窪地状の土地では、わたし自身の経験から言っても、またラクダ曳きたちの語ったことを総合判断したかぎりでも、平均気温が他のモンゴル諸地域と比べてはるかに高いようである。ところが、いまわれわれのいるこの奥地の高原地帯は、それとはこと変わり、一〇月ともなると、太陽が沈むか風が吹きはじめるかしたとたんに、急激な寒さが襲って来るというモンゴルの高原特有の気候なのである。事実、翌朝の寒さたるや、まさに低地地方のしのぎやすい暖かさからは想像もつかないようなすさまじいものであった。鉛色をした細い雲が一条たなびいた空は、昼近くになっても、明けがたのような、薄青い琺瑯《ほうろう》を思わせる異様にさえた輝きを保ち、その北西の一隅から、身を切るような冷たい風が吹き下ろして来たのであった。

われわれが宿営したところは、大きなオボのすぐ近くで、そこは優雅な中にもどことなくいかめしい感じのなだらかな陵線を持った黒い丘に丸く囲まれた、かなり広い平坦な黒い低地のまん中であった。見たところ、回りの丘も、地質的には平地とまったく同じで――黄色い粘土質の深い層をおおった黒い砂礫からなっているようだった。それにしても、かような平たい石屑がいったいどのようにして、こんなに広い地域にまんべんなくばらまかれるにいたったのか、いまもってわたしには解きがたいなぞである。あたりには、この石屑のもとになりそうな露出した岩層もごくわずかしかなく、幾ら捜しても、ころがっている砂礫の中には大きなかたまりの石は一つも見当たらない。丘の斜面などに、ときおり大きな岩が落ちていることもあるが、それらはいずれも粉々にひび割れていて、しかもその割れかたが決まって平べったい細片の形をしているのである。そこで、わたしとしては、あまりたいした根拠があるわけではないが、この砂礫は火山活動によって生じたものかもしれないという仮説を立ててみた。(1) また一方、われわれのいる地点を中心とする、このあたりの丘陵の配列について、わたしが調べてみたかぎりでは、おおよそ南東から北西に向かって連なっているようであった。

このオボを起点として、さらに北寄りに進む道が一つ分かれていたが、これが、四乾路の代わりとして用いられることのある、いわゆる二乾路という名で知られた道であった。この二つの道は楕円状に分かれて広がり、四乾路からさらに三乾路をも完全に通り越したあたりまで行って、再び合流しているのである。北寄りの道は、ラクダの牧草にも比較的恵まれており、そのうえ、水もわりに豊富で、全然水が得られないのは二行程ほどの一区間だけと言う好条件を備えているのであるが、それでも、沿道の井戸から湧き出す水では、一団となって旅をする大ぜいの隊商をまかなうには充分でないのである。二つの道のうちでは明らかにこの道のほうが古く、かなり早くからモンゴル人たちによって利用されていたようであるが、それにひきかえ、四乾路は、後に商人たちが大挙してこのあたりにやって来るようになってから開かれた、いわば砂漠を強行突破するための横断路にすぎないのである。なお、聞くところによれば、古いほうの道は、野生のラクダの一大棲息地を通っているということであった。この話を、わたしは数人の隊商の統率者から聞いたのであるが、さらにある若い回教徒のラクダ曳きが話してくれたところによると、現に彼はトルコ人の統率者が射止めた野生のラクダを見たことがあるというのである。からだの色はやや灰色がかり、背の高さは普通の隊商のラクダとだいたい同じくらいであるが、体格はずっと貧弱で、(2) 背中のこぶもごく小さく、せいぜい「女の乳房ほどの」大きさしかなかったということであった。

　野生のラクダは、このあたりだけではなく、もっとエツィン・ゴルに近い地域にも棲息しているらしいのである。わたしも一度、この付近に住むモンゴル人が、前の年に、生まれたばかりの野生のラクダを一頭つかまえたという話を聞いたことがあったが、訪ねて行ってみたときには、すでにラクダはもとの砂漠へ逃げて行ってしまったあとであった。ラクダ曳きたちの話では、二乾路を旅していると、ときおり、野生のラクダが丘の陰から現われて、草地にいる隊商のラクダの群れを物珍しげにながめている姿を見かけることがあるらしいが、そんなときでも、彼らはきわめて用心深くて、まちがってもそばへ寄って来ようとはせず、したがってこれを銃で仕止めることはまず不可能に近いということであった。それにまた、この獣はごく幼いうちに捕えたものでも、まず絶対に人にはなつかないという説を唱える者が多かったが、ハミ生まれのあるラクダ曳きだけはそれと違った意見で、わたしに語ったところによると、現に彼は、エツィン・ゴルのモンゴル人で野生のラクダを飼いならして乗り回している男を見たこともあり、この例からもわかるとおり、野生のラクダはとくに俊足であるところから、おしゃれなモンゴル人のあいだで最優秀の乗用ラクダとして珍重されているというのである。一方、近代の探検家たちによってもたらされた、野生のラクダに関する信頼すべき報告は、まだいまのところきわめて不完全であり、決定的な事実を握るまでにはいたっていないのであるが、それでも一応、野生のラクダは荷役にはまったく不向きであるが、乗用のラクダとして飼いならすことなら可能であるというのが、すべての報告者の一致した意見のようであり、また、そのような情報を入手した探検家たちは、例外なく、その話と同時に、野生のラクダの走行能力について途方もなく誇張された話を聞かされているのである。いずれにしろ、野生のラクダを捕えて飼いならすのは、モンゴル人のあいだでも、非常にまれな珍しいできごとの中に数えられていることだけは確かなようである。(3)

　二日めも、われわれは昨日に続いて、黒い丘のあいだを縦横に縫って進みながらも、目ざす西の針路からそれることなく、五〇キロ以上に及ぶ行程を踏破した。その間、わたしが眼にした草といえば、最も乾燥した砂漠にはえる種類の草でさえ、いままでに見たどの地域よりも乏しく、ただわずかに、なだらかな丘の斜面に刻まれた浅い窪みに、いじけたぎょりゅうが数本ひっそりとはえているだけであった。みなの話では、カラ・ゴビにはほとんど雪らしい雪も降らないが、とにかく降っただけの雪はすべて、融雪期になるとこれらの溝を伝って流れ落ちるのであろうとのことであった。この溝には、ぎょりゅうのほかにも、小さな灌木状の植物がほんのわずか地面にへばりつくようにしてはえていたが、どれ一つとして生きているらしい形跡もなく、これでは底知れぬ孤独と寂寥に包まれた蕭条たるゴビのながめを和げる役には立たなかった。そのときのわたしは、たしかに、それを恐ろしいと感じるよりは、むしろその壮麗な印象に圧倒されていたようであり、事実、強行軍に伴う肉体的な努力によってかえって気が浮き立ってさえいたほどであった。だが、いまになって当時の旅を振り返ると、高いところから砂漠全体を見下ろしているような感じがして、黒い荒野をはうようにして進む隊商のか細い列がいかにも心もとなく思われ、いまさらのように旅の恐ろしさが心に襲って来るようであった。と言っても、この砂漠の恐怖は、変幻きわまりない砂丘帯のそれのように速かに危害を及ぼす類のものとも異なるようであり、現にシナ人たちがこの砂漠に対していだいている恐怖の念もやはり、主として、自分たちのラクダを失いはせぬかという即物的な恐れであるらしく、ただそれに旅の単調と疲労による精神的な不安定がつけ加わって、いっそう恐怖の度が高まったと考えられるのである。たしかに、五〇キロを行くのにたっぷり一二時間もかかるような旅では、それもむりからぬ話であり、歯がゆいまでにのんびりしたラクダの足並みに合わせてゆっくりと足を交互に前へ踏み出す動作を一二時間も繰り返させられたのでは、肉体的な疲労は言うに及ばず、心までもすっかり滅入ってしまうのが当然と言うものである。

カラ・ゴビにおける第三日めは、まさに多事多難の日であった。モーゼもわたしも前の晩の寒さにやられて、かぜをひいてしまった。そこでわたしは、いままではいていた靴下を脱いで（実は、帰化をたつときにはいたきり、今日まで一度もとり換えなかったのである）、ラクダの毛で編んだすばらしく厚い靴下を出して着用に及んだが、これはあるラクダ曳きが道々わたしのために編んでくれたものであった。さらに、歩いて旅をするあいだは、いままでどおり古ぼけた靴をはいてまに合わせたが、フェルトの裏がついた、カモシカの皮で作った半長靴を取り出して、ラクダに乗っているあいだだけこれをはくことにした。

第二の災難は、行進の最中にわたしの眼鏡が最初の事故に見舞われたことであった。靴ひもを結び直そうとしてわたしがかがみ込んだとたんに、眼鏡が風で吹き飛ばされて砂礫の地面に落ち、かちんと音を立ててわれてしまったのである。この眼鏡は、もう何か月も前からずっとかけていたもので、これまでにも、石の床とか煉瓦とか、その他もろもろの物体の上に落としたことがあり、そのときの傷痕が縁の上に一つならず刻まれているという、まことに輝かしい歴史を持った眼鏡なのである。今年にはいってまもなく、大青山山脈にささやかな狩猟の旅を試みて、耳に凍傷をこしらえた際にわたしがかけていたのも、やはり同じこの眼鏡であった。そのときにも、風が吹いて――ただし、それはれっきとした風であり、どこかの気のきかない突風などとはわけが違うのである――雪の吹きだまりの中へ眼鏡を吹き飛ばされてしまい、取り出すのにひと苦労したものであった。ことほどさように、この眼鏡はありきたりのものとはわけの違う、いわば驚異の眼鏡だったのである。集まって来たラクダ曳きたちも、等しくこの眼鏡の死を惜しんで、心から哀悼の意を表してくれた。彼らにとって、眼鏡というものを見るのは、あとにも先にもわたしのがはじめてだったのである。だが、あくる日になって、わたしがまた別の眼鏡を取り出してかけたのを見た彼らの驚きようと言ったらたいへんなもので、それに比べたらこれまでの驚きなどまったく物の数ではなかった。

われわれは一時半に宿営地をたったが、それから五時間後に、一頭のラクダの死にぶつかった――しかも、実を言うと、それはわたしが殺したも同然だったのである。カラ・ゴビには、おびただしいラクダの死骸が捨てられており、ラクダ曳きたちの話でも、それは砂漠の両端を結ぶほとんど全域にわたっていると言うことであったが、この話にいつわりはなく、たしかにこの黄色くのびる細い道では、シェリーのいわゆる、前を望みうしろを振り返っても、ラクダの死骸が一つも見えないような地点はほとんどないくらいなのである。乾路と呼ばれる道は、羊腸の道のちょうどまん中の区間に当たり、したがってラクダは出発時の旺盛な体力がそろそろ尽きかけたところで、全行程を通じて最も苦しい旅をしいられるわけである。とすれば、寒い季節にも極度の疲労がもとで倒れるラクダが続出すると言うのは充分うなずけることであり、ましてやこれが、気温の高い、しかもラクダが食べ物や水の不足に苦しむような時期ともなれば、さらに恐るべき惨状を呈するであろうことは、火を見るよりも明らかである。死骸が最も多く見られるのは、砂漠の両端の入口付近であり、しかもかなりの数のものが井戸からほんの数百メートルほどのところで倒れているのであるが、これを見てもわかるとおり、四行程にもわたる長い道のりを、ほとんど食べ物らしい食べ物もとらず、一滴の水さえ飲まずに越えるということは、これまで最低一か月ものあいだ、満足な食事も与えられずに重い荷を背負って歩き続けて来たラクダには、あまりにも苛酷な労働なのである。かように砂漠の中で倒れるラクダのほかにも、このカラ・ゴビでの過労がもとで一週間か二週間後になって死ぬラクダも、相当な数に上るらしいのであるが――これもやはり、おそらく、砂漠横断の旅で体力を消耗し尽くし、疲労の度がすでに回復能力の限界を越えてしまった哀れな獣たちなのであろう。

しかし、問題のラクダは、純然たる病気がもとで死んだのである。西の川をたった日からすでに病気の兆候が現われていた。病気の原因については、シナ人たちもさっぱり見当がつかないらしく、せいぜいでシェ・フェン(かぜ)――よこしまな、もしくは悪意に満ちた風と言った意味らしいのであるが――がこの獣の喉にはいり込んだのであろうと言った程度の説明しかつけられなかったが、それでも、中にはもっと現実的な見かたをして、この獣はおそらくラクダでさえ食べられないような何か悪いものを食べたのかもしれないと言ううがった説明をする者がいたことも事実である。いずれにしろ、最初の症候として、首と喉の麻痺が起こったが、かなり急に襲ってきたものと見えて、口の中に多量の食べ戻しが滞って頰がふくれ上がり、それをかみ下すことも、咀嚼《そしゃく》することも、吐き出すこともできないありさまであった。こうして飲まず食わずの状態が六日間も続いたため、からだは極度に衰弱してしまい、四肢が硬直してほとんど歩くこともできなくなり、おまけに、眼までがい

毒草を食って瀕死のラクダ

まにも張り裂けそうなくらいにはれ上がってきた。そして、そのあげくに、行進の途中でつまずいて倒れたのである。横ざまにどうとひっくり返った哀れな獣は、もはや関節の自由がきかなくなっていたため、二度と起き上がることができなかった。

このラクダの持主は、以前周家の隊商の統率者だった男の息子で、まだ若年ながらたっぷり二列分のラクダを率いてこの隊商に加わっていた。ラクダが助からないと知ったときの若者の悲しみようは、はた目にも痛々しいほどであった。それもそのはず、彼にとって、一人前のラクダ曳きとしてのこれが最初の旅であり、それだけに、是が非でもこの旅を上首尾のうちに終わらせようと、若者らしい希望に燃えていた、その矢先の災難だったのである。わたしも手伝って、二人で倒れたラクダの唇をまくり上げ、奥歯のうしろから舌を引っぱり出してみた。案の定、そこには悪性の膿疱が一面にできていた。ラクダが毒に当たったことは、もはや疑う余地がなかった。よく知られている毒草には、カラコルムやカシミールに産するものは別として、それ以外にも数種類あり、そのうちの一つは西寧地方に産し、他の二つがバルクル近辺の砂漠の原産である。これらの毒草のひき起こす症状についてなら、ラクダ曳きたちはみなよく知っているが、そんな彼らでさえ、このラクダの症候だけはどうも様子が違うようだと言って首をかしげたのである。ところが、わたしの聞いた話では、別の隊商の別のラクダもやはり同じところでこれと同じ病気にかかって死んだと言うことであり、それが事実とすれば、エツィン・ゴルの近くには、まだラクダ曳きたちにも知られていないいま一つの有毒植物があると考えてまちがいないようである。

この間、隊商の本隊は、倒れたラクダには見向きもせずに歩き去ってしまった。他人の世話をやくために立ち止まったりはしないというのが、きびしいゴビの掟なのである。しばらくして、周家のシェン・ションがラクダに乗って引き返して来て、ひどく不機嫌そうな声で臨終のラクダのために追悼の辞を述べた。「どうしてこんなところにぐずぐずしているんですか」と彼は大声でわれわれに言った。「いいですかい、これがゴビの習わしと言うもんですぜ。銀貨を出してラクダを買う、そいつをゴビに捨てて行く。そうするしかないんですぜ。」だが、われわれはもうしばらくあとに残った。ラクダを撃ち殺させてくれと、わたしが持主の若者に頼んだからであった。今度の旅を通じて、わたしがあえて隊商の掟に背いて、すみやかな慈悲を垂れる機会を得たのは、あとにも先にもこれがはじめてであった。持主はすぐにわたしの頼みを承知してくれたが、そこはやはり年のゆかぬ少年のことでもあり、悲嘆に暮れながらも、わたしの拳銃がどんなにすごい音を立てるか、ラクダにどんな大きな穴があくか、と言った子供らしい好奇心が先に立ったのであろう。ところが、そのあと、宿営地に着いてからがたいへんだった。わたしの処置に対して、おとなのラクダ曳きたちはいっせいに首を振って、不満の意を表わしたのである。それに懲りてわたしは、それからというもの、銀貨で買われたラクダはすべからくゴビの習わしに従ってゴビの砂漠にうち棄てられるに任せることにしたものであった。

井戸を目当てに黒い空虚を越えて進む旅の疲れは、日を追うてはげしくなり、いよいよあと数時間でこの旅も終わるという最後の夜を迎えたころには、わたしもすっかり疲れ果てて、足さえ満足に運べぬほどであった。やがて、丘と夜の闇が同時にわれわれの上に迫って来た。これまでなだらかな上り坂の道を進んで来たわれわれは、いまようやく低い分水嶺を越えたところであった。その先の下り斜面もやはりごくなだらかで、ほとんどそれとわからぬほどであったが、それもいつしか尽きて、ついに午前二時ごろ、緩漫な行進を続けること一二時間半、距離にして約五〇キロを踏破し終えたわれわれは、行く手に現われた一群の丘の中に分け入った。そして、まもなく、さらに濃い闇のよどむ山あいの窪地にさしかかったところで、野営を張った。かくてわれわれは、リエン・スゥ・ハン（連四旱）四乾全路を、わずか三日の行程でみごとに踏破したのであった。距離の合計は、少なくとも一四五キロ、ことによったらほぼ一六〇キロにも上るかもしれない。たとえこれに四日を費やしたとしても、やはり恐るべき強行軍であることに変わりはないが、ただし、一般には、この道を四日に分けて越えるのは冬場だけに限られているようである。冬であれば、最後の井戸をたつ際に、地面に掘った穴に水をためて充分に凍らせたうえ、氷のかたまりとして各々のラクダに一袋か二袋ずつ運ばせることができるからである。かつてこの四乾路の旅に、充分な予備のラクダも連れず、疲れきったラクダばかりで乗り出した一組の隊商があったということである。二日めの旅程も終わらぬうちに、いわゆる《捨てられた》ラクダはおびただしい数に上り、そのため、統率者は多量の荷を道ばたに遺棄せざるをえなくなった。その際、二人のラクダ曳きをあとに残して荷の番をさせたまではよかったが、彼らを迎えに予備のラクダを差し向けるのに手まどり、少なくとも二か月間というもの、残された二人は通りがかりの隊商から恵んでもらう小麦粉や氷を食べてかろうじて露命をつなぐといったありさまであった。

時刻もかなり遅く、しかもすっかり疲れ果てて宿営地にはいったにもかかわらず、わたしはテントの設営をもって一日の仕事の終わりとするわけにはゆかなかった。と言うのは、わたしの雇ったラクダ曳きに、今度はどうしてもわたしのほうから喧嘩をいどまなければならなかったのである。旅の単調と疲労によって、この男の不機嫌はいやがうえにもつのり、それを彼はことあるごとに鎮番のワ・ワの上に破裂させていたのである。実際、例の爺さんを追い払ってからというもの、この男の横暴はとどまるところを知らず、もっぱらその鉾先をワ・ワに向けて、情容赦なく彼をいじめはじめた。と言っても、彼の手口は、あからさまに暴力をふるったりするわけではなく、要するに、たえまなくおどしたり罵ったりして相手を苦しめるというやりかたなのである。はいている靴もぼろぼろであるうえに、まだ長い旅には慣れていないワ・ワは、すぐに足をすりむいてしまい、行進の最中にもとかく遅れがちになった。ところが、この鬼のようなラクダ曳きは、そんなことにはおかまいなしに、ラクダの世話から薪集めにいたるまでゆる労役に彼をこき使って、いっときも休ませなかったのである。それを見ても、わたしはあえて口出しはしなかった。と言うのは、とにかく名目上は、ワ・ワはこの男の《庇護》の下にあったからでもあるが、それにもまして、若者が自らの力でこのきびしい訓練を切り抜けるか、それとも脱落するか、いずれかの道を選ばなければならないと考えたからであった。ところが、それからしばらくして、男は例の悪魔じみた罵詈雑言を吐き散らしながら、ワ・ワをおどしはじめ、今度こそほんとうにキャンプから放り出してやる——爺さんのときのように、食べ物もなく、ラクダも仲間もいない砂漠のまん中におっぽり出してやるといきまいたのである。この日、ラクダの世話をしに出かけた周家のラクダ曳きたちが宿営地に戻って来て、ワ・ワが倒れたと言う知らせをもたらした。足がひどくすりむけ、からだもすっかり弱っていると言うのである。知らせがはいったとき、たまたまわたしは宿営地を留守にして、あたりの景色をながめに小高い丘に上っている最中だった。出発まぎわにワ・ワがやっとのことで戻って来て、食事をとろうとすると、わたしの雇ったラクダ曳きは彼の前に食べ物を出してやった。ところが、ワ・ワは疲れ切っていて、とてもご主人のお気に召すほどすみやかに食べることができなかった。すると、とたんに男はかっとなって、食事を若者から取り上げ、宿営地にいる犬の群れに投げ与えてしまった。

こんな事件のあったことを、わたしは行進をはじめた隊商に追い着くまで全然知らなかった。話を聞いてからすぐに、わたしは自分のラクダをワ・ワに貸して、しばらくそれに乗って行かせた。やがてワ・ワが下りてわたしが乗る番になると、今度は情け深い周家の御曹司が自分の着ていた羊の皮の上着をワ・ワに着せてやり、彼自身それほど足が達者というわけでもないのに、自分のラクダに彼を乗せ、自ら手綱を取ってよたよたした足どりで数キロも歩いてくれたのである。

ワ・ワをわたしのラクダに乗せるに当たって、わたしは当然ラクダ曳きの男が一と騒動起こすものと予期していた。わたしは金を払ったのだから乗ってもかまわないが、ワ・ワは働いて食べさせてもらっている身分なのだから歩くのがあたりまえだ、と文句を言うに違いないと思ったのである。ところが、案に相違して、奴はこの挑戦に応じなかった。結局それは次の宿営地にまで持ち越されることになり、まず野営を張ってから茶を沸かしたのであるが、ラクダ曳きの男がまっ先に茶を注いで、そのあとでヤカンをたき火の上に戻した。さっそくわたしは手をのばして、彼の注いだ茶碗をあけ、自分のために一杯注いでから、ヤカンをモーゼとワ・ワに回してやった。と、今度と言う今度は、奴もこの挑戦をまっこうから受けて立った。怒り狂った彼は、テントにおける平等の権利なるものを振りかざして、大声でわめきはじめた。事実、それは彼の言うとおりで、ラクダ曳きたちのあいだでは、この権利が厳格に守られており、隊商の統率者や持主といえども、飲食その他、割り当てられた日常の義務以外の事柄においては、一般のラクダ曳きに対していささかなりとも分け隔てがあってはならないのはもちろんのこと、隊商に加わっているシナの旅行者もやはりこの平等の関係を受け入れなければならないとされているのである。現にわたし自身も、罐詰食料を食べるときだけは別として、それ以外は常にこの掟を忠実に守っていたのである。

しかし、いまはそんなことにはかかわりなく、わたしは奴に向かって、自分は外国人であるから自分で定めた掟に従うまでだ、と言い返した。わたしはただ儀礼的に隊商の掟を認めているのである、だから、そちらもそれ相応の儀礼でもってこたえるのが当然であり、それがいやなら、即刻わたしのテントから出て行ってもらおう。このテントはわたしのものである。食糧もわたしのものである。契約書にも、わたしは自分とモーゼの食事を負担すると書いてあるだけで、ラクダ曳きの分まで持つなどとはどこにも載っていない。だから、そんな大きな顔をしてわたしの食糧を食べる権利はないはずである。これがひどくこたえたらしく、たちまち彼は気が狂ったようにわめき立てた。わたしのテントで寝るなと言うなら、そんなテントは運んでやるものか、食べてはいけない食糧なんか運んでやるものか、と言った調子である。これは、まさしく、いかなる犠牲を払っても積み荷と旅客を旅の終点まで送り届けなければならないという不文律に支えられた隊商の掟を全面的に否定する、由々しい言葉であった。こんな反撃を受けて立ってもよいものならば、わたしとしては、他のシナ人たちの眼にもわたしのほうが正しいことが明らかである以上、立ちどころに奴を殴り倒して、きれいさっぱりと手を切ってしまいたいところであった。だが、それもならぬとあって、わたしはただせせら笑ってみせるのが精いっぱいだった。しかし、これでわたしの胸がおさまったと思うのは大まちがいで、この喧嘩の一件を、わたしは近ごろとみにアジア的な執念深さを帯びるにいたったわたしの心にしっかりと刻み込み、後日これをアジア的な目的に役立てうる事件が起こったときに、再びこの件を蒸し返したのであった。

男は自分でも言い過ぎたと気づいたらしく、すぐに折れて前言を取り消した。こうして、ようやく明けがたの五時ごろになってわれわれは床についた。それでも、とにかく、今度の騒動によってかなり得るところがあったことは確かであり、事実、その後数週間というもの、男の横暴なふるまいは影をひそめ、ワ・ワもどうにか公平な扱いらしきものを受けられるようになった。こうなったと言うのも、一つには、ラクダ曳きの男がみなからよく思われていなかったせいでもあったのである。これまで、ほかのシナ人たちは、心の中ではわたしの理を認めてはいたものの、同じシナ人でありしかもラクダ曳き仲間でもあるこの男を向こうに回してまで、公然とわたしの肩を持つ気にはなれなかったらしいのである。それに、わたしがあのように口の悪い爺さんを必要以上にかばってやったりしたのは、公正を欠いた処置ではなかったのかと、ひそかに疑ってもいたようであった。ところが、今度の喧嘩でやっと彼らの心も決まったらしく、みな連れ立ってわたしのテントによって来て、きっとラクダ曳きの男はこれでいっそうわたしに対する恨みを深めたであろうから、くれぐれも奴には用心するようにと忠告してくれたうえ、さらに、あんな男はラクダ曳き仲間

《石板の井戸》で水を飲むラクダの群れ

の面汚しであるから、自分たちとしては全面的にわたしを支持するつもりであると言って、わたしを励ましてもくれたのであった。

われわれが最後に越えた長い行程の終着点であるこの井戸――正確には、二つの井戸であるが――は、シィ・パン・チン、石板井という名で知られていた。わたしの印象では、かえってこのあたりのほうが、これまでわれわれが越えて来た砂漠そのものよりもはるかに寂莫とした感じであった。と言うのも、われわれが野営したところは、太古そのままの黒い丘に囲まれたごく狭い窪地で、回りの丘そのものも、われわれを圧し包まんばかりに迫っているせいもあって、これまでに見たどの丘よりもはるかに危険で威嚇的な姿に見えたのである。ここには、ほかに黒い大きな岩も幾つかあったが、もともと石板の井戸と言う地名も、この岩にちなんでつけられたものなのである。いちばん高い丘のふもとに、水の涸れた河床があり、それがY字形に分かれている地点に、二つの井戸が並んでいた。どちらも三メートルないし四メートル半ほどの深さがあり――モンゴルの井戸としては、これはずば抜けた深さであった――やや塩分を含んではいるが、よく澄んでいて充分飲用になる水が、ほとんど無尽蔵に湧き出していたのである。

言い伝えによると、この井戸は、その昔、いまだ羊腸の道が世に知られず、また四乾路も、口碑に名高いかの怪人物、にせのラマ僧によって《開かれ》るにいたらなかったころ、この砂漠に乗り出して、おそらく今日の二乾路と思われるあたりで道に迷ったバルクルの隊商の一隊が掘ったものと言われている。このバルクルのラクダ曳きたちは、一滴の飲み水にもありつけぬままに数日間さまよい歩いたすえに、いまはただのたれ死ぬのを待つばかりとなった。そのとき、彼らを哀れと思し召したラオ・ティエン・イェ[4]（老天爺）（大帝の意）が、滝のような雨を彼らの上に降らせ給うた。さっそく彼らはフェルトを広げて雨を受け、自分たちの飲む分はもとより、連れているラクダの喉を潤す水までもたっぷりと集めることができた。いや、誰が何と言おうと、この雨はまさしくまぎれもない奇跡だったのである。その証拠に、雨は彼らの上だけに降って、砂漠の他のところには全然降らなかったのである。当然ながら、これを神の御告げと解した彼らは、いままでまったくそのことに気づかなかった不明を恥じながら、さっそく足もとの地面を掘って、現在ある井戸を掘り当てたのであった。と言うわけで、いまでもこの井戸の上手には、近くの平たい岩から採った石板を積み上げて作った小さな祠が立っており、しかもそれがなかなか気品のある祠で、なまじ像などの類を飾る代わりに、細長い木の板にラオ・ティエンの名を書いて供えてあるだけなのである。そして、この板のすぐ脇に、すべての隊商に対する警告を記した木切れが立ててあり、ここから先にはゴビ砂漠最大の難所が待ち受けているから、充分な水の用意を忘れないようにと言う意味のことが書いてあった。

この窪地で、われわれは再び回教徒の梁家の隊商に追い着いた。西の川を出たときから彼らがわれわれを引き離して先を急いだのは、カラ・ゴビの入口と出口でわれわれよりも一足先に井戸の水を汲むのが目的だったのである。だが、ほとんど感情の通じ合う余地のない信徒と非信徒のあいだ柄であってみればいたしかたないとは言え、こうした回教徒の行動を他のシナ人たちは悪意に解釈し、彼らは自分たちに都合のよいときはさっさと先に行っておきながら、盗賊に襲われる危険のある無人の地帯にさしかかると急に心細くなって、きっとこれから先はわれわれにぴったりとくっついて行くつもりに違いない、と言って彼らをひどく憎んだのである。

かように、他のシナ人たちは憤懣にまかせて隊商全員をはげしい憎しみの対象にしていたが、実は回教徒の隊商と言っても、ほんとうの回教徒はたったの二人——つまり、この《家》の代表者である持主の息子と、料理を《浄める》役を司どるラクダ曳きの二人だけなのである。この例からもわかるように、回教徒の隊商でも、信徒仲間をさしおいて主にシナ人のラクダ曳きを雇いたがるのが普通であるが、それは、元来、回教徒というのがいたって気が短いうえに責任感にも乏しく、その場のはずみとか、侮辱されたと思い込んだぐらいでも、かってに仕事を放り出してしまう者が多いことによるらしいのである。だが、たいていの外国人がそうであるように、わたしもどちらかと言えばむしろ回教徒のほうに親しみを感じ、とりわけこの梁家の若主人が気に入っていた。年齢は二三、四であろうか、実に頼もしい好青年で、回教徒独特のその顔だちには、シナ人以外の血をひいていると思われる特徴がはっきりと現われていた。昔、マルコ・ポーロが、今日の帰化ないしはその周辺の地域にあったと現代の学者たちによって推定されているテンドゥクの町を訪れた際に詳しく記しているところの、かの《アルグーン》と呼ばれる一群の人々は、中央アジアの系統をひく民族で、その男たちのあいだにはシナ人の女を妻に迎える習わしがあったと言われているが、この青年の顔だちから推すと、ことによったら彼こそこの《アルグーン》(5)の末裔であると考えられないこともなかった。さらに、ネイ・イライアスの記録によれば(6)、帰化に住む回教徒たちは常に彼らの生活の回りに、トルキスタンをしのばせるような物を配していたらしく、今日でもなおそうした追想の跡が彼らの果樹園や庭園にはっきりと残っていると言うことである。

ところで、この回教徒の青年は、彼の隊商のために別にシナ人の統率者を雇ってはいたが、旅の業務を統率者に任せきる隊商の慣習に反して、彼自身もかなり大きな権限を握り、諸事万端にわたって采配をふるっていた。そうした彼の指揮ぶりや決定の下しかたを見ていると、たしかにシナ人よりも敏捷で活動的な感じであった。シナ人たちも等しく認めているように、一般に回教徒は勇気と旺盛な冒険心に富んでおり、そのうえ、人の心を巧みにつかむ話術と追従にたけているとも言われているが、その反面、仕事の相手としてはまったく信用が置けないという欠点も、やはりシナ人たちによって指摘されているのである。「回教徒のくれる料理を食べてもかまわないが」とシナ人たちは言うのである。「奴らの話には耳を貸すな。」――つまり、くれるものはもらってもよいが、彼らの口約束を本気にしてはならないと言うわけである。たしかに、この言葉からもわかるとおり、回教徒の口の巧さを咎め立てるときのシナ人の調子は、イギリス人がアイルランド人を非難するときのそれにそっくりである。しかも、これには、単なる偶然の一致として片づけることのできないれっきとした理由がありそうである。

さらに、回教徒のシナ人は凡俗のシナ人よりも清潔好きであるということも、一般に認められているところである。しかし、そのような回教徒の場合でさえ、清潔を好む習癖は信仰とはまったく無関係であって――単に社会的な戒律の産物にすぎない。ところでアジア人をヨーロッパ人から隔てる最も著しい相違点の一つになっているのが、ほかならぬこれなのである。たとえば、ある男が、「もちろん彼の家(もしくはテント)はわたしのよりも清潔である。彼は回教徒なのだから」と言ったとする。それを聞いたヨーロッパ人には、これこそまぎれもなくアジア人の言葉だとわかるのである。これを言った男がどこの生まれのアジア人であろうと、またそれを聞いたのがどこの生まれのヨーロッパ人であろうと、とにかくそんなことにはかかわりなく、両者のものの見かたには歴然たる相違がある。それは、要するに、世の中にはさまざまな生活があり、それらはみな程度の差こそあれ、それぞれのよさがあり、それを取り入れてわが物とすることもできると言う自明の理を解する能力が、アジア人には先天的に欠けているということなのである。アジア人にとって、自分の生活様式は選択の余地なく押しつけられたものにほかならない。そのため、生活様式を異にする者に対して、ときに侮辱の念をいだくことはあっても、異なった生活様式そのものには必ずしもそうした感情をいだいているわけではないのである。シナ本土にある回教徒の社会の大部分は、今日、血統的にはほとんど完全にシナ人になりきっているはずであるが、それにもかかわらず、回教徒が自分の社会を一歩離れて一般のシナ人のあいだにはいれば、異国人の世界にとび込んだも同然なのである。と言っても、これは必ずしも、回教徒には豚肉を忌みきらう風習があるために、一般のシナ人が回教徒を異国人扱いすると言うわけではない。それに、豚肉を口にしない習わしにしても、宗教的戒律のきびしくない地方では多少とも忘れられてゆく傾向にあることからみて、シナの回教徒のあいだでもそうした豚肉に対する偏見はすでになくなっていると言うことも充分考えられるが、それでいながらいまだにシナ人のあいだでは、回教徒の素姓に対する偏見がいささかも衰えるきざしを見せないのである。これはまさしく、人間の運命に対するアジア人特有の態度に由来するもので、こうした考えかたは、インドにおけるごとく、特殊な状況のもとでは階級制度のような社会的規約の形に明文化されることもありうるが、いずれにしろ、普遍的な偏見もしくは先入主として、これはアジア的心性の構造を知るうえでの決定的な試金石の一つには違いない。たとえば、ロシヤ人の誰かをつかまえてこれをためしてみるのもおもしろく、彼が東洋と西洋のどちらの遺産をより多く受けついでいるかも、これによって立ちどころに判定することができるのである。

回教徒を前にしてよく用いられる彼らの呼び名には幾とおりかあり、たとえば、シャオ・チャオ(小教)[7]、すなわち(シナ人の大多数に対するものとしての)少数派の信仰、チェ・チャオ、すなわち別教もしくは異教、さらにはフイ・フイ(回回)と言ったぐあいである。最後にあげた呼称の起こりについては、古来大いに議論の余地のあるところで、いまだに定説を見るにいたっていない。シナ語の文字をそのまま訳せば、「戻る、戻る」である。これについて次のような説があるのを、わたしも聞いたことがあった。すなわち、この言葉は、シナ本土から西に寄った地方の回教徒の傭兵について用いられたのが最初であると言うのである。さらにいわく、これらの傭兵のうちのある者は、帰国の途中、シナ人の女をめとってそのままそこに住みついたものらしく、もともと異国の人間であるところから、回りのシナ人たちは彼らのことを「国へ帰るはずの人たち」と呼ぶようになった。そう言えば、たしかにフイという語を重複させて固有名詞にすると言うやりかたも、口語的用法にかなっているようである。しかし、どうもわたしには、このように口語的な簡潔さと結びつけるあたり、この説はあまりにも話がうますぎて信用できないような気がするのである。

シナ語では、アルファベットによる表記法と違って、発音の変化や借用語がその表意文字にまったく痕跡をとどめないため、シナ語の語源をたどることはほとんど不可能にちかい至難の業であるが、それはそれとして、とにかく、口語的用法と文語的用法とのはなはだしい差異や、文語体の持つ重苦しいまでの荘重さを考えてみただけでも、このフイ・フイと言う語が、もしほんとうに口語的用法に発するものであるなら、はたして準公用語として用いられるにいたったであろうかと言う、一見《プリマ・ファシエ》当然と思われる疑問が湧いてくるはずである。わたしとしては、むしろもっと大胆な推測にこそ真相があると言う考えである。すなわち、この名辞は、もともと古い部族の名が転訛したもので——ことによると、かつてシナ人のあいだにその存在を知られていた蛮族の名であったかもしれず、後にそれが誤り伝えられて、回教徒を指す名として用いられるようになったのではないであろうか。(8)

シナ人回教徒は、地域によって多少の差はあるにしても、フイ・フイと言う名で呼ばれることを極度にきらう傾向があり、これを見ても、もともとこの名称が彼ら自身によってではなく、回りに住む非信徒のシナ人によってつけられたものであることは明らかである。しかし、この名称でも、ラオ、すなわち老という形容語を頭につけて用いれば、はるかに重々しい感じになるのである。また、最も正式なシナ語の呼称として、よく回教寺院の入口に掲げたり、寺院で礼拝する信徒を敬って呼んだりするのに用いる言葉に、チン・チエン（清真）と言うのがあるが、これは彼らの信仰が汚れのない、真理にかなったものであることを表わす呼称である。一方、回教徒に面と向かっては口にすべきでない呼称も幾つかあり、それらはほとんどすべて、彼らにとってさしさわりのある豚に関連した語を巧みに取り入れている。二、三の例をあげてみよう。まず、ピン・ツイ（瓶嘴）、瓶の口、であるが、これは豚の鼻づらの格好から思いついた言葉で、けだし至妙と言うべきである。次に、シャオ・イ・パ（小巴）、小さな尻尾、と言うのも、やはり豚に対する言及であり、ただし今度のは反対側から狙ったわけである。また、チュ・ワ（豕娃）、豚の子、と言うのは、まさにそのものずばりである。だが、数ある名文句のうちでもとくにわたしが気に入ったものはと言えば、やはり、周家の御曹司が腹立ちまぎれに、梁家の若主人を指して言った言葉――シャオ・チュ・タン（小豕蛋）すなわち小さな豚の卵、に指を屈しなければなるまい。

　ところが、まことに奇妙なことに、シナ人の回教徒たちは、平常は豚のことを「不浄な獣」として忌みきらっていながら、互いにののしり合うときなどは、平気で豚と言う言葉を使うのである。すなわち、帰化の連中なら「犬野郎《ドッグ・デファイルド》」と言い、天津あたりでは「糞たれ野郎《デファイル・ユア・ヤンガー・シスター》」、シャン・ツン人なら「瘋癲野郎《デファイル・ユア・グランドマザー》」と言うはずのところを、彼らはきまって「豚野郎《ビッグ・デファイルド》」と言うのである。それにしても、どうして豚がこれほど徹底的に不浄視されるにいたったかについては、シナ人たちにもはっきりした理由がわかっていないようであった。わたしの知り合いに、口の悪いラクダ曳き仲間からさえも悪態吐きの名人と言う異名を奉られた男がいたが、彼は若いころずっと回教徒のあいだで暮らし、彼らの使う言葉を、ごく微妙な言い回しのはしばしにいたるまで完全にわが物としてしまったので、いつも彼らから仲間の一員として扱われたと言うことであった。だが、そんな彼でさえも、豚を不浄視する理由ばかりは知らなかったのである。わたしの聞いたある説によると、豚は人間の排泄物を食べる獣であるために、清潔好きの回教徒にきらわれるのであろうと言うのであるが、これでは論拠がはなはだ薄弱であり、たとえば、同じものを食べてまるまると太った鶏を見て回教徒が赤面したと言う話が全然聞かれないのはどうしてかと反論されたら、それまでである。

　事実によっては説明がつけられないときの常として、ここでもやはり伝説が事態の収拾に乗り出すのである。この種の病因学的物語が幾つかある中で、いちばん簡潔な話をあげると次のごとくである。ある回教徒の皇帝（または、予言者とする説もあるが）が敵によって牢に閉じ込められたとき、一頭の豚が鼻で牢の壁に穴をあけて彼を救い出したと言うのである。そうとすれば、当然その壁は泥の壁でなければならないはずであり、したがってこの話は、十中八九、シナ人の創作したものと見てまちがいないようである。その他、この話をさらに推し進めて、豚こそは回教徒の聖獣、もしくは神(そういう場合の神とは、おそらく北米土人のトーテムのごときものを指すと考えてさしつかえないであろう)であると説くシナ人さえもいるが、いまここにあげた神の概念には、たしかに、あらゆる伝説を通じて最も興味深い問題が含まれているようである。と言うのは、この概念こそ、呪われた物、あるいはより正確に言えば、禁制された物は、また同時に聖物でもありうると言うきわめて原始的な宗教概念が広く世に受け入れられていた時代――明らかに、それは回教徒が現われるはるか以前のことであるが――の伝統がいまだにシナ人たちの心にその名残りをとどめていることを示す何よりの証拠にほかならないのである。

われわれの泊まった石板の井戸からさらに四、五キロ奥へ行ったところにも、砂の荒野に囲まれた小さな吹きだまりに湧き出している井戸があったが、水質はあまり良くなかった。そこでわれわれはこの井戸を素通りして、黒い砂礫の荒野で夜を明かした。そして、翌日あらためて、しだいに幅がせばまってついにはやっと通れるくらいのけわしい峡谷になっている山あいの道を通り抜けて、イェ・マ・チン(野馬井)、野生の馬の井戸、と言うところに達した。この井戸では、われわれ人間の飲み水だけを補給して、ラクダにはまだ一滴の水も与えずにそこをたち、さらに二、三キロ前進してから、野営を張った。この二日間にわれわれが越えた地域は、依然としてカラ・ゴビの砂漠とほとんど変わらない砂の荒野であったが、ただ幾らかけわしい丘が連なっているのがこれまでと違ったながめであり、ラクダに食べさせる草の類にも、かなり恵まれていた、とまではゆかなくとも、少なくともいままでほどの欠乏に悩まされずに済んだことは確かで、そのうえ、ときおり、はるか南の方角に当たって、赤い色をした砂漠を望み見ることもできた。またラクダ曳きたちの話によると、カラ・ゴビの外縁にあたるこの地域には、野生の馬(equus prjevalskii)と野生のロバが多数棲息していると言うことであった。

この二日間の旅のあいだに、全部のラクダについて、ひづめのいたみぐあいが調べられた。砂礫におおわれた四乾路の旅では、どのラクダもけわしい岩山の道を通ったとき以上にひどい傷を負っていたのである。それと言うのも、長時間の行進によってすっかり疲れ果てたうえに、平坦な道ばかりが続く旅の単調さに気分も滅入っていたラクダは、岩の道を越えるときのように正しく足を上げて歩かずに、たえず足をひきずるようにして歩いてばかりいたため、肉趾に血まめができ、それが熱をもってはれ上がってしまったのである。こうした傷の手当てとしては、まず少なくともまる一日のあいだ、ラクダに一滴の水も飲ませずにおく。（冷たい水は、それを馬に飲ませると脚の自由がきかなくなるばかりでなく、人やラクダが飲めば水疱を生じると言われており、そのためかラクダ曳きたちは、行進の直前や直後はもちろんのこと、ふだんでも沸かした茶以外のものはめったに飲もうとしないのである。）次に、道の上に曳き出してたっぷり足ならしをさせることによって、肉趾にとどこおった血を散らして充分な血行を促す。そのあとで、いよいよ小さな平たい針を使って、傷んだ肉趾を治療するのであるが、その際、水疱を表面からつぶして水を出すという方法をとらずに、針を肉趾の横から刺して、五センチないし七、八センチの深さまで突き通す。これは、直接にまめそのものを手当てすると、かえって肉趾の傷を悪化させる恐れがあるため、それにはさわらずに、もっぱら放血を促すことによって足全体の熱を下げて痛みをとり去ることを治療の狙いとしているからなのである。まめと言っても、問題になるのは血まめだけであって、単なる水疱は処置の対象にならない。こうした治療が行なわれているあいだ、ラクダは苦痛のあまりはげしく足を踏みならすため、そのたびに血がふき出して、道の上は一面まっかな血の海と化すのが常である。他の獣なら、足の裏が痛むときには当然やんわりと足を運ぶところを、ラクダはまるきり反対に、かえって二、三歩ごとに荒々しく足を地面に押しつける癖があり、これで万一釘かイバラでも踏んだりしようものなら、それこそ手のつけられない恐ろしい結果を招くに決まっている。事実、後足のほうにはまず起こらない事故であるが、前足のひづめにつながる関節部の静脈が破れてひどい出血が起こるという例は、珍しくないのである。

妊娠中の雌のラクダのあいだに、流産を起こすものが現われはじめたのも、やはりそのころであった。身ごもったラクダでも、充分な食べ物をとり、とくに飲み水の量を誤りさえしなければ、子を産み落とす当日まで他のラクダに伍して働くことができるとされているのであるが、今度の場合は、カラ・ゴビにおいて苛酷な旅とはなはだしい食糧不足に苦しめられたうえに、その直後、やむをえぬこととは言いながら、最初の井戸で水を飲み過ぎたことが災いして、かような流産の憂き目を見ることになったのである。だが、驚いたことに、たとえこうして流産を起こした場合でも、雌ラクダはほんのしばらくあとに残って休むことを許されるだけで、すぐにまたもとどおりに規定量の荷を背負って旅を続けさせられるのである。実際、帰化のラクダ曳きたちは、旅も終わりに近づいたときとか、次の旅に備えてラクダを放牧地に放ったときででもなければ、月満ちて生まれたラクダの子でさえめったに取り上げようとしない。子に乳を飲ませると、親ラクダはめっきり痩せ衰えて使いものにならなくなるが、生まれてすぐに子を捨ててしまえば、親ラクダもいままでどおり働けるからなのである。ただ、その際、生まれた子を親ラクダが一と目でも見ると、恋しがって鳴き叫び、からだもやつれてしまうので、絶対に親の目にふれさせないようにしないといけない。自分の産んだ子を全然見なければ、そこは畜生の悲しさで、親ラクダもわが子には気づかず、例の、ラクダ曳きたちのあいだで、他人事のようにながめるかあきらめの念をもって耐え忍ぶかするよりほかない恐ろしい苦しみを表わすのによく用いられる言い回しを借りれば、いわゆる《ゴビのつとめ》なるものがいま一つ余分に見舞ったくらいに考えて、じきに忘れてしまうのである。

(1) それよりも、やはりこれは石板の砕けたものらしいと言うことを、わたしは最近になって聞いた。

(2) かような比喩が多数派の信仰に属するシナ人の口から聞かれたのであれば、それはきわめて異例のことと言わなければならないが、回教徒のシナ人たちのあいだでは、常に彼ら特有の話しかたや論法が用いられ、語彙にもある程度特異性があるので、かような表現も何ら驚くに当たらないのである。

(3) 野生のラクダについては、近代の探検家のうちでもとくにプルジェワルスキーが、一八七六年の探検旅行の際に、多くの情報を集めた。実際、その後つけ加えられた情報はほとんどないと言っても過言ではないくらいである。プルジェワルスキーの覚え書きや考察は、その著『クルジャから、天山山脈を越えて、ロプ・ノールにいたる旅』(E・デルマー・モーガン訳、ロンドン、一八七九年)に収められているので参照されたい。

(4) これはまことに美しいシナ語の名辞であって、その深い含蓄をそのまま伝えるような訳語を見つけることはきわめて困難である。アンクル・リーマスにでも頼んだら、おそらく「老神人」とでも訳してくれるところであろう。わたしもかつて北京に住むある乞食の話を聞いたことがあった。何でもその男は、ヨブも顔負けするくらいひどい腫れ物にからだじゅうを冒された老人であったが、ヨブと違っていたって陽気な性質で、ある日外国人の病院に引きとられたとき、にやりと笑いながら次のように言ったそうである。「ラオ・ティエン＝イエ・チェン・ヤ＝チュ・ウォ＝ティ・ナオ＝タイ（老神人はてっきりわしの頭を叩きつぶそうとしておいでだ）」

（5）　これについては、ユールが『マルコ・ポーロ士の書』において、「混血」を意味する語として詳しい説明を行なっている。

（6）　これも、ユールの著書に引用されていたものである。

（7）　今日でもなお、仏教徒（それはほとんど暗愚と同義語であるが）とか儒教徒（無知の代名辞）とか言った語がときおりシナ人を指す言葉として、あたかも彼らが特定の教会を持った組織的な集団でもあるかのように、大まかに用いられることがあるので、この際、多数派の信仰に属するシナ人がそう呼ばれるのは、単に少数派（イスラム教徒）に属していないと言うことを表わすためのものであって、何かほかの信仰に属していると言う意味ではないと言うことを、ここにはっきり述べておいたほうがよいであろう。

（8）　その後ある本で知ったのであるが、この名称は昔ウイグル族に対する呼び名として用いられたと言うことである。（ロックヒル編のウイリアム・オブ・ルブルク集の中に引用されたブレットシナイダーの所説参照。）

15　にせラマ僧の家

野馬井の位置は、黒ゴビの中央部にまたがる高原地帯のいちばんはずれであった。この井戸をたったわれわれは、北に向かってゆるやかに下降している大きな深い窪地にはいって行ったが、傾斜がごくゆるいため、歩いているあいだはほとんどそれとわからず、翌朝になってから、夜のうちに越えた地域の最後のあたりを振り返って見てはじめて、われわれが、一面砕石におおわれた雄大な斜面を持つ不毛の丘をいかめしく周囲にめぐらした砂の台地をあとにして、下りの道をたどって来たことに気がついたくらいであった。この窪地、もしくは盆地を下りきってから、再びわれわれは上りの道をとって、別の小高い台地にまで達した。これから先が例のリエン・サン・ハン（連三旱）、三乾全路もしくは三乾路、と呼ばれる地域で、モンゴル最大の砂漠を越えるに当たっての、これが最後の難関であった。これを越えるには普通に歩いて三日を要すると言われているが、それをあえて二行程で強行踏破する隊商も少なくないと言うことであった。だが、われわれは、定められたとおり、たっぷり三日をかけて横断した。と言うのは、つい最近この砂漠に夏には珍しい雨が降ったため、第一行程の終点付近に池ができて、われわれが着いたときにもまだ、ラクダに水を飲ませられるほどの水たまりやぬかるみが幾つか残っていたからであった。

行進を始めるか始めぬうちにわれわれは、シナ人の隊商の整然とした隊伍とは打って変わって、てんでんばらばらに並んでやって来るモンゴル人の隊商に出会った。彼らは新疆省の奥地カラシャールに住むトルグート族の一隊で、ウルムチからカシュガルに向かう旅の途中であったが、世に名高いトルグート族の矮馬と言うのは、ほかならぬこの天山の峡谷から、タクラマカン砂漠の外周部にかけての地域一帯がその産地なのである。われわれの出会った一隊は、トルグートの領主ハン・ワン家の縁者を戴いて、西チベットの高僧パンチェン・ラマを拝みにはるばる北京へ巡礼の旅におもむくところだったのである。活仏としてあがめられているこの高僧は、一説によると、反ラサ・反イギリス派の頭目と見なされており、チベットを離れたのも、主に政治的な理由によるものと言われているのである。

実を申すと、かような宗教的動機より発する行為を見ると、ほとんど必ずと言ってよいくらい、心からの敬意を払わずにはいられなくなるのが、このわたしの性格なのである。とくに、それが頑迷な迷信に凝り固まっていたり、怪しげな魔術の匂いを漂わせたり、あるいはまたきらびやかな秘儀の類に色どられていたりするときにはなおさらであり、今度のように、途方もない信仰の旅に上るモンゴル人がいると聞いただけでも、胸の血が湧き立たずにはいないのである。われわれの出会った部族民の一隊も、チベット最高の活仏——事実、パンチェン・ラマとダライ・ラマを比べると、前者は人間の位では下であるが、より神に近いとされているのである——をまのあたりに拝んでその功徳にあずからんことを願うあまり、中央アジアの最も奥地のモンゴル人社会をあとに、果てしない砂漠を越えて北京にまでおもむこうとする、そのおそるべき熱情もさることながら、妻や子供までも引き連れ、宝物や供物の類をラクダに積んで、黄、紫、赤、緑など、色とりどりの長い衣を風にひるがえしながら、決然としたきびしい顔容と、悠揚迫らぬ身のこなしにふさわしく、火縄銃や、後填銃、それに刀剣や、ありとあらゆる型の拳銃などをとり混ぜたものものしいいでたちをして、荒野のただ中を行く彼らの異様な旅姿には、われわれの想像を絶した雄渾と悲壮の極致をすら感じさせるものがあった。だが、当の彼らはいたってのんびりした旅を楽しんでいるらしく、多数のラクダの背に、フェルトや、ユルトの枠組を束ねた荷がうず高く積まれ、その上から、赤や黄の模様もすり切れて色が薄れてはいるが、しっとりした光沢をたたえたコータン産のトルコ織りの古い絨毯が幾つも広げてかぶせてあったのである。

三乾路にはいってまもなく、砂漠の様相に徐々に変化が現われはじめ、四乾路をおおっていたつやつやした黒い砕石の代わりに、赤や褐色や白い色をした、石英とおぼしき石屑が一面に積もった（と言っても、もちろん、黒い砕石もまだかなり混じってはいたが）やや粗い砂地の大地が広がり、灰色にかすむ地平線にまで続いていた。それに、ここは、カラ・ゴビの中心部のように生命のごくわずかなしるしさえも見られぬ完全な荒野ではなく、砂漠の灌木類もいままでになく多くの種類が、いままでよりも幾らか豊富にはえていた。そればかりか、三日めの行程にはいる直前に、われわれは思いもかけぬ野生のタマネギを幾つか見かけさえしたのである。ところが、このタマネギが見つかったばっかりに、たいへんな騒ぎが持ち上がった。と言うのは、ラクダ曳きたちの話ではここ数日薪にする枯れ枝のほかには何一つ口にしていなかったラクダがタマネギの匂いを嗅ぎつけて、もう少しで大暴走を起こすところだったのである。猛り立ったラクダの群れはラクダ曳きたちの手にも負えなくなり、ためにわれわれは、強い風が吹いていたにもかかわらず、いつもよりずっと早目に宿営地を引き払わなければならなかった。そのころになると、早くも青くかすむマ・ツン・シャン（馬鬃山）山脈の末端がはるか南西方に見えはじめた。東からながめたときには、三乾路一帯は高原状を呈しているように見えたが、西側に来てみると、全体がゆるやかに下降して、低い平地に連なっていた。この斜面を下りきって最初の井戸に達したわれわれは、これでやっと砂漠地帯をあらかた通り抜けて、いよいよ無人の国のオアシス地帯にはいったことを知った。ところで、この井戸の名がはなはだ意味深長で、ホ・シャオ・チン（和碩井）と言うのであったが、これを訳すと、ホシュン（和碩・盟の意）の井戸と言う意味である。隊商のあいだでは、モンゴルを旅することをよく「ホシュンを行く」と言う言葉で表わすが、これは彼らが単なる荷の運搬人ではなく、貿易に携わる商人として旅していると言う自負を示す言いかたなのである。この井戸のある位置は、甘粛の粛州と、アルタイ山脈の山稜を間近に仰ぐかつての貿易の中心地で、大きなラマ教の僧院があることで有名なユンベイズとをつないでいた、今日ではほとんど廃道に等しい古代の貿易路から分かれてのびた支道にほど近いあたりであった。

この井戸から西へさらに一行程進んだところに、クン・ポ・チュアン（宮坡泉）と称する、ほとんど水の涸れた池があったが、これはこの地域のいわば戦略的拠点であり、ラクダ曳きたちはこれをサン・プ・クァン（三不管）と呼んでいた。さて、わがモーゼのことであるが、長い砂漠の旅に疲れてか、さすがの彼もここしばらく我にもなくふさぎの虫にとりつかれていたのである。実際、疲れきったラクダ曳きたちのほかには話をする相手もないとあっては、それもむりからぬことで、しきりに彼は「未開の山と野蛮な国」というシナ語のきまり文句を連発して、いまいましい砂漠を呪っていたが、それがサン・プ・クァンと言う名を聞いたとたん、急に元気づいて軽い冗談さえとばしはじめた。それも道理、何と天津にもこれとまったく同じ名の場所があったのである。話によると、その地区はかつてアメリカ人租界に予定されていたものらしく、それをアメリカ人側では辞退することに決めたため、行き場のなくなった地所は、長年、日本人租界とシナ人街とのあいだに放置されたまま、臭気ぷんぷんたる汚水だまりと化していた。ところが、後になって、外人租界に予定されたこの荒地にもようやく排水工事が施され、土盛りの上にぞくぞくと建物が建てられて、一躍華やかな条約港として脚光を浴びるに及んで、かつてはアメリカ人からすげなくそでにされ、日本人もシナ人もあまりの汚さに顔をそむけてまったく相手にしなかったこのぬかるみが、にわかに重要さを増し、シナ人と日本人の双方が先を争ってこの地区を占領しはじめた。そのため、港の建設が完了するまでにあらためて境界線を引き直さなければならなくなった――と言うのが、巷間に伝わっている話なのであるが、事実この話のとおりらしく、今日でもこの地区の境界は、普通の境界線が街路や下水溝に沿って引かれているのとはこと変わり、いたるところで煉瓦や漆喰の壁の中をくぐり抜けているのである。

　かように、最初のうち三か国の国民からつま弾きされた土地であると言うことから、この地区をサン・プ・クァン――三つの知らん顔、とでも言ったところであろうか――と呼ぶようになったのである。条約港に生まれ変わる以前、この地区は、ロンドンのアルセイシアのごとく、官憲の手の届かぬ、いわば盗賊の巣窟であった。それかあらぬか、いまでもここは天津じゅうの小悪事を一堂に集めたかのごとき観があり、その舞台となるのが、映画館や淫売宿、芝居小屋、撞球場などである。それに、例の欧米ふうのレストラン、これがまた大いに変わっていて、髪をてかてかに光らせた運送屋の店員や学生たちにナイフとフォークの手さばきと、「畜生！」という例の呪文の唱えかたの練習でもさせようと言うつもりなのか、出す料理と言えば、たった一つ、えたいの知れぬウスター・ソースをかけたビフテキと決まっているのである。外国人でこの三つの知らん顔の様子に詳しい連中と言えば、たいてい保険の勧誘員である。彼らは、まっ昼間からこの薄汚い通りに車を走らせて、巨額の保険を申し込んだシナの将官たちの経営する浴場や芝居小屋が目白押しに並んでいる醜悪な売春街を査定して回るのである。

こう言う連中以外にも、ときたま、日が暮れてからこの地区にぶらりとやって来て芝居見物としゃれ込む物好きな外国人の姿を見かけることもある。出し物と言えば、たいていどこの小屋でも、いつの時代ともわからぬ昔の戦闘場面をどぎつい電灯の照明ですっかり当世ふうに仕立てたものを、アクロバットたちの演技で見せるくらいが関の山であるが、案内係の男たちの特技もまたすばらしく、心ここにあらずと言った無表情な顔をして、ジャッカルそっくりの声を立てながら蒸しタオルを驚くほど遠くから、汗をかいた観客のところへ投げてよこす、その手際がまた気味悪いくらい正確なのである。だが、このわたしの場合、三つの知らん顔の思い出としていつも心に浮かんで来るのは、芝居小屋よりもむしろ、例のレストランであり、そこのテーブルに群がって、摩訶不思議なソースを添えたいかがわしいビフテキをぱくつきながら、良心の命じるままに、しきりに「畜生！」と唱えている、髪をてかてかに光らせた若者たちの姿である。食事が済むと、連中は申し合わせたように――まあ、これも、シナが近代国家に生まれ変わるためにはやむをえないこととして、大目に見てやるべきであるが――レストランの電灯をあとに、塵だらけの街路の電灯下をぞろぞろと通り抜けて、撞球場の電光に群れ集い、ここでもまた、いまをはやりの外国ふうと称する上海直伝の気取った姿勢でキューによりかかりながら、例の「畜生！」をもう幾つか唱えるというしだいに相成るのである。

思い返すだに楽しくもなつかしい日々であった。要するに、天津と言うところは、合い言葉さえ知っていれば、誰でもけっこうおもしろい思いを味わうことができるのである。ところが、その名も同じこの砂漠のまっただ中のサン・プ・クァンにあっては、それすらも影が薄く、気の抜けたモーゼの洒落を聞いてもいっこうにわたしの感興はそそられなかった。それもそのはず、この三つの知らん顔こそは、わたしが夢にまで見たあこがれの地であり、一生に一度でもよいからラクダを連ねた隊商とともにそこを訪れる機会が得られるなら、世界中の電灯を一つ残らず消してしまっても惜しくないとさえ思っていたのである。そのラクダにしても、伝統にのっとった本式の隊商であることが願わしく、赤い房のついた槍を先頭のラクダの背におし立て、各列のしんがりをつとめるラクダには、房々と垂れた粗いたてがみの下に、ぶかっこうな長い筒型の鈴をつけてのどかな音を響かせ、そのかたわらをラクダ曳きたちが、午後から日暮れにかけて、さらには夢のような月明りの夜をこめて、ただ黙々と歩き続け、ほんのときたま、鼻綱が切れて一頭が列を乱すと、あとに続くラクダまでがそれにならって足を止め、かってに道ばたの草を食いはじめるのを見とがめて、「チュエ・ロオーーーー」と叫んでせき立てる、そんな旅がわたしの夢であり、そしてその夢がいまかなえられつつあったのである。

さて、このクン・ポ・チュアンは、二乾の道筋が四乾路と三乾路に再び交わる合流点でもあった。その他にも、このオアシスには、北からの大きな道が一本通じていたが、これはユンベイズにはじまって、途中マ・ツン・シャンの主脈中のわりあいゆるやかな峠を越えて、粛州にまで達している公道である。ただ、ここで忘れてはならないのは、前にも述べたとおり、モンゴルの道と言うのは一定の路面を持った道ではなく、あくまでも旅のあらましの方向を示すだけのものにすぎないと言うことである。だが、とにかく、わたしの推定するところ、一九〇〇―一年のコズロフの探検隊の一員であったラディギンが通った道筋は、たぶんこの付近でわたしの進路と交差しているはずである。ラディギンの場合は、ほぼ北から南に進み、その途中、ここからはるか北の数個所の地点で、東西の方向にも探索の足をのばした。そのうちでも最も重要な成果を収めたのは、東に進んで、クク・ツムルツ・オーラ山脈(カルザーズのあげたアジ・ボグド山脈と同じものであるが)をきわめた旅であり、この踏査によって彼は、ここがアルタイ山脈の動植物帯に属し、水に恵まれて樹木がよく繁茂し、狩猟の獲物で「あふれ返って」いることを発見したのである。さらに、彼の報告によれば、この山脈は東にのびて、エツィン・ゴルが最後に流れ込む盆地の北側で、ノム・ボグド山脈に接続していると言うことである。また、その北側は、チャルギン・ゴビと称する砂漠によってアルタイ山脈から隔てられ、南側でも、わたしが横断した例の大砂漠にさえぎられて完全に孤立しているのである。これから推定すると、ツムルツ丘陵からアルタイ山脈までの距離は、ラディギンが探り入った地点から測って、おそらく約三〇〇キロメートルに達するものと思われる。そのあとで彼が粛州まで歩いた距離がおよそ八〇〇キロメートルである――だが、これには、おそらく、ツムルツ丘陵を踏査するのに要した距離二〇〇キロメートルは含まれないのであろう。さらに彼は、ツムルツから粛州にいたる旅の途中、やや粛州寄りの地点で、「マズィ・シャン」[1]と呼ばれる山脈の一部を目撃したと報告しているのであるが、これは、ほかならぬマ・ツン・シャン山脈のことを指しているとみてまずまちがいないようである。このように「マズィ」となまって読むのは、まぎれもなく、シナ語本来の発音を自己流に歪めるロシヤ的表現法の最も典型的な例であり、したがって、こうしたシナ名を読み誤る度しがたいロシヤ人の癖を少しでも知っている者なら、本来の正しい発音を聞いたことがなくても、これが「マ・ツン」のことだぐらいはすぐにも察しがつくのである。なお、この山脈の位置は、おおよそのところで、北緯四二度、東経九八度と報告されている。

ホシュンの井戸にはじまって、南東から北西の方向に広がり、クン・ポ・チュアンにおいて底をきわめるこの窪地一帯には、おびただしい数の沼が並んでいた。これらの沼は、一〇月の終わりころにはほとんど水が涸れるものの、やがて春の訪れとともに、再び水量豊かな沼によみがえるのである。そこから北の方角に当たって、一群の荒れ果てた低い丘が連なっていたが、乾ききったその斜面には、雨水の浸食によってできた溝が無数に刻まれていた。その位置から算定するに、この丘陵群はラディギンの述べているセルツィンギン・ヌル山脈に違いなく、おそらくその延長は、さらに遠く北西方に連なるアジ・ボグド山脈に接続しているもののようであった。一方、南に眼をやると、おそらく五〇キロか、あるいはもっと遠く八〇キロもあろうかと思われるかなたに、青くかすむマ・ツン・シャンの主脈が西に向かってのびているのが望まれた。これらの山系を含めたこの地方一帯は、世界中で最も地図の不完全な地域の一つであり――調査の手も及ばぬその広大な無人の大地の広がりには、まだ知られていない多くの謎が秘められているに違いないのである。

その一つが、この窪地の奥で見た奇妙な廃墟である。わたしがこれまでに見たうちで最も奇怪なこの廃墟は、黄ばんだアシの茂みに縁どられたこの窪地最大の沼を擁した名も知れぬオアシスの一角に、外モンゴルに面してそびえている淡赤色の砕石におおわれた小高い丘の上に立っていた。どう見ても、それは《悠久の昔から》そこに立っていると言った感じであったが、実際には、それどころか、この建物の建築に携わった人々でまだ生きている者がかなりいるほどなのである。空漠たる三つの知らん顔全域を通じて、人工の建造物と言えるものはこの荒れ果てた砦がただ一つあるだけであり、一生をこの砂漠の往来に費やすごく少数のラクダ曳きたちの口から語られるにせラマ僧の偉業についての真偽とり混ぜた物語こそ、この地域を色どる唯一の歴史にほかならなかったのである。事実、クン・ポ・チュアンと言う沼の名も、この廃墟にちなんでつけられたもので――それは王侯の住む丘の泉と言う意味であった。(2)

にせのラマ僧に関する伝説は、これまで長年にわたりテントのたき火の下で語り継がれてゆくうちにさまざまな粉飾がつけ加えられたため、互いに食い違う幾とおりもの話となって流布しているのであるが、それでも、その中から信ずるに足る挿話を選んでつづり合わせることは可能であり、かくすることによって、過ぐる年、モンゴル全土にわたって動乱の中世をしのばせる戦いの太鼓と人馬の足音がいま一度轟き渡ったかの乱世のさ中に、突如として現われて勇名を馳せ、一時は、チンギス・ハンにはじまってカシュガルのヤクブ・ベクに終わる数多のアジアの大征服者の再来とさえうたわれた一代の風雲児の生き生きとした姿が、われわれの前に浮かび上がってくるのである。

わたしの聞いたかぎりでも、にせのラマ僧はロシヤ人であると言う説をなす者があった。そう言えば、この人物について彼らが最もはっきりと覚えているのは、そのすばらしい後宮を別とすれば、彼がほとんど毎日のように衣服を着替えて、その時々に応じてロシヤ人のような服装をしたり、シナ人になったり、モンゴル人になったりすると言う、奇妙な習慣であった。これに対して、彼は正真正銘のモンゴル人であったと主張する者もあり、したがってこの二つの説をつなぎ合わせると、彼はロシヤの風習に同化したシベリアのモンゴル人ブリアート族の人間だったと言う推定も成り立つわけである。だが、それにもまして確実な根拠を有する説もあり、それによると、この人物は満州生まれのシナ人で、かつて綏遠の豪商太昇貴《タシエンクュイ》の商社に雇われて、モンゴルの地で矮馬を扱う牧夫として働いていたことになっており、この期間に、モンゴル人の言語と習慣を学び取ったと言うのである。その彼が後に、一九二〇年から二一年ころにかけて、白系ロシヤと、それに続く赤色ロシヤの《遊撃隊》の侵入によってモンゴル全土が動乱の巷と化したのに乗じ、いっきょに権力と名声の座に躍り上がったのである。その手はじめは、まず自らをラマ僧と名のることであったが、それもただのラマ僧ではなく、ボグド、すなわち大僧または聖僧、と呼ばれる高位のラマ僧をもって任じ、いわゆる活仏とあがめられる数階級の高僧にのみ許された称号さえも詐称してはばからなかった。

かくして着々と勢力を拡大しつつあった最初のころからすでに、彼には、火や銃弾に侵されぬ不死身の人物と言う評判が立てられていた。それを裏書きする話として、あるとき彼はコブドで白系ロシヤ軍に捕えられて、三日のあいだ火あぶりにされたが、火傷一つ負わなかったと言ったことが、まことしやかに語り伝えられている。そして、まんまとロシヤ軍のもとから脱出した彼は、ただちにモンゴル人を率いて引き返し、コブドを占領して、市内に住むシナ商人を虐殺するとともに、白系ロシヤ軍を追い払った。だが、ラクダ曳きたちにとって同胞であるコブドのシナ商人を、このようににせラマ僧がモンゴル人を使って虐殺したと言うことも、彼らのあいだでは別にこの人物を非難する理由にはなっていないようである。それは、一つには、彼らのように隊商の仕事に従事している連中と言うのは、コブドとか、ウリヤスタイとか、ウランバートルとか言った、恵まれた貿易の中心地にのうのうと腰をすえて甘い商いをしている商人に対して、あまり仲間意識と言ったものをいだいたためしがないせいでもあるが、また一つには、もともと単純な即物主義に徹した彼らのことゆえ、この風雲児が権力を握るためにとった行動の一部として、この事実をそのまま無批判に受け入れてしまったのでもあろう。これがラクダの買いつけとか使役とか言ったことであれば、そうはゆかず、さまざまな手管や駆引きを用いなければならない、とそれだけを彼らは心得ているのである。

モンゴルに繰り広げられた数々の戦闘は、個々の事例について見たかぎりでは、単なる殺戮と暴動の無意味な連続としか思われないが、大局的にながめると、その趨勢は一目瞭然である。ロシヤ帝国がモンゴルの内政に強力な間接的影響を及ぼすにいたった、その最後の数年間が終わって、帝国が崩壊するとともに、代わって一人の野心的なシナの軍人がモンゴル領内に侵略の手をのばしてきた。この新たな侵略者は、一応モンゴルにおけるシナの主権の回復と言う大義を掲げてはいたが、その実、彼自身がモンゴルの支配者の地位につくことが狙いだったのである。ところが、こと志と違って、まもなく彼は旧帝国軍隊の残党である白系ロシヤ人とモンゴル国民兵の連合軍と戦って大敗を喫し、多数の死者を出して軍は壊滅した。その後、白系ロシヤ人の一党は、「気違い男爵」とあだ名される勇猛なウンゲルン・シュテルンベルクの指揮のもとに、狂暴なまでの豪勇と残忍さをほしいままにして、全土をくまなく荒らし回ったが、あいにく彼らには破壊の能力はあっても統治する術はまったく知らなかった。そのため、彼らに従っていたモンゴル人にもそむかれ、やがて赤色ロシヤがモンゴル人をあと押しするにいたって、さしも勇猛な彼らもついに敗北の運命をたどることとなった。そのころにはすでに、シナの主権を回復する望みはまったく絶たれていたが、かと言ってモンゴル人の首長らが昔日の勢威を取り戻す見込みのあるわけでもなく、また赤色ロシヤにしても、この国を完全に掌握するだけの組織力を整えるまでにはまだいたっていなかった。かくして、その後はしばらく政情不安定な時代が続き、そのあいだ一応の収拾策として、ソヴィエトの肝煎りで、ウランバートルの活仏がモンゴル全住民に対する宗教・世俗の両面にわたる最高の統治者の地位にすえられたのであった。

だが、この時期もそう長くは続かず、やがて訪れたフトクト、すなわち活仏の死とともに終わりを告げたのである。この活仏については、すでに彼の存命中から、ある特別な定めによって、彼が自分の属する系列の最後の活仏であることが知られていた。要するに、活仏と言うのは、一定の周期のもとに繰り返される一連の顕現の、各時代をつなぎ合わせる鎖の一環のごときものにすぎず、各周期のはじまりに当たって、それが何代にわたって繰り返されるかと言うことが定められ、周期が満ちたあとは、活仏に宿っていた霊は地上を去って天に呼び戻されると言うのである。この定めに従って、ウランバートルの活仏の周期は当時のフトクトを以て完結したことになり、そのため彼の死を境いとして、モンゴルの民衆はそれぞれの部族ごとの世襲的首長をいただくのみで、もはや全モンゴルの大同団結を果たすべき中心的指導者をどこにも見いだすことができなくなったのである。とかくするうちにも、ソヴィエトは着々と国力を充実して、いよいよ独自の政策を実行に移しうる力を備えるにいたったと見るや、たちまちモンゴルをおのが支配下に収め、とくに若い世代に働きかけて、王族に対する不信の念をあおることによってこれら支配階終を覆滅せんと図った。これが、今日、モンゴルが置かれている状況であるが、ただし内モンゴルに住む諸部族だけは例外で彼らはいまなおシナの支配下にとどまっているのである。

さて、話をもとに戻すと、ウランバートルのフトクトがボグド・ハンの称号を贈られて、モンゴル全土を治める最高統治者の地位についたとき、活仏はにせのラマ僧に西モンゴルの土地を領地として与えた――少なくとも、話の上ではそういうことになっている。それは、コブドを含むアルタイ山脈一帯、ミンガンのホシュン、それに僧院のある貿易の中心地ユンベイズとダベイズにまたがる広大な地域であった。ところが、にせのラマ僧は、自分に対する周囲の陰謀を恐れたのか、それとも周囲に対する彼自身の陰謀のはね返りを恐れたのか、とにかく、倉皇として西の奥地に逃れ、しばらくグチェン・ツの近くに身を寄せて、新疆省の総督とも友好的な関係を結んだ。その後、おそらく総督との協定に基づいてであろう、再び場所を変えて、すでにかなり以前から無人の地帯と化していたこの荒野のオアシスに移り住むことになったのである。

この無人境は、すでに述べたとおり、内モンゴル領とも外モンゴル領ともはっきり所属の決まっていない土地である。サン・プ・クァン、つまり三つの知らん顔と言う名で呼ばれるようになったのも、その昔、主だったモンゴル人部族も、シナの新疆、甘粛の両省さえも、あえてこの土地に対する占有権を主張しなかったと言う経緯によるのである。それほどに、ここは人の近づくことを許さぬ僻遠の地として恐れられていたのであろう。フン族がバルクルを中心に勢威をふるっていた五世紀から六世紀にかけての時代には、おそらくこの地も彼らの居住区域の外郭をなしていたものと思われるが、しかしそれ以後の時代に、ここが大いに利用されたと信ずべき理由はほとんどないようである。マ・ツン・シャンの山中に住む少数のモンゴル人は、そのほとんどがトルグート族であり、これは、もともと、アルタイ山脈と天山山脈に囲まれて、西モンゴルとシナ・トルキスタン本土とを隔てているジュンガリア地溝を、本来の居住地としている部族の一部が移り住んだものである。ところで、にせのラマ僧は、グチェン・ツの近くに住んでいたころ、この部族の者たちと親交を結んでいたにもかかわらず、三つの知らん顔の地に自らのために新しい国を建設するに当たって、彼らを部族単位か、もしくはそれに準ずるような大集団のかたちで、招き寄せようとしなかった。代わりに従ったのは、西モンゴルじゅうからかり集めた混成軍で、その一部は最初から彼に仕えていた勇敢な家来たちであったが、あとは彼が自分の回りに住まわせるために旅の途中で拾い集めた家族ぐるみの集団であった。かような雑多な人員構成であったことが、結局は彼の地位をあやうくする致命的な弱点ともなった。と言うのは、彼に従った人々の多くは、もともと、自分たちの意志に反して連れて来られたものであり、それにもまして、彼がすべての男たちを強制的に兵役に編入する一方、手当たりしだいに女たちをつかまえて後宮に仕立て、四六時中この王者の楽しみにふけっている、その高圧的なやりかたが、彼らの恨みを買う結果にもなったのである。

それでも、クン・ポ・チュアンに移ってからほぼ一年のあいだは、彼も種々の思いきった施策を行なってめざましい成果を上げた。たしかに、この人物は想像力に富む活動的な為政者であったようで、ラクダ曳きたちの話では、それまで廃道同然だったモンゴル人の通行路と、アヘン運搬人の間道をつなぎ合わせることによって、羊腸の道を今日あらしめたのも、他の誰にもましてこの人物の功績に負うところが大であると言うことであった。

そのうちでもとくにめざましい大事業は、カラ・ゴビの横断路として三乾路と四乾路を開設したことであり、これによって、グチェン・ツと帰化のあいだを行き来する大きな隊商は、よほどのことがないかぎり外モンゴルの略奪者たちの襲撃を受ける恐れもなく、また少なくとも当時は、シナの辺境地方を見張る徴税吏さえもほとんど近づこうとしなかった、砂の荒野の奥深くを安心して旅することができるようになったのである。また《奇跡の井戸》と言われる石板の井戸が掘り当てられたことから推して、カラ・ゴビでも少しばかり地面を掘りさえすれば、良質の水が得られると言うことがわかっていたのであるが、あいにく、ここを通る隊商はたいてい先を急いでいるため、わざわざ時間をさいて井戸を掘ることなど思いもよらなかった。そこで、彼は砂漠越えの旅をさらに困難の少ないものとするために、四乾路にもう一つ井戸を掘ることを計画したのであった。

はたしてこの人物がシナ人であったかどうか、またコブドの時代におびただしいシナ人を虐殺したと言うのが事実であるかどうかはしばらくおくとしても、とにかく、無人境に居を構えてからと言うものは、シナ貿易の振興を図ることが、彼の政策における第一の目標となった。当時はまだ、多量の荷を積んだ本格的なグチェン・ツの隊商でこの道を通るものは一つもなかったと言うことである。そこで彼は、はじめてこの地に隊商の通行を促し（新疆省の総督自身も、大西方路の喪失以来不振をきわめていた同地方の貿易を挽回すべくやっきになっていた矢先であり、おそらくこの試みには総督も進んで承認を与えたのであろう）、そのうえさらに、ゴビ砂漠を越えるまで護衛をつけて送ると言う優遇ぶりを示した。その後、彼は常設の巡察隊を作って、二乾路と、外モンゴルから通じる最も危険な進入路一帯の警備に当たらせる一方、彼の領地を通行する隊商にはすべて、武装した護衛兵を無料で貸し与えることを方針として打ち出したのであった。

このころが彼の生涯における最もはなやかな時代であり、いまでも隊商の統率者たちは、よく彼に招かれて、砦を見下ろす高い彼の居室でいっしょに上等のタバコをくゆらせながら、道の状況や、旅のもようや、貿易の発展ぶりなどを語り合った当時のことをなつかしんでいるほどであった。ラクダ曳きたちも、彼の事業の遠大さや、その想像力や活動力の豊かさについては、もちろん称賛の念を惜しまなかったが、それでいて、シナ人特有の執念深さのせいか、彼らはこの男の賤しい素姓をけっして忘れなかったのである。いまでこそ砂漠をわが手に収めて、いわゆる《王侯》（クン）と呼ばれ、聖僧（ボグド）と称えられている彼であるが、所詮、それはにせのラマ僧であり、にせのボグドにすぎないと言うことを彼らは片ときも忘れなかった。それにまた、血の気の多い男たちとしては当然のことながら、彼らの話題は、この人物から受けた援助のことなどはそっちのけで、もっぱら彼の囲っていた後宮のうわさに集中しがちであった。そんなとき、彼らは決まって彼の女たちのことをハオ・クオゥ・クオゥ・ツェ（好媾媾子）と呼んだ。クオゥ・クオゥ（媾媾）と言うのは、女または娘と言う意味のモンゴル語がなまったもので、もともとこれは、ラクダ曳きたちがグチェン・ツあたりで拾う浮気なモンゴル女を指して呼ぶ言葉らしく、そのせいかこの言葉を口にするたびに彼らは、舌なめずりでもしそうな何とも言えぬ甘い声の調子を響かせるので、わたしにはいつもそれがはなはだ愉快でならなかった。

にせのラマ僧の功績は、単に貿易路の開拓だけにとどまらなかった。隊商の往来を盛んにする一助として、彼は砂漠の旅でラクダを使い果たした隊商に、安い値段で代わりのラクダを貸したり売ったりして、旅の便を図ったのである。さらに、彼に不満をいだいているモンゴル人家族を別の肥沃なオアシスに移り住まわせて、領内の住民の食糧にする穀物の耕作に当たらせる一方、マ・ツン・シャン山脈を隔てて向かい合う粛州の町とのあいだに通商の道を開くことによって、大量の穀物や小麦粉を確保し、常時これを隊商に供給しうるようにすると言う計画も立案された。それ以外に、モンゴル人を対象にした事業としては、市《いち》の開設ももくろまれていたと言うことであるが、これからもわかるとおり、ゆくゆくは彼のささやかな砦を中心として、新たな貿易路にはぐくまれた一大貿易都市を建設することが、この男の夢だったのである。

かくして、全盛期には粘土を踏み固めた恒久的な土台の上に建てられたユルトが二〇〇以上も城壁の回りにひしめく一方、荒野の中央を走るオアシス地帯からマ・ツン・シャンの山腹にかけては、他のモンゴル人家族の世話に委ねられた一〇〇〇頭にも上るラクダと、数百頭の矮馬と、数千頭の羊が、大地を黒々と埋めていたと言うことである。ところが、かくもみごとに敷かれた道も、堅固を誇るその城砦も、やがて彼の上に向けられたウランバートルの怒り――それは、たしか、一九二三年もしくは二四年のことと推定されるのであるが――をせき止める手だてとはなりえなかった。城の北側に広がる砂漠を抜けて、ラクダに乗った一〇人の使者が彼のもとを訪れ、自分たちはボグド・ハンに仕えるラマ僧であるが、このたび、ウランバートルにおいて開かれる重要会議に彼の出席を要請すべく遣わされたものであると名のった。使節団のうち主だった三人だけが奥の天守閣にある彼の居室に通された。この部屋からは、あたかも彼が心に描いていた夢をそのまま実現したかのごとき王国が、遠いすみずみまでも、ほとんど一望のもとに見渡せたのである。やがて彼の前に案内された三人は、挨拶をすると見せかけてやにわに自動拳銃を取り出して、彼を撃ち殺した。かくして、一代の伝説は血なまぐさい殺人をもって終わりを告げ、火には焼けなかったこの奇跡の人物も銃弾に対しては不死身でなかったことを、はからずも広く世に証明する結果となった。

だが、彼の最期に関しては、ほかにも幾つか異説が流布されていて、たとえば、ウランバートルの密使は一台か二台の自動車に乗ってやって来たと言うのや、にせのラマ僧は外へ連れ出されて領民の見ている前で射殺されたとか、いや、そうではなく、彼はウランバートルへ連れて行かれたうえで撃ち殺されたのだとか、射殺してからも安心できなくて、彼らはさらに死体の首をはね、胴体を鎖で縛ったとか言うのもあり、中には、彼は全然捕えられず、別の者が身代わりとして犠牲になったのであり、したがって彼はいまなお世を忍ぶ身としてどこかに生きているはずである、と彼の生存説を主張する者さえいるのである。これらの説のどれがほんとうであるにしろ、とにかく、これほど知勇に秀でた人物に不意打ちをかけて成功したからには、領内のモンゴル人の中に陰謀の手引きをした者が少なくとも数人はあったことは確かである。またウランバートルにおいてこの襲撃を誰が計画したにせよ、その狙いはまさに心憎いまでに的確であったと言うことも否めない。外モンゴルからの侵入路を扼する拠点がひとたび失われれば、たちまち隊商路は

にせラマ僧の根城

たえまない略奪者の脅威にさらされることは確かであり、事実、支配者のいなくなった無人境は、その後幾ばくもなく、盗賊の隠れ家と化してしまったのである。

にせのラマ僧の死によって主君をなくした家臣たちは、まもなく散り散りになり、ウランバートルへ連れ去られた一部の者を除いて、ほとんどの住民はもとのホシュンに戻って行った。また当時の領民でいまなおこの地域に残っている者もわずかながらあると言うことであるが、その連中もかつての砦の跡や例の沼地の見えるあたりにはユルトを建てようとしないそうである。砂漠を越える隊商も、沼のほとりを通りはするが、そのときには必ず声をひそめて急ぎ足で通り過ぎるのが常であり、ましてここに野営を張るなどと言うのは思いもよらないことであった。粗雑なつくりの建物は崩壊するのも早く、このままでゆけばにせラマ僧の家はおそらく数年もたたぬうちにほとんど跡かたもなく崩れ去ってしまうに違いなく、歴史の一とこまがめまぐるしく演じられたまま ついに書き記されずに終わった一時代——ついこのあいだのことでありながら、はるか昔のことのようにも感じられる、かの動乱の時代を色どる最も驚くべき挿話も、それとともに、やがては荒野の奥に忘れ去られてしまうのであろう。

そこを通り過ぎてわれわれは、次のオアシス帯にあるチア・ラマ・パンルからさらに八キロばかり進んだあたりで野営を張った。翌朝、わたしは廃墟を見に歩いて引き返したが、その際、周家のラクダ曳きでかねてから引きたしの大の気に入りであった男につき添ってもらった。と言うのも、このあたりはとても一人歩きなど思いもよらないたいへん物騒な土地だったからである。ラクダ曳きたちは、どうやら、生きた人間を恐れているばかりでなく、亡霊の恐怖にもとりつかれているらしかったが、とにかくそのどちらもがこの辺にはうようよしていると、彼らは思い込んでいたのである。

砦の建物は、泥の煉瓦、土と石、漆喰いで固めてない丸石、石板状に割った岩など、いろいろな材料を寄せ集めて作ったものであった。建物のすぐ下に続くなだらかな丘の斜面には、神殿の土台だけが残っていたが、これは、荒野の中に家を建てる際には必ず、まっ先に宮を建ててその土地の霊かもしくはもとの場所から伴って来た神々を祭ると言うのが、シナ人のしきたりなのである。だが、神殿の建物そのものは跡かたもないまでに破壊されていた。おそらく、にせのラマ僧のような危険きわまる人物の亡霊がここを格好の棲家にして、荒野の悪霊どもを呼び集めるようなことがあっては一大事と考えて、取りこわしたのであろう。砦の正門は、傾斜路によって横からはいる構造になっており、それを通り抜けると、広々とした低い庭があって、廐の建物、と言うよりは屋根でおおわれた内庭と言った感じの畜舎と、守備隊の兵舎が立ち並んでいた。この内庭を眼下に見下ろす横の城壁に物見の塔がそびえ、これと砦の上層部や天守閣とをつないでいる回廊と合わせて、防禦陣の中核を形作っていたものと思われる。一方、丸い丘の頂は、ネズミが見たら大喜びしそうな、迷路さながらの間取りが施されていて、トンネルのような廊下と、井戸のような階段が縦横に通じているかと思えば、まったく規則も計画もなしに作られた大小さまざまの部屋が、互いに押し合いへし合いしながら、すさまじいまでに雑然と並んでいると言ったぐあいであった。こんなでたらめな建てかたをしたことから見て、砦の設計をしたのはモンゴル人に違いなく、壁や屋根をどう取りつけたらよいかもろくに考えずに作った結果がこれなのであろう。
砦全体の中心をなしているのが、にせラマ僧その人の居室がある天守閣であった。この部屋にはかつて、送熱管を使った暖房装置つきの豪奢な就寝用のカン（炕）が備えてあったが、すでに、この専制君主の財宝を手に入れようとして侵入した連中によって完膚なきまでに荒らされ、煉瓦と石でできたカンさえも粉々に壊されてしまっていた。こうした破壊はこの部屋だけに限られたことではなく、どの建物も屋根が剝がされ、一階以上の建物の床はほとんどすべて壊されていたが、これほど徹底的に破壊されたのは、宝捜しの結果であるとともに、また一つには、人間の住居に住みついたかもしれぬ悪霊を払うためでもあったようである。なお、この砦は至近距離にいま一つの丘を控えているため、戦略的に言ってははなはだ不利であり、ひとたびそこから攻撃を受けたらひとたまりもないことは明らかである。それをおもんぱかってか、丘の上に物見の塔を建てて一応守りを固めてはあったが、それにしても、この塔に守備隊を置くとなると、食糧や飲み水の補給がこれまた頭痛の種であったことであろう。

天守閣に立ってながめると、砦の全景が一望のもとに見渡され、それを取り巻いて、城門の前には神殿の平面図が横たわり、泥で固めたユルトの土台が砦の正面では整然と並び、両側へ行くにつれて雑然と群がってひしめいていた。さらに北のほうに眼をやると、なだらかな斜面に沿って点在する沼のかなたに、二乾路やユンベイズからやって来るおびただしいラクダの足によって踏み固められた細い隊商路が一条、さながら野道のように頼りなくのびているのが見えた。だが、城郭そのものの内部には、何か重苦しい不吉な空気が立ちこめていて、わたしの心までが暗く沈んで行くようだった。真昼の陽光に灼かれた建物は色あせて、それが立っている丘とほとんど見分けのつかぬくすんだ色を呈し、果てしない荒野の広がりを色どってたまさかに生命のかすかなしるしが刻まれた、この沼と丘の蕭条とした無人の大地のただ中に、ひっそりとうつろに立ち尽くす、その無残なまでに荒れ果てた姿は、見るだに気味悪く、わたしならずとも、おぞましい怨霊の類が宿っているのではないかと疑いたくなるほどであった。たしかに、この荒野を行き来する少数の人々が、この廃墟とそこに宿るかもしれぬ亡霊を恐れて、ついぞ近づこうとしないというのも、まことにむりからぬ話であるとつくづく思ったことであった。

廃墟に行く途中で、連れのラクダ曳きが野生の羊を見つけた。さっそく双眼鏡を取ってながめてみると、実にみごとな角をした羊であった。ほとんど一キロ半ほども離れていたであろうか、にせラマ僧の家の背後にそびえる、砕けた岩からなる小高い丘の尾根に立って、われわれが通っている平地のあたりをかなり長いあいだじっと見下ろしていたが、やがてはるか奥の山岳地帯のほうへ歩き去った。聞くところによると、この地方は夏のあいだ雨が少なかったうえに、秋にはいってからいっそう乾燥の度がひどくなったと言うことであり、おそらくそのせいで、これほど年をとった雄羊――角の巻きぐあいとい、群れから離れて歩き回っていることと言い、たしかにこれは、ひどく年をとった、しかもきわめて誇り高い羊の証拠である――までが、野生の羊の本来の棲み家である、丈の短い草が岩間に密生したけわしい丘陵地帯から、こんな遠くまでさ迷い出て来たのであろう。すぐにわれわれは、いましがた羊が立っていた尾根に上って、捜すともなしに足跡を捜してみたが、石の多い地面のせいか、それらしきものは見つからなかった。宿営地に帰り着くまで、わたしはそのことをさして気にも止めなかった。ところが、帰ってからわたしの連れが群れを離れた雄羊を見たと報告すると、急にみなはそわそわして、何やらひそひそとささやきはじめたのである。われわれが見たのはチア・ラマ（仮喇嘛）の霊に違いなく、おそらくかつて権勢をほしいままにしたおのが居城を一と目見んものとやって来たのであろうというのが、彼らの一致した結論であった。

その夜、われわれの宿営地は、狂ったように吠え立てる犬の声が一と晩じゅう続いて、ほとんど眠ることもできなかった。われわれのすぐ近くにある一連の沼沢に、暗くなってから、カモシカとか、野生のロバとか、さらには野生のラクダさえも混じっていると言うことであるが、そう言った獣が水を飲みにやって来るのである。目に見えない彼らの気配をいち早く感知して、犬どもは騒ぎ立てたのであるが、さらに夜もふけて、あちこちからオオカミの吠える声が聞こえてくるに及んで、その騒ぎはもはや手のつけられない狂乱状態にまで高まった。だが、夜が明けてから見ると、あたりには生き物の影すらなく、ただはるか頭上を、数百羽からなる砂鶏の群れがすさまじい羽音を立てて飛び過ぎて行っただけであった。一面に踏み荒らされた水飲み場の岸から少し行ったあたりで、われわれは砂漠の獣たちが水辺にやって来る際に通った細い道を見つけた。ラクダ曳きたちから野生のラクダのものと教えられた足跡も、かなりたくさん印されていた。それらは、隊商のラクダの足跡と比べると、ほとんど半分くらいの大きさで、形もより完全な楕円形をしていた。それに、わたしの見た感じでは、つま先の跡も隊商のラクダのように深くないようであった――おそらく、これは野生のラクダの場合には、荷を負って歩いたことがないので歩きかたもごく自然で、隊商のラクダとは体重をかける位置が異なることによるのであろう。たしかに、この足跡は野生のラクダのもので、モンゴル人が飼っているまだおとなになりきらぬ若いラクダのつけた跡ではないと、ラクダ曳きたちは自信ありげに断言した。

チャオ・フ（調湖）と言うのが、この宿営地の名であった。われわれがここに着いたとき、勇敢なバルクルの商人が一人、野営を張っていた。彼はラクダ曳きの食べる小麦粉と、ラクダの餌の大麦や干し豆を運んで来て商っているのであったが、そればかりでなく、代わりのラクダを欲しがっている隊商には、穀物の運搬に使った自分のラクダを貸し与えもすると言うことであった。われわれはこの宿営地にまる一日とどまって、砂礫の道で足を痛めたラクダに柔らかい土の上でゆっくりと休養をとらせた。ここの土には多量のソーダが含まれていて、これが足の傷に絶大な治療効果を現わしたのである。ソーダのほかに、硝石もかなり埋蔵されているらしく、水の張った大きな穴が幾つもうがたれていたが、これらはいずれも、にせラマ僧の時代に、硝石を採掘洗鉱して粗製の火薬を作った名残りであった。われわれと行をともにしている二組の大きな隊商では、そろそろツァオ・ミとツァオ・ミエンの蓄えが尽きかけていたところであった。そこで、この日は久しぶりにパンを焼こうと言うことになり、ラクダ曳きたちはみな大喜びでさっそくこの楽しい仕事にとりかかった。まず最初に、粘土質の切り立った土手のそばに小さな穴を掘って竈を作るのである。穴を掘り終わると、次にそこへ土手の側から空気を送り込むための細い穴を通す。それが済むといよいよ穴の底に薪を積んで火をつける。充分に薪が燃えきってまっかな熾《おき》になったころを見はからって、通風孔をふさぎ、火の上にパンをのせて、上から蓋をすると言うわけである。彼らは生パンの中に天然のソーダを少しばかり混ぜて焼くのであるが、これがまた実にふっくらとしたみごとな焼き上がりを見せるから愉快である。わたしの雇ったラクダ曳きも、ときどき特別の奢りと称して、われわれにパンを焼いてくれることがあった。見ていると、作りかたはいたって簡単そうであるが、これでなかなかこつの要るものらしく、隊商の料理人でさえも、これを一人前にこなせる者はほんのわずかしかいないそうである。まず、ごくあたりまえの方法でこねて作った生パンを、濡れた布にくるんでテントの梁材につるす。こうしておくと、たき火の熱で温まり、一晩かかって醱酵するのであるが、この醱酵に要する熱と時間を的確につかむのがこつなのである。夜が明けてから、このすっぱくなった生パンをのばしてパン・ケーキの形に分け、乾いた料理用鍋の底に敷いて焼き上げるわけであるが、うまく焼くと、すばらしくみごとにふくれ、それと同時に酸味もすっかり消えてしまうのである。こうして焼き上がったパン・ケーキは、そのまま食べずに、羊脂で揚げてから食べるのが最もうまいとされているのである。

やがて一日の仕事が終わると、ラクダ曳きたちは、例によって、めいめいたき火の回りに集まって雑談にふけったり、他のテントを訪ね歩いたりして、夜のふけるまでにぎやかに過ごした。わたしのテントでは、たまたま、「電気の映像」と彼らが呼ぶところの、映画のことに話題が及んだ。映画と言うのは、もちろんほかにもいろいろ愉快なことが出て来るけれども、だいたいにおいて淫売屋を扱ったものばかりだと言うのが、みなの一致した意見であった。帰化のラクダ曳きの社会では、女たちはほかのシナ人の女に比べてはるかに気ままにふるまっているのであるが、そんな彼らの眼から見ても、映画がかくも公然と恋にふける恥知らずな女たちをぞくぞくと登場させるのは、ひどく淫らなことに思われるらしく――ましてや、求愛の場面を得々として描き出すがごときにいたっては、不謹慎もいいところだ、と彼らは考えているようだった。かような映画にももし取りえがあるとすれば、それはせいぜい話の種を作るぐらいのものであろうと、誰もが高をくくってはいたものの、そこはやはり元来が話好きの彼らのことでもあり、くだらぬはずの話でもみなはけっこう喜んで話したがるのである。と言うわけで、さっそく彼らの一人が、前に観た映画の話を披露に及んだのであるが、何でもそれは、外国人の男が馬に乗って淫売屋にやって来る話だと言うのである——わたしの想像するに、おそらく、もとの映画では、花と見まごう清純な乙女に男が求愛をすると言う筋書きだったのであろう。淫売屋の表に、アヘン飲みのやくざ者がいるのを見つけて、くだんの男は馬を彼に預けて、番をしているようにと頼んだ。アヘン好きの宿無しはやがてとうとうと眠り込み、そのあいだに馬が逃げ出してしまった。淫売屋にはいった男は、中にいる女とたっぷり楽しんでから再び表に出て来たが、馬がいないと知るや、アヘン好きの宿無しに向かってどなり散らした。「この——め！　おれの馬をどこへやった。」「————！」と宿無しも負けずに言い返した。押し問答の末、二人は警官のところへ出かけて行った。すると、警官の言うには、「ええい、糞たれ馬め！　そんなもの知るもんか！」と、ざっとこんなぐあいであった。この話を聞いて、もう一人のラクダ曳きも、昔観た映画と言うのを想い出した。それも、まず警官が登場して、一軒の家の表にはしごが立てかけてあるのを発見する。とたんに、警官は威勢よく毒づいた。「ええい、ど畜生め！　こいつは盗っ人の仕業だ。くそいまいましい野郎め！　まったく——！」

と、まあ、こう言った取りとめもない話に興じながら、やがて夜もふけたところでわれわれは、怨霊の住むラマ僧の家からわずか八キロしか離れていない荒野のまっただ中にいることも忘れて、安らかな眠りについたのであった。

（1）『地理学誌』第五巻（一九〇二年）に収められたコズロフの記録の梗概（二七三—八ページ）に付された地図には、マズィ・シャン（Madzi-chan）という綴字が用いられている。chan は、シナ語の山を意味する shan をフランス式の転記法によって表わしたものである。

（2）この点については、わたしも絶対的な確信がない。モンゴルにおけるシナ語名と言うのは、とかく本来のモンゴル名にかってな改変を加えて、シナ人に発音しやすいようにしてあるからである。

16　死骸を運ぶ隊商と幽霊

われわれはそこからさらに三行程進んで、塩水の井戸と呼ばれる宿営地に着いた。ここは、土の中に多量の塩とソーダを含んでいる窪地で、その底に沿って、ほんの申しわけ程度に湧き水をたたえた池が並んでおり、それがこの地名の起こりであった。たしかに、その名のとおり、ここの水はわれわれが今度の旅の道中で飲んだどの水よりも悪く、塩辛さを通り越してほとんど苦い味さえするひどいしろ物で——まさに別離の涙もかくやと思われるほどであった。そのころから気温も著しく下がり、それに加えて、北と北西のはげしい卓越風が吹きはじめ、これではとてもがさばった荷を積んだラクダを風に向かって歩かせることはむりだと言うので、一日だけであるが、二組の隊商とも宿営地を引き払うのを見合わせたほどであった。そして、ついに一〇月の二六日に、われわれにとってはじめての雪が、身を切るような寒風に乗ってはげしく舞い下りてきた。いつのまにか、われわれはマ・ツン・シャン山脈の奥深くはいり込んでいたようだった。それにしても、にせラマ僧の家のあたりからは、たしか、くっきりした輪郭を持った一と筋の山脈になって見えたはずのこの山を、それ以来、われわれはここまで来る途中で、ほとんど眼にすることができなかった。それと言うのも、途中の行程では、毎日のように小さな平地を渡り歩きながら、半円状の低い丘陵を次々に越える旅が続いたからであった。ラクダ曳きたちに聞くと、この丘陵がマ・ツン・シャンそのものであるとのことだった——マ・ツン・シャン、すなわち、《馬の蹄跡の山》、もっとわかりやすく言えば、馬蹄形の山である。

マ・ツン・シャンと言う名で総称される、この雑然と寄り集まった丘陵群は、いわばアルタイ山脈から南にのびた突出部の末端を構成する山地で、このあたりから再びわれわれはモンゴル人の住民の姿を見かけるようになった。そのほとんどが、部族とのつながりを捨てた西トルグート族の者であったが、彼らは早くからいっさいの政治的支配や、さらには部族の統治者の権威さえも拒否して、無人境に移り住み、おかげでそれ以来、シナ政府にも、自分たちの首長にも一銭の租税すら納めずに暮らしてきたのである。これらのトルグート族の住民に混じって、外モンゴルのミンガンやその他の部族民も住んでいた。彼らはいずれも、ロシヤ人とブリアート族に操られた新政府の課する苛酷な重税に耐えかねて、自分の国を捨てて逃げて来た者たちであった。かような部族の世界の常として、自分の属する部族の領地を離れた者は——租税を取り立てる部族の支配者から見れば、これはまさしく許しがたい重罪人にほかならないわけであるから——いきおい無法者の生活を送らざるをえなくなるのである。たしかに、西トルグート族の住民と、エツィン・ゴルに住む彼らの同族とのあいだには、著しい相違点が幾つか認められたが——それに加えて服装の違いが、彼らの相違をいっそうきわ立たせていた。と言うのは、この山地の住民はすでに冬仕度をすっかり済ませていたのである。彼らはみな、底に野生のロバの皮をつけた、膝まで届くフェルトの靴下をはき、くるぶしから膝まで革紐で堅く縛っていた。その上に、毛の裏のついただぶだぶの羊の皮のズボンをはいて、上半身には短い羊の皮の胴衣か、もしくは普通の型の長い上着をつけていた。中には、さらにその上にカモシカの皮で作った軽い外套を羽織っている者もあったが、もともと寒さに強いモンゴル人の中でもとくに頑健をもって聞こえる彼らだけあって、ほとんどの者がごくわずかな毛皮類を着けるだけで済ませているのである。彼らの外套には、しばしば思いきった飾りが施されていることがあり、たとえば、えりから腋の下を伝い、さらに裾の回りにかけて、赤い綿の縁どりをつけたものなどが少なくなかった。一方、頭にかぶるものとしては、子羊の皮で裏打ちをした縁なしの帽子をかぶっている者がかなりいたが、この帽子は（どうやらカザック族のものをまねたらしく）うしろがかなり深く、頭をすっぽりと包んで首を保護するような形になっていた。だが、それ以外の者は、ごく簡単に布切れを頭に縛るか巻きつけるかして、即製のターバンにしているだけであったが、これがなかなか便利なものらしく、トルキスタンのツン・カンや、帰化のラクダ曳きたちも、しばしばそれをまねて帽子代わりに用いることがあるほどであった。

　トルグート族本来の居住地であるジュンガリアの山岳地帯では、彼らは付近に住むキレイ・カザック族とかなりはげしく反目し合うことはあっても、あらゆる面で常に深い接触を保っており、カザックのトルコ語系方言を自由に操れる者さえ少なくないのである。そうした長年の接触によって当然カザックの血もかなり流れ込んだに違いなく、彼らのあいだによく見受けられるはしばみ色の眼や、赤味がかった頭髪や、小さな口髭などは、おそらく、この異質の血の混入に由来するものと見てさしつかえないようである。たしかに、わたしがサン・プ・クァンで出会ったこの部族の男たちも、そろってりっぱな体格をしていたうえに、屈託のない毅然とした態度が印象的であった。それにまた、彼らは他のほとんどのモンゴル人よりも清潔好きであり、その点では、シナ政府の管轄下にあって憶病な遵法の暮らしをしている彼らの同族をさえもはるかにしのいでいた。それほどに彼らが清潔好きになったそもそもの理由は、きわめて簡単明瞭であり、要するに、遊牧民が彼ら本来の遊牧の生活に徹すれば徹するほど、それだけ身の回りも清潔になると言う一つの実例にほかならないのである。と言うのも、このような生活を送る遊牧民は、牧草の不足や、身にしみついた放浪の習慣に促されてたえず移動して歩かなければならず、したがって、怠惰や不潔にふけろうにもそうする暇がないのである。モンゴル人でもカザック人でもそうであるが、恥も外聞も捨てて豚小屋同然の汚穢の生活をしているのは、一年を夏と冬の二季に分けて半年ずつそれぞれの居住区で暮らす、いわゆる半遊牧民的な部族なのである。

　ところが、興味深いことに、西モンゴルや新疆省に住む諸部族をつぶさに見聞して幾多の優れた研究を発表したカルザーズ氏は、グチェン・ツ周辺のトルグート族のことを堕落した部族と決めつけて、むしろキレイ・カザック族のほうを優れた部族として高く評価しているのである。[1] これは、大部分、好ききらいの問題である。第一に、たいていのイギリス人は、とかく回教徒について好意的な見かたをしがちである反面、彼らにとって暗くいまわしいものに思われる、いわゆるモンゴル人の《仏教》なるものに対しては、はげしい嫌悪をいだいているのである。これはとんだ思い違いというもので、モンゴル人の真の宗教は、実は魔術であり、好ききらいはその人のかってであるが、とにかくわたしに言えることは、ただ、それがモンゴル人にとっては厳粛な信仰であり、わたしにとってはわくわくするような不思議な魅力を持っていると言うことである。次に、これは一九一一年にカルザーズ氏自身も述べた所見であるが、たとえば、ロシヤからの働きかけがモンゴルに啓蒙と救済をもたらすであろうと言った無邪気な仮説にうかがわれるごとく、ロシヤの側からモンゴル人の問題に近づこうとするのも、とんでもない誤りである。(2) それは、現にモンゴル人と交渉を持っているシベリアのロシヤ人を見ればすぐにもわかることで、実際、彼らは、やっと自分たちよりも野蛮な人間を見つけたと一人合点してか、頭からモンゴル人を見下してかかると言うまったく度し難い野蛮人なのである。モンゴル人の社会にとけ込む唯一の方法は、対等の人間として臨むことであり、そうした目的で彼らの国に近づこうと思うなら、道はただ一つ、シナの側からはいるのが最も確実である。ヨーロッパ人がシベリアをへてモンゴルにはいる場合はもちろんのこと、トルキスタンを経由した場合でさえも、だんだん異質の人間の住む世界に深くはいり込んで行くような印象をまぬがれないのであるが、逆にシナの側からモンゴルにはいれば、普通のヨーロッパ人なら、まったくもって不可解きわまる人種の住む世界をやっと脱け出して、はじめて対等の資格で親しい交わりのできる人間の世界に来たと言う実感に浸れるはずである。最後に、これもぜひ忘れてはならないことであるが、回教徒の住民は、よそから来た者の眼には、一見、モンゴル人やシナ人より以上に気心も知れて親しみやすいような感じがするのである。これは、モンゴル人やシナ人の文明が、われわれにはとうてい理解しえないほど異質的な要素から成っていることによるのである。よそから来た人間に対して、一応うわべだけでも慇懃にふるまうのは、どの遊牧民にも共通したことであるが、そうした表面的な交際からさらに進んで、モンゴル人と骨肉の交わりを結ぼうと思えば、こちらから彼らの言葉を使って近づくか、あるいは一流の通訳を介して話しかけるかすることが絶対に必要である。だが、こうしてひとたび彼らの心を捉えてしまえばしめたもので、あとは安心して彼らに背中を向けることもできるが、これが口先のうまいカザックとなると、とてもそうはゆかないのである。ところで、そのカザック族についてわたしの印象を述べるならば、ただしこれはここだけの話であるが、かの数百年に及ぶ大移動の渦中に数多の民族をいっしょくたに投げ込んで、すりつぶし、かき回し、互いに押し合いへし合いを演じさせたあげくに、この煮え立った鍋を神はなおしばらくとろ火にかけて煮詰め、やがて浮きかすができたところで、それをカザックと名づけ給うたのではないか、とそんな気がするのである。

無人境においては、法律は常に各人の右手にかかっているのである。モンゴルのほかの地方では、狩にでも行く場合ならいざ知らず、それ以外のときに武器を帯びて出かけるなどと言うことはまず考えられないことである。だが、無人境では、逆に、武器のある者ならそれを持たずに出歩くなどと言うことはとうてい思いもよらないことであり、隊商を訪れるときでさえも武器を帯びてやって来るほどである。かような主のないモンゴル人を、ラクダ曳きたちは用心深く丁重に扱うのが常であった。と言うのは、ラクダ曳きたちの話によると、客としてわれわれのテントを訪れた当人たちが、あらためて盗賊としてわれわれを襲撃することさえ珍しくないらしいのである。ただし、そうは言っても、これは隊商が彼らのユルトからかなり離れた場所にいるときにのみ起こりうることであって、かのありがたい歓待の掟が及ぶ範囲内では彼らといえども絶対にそのようなことはしないのである。その点ではカザック族も同じらしく、アルタイの主脈やバイティク・ボグド山脈の山腹を根城にして、ときにはこのあたりにまで略奪の手をのばして来ることがあるそうであるが、この地のモンゴル人もやはり、自分たちの家から二、三行程の範囲内では絶対に旅人を襲わないことをたてまえにしている。そんなわけで、首尾よく略奪に成功すると、彼らは途中の山中に逃げ込んで、しばらくそこに隠れていることも可能であり、したがって、彼らの居住地に引き返して行って、略奪の犯人をあばき出そうとしてみたところで、所詮むだなのである。

襲撃の方法は、カザックもトルグートもだいたい同じである。ときには、夜中に行進をしている隊商にうしろから襲いかかって、ラクダを暴走させ、混乱にまぎれてそのうちの二、三頭を引っさらうと言う大胆な方法を用いることもあるらしいのであるが、もともとモンゴルでは、夜中に馬に乗って隊商に近づくのははなはだしく礼儀に反したこととされており、ましてやこれが無人境ともなれば、銃弾を浴びせられるぐらいのことは覚悟のうえで近づかなければならない。そこで、かような危険を伴うやりかたよりはもっと確実な方法として、勇気と腕前をためしたがっている部族の若者たちが好んで用いるのは、二人ずつ組んでこっそりと盗み出すと言う手である。まず、あたりがすっかり寝静まった暗い丑三つ時を狙って、隊商の宿営地に忍び込み、テントの前に整然と並んで休んでいるラクダの群れに近づくのである。そして、そのうちの一頭の鼻鉤に長いひもを結びつけると、盗人は再びはうようにしてその場から逃げ出す。遠くまで行ってから、ラクダに結びつけたひもを引っぱって、ラクダを立ち上がらせ、一人でさまよい出たように見せかけて、ゆっくりと群れから引き離すと言う寸法である。そのあいだ、相棒の男は反対側にひそんで、警報が鳴ったらすぐにも牽制運動を起こせるよう待機しているのである。見張り番がうたた寝をしていると見ると、盗人らはもう一度引き返して来て、ラクダの積み荷を半分頂戴して行くことさえあると言うことである。かような手を使って盗む際には、必ず見張り番のいる正面から近づかなければいけないとされている。正面から眼の届かないテントの裏手は、犬が固めているからである。

この程度の略奪や盗みでも、もちろんラクダ曳きたちにとって不安といら立ちの種ではあるが、しかし、帰化や包頭の周辺で現にしばしば起こっているような、人もラクダも積み荷も根こそぎ奪って行く大部隊の盗賊による襲撃に比べれば、これなどはまったくものの数ではないのである。あとになって知ってわれわれもぞっとしたのであるが、これよりもはるかに恐ろしい襲撃事件がわれわれの通った道のすぐ近くで実際に起こったそうである。それは、最古の歴史を誇る有名な商社の一つであるツン・イ・ホ（この商社はその後まもなく破産したと言うことであるが）の隊商が二乾路を越える途中で、待ち伏せていた盗賊に襲われたのであった。わたしがこの隊商と行をともにするのを見合わせたのはまったくの偶然によるものであってみれば、襲撃を受けたとき、彼らはおそらく三乾路におけるわれわれの位置とちょうど平行するあたりにさしかかっていたと考えてさしつかえないようである。

事件の経緯はこうである。ある朝のこと、隊商のラクダが、いつものごとく、二人のラクダ曳きにつき添われて、宿営地から一キロ半かそこら離れた草地に休んでいると、そこへとつぜん武器を手にした八人のモンゴル人が襲って来た。彼らはラクダ曳きを捕えると、さんざん殴りつけて、宿営地にいる隊商が武器の類を持っているかどうかを無理矢理白状させ、それが済むと二人を縄で縛って地面にほうり出した。それから、襲撃者のうちの六人が巧みにラクダの群れを追い散らしながら走り去り、あとに残った二人が遠くからシナ人の隊商を監視する役に当たって、一と晩じゅう、声の届くくらいの距離にまで近づいては、宿営地の回りをたえず徘徊し続けた。翌朝、彼らがいなくなったのを見届けてから、さっそく数人のラクダ曳きが、いつもラクダを放牧に出しているあいだは必ずテントの近くにつないでおかれる矮馬を引き出して、そっと宿営地を抜け出した。四、五キロほど捜し回ったあげく、やっと逃げたラクダのうち六〇頭ばかりは見つけたが、残りの五〇頭以上――それらはいずれも、きびしい旅程を踏んで外モンゴルまで連れて行けそうな頑健なラクダばかりであった――は、すでに遠く連れ去られてしまったあとであった。これではもはや全部の積み荷を運ぶことは不可能であった。そこで運びきれない荷はそのままに残して、彼らはひとまずクン・ポ・チュアンまで行き、そこからあらためて、比較的元気なラクダを数頭選んで、積み残した荷を取りに引き返した。ところが、元の場所に着いてみると、例の略奪者たちのほうが彼らよりも一と足先にやって来て、めぼしい品をすっかり持ち去ったあとだったのである。

この略奪者たちの中には、ユンペイズ生まれの名うての《悪党》も数人混じっていた。それから一、二週間後に、彼らはあつかましくも無人境のまん中に堂々と野営を張り、そこを通りかかる隊商を呼び止めて、彼らの商品と交換に、盗んだ磚茶を売りつけたのであるが、盗品を買わされた隊商のほうはいずれも、事件の直後であったため、あとでトルグート族の者からその話を聞かされるまでは、襲撃のあったことなどは夢にも知らなかった。後にこの事件が知れ渡ると、《ゴビのつとめ》に携わるラクダ曳きたちのあいだにときならぬ大恐慌がまき起こった。それもそのはず、これほど大胆不敵な襲撃がまんまと成功したとなると、これから後は、それに味をしめたトルグートやカザックのラクダ泥棒に悩まされるばかりでなく、外モンゴルの盗賊にもいつ何どき襲われることになるかもしれないからであった。

塩水の井戸からたっぷり一行程進んで、われわれは明水《ミンシュイ》に到着した。一七日前にエツィン・ゴルをたって以来、いわゆる「地図に載っている」土地を踏むのは、ラディギンの踏査した道筋を除けば、これが最初であった。わたしの推定したところでは、一八八七年にヤングハズバンドが今日の羊腸路を横切った地点はちょうどこの明水のあたりであったようである。帰化をたった後、彼は小西方路沿いに進んで、大西方路との合流点を過ぎるあたりまでやって来た。ついで、大西方路のコースを決定している、アルタイ山脈の地下水系に養われた井戸や泉の列からそれて、明水にほど近いところで羊腸路を越えたあと、カルリク・ター山脈の東端を迂回してハミに達したのである。かような道筋は、普通、常設路の代わりとしてはあまり利用されない道であるが、ハミがシナ・トルキスタンの荷馬車用幹線路の東端に位する重要な町であるところから、貿易路の調査研究を目的とする者にとっては、きわめて示唆に富んだ道なのである。貿易の特殊な事情から、ラクダの往来は通常ハミをやり過ごして、はるか先のグチェン・ツに集中しているのが現状である。これは、一つには、グチェン・ツ周辺に隊商の需要をよりよく満たしうる豊かな牧草地があるせいでもあるが、それ以上に有力な理由としては、もともとラクダのほうが荷馬車よりも運賃が安くつくところから、商人たちにとっては彼らの商品をできるだけ遠くまで隊商に運ばせたほうが有利だからなのである。

明水と言う地名は、ほとんど白紙の状態に等しいこの地方に書き込むのにあつらえ向きであるせいか、地図によってはかなり太い字で記されているようである。たしかに、見た眼には何の変哲もない一群の丘塊と、そのふもとに井戸が一つあるだけの土地ではあるが、にもかかわらず、ここは太い字で記されるにふさわしい重要性を持っているのである。明水とは、澄んだ水を意味する地名である。見渡したところ、一本の樹木もなく、耕地や人家らしきものもまったく見当たらなかったが、そこから丘を一つ——あるいは、もしかすると二つだったかもしれないが——越えた向こうには、道の分岐点を示す一群の小さな石塚があって、ここを起点として、ハミへの道と、北山山脈のオアシス地帯（炭坑路へも、やはりこからはいるのであるが）を抜けて甘粛省の粛州にいたる道と、東西どちらへも進める羊腸路への接続路と、そして外モンゴルに通じる道が、それぞれの方向に分かれていた。われわれは井戸で水を補給しただけで、すぐにそこをたってしばらく先へ進んでから、野営を張った。と言うのも、甘粛省の飢饉地帯を捨ててハミへ逃れて行く途中の難民が三、四〇人、明水で泊まっていたからである。

この地方では、飢饉による難民を二種類に分けて、それぞれタオ・ファン・ティ（逃荒的）とタオ・ナン・ティ（逃難的）と言うふうに呼んでいるのであるが、どちらも、意味は単に《難民》と言うだけのことである。だが、慣例による分類では、前者は、最悪の事態にならぬうちに逃げ出したおかげで、まだ幾らか金や輸送手段や食糧を持っている難民のことである。それに対して後者のほうは、文字どおり無一文の絶望的な難民で、さながらイナゴの大群が進むように、途中で手当たり次第に食べ物を奪ってむさぼり食う危険な連中であり、そのため、とくにひどい飢饉のあった年などは、隊商さえも彼らを恐れるほどなのである。事実、彼らは明水のような分岐点から隊商路に侵入して、通りがかった隊商に襲いかかり、衆を頼んでこれを圧倒したうえ、その食糧をことごとく奪い取って食い尽くしてしまうことさえ珍しくない。しかも、シナにおいてしばしば法律に代わって大いに幅をきかせている、かの奇怪しごくな世論なるものに照らすと、餓死に瀕した者たちが食糧を強奪することは罪にならないばかりか、かえって力づくで彼らを追い払った者のほうこそ、いわば裏返しの意味で、強盗を働いたことになるのである。善良なる人間ならば、必ずしも自分の腹をすかせてまでわざわざ飢えた者たちに食べ物を恵んでやる必要はない。だが、ひとたび彼らが食べ物をもらいに来たときには、それを拒んではならない、と言うわけである。そうなると、結局、自分の体面を保つ方法は、たった一つ、飢えた連中に近づかぬようにするよりほかないのである。この点、金持のシナ人は、実に驚くほど抜け目のない人間がそろっているようである。

われわれが出会った連中は、さいわい、かような飢えきった類の難民ではなかったが、だからと言って、わざわざ彼らの隣に宿営してわれわれの体面を危険にさらしてみるにも及ばないことであった。彼らに出会ったのは暗くなってからであったが、たき火の明りを頼りにわたしもそっと近づいてみた。最初に眼にはいったのは、風よけのために立てたぼろぼろの布のかげにすわって、アヘンを喫っている一人の老婆であった。それだけ見ると、わたしといっしょにいた隊商の統率者は、彼らがモンゴル人や商人の一隊ではないと見抜いたらしく、すぐにわたしを押し戻すようにしてみなのところへ取って返し、二組の隊商を促してあたふたと宿営地を走り抜けたのであった。翌日、羊腸の道から分かれて清城やハミに通じている遠くの道の上に、女や子供をラクダに乗せてそのかたわらを男たちが徒歩で進んで行く彼ら一行の姿が見えた。

矮馬の腹痛をなおすための鼻孔切開

その日、われわれの宿営地に矮馬に乗った一人のモンゴル人が訪ねて来た。男の言うには、水飲み場の近くの穴にひそんでモンゴル流のやりかたで野生のロバを一頭仕止めたので、そのうしろ半分の肉をわれわれに買ってもらおうと思って、二日間もわれわれのあとを追って来たと言うことだった。みなは大喜びでこの男を迎えた。と言うのは、たまたま周家の矮馬が一頭、疝痛を起こして治療を必要としていたのである。モンゴル人は、結局、矮馬の治療をすると言う条件つきで、ロバの半身を二塊の磚茶と交換することを承知した。

さて、いよいよ矮馬の治療にとりかかった彼は、まず最初に、両方の鼻孔の開口部にメスを入れて、内側の上端に沿って細い切り口を作った。次いで、突錐を使って切り口から軟骨の小片を引き出して、それを切り取った。矮馬は疝気の痛みで無感覚の状態に陥っているせいか、手術の行なわれているあいだも、身動き一つせずに立っていた。ここまでの処置は、モンゴル人が自分に医術の心得があることを誇示するためにした、いわばこの道の決まりきった手順なのである。事実、これは広く中央アジア一帯に行なわれている馬の治療法の核心をなす秘伝の一つで、モンゴル人、キルギス人、カザック人、トルコ人、およびシナ人などのあいだに、この術を使う者がかなりいると言うことである。とくに腕の立つ施療師はどこでも引っぱりだこであるが、この手術そのものは、どう見ても、これと言った意味もありそうに思われなかった。

この処置が終わると、モンゴル人は得意げににたにた笑いながら、やおら自分の腹帯を締め直してから、長い綱を一本持って来てくれと言った。綱が渡されると、彼はそれを矮馬の腹のかなりうしろに寄った部分に回して、巻結びを作った。そして結んだ一端を自分が握り、他の端をラクダ曳きに持たせて、二人して両側からよいしょとばかり引き合ったのである。これにはさすがの病馬も耐え切れなかったらしく、たちまち患者は、ありったけの力をふり絞って小気味よいくらい奔放に暴れはじめた。それを、医者とその助手は猟犬のようにしっかりとすがりついて離さず、見守る群衆が小おどりしながらやんやとはやし立てる中で、矮馬はなおもはげしく跳ね回ったあげく、ついに二人の男を同じ側に振り飛ばして綱をゆるめ、するりと縄目から抜け出した。かくして、病いの癒えた矮馬はゆっくりとその場から歩き去った。いまのはげしい運動でさかんな放屁を催したおかげで、疝痛の痛みが静まったのである。そして、われわれが宿営地をたつころには、もうりっぱに歩けるようになっていたばかりか、その日の旅程がまだ終わらぬうちに早くも人を乗せて歩くことさえできるまでに回復したのであった。

ラクダのひづめの手入れ

明水のほぼ真西に当たって、マ・ツン・シャン山脈のいずれの峰よりも大きな丘陵がわれわれの行く手をふさいでいたが、これはカルリク・ター山脈の末端をなす突出部であった。だが、われわれはこの丘塊を避けて北西に針路を変え、そのまま三二キロほどまっすぐに進んで、トイ・アル・シャン（対児山）、双児の山、と呼ばれる、孤立した二つの峰に達した。ここまで来ると、マ・ツン・シャン山脈の雄大な山なみもはるかうしろに遠ざかった。ここで宿営した翌朝のこと、ラクダの世話をしていた人夫が戻って来て、野生のロバの一群が近くにいると報告した。わたしが野生のロバをこの眼で見たのは、あとにも先にもこれが一度きりであったが、あいにくわたしが外に出て見たときには、すでに彼らははるかかなたに去ったあとで、双眼鏡でながめてもはっきりせず、毛色のよく似ているカモシカとほとんど見分けがつかなかった。野生のロバの皮は、カモシカの皮よりもはるかに耐久性にすぐれ、衣類の材料としては最上等のものとされているのである。しかも、野生のロバは非常に強壮で、容易なことでは死なないため、その皮を剝いで充分に乾かしてから寝台の上に広げても、まだぴくぴくと動いているほどである、と言った意味の言い伝えがトルコ人のあいだで語られていると言うことであった。一方、その肉は、牛肉によく似た味であるが、ただし、牛肉は牛肉でもこれは極上の牛肉なのである。やや粗い舌ざわりの、ごくさっぱりした味で、一種独特の芳香性の甘味を含んでいる。そのため、シナ人やモンゴル人のあいだでは、あらゆる猟獣の肉のうちでも最高のものとして珍重されており、事実、かのやんごとなきシカ肉にも匹敵するとさえ言われているほどである。

今度の宿営地でも、わたしはまた別の治療を見る機会に恵まれた――それは、ラクダのひづめの傷を治す方法としてよく知られている手術であった。まめを治療したあとが思わしくないと、肉趾に小さいがかなり深い孔ができて、そこへ砂利が食い込むため、ラクダがはげしい苦痛を訴えていたのである。まず、荷を積むときと同じような姿勢で地面にすわらせ、からだの前部の重量がほとんどその上にかかるように前脚を二つに折り曲げさせた。次いで、綱を首と一方の前脚にかけてしっかりと縛り上げた。こうすれば、ラクダは、起き上がることはおろか、前脚をもがくことさえもできないわけである。さらに後脚も、伏せたと言うよりむしろうずくまった姿勢のラクダの腹の下にぴったりそろえてたくし込ませてから、今度は、もう一本の綱を、治療するはずの後脚のひづめのすぐ上あたりにきつく巻きつけた。そして、大の男が二人がかりで、さかんに口汚くののしりながら力まかせにその綱を引いて、縛った後脚をまっすぐにうしろのほうへ曳きずり出した――こんな手荒なことをしたら、脚が折れてしまうのではないかと、見ていても心配になるくらいであったが、もともとめったなことでは壊れそうもない頑丈なからだに加えて、屈曲自在の関節を持っているラクダにとっては、これくらいは何でもないことなのである。そのあと、曳き出した脚が戻らないように、腕っぷしの強そうなラクダ曳きがこの綱をしっかりと押え、そのあいだに、周家のシェン・ション――これがまた、讃美歌を歌っている議会党員そっくりの顔をした、ひとくせありげな爺さんで、歯が一本もないくせに、その口の悪いことときたら、音に聞こえたフランダースの盗賊でさえ尻尾を巻いて逃げ出すであろうほどの毒舌家だったのである――が、ラクダの治療にかけては名人と言われているその腕にものを言わせて、ひづめの手当てを行なった。まず彼は、テントやフェルトの補修に使うのとそっくりの帆縫い針で、肉趾の穴から砂礫をすっかり取り除いた。それから、二、三日前に死んだラクダから剝いだ皮（これくらいのことをしても、別に禁制や隊商の掟にそむいたことにはならないのである）を肉趾に当てて、ラクダの毛をよって作った糸でそれを肉趾の縁の最も感覚の鈍い部分に縫いつけた。治療がすっかり済むと、縛っていた綱が全部ほどかれ、ラクダは地面から立ち上がったが、数日前に流産をしたばかりで、とても足の治療などを受ける気分にならなかったせいか、ややご機嫌斜めの態であった。かくして肉趾に縫いつけられた生皮の当て物の縫い目がすり切れるころには、足の傷もすっかりよくなっていた。

マ・ツン・シャン山脈の凸角堡とも言うべきこのトイ・アル・シャンのふもとから、その裾野に相当するなだらかな斜面が延々と下に向かって広がっていた。夕方から夜半にかけて、われわれはこの斜面をゆっくりと下って行った。ようやくそれを下りきったところに、水の湧き出している沼を見つけて、そこに野営を張った。翌朝、眼をさましてみると、大地に低く垂れこめた靄のはるか上方に、さながら日本の木版画を見るように、かすかではあるが、しかしくっきりとした穏やかな輪郭を浮かび上がらせた白雪の山々がそびえていた。これぞまさしく、シナ・トルキスタンの塁壁であり、砂漠の道の終着点である、天山山脈、すなわち天の山嶺、東微南に連なる万里の山に違いなかった。思えば、これまで幾たびわたしは、この大山脈の写真をながめては想像の翼を広げ、尽きせぬ夢にふけったことであろう。それゆえに、いまとつぜんにそれが現実となって目の前に現われたのを見たわたしの感激は、まさに待ちわびた予言の実現に接した者の喜びにも等しかった。だが、山脈のふもとを縁どる丘陵地帯にはいるまでに、まだもう一つ谷を越えなければならず、それを過ぎてからも、さらに円弧状に山麓をめぐる道を進んで、はるかかなたの南側の裾野にあるハミとバルクルを越える困難な旅が控えていたのである。だが、それにもかかわらず、早くもラクダ曳きたちは旅の終わりが近づいた喜びを隠しきれず、わたしまでも何となく快い胸のときめきを覚えずにはいられなかった。とは言え、ほとんど果てしなく続くかに思われた、この数十日にわたるモンゴルの旅は、彼らにとってこそ退屈のきわみであったかもしれないが、このわたしにはとてもそれどころではなかった。わたしの心を占めていたのは、一刻も早く隊商の生活から脱け出したいと言う気持よりもむしろ、山のかなたにある珍しい生活への飽くことなき憧憬の思いだったのである。いや、誰が何と言おうとも、モンゴルにおけるあのすばらしい冒険の日々にして、わたしの記憶から拭い去られることのあろうはずもなく、わけても、かの老虎山や、砂丘地帯や、カラ・ゴビの砂漠や、サン・プ・クァンを越えた旅の思い出、さらにはこれから出会う未知の冒険のかずかず、たとえば、わたしをしてついに音をあげしめた死んだモンゴル人の峠とか、雪の山中を気息奄々として越えた最後の数日間の旅などは、終生変わらぬ心の糧として、常にわたしを誇らかな思いに満たしてくれるに違いない。

そろそろ西に傾きかけた日射しの下で、早くもあたり一面に霜が降りはじめたのを見ながら、われわれが出発の準備を整え終わったときであった。はるか上空を、幾百羽とも知れぬガンの大群がゆっくりと飛び過ぎて行った――とうの昔に南に渡ってしまったとばかり思っていたわたしにとって、これはたいへんな驚きであった。さんさんと地上に降り注ぐ彼らの鳴き声は、あたかもわれわれの前途を祝福するいとも勇敢な旅行者からの励ましの声のごとくに感じられた。たしかに、旅をする者にとって、ガンの鳴き声にまさる吉兆はないと言われているが、反対に、死骸に出会うのはどんな意味があるのか、そればかりはわたしにも全然見当がつかなかった。と言うのは、トイ・アル・シャンからここへ来る途中、われわれは死骸を運んでいる隊商に何度か出会ったのであるが、今度の行程でも、またもや、四〇体ばかりの死骸を運ぶ隊商の一隊に行き会ったのである。もっとも、全部が全部死骸ではなく、二〇人はまだ生きており、もう一人は虫の息であった。聞いた話によると、この虫の息の男は、老い先短い身ゆえに、一と目故郷を見てから死にたいと願って、ラクダの曳く荷車に乗ってグチェン・ツをたったらしいのである。ところが、その荷車も、途中、大きな石と呼ばれるけわしい峠を越える際にばらばらに壊れてしまい、われわれが会ったときには、老人はラクダの背に荒縄でくくりつけられていたが、おそらく、これ以上誰にもめんどうをかけることなく、このまま息絶えるのを待っているかのようであった。

トルキスタンからシナ本土に送られる死骸の運搬は、大部分、山西省の業者組合の手によって行なわれており、そのうちでも、大同と、代州と、帰化の組合が最も大きな規模を誇っている。だが、かような業務に携わっていながらも、山西省の組合はいずれも、自分たちは本来隊商貿易に従事する者であると言う自負を片ときも忘れないのである。その他の業者組合では、天津の商人によって作られた組合が最も大規模であるが、ただし天津の組合のやりかたは、死骸を運ぶことよりもむしろ永久的な墓地を造成することに重点が置かれていると言うことであり、事実、トルキスタンの各地に点在する荒れ果てた絶滅寸前の町などに、しばしば、目を奪うようなりっぱな建物と荘厳な墓地が作られていることがあるが、これらはすべて天津の組合によって経営されている施設である。それに対して、山西省の組合は、その本拠であるグチェン・ツ以外の土地には、ほとんど見るべき施設を持っていない。そのグチェン・ツにおいてさえ、出費を好まぬ彼らにふさわしく、その経営になる墓地はいずれも、自然に死体が乾くのを待つ、いわゆるほったらかしの埋葬地にすぎないのである。ここに葬られる死骸はごく簡単な棺に納められて、通常三年間くらいそのままにしておかれる。そのあいだに肉がすっかり落ちて白骨化し、持ち運ぶのに都合のよい重さになる。こうして、四体ずつまとめてラクダに積んで運べるようになると、組合ではそれぞれの家族の墓地に送り届けるのである。もちろんラクダ曳きたちもかような荷の運搬にはあまり乗り気ではないが、さりとてこの慣例にあからさまに不服を唱える者もいないと言うことである。また、死骸の輸送料にしても、他の荷に比して高いことは否めないが、それでもとくに法外と言うほどのこともないようであった。

われわれの出会ったこの種の隊商の中に、周家の分家の所有する隊商が混じっていた。すると、われらが周家の御曹司はさっそく自分の隊商を離れて、そっちのほうに出かけて行ったが、自分の親戚の隊商のところへは寄らずに、それといっしょにいるもう一組の隊商を訪ねたのであった。こんなふうにして、金持を鼻にかける従弟たちを侮辱するのが、まん丸な顔をしたこの若主人のこのうえない楽しみだったのである。実を言うと、すでに一週間以上も前から、彼は愛用のアヘンをすっかり切らしてしまったせいか、いつもに似ずやや意気消沈の態であった。だが、訪ねて行った隊商から暖かく迎えられて、望みの品もたっぷり分けてもらったらしく、その夜はとうとうわれわれのもとへ戻って来なかった。翌朝になってやっと、うんざりした様子のラクダをさかんに鞭打ちながら帰って来たのを見ると、寝不足のために眼がまっかにはれ上がっていた。「夜っぴてアヘンをご馳走になって、話し込んでたもんで」と彼はあえぐように言って、地面に飛び下りた。さすが思いやりのある彼のことだけあって、今度も自分一人で楽しんで来たわけではなく、帰りにはちゃんと、モーゼとわたしのために羊の皮の服をみやげに持って来てくれたのである。実は、われわれ二人は冬支度が充分でなかったため、ここ数日の寒さがひどく身にこたえていたところだった。モーゼは羊の皮の胴衣と半ズボンを持っていたが、外套がなかった。一方、わたしは、モンゴル人の仕立てた羊の皮の外套と、アライグマの皮で裏打ちした馬皮の半ズボンはあったが、胴衣がなかった。それが今度のみやげで、わたしには西部産の厚い羊の皮で作った袖なしのチョッキが一着加わって、これで間然するところのない装備が整った。またモーゼのほうは、夜どおしラクダの背に乗っていても寒さをかこたずに済みそうな、ばかでかい外套にありついた。この外套は、トルコふうの仕立てで、普通の外套のように腋の下から脇腹に沿って開く代わりに、からだの正面で開くようになっていて、頭をすっぽり包む幅の広いえりがついていた。こういう型の外套のことを、普通チァ・パンルと言うのであるが、この名はトルコ語のなまったもので、もっぱら西域においてのみ使われているようであった。

そう言えば、白雪の山稜が見えはじめたころから、帰化のラクダ曳きたちは急に彼らの会話に、トルコ語系の混種語を豊富に取り入れた西域の方言を交えるようになり、悪態を吐くのにも、グチェン・ツの言葉をふんだんに使うようになった。わたしもいまではすっかり耳が慣れて、彼らの会話を完全に聞き取れるようになっていたので、ほんの数日のうちに彼らに負けぬくらい上手にこの方言を操って、みなを大いに喜ばせた。かくして、たき火を囲んで投げ交わされる機智あふれる会話も、これによっていちだんと精彩を帯びることとなったのである。

さて、やんごとなきわれらが周氏のことに話を戻すとしよう。宿営地に着くやいなや、このご仁、眠ることなどそっちのけで、好物のアヘンに浸って過ごすのが何よりの楽しみで、そのせいか、行進の最中にうたた寝をするのがたいそうお好きのようであった。ラクダに乗るにも、モーゼやわたしのようにふんわりした大きな荷の上にすわらずに、荷鞍にまたがるのである。そして、しばしば、このままの姿勢でうとうとすることもあったが、またときには、うしろ向きになって、ラクダのうしろのこぶから尻のあたりにべったりと腹ばいになって眠ることもあった。これこそまさに王者の楽しみと言うもので、これが許されるのは富裕な隊商の持主か、さもなくばたっぷりと金を払って隊商に加わった旅行者ぐらいのものなのである。だが、砂漠で育ったラクダ曳きたちはほとんどみな、この楽しみをあまり快く思っていない。と言うのも、こうして眠ると重量の配分が悪くなって、二、三行程もこんなことが続くとラクダはすっかり疲れてしまうからである。事実、周家の御曹司がこうして豪勢な眠りを楽しんでいるあいだに、彼の乗ったラクダはしだいに列から遅れて、はるか後方に見えなくなってしまうことがよくあった。そんなとき、ようやくのことで眼をさましたでぶの若主人は、悪魔の棲む砂漠のまん中に一人ぼっちでいる自分に気がついてふるえ上がり——砂漠を旅する者なら誰でも、この種の恐怖にとりつかれるらしいのである——雨に降られて駆け出したネコのように、あわてふためいてわれわれのあとを追いはじめるのである。彼が眼をさましたことをまっ先にわれわれに教えてくれるのは、たいていいつも、はるかうしろのほうから聞こえてくるもの悲しげな喚き声であった。これこそ、周家の御曹司が自分を元気づけようとして歌っている声なのである。ようやくのことで追い着いてきた彼はと見ると、ラクダを急き立てるつもりなのであろう、しきりに棒切れで叩いて拍子をとっている、その手つきがしだいに早くなり、それにつれてラクダの発するうめき声もせわしくなって彼の歌の調子ととけ合い、世にも珍妙な合唱を披露に及ぶのが常であった。

こうしてわれわれのもとに帰って一と息つくと、またしても長い旅のうさ晴らしが欲しくなり、今度は、かねてお気に入りのワ・ワをつかまえて、罪のない冗談に興じたものであった。ところが、これがまた、ラクダ曳き仲間独特のはなはだどぎつい冗談なのである。「おい、砂山のネズミ君」と、ざっとこんな調子ではじまるのであるが、砂山のネズミと言うのは、西域全土で用いられている、鎮番人に対する蔑称である。「砂山の小ネズミ君！　チュウチュウ！　年は幾つ？　二〇《はたち》歳？　嫁はもらったかね、ネズミ君？　どうだい、女房はあるんだろう？　で、ええ女かね？　子供は何人？　なになに、まだ新婚ほやほやだって？　それじゃ、なおのことええじゃないかね！　ゴビなんかに来てひどい目に会うくらいなら、カン（炕）の上で嫁さんと楽しんどったほうがなんぼかよくはなかったかね？　それで、お前さんがわしらのところへ逃げて来たあとは、誰がお前の嫁さんと寝とるんじゃね？」これに対して、ワ・ワもはじめのうちこそ、つじつまの合わないあいまいな返事をして応戦していたが、そのうちにだんだんと追い詰められて悲しそうに黙り込んでしまい、最後のくだりに来るまでにたいていいしくしく泣き出したものであった。すると、でぶの周氏はひとまず攻撃の手をゆるめるのが常で、今度は若者のなまりを種に、お前のしゃべる「チュウチュウネズミの」たわ言はさっぱりわからぬ、と言ってからかいはじめるのである。しまいにワ・ワは気を取り直して、仕返しにラクダの糞をつかんで彼に投げつける。すると周氏は、こいつめとばかり、ラクダの頸をつたって地面にとび下りざま、ワ・ワの頭をむんずと小脇にかかえて押えつけると言うのがおきまりの結末で、これでまずはめでたしめでたしとなるのである。

さいはての山を望む沼地をたって、風の吹きすさぶ中を進むことまる一日にして、われわれは起伏のはげしい乾ききった荒野にはいった。このあたりの寒さは実にきびしく、わたしがタバコに火をつけようとして、防寒用の毛皮のついた長いそでから両手を出すたびに、たちまち凍えて感覚がなくなってしまうほどだった。翌日は一一月の一日であったが、依然として身を切るような寒風が吹きまくっていた。隊商をこの風に逆らって進ませることはほとんど不可能にちかく、それをあえて統率者が行進に踏み切ったのは、飲み水がすっかり尽きていたからである。だが、さすがに旅は困難をきわめ、最初に見つけた井戸のところで宿営せざるをえなかった。そこは、山脈の外縁部をなす丘陵帯のいちばんはずれで、すでに白雪の山嶺は丘にさえぎられて見えなかった。宿営地の名は、二本のフェニックス樹と言うのであったが、その名のとおり、ここへ来る途中、井戸からかなり離れたあたりで、われわれは一群のフェニックス樹が茂っているのを見かけた。樹木を眼にするのは、黒ゴビ以西の旅においてはこれがはじめてだった。なお、この地名には一つだけ奇妙な点があった。と言うのは、シナ語の名はアル・チア・ウ・ツン（二架梧桐）であるが、このチアと言う語は、もともと樹木を数えるのに用いる数詞ではなくて、ブドウのような蔓植物に用いる慣用的な数詞なのである。われわれがここに野営を張り終わってから、ちょっとした騒ぎがもち上がった。周家の連中が、故郷へ帰る旅の途中で亡くなったある隊商のラクダ曳きを葬った真新しい墓の目の前に自分たちのテントを張ってしまったことに気がついたのである。この薄気味悪い隣人のおかげで、彼らは一と晩じゅうびくびくしてろくに眠ることもできなかったと言うことであり、実際、烈風と恐怖にすくみ上がっていたからその場にとどまっていたようなものの、そうでなかったら、とっくにキャンプを引き払っていたところだった。

翌日も、山麓の丘陵地帯を行く困難な旅が続いたが、昨日まで西に向かって進んでいたのを、この日は北に針路を変えて進んだ。小さな石と言う名の宿営地を通り過ぎてまもなく、われわれはその先にある大きな石（大《タ》石《シー》）と呼ばれる地点に達した。この地名は、井戸のある場所そのものを指しているのではなく、その先に横たわるけわしい道にちなんでつけられた名のようであった。このあたりはかなり高い台地状をなしているらしく、しばらく見えなかった白雪の峰が再びわれわれの前に姿を現わしたが、残念ながら、ここからのながめにはもはや、はるかトイ・アル・シャンのふもとから見たときのような、一つにまとまった華麗な遠景の効果は望むべくもなかった。ラクダ曳きたちの記憶によると、この宿営地の近くにカバの林があると言うことであった。そこで、わたしも、荷鞍を作るためにカバの太い枝を切りに行く数人のラクダ曳きについて出かけたが、どうしたわけか、やっとのことで上り詰めた低い丘の頂からあたりをながめ渡しても、林らしいものは一つも見えず、あるものはただ砂礫におおわれた丘の斜面と、点々とはえた小さな草叢と、そしてそのはるか後方に、白い雪を戴く巨大な山稜が果てしなく広がっているばかりであった。

まもなくわれわれはキャンプをたたんで行進に移ったが、まったくそれと気づかぬうちに早くも大きな石の峠(3)にさしかかっていた。まさかこの峠がくだり道になっていようとはつゆ知らなかったわたしにとって、そうと知ったときの驚きはたいへんなものであった。

この山道の名は、峡谷の縁を扼している巨大な岩石と、ほとんど垂直に切り立った砂岩の崖にちなんだものであった。ここを取り囲んでいる丘はさして高くなかったが、峠そのものは、暗闇をとおして見たせいか、わたしがこれまでに越えたどの峠にもまして雄大な感じであった。台地の上に円弧状に連なる丘陵群を出はずれてすぐに道は下り坂になって、右に左にめまぐるしく曲がりくねりながらもほぼ真東の方向にのびている峡谷の、しだいにせばまってゆく底の道を、われわれは真夜中ごろまで歩き続けた。一と足進むごとに、両側に連なる丘壁はますます高くそそり立ち、その底をおぼつかない足どりで進む隊商の姿はしだいに小さくなって、ついにはこの巨大な岩石の陰にかき消えてしまうのではないかと思われるほどであった。歩きながら、わたしははるかかなたの空をふり仰いだ。と、そこにはランプほどもありそうな大きな星が無数に瞬いていた。尖塔のような形をした巨岩のふもとをわれわれはほとんど一回りして通り過ぎたが、きらめく星空に向かって黒々とそそり立ったこの岩の圧倒的な偉容を、わたしはいまでもありありと思い出すことができる。とかくするうちに、峡谷の旅は、まったく何の前ぶれもなく、事実、われわれがこの魔法の谷に踏み入ったとき以上にだしぬけに、ふっつりと終わってしまった。両側にそびえていた崖が急に消えてなくなり、ふと気がつくとわれわれは、闇の中に黒々と積み上げられた大きな荷の山と、ずらりと並んだテントの陰にほのぐらく燃えるたき火の明りが見える宿営地の、つい目と鼻の先に来ていた。たちまち、犬の群れがわれわれに向かってはげしく攻めかかって来たが、われわれは足早に逃げながら巧みに彼らの攻撃を受け流し、そのまま一気に丘陵地帯を駆け抜けて、空漠たる夜のとばりが立ちこめる広々とした平地に出たところで、一列ずつ次々に旋回して野営の陣形を整えた。

夜が明けるとともに、われわれは昨日とはまったく違った新しい地点にいる自分たちに気がついた。白雪の峰はわれわれの南側に回り、そのふもとに沿ってはじめて見る丘陵群が連なっていた。このふもとの丘を起点として、いまわれわれが野営している平原がなだらかに傾斜しながら北に広がり、はるか遠くに黄色く輝いて見える窪地にまで続いていた。聞くところによると、この窪地には、トルコ人の集落があり、彼らはここに水を引いて農耕を行なっていると言うことであったが、わたしの推定に誤りなくば、これがバイ(拜)と呼ばれる土地のようであった。ごくかすかに印された道の跡があるところから、昔荷車の通行に使われた道がここに通じていたに違いなく、おそらくそれは南にのびて、モゴイか、さもなくばカルリク・ター山脈の末端を迂回して鎮城とハミにまで達していたのであろう。われわれの新しい位置から察するに、どうやらわれわれは、山麓の丘陵地帯を北に進んだあと、夜にはいって例の峡谷を通り抜けたことによって、カルリク・ターの突端に向かい合って立つ半ば独立した山塊エミル・ターを、それと知らぬまに回りきったもののようであった。とすると、これで再びわれわれは、世に知られた土地——とまではゆかなくとも、過去に幾人かの探検家によって確認され、かなり正確な調査も幾度か行なわれた結果、主要な地形だけはほぼ明らかになっている地域に、足を踏み入れたわけである。

わずかここ数日のあいだにわたしは、まずはじめに矮馬の、次いでラクダの治療をこの眼で見る機会に恵まれたことはすでに述べたとおりであるが、今度はいよいよ人間の治療を、しかも悪霊にとりつかれた人間の治療を、このわたしがやることになったのである。実は、われわれのあいだでは、もうかなり前からこの病が進行していたのである。まず最初が、例の死骸を運ぶ隊商に出会ったのがきっかけではじまった死人の話である。それがまだおさまらぬうちに、今度は、宿営地で周家の連中が新しい墓のほとんど真上にテントを張ると言う例の一件が起きた。これでたちまち、不吉な話がどっと勢いを盛り返した。砂漠に葬られる死体は、とくに新しいものほど、ラクダ曳きたちにとって恐怖の的なのである。テントの中でラクダ曳きが一人死んだために、隊商の全員がたちまちわれがちに逃げ出してしまったと言ったような話が、幾らも語り伝えられているほどであり、砂漠での埋葬に手を貸したりするのも、きわめて危険なこととされているのである。死体から抜け出したばかりの霊はきっと仲間を欲しがって、生きている人間にとりつくに違いない、そうラクダ曳きたちは信じていたが、たしかに、ゴビの砂漠のまん中に取り残されて、ラクダの鈴の音が夜の闇の奥にしだいに遠ざかって行くのを聞きながら、真新しい墓の回りを独りさまよっている亡霊の身になってみれば、これほど寂しいことはあるまい、と彼らが想像するのもむりからぬことであった。これに対して、組合の隊商の手で先祖の眠る墓地へ丁重に運ばれる、いわゆる枯れた霊のほうは、それほどめんどうをひき起こす恐れはないようであるが、それでも、礼を失するような言葉をそれの前で口にすることは絶対に慎しまなければならないとされているのである。今度の宿営地にいるあいだに、またまた事件がもち上がった。夜明けまでラクダの世話をするために出かけていたラクダ曳きがあたふたと駆け戻って来て、埋葬されていない死骸を見たと報告した。たちまち、宿営地は異様な雰囲気に包まれた。ラクダ曳きたちは、いつものように大ぜい集まってにぎやかに議論を戦わせる代わりに、二、三人ずつ固まって何やらひそひそと話しはじめた。これはたしかによくない兆候であった。見かねたわたしは、みなに向かって、死骸の写真を撮りに行くからいっしょに出かけないかと提案したのであるが、それを聞いてやっと彼らは幾らか安心したようであった。そして数人の者が進んでわたしに同行を申し出たので、その連中を交えてしばらく捜し回ったが、結局、死骸は見つからず、着物のはいった包みが一つ落ちていただけであった。察するところ、これは、おそらく、去年の冬、嵐のさなかに荷馬車路に出ようとしてこのあたりをさまよい歩いた徒歩旅行者か何かが捨てて行ったものらしかったが、包みを捨てなければならないほどはげしい嵐が吹いたとすれば、当然、その持主も生きながらえることはできなかったはずであると思われるのに、少なくともわれわれが捜したかぎりでは、死骸はどこにも見当たらなかった。おかげで、ラクダ曳きたちの不安もかなり静まったようであった。

そんなことがあってからまもなく、他の連中が出発の準備を整えているあいだに、わたしは、樽に水を汲みに行く周家と回教徒の隊商のシェン・ションについて、もと来た道を引き返した。泉のある場所は、昨日われわれ

野バラの泉に集結するキャラバン

が通った宿営地のそばであったが、たまたま昨夜は西から来た三組の隊商がこの小さな宿営地をすっかり占領していたため、われわれの休む余地がなかったのである。泉の名は、ソォ・メイ・チュアン（薔薇泉）、すなわち野バラの泉と言い、数ある隊商路沿いの給水所のうちでもとくにラクダ曳きたちからあがめられている泉であった。そのわけは、ここの水がきわめて良質であることによるのはもちろんであるが、それにもまして、この泉が、普通の泉のように涸れた河床にあるのではなく、丘の中腹の、しかもかなり高いところから湧き出しているからで、これは明らかに自然の理に反したことであり、したがって、おそらく神の力があずかっているのではないかと考えられるにいたったのである。そうしたことから、この泉のほとりにも、一、二のとくに親しまれている井戸とか、カラ・ゴビのような音に聞こえた難所の旅の起点や終点によく見かける、例の小さな祠が二つ建っていて、人や獣のためにつつがない旅を祈願する言葉が墨痕あざやかにしたためられた赤い紙が供えてあった。泉は岩の裂け目にあって、澄みきった冷たい水が湧き出していた。ごくわずかな水量ではあったが、水の流れ落ちる下の段丘に幾つも穴を掘って水をため、ラクダに飲ませるようにしてあった。そこから数メートル離れたところにも、もう一つ、これよりももっと小さな泉が湧いており、そのほとりに、野バラが一とかたまりはえていた。寒風の吹きすさぶ冬のさなかのこととて、花も葉も枯れ落ち、名も知らぬいじけた砂漠の灌木のほかにはあたりに草らしい草もなく、まことにうら寂しい姿であったが、それにもかかわらず、気ままに枝をのばしたその自然なたたずまいからは、何かほのぼのとした風情すら感じられた。推測するところ、もっと西に寄った地方にバラの群生する谷があって、おそらくそこからこの一株がラクダ曳きの手によって運ばれて、この泉のほとりに植えられたものなのであろう。

混じりけのないほんとうの清水は、羊腸の道ではごくまれとされているが、そうした得がたい水をこの野バラの泉が与えてくれるのである。だからこそ、この泉のことをラクダ曳きたちは常に心からの親愛の情をこめて語るのである。煙の匂いのしみた粗末な食事をし、安もののタバコを喫っているにもかかわらず、ラクダ曳きたちはシナ人特有の感覚と言われる、茶の風味をたしなむ鋭い味覚だけは失わず、飲み水の良し悪しについても、実に微妙な差異を識別することができる。わたし自身は、とうてい彼らのようにはゆかず、たとえば、かなり良い水とどうにか飲める程度の水との違いでも、彼らほどはっきりと断定することはできなかった。おまけに、強烈な磚茶を飲まされ続けたせいで、わたしの味覚はますます怪しくなり、せいぜいまずい水と、とても飲めそうにもない汚水との区別ぐらいしか満足にできなくなってしまったのである。だが、シナの下層民のあいだでかような鋭い味覚を持っているのはあながちラクダ曳きだけではないらしく、ほとんど誰でもがこうした微妙な味わいを楽しむことができるようである。そう言えば、ラクダ曳きたちがうまそうに茶をすすりながらいつまでも長話にふけっている夜など、よくわたしは、かの水豊かな本格的農業の中心地である直隷州の首都奉天府で、一介の旅人として思いがけない幸運に恵まれた日のことを思い出したものであった。かねてわたしは市の城壁に上ってみたいと思っていたのであるが、当時この町を占領していた軍の指揮官に何か思うところがあったらしく、そうすることは堅く禁じられていた。そこで、せめて城壁に通じる斜道でも見ようと思って、城門のそばにある衛兵詰所の前をぶらぶら歩いて行った。すると、見慣れぬ外国人がいるのに気づいた兵士の一人が、何やら声高に言葉を投げてよこした。ただちにわたしもしかるべき返答を投げ返した。すると相手の男は大笑いして、中にはいってお茶を一杯飲まないかと誘ってくれたのである。

さて、ごらんのとおり、わたしは実際にいろいろな井戸の水を判定する段になるとからきし役に立たない無器用者であるが、それでも口先だけは一人前であり、意見を求められさえすれば、けっこう水の良し悪しについて誰にも負けぬくらい達者にいっぱしの議論を展開してみせられるのである。それで、このときも、さももっともらしく茶を口に含んで、舌の上でころがしたり息を吸って見せたりしたあげくに、首を横に振りながら、奉天府の水はどうもあまりけっこうとは申せないようだ、と残念そうに言ったものである。すると、どう見てもアジアのはきだめから生まれた最下層民としか思えない四、五人の兵士が、これまでシナの傭兵として、敗走と追撃を繰り返しながら満州から四川にいたるあいだのあらゆる地域を転戦して歩いた生活の合いまに、茶を入れて飲んだ各地の水について、まるで王侯貴族のような口ぶりで、さっそくあれこれと品定めをはじめた。わたしが巧みに合づちを打って調子を合わせると、彼らはますます勢いづき、時のたつのも忘れてしばし水の講釈にうつつを抜かした。ひとしきりしゃべりまくってすっかりいい気持になったころを見はからって、わたしは、さも友だちがいにちょっとした楽しみを見せてやりたがっているような口調で、これからわたしのカメラを写すところをごらんに入れるからいっしょに城壁に上らないか、と誘ってみた。大喜びで彼らがそれに応じたことはもちろんである。

われわれが野バラの泉から戻って来てみると、隊商はとうの昔にいなくなっていたが、道ばたにラクダ曳きが一人、うんうんうめきながら倒れており、そのすぐそばに、一頭のラクダがうんざりしたような顔をしてつっ立っていた。しかも男の着ている服は血だらけであり、最初、わたしには何が起こったのか見当もつかなかった。だが、やっと彼を介抱して話を聞き出すに及んで、このおびただしい血はおや指の刺胳（4）による出血であると言うことがわかった。それにしても、男の苦しみようは尋常でなく、まるで断末魔の痙攣にのたうつコレラ患者のように、からだを堅く折り曲げ、すでに極度の恐怖による譫妄《せんもう》状態に陥っており、こうしたただならぬ兆候を見たわたしが、最初、ひょっとして盲腸炎ではないかと思ってぞっとしたのも当然であった。「アイ・ヤ、おっかあ！」と男は泣きわめいた。「アイ・ヤ、おらのおっかあ、もう会えねえだ、おらここで死んじまうだから！アイ・ヤ・ヤ、上人さま、いつまで苦しまなきゃならんのですかい？ アイ・イ・ヤ・ヤ・ヤ、おっかあ、おらもう助からねえだよ！」

あとになって知ったことであるが、事件の顚末はざっと次のごとくであった。この哀れな男は荷をラクダに積み終わった直後に、ひどい腹痛に襲われたらしいのである。さっそく、ラクダ曳き仲間で最も施術にたけた男が呼ばれて、おや指に刺胳を施した。このあと何ごとも起こらなければ、まちがいなく彼はラクダに乗せられて、みなといっしょにちゃんと連れて行ってもらえたはずであったが、運の悪いときはしかたのないもので、先発の列が宿営地を出てわずか二〇〇メートルと進まぬうちに、地面にからの棺桶がころがっているのを見つけたのである。さあ、たいへん！ 前日にラクダを放牧した場所はこれと反対の方角だったので、いままで誰もこの棺桶に気づかなかった。これまでみなのあいだで囁かれていた幽霊譚も、この日の朝、えたいの知れない着物の包みが見つかったのを境に、やっと幾らか下火になったばかりだと言うのに、またしてもこの棺桶の出現によって、火勢は盛り返し、みなの恐怖は一挙に頂点に達した。棺桶を見た瞬間、彼らの頭にまったく同じ考えがひらめいたのである。この棺桶は、グチェン・ツから運ばれて来る途中、はげしい震動でばらばらに砕けてしまったので、道ばたに棄てられたに違いなく、その際、中にはいっていたしなびた死骸は、おそらく、もっと大きな桶に他の死骸といっしょに詰め込まれたのであろう。死骸についてここまで旅をして来た霊は、この無情な仕打ちにいたく腹を立てて死骸のもとを離れ、もっと広い棲み家を求めて生きたラクダ曳きのからだにもぐり込もうと狙っているに違いない。捕まっては一大事！ と言うわけで、みなは懸命にラクダをせき立てながら、一目散にその場から逃げ出した。苦しんでいる男を助ける暇のあらばこそ、ラクダを一頭だけ残してやるのがせいいっぱいだった。さいわい男が自力で霊を追い払えれば、それにこしたことはない。だが、とにかく他の者たちは霊の手が届かぬところへ逃げのびるまでは、立ち止まるわけにはゆかないのだ。もう大丈夫とわかってから、使いを出して男の様子をうかがわせるとしよう。そんなわけで、もしわたしが昼間に野バラの泉を見たいと言う考えを起こさなかったら、十中八九、この哀れなラクダ曳きは、病気の苦痛と、死の不安と、それにもまして、潰走する仲間に置いてきぼりにされた恐怖で気も遠くなり、そのままのたれ死んでいたに違いないのである。

ぼんやりつっ立ったラクダの足もとで、男が服を血だらけにしてのたうっているのを見た最初のうちこそ、わたしも驚きはしたものの、まもなく、これは大した病気ではなく、ただのひどい疝痛の発作にすぎないのではないかと言う気がしてきた。やっと患者を落ち着かせて、どうにか質問に答えられるようになったところで事情を聞いてみると、案の定、男は、大荒原に生活する血気盛んな男たちにはごく普通に起こることであるが、ここ二日間ばかり便秘をしていたと言うのである。そこへもってきて、ラクダ曳き仲間の素朴な楽しみの一つである大食いがしたくなって、舌が焼けるくらい熱い食事をものすごい速さでたら腹詰め込んだ。たちまち汗が滝のように流れ出したので、羊の皮の服をすっかり開けて風を入れた。これで、ふくらんだ腹をすっかり冷やしてしまったのである。それでも、ラクダに荷を積んでいるあいだはこれと言った異状も起こらなかったらしいが、この仕事でまたもや一と汗かいてからだを冷やしたのが命取りとなり、ついにかくなる仕儀と相成ったのである。

さっそくわたしは、周家のシェン・ション(この男は、さいわいなことに、まだ今度の幽霊恐怖症に感染していなかったので、病人に対して優しい同情の念を寄せていたのである)に矮馬から下りてもらい、代わりに病人のラクダに乗って、遁走した隊商のあとを追ってくれるよう頼んだ。彼らを引き止めて宿営させるには、わたしがこれから外国の薬——彼らにとっては、これはまさに頼もしい魔法の言葉にほかならないのである——で病気を退散させるからと言って安心させるにかぎると教えられたシェン・ションは、すぐさまラクダにとび乗って、何やら陰気な叫び声を張り上げながら走り去った。

それから、わたしは病人の手当てにとりかかり、なかなかからだをのばそうとしない男をむりに押えつけて、できるだけまっすぐに仰臥した姿勢をとらせると、ここ数か月洗ったこともない垢だらけの皮膚の上に、満腹時にかいた汗が幾条もしまを描いて乾いている腹を広げて、へそから下のほうに向かってかなり強くマッサージを施した。幾らか気分がよくなったのを見て、わたしはすぐに男を矮馬の背にかつぎ上げ、手綱を曳いて歩き出したが、しばらくすると、また発作が襲って来て、男はもうだめだと大声で泣きわめきながら、さっきと同じように、おっかあと上人さまに祈りはじめた。やむなくわたしはもう一度、胃のあたりをもんでやった。そうこうしているうちに、隊商を追って行ったシェン・ションが戻って来て、隊商のほうでは止まるのをいやがっていると言う知らせをもたらした。そこで、わたしは病人を彼に預け（そうされるのを、どちらもあまり喜ばない様子だったが）、矮馬に乗って全速力で隊商のあとを追った。やっと追い着いたわたしを見て集まって来た統率者たちは、口をそろえて、あのラクダ曳きはほんとうに助かるのかどうか、はっきりしたところを教えてほしいと言った。どうせ死ぬ者なら待ってやってもしかたがない、いや、それどころか、待ってやったばっかりに、みなのあいだに二つの霊を解き放たれでもしたら一大事であり、とてもそんなことは認めるわけにはゆかない、と言うのが彼らの肚の中らしかった。そこでわたしは、そんな心配をするには及ばない、病人はただ腹にガスがたまっただけなのだから、絶対に死ぬ恐れはない、と断言した。それを聞いてやっと彼らは待つことを承知したのであるが、それから二時間ばかりして、病人は自分の脚で歩きながらやっとのことで宿営地にたどり着き、腰をくの字なりに曲げてでも、とにかくどうにか歩けるようになったら、かなり気分もよくなった、と報告した。そのあと、わたしは彼にドーヴル散を服ませ、ついでに腹痛一般について、自分でもよくわからないむずかしい講話を一席ぶってやったところ、聞いていた彼の仲間たちもそれで気が安まったらしく、まもなく幽霊に関するひそひそ話もぴたりとおさまった。そればかりか、講釈の中でわたしは、ほんとうに霊にとりつかれたときの兆候なるものを幾つか、まことしやかに数え上げてやったので、この男の病気はそれとはまったく別のものであると言うことも、みなにはっきりと納得させることができたに違いない、といささかうぬぼれに過ぎるかもしれないが、そうわたしは信じているものである。

ところで、この病気のラクダ曳きであるが、実はこの男、かねてよりわたしの大のお気に入りの一人だったのである。と言うのも、彼は生まれながらのひょうきん者ときており、それに対するこのわたしも、べつに恥をさらすつもりで言うのではないが、祭礼や市の日に寺の前庭に集まって来る行商人とか、淫売屋の客引きとか、香具師とか、へぼ詩人とか、講釈師とか、旅回りの道化師とか言った連中の早口文句を、一つ残らずそらんじて見せるような器用な男のおつき合いをするためなら、どんなに大事な仕事でもおっぽり出してもかまわないと言う、いたって物好きな性質に生まれついていたのである。それに、この友人は、たしか、仲間たちから、色恋沙汰の首尾にかけてはきわめて運が強いと言った意味の、たいそうはでなあだ名で呼ばれていたが、どうもそうした色恋が健康に及ぼした影響に関するかぎりは、あまり幸運とは言えないようであった。この種の職業に携わるシナ人の例に洩れず、彼もやはり、たとえば慢性の持病から来る痛みだと、どんなに苦しくとも泰然として耐え抜くだけの勇気を持っているにもかかわらず、いったん自分でも原因のよくわからないとつぜんの激痛に襲われたりすると、今度のように、たちまち参ってしまうのである。苦悶の最中にあれほど悲痛な調子で呼んだ母親にしても、おそらく彼は帰化をたって以来、彼女のことなどただの一度も思い出したことさえなかったに違いないのである。この一件があってからというもの、わたしが周家のテントで、「アイ・ヤ・ヤ、おっかあ、おら苦しくてたまらねえだよ！」と大仰にうめいて見せるだけで、満座の喝采を浴びること請け合いであった。やはり、ことわざに言うことにいつわりはないようである——

児《アル》行《シン》千《チエン》里《リ》、母《ム》嘆《タン》憂《ユ》、
母《ム》行《シン》千《チエン》里《リ》、児《アル》不《ブ》走《ツオ》。

息子が千里のかなたを旅するとき、母は嘆き憂う、
母が千里のかなたを旅するときには、息子はすわって動かない。

これも、やはり、《ゴビのつとめ》の一つなのであろうか。

(1) しかし、彼の場合は、この部族の中でも最も優れた、アルタイ山中のキレイ・カザックに最初に会ったのが幸運であった。

(2) このように、モンゴルやシナ・トルキスタンでよく見かける(赤色たると白系たるとを問わず)普通のロシヤ人を批判するに当たって、わたしは外モンゴルにおけるソヴィエトの影響そのものをもまったく無価値としてしりぞけるつもりはないのである。この点に関するかぎり、第一に、わたしには判定を下すに足る知識の持ち合わせがない。第二に、もし局外者としてあえて裁断するとすれば、むしろわたしは、ソヴィエトのために大いに弁ずべき余地があると言う意見であることを申し添えたい。

(3) この大きな石の峠は、ハミおよびバルクルからグチェン・ツに通じる道の合流点である大石頭(タ・シ・ツォウ)とは、まったく無関係である。

(4) おや指の刺胳は、帰化から奥地へかけて行なわれている医術の核心をなすものである。まず腕を肩のつけ根からもみ下ろして、できるだけたくさんの血をまず手に集め、ついでおや指に寄せ集める。うまくやると、おや指の腹は目に見えて大きくふくれ上がる。それから、そこを針で刺すのであるが、ただし、指の腹にではなく、爪のつけ根に刺すのである。ときには、これで驚くほど多量の出血をみることもある。この治療は、足先から頭のてっぺんにいたるあいだのあらゆる痛みを和らげたり、その他どんな病気を治すのにも用いられる。一流の施療師になると、血の色を見ただけで患者の症状を判定することができるそうである。一度の施療で結果が思わしくないと、さらにもう一方のおや指にも同じ治療が施されるのが普通である。

明らかに、これはシナに伝わるいま一つの深遠な医術である鍼治療と関連がありそうである。本物の鍼治療(と言っても、本物にはめったにお目にかかれないが)は、神経組織に関する経験的知識に基づいた療法であって、理論上、ある部分の痛みは、施療の専門家が心得ている他の部分を鍼で刺すことによって和らぐのであるが、これは同系統の神経中枢間に感覚反応の中和を引き起こすことを狙いとしたものである。また、理論的には、兆候としての痛みを緩和することは、病源の除去にほかならないとされているのである。鍼治療用の図表は、祭礼や縁日の屋台で安く買うことができる。

万病に特効ありと称する、この荒っぽいおや指刺胳は、微妙な鍼治療の堕落したものであるか、モンゴル人のあいだに伝わる原始的療法を取り入れたものか、シナの原始的な療法の再現であるか、あるいはこれらの要素をつき混ぜたものかのいずれかであろう。いずれにしろ、このまに合わせの外科的療法には、人の血液中にひそむ悪霊を巧妙に腕からおや指へ誘い込んで、針を刺した穴から外へしぼり出すと言う考え、と言うよりもむしろ単なる漠然とした感じが含まれていて、それがこの療法をいっそういかがわしいものにしていることは確かである。

17　死んだモンゴル人の峠

このたあいもない騒ぎもやっとおさまって、われわれが宿営の準備を整えていた最中であった。ラクダの鈴の音が聞こえて来たかと思うと、しばらくして、二〇頭ばかりのラクダを連れた男が二人われわれのほうに近づいて来た。男の一人は、グチェン・ツのある隊商宿の共同経営者でいつもその宿に泊まることにしている周家の御曹司とは昵懇のあいだ柄であった。彼はまもなく戻って来るはずの自分の隊商を迎えに、交替用のラクダと予備の食糧を持って出かけて行く途中だったのである。彼も部下の男も、ここで思いがけなくわれわれに出会ったことをひどく喜んでいた。と言うのも、実は、彼ら一行は出発以来三、四人のモンゴル人につけられどおしで、そのため宿営するのも恐ろしくて、われわれのキャンプにぶつかるまで一度も止まらずに歩き続けて来たと言うのである。この知らせでわれわれのテントにはまたしても新たな不安がまき起こった。いよいよ寝る時間が近づき、夜番の男たちが見張りにつくと言うころになって、周家の統率者が何ともえたいの知れぬ赤さびだらけの騎銃を取り出して、とくに誰に対してと言うわけでもない漠然とした警告のつもりで、発射した。この騎銃は最初、帰化をたつときには、わらを詰めたラクダの鞍の中にこっそりと隠して持ち出したものなのである。それと言うのも、帰化のあたりでは、シナの当局もモンゴル人の住民たちも、大青山山脈にひそむ匪賊の手に武器が渡るかもしれないと言う心配から、隊商が武器を持って旅をすることにひどく神経をとがらせているからであった。だが、ひとたびカラ・ゴビの砂漠を越えてしまえばそんな気がねは無用であり、さっそく鞍からそれを取り出して、無人境を通り抜けるあいだも、魔よけの護符代わりに列の先頭に押し立てて進んで来たのである。それにしても、こんな威嚇をするつもりだったら、騎銃を夜番の男に渡しておいて、匪賊なり盗賊なりがそろそろ行動を開始しようとする真夜中ごろに撃たせたほうがよくはないか、そのほうが、われわれが武器を持って油断なく見張っていることを彼らにわからせるうえでより効果的と思われるが、とわたしは異議を申し立てた。と、そうはゆかない、隊商の武器は必ず統率者が撃つことになっているのだから、と言う返事であった。それに統率者には一と晩じゅう安眠を楽しむ特典が与えられているのであるから、彼が床についてから銃を発射したりしては、彼にとって迷惑千万である、と言うことでもあった。そのあと、何事もなくみなは安らかに眠りを貪り、やがて星の位置を頼りに夜明けの近づいたことを知った夜番の男たちが鍋の長を起こした。さっそく彼は茶を入れて、他のラクダ曳きたちを起こして回った。朝の食事も終わり、めいめい自分の茶にいった燕麦の粉やキビを入れてかき回しているあいだに、ラクダもすっかり放牧地に送り出され、かくして、まだ東の空が明けきらぬうちに朝の仕事は一段落したのであった。問題のモンゴル人たちはどこへ行ったのか、ついに一度も姿を見せなかった。

その日の午後、われわれは今度の旅を通じて最も長い行程の一つに乗り出した。と言うのも、前日、例の病人騒ぎがあって、早々に行進を中止して水のないところで野営したからで、その遅れを取り戻す意味でこの日は一行程半も進まなければならなかったのである。ゆっくりと移り変わるモンゴルの風景をながめながら、わたしは暗くなるまでひたすら歩き続けた。われわれの通っている地点は、山麓の丘陵からゆるやかに下降する湾曲した《ゴビ》の隆起部の頂あたりで、暗褐色の粘土の底土をおおって一面に黒い砂礫が散り敷き、それに混じって灰色や赤い色をした石の砕片が点々とばらまかれていた。そして、この砂礫の斜面に沿って、水の涸れた浅い流水溝が無数に刻まれていたが、推測するところ、山岳地帯と違ってこのあたりでは雪があまり深く積もらぬため、春の雪どけとともにすっかりとけて、多量の水がこの斜面を流れ下るに違いなく、これらの水路は、おそらく、そのときの流水によってうがたれたものなのであろう。乾ききった荒野にもかかわらず、貧弱ながらも一群のぎょりゅうが茂っているのを見たばかりか、二、三頭のカモシカの姿さえもちらと見かけたほどであった。われわれの右手に当たるはるか北の空には、万古不易のモンゴルの大山嶺アジ・ボグドの雄大な山なみが、青、赤、灰色、さらには紫と、多彩な色に輝きながら連なっていたが――その山麓を形成する長大な斜面は、少なくともわれわれのところから見える裾野のあたりは、砂礫におおわれた完全な死の荒野のようであった。だが、われわれのいる斜面のふもとには、ここからはまだ見えない耕作地の回りを縁取っているとおぼしきアシの茂みが、その黄色に輝く帯を見せはじめており、一方、左手に眼をやると、砂漠とは打って変わって生命のしるしに満ちあふれた山稜――すべての隊商がその姿を歓呼して迎える白雪の山稜が、亭々とそびえていた。

ようやくゴビの砂漠からそれて、ほとんど砕石ばかりで一と握りの土すらない、荒れ果てた低い丘陵地帯を越えたのは、真夜中を過ぎたころであったが、そのとき、まったく意外なことに、岩の上をほとばしる水の音がすぐ近くに聞こえてきた。まさか水の音を聞こうとは夢にも思っていなかったわたしは、流れの岸でわたしのラクダが急に荒々しく鼻を鳴らして後退するまで、それが水音であるとは気がつかなかった。そればかりか、その夜のわたしは、この思いがけないできごとにすっかり驚いてしまい、ちょうど夢の中でよく経験するところの、どこかで見たことがあるようだがとうてい二度と起こるとは考えられない不思議なできごとにぶつかったような感じにつきまとわれて、どこをどう歩いたかもはっきり覚えていないくらいであった。それも道理、流れの急な深い小川を渡った驚きもさることながら、そのあとでわれわれが野営を張ったところは、なんと、収穫も終わって刈り株の一面に残る畑のまっただ中だったのである。

ラクダのような、わたしにとって日常見慣れている実際的なものの住む現実の世界から、かような信じがたい世界、開墾され収穫された畑の広がる夢の世界にとつぜん引きずり込まれた驚きに茫然自失したまま一夜の眠りについたのが、その夜のわたしであるとすれば、翌朝眼をさましたわたしを捉えた驚きは、まさに地上の楽園にいることを知った者のそれにほかならなかった。それは、黒や赤の砕石におおわれた丘に四面を取り囲まれた別天地で、川の流れに沿ってはるか上手に眼をやると、カラ松とエゾ松の森がうっそうと茂り、そのかなたには、天の山とのみ呼ぶにふさわしい白銀の峰がひときわ高くそそり立っているのが望まれた。だが、隊商のラクダ曳きたちは、この小川の両岸に沿って細いポプラの木が延々と連なっているのにちなんで、この川のことを白楊の川というごくありふれた名で呼んでいた。谷の住民は、いわゆるチャン・トゥ(纏頭)、頭を縛った人々とか、ターバンをつけた人々とか呼ばれているトルコ人であった。ついでながら、ここにあげたシナ名は、従来、多くの探検家たちの話の中で、しばしば発音しやすいようにチャントとなまって伝えられているようであるが、これは誤りである。彼らはいずれも友好的で、長い頤髭をたくわえ、色とりどりの服を着ているのが普通であったが(ただし、夏のあいだだけは白いものをつけるしきたりである)、なお聞くところによると、このあたりに住むトルコ人はすべて、ハミもしくはクムルのハンの支配下にある領民、と言うよりもむしろ農奴と呼ぶにふさわしい階級の者たちであった。クムルと言うのは、カルリク・ター山脈の南麓に位する、シナ・トルキスタン最東端のオアシスであり、マルコ・ポーロのいわゆるカムルがすなわちこのオアシスなのである。もともと、ここはトルキスタン的な特色を最もよく表わした土地として知られていたのであるが、最近の数百年間に、帝王の道によってシナ本土から西域に達する交通が頻繁になるとともに、西域への進入路にあたるこのオアシスにも避けがたく時代の波が押し寄せ、シナの影響が随所に認められるようになった。オアシスの支配者であるハンも、かつてトルキスタン地方に割拠した小独立公国の最後の生き残りとして、シナ政府の管轄の下に土民ばかりの自治領を統治しているのである。ハンの支配下にある領民のうち、とくに山岳地方に住む部族のことをタグリク、すなわち《山地民》と名づけて他と区別しているが、察するところ、かつての栄光に満ちた民族の血は現代の彼らの中にも幾ぶんかは受け継がれているのであろう。このあたりの谷に住む領民は、石だらけの地面を苦心惨憺のすえ開墾し、川から水路によって水を引き入れた、ネコの額ほどの耕作地に、稲を栽培して暮らしているのが普通であったが、なおその他にも、比較的高い土地では、ほとんどがハンの財産である羊や矮馬の大規模な牧畜も行なわれており、それに従事する住民の多くはモンゴル人をまねたユルトに住んで、半遊牧民的な生活を送っていた。

翌日、われわれはまず川の流れに沿って少しばかり下ったが、そのあいだ、稲の刈り株に行き会うたびにラクダが列を乱して大騒ぎを演じ、一方、ラクダ曳きたちもかってに持ち場を離れて、農家の庭先で、ボタンや、組みひもや、香料入りの石鹸と言った小間物類の商いに精を出すと言ったぐあいで、さっぱり旅がはかどらなかった。やがて、突出した尾根のふもとを回ると、次の谷にはいる上り道が続き、それをたどって進むうちに、トゥフルという名の大きな村に到着した。これは、シナ語のトゥ・フ・ル[1]（禿瓢蘆）のことで、原語のトゥル・ハラからなまったものである。トゥフルと言う名のついた土地は、ジュンガリアやシナ・トルキスタン地方では一つだけにとどまらないらしく、ハンティントンの説明するところによると[2]（ただし、彼が述べているのは、いまわれわれのいるトゥフルのことではないのであるが）、この地名の起こりは、ある太古の部族の名から来ていると言うことである。ところで、われわれの到着したトゥフルの村は、カルザーズの地図に記されているウトゥルク[3]のことであると見てほぼまちがいないようである。

村のある谷は住民の数も多く、周囲の丘陵地には、ハミの領主の所有物である数百頭の矮馬が放牧されていた。この谷の矮馬は、近くのバル・クル山脈に産する有名な矮馬と比べてもほとんど遜色のない優れたもので、平均してモンゴル人の飼っている矮馬より幾らか背丈において劣るとは言え、性質まことに勇敢にして、困難な旅にもよく耐えるうえに、生まれながらにして緩歩を踏めるものが少なくないとあって、その名声は近隣に鳴り響いているのである。

また、このトゥフルの谷ではじめてわたしは、土できた本物の回教寺院の丸屋根と言うものを見たが、それは、シナの寺院建築の様式にほとんど完全に同化してしまったシナ人回教徒の寺院とはまったく似ても似つかぬものであった。さらに、珍しいことに、ここの寺院では、門や外壁の上に野生の羊の頭が飾ってあった。これは、パミール高原からトルファンおよびハミにかけての地域に住むすべてのトルコ人の住民が、いわゆる《神聖な場所》に掲げることを習わしとしているもので、回教が伝わる以前の、いわゆるシャマン教の時代に行なわれた慣習の名残りなのである。

刈り取りを終わった谷の畑には、おびただしい数の褐色ウズラとチュコールウズラが群がっていて、それがまた、どれを見ても驚くほどまるまると太っており、人間が近づいても全然恐れる様子がないのである。ここ数日、羊の肉を口にしていないわたしには、これはまたとない獲物であった。谷の住民にとってわたしの散弾銃は驚異の的であったが、わたしにとってはむしろ、チュコールを追い詰める彼らの巧妙な狩猟法のほうが驚異であった。もともとチュコールは、いつの季節にも、空を飛ぶよりも地上を走ったほうが動きが活発なのであるが、とくに、秋の収穫期ともなるとからだの自由がきかないくらい太ってしまうため、そんなときに血気にはやる矮馬にまたがった勇猛なタグリクに襲われると、まるでやもめの老女みたいにただうろうろするばかりで、いともあっさりと捕まってしまうのである。まず、追っ手は二組に分かれて仕事にかかる。一方の組が鳥を狩り出すと、追われた鳥は他の組のいるほうへ飛んで行く。と、待っていた組がただちにそれを追い戻すのである。そのあとで、今度は勢子《せこ》がめいめいに馬をとばして、潰走する群れを急追する。こんなぐあいに二、三回飛び回っているうちに、チュコールは疲れきって空を飛べなくなってしまうのである。さらに二、三分もすると、走って逃げる足もとさえもふらつきはじめる。そこを狙って勢子たちは一気に追いすがり、鞍から身を乗り出しながら鞭で叩き殺すか、または長い衣服の胸に入れて持ってきた石つぶてを投げつけて仕止めるのである。鳥を追い詰める彼らの技術は、たしかにわたしがこれまで見たうちで最もみごとなものであり、また彼らを乗せて走る矮馬の勇気と忍耐力もそれに劣らずすばらしいものであった。人馬一体となって、岩屑の積もった山腹を速歩で駆け上り、ギャロップで駆け下り、突き出た丸石をさっとかすめて通るかと思えば、狭い尾根に沿ってまっしぐらによじのぼって、一二メートルもあろうかという断崖の縁でまちがいなくくるりと向きを変えて駆け抜けると言ったぐあいで、そのあいだ、乗り手は手綱をゆるめて、矮馬の好きなようにさせているのであるが、それでいて、しくじったり崖から落ちたりしたのをわたしは一度も見たことがなかった。こうした追跡を通じて最もむずかしい技術を要するのは、獲物が切り立った岩場に逃げ込んで岩の隙間に隠れないように、岩場の近くから脇へそらせるときなのである。完全に追い詰められて動けなくなった獲物は、勢子が馬から下りて素手でつかみ上げることさえできると言われており、事実、わたしも、かような状態に追い込まれた小鳥たちが岩の割れ目に身をすくめて、いっせいに頭を隠しているのを見たことがあった。

われわれは水の豊かなトゥフルの谷をさかのぼって一路南に向かったが、数キロ進んでから再び西に針路を変えて、ほとんど果てしなく続いているかに見える広大な谷にはいり、その奥に向かって突き進んだ。この谷は、いわばカルリク・ター山脈とメチン・オーラ山脈との山あいへの進入路であり、これに沿って進めばやがて、この二大山脈が合流する地点のくびれにまたがるきわめて険阻な峠に達するはずであった。それにしても、四方を丘に囲まれて、太陽の光に満ちあふれていた下の谷の暖かさにひきかえ、このあたりの寒気はまことにきびしく、これほど急激な気温の変化に接しては、ただただ驚きうろたえるばかりであった。かてて加えて、翌日には、まるで世界中のあらゆる隙間風の元締のような冷たい烈風が谷を吹き下ろして来たため、われわれはキャンプをたたむことができなかった。この宿営地にいるあいだ、見慣れぬ風体の二人の旅人が、山中に住むカザック族の襲撃を恐れてか、われわれにぴったりくっつくようにして泊まっていた。彼らは、たしか、大石をたったときからずっと、一キロほどの間隔をおいてわれわれのあとについて来たのである。二人とも、シナ語やモンゴル語はほんの片こと程度しか話せなかったが、わたしの睨んだところでは、西寧からかなり奥へはいった地方に住むタングート族の人間のようであった。とにかく、どこか遠い奥地からやって来たことだけはほぼ確実である。そうでなかったら、当然、シナ語かモンゴル語のどちらかを少しぐらいは話せるはずだからである。一人はかなりの年のラマ僧で――ベネディクト会派の修道院長にでもしたらさぞ似合いであろうと思われる、矍鑠《かくしやく》たる体軀と、すぐにもそれと見分けのつく聖職者特有の目鼻だちをした老人であった。つまり、がっしりとした骨太の感じであるが、それにもまして筋肉のたくましさがすばらしく、こうした特徴は、どこか一つの教会に属した平の牧師よりもむしろ司教職にある人たちのあいだによく見受けられるもので、このことは世界中どこへ行っても変わりないようである。他の一人は、老人の供をしている侍僧で、まだ二〇歳そこそこの若者であったが、乞食坊主が商売道具に欲しがりそうな、まっ白な歯と、いきいきとした黒い眼が実に印象的であった。彼らは二頭のりっぱなラクダを連れていたが、これがまた、主人に劣らず元気そうで、いままでずっと苦しい旅をして来たにもかかわらず、少しも疲れているらしく見えなかった。だが、こうしてラクダに乗った彼らの旅姿がまことにはなやかであるのにひきかえ、野営のテントはばかに見すぼらしく、彼ら二人がやっとすわれる程度の広さしかなかった。しかも、ごく薄い白の綿布をたった一枚張っただけのもので、その内側に沿って、儀式や礼拝用のさまざまな調度品がずらりと並べてあった。また床には、それぞれ産地の異なる中央アジア産の古いみごとな絨毯が何枚か敷き詰められ、その上にすわって彼らは、たんねんに択り分けた一握りほどの糞を相手に、何とか火をおこして小さなヤカンに湯を沸かそうとやっきになっているのであった。

聞いてみると、彼らは外モンゴルへ祈禱の旅におもむいた帰りであったが――かような思いきった冒険を、タングート族のラマ僧たちは、言葉の障害などにはいささかもわずらわされることなく、まったく独力でみごとにやってのけるのである。それと言うのも、彼らには魔術を使う不思議な力が備わっていると一般に信じられているからで、こうした風評は、天地開闢以来、常にチベットの要害を中心にして広く流布しているのである。ところで、最初の予定では、この二人は、当然、粛州から甘粛省にはいって、そのまま進んで西寧に達したあと、明水をへて彼らの故郷に帰るはずであったが、途中で、敗走する馮玉祥の軍隊のうわさを耳にしてあわてて進路を変えたと言うのである。そして今度は、バルクルからハミにはいる迂回路を取ることに決めてここまでやって来たが、彼らの予想では、このまま行けばたぶん一八行程でゴビを越える荷馬車路に出てナン・シーに達するか、さもなくばトルキスタン南部を貫く本街道によってカラシャールにいたることができるかもしれないと言うことだった。

二人が話し合っている調子や、テントの床にすわって一心に燃料の糞塊を寄せ集めている様子からわたしが判断したかぎりでは、どうやら彼らは、カラシャールまで行けば、そこからタクラマカン砂漠を越えてロプ・ノールまで道案内をしてくれるモンゴル人を幾らでも見つけることができようし、ロプ・ノールにさえ達すればあとは自分たちだけでもコンロン山脈を越えてチベットにはい

カルリク・ターをはるかに望むトゥフルのキャンプ

る道を容易に見つけられると、心からそう信じているようであった。もし彼らがほんとうにそのようなコースを考えているのだとすると——と言っても、たしかにわたしは彼らの意図するところをまるきり取り違えたはずはないつもりであるが——これぞまさしく、遠い昔にあまねく知られたかの巡礼の習わしがいまもなお命脈を保っていることを示す何よりの証拠である。それかあらぬか、トルキスタンのロプ・ノール側の端には、いまでもカルムック[4]路として知られている道が残っているのである。

夜のうちに風もおさまったらしく、翌朝起きてみると、寒さだけは相変わらずであったが、すっかり穏やかな天候に戻り、われわれの左手にまるで糸で引いたようにまっすぐに続いている、カルリク・ターの雪をいただいた山の背に、数片の雲がぽっかりと浮かんでいた。万年雪の限界線のはるか下方に、うっそうとした黒い森が広がっているのが見えた。午後にはいってすぐに宿営地をたったわれわれは、二時間半ばかり歩いて、泥で作った円形や方形の屋根が立ち並ぶタグリクの埋葬地を通り過ぎ、大きな湖の見えるあたりに達した。この湖は、細長くのびた湿地性の砂州によってまん中のあたりで、二つに仕切られているようであった。隊商の人夫たちは、この二つに分かれた池をそれぞれ東および西の塩湖と呼んで済ませていたが、たしかにこの湖こそ、カルザーズ氏のあげているトゥル・コル(5)、もしくはトゥル・クルにほかならないようである。なお、この名が、トゥル・カラとか、トゥフルとか言った地名に非常に似かよっているのも、はなはだ興味深いことである。湖が見えだしたころから、道は雪におおわれ、約五時間半にわたって雪原を越えるたいへんほねのおれる行進が続いた。雪の深さはせいぜい五、六センチにすぎなかったが、それがおりからの寒さでかちかちに凍りついていたため、そこいらじゅうで足を踏み滑らしてぶざまにはいつくばるラクダが続出したのである。夕暮れ近くなると、空は雲におおわれ、冷たい霧が立ちこめはじめた。やがて夜になり、九時間以上に及ぶ長い行進を終えてわれわれが野営を張ったころには、風もまったく絶えて、星の光があたりに満ちあふれていたが、寒気だけはさすがにきびしく、しかも高地特有のひりひりするような寒さであった。そして、この夜、わたしは生まれてはじめて、吐く息が髭の上に白く凍りつくという例の名高い現象を身をもって経験したのであった。

いまわれわれがいる地点は、バルクルへ通じる山越えの道のちょうどふもとのところであった。この峠のことを、ラクダ曳きたちはス・タ・ツ・リャン(死塔子梁)、死んだモンゴル人の峠、と呼んでいた。この名の起こりは、一説によると、ある一人のモンゴル人がこの峠で凍死したことに由来すると言うことであった。だが、これには他にも説があり、要するに、「モンゴル人でさえも凍え死ぬくらい寒い峠だから」と言うだけの理由で、そう名づけられたとも言われているが、とにかく、かような言い回しによってラクダ曳きたちは、このうえない寒さと言うものを表わしたつもりなのであろう。通常、この峠は、一〇月の半ばを過ぎると、本格的な隊商の通行は不可能になると言われているのであるが、ただし、この地方に住むチャント族や、カザック族や、モンゴル人たちだけは、冬のあいだでもけっこうここを利用していると言うことである。それは、土地の者ならゆっくり待機して、雪の晴れまを狙うこともできるからであり、また大部隊のラクダではとうてい越えられないような難所でも、少人数の集団であれば苦労してでも何とか切り抜けられるからなのである。ところで、今年は、雪が降るのが例年よりも早く、しかもかなり大雪だったが、さいわい峠はまだ通行不能に陥っていないようであった。と言うのは、途中ですれ違った隊商を片端からつかまえて尋ねてみたところ、どの隊商も口をそろえて、楽に通り抜けることができたと教えてくれたのである。われわれが湖のほとりの宿営地に着いたとき、すでに五、六組の隊商が一足先に野営を張っていたが、そのうちの幾組かは三日も前からここに泊まって、天候の回復を待っていると言うことだった。空の大部分が晴れていても死んだモンゴル人の峠のあたりにだけは、たいていいつも雲がかかっており、この雲が完全になくならないかぎり、いまごろの隊商は絶対に峠を越えようとしないのである。わたしの見たかぎりでは、この峠に向かって両側から集まっている広い台地性の谷の形状が、いわばじょうご型の通風筒をなしており、そのため、峠の高さそのものは大したことがなく、わずか二一〇〇メートルほどにすぎないにもかかわらず、中央アジアの高原を吹き渡るすさまじい烈風がことごとくこの峠に集中して来るのである。

だが、われわれは、どうやら幸運に恵まれているらしく、ふもとの宿営地に着いたすぐ次の日に、はやくも山越えの旅のスタートをきることができた。それというのも、前の晩、荷を積んでいないラクダを一五頭ほど引き連れた商人が峠を越えてやって来たのに出会い、聞いてみたところ、峠の雪はせいぜい八〇センチほどの深さしかなく、しかもよく踏み固められていて、楽に通ることができると言う話だったのである。風はまったくおさまり、雲の出そうな気配もなかった。峠の隘路に通じる広い谷の部分は、強い風のためにあらかた雪が吹きとばされて地面が現われていたが、ようやく日没とともに峠の入口に達したわれわれの行く手に控えていたのは、一面に厚く雪の積もった長い平坦な道で、その向こう端は三キロばかり行ったところで急に低くなって、その先にも、同じような白雪の広野がはるかに続いているのが見えた。われわれの左手——つまり北に面した山腹——には、はるか上方の斜面に沿って、エゾ松とカラ松の深い森が広がっていた。ところが、どう言うわけか、南に面した斜面は全然樹木がはえておらず、しかもこれはこのあたりの山地に共通した奇妙な特色らしく、カルザーズ氏によっても確認されているところなのである。事実、われわれの右手に連なる丘の斜面も、黒い地膚をむき出しにした不毛の荒地で、ここを荷を積んだラクダで越えることはとうてい不可能であるとしか思われなかった。

しだいにわたしは不安な思いに駆られはじめた。と言うのも、この峠の恐ろしさについてラクダ曳きたちからいろいろ聞かされていたせいもあって、このまま進んで行くと、しまいにあの深い雪の谷に落ちこんで、雪のない地面を見つけて野営を張ることも、燃料を手に入れることもできずに――われわれと、森とのあいだには、深い雪の吹きだまりがあって、とても近づけるどころではなかったのである――二進も三進も行かなくなるのではないかと言う気がしてきた。たしかに、悪天候を恐れて数日間も待った隊商の統率者にしても、それくらいの慎重さがあるなら、いよいよ本隊のラクダを率いて峠を越える前にも、一応自分で出かけて行って道の状況を確かめて見てもよさそうなものに、そうしたてまをかけようともしない彼らの無神経ぶりには、わたしならずともあきれるのが当然であろうが、しかし、それだけならまだしも、かてて加えて、いつもいちばん風が穏やかな夜明け直後の数時間を利用して大急ぎで越えてこそ然るべきなのに、彼らはまるでゴビの広野を行進しているときのようなつもりで、日が暮れてからしごくのんびりとした足どりで、いつ何どき不意に消えて人を裏切るかもしれぬ煌々たる星明りを頼りに、深い雪に閉ざされた峠を越えようとするのにいたっては、まったくもってあいた口がふさがらないと言うものである。

いよいよ雪原の端に達したとき、わたしは一人先頭をきって雪の中に足を踏み入れた。雪の上を歩くのは、思ったよりもむずかしかった。雪の表面は、全部が全部固まっているわけではなく、固いはずの正規の道の上にも、強風によって削られた割れ目が無数にできていて、うっかり歩いているとずぶずぶと足がもぐってしまうような危険な個所がいたるところにあった。そこでわたしは、ひとまず今夜は雪原の手前で止まって雪のない地面の上に野営を張り、翌朝あらためて峠を越えることにしたほうがよいと判断したのであるが、何ぶんにも隊商の掟と言うものがあって、よくよくのことでもないかぎり、全権を握っている統率者に向かって勧告めいたことを言ってはならないとされている以上、わたしとしてもそれを言い出しかねていると、彼らはしばらく額を集めて相談し合ったあげくに、このまま思いきって山越えを敢行することに決めたのであった。一五頭のラクダを連れた三人組だって、つい昨日、彼らの言いかたによれば、「みごとにやってのけた」ばかりではないか。と言うわけで彼らは、日ごろ幸運と、困難に耐え抜く自分たちの能力を当てにすることに慣れた男特有の、向こう見ずな勇気に支えられて、敢然と冒険の旅に乗り出したのであった。

この行進に加わった隊商を全部合わせると、ラクダの数はむりょ一〇〇〇頭以上にも上る大部隊であった。周家の隊商がその先頭に立ち、わたしの雇った八頭のラクダがその後尾についた。われわれのうしろには、少なくとも三キロに及ぶ長蛇の列が続いているはずであった。誰もが、出発時に聞いた、峠は良好な気象状態であると言う報告を全面的に信頼して、それだけを頼りに歩いているのであった。どうやら峠の雪はかなり前に降ったものらしかったが、その後ほとんど毎日のように人やラクダが通ったため、はっきりとした道がついていて、そこだけは雪が堅く踏み固められてあった。ところが、二日前にわれわれをキャンプに釘づけにした例の風が、両側の山腹から雪を吹き落として、せっかく道のついた死んだモンゴル人の峠をすっかり埋めてしまったのである。しばらく行くうちに、前の日にここを通った隊商の足跡が急に見えなくなった。とすると、彼らはそこから先どうやって峠を越えたものか、わたしにははっきりわからなかったが、想像するに、彼らはわれわれと違って積み荷もなく身軽であるうえに、ラクダの数も少なく、われわれのラクダ曳きが一人で一八頭のラクダを率いるのに比べて、たった五頭を世話するだけで済むところから、おそらく、雪の吹きたまった峠の道を避けて、上の岩場づたいに通り抜けることができたのであろう。それだけではない。彼らは明るい日中に越えたのであるから、視界も格段に良かったに違いないのである。

それでも、二時間ばかりのあいだ、われわれは慎重な足どりで雪の道を突き進み、うしろに続く一〇〇〇頭を越えるラクダの列もすっかり雪の中にはいった。そのときであった。急に先を行く列が止まったかと思うと、深い吹きだまりにぶつかったと言う報告がはるか先頭の列から送られてきた。ラクダに乗った者でも七、八メートルより先へ進めないくらいで、我こそはとばかり勇敢にいどんだ徒歩の連中もたちまち腰の上あたりまでもぐってしまった。それでも、最初しばらくは、事態を収拾しようとする努力が試みられた。うしろの列からもラクダに乗った男たちがぞくぞくと集まって来て、隊の前方を右に左に歩き回って雪に埋もれた道を捜しはじめると、徒歩の人夫たちもいっしょになって、雪の中を泳ぐようにしてあちこち捜し回ったが、結局、何も見つからなかった。そうこうしているうちに、最後尾にいる隊商の統率者たちがしびれをきらしたらしく、先導役のくせに道を見失うとは何ごとだと言ってわれわれをののしりながら、列を掻き分けて前に出て来ようとした。ところが、道が狭いため、彼らの乗った矮馬はたちまち新雪の下に埋もれたもとの堅い雪道の縁を踏みはずして、吹きだまりの中にどうとはまり込んだ。すると、この騒ぎに驚いたラクダがいっせいに脇へいざりはじめ、勢いあまって柔らかい雪の中にころげ落ちるものが続出すると言ったぐあいで、二、三分もすると雪の上の混乱はまったく手のつけようのないものとなった。両側を深い雪の吹きだまりにはさまれ、野営を張る場所はおろか方向転換をする余地さえもない細い道の上で、われわれはもはや一歩も動けぬ完全な立ち往生の状態に陥ってしまったのである。そうなるのを待っていたかのように、そのとき、夜の闇の奥から冷たい風が突如として湧き起こり、それに乗って砂のようにひりひりする粗い雪が情容赦もなくわれわれの上に襲いかかって来た。こうなっては、もはや観念するよりほかなかった。

事実、一時は、浮き足立ったラクダ曳きたちのあいだに、いまにも恐慌が起こりそうな気配さえ漂ったほどであった。おそらく、このまま風が募って本格的な吹雪にでもなっていたら、それこそ彼らは何もかも放り出して逃げ去ったことであろう。だが、さいわい風もそれ以上強くならずに済んだおかげで、最悪の事態だけは免れたが、それでも腹の虫がおさまらぬ連中は、あからさまに自分たちの統率者を罵ったあげくに、あわやつかみ合いの乱闘にまで及ばんとしたことも一再ならずであった。結局、そうした暴挙にいたらずに済んだのは、列を乱しがちなラクダを制御する仕事に追われたためで、どうやら彼らも仕事に忙殺されているうちにからだが暖まって寒さもそれほど苦にならなくなったのである。それにしても、道から一歩はずれたらたちまち腹の辺まで柔らかい雪の中に没してしまう狭い谷底で、一〇〇〇頭ものラクダを、一八頭ずつ並んだ列を乱さずにそっくり方向転換させると言うのは、並みたいていの仕事ではなかった。先頭のわれわれは、うしろの列がすっかり外へ出るまでのあいだ、雪の中に立って待っていなければならず、これがまた一と苦労であった。と言うのは、待つあいだ寒さにたまりかねたラクダがとんでもない癖を出して、われわれをさんざん手こずらせたのである。一と晩じゅう、彼らは不機嫌そうに足を踏み鳴らし、その合いまにははげしく身震いして背中に積んだ荷をがたがたいわせた。わたしの乗ったラクダも、ときおり急にからだを震わせて、もう少しでわたしを振り落としそうになったことも一度ならずだった。だが、それだけならまだしも、悪天候に会うとたいていどの動物もするように、彼らは互いに相手のからだの陰に隠れようとして、数頭ずつ輪を描いてぐるぐる回りはじめ、結局最も力の強いものが他を押し除けて、いちばん暖かいまん中にもぐり込んでしまい、この争いに負けて外に押し出されたラクダは足を滑らせて、深い雪の中に次々にころげ落ちるといったぐあいで、騒ぎはますます大きくなるばかりだったのである。こうした騒ぎもさることながら、しかし、この無気味な夜を通じて最もわれわれを悩ませたのは、何あろう、ラクダの発するすさまじいまでの歯ぎしりの音だったのである。奇妙なことに、ラクダは身を凍るような寒さに襲われると、歯をかちかち鳴らす代わりに、歯ぎしりをするのである。しかも、その音たるや、尋常一様のものではなく、まるで鼓膜を針で突かれるかのような、実にかん高く鋭い音なのである。

ところで、今度の災難では、わたし自身はきわめて幸運であった。わたしだけは、とにかく、終始あまり寒い思いをしないで済んだのである。と言うのも、峠にさしかかるまでは、いつものように、歩いているときにだけ用いる古い茶色の靴をはだしの上にはいていたのを、いよいよラクダに乗って進むというときになって、フェルトの深靴にはきかえたのがさいわいしたのである。それにひきかえ、ラクダ曳きたちの中には、かなりひどく寒さに冒されたものが少なくなかった。とくにワ・ワはひどくやられ、われわれのそばに置いておくわけにもゆかなくなったので、眉毛まで凍らせたみじめな姿のままただちに後方に送り返して、最初に野営を張るはずの隊商のもとで休ませてやらなければならなかった。それほどひどくなくても、指や足の先に軽い凍傷を起こした程度の者もほかに何人かあった。待っているあいだ、わたしはからだが凍えるのを防ぐために、ときおり深い雪をかき分けながらラクダの列のあいだを行ったり来たりして、後退作業の進捗ぐあいを調べて回った。そして、それにあきると今度は、ほの明りをすかしてあたりの様子をうかがうには最適の場所であるわたしのラクダの背に乗って、そこから高みの見物としゃれこんだ。雪の中にしゃがんでいれば、もちろん、ラクダの上にいるよりは風が当たらなくて凌ぎやすいのであるが、ただ、そこにいると、押し合いを演じているラクダがころげ落ちて来て、いつ何どきその場から追い立てられるかわからないため、ゆっくり見物をしているどころではなかったのである。

当然のことながら、最も長いあいだ雪の中にとどまってひどい目に会ったのは、先頭にいた周家の隊商と、それにわたしの雇った八頭のラクダであった。文字どおりそれは精も根も尽き果てるような一寸刻みの後退であった。われわれのすぐ前を行く隊商——つまり、さっきまではすぐうしろに続いていた組であるが——が、深みに落ちたラクダを引き上げるために、積み荷を三個ほど雪の中に放り棄てた。そのうちに、ラクダにつき添っていた二人の人夫が、おそらく長時間に及ぶ過労のために神経がいら立っていたのであろう、とつぜん、はげしいつかみ合いの喧嘩をはじめた。むしり取られた髪の毛や鮮血が回りの雪の上に飛び散るほどのすさまじい格闘だった。それを見たほかの者たちがあわてて駆けつけて来て、二人を分けた。そうでもしなければ、近くにいる疲れたラクダがおびえて、またもやどんな混乱をひき起こすか知れなかったからであり、実際、この騒ぎのおかげで、われわれのところでも、疲れきった一人のラクダ曳きが、仲間に援助を乞う代わりに、横柄な調子で手を貸せと要求したのがきっかけとなって、もう少しで全員入り乱れての乱闘がはじまるところだったのである。それに、一時は、道を踏みはずして左右の深雪に落ち込むラクダがおびただしい数に上って、まったく手の施しようもないほどであったが、それでもあきらめずに雪を掘って、落ちたラクダを押したり引いたり、果ては猛烈に鞭打ったりしたかいがあって、相当数の積み荷を一と晩雪の中に残すはめにはなったものの、どうにかほとんど全部のラクダを助けだすことができた。わたしの雇ったラクダも、一頭が深い窪みに滑り落ちたが、まったく運のよいことに、落ちたところが踏み固めた雪道のすぐ近くだったので、背中の荷を下ろしてから道の上に引っぱり上げ、そこでもう一度荷を積み直すことができた。こうして言語に絶する苦労を重ねたあげく、峠の入口をはいってから一〇時間後に、われわれは疲れきった足を引きずるようにしてやっと雪原の外に出て、最初に見つけた平らな雪のない空地に野営した――と言えば、りっぱに聞こえるが、実際には、ラクダ曳きたちの言い草ではないが、ばったりと倒れ込んだのであった。結局、最後に調べたところでは、死んだモンゴル人の峠に対するわれわれの貸しは、雪の中にばらまいてきた多数の積み荷と、それに周家のラクダ二頭がそのすべてであった。

宿営したのは三時半ごろだった。六時には早くも起き出して、谷を下ったもっと安全な地域へ移動するために、荷を積む仕事にとりかかった。だが、肝心のラクダはいずれも足腰が立たぬくらい疲れきっていて、わたしの雇ったラクダのうちの一頭などは、みなで手を貸して起き上がらせなければならないほどであった。わたし自身も、やはりからだのしんまでくたくたになっていたが、周家のシェン・ションが昨日峠に残してきた二頭のラクダの様子を調べに行くと言うので、それについて再び峠に引き返すことにした。やがて、峠の平坦な部分に通じる小高い隆起部の頂に着いて前方をながめ渡したわたしは、昨夜のほの暗い明りの下ではあまりよくわからなかったのであるが、こんな悪名高い峠を、下見もせずに、いや、そればかりか、明るい昼間の時間を選ぼうともせずに、ただやみくもに越えようとした隊商の統率者たちの判断がいかに軽率であったかと言うことにはじめて気がついて、慄然となった。これでは、ラクダ曳きたちが、一と昔前の統率者に比べられるような人物は今日の隊商には一人もいないと言って嘆くのも、当然であった。とにかく、峠の入口から奥は、見渡すかぎりの雪で、はるか前方にほとんど平坦に見える谷が続いており、それを下りきると、さらに低い平地が延々と広がって、その果てははるか下方に見える地平線にまで白一色のまま連なっていたのである。

問題のラクダを見つけて調べたところ、一頭はまったく助かる見込みのないことがすぐにわかったが、他の一頭はまだ何とか手の施しようがありそうだったので、それから一時間あまりもかけてあれこれと手を尽くしてみた。起き上がらせる際に足もとが滑らないように、膝や腰の下にフェルト（昨夜、このラクダをあとに残して来るときに、幾らかでも寒気を防げたらと思って、これをからだの上にすっぽりと掛けておいてやったのである）を敷いたらどうだろうか、とわたしが提案すると、シェン・ションはそれがたいそう気に入ったらしく、まるで子供のように大喜びで賛成した。これがなかなかたいへんな仕事で、雪をかき分けてやっと敷き終わったときには二人ともうっすらと汗をかいていたほどであったが、こうして準備が整ってから、まずわたしが片方の手でラクダの鼻綱をぐいぐいと引いて相手の気力を呼びさましておいて、そのあいだにありったけの力を振りしぼってラクダの肩のあたりを持ち上げ、それに合わせてシェン・ションも、尻尾をつかんで、勇ましい掛け声とともに引っぱったりねじったりしてラクダをせき立てた。そのかいあって、ラクダは威勢よくもがきながらみごとに起き上がった。すぐにわれわれは助けたラクダを曳いて慎重に歩き出したのであるが、四〇〇メートルも進んだかと思うと、凍った雪に足を滑らせて、またもやラクダはべったりとはいつくばってしまった。そして、それっきり、もう助からないものとかってに決め込んでしまったらしく、老シェン・ションが熱のこもった激励の言葉を浴びせながら懸命になって叩いたり引いたりしたにもかかわらず、二度と自分から起き上がろうとしなかった。「ええい、腰抜けの――め！」とシェン・ションはついにあきらめて叫んだ。「おまえにゃ、年寄りのために働いてやろうって気はねえのかい、え、おい。まったく恩知らずな、この糞餓鬼め！　そんなら、さっさとオオカミにでも食われてしまえ、おまえみたいな――は！」と、最後に、かの全能のジョンソン博士によって、「船乗りのあいだで用いられる親愛の言葉」と定義された、例の一語を吐き捨てて、彼はラクダに別れを告げた。人間を餓鬼と呼ぶのは、まずたいていは、相手を侮辱するためと見てさしつかえないようである。なぜなら、先祖と言うものは常にコゥ・トウ（叩頭）の礼をもってあがめなければならないものであり、したがって、相手を餓鬼と呼べば、呼んだほうはつまり親と言うことになり、当然相手はこれに平身低頭しなければならないと言う理屈になるからである。しかも、これは人間だけに対する悪態ではなくて、おそらく、今度の場合のように、半ば冗談にではあるが、ラクダをののしる言葉としても用いることができるのであろう。

峠を出てキャンプに戻る途中で、われわれは最初に通りかかったテントに立ち寄って、飲食のもてなしを受けた。たまたま、そのテントには、実に堂々たる体格のカザック族の老人が居合わせたが、何でも、キツネの毛皮を物々交換するために訪ねて来たとか言うことであった。キツネを捕えるのに使ったキンワシも連れていたが――これがまた、背丈が八〇センチほどもある実にりっぱな鳥で、金色の羽根飾りのついた頭をじっと構えた姿には、いかめしさの中にもどことなく人なつっこさを感じさせるものがあった。ところで、この谷から分かれて少し奥へはいったところに、カザック族の野営地があると言うことであったが――そこにいるのはいずれも狩猟を業とする者たちで、カザック本来の居住地を抜け出して、ここに彼らだけの新しい部落を作るために集まったらしいのである。もともと、カザック族の住民はバル・クル山脈の南側に出ることを禁じられているうえに、クムルのハンの領有地のうちでもとくに境界のはっきりしている地域にはいっさい立ち入ってはならないことになっているのであるが、なにぶんにもメチン・オーラ山脈と言うのは、バル・クルとカルリク・ターの両山脈の側面に張り出していて、外側の砂漠からも容易に近づくことができる関係上、バル・クルの山地からやって来るシナ人の家畜商人にも、丘陵地に住むトルコ人の羊飼いにも、またカザックの遊牧民にとっても、きわめて都合のよい会合点になっているのである。こうした接触においては、カザック人も、このあたりの山地を放牧地として利用しているこれらのシナ人やトルコ人に対して、常に友好的な態度で臨むことを心がけているが、それ以外の場合、たとえば通りがかりの隊商などが相手だと、彼らがこれと言った地方当局の庇護を受けていないのをよいことにして、ことごとに不正な利得をせしめようと狙うのが常で、機会さえあれば盗みを働くことさえあえて辞さないと言った、まことに油断のならない悪党に早変わりするのである。

午後になって、またもや風が吹きはじめた。しかも、それは昨夜の風よりもはるかに勢いがすさまじく、その後二日二晩にわたって吹き続け、おかげでわれわれはテントの中に閉じ込められたまま、移動することもできずに、募り来る寒さにただ震えているばかりだった。燃料と言えば、ただわずかに貧弱な灌木の根が数本と、湖の岸で採った枯れアシと、古い宿営地で集めたラクダの糞と、それに、夏の放牧地に落ちていたのを拾い集めた牛の糞が少しばかりあるきりで、しかも地面が凍って湿りけをたっぷり含んでいるため、どの燃料も火つきが悪くて、満足に暖をとることもできなかった。ふだんなら家畜の糞は燃料としてまったく申しぶんないのであるが、ただしそれも冬の風が吹きはじめるまでの話で、本格的な冬にはいってしまうとたいていの燃料は役に立たず、ただわずかにぎょりゅうの枝だけが、きびしい寒気をどうにか防ぎ止めてくれるにすぎないのである。

悪天候にもかかわらず、カザックの男たちは山を下りて、われわれのところに羊を売りにやって来た——それは、カザック特有の、尻尾の太い非常に大きな羊で、わたしもかねて話には聞いていたが、実際に見るのは今度がはじめてであった。おかげで、われわれはブラッド・ソーセージと称する珍しい料理をたらふく食べることができた。これは、もっぱら冬の季節に喜ばれる料理で、材料は、裏側に脂肪の層がついたままの新鮮な腸が用いられ、これにいった小麦粉と羊の血で作ったプディングを詰めるのである。このほかにも、われわれはユ・チァ(油茶)、つまり《脂肪の茶》と称するものも作ったが、これは、実はラクダ曳きたちがかなり前から早く飲ませろと言って催促していたものなのである。隊商のしきたりによれば、ラクダ曳きがユ・チァを要求することができるのは、二つの場合に限られている。その一つは、厳寒の季節が近くなってそろそろテントにフェルトの裏を縫いつけようとするときである。ところが、周家の隊商では、暇なうちにやっておこうと言うわけで、暖かい拐子湖のあたりをのんびり旅しているあいだにすっかりこの仕事を済ませてしまったのに、ラクダ曳きたちはいまだに肝心のユ・チァにありつけなかったのである。一方、わたしはと言うと、まさかそんなにフェルトがいるとは知らず、手持ちの分ではとてもわたしのテント全体に裏をつけることなどできなかった。次に二番めの、しかもこれだけは絶対にはぐらかすことができないとされているのは、いよいよ寒気がきびしくなって、ラクダを幾らかでも寒さから守ってやるために一と晩じゅう鞍をつけたままにしておいてやるようになったときである。これまでにもすでにわれわれは、一時的に冷え込んだりするとそのつどこうした処置をとったこともあり、トゥフルをたってからはほとんど毎晩のようにそうしていたのである。したがって、もうそろそろユ・チァを飲んでもよいころであり、事実、数あるモンゴルの珍味のうちでも最も愛すべきこの飲み物を作ってしかるべき条件はすべてそろっているはずであった。これの材料は、羊脂と、それに鉄板かシャベルの上でいった小麦粉で、これをよく煉って大きなかたまりにして保存し、いつでも欲しいときに出して使うのである。いったん作ってしまえば、あとはただそのつどかたまりを椀の中に入れて、上から熱い茶を注ぐだけですぐに飲めるので、厳寒期の飲み物としてこれほどけっこうなものはなく、ラクダ曳きたちはたいていまず午前中に一杯飲んで元気をつけ、一日の旅が終わるとすぐにまた飲むと言ったぐあいで、これなしでは片ときも過ごせないと言ってもけっして過言ではないのである。たしかに、これは正真正銘の活力増進剤であり、どんなに寒いときでもこれを一と口飲めばたちまちからだが暖まって元気が湧いてくること請け合いである。シナ人たちは、しもやけにかかったときにもやはりすぐにこれを飲むことにしているようである。凍傷にかかった足をたき火のそばに近づけてはいけないが、内側から暖めるのは何らさしつかえなく、その際最も早く患部にきくのがほかならぬこのユ・チァである、と言うのが彼らの説明であった。

死んだモンゴル人の峠から敗退してふもとの宿営地に閉じ込められていた数日間は、文字どおり小田原評定に明け暮れる毎日であった。これほど大ぜいの隊商がそろっていながら、これからどうしたらよいかについて、誰一人これと言った名案を思いつけず、まったくの五里霧中だったのである。その中にあってただ一人の例外は、周家の隊商の統率者で、彼だけは、あんな峠を越えるのはこんりんざいご免こうむるときっぱり言い放ったのであるが、どうやら、彼がこんな気になったのは部下のラクダ曳きたちから突き上げられたせいらしく、何でも周家のテントでは、みなが口をそろえて、今度あのような目に会ったら、他人のラクダを助けるために自分までが凍死するような危険は絶対に冒さないつもりだ、と彼に宣言したとか言うことであった。だが、こうした状勢が続くうちに、急に叡知の声に耳を傾ける気になったらしい数人の統率者が、通り抜ける道を捜しにラクダに乗って峠に上って行った。彼らが戻って来ての報告によると、たしかに、雪の吹きだまりの中を越える道がついていて、昼間なら迷わずに通れそうであり、現に彼らはその道に沿って三キロほども奥へ進んでみたが、空模様が怪しくなって風さえ出てきたので、途中で逃げ帰って来たと言うのであった。探索に出かけた連中はいずれも、あのひどい目に会った晩には最後尾にいて難を免れた隊商の統率者であった。そのせいか、彼らはまだまだ一と奮闘するだけの余力を残しており、そのつもりになれば峠を越えることぐらい朝飯前だと本気で信じているようだった。わたし自身は、バルクルを見ずに終わるのはかえすがえすも残念でならなかったが、この際むりをせずにわが周氏といっしょに潔く引き返すことに決めた。わたしとしては、彼らのような中途半端な調査の結果に信をおくわけにはゆかなかった。連中が雪原の端まで行って確かめたのならまだしも、そうでないとすれば、その先に彼らの眼にはふれなかった別の吹きだまりがあるかもしれないし、小やみない風がまた新たに雪を吹き落としたと言うことも充分考えられるではないか。それに、わたしの八頭のラクダもすっかり参ってしまっており、おそらくこのままもう一と晩厳寒にさらしたら助からないかもしれないほど弱っていた。日没から夜明けまで長時間にわたって冷たい外気に当たっているのがよほどこたえるらしく、苛酷をきわめたカラ・ゴビの旅でさえ、この数日間の著しい衰弱ぶりに比べるとものの数ではなかった。それに、たとえ無事にトゥル・コルにたどり着いたところで——とくに、冬のさ中であってみれば——弱ったラクダがわずか二、三日の休養で元気を回復するとはとうてい考えられなかった。とにかく、ラクダの餌になりそうなものと言えば、そこここに固まってはえているひょろ長い枯れたチー・チ草ぐらいのもので、これではほとんど腹の足しになりそうにもなく、またたとえ牧草らしい牧草がたまに見つかったにしても、ほとんどすべてとうの昔に羊によって短く食いちぎられてしまっていたのである。そのため、腹をすかしたラクダの群れは、ほとんど一日じゅう、風に押されるままにただむなしく歩き回るばかりで、ほんのわずかずつではあるが、彼らが日ごとに痩せ衰えてゆくのは誰の目にも明らかであった。

わたしが提案した今度のコースと言うのは、現在われわれのいる山地を出てもう一度ゴビに戻り、山脈のふもとをめぐる遠回りの道を通ってグチェン・ツに達する、わりに楽な道順であったが、もともとこれが、冬季の通行路として一般にも認められていたのである。もちろん、この道にも、トゥル・コルの東端に峠が一つあるにはあったが、このほうはしごくわかりやすく、それにおそらく、それほどけわしい道でもないようであった。だが、ラクダ曳きたちはみな氷や未知の雪原を恐れて、わたしの案にあまり気乗りを示さなかった。わたしとしても、われわれの中にこの峠の地理を知った者が一人もいないことでもあり、それに何と言っても、一応かってを知っていたはずの死んだモンゴル人の峠で、あれほどみじめな敗北を喫した直後であってみれば、さすがに彼らの反対をしりぞけてまで自説を押し通すわけにはゆかなかった。わたしの雇ったラクダ曳きも、ふだんあれほど大口をたたいていたのに似合わず、すっかり意気消沈の態であった。と言うのも、彼自身この付近の地理にまったく通じていないところへもってきて、案内人を見つける当てさえもなかったからであった。物々交換にやって来たカザック族の男たちに道案内を頼もうとして、数組の隊商がためしに交渉してみたところ、彼らのほうでは羊の取引きにばかり夢中になっていて、それ以外の話にはてんで耳を貸そうとしなかった。それもそのはず、難渋している隊商こそ、彼らにとってはまさに願ってもないけっこうな相手なのである。隊商の落とし物にありつけるのもこうしたときであり、事実、すでに彼らはかってに割り込んで来て、われわれが雪の中に棄てた二頭のラクダのうち助かりそうなほうのラクダをさらって行ってしまったのであるが、あれほど弱っていたラクダを連れ去ったとすれば、おそらく、自分たちのラクダを数頭使って、雪の中から引きずり出すと言う方法を用いたのであろう。わたしも、この方法を試してみてはどうかと周家の連中に熱心に勧めてみたのであるが、なにぶんにも彼らの統率者はまったく歯がゆいばかりの小心者で、機嫌の悪い部下のラクダ曳きたちの反対を恐れるあまり、何の手も打とうとしなかった。

かくして、この峠をあきらめて転進するとすれば、一応トゥフルまで戻るよりほかなかった。そうと見きわめると、すぐにわれわれは宿営地をたって、雄大ではあるが冷酷無情な死んだモンゴル人の峠に通じる峡谷を、往路とはうって変わって足どりも重くすごすごと引き返し、二日後により優しいトゥフルの谷にたどり着いた。一方、他の隊商は依然としてトゥル・コルのほとりに踏みとどまった。天候の回復を待つつもりのようであったが、彼らのことであるから、誰もが先頭に立つのをいやがって、互いに順番を譲り合いながらむだに時を費やしているに違いなかった。まことにうかつな話であるが、ここ数日間のできごとについてわたしは、はっきりした日づけはおろか、おおよその日数すらもよく覚えていないのである。それと言うのも、今度の失敗で意気阻喪したあまり、筆をとる気力もなく、しばらく前から日記をつけるのをすっかり怠っていたからだった。トゥフルの少し手前で、われわれは二組の小さな隊商に合流した。彼らもやはり、われわれと前後して峠から引き返して来たのであった。こうしてやっとなつかしい谷にたどり着くことができたものの、人もラクダも疲れ果てて、かなりみじめな状態であった。モーゼが足首をくじいて歩けなくなったのをはじめ、わたしの雇ったラクダも二頭までがひどく参ってしまい、とくに周家の三頭のラクダのごときは、文字どおり息絶えだえの状態で、とても回復する見込みがなく、土地のラクダと交換するよりほかなかった。トゥフルに滞在しているあいだに、わたしは暇にまかせて二日ほどチューコールを撃ちに出かけたり、羽音もすさまじく空を飛び回っているおびただしいハトの大群をながめたりして過ごした。このハトだけは、わたしは一羽も撃たなかった。と言うのは、トルコ人たちがこれを、神聖視とまではゆかなくとも、ある程度それに似た特別扱いをして、殺生を禁じていたのである。それにしても、わずか一〇〇人にも満たない住民が耕している小さな畑で、どうしてこんなにたくさんのハトを養えるのか、不思議と言えばたしかに不思議であった。このほかにも、川のほとりで冬を越すカモを二、三羽見かけたが、なかなか用心深くてわたしなどにはとても仕止められそうになかった。

谷にいるあいだに、われわれは少しばかり食糧を買い込んだが、そのほとんどが珍味佳肴の類ばかりだった。

中でもとくにわたしの気に入ったのは、タマネギであった――それは、普通のタマネギと違って、刺激もあまり強くない、幾らか甘味のあるスペイン・タマネギの一種らしく、西域のシナ人たちはこれのことをピ・ヤ（皮芽）と呼んでいたが、言葉の感じからして、おそらくこれはトルコ語からそのまま取った呼び名のようであった。わたしの知るかぎりでは、シナ本土においてはこの種のタマネギは栽培されていないはずであり、トルキスタン地方に産するものでも当地の原産ではなくて、たぶんロシヤあたりから移植された品種に違いなかった。とにかく、帰化をたつときに袋にいっぱい詰めて来たニンニクが寒さのためにすっかりだめになってしまった現在、わたしにとってはこのタマネギが唯一の新鮮な野菜だった。ニンニクは、いったん凍ると、あとで再びとけても黄色く変色して、固有の風味をすっかり失ってしまうのが難点とされているのであるが、さいわいタマネギは寒さに強く、冬のあいだでも常に新鮮な味を保てるのである。わたしの買物には、このタマネギのほかに、干したメロンの皮もあった。これは、当地特産の有名な珍味であり、主に山脈を隔てたハミのあたりで作られるのである。トルキスタンのオアシス地帯は、著しく乾燥した高温の気候に恵まれているため、メロンを細長く切って天日に干しておくと、腐る暇もないうちにすっかり乾いて保存がきくようになる。そのあと、乾いた皮をリボンのような形に編み上げ、それを十字に組んだ二本の木の枝に螺旋状に巻きつけて、平べったい円形のかたまりにすればでき上がりである。

トゥフルから出るには、通常三つのコースが考えられ、そのうち二つは常設の道であるが、他の一つは、はっきりした道筋のない危険な間道であった。第一の道をとると、先にわれわれがはじめてこの谷にはいったときと同じ、白楊の川に沿ったコースによってもと来た方向へ引き返すことになるのであるが、これではせっかく西に向かって進んでいたのをやめて東に逆戻りするわけで、たっぷり二行程分の旅がむだになってしまう計算であった。もう一つの道は、トゥフルから川沿いに流れの方向に向かって下るコースで途中狭い峡谷を通り抜けてから砂漠に出られるはずであった。だが、聞くところによると、この峡谷は四季を通じて通行がきわめて困難であり、とくにいまのような季節には、流れの岸が結氷しているため、これを無事に越えることはまず不可能にちかいとのことであった。そうなれば、われわれとしてはいやでも新しい第三のコースである間道を選ばざるをえないわけで、結局、案内人を雇って、一路西に向かってこの谷を抜け、まっすぐにメチン・オーラ山脈を越えようと言うことに話が決まった。かくして、わたしの計算にまちがいがなければたしか一一月一六日のはずであるが、その日にようやくわれわれは、長い停滞に終止符を打って、新しい旅に出発したのであった。

(1) シナ語のツ・フ・ルは、「禿げた瓢箪」と言う意味で、「つるつるに禿げた」男を指して呼ぶ俗名である。数か月後に、モーゼがウルムチに住むさるやんごとなき外国人に仕えるやんごとなき召使頭と話していたときのこと、召使頭は旅の途上でどんな珍しい物をごらんになられたかとモーゼに尋ねた。と、モーゼは即座に、「ツフルです」と熱をこめて答えたそうであるが、そうしたらたちまち、召使たちの部屋に気まずい空気が立ちこめたと言うのである。それもそのはず、このやんごとなき召使頭と言うのが、つるつるの禿げ頭だったからで、そのあと、気を悪くした召使頭をなだめたり、やんやとはやし立てる部下の召使たちを静めたりするのに、さすがのモーゼもありったけの手を使わなければならなかったと言うことである。

(2) 『アジアの鼓動』

(3) 『未知の国モンゴル』

(4) エルズワース・ハンティントン『アジアの鼓動』これについて、彼は次のように説明している。「トゥル・クルの東端にある湖沼からとった水を分析したところ、三四パーセントの塩分を含有していることがわかった。ちなみに、死海――『世界中の主な湖のうちで最も塩辛い湖』――の水はわずか二五パーセントにすぎないのである。」

(5) 寒暖計でこの水の沸点を調べてみると、湖の標高は海面と同じ高さと言う結果が出たが、後に数キロ東へ寄った地点で真水を見つけて――それまで、地上に湧き出した真水には全然出会わなかったのである――測り直すに及んで、やっとわれわれは沸点による正しい標高の測りかたがわかった。」それに従って、彼はここの標高を一九一五メートルと決定した。『未知の国モンゴル』

18　再び砂漠へ

トゥフルからわれわれ一行の道案内をしてくれた男と言うのは、いわゆる一攫千金の夢をはらみ、幸運と失敗が互いにひしめき合う伝説の国西域に魅入られた男を地で行くような人物であった。サン・タン・フ（三段湖）に近い辺境のシナ人定植地に農夫の子として生まれた彼は、幼いころからモンゴル語とトルコ語をかなり自由にあやつることができるようになっていた。砂漠に接した辺境地での気ままな生活は、いつしかこの男から額に汗して農耕に励む祖先伝来の情熱を失わせたが、加うるに、生まれてこのかたほとんどモンゴル人と変わらぬ環境に育ったことが、やがて彼をしてひと思いに畑を捨て、馬に乗って各地を渡り歩く行商人の生活に身を投ぜしめるにいたった。それは、モンゴル人と、奥地のシナ人やトルコ人の保有地とのあいだをあまねく訪ね歩いて、幾らかでも儲けになりそうな物なら何でも商うと言った、まことに抜け目のない処世なのである。この仕事が当たって、またたくまに彼は財を築き――それと言うのも、主に矮馬を買ったり盗んだりして儲けたせいに違いない、と陰口をたたく者もいると言うことであったが――やがて故郷に錦を飾って、当定植地における最大の地主となる一方、手広く商売を営んで、二〇〇頭のラクダからなる隊商を擁して、自ら帰化とグチェン・ツのあいだの商品輸送に携わることになった。彼が繁栄の絶頂に達したのは、外モンゴルにおける紛争によってシナ当局が羊腸路の開設を迫られたころのことらしく、事実、彼はこの新しい貿易路を拓《ひら》くに当たっても、とくにめざましい功績のあった一人だったのである。行商人をしていた昔の知識がさいわいして、彼はラクダ曳きたちのいわゆる《踏み固める》役を委託され、野バラの泉から無人境をへてにせラマ僧の家にいたる羊腸の道の各行程を、はじめて今日のような形に整えたのであるが――もちろん、こうした功労に対する報酬として彼が受け取った金が莫大なものであったことは想像に難くないが、それがすでに伝説と化した今日では、まったく途方もない金額に誇張されて語り伝えられているのである。

しかし、ほかならぬ、彼に繁栄をもたらしたこの貿易路が、皮肉なことに、最後には彼を破滅させる因にもなった。羊腸路の開設を機に、彼はいままで自分で指揮していた隊商を統率者に任せ、彼自身は故郷の家に隠居して、これまでに築き上げた名声と富の上にあぐらをかいて、のんびりアヘンを喫って暮らすことに決めた。ところが、羊腸の道を隊商が利用するようになった最初の数年間と言うものは、どの統率者もこの道の状況に関する知識をろくに持ち合わせていなかったため、途中で失うラクダは実におびただしい数に上り、隊商貿易においていまだ前例のないほどの損害をしいられたのである。彼の隊商も、その例に洩れず、最初の数回の旅で壊滅的な打撃を蒙り、そのたびに失った分を補充するために彼が買い入れたラクダも、次々に捨てられて行った。かくして、さしもの富もついに底を突くときが来たが、すでに彼はアヘンに溺れきっていてとうてい再起を望むべくもなかった。たちまち、一家は貧困のどん底に突き落とされ、息子たちはみな、かつては父の所有地であった畑で農奴として働くことになったが、そうしたみじめな家族を見棄てて、彼自身ははるばるトゥフルの地にまで逃げのびたのであった。トゥフルを選んだのは、もともとここがハミのハンの統治下に置かれているので、まさか債権者たちもここまで追って来ることはできまいとにらんだからであった。それ以来、彼はここに住んで、この谷を治めるトルコ人の首長おかかえの獣医として矮馬やラクダの治療をしたり、ハンの所有する矮馬の世話をしたりしてどうにか口を糊してきたらしいのである。こんなに落ちぶれはしたが、いまに一旗揚げてみせると言うのが彼の口癖であったが、すでに骨の髄までアヘンの毒に侵されてしまっているこの男に、そのような殊勝な決心が長続きするはずもなかった。それでも、無一文の男にしては珍しく、連れている矮馬だけはだく足を踏めるすばらしくりっぱな矮馬であった。「あれを見ろ、すっかり西の国の人間になりきってしまってるぜ！」とラクダ曳きたちは陰口をたたいた。「着てるものといやあ、ぼろ同然だし、食うや食わずで腹ぺこのくせに——矮馬だけは飛びきり上等のやつでなくちゃならんてんだからな、糞野郎め！」かくのごとく、かつては大いなる貿易路の開拓に力を尽くし、報酬として莫大な銀を贈られたこともありながら、いまはたった銀一ドルと、磚茶のかたまり二つと、それにタバコの包み三個と引き換えに、喜んでわれわれの道案内を買って出るまでに落ちぶれ果てた男の、これがそのみじめな姿だったのである。

この男に案内されて、われわれは山腹に沿った短い険阻な谷づたいにトゥフルから、メチン・オーラ山麓の丘陵帯に出て、そこからさらに山麓丘陵群のそのまたふもとに連なる低い丘塊のあいだを縫って進んだ。こうして、起伏に富む高原地帯をかなり長い時間歩いてから、山麓を縁どるなだらかな台地状の丘を見つけて、そこに野営を張った。翌朝、明るくなってから案内人に教えられてはるか前方をながめると、われわれの進路を真一文字に横切っている広大な谷が見えた。どうやらこれは、さきにわれわれがトゥル・コルの東端を通ったときに見た例の峠から下ってきているもののようであった。だが、われわれはこの谷を下りてゴビ砂漠に出るコースをとらずに、このまま谷を横断して、すぐ向こう側にそびえる高い山なみを越えてから、その先に連なる大きな谷を下りて砂漠に出ることにしたのであるが、これだと山の側面を一直線に抜けるかたちになり、たっぷり二行程分の旅が節約されるはずであった。そこまで指示を与えてから、案内人はわれわれに別れを告げて帰って行った。ところが、別れる前に詳しい方角を教えてもらったはずなのに、どうしたわけか、やがてわれわれだけでけわしい丘のあいだを進んで行くうちに、すっかり道がわからなくなってしまった。谷の向こう側にそびえる山稜は輪郭もきわめて単純であり、宿営地からながめたときには、われわれが越える予定の尾根のくびれもはっきりと見えたので、まさか道に迷うことはあるまいと高をくくっていたのがいけなかったのか、谷の向かい側に広がるゆるやかな山腹を額に汗しながら上って行くあいだに、あたりの小高い丘が例の割れ目を隠してしまい、やむなく当てずっぽうに歩いてどうにか砂漠に通じる谷にはいるにははいったものの、幾条にも分かれた谷のどの支脈をたどったらよいかもわからずに、あらぬ方向に進んでしまったのである。真夜中ちかく、たまたま丘の頂とおぼしきところに出たわれわれは、ふと前方を見やると、少なくとも七〇度はあろうかと言う急斜面の縁に立っていることに気がついた。星明りに誇張されて、それはほとんど垂直に切り立った崖としてわれわれの眼に映った。かく相成ってはもはや進むも退くもならず、息の詰まるような狭い谷間に、少なくとも一キロ半にわたって荷をまき散らしたまま、てんでんばらばらに野営を張るよりほかなかった。

　朝になって、やっとあたりの地形がはっきりした。何とわれわれは、メチン・オーラの中心部の山塊からまっすぐにのびた雄大な山稜にまともにまたがるような位置に来ていたのであった。ここから東南の方向には、山の陰になってわれわれには見えないが、たしか砂漠のすぐ手前のあたりに、トゥフルの谷を流れる川が外壁の丘陵帯を抜けて外に出る峡谷があり、ウェイ・ツ・シァ（葦子下）――すなわち、下のアシ原、またはアシの窪地――と呼ばれる小さなオアシスができているはずであった。川の水はそこから地下にもぐって、ゆるやかに傾斜した砂漠の底を流れ下るのであるが、斜面を下りきった[1]ところで再び地表に湧き出して、ラオ・マオ・フ（潦茅湖）と称する第二のオアシスを作っており、われわれのいるところからも、このオアシスをかすかに望み見ることができた。この二つのオアシスはカルザーズの地図にも記されているが、そこでは、それぞれアダクおよびノムと言うトルコ語の名が用いられていた。

　案内人がわれわれに教えてくれた、例の砂漠に通じる大きな谷と言うのは、いま見ると、われわれのすぐ前方を真横に走っており、まるで都大路のような広々とした平坦な道がゴビの荒野にまで続いていた。ところが、そうと知っても、ラクダ曳きたちはいっこうに先へ進もうとしなかった。死んだモンゴル人の峠での惨敗がまだ記憶になまなましいところへもってきて、いままた乾ききった山中で道に迷ったとあって、一時おさまっていた彼らの恐怖と不信が再びどっとぶり返したのである。前日に越えたもう一つの大きな谷に引き返して、そこからウェイ・ツ・シァに出ることにしろ、と彼らは口々に要求して譲らなかった。そこまで行けば、ラクダに水を飲ませることもできるし、われわれもゆっくり腰をすえて、我が身の不運に対処する方策を練ることもできようと言うわけであった。だが、彼らの言うとおりにしたら、少なくとも三日の遅れが出ることは目に見えており、わたしとしてはとても承服しかねることであった。そこで、彼らの相談がまだはっきりまとまらないうちに、わたしはトゥフルの手前でわれわれに合流した二組の隊商の一方の統率者に話を持ちかけた。誰もが浮き足立っている中で、この男だけがどうにか分別を保っていると、わたしは睨んだのである。そして、さっそく彼に、昨夜われわれが道をまちがえた地点を調べに行ってもらった。そのあいだにわたしのほうは、谷へ下りる山あいの道を捜し当てようと思って、尾根づたいに先へ行ってみることにした。八〇〇メートルほど進んだころであろうか、急に目の前に切り立った傾斜面が現われた。はうようにしてこの急斜面を滑り下りたわたしは、そこからまっすぐに大きな谷に出る道が通じているのに気がついた。さっそくそのことを知らせるべく、峡谷の反対側の斜面を駆け下りてみなのところへ引き返す途中で、探索に出かけた統率者に出会った。彼も、二つの谷が分かれる地点を発見したと言うことだった。宿営地に戻ったわれわれから話を聞いて、ラクダ曳きたちもどうやら気をとり直し、とにかくもう一度だけやってみようと言うことに相談がまとまった。周家の統率者は、昨夜先頭に立って一行を引率したかいもなくみなを道に迷わせてしまったおかげで、すっかり《面子》を失い、おまけに勇気までも失ったらしく、われわれが相談しているあいだもずっとテントに引きこもって、ラクダ曳きたちがあからさまに彼をののしっているのを聞きながら、顔を上げることもできずにひっそりと寝たきりであった。そして、この日を境に、彼はすっかりふさぎ込んでしまい、必要最少限のこと以外は、ほとんど誰とも口をきかなくなった。

けわしい丘陵地帯をここまで上って来る途中で、わたしは石を積み上げた羊の囲いが幾つかかたまって建っているのを見かけた。これから察するに、カザック族の住民は、冬のあいだ、山の雪が遠くにまで広がって来るにつれて、しだいにキャンプを移動して、最後にはメチン・オーラ山脈の外縁をなすこのあたりにまでやってくるに違いなかった。事実、この付近には、《白草》と称する牧草が小さい房をなしてかなり豊富にはえていた。だが、水に恵まれていないこの地域はもともと羊の放牧には不向きであり、ただわずかに、羊の喉を潤すほどにたっぷりと雪が積もるごく短い期間に限って、これらの牧草を利用できるにすぎないのである。わたしには、ここが野生の獣の棲息に最適の土地であるように思われたが、実際にそれを立証するようなものに出会ったのは、野生のヤギの大きな角がたった一つで、しかもそれでさえもかなり古いものらしく、すでにぼろぼろに腐っていた。だが、トゥフルで聞いた話によると、山麓の比較的高い丘陵に降る雪が最も深くなる時期には、そのふもとの低い丘陵地帯は野生の羊の格好のすみかになると言うことであった。

われわれのいる狭い峡谷に全部のラクダを並べて、これに荷を積んで行くのは並みたいていの苦労ではなかったが、やっとそれも終わって、いよいよもと来た道を引き返して谷の分岐点にいたり、今度こそまちがいなく谷への進入路である峠を上って、ついに目指す大きな谷に下り立つことができた。すぐさまわれわれは、砂漠に向かってこの谷を下りはじめ、やがて無事に砂漠に出てからは、針路を左寄りにとって北西に進みながら、翌日のうちに水が汲めるようできるだけオアシスまでの距離を縮めておくべく、暗い夜空の下をひたすら歩き続けた。それからようやく一日の旅程を終えて野営を張ったのは、平坦な砂漠の単調を破って忽然とそびえる、底土がむき出しになった低い丘のそばであったが、この丘の形状や、そこにはえている数本の痩せた灌木から推しても、このあたりは地下水が地表のごく近くを流れていることはほぼ確かだった。次の日は、四〇キロを一気に歩き通して、待ちに待った水と、そしてそれ以上にラクダが必要としていたすばらしい牧草のあるオアシスにたどり着いた。だが、山麓の丘陵地帯での苛酷な労役と、それにひき続く二日間の長い行進がラクダに与えた疲労は予想外に大きく、死んだモンゴル人の峠から引き返したときの、あのみじめな状態に再び逆戻りしたかと思われるほどであった。足を傷めたものもかなりの数に上り、どのラクダもすっかり痩せ衰えてしまって、中には、行進中につまずいてころびでもしたらもう二度と起き上がれそうにもないくらい憔悴しきっているものも見受けられた。ところが、あいにく大所帯の周家の隊商には、もはや予備のラクダは一頭も残っていなかった。積み荷は、とうの昔に、どうにか働けそうなラクダを全部動員して積めるだけ積んでしまったあとであり、ほとんどどの列にも必ず荷をつけていない二、三頭のラクダが最後尾についてはいたが、それらは、ぎごちない足どりや、たるんだこぶを見てもわかるとおり、ひとりでも満足に歩けないくらい疲れ、見る影もなく衰弱したラクダばかりなのであった。行進中に、ラクダが疲れて落伍しそうになると、前もってはっきりした兆候が現われるのですぐにそれとわかる。いままでしっかりした足どりで進んでいたのが急に遅れがちになり、鼻鉤と、前を行くラクダの荷とをつないだ綱がぴんと張りつめる。そうなってからでもむりに歩かせようと思えば、鼻がちぎれるくらい強く綱を引っぱるしかないが、事実、それをしたために柔らかい鼻孔を鉤で引き裂かれて出血することもけっして珍しくないのである。このように、精魂尽き果てたラクダをむりやり奮い立たせて、あと幾らかでも歩かせる秘訣と言ったものを、わたしも今度の旅ではじめて学び取る機会に恵まれた。一日の旅が終わるたびに、もう二度と歩けそうにもないラクダが必ず五、六頭は出るのであるが、そんな場合でも、二、三時間の休息をとらせて、干からびた草や繊維質のぎょりゅうなどを少しばかりしゃぶらせたり、ときには干し豆の餌を一と握りほど与えたりしていると、不思議に彼らは気を取り直して、よろよろしながらも歩き出し、そのままあとは何時間でも歩き続けてくれるのである。

だが、今度こそ、ラクダもかなりたっぷりと休養をとることが許された。と言うのは、ようやくわれわれはメチン・オーラ山脈の外部に沿ってへり飾りのように連なる奇妙なオアシス地帯に足を踏み入れたのである。さきのウェイ・ツ・シァと、このシャ・ツァオル・チュアン（砂棗児泉）、野生のナツメの泉、とは、かなり隔たっているのに、この泉から先は約一一二キロにわたっておびただしい泉がびっしりと並んでいるのである。それらは、メチン・オーラ山脈から流れ落ちる水が砂漠に面した山麓の砂礫地帯の底を潜った後、再び地表に湧き出している低地の底に沿って連なっており、したがって、幅はさして広くないわりに奥行はきわめて長く、しかも、ここを潤している水は砂漠の奥にまで届かぬうちに地下に没するかまたは蒸発してしまうため、水源地である遠くの山脈とほぼ平行した方向に並んでいるのである。ここに一歩はいると、これまで砂漠をおおっていた砂礫が急に姿を消し、湿りを含んだ粘土質の底土と混じり合って堅い地面を形づくっていた。地下水が湧き出して小さな水たまりができているところには、きまって大きなアシ(2)が茂っていたが、一方、乾いた地面には、チー・チ草や、フェニックス樹や、野生のブライア・ローズなどが、ぎっしりと生い茂っていた。このオアシス群のように、もっぱら地下水だけに依存している（と言うのは、この地方では、山地から一歩外へ出ると、ほとんど雨が降らず、また冬の雪にしても、たいていごくわずかしか降らないのである）泉のことを、土地のシナ人たちはとくにフと呼んでいるそうであるが——もともと湖を意味するこの語を、かように拡大して用いるのはきわめて珍しい例であり、[3] ちょうどわれわれが《オアシス》と言う言葉をかなり広義に用いているのと同様である。

ところで、この、野生のナツメのオアシス[4]には、昔の農場の跡が少なくとも一つ以上あって、崩れかけた泥の建物がここかしこに残っていた。ここには、数年前までトルコ人の家族が住んでいたらしいのであるが、灌漑用の水路を一面に張りめぐらして農場に引き入れた泉の水に、塩の沈澱物が含まれていたため、しだいに作物が育たなくなって、とうとうあきらめてよそへ移って行ったと言うことであった。このように、たいていの小さいオアシスの周辺では、数十年に一度くらいの割で作物の栽培が行なわれており、そのたびにじきに塩がたまって耕作ができなくなり、せっかくの畑も再びもとの休閑地に逆戻りせざるをえないのであるが、そこはよくしたもので、次の時代になると、またもや土地に飢えた家族がやって来て、はじめからもう一度同じことを繰り返すのである。人間がいなくなったあとのオアシスは、冬のあいだの棲家を求めて砂漠から集まって来たおびただしい数のカモシカ（Gazella Subgutturosa）でいっぱいだった。奇妙なことであるが、広々とした平原にいるときには彼らはきわめて用心深い動物であるのに、いったん樹木ややぶの陰にはいると、がらりと性質が変わってしまうらしく、警戒心がまるでなくなって、ウサギよりも簡単に仕止められるようになるのである。平原の上では、彼らはほとんど全面的に視覚に頼っており、銃砲の射程距離を測るきわめて鋭い感覚を持っているようである。ところが、やぶの中にはいると、それが役に立たなくなるばかりでなく、聴覚や嗅覚までもすっかり鈍ってしまうのか、まったく不思議なくらい不用心な獣になり下がるのである。そこからさらに四、五キロほど西に進んだところから、しだいに羊や牛や矮馬の群れを見かけるようになったが、これらの家畜はいずれも冬のあいだだけオアシスで過ごすために連れて来られたもので、ほんのときたま、オオカミの跳梁を警戒しに牧夫が矮馬に乗ってやって来るほかは、まったく監視もつけずに放っておかれるらしいのである。カモシカのほうでは、この牧夫たちの訪問にすっかり慣れてしまったらしく、彼らが近づいても全然気にもとめないと言うことであったが、たしかにこの分では、相手が隊商であっても、もし犬さえ連れていなければ、そんなにあわてて遠くへ逃げたりすることはなさそうであった。

吹きさらしの荒野に比べて、やぶの中は暖かく、そのうえ、道も平坦で、われわれはしごくのんびりと楽に進むことができた。ようやく一日の行程が終わろうとするころ、最初のオアシスが尽きて、ほんの一とまたぎで越えられそうな小さな砂漠に出たわれわれは、一気にそれを横切って、ニウ・チャン・ツ・フ（牛場子湖）、すなわち牛の囲い地のオアシスと呼ばれる次の沃地に達した。このオアシスには、貧しい開拓民の一家族と、大きな隊商を持っていることで有名なある金持の一家が住んでいたが、これらの家族はいわば単一の族長制度のもとに暮らしており、貧しいほうの家族は富裕な一族の農奴同然の地位に置かれて、その所有地を彼らに代わって耕しているのであった。この富裕な一族の族長である年老いた父親は、家族全員の上に君臨し、その長男が父親の執務代行者となって諸事万端をとりしきっていた。また、その次の息子はグチェン・ツのある商会に見習いとして勤めており、三番めの息子（これが兄弟じゅうで一番の働き者であった、と言うのも、ほねのおれる仕事に携わっている関係上、彼だけはほとんどアヘンをたしなまなかったからである）は、一族の隊商を統率する任に当たっていたが、一方、その下の二人の弟は、せいぜい高等な召使程度の扱いしか受けていなかった。このほかに、シナ人の下僕が数人、常時雇いとして働いており、これが一族の構成員のすべてであった。また定員外の臨時雇いとして、外モンゴルから流れてきたモンゴル人の数家族がいたが、彼らはオアシスのうちでもわりに地味の痩せた地域に野営して、ときおり気の向くままに、家畜の世話などをして働いているのであった。一族の者たちは、五人の息子の妻子をも含めて全員が、みすぼらしい中庭を中心にぎっしりと並んだ泥の家に雑居しており、その暮らしぶりは、外から見たかぎりでは、きわめて質素で、贅沢品らしきものと言えば、せいぜい、女たちがつける宝石類や晴れ着、それに敷物が二、三枚と、ぎょりゅうの炭を入れるすばらしくりっぱな、時代ものの青銅の平鍋が一つあるくらいのものであった。

昔にも一度、このオアシスでは、耕作地を広げるために灌漑用の一連のカレーズを掘ったことがあり、それが成功して多大の成果を上げたらしいのであるが、時がたつうちにしだいに塩分がたまって、作物の栽培に適さなくなった。そこで、新たに耕地を拓くために、別の水路を掘ることになり、現在その工事が、かなり遠方の地から雇ってきたトルコ人の労働者たちの手で進行中であった――どう言うわけか、シナ人たちの中にはカレーズを掘る熟練者が一人もいないのである。この灌漑方式は、もともとペルシアで考案されたもので、それが一八世紀ごろにトルファン盆地に伝えられたことはわたしも知っていたが（事実、ハンティントンによれば[5]、この盆地に住民の約四〇パーセントが当該方式の恩恵に浴していると言うことである）天山山脈の北側、つまりジュンガリア地方にまでこの方式が広まったと言う話はかつて一度も聞いたためしがなく、とすると、おそらく、ごく最近になってこの地方一帯のオアシス群に取り入れられたと見てさしつかえないようである。カレーズによる灌漑を行なうには、まず最初に、地下水流のありかを突きとめることが必要で、それが済むと次に地面の勾配を調べて、はたして水が耕作地に流れて行くかどうかを確かめる。それから、第一の井戸を掘って地下の水を湧き出させ、次にそこから数メートル離れたところに二番めの井戸を掘って、これに横穴をつけて最初の井戸とつなぐ。こうすることによって望みの方向に水を導くことができるわけである。続いて第三、第四の井戸を掘ってゆき、その際、順に少しずつ井戸の深さを減らしてゆくと、ついには水が地表にまであふれ出すという寸法である。かような種類の工事をするには、地方的な基準からすれば相当莫大な資本が要るはずであり、工事に携わる熟練した労働者たちには多額の賃金を払わなければならず、しかも、そうしてせっかく掘り出した水が塩分を多量に含んでいて、二、三年もたたぬうちに畑をすっかり不毛にしてしまうかもしれないと言う危険が常につきまとうのである。

この、ニウ・チャン・ツ・フに住む富裕な一族がこれほど金のかかる大規模な工事をやれるのも、ひとえに羊腸路がそばを通っているおかげであり、もしもこの道がなかったとしたら、おそらく、カレーズを掘ったり、銀貨を地下の穴倉に貯えたりして権勢をほしいままにすることなどとうてい及びもつかず、いまごろはみじめこの上ない開拓民として貧乏のどん底にあえいでいたに違いないのである。羊腸路がなければ、余った穀物や肉を売ろうにも買手が見つからず、むりをしてはるばるバルクルやグチェン・ツまで運んだところで、安い食べ物があふれているこれらの町ではさしたる利益の上がるはずもないのである。しかし、さいわいなことに、貿易路を控えているおかげで、彼らは東からやって来る隊商を相手に、食糧やラクダの飼料を、それこそ目の玉の飛び出るような高値で売りつけることができるのである。われわれ一行はこの地に数日間滞在したが、そのあいだに、周家の隊商は不足していたパンをたっぷりと買い込み、われわれもみな疲れたラクダをゆっくりと休ませた。

そればかりか、ここに逗留したおかげで、わたしはカザックを襲う一匹狼として勇名を馳せたリー・アル（李二）という盗賊と知り合う機会を持った。リー・アル、すなわちリー二世は、帰化からモンゴルに抜ける峠蜈蚣爬の可領側で宿屋を営み、数頭のラクダも持っているれっきとした家の二番めの息子で、ご記憶のことと思うが、かつてわたしもこの宿屋に立ち寄って昼食をとったことがあり、また周家の御曹司にはじめて会ったのもやはりそのあたりであった。最初は彼も、人並みに一介のラクダ曳きとして人生に踏み出したらしいのであるが、やがてグチェン・ツにおける放埒な生活にすっかり魅入られてしまい、隊商の仕事に見切りをつけて、カザック人やモンゴル人の中にはいって放浪の生活をはじめ、またたくまに彼らの言葉を自由にあやつれるまでになった。その後二〇年あまりのあいだに、帰化に戻ったのはたったの一度きりであったが、それも、当局の追求がきびしくて西域にいられなくなり、しばらく身を隠すために帰った、いわば休暇の帰省だったのである。帰化に戻ったとき、彼はわたしの雇ったラクダ曳きのもとに身を寄せた。と言うのも、わたしの雇った男は昔バルクルでリー・アルの仲間にはいって矮馬を盗む仕事の片棒をかついだこともあって、旧知のあいだがらだったのであるが、卑劣なことに、わたしの雇ったラクダ曳きは、せっかく自分を頼って来た昔の仲間を帰化の警察に売ろうとした。そんなことがあって、いまではこの二人は文字どおり犬猿の仲だったのである。これまでにも、彼が一と財産作れそうな機会は何度かあったらしいが、なにぶんにも彼は、シナ人たちのいわゆる《大きな手》をしているため、そのつど、砂漠で稼いだものをグチェン・ツの町ですっかり蕩尽してしまったのであった。とくに近ごろの彼はひどく大胆になり、自分よりもはるかに優勢な敵を襲撃することもしばしばで、モンゴル人や隊商を襲うことで有名なカザックの盗賊を逆に襲って略奪する勇猛な男として、その名を天下に轟かせていると言うことであった。シナ人の中にも、勇猛な匪賊はたくさんおり、指揮よろしきを得ればたしかに手ごわい連中ではあるが、それでもこの男のような一騎当千の強者はめったにいないのである。事実、わたしの聞いたかぎりでは、この男のほかに、西域を股にかけて荒らし回る一匹狼の盗賊はたった一人しかいないと言うことであり、この男のほうも、数年前、チュグチャクにほど近いロシヤの国境地方を襲って、住民の心胆を寒からしめたと言う、まことにもって驚くべき豪の者であった。それにしても、リー・アルの名声をかくも高からしめたそもそもの理由は、いかなる敵を向こうに回しても敢然と戦って勝利を占めるその卓越した技量にあったのである。うわさによれば、彼は馬上からでも実に正確な射撃ができるらしく、その腕にものを言わせて、しばしば、馬の背からすっかりからだを乗り出すような姿勢で自動拳銃を振りかざしながら、カザックの宿営地に躍り込んで、矮馬を一頭残らず追い散らし、めぼしいラクダをひっさらって行くと言うことであったが、こうして盗んだラクダは、しばらくどこかに隠しておいてから、グチェン・ツの市場で売ったり、隊商に引き渡したりするのが常であった。こうしたはなばなしい武勲の掉尾を飾る戦いは、前の年に行なわれた追撃戦で、このときには雲霞のごとく群がるカザック人を蹴散らし、盗み出した二〇頭あまりのラクダを連れたまま、囲みを破って悠々と引き揚げたのであった。かような遊牧民のあいだで起こった略奪に対しては、シナ当局もほんど注意を払おうとしないのが現状であるが、それもやむをえないと言えばやむをえないことで、いちいちそれを気にしていたら宿営地ごとに警官を配置しなければならないことになるわけである。しかし、とにかく、この襲撃を最後に、リー・アルはまもなく盗賊稼業から足を洗って、今度はシナの役人とカザック人とのあいだでひそかに行なわれている武器の取引きに一と役買うことになった——と言うのは、モンゴル人の場合もそうであるように、この男も、カザック人と喧嘩をしていないときには、かなり自由に彼らの社会に出入りしていたのである。取引きと言うのは、まず役人が《官給の》武器をカザック人に貸し与える。するとカザック人はそれを持って外モンゴルへ略奪におもむき、おびただしい家畜をみやげに持って帰るのである。こうして、取引きに関係したすべての者にたんまりと利益がころがり込むと言う寸法であるが、ただし、かようなぼろ儲けが続くのも、その地方を治める総督が強権を発動するまでの話なのである。リー・アルもやがて当局に追われて世を忍ぶ身となったが、無事に逃げのびたいままでは、こうして誰をも恐れる必要もなく、国境警備隊からつい目と鼻の先のところに住んで、そばを通りかかる帰化の隊商の情にすがって暮らしていたのである。もともと彼もラクダ曳きであったせいか、かつて一度たりとも隊商を襲って物を奪ったためしがなかったが、それがいまはさいわいして、どの隊商からも常に食べ物と庇護を確実に期待することができた。事実、その昔彼が隊商に施した恩恵はひとかたならぬものがあり、盗んだラクダをこっそり彼らに売り渡しただけでなく、隊商がカザックの盗賊に襲われてラクダを盗まれたときなども、たまたまどこかその近くに居合わせさえすれば、必ず盗賊を追跡する役を引き受けて、たいていいつもみごとに賊を追い詰めてとられた家畜を奪い返してやったものであった。

それにしても、こうして昔の仲間の情けにすがって生きられると言うのは、いまの彼にとってまことに幸運なことと言うべきだった。と言うのは、このところ彼は眼に炎症を起こし、グチェン・ツから取り寄せたえたいの知れぬ売薬を使ったせいで病気がいっそう悪化して、盲同然の状態になっていたのである。われわれの宿営地に訪ねて来たのは、こうした哀れな姿の彼であったが、ラクダ曳きたちはさっそく彼をわたしのところへ連れて来た。わたしがためしに含銀液をつけてやると、まるでうそのように病気が治ってしまった。彼の喜びようはたいへんなもので、精一杯感謝の言葉を並べ立てたあげくに、いつかわたしがいかがわしい仕事を手がけるようなことがあったら、そのときこそきっと秘蔵の自動拳銃を一丁残らずひっさげて加勢にかけつけるから、とまことに物騒な約束をしてくれたものだ。たしかに彼は、わたしがこれまでに見たうちで最もりっぱな体格の持主だった。背の高さは、かかとのないモンゴルふうの深靴をはいたままでも優に一・八メートルは越えていそうであったが、そのわりには腰が細く、しかも身のこなしがいかにもしなやかであったせいか、たくましい肩幅も実際以上に狭く感じられた。着ている服は、モンゴル服を模した仕立てであったが、これがまた思い切ったはでな色彩効果をねらった装いであることはたしかで、金モールのついた丸いフェルトの帽子にリスの皮の飾冠をあしらったところといい、幅の広い半長靴といい、きらびやかな飾帯といい、刺繡を施した絹のタバコ入れから翡翠の口金のついたキセルをちらりとのぞかせたところといい、どう見ても伊達者を気取った男の面目躍如たるいでたちであった。さらに、その話しぶりは、相手を見下すような横柄な調子であり、態度にもことさらに威厳をつくろったらしい悠然としたところがあったが、まことに残念なことに、せっかくの堂々たる容貌やあか抜けした物腰も、まるでのど袋のようにぶよぶよにふくれて醜く垂れ下がっていつも唾液があふれそうになっている下品そのものの下唇のおかげで、すっかりだいなしだった。

やがてオアシスをあとにしたわれわれは、きわめて楽な旅を続けて一連のオアシス地帯を通り抜けた。われわれが通った順に名をあげると、まずトゥン・チュアン(《東荘》東の村、と言う意味で、ここには一家族半のシナ人が住んでいるほかに、モンゴル人の小さな宿営地もあった)、ウラン・ブラク(赤い泉を表わすモンゴル語の名)、シー・パン・トゥン(《石板墩》石板の丘。これはオアシスと呼ぶにはあまりにも貧弱で、いわば臨時の休み場所にすぎなかった)、ス・タン(《四塘》四番めの路程)、そして最後にサン・タン(《三塘》三番めの路程)であった。このうちで現に人が住んでいるのは、トゥン・チュアンだけであったが、それ以外のオアシスにも昔の畑の跡がいたるところに残っており、ときおり崩れかけた小屋の残骸さえも認めることができた。また、シー・パン・トゥンと、ス・タンと、サン・タンの三個所には、いつのころに建てられたとも知れぬ古いのろしの塔が残っていた。そこでわたしは、もしかしたら、オーレル・スタイン卿が、甘粛からシナ・トルキスタンへの進入路を扼する玉門関を起点とする古いシナの防壁を調査した際に発見した、例のそだ束を使った側壁構造を、ここにも認めることができるかもしれないと思って調べてみたが、残念ながら、その痕跡らしきものすら見つからなかった。それも道理、このあたりでは、そだ束などの助けを借りなくとも、カラ・ゴビの低い丘陵を一面におおっている例の黒い砂礫のもとである黒い岩からとった薄い石板だけでけっこう堅固な塔を建てることが可能なのである。それにしても、これらの塔が作られた経緯や年代に関する言い伝えが、土地の住民にも、ラクダ曳きたちのあいだにも残っていないのは不思議であったが、わたしの推測するに、おそらく、それはシナ人がはじめてバルクル地方を占領した初期のころに作られたに違いなく、より正確には、たぶん紀元二世紀、つまり、シナ民族が一時的にフン族を制圧した時代の遺跡と見てさしつかえないようである。人も知るごとく、当時、フン族はバル・クル山中の砦に拠って、数世紀にわたってたえず甘粛のシナ人をおびやかし、トルキスタンにはいる北側の進入路の帰趨をめぐってシナ人とのあいだにはげしい争奪の戦いを繰り返したが、戦略的見地からしても、バル・クル山脈を手中に収めた者がこの道を支配することは明らかだったのである。

オアシス地帯を行くあいだ、さすがに夜の寒さだけは否めなかったが、日中はほとんど毎日のように陽が照ってまことに快適な旅であった。ところが、ウラン・ブラクに泊まったときのことであった。ここだけはやや地面が隆起していて、風を受けやすい地形だったせいもあって、一と晩じゅうわれわれは、モンゴルでもめったに見られないほどすさまじい烈風にさいなまれ、あげくにわたしのテントも吹き倒されてしまい、夜が明けてからも旅をすることができなくて、そのまま一日じゅう寒さに震えながらキャンプにしがみ着いていなければならなかった。その後、サン・タンに泊まっているときであったが、われわれのところへ隊商の統率者が一人訪ねて来た。この男こそ誰あろう、砂漠の業の偉大なる伝統を最もよく今日に伝える第一人者としてモンゴル全土にその名を謳われている人物だったのである。とくに彼の声価を高からしめたのは、シナ革命の年(一九一一年から一二年にかけての冬）のできごとであった。当時、彼は隊商の一隊を率いてグチェン・ツから下る途中であったが、この隊商には積み荷のほかに、五、六〇人のいわゆる《旅客》も混じっていた。これらの旅行者はいずれも出稼ぎを終えて故郷に帰る人たちで、ほとんどの者が働いてためた金を銀塊や砂金に換えて携帯していたのである。帰化の近くまで来たころ、一行はこれから先の数行程がいままでになく危険であると言うニュースを小耳にはさんだ。匪賊の群れがわがもの顔に荒らし回っているばかりでなく、外モンゴルの大胆不敵な若者たちも略奪の分け前にあずかろうとして、ぞくぞくと馬で繰り込んで来ていると言うのである。それを聞いて震え上がった旅行者たちは、さっそく隊商の統率者に、自分たちをどこか遠い安全な場所に連れて行ってくれる案内人を見つけてもらいたい、そうすればお礼として銀二〇〇〇両《テール》を出そうと申し出た。ところが、それに対する彼の返事はまことに高潔そのもので、礼には及ばないから金をしまっておくようにと言って受け取らなかった。どうせ大きな隊商路の近くで見つかるような案内人はいずれも口が軽くて、安心して雇えそうにもない連中ばかりなのである。そう言ってみなを納得させてから、彼は自分の責任において隊商を脇道にそらせて、まだ誰も行ったことのない未知の山岳地帯にはいって行った。こんなことするのは、よほどの勇気が要ることであり、よく言われていることに、並みの統率者を途方に暮れさせるものがもしあるとすれば、それは勝手を知った道からはずれて自分で牧草や水を捜さなければならなくなったときであり、並みのシナ人を震え上がせるものがあるとすれば、それはれっきとした先人がまだ足跡を印していない山奥に踏み入るときであると言うたとえもあるとおり、それは生やさしい冒険ではなかったのである。ところが、そうした困難にもかかわらず、この男は彼の隊商を率いて二〇日間あまりにわたって無人の山地を無事に押し進み、休息のたびごとに、適当な隠れ場所と、二〇〇頭を越えるラクダを養うに足る牧草と、数十人の人間の喉を潤すだけの水を、まちがいなく見つけると言う離れ業をやってのけたのである。たった一度だけ、途中で出会ったモンゴル人の放浪者に二〇両《テール》与えて、二行程のあいだ隊商につき添わせたが、もちろんこれは道案内をしてもらうためでもあったが、また一つには、この男が匪賊に通報するのを恐れ

サン・タン・フ（第三路程のオアシス）

て、知らせに走る暇を与えないためでもあった。こうして、やっと無事に大青山山脈をくぐり抜けて、密輸業者の谷づたいに帰化にたどり着いた隊商は、何と驚くべきことに、一頭のラクダも失っていなかった。そればかりか、その年にはほとんどすべての隊商が根こそぎ略奪されるか、さもなくば多額の通行税を取り立てられるかして甚大な損害を蒙った中にあって、彼の隊商だけはただの一度も危険に会わずに済んだのである。この快挙が評判となって、それ以来と言うもの、割増金を払ってでもこの男の隊商に加えてもらおうとする旅行者がひきもきらないと言うことであった。

たしかに、彼は見た目にもたくましく、ひどく無愛想な荒くれ男と言った感じであったが、そのわりに人ざわりのよい話好きなところもある男で、周家のテントに腰を落ち着けて、道の状況などについてしばらく情報を交わし合ってから、再びラクダに乗って、われわれから少し離れたところを通って先へ進んだ彼の隊商のあとを急いで追って行った。この男の語ったところによると、われわれが先に死んだモンゴル人の峠で別れた隊商は、その後幸運と不運の相半ばする試練を受けたようであった。と言うのは、今度は先頭の組が無事に峠を越えることに成功したまではよかったのであるが、あとに続く連中は途中で嵐に襲われ、山腹から吹き落とされたおびただしい雪のために多数のラクダが埋まって窒息してしまったのである。この嵐のおかげで全部の隊商が再び山岳地帯から砂漠に下りざるをえなくなり、結局、いまわれわれが進んでいるのと同じ道に出て、現在、ほんの二、三行程ばかり先を歩いていると言うことであったが、われわれがトゥフルでしばらく休んだり、メチン・オーラ山中で道に迷ったりしたために彼らに遅れを取ったものの、それさえなかったら、いまごろはわれわれのほうがはるかに先へ行っていたはずであった。ところが、この男自身は、西域をたって以来ずっと、ますます雪が深くなる《山あいの》道を通って来たらしいのである。そして、死んだモンゴル人の峠がとても通行不可能であると教えられて、やっとゴビの道に出ることにしたが、そのあたりからでは、五、六行程もあとへ引き返さないことには砂漠へ下りるのは容易でなく、よく知られている峠が一つだけあるにはあっても、この季節にはそれもすっかり雪に埋もれているはずであった。だが、それにもかかわらず、彼は断固として先へ進み、まだ誰一人踏み入ったことのない、雪の積もらぬ谷間の道をたどりながら、一頭のラクダも失うことなく無事にゴビ砂漠に出ると言う離れ業をやってのけたのである。

その日の午後、宿営地をたったわれわれは一六キロばかり進んで、オアシス群のうちで最も重要なものと言われるサン・タン・フ、三番めの路程のオアシス、のはずれに野営を張った。この地名は、われわれがついさっき通ってきた第三路程にちなんでつけられたものであるが、この路程そのものも、もともと、正式な路程と呼べるほどのものではなく、おそらく、先に見た古い物見の塔が便利な目じるしとなるところから、それをもとにしてこの名がつけられたと見てさしつかえなさそうである。サン・タン・フも、先の明水と同様、白紙同然の地図の上にたった一つだけぽつんと記されているのであるが、これがまたきわめて不正確なつづりで、サントフとなっているのである。おそらく、これは、モンゴルの地図の大部分を作った昔のロシヤ人調査隊が自己流につづったものらしいが、なにぶんにもロシヤ人と言うのは、旅人どもをさんざんとまどわせて楽しもうとする造化の神のいたずらからか、シナ語を正確に聞きとったり発音したりすることがまったくできないように生まれついているのである。外国の言葉を覚えるのが早いことで有名なはずの彼らにしてはまったく不思議なことであるが、ことシナ語に関するかぎり、彼らは生活するのに必要な最少限の言葉すら正確にしゃべれないのである。たとえば、酒またはアルコールを意味するチュウ（酎）と言う語を例にとると、この地方に住むロシヤ人であればそれこそ一日に何十回も使わなければならないはずであり、発音自体も、「ジュウ（ユダヤ人）」と言う語と比べてもさしてむずかしいわけではなく、ただ幾らか愛着をこめて発せられると言う違いがあるくらいなのに、ロシヤ人たちはこれをヅュンと発音するのである。この分では、チュウをすっかり飲み尽くしてもまだ彼らはそれをヅュンと呼び続けるに違いない。だが、かようなあげ足取りをしたついでであるからほんとうのことを言うと、実は土地の人々もサン・タン・フのことをサン・ツァオ・フと聞こえるようになまって呼んでいるため、正しい発音を会得するのは、ロシヤ人ならずとも、かなりむずかしいことは確かであるが、それにしても、この場合は少し頭を働かせれば、ス・タンとサン・タン(6)の類似から容易に察しがついてしかるべきなのである。

このサン・タン・フで、われわれがこれまでたどって来た羊腸路は終わって、これから先は、カラ・ゴビを二行程かけて横断し、すでに述べた例の古い名刹ラオ・イエ・ミャオ（老爺廟）をかすめて、このオアシスへ北東から進入している大西方路がわれわれをいざなってくれるはずであった。オアシスの位置は、バル・クル山脈の北側で、約一三〇キロのかなたにバルクルの町を控えている関係上、著しく地の利を得ており、モンゴルからやって来る隊商はいずれも、ここからバルクルの町をへて、山中の道と呼ばれる道づたいにバル・クルとボグド・オーラ両山系の山麓丘陵地帯を通り抜けるか、さもなくば、雪が深くて山地を越えられないときなどは、ゴビ砂漠の縁に沿った山外の道を通って、グチェン・ツに行くことができるのである。どちらの道を通るにしても、サン・タン・フはいわば交通の要めであり、たいていの隊商がここにたどり着くころには手持ちの食糧を消費し尽くしているのが普通なので、おかげでこのあたりの住民は隊商相手の取引きによって多大の利益を上げることができるのである。これらの道のほかに、やはり北に進む道がもう一つあって、このほうは大西方路から分かれた後五、六行程で、モンゴル人の寺があることで有名なミンガン・ホシュンの貿易中心地テング・ノール(7)に達している。サン・タン・フに住むシナ人はみな、モンゴル語をシナ語同様に自由に話せるばかりでなく、彼らの着ている衣装にさえもモンゴル的な特徴をかなり取り入れていた。そればかりか、外モンゴルに紛争が勃発する以前には、バルクルにおけるモンゴル人の貿易にも、彼らは常にかなり大きな役割りを果たしていたのである。

われわれはサン・タン・フに数日滞在して、そのあいだにラクダの飼料にする燕麦をたっぷりと買い込んだ。これからの行程はいよいよラクダが最後の力を出し尽くすときであり、それに、グチェン・ツまでの残りの道は、ほとんど牧草らしい牧草もはえない不毛の地域ばかりだったからである。ところで、このオアシスに滞在しているあいだに、わたしがシナ人の国境警備隊に逮捕されると言う事件が起こった。ここへ来るまでにもすでにわれわれは、東のオアシス群のあたりで馬に乗った数人の警備兵に出会ったが、そのときには、わたしの通行証を見せたところ、おそらく彼らは字が読めなかったのであろうが、難なく通してもらえたのである。ところが、サン・タン・フでわれわれを捕えたのは、兵卒ではなくて、どちらも下っ端には違いないがとにかく二人の士官だった。年長の士官のほうはかなりものわかりのよい男で、すぐにもわたしを放免したかったらしいのであるが、あいにくなことに、彼はまるっきり字の読めない明き盲だった。一方、若い士官は、いわば警備隊の《副官》を勤める男で、あまりうまくはないがどうにか字が読めたのである。そこで彼は、いまこそ、上官の信用を落として、代わりに自分が職務熱心なところを見せて昇進をかち取る絶好の機会であると見て取ったらしく、わたしの通行証を改めて、まぎれもなくそれはシナ語の訳文と北京の外務事務局の印璽が付されているにもかかわらず、これは日本かロシヤで偽造された物だと決めつけた。そればかりではない、銃器を携帯していることから見ても、たしかにきわめて疑わしい人物である。よって、一応バルクルに報告を送り、そこから改めてウルムチの地方政庁に電報で照会してみるまで、拘留しておく必要があろう、と言うのであった。

それを聞いて年長の士官もすっかりうろたえてしまい、先ほどの好意もどこへやら、すぐさま二人してわたしの所持品を調べて表を作りにかかった。だが、そんなことをさせるわけにはゆかない、たとえわたしの武器や弾薬が通行証に記載された品目表にぴったり合っていても、奴らはわたしを放免してはくれないに違いない。そうと気づいてわたしは、断固として検査を拒否した。それからまる一日言い争いが続き、あげくの果てにわたしは村へ連行されて、警備隊司令官の隣の兵舎に監禁されることとなった。二日後、わたしは涙ながらに周家の隊商と別れ、鈴の音も哀しく砂漠のかなたにゆっくりと消えて行く彼らのうしろ姿を見送った。中でも、わたしと親しかった御曹司の打ち萎れようは見るも哀れなほどで、もう二度とわたしに会えないと思い込んでいるのか、悲しみのあまり唇をわなわなと震わせていまにもわっと泣き出さんばかりであった。いまのわたしには、愛犬スジを手もとに置いて飼うあてもなく、結局、周家の隊商に託すよりほかなかった。逮捕されたとき、わたしは一ドル銀貨を少しばかり所持していたが、これだけは何としても隠しておかなければならないと、とっさに判断した。連中に見つけられでもしたら最後、それこそ一枚残らずしぼり取られるまでわたしは釈放してもらえなくなるに決まっているのである。スジはわたしのそばを離れまいとしてはげしく暴れ、最後にはほとんど引きずられるようにして連れ去られて行った。あとでみなから聞いた話では、綱で作った首輪をスジにはめて、牽引用の横木を介してそれを、彼らの連れている犬のうちでたまたまさかりのついている大きな雌犬の首に巻いた同じような首輪に結びつけたらしいのであるが、それでも、最初の数日間は逃げ出そうとしてもがいてばかりいたと言うことであった。いよいよみなが出発すると言うとき、わたしは武装した護衛兵に監視されながら、途中まで彼らを見送りに行った。そして、隊商の姿が見えなくなると、一人悄然と村に引き返して、いったいこれからどう言うことになるのかも皆目わからぬままに、おとなしく運命の成り行きを待つことにしたのであった。

（1）　ラオ・マオと言うのは、ナオ・マオの転化したものに違いなく、そうとすればこれはノムに相当するシナ語として妥当である（フは、この場合、単に説明語である）。甘粛地方の方言では（それは、同地方だけに限られず、新疆省においても、甘粛出身の入植者たちの住み着いた地域に広く行なわれている)、語の頭につくlやnの音はきわめてしばしば気ままに入れ変わる。たとえば、ネイ・ピェン（そこに）と言う語がライ・パン・コと発音され、ナン（南）がライ、リャン・コ（二個）がニャン・コと読まれると言ったぐあいである。もう一つ、われわれには理解しがたい奇怪な発音として、シュイ（水）をフェイと読む習慣がある。また、わたしのチェン・ファン・ワ・ワは、チェ・コとかチェイ・コ（これ）、あるいはナ・コとかネイ・コ（あれ）と言いたいときに、ただ一声、アーと喉の奥で言って、同時に話題にしようと思っている対象に向かってぐいとあごを突き出して見せるのが常であった。

(2) チー・チ草は、たしかに地下水脈のありかを教える道しるべである。きわめて強靱な草で大きな房をなして一メートルぐらいの背丈に達する。葉が青いうちは、おそらく、みごとな叢をなしているのであろうが、いったん枯れると、しなびてすっかり《がさ》がなくなってしまうのである。

(3) 二五八ページの注(5)を参照されたい。

(4) シャ・ツァオルを、わたしは一応《野生の》ナツメと訳したが、直訳すれば、シャは砂の意である。これに似た例として、野生のタマネギのことを《砂タマネギ》と呼ぶのも同じ理由である。たぶん、「砂漠のタマネギ」とか「砂漠のナツメ」と言ったふうに訳せば原語の意味により近くなるかもしれない。

(5) 『アジアの鼓動』

(6) タンは、正しくは、《路程》と言う意味ではない。この語が最も普通に使われているのは、旅の回数を表わす言葉としてである。たとえば、「彼は三度めの旅に出た」とか、「三回めの旅をしている」と言った意味を表わすのに、タ・ツォウ・ロ・ティ・サン・タンと言うのである。

(7) テングと言うモンゴル語の正しい綴字や発音については、残念ながらわたしはまったく知らない。ここに書いたtengと言うつづりは、英語の「タング（舌）」にかなり近い発音をするのである。

19　第三路程のオアシス

こうしてわたしが拘留されたのは――たしかに、それは監禁と呼ぶほどきびしいものではなく、あくまでも単なる足止め程度にすぎなかったのであるが――二人の下っ端巡邏士官の無知と頑迷のせいで、それにまったくくだらない嫉妬が加わったおかげでこんな厄介なことになったのだろうと、わたしも最初のうちはそんなふうに考えて高をくくっていたのであるが、実はそれどころか、彼らにこのような不釣合いなまでに大きな権限を与えるにいたった、さらに容易ならぬ事情が背後に横たわっていると言うことが、まもなくわかってきた。要するに、わたしは辺境地方における不可解きわまる政治上の駆け引きにうっかり巻き込まれてしまったのである。それと言うのも、危機をはらむ当時の中央アジアの情勢を承知のうえで、よせばよいものを、向こう見ずに危険地帯へとび込んだわたしがいけなかったのである。

一九一一年のシナ革命によって満州人の王朝が滅びるのと同時に、新疆省――これにはシナ・トルキスタンとジュンガリアの両地方が含まれるのであるが――を治める総督は、ただちに果敢な行動を起こして一挙にその勢力を拡大するにいたった。それ以来、総督は、この広大な地域に住むすべての被支配民族の野望や利益を押えるべく、時に応じて巧妙な術策や武力を用いて、常にシナ人の優位を維持することに努めた。支配民族とは言え数のうえではるかに少ないこの地方のシナ人にとって最大の脅威は、モンゴル人であった。と言うのは、革命の勃発とともにモンゴル全土に独立の嵐が吹きまくり、とくに、シナ本土から離れているために満州人とシナ人の支配権が最も及びにくい西域地方において、それがはなはだしかったのである。新疆省に住む多数のモンゴル人諸部族が外モンゴル西部の部族と手を結んで、自治を叫んで立ち上がると言う危険も充分考えられることであった。さいわい、かかる最悪の事態は、主にシナ人に好意を寄せる有力なモンゴル人の王侯の力添えによって、どうにか回避することができたが、これはあくまでも一時的な解決であって、将来再びかような事態が生じる危険はけっして完全に消えたわけではなかった。その後しばらく、この地方は比較的平穏な状態を保ったが、それはカザック人とモンゴル人の遊牧民を互いに反目させ、開拓地に住むシナ人をトルコ人やトゥンガンに対する競合に振り向ける政策が功を奏した結果だったのである。そこへ、世界大戦が起こり、ロシヤ帝国の崩壊とともに、敗走する旧帝国軍隊が、たいていは赤軍の分遣隊に追われながら、新疆省の北部やモンゴルにぞくぞくと流れ込んで来たため、再び事態は楽観を許さないものとなった。だが、武装した旧帝国軍隊の脅威は人心を攪乱しはしたが、実際にはそれほど恐ろしい危害を及ぼすにはいたらなかった。と言うのは、結局、彼らは自らの無暴かつ愚劣な政策によっていち早く自滅してしまったからである。ところが、問題はそのあとであった。旧帝国の残党が完全に勢力を失って駆逐されてしまってからも、外モンゴルは依然として赤色ロシヤの支配下に置かれたままだったのである。この新たな事態の意味するところは一目瞭然である。まず第一に、これによって、シナ人統治に対するモンゴル人の反感がいっそう高まり、やがてそれは、ロシヤにおいてソヴィエトの支配体制が確立し、新生ロシヤが外に眼を向けられるまでに国力を充実したあかつきには、必ずやシナの主権を完全に否認するにいたるに違いないのである。そうなれば、シナ人の手に残されるのは、おそらく、戦略的にシナ本土とほとんど分かちがたく結び着き、古来常にシナの影響を最も強く蒙ってきた内モンゴルとアラシャンの二地域だけと言う、まことに憂うべき状況に立ちいたることは火を見るよりも明らかである。

その間にあって、新疆省の総督は、統治下の諸民族を懐柔し、かつこれを無力化すべく精力的な施策を強行する一方、シナ本土から押し寄せる新たな問題にも対処しなければならなかった。それは、シナにおける内乱がいよいよ本格的な段階にはいるに及んで深刻の度を加え、そうした紛争のいずれにも巻き込まれないためにますます慎重に身を処することが必要となった。総督にとってまったく幸運だったのは、たまたま彼の治める地方がシナ本土側からの侵攻を困難にする巨大な砂漠の障壁によって守られていることであった。だが、その反面、意に任せぬ長大な道による本土との交通が軍隊や匪賊の跳梁におびやかされたことにより、隊商貿易が崩壊のきざしを見せはじめ、これがやがて総督支配下の住民の生活を逼迫させる結果になった。通商貿易の問題は、常に彼にとって最大の関心事であった。と言うのは、治下の諸部族の政治的不満を封じる道として、総督はもっぱら彼らの物質的繁栄を図ることを心がけていたからであり、被支配民族もひとたび富を持てば、それを失うのを恐れるあまり反乱を企てるようなことはまずありえないと言うのが、彼の信条にほかならなかったのである。

かつて帝王の道として知られた、シナ本土に通じる荷馬車路がもはや安全な貿易路として使用できなくなった以上、シナ・トルキスタン向けのシナ貿易は全面的にモンゴル領内の隊商路に依存せざるをえなかったが、ここでもまた障害は年ごとに増すばかりであった。シナ商人とその貿易を完全に締め出すことが、外モンゴルにおけるソヴィエト・ロシヤの政策の狙いだったのである。当時、ロシヤはまだ国力が乏しく、とうてい対等の競争に勝つ見込みがなかったので、モンゴルにおけるいっさいの原料資源を独占開発することによって利益を収めようと図ったのである。一九二三年ごろから、トルキスタンとシナ本土とのあいだを往来するシナ商人の隊商は、外モンゴル領内にまたがる大小両西方路の通行を全面的に禁じられた。だが、そうなってから後も、内モンゴルからアラシャンと無人境を貫く羊腸路の開設によって、西域との交通は細々とではあるがどうにか保たれてはいたのである。しかしながら、勝敗の帰趨はすでにロシヤ人の側に圧倒的に有利であることは、否みがたい事実であった。こうして、外モンゴルを相手とするものたると、単にそこを通過するだけのものたるとを問わず、いっさいのシナ貿易を封じることに躍起となっている一方で、ロシヤ人は抜け目なくも、シナの新疆省に対する貿易をも一手に独占しようと画策して、ひそかにシベリアの国境地帯から友好の手を差しのべて来たのである。かかる事態を前にして、新疆省の総督は、しだいに追い詰められながらもなお、同地方の市場を一国の独占に委ねまいとして種々対策をめぐらした。だが、なにぶんにも住民の繁栄と政治的安定を確保するためには、ぜひとも貿易の振興を図ることが必要であり、シナ商人の購買力がとみに衰えつつあるいまとなっては、好むと好まざるとにかかわらず、ロシヤ貿易を誘致奨励するよりほかに道はなかった。かくして、同地方の市場はロシヤ商人の独占するところとなり、他に競合する相手がないために市場価格は避けがたく下落の一途をたどるばかりであったが、そうした現状を横目で見ながら、ロシヤとの友好関係をますます深めてゆかなければならないと言う皮肉な立場に立たされたことを、総督やその配下の有能な為政者たちはおそらく無念やるかたない思いでながめたに違いない。そして、その後あらゆる方策をめぐらして事態の好転を図った彼らの努力もむなしく、ついにこの矛盾せる状況は前にもまして深刻な、動かしがたい様相を帯びるにいたった。それは、シナ人を統治者に戴きながら、事実上シナ本土のいかなる中央政府もしくは行政機関とも無縁であると言う新疆省の特異な地位に起因するものとは言え、ロシヤと友好関係を結び、その外国貿易のほとんどをロシヤに依存するという形をとりながら——他方では、ロシヤの慫慂と後押しを得て、ほとんど喧嘩別れにも等しいやりかたでシナ人とたもとを分かち、シナ人によって営まれるすべての活動を放逐した外モンゴルと、これまたさえぎるもの一つない広野に敷かれた長大な境界線をはさんで対峙すると言う、まことに複雑怪奇な状況に立たされた彼らの苦衷を如実に象徴するものであった。

かような情勢下にわたしは今度の旅行を企てたわけであるが、ちょうどそのころには事態はいっそう険悪の度を加え、矛盾はもはや彌縫しがたい段階にまで達していたのである。折から馮玉祥のキリスト教軍は、張作霖に率いられた反共同盟軍に圧されて北西地方に追い詰められ、壊滅するのもすでに時間の問題と見られていたが、ことによると敗残兵がさらに奥地に向かって退却するかもしれないと言う可能性もあって、奥地一帯にはさまざまな流言蜚語が乱れ飛んで、人心は極度の不安に陥っていた。キリスト教軍の司令官が彼を支援するロシヤ人の傀儡《かいらい》であることは、すでに周知の事実であった。だが、実際には、そうした不安をよそに、やがて馮玉祥は生き残った麾下の軍隊を糾合して河南地方に落ちのび、その地において、かねて抱懐せる過激な新理想——ある程度キリスト教を容認し、多分に親ロシヤ的で、原則的に排外主義をたてまえとする新生シナ建設の構想を実現せんと図ったのであるが、かような動きは、まだ当時は世間の関心をひくまでにはいたっていなかった。シナにおける世論の大勢は、彼がさらに北西に向けて後退し、彼の勢力下にある甘粛省に逃げ込んで軍の立て直しを図るに違いないという推測に傾いており、また、そこからさらに奥地の新疆省に進入して――彼の軍隊や輸送機関は、敗戦によってかなりの損害を蒙ってはいたが、それでもまだ同地方を制圧するくらいの力は充分に残していたのである――彼をあと押しするロシャの勢力と緊密に手を結んでその地に独立国家を打ちたてると言うことも、大かたの予想するところだったのである。どうして彼がそのとおりにしなかったのかは、わたしの当面の問題とは関係のないことだ。いまのわたしにとって最も気がかりなのは、彼が予想された行動を起こした場合に必ずわたしの身に振りかかって来るであろう恐るべき危険そのものだった。

かように、中立を守る新疆省に対していわれのない侵略の手がのびるかもしれないと恐れていた大かたの人々は、敵が甘粛省の側から攻め入って来るものと予想していたのであるが、ひょっとすると、敗走軍の全部または一部は、モンゴル領内の道――とくに、輸送や補給の便がよいところから、外モンゴルの道を迂回して新疆にはいろうとするかもしれないと言う可能性も、考えられないわけではなかった。新疆省総督はこうした可能性をも充分考慮に入れて、防禦体制の整備に全力を尽くした。まず、麾下の軍隊をことごとくハミに集結させて、甘粛省に通じる帝王の道の防衛に当たらせた。だが、それに比べて、モンゴル側の境界線を閉鎖することは容易ではなかった。とくに、このような場合、たえず移動するモンゴル人諸部族の動きが悩みの種であり、キリスト教軍が外モンゴルを通って新疆省に攻め入るようなことがあれば、外モンゴル全土が大混乱に陥るに違いなく、そうなったときには、おそらく、総督治下のモンゴル人もいっせいに行動を起こして、境界線をなすアルタイ山脈の向こう側に住むモンゴル人諸部族に合流すると言う事態も充分予想されることであった。かような、支配下のモンゴル人領民とそれ以外の部族民との団結を阻止するために、これまでにもすでに隔離政策のあらましが作られて実行に移されていたのである。また、外モンゴルがシナの隊商貿易を禁止したことに対する報復として、新疆側でも、外モンゴル向けの穀物や小麦粉の輸出を全面的に禁止する措置をとっていた。モンゴル人は、満州人帝国の支配下にあった長い泰平の時代に、冬季の食糧として穀物に依存する生活に慣らされたため、新疆省との貿易で彼らがとくに欲しがっていたのは、穀物だったのである。こうした措置と並行して、総督はひそかに彼の守り刀と頼む回教徒のカザック人諸部族を強化する政策をとり、彼らを力づけてモンゴル人の勢力に正面から対抗させようと図った。このように、回教徒の遊牧民を厚遇してモンゴル人を押えると言うやりかたは、ついこのあいだまで満州人とシナ人の為政者によって行なわれていた政策をそっくり裏返しにしたものにほかならなかった。中央アジアでは、古来、回教徒の諸部族は反乱を起こしやすいきわめて不穏な人種と見なされていて、そんな関係から、常に彼らを押えつけておく方法として、モンゴル人を厚遇して彼らに対抗させると言う政策が用いられたのである。もともと、カザック人は、古代このかた、アルタイ山脈をはさんで常にモンゴル人と接触を持っていた——それは、たいてい西側の山腹を境としていたのであるが、ところによっては山稜を越えて東側斜面のコブドのあたりまで進出することもあった。それが、満州人王朝の時代にはいるや、遊牧民の土地はすべて生得の権利によりモンゴル人に帰属すべきもので、したがってカザック人はモンゴル人諸部族に対して、放牧料をもかねた地代を納めなければならないと言う不当な裁定が、シナ帝国の統治者たちによって下されたのであった。

だが、新しい事態の進展につれて、モンゴル人のほうがかえって危険な存在となったため、これまでの優遇政策は急遽取り止めとなり、逆に今度はカザック人を援助して、彼らの勢力拡大を図らせることとなった。かくして、モンゴル人には武器を持たせない措置が講じられる一方で、カザック人のあいだにはぞくぞくと武器弾薬が送り込まれていった。もともと信仰と伝統を異にする両民族のあいだに横たわる根強い反目は、平時でも家畜の略奪などによってたえず火を掻き立てられていたのであるが、それが今度のできごとを機に、より露骨な敵意にまで高まり、勢いに乗ったカザック人はわずか数か月のうちに、外モンゴルと新疆省の境界に沿って長大な空隙を切り拓いた。かつては山稜を走る細い境界線にすぎなかったものが、一夜にして幅広い荒野の帯に変わり、わがもの顔に略奪して回るカザックの勇士たちの喚声のみがあたりに鳴り響いた。新疆省総督の統治下にあるモンゴル人は、こうした事態に恐れをなして、国境からはるか隔たった省内の奥地に逃げ込んだ。勝ち誇ったカザック人はなおも攻撃の手をゆるめず、アルタイ山脈の北東部にまで進出し、ミンガンのモンゴル人を襲って、ほとんど無抵抗に等しい住民を相手に略奪のかぎりを尽くしたが、そのときの模様についてわたしが住民の一人から聞いた話によると、文字どおり「一物も残さず奪い取っ」て行ったと言うことであった。こうして、新疆省総督治下のモンゴル人は有無を言わせぬ荒療治によって外モンゴルの同胞諸部族から引き離され、その後、両者のあいだの行き来は完全に途絶えてしまったのであった。

ついで、この隔離をいっそう徹底させるために、グチェン・ツ、バルクル、さらにはサン・タン・フからバイにいたる辺境のオアシス地帯と言った地域について、対外モンゴル貿易を禁止する法令がこれまでになくきびしく施行されることになった。この禁令が発布された当初は、誰もがこれをとっておきの切り札ぐらいに考えて、まさかこれが今日明日のうちに実施されることになるとは夢にも思わなかったのである。事実、たとえばサン・タン・フの住民などは、ひそかに穀物や小麦粉や、その他の商品を、ゴビ砂漠からテング・ノールに運んで巨利を博していたほどであり、またそうした取引きを見て見ぬふりをすることによってふところを肥やした役人も、一人や二人にとどまらなかったのである。だが、そんなけっこうな商売ができた時代もすでに過去のものとなり、つい最近にも、数人の男が密輸のかどで銃殺刑に処せられたと言うことであったが、国境警備隊自体も、サン・タン・フのそれを見てもわかるとおり、これまでにない厳格な統制下に置かれ、おかげで下級士官たちもいままでのように非合法的な貿易を助けて甘い汁を吸うと言うわけにもゆかなくなった。そこで彼らは、その埋め合わせとして、今度は正規の隊商にきびしい取り締まりのほこ先を向け、ことさらに書類の些細な不備を見つけ出しては隊商の統率者をおどして、多額の追懲金と引き換えに通行許可を与えたり、各隊商が携行を認められた糧秣の量にかってな制限を課したり、さらには、サン・タン・フで売買される物資に対して手数料を徴収したりして、私腹を肥やしはじめたのであった。

このような、疑惑と陰謀と妨害の渦まく淵に、わたしはうっかりはまり込んでしまったのである。わたしを捕えた二人の士官のうち、名目上の指揮をとっている男はすっかりおじけづいていて、何一つ命令することもできないありさまであったが、それをよいことにして、《副官》である、幾らか字の読める男のほうは、わたしの申し立てなどにはろくに考慮を払おうともせず、もっぱら彼の上官を失脚させることにばかり夢中だった。自分がこの場の責任者でないのをさいわい、彼は空想のおもむくままに途方もない推論を次から次へとでっち上げてとどまるところを知らなかった。たとえば、ざっとこんなぐあいである。わたしが所持しているアメリカの通行証は、なるほど北京政府によるシナ語の裏書がついてはいるが、どう見てもこれはまっかなにせ物である。もしかすると日本で偽造されたものかもしれないが——こんなことを思いついたところを見ると、おそらく、ひところ沿岸地方で反日感情が高まったことがあるのを、この男も耳にしていたのであろう——はっきりそうだと断定するのは差し控えておこう。それよりももっとけしからんことに、わたしは武器の密輸に関係した商人かもしれない。いや、ことによると、人心攪乱を図る目的で潜入した共産主義者の密偵かもしれない。でないとすれば、キリスト教軍の司令官に雇われたロシヤの軍人で、新疆省への侵入路を探りに本隊より一と足先にやって来たものに違いない。わたしが拘留された次の日に、さっそく彼らはわたしのことをバルクルの司令部に報告して、「これからとるべき処置に関して指令を仰ぐために」、騎馬伝令をつかわした。わたしが自分で言づてを送ろうとしても、それは認めてもらえなかった。と言うのも、彼らはこの地方にはわたしの友人が何人かいると言うことをわたしの口から聞かされて、万一わたしがその連中をそそのかして、善良かつ有能廉直な軍人である彼らの信用を汚すような工作をやらせたりしたら一大事と考えたからなのである。だが、それしきのことで諦めるようなわたしではなく、周家の親しいラクダ曳きにこっそり一通の手紙を託し、それをグチェン・ツで投函してくれるように頼んだ。さらにそれから数日後には、モンゴル人の住民から矮馬を一頭借りることに成功したので、わたしの雇ったラクダ曳きをそれに乗せてバルクルにおもむかせた——実は、彼自身もこの町に用があって、しきりに行きたがっていたのである。と言うのは、最初にわたしとラクダの賃貸契約を結んでおいて、あとになってそれをさらにこの男に下請けさせた、例のラクダ曳きが、その後さっぱり音沙汰なしになり、それに業を煮やしたわたしのラクダ曳きは、奴の家族をつかまえてはっきり話をつけてやるのだといきまいていたところだったのである。わたしは、その際、彼に手紙を二通託したが、うち一通は、首府のウルムチに駐在しているはずの二人のプロテスタント宣教師にあてたものであり、他の一通は、わたしの友人潘氏(1)にあてたもので、これも一応首府あてにして、詳しい送付先を書き添えておいた。

ラクダ曳きを送り出してしまったあとは、もうわたしには何もすることがなく、ただじっとすわって待つよりほかなかった。その間、わたしにとってどうにもがまんがならなかったのは、寝泊まりさせられた部屋の、まったくお話にならないむさくるしさであった。わたしのテントを張らせてくれと頼んだが許可してもらえず、代わりに警備隊指揮官の宿舎に隣接したあばら屋同然の部屋に住まわせられたのである。そこにある寝壇(カン)がまたたいへんなしろ物で、ところどころいたんで穴があいており、そのため、普通ならば正面のストーブに火を燃やして、煙道で煙を導き入れて寝壇全体を暖めることができるはずのところを、そうした暖房装置もまったく役に立たなかった。しかも、部屋の床の半分以上が、横二・一メートル、縦三メートルほどもある、このばかでかい寝壇に占領されていて、残りの部分は、一・五メートルに三メートルほどの大きさの、いわば深い土間になっており、そこにわたしの身の回りの品がうず高く積み上げられてあった。したがって、この部屋で暖をとろうと思えば、一段低くなった土間の、わたしの荷物が置いてない泥の床の上にたき火をたいて、煙をかぶらないようにからだを床すれすれに低くかがめてあたるか——それがいやなら、他の部屋に押しかけるかするよりほかなかった。現にわたしは、戸外に出ているときは別として、それ以外はたいていほかの部屋に行って過ごした。だが、昼間はそれでよかったが、夜ともなれば出歩くわけにもゆかず、モーゼとわたしと、それにわたしの雇ったラクダ曳きがバルクルから戻って来てからは、彼をも加えて都合三人が、たき火の火を消したあと、一つの寝壇にいっしょにおさまって寝なければならなかった。

サン・タン・フを訪れる探検家は、ほとんどみな、この荒涼としたながめに恐れをなして、「ひどい荒廃地」とか、「朽ち果てたあばら屋の集落」とか言った言葉を記録に書きとめるや、倉皇として逃げ出してしまうと言うことであった。そればかりか、この地に住むシナ人の住民でさえも、かような地の果ての前哨基地の味気なさを表わすのになかなか適切な言葉を用いて、たとえば、ゴビ・タンル・シャンと言ったような呼びかたをしているのである。字義どおりに訳せば、これは「ゴビの広野に取り残された」と言うぐらいの意味にすぎないが、これによって彼らは、ここでの生活が楽しみらしい楽しみのない索漠としたものであると言うことを表わしたつもりなのである。かような辺境の開拓地に長逗留するのは、わたしにとってもこれがはじめてであったが、後になってみると、こうしてたっぷり引きとめられたおかげで、この種の辺境地における生活の鼓動をじかに感じ取ることができたのは、たしかに喜んでしかるべきことのように思われた。

このオアシス地帯とバルクルとを隔てている西メチン・オーラ山脈の外側に横たわるなだらかな黒いゴビ平原の単調な広がりを破って、ところどころうっすらと雪化粧をしたゴビ特有の低い黒い丘が、かたまりや列をなしてそびえていた。これらの砂漠の丘陵に囲まれた最も深い窪地に、ここのオアシスを潤している水源の泉が湧き出していた。この泉によって潤される地域は、珍しいことに、たいていの場合、山脈に平行して走るのが普通であるのに、これだけはほぼ北に向かってのび、それに沿って小さな川が数キロほど水音もさわやかに滔々と流れていたが、それもやがて、水という水をことごとく呑み込んで飽くことを知らぬ乾いた砂漠の中に没していた。この地域のへそにあたるサン・タン・フの村は、ちょうどこの川の水源に位置していたのであるが、そのほかにも、耕作地や、数戸ずつかたまった小屋が、西と北に点在しており、中には他の泉から水を引いている部落もあった。したがって、三番めの路程のオアシスと言う名のもとに包括される地域全体では、おそらく三〇家族以上の住民がいるに違いないのである。しかも、この住民たちは同じ一族の人間で、鎮番からの移住者の息子や孫たちだったのである――それで、彼らのことを小ネズミと呼ぶのだそうであるが、そのわけは、生粋の鎮番人だけが本物の砂山ネズミであり、この一族のように一代かそれ以上も隔たっていると、それはすべて小ネズミと見なされるのである。そして、彼らはいずれも裕福であるうえに、まったく信じられぬくらい悋嗇で、儲かりそうな取引きと見ればとことんまで食い下ってくるくせに、ちょっとでも不利と見るとたちまち契約を拒否すると言った徹底ぶりであった。その点では、バルクルの住民もたしかに悪名高い連中であり、しかもそれは、単にこの町を訪れた少数の旅行者たちだけによる評価ではなく、シナ人自身のあいだでもやはりそう言われているらしいのである。このわたしにしても、最初にわたしのモンゴル旅行を請け負った例のバルクルの男にだまされてひどい目に会った当の被害者であってみれば、とてもこの悪評を和らげてやる気にはなれない。だが、これほど悪辣なバルクルの人間でも、けちで欲張りのサン・タン・フの下司どもに比べれば、まだしも正直で気前がよいと、帰化のラクダ曳きたちが評していたことを、ここにぜひ書きとめておく必要があろう。

かような連中に取り巻かれて、わたしは二週間ばかり過ごしたわけであるが、その間、たしかに聞きしにまさる彼らの徹底した破廉恥ぶりをいやというほど見せつけられて、ますます彼らを軽蔑せずにはいられなかった。村の主だった住人の家を順に訪ねたわたしは、彼らの寝壇に腰かけ、時のたつのも忘れてみなと長話のやりとりをしたものであったが、話に興じながら彼らはたえずアヘンを喫い、その合いまには、穀物を買いにやって来る隊商の統率者を次々に呼び込んで値段の掛け合いをすることもあれば、またときには、急に声をひそめて、辺境の政治情勢をわたしに耳打ちしてくれることもあった。それに、わたしが無料で薬をくれると言うことを伝え聞いてからと言うもの、彼らはあとからあとからわたしのところへやって来て、薬をくれと言ってきかなかった。だが、どう見ても、彼らのほとんどはこれと言って悪いところもなく、せいぜいアヘンの毒に侵されているくらい(それと、ごくありふれたでき、、、もの、腸の疾患、結核のごく初期の兆候、第二期梅毒、と言ったところであった)なので、わたしが持っている薬の出る幕などほとんどなかった。実際、アヘンの中毒によって体調をすっかり狂わせてしまった人間に薬を投与することほどむだな話はないのである。ここの住民は、男女を問わず、重症のアヘン吸飲者ぞろいであった。しかし、それも、考えてみれば、むりからぬ話で、モーゼの述懐ではないが、「こんな荒れ果てた広野に冬じゅう閉じ込められている奴らにとって、楽しみと言えば、アヘンと女ぐらいのものじゃありませんか。ところが、その肝心の女があんなですからね」——と言うのは、どう言うわけか、ここの女たちは、老いも若きも、骨と皮ばかりに痩せ細ったじゃじゃ馬ぞろいだったのである。

それにしても不思議でならないのは、女たちがみな、主にアヘンの吸飲が原因で、二五歳ぐらいで早くもふけてしまうのに、たいていの男は元気旺盛で見るからにたくましく、とにかく戸外に出て畑を耕したり、矮馬を乗り回したり、家畜の世話をしたり、旅をしたりすることができるあいだだけは、健康で活動的であると言う事実であった。とくに、ほんとうの《飲み助》が陶酔を求めて喫うところの、吸いさしとかパイプにたまったかすなどには目もくれずに、もっぱら新しいアヘンばかりを喫っている男にその傾向が著しいのである。だが、このようにアヘンに侵された村に真に憂うべき事態が襲うとすれば、それは彼らではなく、その子供たちの世代である。この村の首長というのは、六〇を越した老人であったが、いまでも厚い胸板とたくましい骨格をしたところはどう見ても四〇歳以上とは思われず、また事実、自分の隊商を指揮するのをやめて引退してからまだほんの一、二年しかたっていないと言うことであった。この男には、かなり齢をとってからずっと年下の妻に生ませた、まだ二歳にもならぬ幼い子供が一人あった。毎晩、刺子にくるんで寝かせる前に、家族の者たちはこの子供を、カンの上に横になってきせるを喫っている父親のところへ連れて行った。すると、父親は子供の顔にアヘンの煙を吐きかけた。こうすれば、子供は一と晩じゅう泣かずに眠ると言うのである。わたしの聞いた話では、これは通常、両親とも長年アヘンに親しんでいるような家庭に生まれた、癇《かん》の強い腺病質の子供を寝かしつけるのに用いる方法らしいのである。それにしても、まだ乳離れもしない幼児のうちからアヘンを喫わずには満足に眠れないとは、まったく恐るべきことであり、このようにして育った子供たちが、将来、まともな人間になれたとしたら、それこそ不思議と言うものである。わたしと知り合いになった五、六組の家族の家長はいずれも、最も早くこの辺境地にやって来た。開拓者であったが、すでに六〇歳から八〇歳ぐらいになった今日でもなお頑健そのもので、たて続けにアヘンを腹いっぱいに喫っても眉一つ動かさないと言う豪傑ぞろいであった。それほどの体力があったからこそ、彼らは自分たちの土地を切り拓き、富を築き上げることもできたのであり、悪徳にふけるようになったのは、いわばそうした生活が軌道に乗ってしまってからなのである。ところが、彼らの孫の世代になると、そのような苦闘も知らず、はじめから労せずして親譲りの財産にありついた者ばかりであり、安易な生活に慣れた彼らには、祖父たちのたくましい力や旺盛な意欲などとうてい望むべくもなかったのである。

わたしの住まいから一つおいた隣に、年寄りの夫婦が住んでいた。年寄りと言っても、まだ二人とも五〇代で、本来ならそれほど老人ではないはずであるが、一家を襲った不幸のために彼らは年に似合わず老いぼれてしまい、いわば悲劇の終幕をいましも演じ終えようとしているところだったのである。悲劇と言うのは、かれこれ一年ちかく前、彼らにとって生きがいだった一人息子を病気で失くしたことであった——聞いた話を総合すると、どうやらその病気と言うのは結核だったようである。子供によって生命の不滅を信じ、すべての希望をそれに託してきた父親としてはむりからぬことであるが、もはや跡継ぎを得る望みがないとわかると、老人は悲嘆のあまり動く気力も失い、少しばかりあった家や土地が荒れ果ててゆくのをただ手をこまねいて見ているばかりだった。サン・タン・フでは、女の数が男よりも少なく、そのためもう一度新しい妻を迎えると言う当てもなかったのである。すでに子供を生む時期を過ぎた彼の老妻は、こうした不幸を招いた罪がすべて自分にあると思い込み、息子を失くしたその日から、ただいたずらに泣き悲しんで、一日も早く死が訪れることばかりを願っているのであった。彼らのために何かしてやれることはないかと思って、わたしは彼女のいる薄暗い犬小屋のような部屋にはいってみた。だが、わたしがそこに見いだしたのは、ほとんど骨と皮ばかりにやつれ果てたからだをぼろに包み、すっかりしなび上がった頭に薄汚れたぼさぼさの髪を垂らした、ミイラ同然の彼女の姿であった。そればかりか、声すら満足に出せなくなっているらしく、ただわずかに、言葉にならぬ無気味なつぶやき声を洩らしながら、大粒の涙がぽたぽたと頬に滴るのを拭おうともせず、ぼろにくるまったからだを痙攣的に震わせているばかりだった。そのそばでは、これもまた彼女に劣らず醜く痩せた老婆が、きせるを手にして、しきりにアヘンを詰めてやっていた。これではとても手の施しようのないことは明らかだったが、彼女の喉の痛みを和らげてやってくれと回りの者たちが頼むので、わたしは咳どめドロップとアスピリンを少しばかり服ませてやった。ところが、そのあくる日に彼女は死んでしまったのである。さいわい、わたしが彼女のもとを訪れたのは、警備隊の指揮官としてこの村の支配権をも掌握している士官からぜひ診てやってくれと懇請されてからだったので、わたしが彼女の死を早めたと言う告発だけは免れることができた。

亡骸を棺に納め、通夜を行ない、最後に埋葬をするまでの数日間は、退屈な生活にとってまことに楽しい気ばらしであった。わたしも近隣の家族が次々に催す宴会に招かれてご馳走になった。一方、モーゼと、それにたまたまこの葬式を見にやってきた一人か二人の帰化のラクダ曳きも、僧侶によって営まれる変わった式のやりかたにひどく興味をそそられたらしく、自分たちの故郷で行なわれている儀式とは何から何まで違っており、まったくこんな珍しい葬式を見るのははじめてである、とわたしに話してくれた。普通は、シナ全土にわたって広く行なわれている原始的魔術のさまざまな流派の後継者たる道教の僧侶が、仏教の僧侶や、その他葬儀に参列するすべての人々の上に立って式を主宰するらしいのである。だが、まことに残念ながら、わたし自身はそう言う方面の知識が乏しくて、この地方的な儀式のどこがそんなに変わっているのか、よくわからなかった。いや、それよりももっと残念だったのは、サン・タン・フに滞在していたあいだじゅう、疑いをかけられるのがこわくて日誌をつけることができず、おかげでわたしの見聞を何一つ書きとめずにしまったことであった。とにかく、わたしにとって最も興味深く思われたのは、葬儀を主宰する僧たちの中に職業的僧侶が一人もいなかったことであったが、もともと住民の数も少ないうえに、悋嗇をもって聞こえるこの部落としては、とうてい金を出してまで本職の司祭を置くことなど思いも寄らなかったのであろう。

葬儀に集まった臨時道教僧

と言っても、人のいない祠ならばかなりたくさんあり、川を少し下ったところには寺も一つあって、季節ごとの祭礼になるとバルクルから巡回僧侶が多数訪れると言うことであった。したがって、弔いのときには、もっぱら素人で組織された組合が式を司る習わしであったが、素人ながらこの組合は勤めに必要な式服や、楽器や、その他の道具類をちゃんと備えているばかりでなく、司祭そっくりの頭の形に作った鬘さえ持っていると言う周到ぶりであった。ただし、その式服と言うのは、かなり時代をへたものらしかったが、豪華な刺繍を施した錦織りと言ったような特別高級な衣装ではなかった。おそらく、それは初代の開拓者たちが携えて来たものに違いなく、これは単にわたしの推測にすぎないのであるが、これらの式服をはじめ、残りの装備一式も、最初にこの地に移住した一団の道教の僧侶たちの所持品であったものが、その後まもなく、彼らが独身の戒律を捨てて還俗し、より割のいい俗人の仕事に鞍替えするに及んで、彼らの手から凡俗の組合に引き継がれたと言ったところではないだろうか。

サン・タン・フにいるあいだにわたしが診察を頼まれ

たのは、このほかにもう一回あったのであるが、残念ながら今度もまたわたしは奇跡を起こすことができなかった。わたしは足どめを食って以来、わたしのラクダをオアシスのはずれにある牧草地に放牧して、いつも鎮番のワ・ワにその番をさせておいた。ワ・ワはあるモンゴル人のユルトに泊めてもらっていたのであるが、ある日、わたしがそのユルトを訪れて、ミルクと塩を混ぜたお茶をご馳走になりながら、この家の主人を相手に、モンゴルの人間なら誰でも膝を乗り出さずにはいないような話題を思い着くままに語り合っていたときのことであった。急にモンゴル人は話をやめて、ひじを上げてユルトの隅のほうを指し示した。見ると、そこに人が一人カモシカの皮で作った掛蒲団をかぶって、死んだようにひっそりと横たわっていた。実は、娘が病気にかかって、ああして寝ているのだ、と彼は言った。それで、今度おいでになるときに薬を少しばかり持って来ていただけると、大いに助かるのだが。この男だけは、サン・タン・フの小ネズミどもと違って、相手にとり入ろうとするような卑屈なところが少しもなく、わたしの鎮番のワ・ワを彼の負担でユルトに泊めていることなどおくびにも出さなかった。ただわたしに娘の病気を診てもらいたいと言う一心から、彼はそのことを切り出したのであった。

さっそく病人を調べてみると、背の高いすらりとした娘で、消耗性の熱病のために醜くやつれてはいたものの、それさえなかったら、かなり美しい顔立ちをしているらしいことが想像された。母親の話では、群れにはぐれた家畜を捜しに行って、戻って来るとすぐに発病したと言うことであった。家畜を捜し当てたあとで、運悪く彼女は吹雪に会った。彼女一人では家畜を追って吹雪の中を進むことなど及びもつかず、せっかく捜し当てた家畜がまたちりぢりになってしまうのを恐れて、一個所に集まって吹雪のやむのを待つことにした。ところが、一昼夜たっても吹雪はやまず、次の晩もひき続いて降りこめられた。しかも、そのあいだ、身を隠す場所もない吹きさらしの広野で、火をたくこともできず、まったく飲まず食わずの状態で過ごしたらしいのである。吹雪が通り過ぎてから彼女は、気丈なモンゴル娘にふさわしく、家畜を無事に連れ帰った。これくらいの苦労は、モンゴル人の生活では日常茶飯のことなのであるが、ただこの娘の場合は運が悪かったとみえて、帰って来たときにはすでに病気にかかっていたのであった。

その話を聞いて、わたしはてっきり彼女が肺炎にかかったに違いないと判断した。ところが、それから毎日のように病人を訪れてできるかぎりの手当てを施し、家族の者たちにも、部屋を暖かくして病人を寒い空気に当てさせないようにと指示を与えたのであるが（どうやら、これは守られなかったようだった、と言うのは、病人の身でありながら彼女はかってに起き出して、薪を集めたり火の番をしたりして、いつものとおりに自分の分担の仕事をやったらしいのである）、五、六日たってから、母親からさらに新しい事実を打ち明けられた。娘の病気は快方に向かっているらしい、と彼女は言った。まったくありがたいことだ。あの子は、たしかに、まだほんの小娘ではあるが、あれでもいまでは総領なので、家の仕事もいちばんよくやってくれる。だから、あの子に死なれたら、どんなに困ったかわからない。そう言えば、家の者はみなあれと同じ病気にかかったことがある――父さんも、母のわたしも、大きい息子も、この娘も、それにまだ腕白ざかりの二人の小さい息子と娘も。

「大きい息子さんとおっしゃると？」とわたしは聞き返した。「あそこですよ」と彼女はあごをしゃくりながら答えた。それからまもなく、わたしは鎮番のワ・ワを捜しに出かけた。「大きい息子なら知ってますよ」と彼は言った。「でも、もう死んでいるんです。ユルトから一〇〇歩ぐらい離れた窪地に死体が置いてあります。もっと離れたところに捨てればよかったのに、そうしなかったものだから、まだオオカミも寄り着こうとしないらしいんです。迷信深いモンゴル人のことですから、きっと死体に悪魔が宿っていると思ってこわがっているんでしょう。それで、あそこの谷で野営している流しのラマ僧なんかに祈禱を頼んで、せっせとお布施や食べ物をくれてやっているんですが、いままでに矮馬も一頭お礼にやったくらいなのです。でも、たしかに奴は相当な食わせ者ですよ。奴の生まれは、ずっと遠くの――わたしもよく知っているアラシャンの村なんですが、はじめ奴はココ・ノールへ行くつもりでいたのが、あちらではごたごたがあって道が通れそうにないと言ううわさを耳にして、急に行く先を変えてこっちへやって来たらしいのです。あのモンゴル人はずいぶん人の好い男だから、きっと奴は、祈禱をあげて彼の息子の死体から悪魔を退散させてやるとだまして、何もかも捲き上げてしまうに決まっています。取るものがなくなったら、死体をもっと遠くへ捨てろとか何とか言うつもりなんでしょう。そうすればオオカミが来て食べてしまうでしょうし、あの家の者たちもそれでほっとするでしょうからね。」

だが、わたし自身はそんな話に耳を傾けているどころではなかった。いまやっと、《肺炎》だとばかり思っていた病気の正体がわかったのである。あのユルトは、発疹チフスの巣窟になっていたのである。そうと知った瞬間、わたしはあのユルトにあったフェルトや、焚火を囲んでいっしょに語り合った家族の者たちのからだをはいずり回っているに違いないシラミの群れを想像して、思わず胸のあたりがむかむかしてくるのを禁じえなかった。さっそくわたしは、かねて用意の小さな医学辞典を開いて、発疹チフスの項を調べてみた。と、そこには、この病気は薬による治療よりも、行き届いた看護が必要であると書いてあった。この種の小辞典に言うところの手厚い看護なるものは、モンゴル人の娘にとってはそれこそ期待しうる最後のものであると言うこともわかってはいたが、それでも、家人を説き伏せて、やっと彼女のために安静だけでも確保してやることができた。おかげで、それから一週間もすると、彼女の病状は目に見えてよくなりはじめた。

娘の父親は、そろそろ五〇歳に手の届きそうな年齢の、きわめて物静かな実直そのものと言った感じの男で、モンゴル語とシナ語の両方の名前を幾つか持っていた。これは彼が、最近各地で大量に軍隊に徴集されている一般のモンゴル人よりは一段上の階級の生まれで、かつてはシナ商人の隊商に加わって働いたこともある誇り高い部族の一員である証拠であった。彼も一介のラクダ曳きから身を起こし、最後にはシナ人の隊商を動かす統率者の地位にまで上ったが、やがて彼の通いなれた貿易路が閉鎖されるに及んで隊商の仕事から足を洗い、彼の属する部族の領地から国境一つ隔てたこのオアシスにやって来て、ここに居を構えたのであった。かような経歴の主として、当然彼は帰化地方のシナ語を実に流暢に話すことができ、身分の高い人々とも親交を結んだ貴重な経験を持っていたが、それでいながら、その挙措ふるまいや感情においてはあくまでも純粋のモンゴル人たる

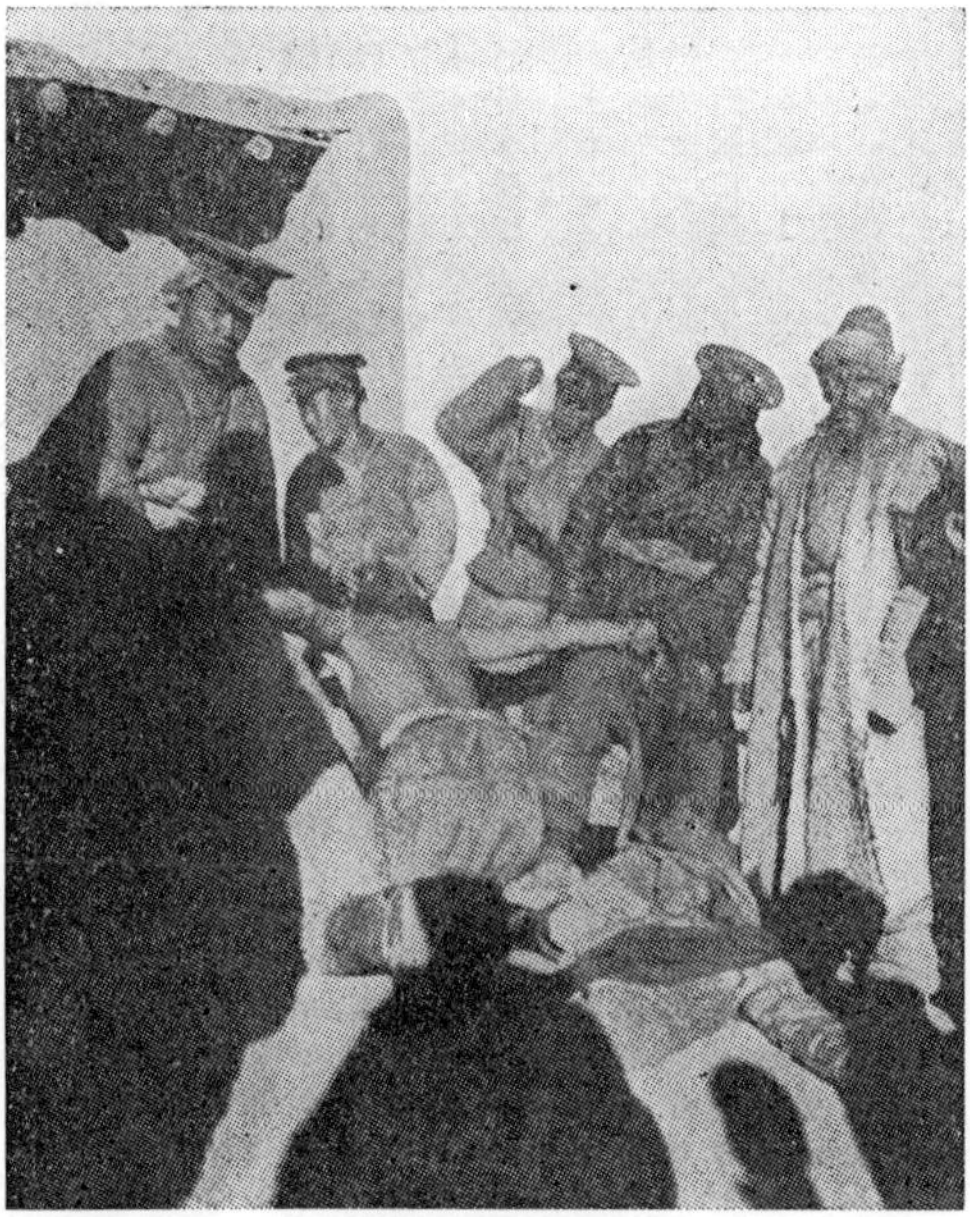
サン・タン・フの裁判風景

特質を失っていなかったので、彼の話はわたしにとってまことに得るところが多かったのである。

　さらにこの人物のすぐれた人柄を示すものとして、わたしがサン・タン・フに滞在していたあいだに、二人のモンゴル人が処断されると言う事件が起こり、その際に彼は敢然として罪人たちにあからさまな援助の手を差しのべたのである。この男たちが犯した罪と言うのは、ある隊商から積み荷の布をラクダ一頭分の半分ほど盗み出したことだったのであるが、せっかく盗んだものの、翌日ラクダに乗って犯人を捜しにやって来た隊商側の追っ手に簡単に捕まってしまった。もともと盗みにかけては素人同然の彼らだったので、捕まるとあっさり罪を認め、おまけに盗んだ布の隠し場所まで白状してしまった。ところが、執念深いシナ人たちはそれでも彼らを許そうとはしないで、サン・タン・フ駐屯部隊の指揮官の前に突き出したのである。盗んだ布は、新疆省発行の紙幣にして一〇〇両《テール》以上の額に上ったので、告発されれば当然死刑は免れないところであった。（新疆省の一〇〇両《テール》は、ほぼ銀貨三〇両《テール》に相当するのであるが、これだけの額ならば、キリスト教軍司令官の支配下にある帰化でも、やはり死刑の判決を受けることは確実である。）

　わたしの友人である駐屯部隊の指揮官は、隊商からの訴えに応えて、略式の軍法会議を召集した。まず最初に、彼は簡単な論告を行ない、その中で罪人たちに、彼らがたまたま政情乱脈をきわめる外モンゴルを逃れて平和なシナの領内に住んでいる幸運を感謝して、これからは二度と盗みなどを働かないようにと論してから、さらに、彼らがバルクルの民事法廷に送られれば当然統殺刑に処せられるはずであるところを、今回はとくにそれを見合わせた彼の温情ある処置を充分銘記することを勧め、最後に、左手の掌のつけ根に鞭でそれぞれ三〇〇回の打擲を加える旨の判決を下した。これはシナの軍隊で昔から行なわれている伝統的な刑罰で、打擲に用いられる鞭は、叩くほうの端を平たくした短い棒なのである。見た感じでは、こんな棒で打ったところで、せいぜい平手で強く叩くくらいのきき目しかないように思われるが、どうしてどうして、実際には人間の手ぐらいぐしゃぐしゃに叩きつぶすこともできるらしいのである。グチェン・ツの民事法廷でも、常習的な盗賊に対してしばしばこれとよく似た鞭打ちの刑が課されるそうであるが、ただし叩く個処はくるぶしの骨のあたりで、この刑を受けた罪人は骨を砕かれて、一生不具になってしまうことも珍しくないと言う話である。

判決が下ったあと、二人のモンゴル人は厳重な監視のもとでその夜を過ごし、あくる日あらためて、この国境沿いの地域に住む全モンゴル人住民の首長に任じられた男のユルトに送り返されることになっていたが、これは、首長が将来この二人の盗人を必ず正業に励ませると言う堅い誓約のもとに、彼らの身許引受人をつとめることになったからであった。ところが、いよいよ彼らが送り出されると言うときになって、一人のシナ人が駐屯部隊の指揮官のところへやって来て、新たな訴えを起こしたのである。彼の持っていた矮馬が二頭、数週間前に盗まれたが、聞くところによると、今度二人のモンゴル人の盗賊が捕まったと言うではないか。奴らが矮馬を盗んだ張本人ではないにしても、おそらく誰がやったかぐらいは知っているに違いない。そこで指揮官は、翌日改めて査問会議を開いて、裁判のやり直しを行なった。あらぬ嫌疑をかけられてびっくり仰天したモンゴル人は、つい最近移って来たばかりだから何も知らないと、しどろもどろに抗弁するのがやっとだった。自分たちは、みなに聞いてもらえばわかることだが、盗難事件のあったあとで外モンゴルから移って来たのであり、原告のシナ人の所有地などへは、まだ一度たりとも、馬に乗って一日で行けるくらいの距離にまで近づいたことさえない。だが、指揮官はそんな弁明には耳を貸さず、隊商から盗みを働いたくらいの盗賊であるからには、馬泥棒だってやりかねない、それに、モンゴル人と言う奴は度しがたいうそつきだから、お前たちの話などでたらめに決まっている、とはげしく決めつけたうえ、彼らを鞭で打って白状させるようにと命じた。

この鞭打ちの刑と言うのは、馬の鞭と同じ組み紐でできた一七、八センチほどの長さの鞭を使って、むき出しにした背中の、ちょうど両肩のあいだあたりを叩くのである。だが、前もって下級の士官に一人につき三ドルの金を握らせたうえに、さらに二、三ドル相当の品物を贈っておいたおかげで、このモンゴル人たちは、鞭で打つ回数を一〇回のうち六回ずつごま化して数えてもらったのである。鞭を当てる役の男が大きな声で回数を数えながら叩くのであるが、それがきわめて巧妙なので、手のうちを知らない者が見たら、いつ数を抜かしたのかほとんど気づかずに終わってしまうくらいであった。もちろん、刑に立ち合っている士官にはすべてが見とおしだったはずであるが、こんなことはしじゅう行なわれているらしく、見て見ぬふりをしていた。しかも、回数をごま化しているだけでなく、どうやら、振り下ろす鞭の勢いも幾らか手加減されているようであった。だがそれでも、両脇に立った男にのばした腕を取られて地面にひざまずいたまま苦痛に身悶えしているモンゴル人の背中は、見ているまにはれ上がり、ぶくぶくしたみみずばれが破れて血が滴り落ちた。途中で一度、副官の男、と言うのはわたしをことごとに陥入れようとした例の士官であるが、この男がやにわに、もっと強く叩けとどなったかと思うと、鞭をひったくって、ありったけの力をこめて罪人の背中を叩きのめした。だが、そんなことをするまでもなく、罪人たちは立ち合いの先任士官が「はじめ!」という恐ろしい合図の言葉を発した瞬間からすでに、絶え入るような悲鳴を上げはじめ、そのそばに立った通訳が彼らの喚き声をざっと訳して一同に伝えていたうえに、一〇〇回ずつ叩いては小休止を置くそのたびごとに、知っていることや共犯関係を残らず白状しろとおどかされ続けていたのである。こんなにひどい目に会い、事実、地面にはいつくばって泣きわめく声のすさまじさにつれてからだまでがしなびてゆくのではないかとさえ思われるほどであったが、それでも、二人のモンゴル人は何一つ白状することも持たず、ただ、盗まれた矮馬を捜すのに自分たちも協力するから、と必死になって誓うのがせいぜいであった。

その翌日、わたしはわが友人である例のモンゴル人のユルトで、二人の男に会った。二人とも左手は動かすこともできないくらい痛めつけられ、背中もまだひどくうずくらしかったが、それでも食欲だけは盛んで、たらふく詰め込んでいる最中だった。よく見ると、彼らはどちらも、もとは綿入れだったらしい――兵卒がはいているのとよく似た――ぼろぼろのズボンをはいていた。たしか二人とも、駐屯所に連れて来られたときには、上等の羊の皮のズボンをはいていたばかりか、その上にもう一つ、これも上等の羊の皮の上ばき用ズボンを重ねてはいていたはずであった。そう言えば、彼らをこれから送って行く護衛の兵卒が、このごろ、それとてもよく似たズボンをはいているようだった。

見たところ、二人とも純朴でおとなしそうな男だった。今度の経験で、この男たちが正義や公正な裁きなるものについて認識を新たにしたとはとうてい考えられなかった。太古そのままのアジア人として、彼らが何か心に思ったことがあるとすれば、それはただ、自分たちの上に下った罰は正義の断罪ではなく、権力の怒りであると言う感慨だったに違いない。とすれば、いつかまた彼らが国境を越えてモンゴルの地に戻り、何かの縁で、権力に背いたシナ人を鞭打って半殺しの目に会わせる役に手を貸すことにでもなったときには、これで幾らか意趣ばらしができたとばかり、何となく溜飲《りゅういん》の下がるような思いを味わうと言うことも、あながちありえないことではないであろう。それはともかくとして、おそらくいま最もはっきりした形で彼らの心を占めているのは、何はともあれ強い者の側について、正義――と言うことは、彼らの場合、権力と同義語であるが――を振りまいたほうがずっと得であると言う感慨であったに違いない。

とかくするうちにも、わたしと駐屯所指揮官との友情はいよいよ親密の度を加え、彼のもとに招かれて食事をともにするのはもとより、日中、護衛さえ伴えばどこへでも出かけてよいと言う許可さえも得ることができた。たしかに、彼は誠実そのものと言ったりっぱな人物で、すでにバルクルへ伝令を送り出したためにすっかり動きのとれない立場に追い込まれてしまってからでも、わたしを引きとめたりしたのは行き過ぎた処置だったのではないかと、しきりに心配しはじめたほどであった。だが、わたしのほうはしごく暢気なもので、ほとんど毎日のようにカモシカを追って外を歩き回った。日暮れになると決まって、荒野を吹き荒れる冷たい風を避けようとしてカモシカの群れがオアシスのはずれに集まって来るのである。そして明けがたには、これもまた判で押したように正確に、村から歩いて一〇分ほどの草地に一群のカモシカが頭を並べて、いっせいに草を食いはじめるのであるが、これはどんなに仲間が撃たれて数が減っても、いっこうに変わらなかった。彼らは銃を持った人間をたちどころに見破る鋭い視覚を持っているので、わたしの姿を見るととたんに遠くへ逃げてしまったが、それまでは、家畜の世話をしているモンゴル人やシナ人の子供たちが二〇〇メートル以内に近づいて大声で叫んでも、平然として草を食い続けていたのである。最初のうち、わたしはオアシスの周辺にはえている邪魔な野生のハコヤナギのやぶを片っぱしから引き抜いたりしてむだな時間を費したが、やがて、そんなことをしなくてももっと簡単なやりかたがあることに気がついた。朝の一〇時ごろになると、カモシカはいっせいにゴビの広野に出て行って、幾らか気温が上る日中の数時間、日なたぼっこをして過ごすのが常で、こうしていったん砂漠に出てしまうと彼らは自動的に荒野の獣の本性を取り戻して、まったく人を寄せつけなくなるのであるが、それまでだったら、ことはいたってたやすく、ただぶらぶらと歩きながら、近くでラクダの世話をしているはなたれ小僧をつかまえて、カモシカはどこにいるかと尋ねさえすればよいのである。

こうしているあいだも当局がわたしのことを忘れていなかったと言うことを示す最初の証拠が現われた。わたしの雇ったラクダ曳きがバルクルから戻って来た。バルクルに住む例の隊商の持主の家族と会うには会ったが、話をつけることができなかった、と彼は報告した。あの男の隊商はとうの昔にバルクルに到着したが、今度は彼の弟がそれを率いてグチェン・ツに出かけてしまったと言うのである。ところが、年老いた父親は、わたしのラクダ曳きに借りている金、と言うよりもむしろわたしに対する負債であるが、それについても、グチェン・ツで決済をすればよいのだからと言って、どうしても払おうとせず、あげくの果てには、彼のラクダがちゃんとそこにいることがわかっている以上、それだけでわれわれ二人に対するりっぱな担保になるではないかとさえ言い放つ始末であった。

バルクルにいるあいだに、彼はそこの民政長官に出頭を命じられた。長官の語ったところによると、わたしの通行証にはまったく不備な点はない、だが、一応首府から確認の通知が届くまでは軍にわたしの身柄を釈放させることはできそうにもないと言うことであった。そうした話から、どうやらこの地方では民政長官と軍政長官が不仲であるらしいことが察せられたが、事実、軍政長官のほうでは、前者の権限を認めたがらず、国境一帯が戒厳令下に置かれているのであるから、そこで捕えられたわたしは当然軍の俘虜であると主張して、ひそかにこの逮捕の一件を利用して民政長官の威信を失墜させようと図っていたのであった。わたしを逮捕したことについても、彼にはりっぱな口実があった。つまり、わたしの入国について事前に北京の外務事務局から新疆省総督に送られた報告は、当地の民政当局に示達されただけであり、軍としては、わたしが軍当局の警備隊に逮捕され、しかも武器を携行していることがわかった以上、改めて首府に照会して直接の認可を得るまでは、同地方に足を踏み入れさせるわけにはゆかないと言うわけであった。

だが、民政長官も、その間手をこまねいていたのではなく、さっそく配下の衙門を二人、使者としてサン・タン・フに遣わして、わたしに丁重な書簡を呈するとともに、さらに村の首長にも書面による訓令を手交して、わたしのためにあらゆる必需物資を無料で調達し、その他必要とされるいかなる援助をも惜しまないようにと命じたのである。そのせいか、たしかに首長は、わたしの滞在中常に友好的な態度を示してくれた。だが、悋嗇をもって聞こえるサン・タン・フの人間の、彼もまたその例外ではなく、自分のふところを痛めるようなことは何一つやろうとしなかった。それに、現在彼の村が軍の統轄下にあることをよく知っている彼としては、単なる名目上の上司にすぎない民政長官よりも、むしろ実際の支配者である軍人の命令に従ったほうが得策であると考えるのは、けだし当然であった。

それからさらに一、二日して、軍政長官から使いがやって来て、わたしの拘留を解除する旨の命令が伝えられた。だが、ただ解除すると言うだけで、それ以外の指令は何一つなく、これでは釈放されたところで、必要物資をどうやって手に入れたらよいかまったくわからなかった(2)。とにかく、わたしの下で働いている者たちのために食べ物を確保する必要に迫られているうえに、雇った八頭のラクダについても、もともとわたしの所有物ではないから、厳格な隊商の掟からすれば、わたしが自分で心配してやるいわれはないとは言うものの、先に控えている雪深い路程を切り抜けるためには、やはり何としても彼らの飼料をある程度は準備しておかなければならなかった。かように、軍の命令は、単にわたしの釈放を認めただけで、体面を保つに必要な恩典は何一つ与えてくれなかったので、せっかく民政長官がわたしのためにはからってくれた名士としての地位も、はなはだ心もとないものとなった。捕えられた最初、わたしは現金の持ち合わせはまったくないと、そらぞらしいうそをついてしまった。だから、いまになって金を取り出して物を買ったりすれば、それこそ、なけなしのわたしの信望もすっかりだいなしになるに決まっていた。それに、こんな強欲な村人たちである。金を見せたが最後、一銭残らずしぼり取られたあげくに、スズメの涙ほどの糧秣を恵んでもらうのがおちであろう。とすれば、わたしに残された途はただ一つ、押しの一手を用いて、彼らに必需品を醸出させるよりほかなかった。

かかる困難な事態にあって、最後にめでたくわたしを勝利に導いてくれたのは、わがモーゼと、それに、ありがたい我らが天津なまりであった。あさましい鎮番人の末裔で占められたサン・タン・フの住民の中に、たった一人だけよそから来た男がおり、それが例の、僧侶のいない村の寺を預かっている番人であった。その独特ななまりから判断して、まちがいなく彼は天津の人間であり、それもおそらく、海に近い村の生まれのようであったが、そのあたりの沿岸地方に住む連中には、たくましい話術の能力にものを言わせてシナ各地を股にかけて活躍している者が少なくないことから、彼らのことを、ハイ・ラン・トウ（海椰頭）、海の撞木《しゅもく》、と呼んでいるのである。さて、この男、モーゼに会ったとたんに、嬉しさのあまり手ばなしで泣き出したものであった。それほど、同じ言葉を話すと言うことは、彼らにとって何ものにもまさる絆なのであろう、外国人のわたしまでが彼と同じ言葉を話せるとわかっただけで、たちまち彼は、わたしのためにできるかぎりの協力をしようと約束してくれたのである。ただ、自分の本名だけは、どうしても明かさなかった。それでも、野蛮人どもに囲まれて暮らす異郷の地ではからずも《同胞》にめぐり会えた喜びにまかせてとめどもなくしゃべるこの男から、その素姓のあらましを知るのにさして時間はかからなかった。どうやらこの男は、昔、天津で人をあやめてお尋ね者となり、西域に高とびしたものの、その後また他の罪を犯して地方官憲からも追われる身となり、とうとう地の果てとも言うべきこのオアシスにまで落ちのびざるをえなくなったらしいのである。ここへ来てからは、住職のいない寺の建物の管理を引き受けて、そのかたわら、陽当たりのよい壁を利用してメロンを栽培し、それでどうにか浮き世を離れた老後の日々をしのいでいるのであった。話しているうちにモーゼは、この男が、直隷地方の村の祭礼に集まる話好きな住民が三度の飯よりも楽しみにしている例の伝説物語の類を、実にたくさんそらんじていることを知った。そこでさっそくわれわれは、酒肴を整えてささやかな宴を設け、その席に彼を招待した。期待にたがわず、彼は集まったわれわれやいたって口の重い西部の男たちを前に、その技量のほどを余すところなく披露して満座を魅了した。それは、万里の長城がはるか東にきわまって海に接するあたりにいまもなお伝わる、過ぐる昔のはなばなしい戦闘や使節の物語りにはじまり、ものみなその所を得、長城のかなたでは蛮族こぞって恭順を誓い、こなたのシナ本土には文化の華があえかに咲き匂っていた泰平の時代を色どる巨大な英雄たちの不滅の武勲の数々にまで説き及ぶ、壮大な一大絵巻であった。宴が果ててから、男は自分の語った話によってよほど望郷の念をかき立てられたとみえて、モーゼをつかまえて、そっと秘密の言づてを託した。それを、天津のある通りにあるある店に行って話せば、まちがいなく目指す相手に伝えてもらえると言うのであったが、まだ生き残っている身内の者たちに、彼が老い先短い日々を無事に送っていることを知ってもらいたいと言う、流浪の男の、それは一途な願いででもあったのであろう。

一方、モーゼは、例によって急に天来の妙案を思いついて、わたしのことをかのドクター・ティニーの甥であると、この男に耳打ちしたものであった。後に北京駐在アメリカ代理大使を勤めたこの名高い人物は、北清事変に際して親しいシナ人の友人たちに惜しみない援助の手を差しのべたことによって、人々の信望を集め、とくに直隷地方においては、その名はまさに魔法のような効果があるとさえ言われているのである。もちろん、わたしは彼の甥などではなかったが、この際、そんなことはどうでもよかった。とにかく、モーゼ一人の口から出ただけなら当然うそと見なされて相手にされないような話でも、さらにもう一人の直隷生まれの男が現われて、自分の知り合いにティン・チァ・リと言う大人がいるが、彼もなかなかりっぱな経歴を持った人物で、偉い人たちとのつき合いも多く、たしかいまの話にあった人物とも昵懇のあいだ柄であるはずだ、と言った口添えをすると、たちまち千金の重みが加わって、一も二もなく信用されるから不思議である。その伝で、最初、わたしはアメリカ大使の甥と言うことにされたが、やがて話に尾ひれがついて、とうとう、あろうことか、アメリカ皇帝と血続きの、さるアメリカ皇族の甥にまで祭り上げられてしまったのであった。

サン・タン・フの村人たちがしかるべき礼をもってわたしを送り出すことをいまだに渋っていると聞くと、われらが元無法者の老人は、すぐさまロバに鞍を置いて、怒りに身を震わせながらわたしの宿舎に駆けつけて来た。それから昼までの数時間、彼は村中の男たちを相手に、海の撞木の面目躍如たる長広舌を揮った。村の連中は声もなくすくみ上がり、民政長官が派遣した衙門の使者たちもアヘンの陶酔から叩き起こされ、わたしをおとし入れようとした例の副官もすっかり顔色を失ってがたがた震え出した。そしてついに、わたしに好意を寄せる指揮官も老人の熱弁に力を得て、しかるべき措置をとるよう命令を下した。たちまち必要な物資が一つ残らずわたしの前に運ばれて来た。わが名なしの老人は、まだからだを震わせてはいたが、これでやっと満足したらしく、ロバに乗ることを肯んじた。軽く一礼してから彼は帰って行った。もちろん、こんなことでわが直隷地方の名誉が完全に償われたとはとても思われないが、と彼は言った、だが、この場は一応これで引き退るとして、これからもし、わたしの出発までにサン・タン・フの悪党どもが楯ついたりしたら、そのときはすぐに知らせてもらいたい。そうしたら、さっそく、坊主のいない寺の土塀に囲まれた日なたの畑からおっとり刀で駆けつけて、もう一度奴らの腐った性根を叩きのめしてやろうから。

「北京生まれの口達者が一〇人束になっても、天津生まれのほら吹き一人にかなわない。だが、そのほら吹き男一〇人をもってしても、パオ・ティン・フ（保定府）の犬の脚一人にかなわない(3)」と言うことわざがあるが、けだし名言である。「そりゃ、そう言う連中もたしかに凄腕ですが」とモーゼがつけ加えた。「でも、連中が幾ら巧くても、話術と言うことにかけては、やっぱり、海榔頭にまっ先に指を折らなければなりますまいね。」

(1) 第一章参照。

(2) わたしの釈放が意外に早かったのは、もちろん、ウルムチの伝道団、郵政局長、潘氏と言った人たちがわたしのために陳情の労をとってくださったおかげであり——おそらく、そうした尽力がなかったらわたしは同地方に立ち入ることさえ許されなかったであろう。

(3) 犬の脚、コウ・トゥエイ・ツ（狗腿子）と言うのは、かつて直隷地方の首府であった保定府の衙門の使者を指して呼ぶ俗名である。この町は、いわば同地方における民事および刑事訴訟を扱う最高の府であった関係上、この種の食客どもがはびこって、法律の裏面に回って悪辣横暴のかぎりを尽くしたと言うことである。（北京はこれと同じ地方にあるが、地方政庁の所在地ではなく、帝国全体の首都であった。）

20　雪の試練

われわれがサン・タン・フをたったのは、ここへ着いた日から数えて一六日め、わたしの釈放命令が下ってから四日めのことであった。予定では、その前日にたつはずだったのであるが、あいにくその日は、わたしが拘留されていたあいだずっと続いていた良い天気が急に崩れてはげしい嵐になったため、出発を見合わさなければならなかったのである。サン・タン・フにはいる直前にわれわれは大西方路に合流していたので、このあとの旅は、わたしの雇ったラクダ曳きにとって自分の縄張りを行くのも同然となったわけであるが、それでもやはり、ここからグチェン・ツまでの最後の数行程には多くの困難が待ち受けており、それだけに安易な気持で臨むことは絶対禁物であった。大西方路と言っても、実際には、その末端の部分は三つのコースに分かれていて、そのどれを通っても目的地に着けるのである。一つは、まずまっすぐにバル・クルに達して、そこから今度は山中の道を通って丘陵地帯を越え、グチェン・ツの城門のつい目と鼻の先にあるム・リ・ホ（木塁河）とタ・シー・トウ（大石頭）のあたりに出るコースである。いま一つは、山脈の外周に沿って数行程進んでから、丘陵にはいって第一のコースに合流しているのである。三番めは、一度も丘陵にははいらずに、はるばる山麓を迂回する砂漠の道である。最初の二つのコースは、本格的な冬が訪れるまでなら、砂の荒野を行くよりも快適であるが、ひとたび雪が降って道が埋まってしまうと、安全に通れるのは砂漠の道だけで、ここならよほど雪の多い冬でもないかぎり、降っても大して積もらず、すぐに消えてしまうのである。このコースは、距離にして、一一ないし一二行程と見積もられているが、今年は例年になく雪が多く、そのためわれわれは、最後の数行程では、所定のコースからそれて山麓をさらに大きく迂回しなければならなかった。わたしのおおよその計算では、それはほぼ三六八キロにも上る回り道であった。

それはともかくとして、これからの旅でいちばん不安だったのは、今度ばかりは道連れが得られそうにもないと言うことであった。わたしがサン・タン・フに引き止められていたあいだに、帰化の隊商はみな先に行ってしまい、最後にたった組でさえもわれわれより五日も前に出たのである。これらの連中は、夏のあいだ帰化の北にある丘陵地帯の奥に隠しておいたラクダを集めて編成した隊商ばかりで、われわれと同じように、敗走するキリスト教軍が北西地方からなだれ込んで来る直前に帰化を脱出して来たのである。そのあとで帰化にはいった退却軍は、おそらく、周辺の丘陵地帯までもしらみ潰しに捜し回ってすべての輸送手段を根こそぎ奪い去ったに違いなく、とすれば、少なくとも数か月間は帰化で新たに隊商を仕立てる見込みはまずないと考えてさしつかえなかった。それればかりか、年もすでにおし詰まり、聞くところによると、この冬は数年来の大雪とか言うことであった。もっとも、ゴビの砂丘に囲まれた窪地の奥深く、陽光をいっぱいに受けた小さな別世界のようなフに滞在していたときには、日中カモシカを撃ちに出かけるのに羊の皮の外套さえ必要としないほど暖かったので、大雪のニュースも、わたしにとってはまだあまり実感がなかったことは事実であった。しかし、たとえ実感はなくとも、このニュースがほんとうであることは否めなかった。われわれが出発するのとほとんど入れ違いにオアシスにたどり着いたグチェン・ツの隊商が一組あったのであるが、彼らの言うには、この厳冬のさ中にあえて山中の道を越えようとしたため、途中で深い雪に閉じ込められてしまい、まったく死ぬような思いをしたと言うことであった。旅行者とその食糧だけを積んで帰化へ急行すると言う契約で出発したときには、六〇頭ものラクダを擁していたらしいのであるが、それが大雪に会って難渋しているあいだに次々に倒れ、どうにか丘陵地帯から脱出するまでに何と二〇頭を越えるラクダを雪の中に《捨てて》しまったと言うのである。そればかりか、隊商に加わった旅行者たちも、そのあいだ、火をたいて暖まることもならず、くる日もくる日も深い雪の吹きだまりの中で震えていなければならなかった。しかも、この言語に絶する苦闘の旅は、驚くなかれ、一か月も続いたと言うことであった。

わたしにとって何よりも心配だったのは、ほかならぬわたしの雇った八頭のラクダのことであった。わたしが拘留されたとき、彼らは三か月以上にもわたって牧草の乏しい土地ばかりを旅して来た疲れがそろそろ現われて、かなりひどく衰弱していた。それにもかかわらず、強情でへそ曲がりなところだけは相変わらずだった。彼らのうちの二頭がとくにそうで、行進の最中にころびでもしようものなら、たちまち地面にはいつくばって、それっきり押しても突いても頑として起き上がろうとしない頑固さはまことに困ったものであったが、反面、この強情には捨てがたいよさもあり、たとえば、気が向きさえすれば、どんな強行軍を強いられても最後までしんぼう強く歩き通すばかりか、そのあと一二時間から一五時間くらいも休めば、再び歩けるようになって、わたしをびっくりさせることも一再ならずだったのである。たしかに、駱駝東西好東西《ロ・トオ・トウン・シ・ハオ・トウン・シ》「駱駝と言うものはいいものである」とラクダ曳きたちが言うとおりである。「甘い水でもよし、辛い水でもよし、にがい水でもよし、水がなくても大丈夫。うまい牧草ならなおけっこう、まずい牧草でもよし、牧草がなければないでまた平気——毎日、日ねもす曳き歩いても、ちゃんと最後まで歩き通すのがラクダと言うものである。」しかし、そうは言っても、ラクダを扱うにはちょっとしたこつが必要である。ラクダが最後の力を振りしぼって歩いているときには、もちろん、たまに一日くらいはいたわってやったり休ませてやったりしてもさしつかえないが、だがそんな場合でも、たえず歩き続けるように仕向けることだけは忘れてはならない。むりにでも歩く努力をさせておかないと、たちまち彼らはへたり込んでしまい、しかもそうなったが最後、再び動けるようになるのには、翌夏の放牧にまつよりほかないのである。わたしのラクダも、わたしが拘留されていた一五日間、暖かい牧草地に放たれてのんびり暮らしたため、すっかりからだがなまってしまい、疲れて筋ばっていた筋肉もぐにゃぐにゃに緩んで力がなくなっていた。彼らをオアシスから外へ連れ出したとたん、相変わらずゴビの荒野を吹き荒れている風に恐れをなしたのか、みないっせいに尻込みをはじめ、鼻鉤につないだ綱を振り切ろうとしてしまいには鼻から出血さえする始末であった。こんな頼りないラクダばかりで、これからの辛い数行程に挑んだところで、とうてい勝ち目のないことは、誰の目にも明らかであった。

われわれをいちばん最後に見送ってくれたのは、わたしの拘留中鎮番のワ・ワを引き取ったばかりか、わたしの雇ったラクダ曳きがバルクルに行っていたあいだラクダの世話をもしてくれた、例の親切なモンゴル人であった。道の状況や沿道の主な目じるしなどについて細大洩らさず説明したあとで、彼はせめてもの餞にと言って、雪掻きを一丁われわれに贈ってくれた。それは長い柄に丈夫な鉄の刃をつけたもので、地面に積もった雪を掻いてテントを張ったりするのにはもってこいの道具であった。こうして、モンゴル人の友人に見送られながらわれわれは、まずためしにごく短い行程を歩いてみるつもりで、淡い午後の陽光が降り注ぐ広野に向かって出発した。その夜は、ひとまずゴビの荒野のまっただ中で、黒い砂礫とぎょりゅうの茂みに取り巻かれて宿営した。翌日は、朝から強い風が吹いて、宿営地から一歩も出ることができなかった。それがまた実にすさまじい風で、たえまなくわれわれのテントを揺さぶり、暗くなるまでいっこうに猛威が衰えなかった。だが、悪いことばかりはないもので、日暮れまぎわに、思いがけない吉兆が舞い込んで来たのである。わたしが所在なげにたき火にあたりながらぼんやりつっ立っていると、そばにいたモーゼが空模様を見ようとしてちょっと表をのぞいた。と、すぐに彼はひょいと頭を引っこめて、何やら得意そうににやにや笑いながらわたしのほうを振り向いたと思うと、来客を告げるときにだけ用いる例のとっておきの調子で、「上人さまが肉のおみやげを持ってお出ましです」と言ったものである。さっそくわたしはたき火を回って彼のそばに寄り、隙間から外をのぞいた。すると、どうであろう、テントからわずか一〇〇メートルと離れていないところで、まだ大人になりきらない若いカモシカが二頭、檉柳の芽を食っている最中だったのである。しめたとばかり、わたしはすぐさま銃を取り出して、たき火の近くにぬくぬくとしゃがみ込んで狙いをつけると、みごとにそのうちの一頭を撃ち倒した。カモシカをこんなに近くから撃ったと言うのは、おそらく前例のないことであろう。他の一頭は逃げ出したが、二〇メートルばかり走ってから立ち止まって、こちらを振り返った。それがあいにくたき火のところからはうまく狙えない位置だったので、やむなくわたしはテントから外に出た。ところが、外ははげしい風で、膝をついてもからだがぐらぐら揺れて銃を構えるどころではなく、それに手袋をし忘れた手は狙いを定め終わらぬうちに凍えてしまった。そのため、数発続けざまに撃った弾は、いずれもあらぬ方向に飛んで行ってしまい、そのあいだにくだんのカモシカは悠然と走り去った。射止めたカモシカをテントに運び込もうとして近づいたとき、わたしはわれわれのテントが燦然たる夕陽の中に完全に掻き消されているのに気がついた。とすると、やはり、このカモシカも、まともに夕陽の方を向いて草を食っていたため、テントが眼にはいらなかったに違いなく、それだからこそかくも珍しい不覚をとったのであろう。テントからの距離を測ってみると、わたしの足でちょうど九〇歩であった。

続く二行程のあいだ、われわれはバルクルをゴビ砂漠から隔てている丘陵群のうちで最も低い丘のふもとに沿って進んだ。そのあいだ、一度も湖は見えなかったが、ときおり、そのはるか南に鰲然とそびえるバル・クル山脈の、まばゆい白銀におおわれた雄大な山容を望み見ることができた。湖水盆地を取り巻いている丘陵群が一個所だけ途切れて、盆地から容易に外に出られるようになったところがあり、そこに荷馬車も通れる大きな道が一本バルクルの町から通じていた。この峠に、古い物見の楼が一基と、いまにもつぶれそうな宿屋が一軒だけ建っていたが、ここも、トルキスタンからモンゴルに通じるあらゆる通路を守る防衛網の一環として、別の警備隊が配置され、この宿屋が彼らの宿舎になっていた。

サン・タン・フをたったときから、われわれははげしい向かい風に悩まされ通しで、ラクダも風に逆らって歩くのをきらって、さっぱり旅がはかどらなかった。そこへもってきて、われわれのラクダ曳きがまたしても持病の不機嫌にとりつかれたのである。この先にどんな恐ろしい困難が控えているのか、それを知っているのは自分だけだとばかり、しだいに例のどす黒い陰鬱の発作を募らせて、しまいにはまるで気が狂ったようにわめき出し、これまでにないはげしい勢いでわれわれに当たり散らしはじめたのである。わたしのせいでサン・タン・フに足どめを食ったと言って、わたしを呪うかと思えば、モーゼには、わたしのためばかりを図っているのが気に食わぬと文句を言った。そうかと思うと、鎮番のワ・ワに対しては、この半月、彼がラクダの世話をちゃんとやらなかったからラクダがすっかり弱ってしまったと難癖をつけ、それでもまだおさまらない憤懣を今度は、最初にわれわれを結びつけた張本人である例の雲隠れした隊商主の家族にも向け、彼らの隊商がバルクルにいないために、わたしを奴らの手に渡すこともできなければ、貸した金をいまだに取り返すことさえできないのを恨んで、さんざんのしると言ったぐあいであった。こうした八つ当たり的な憎悪を彼は、例によって、もっぱらワ・ワの上にぶちまけ、昼となく夜となく彼をつかまえては、いまに放り出してやる、ゴビの荒野におっぽり出して、飢え死にするか凍え死にするかさせてやる、とおどし続けたのである。われわれがこのもの寂しい峠をたった日の朝はそれがとくにひどく、これまでにない辛辣な言葉でワ・ワをののしったので、とうとうワ・ワもかっとなって口ごたえをした。すると、男はやにわに雪掻きをひっつかんで、ワ・ワの頭を叩き割ろうと襲いかかった。モーゼとわたしがやっとのことで彼を取り押えて、どうにか事なきを得た。しばらくすると、興奮もおさまったらしく、彼は荷をラクダに積んで歩きはじめた。この場は一応それでおさまりはしたが、われわれに押えられていたあいだにさんざんわめき散らして、われわれ三人をはげしく憎んでいる心の裏をすっかり悟られてしまったと知ったためか、この事件を境にして彼の憎悪はこれまでにも増していっそう狂暴の度を加えるにいたった。その夜、われわれが宿営地に着いてテントを張っていると、いきなり彼は手にした槌を振り上げて、まるで狂ったようにはげしくテントの杭を叩きはじめた。そうやって叩くことによってまたもや憎悪の念を喚びさまされたらしく、叩きながら彼は誰に向かって言うともなしに、穏やかならぬおどし文句をつぶやいた。敵を倒そうと思えば、やりかたは幾らでもあるものだ、人が寝静まった暗い真夜中に、鉄の槌一本で相手を倒すとくらい、このおれにはわけないことだ、等々。モーゼがわたしのほうを向いてかすかに眉をつり上げたが、それっきりわれわれはささやき一つ交わさずに、知らんふりをしとおした。さいわい、われわれは二人とも、数日来あまりよく眠れない夜が続いて困っていたところだった。と言うのは、先へ進むにつれて旅の苦労は募る一方であり、加えてさまざまな気苦労やら、からだの自由もきかぬくらい厚着をして、容赦なく吹きつける風に向かってじりじりと進む連日の過労やらが重なって、われわれは夜も満足に安眠できないくらいくたくたに参っていたのである。それに、ラクダに乗りたくても、すでにそれさえかなわなかった。風はまるでラクダの背に乗った人間を目の仇にでもしているみたいに、猛烈な勢いで襲いかかるので、幾らも行かぬうちにラクダが参ってしまうのである。そうでなくてもわれわれのラクダはみな衰弱しきっており、積み荷でさえも等分に分けてできるだけ楽にしてやらないことには、いつつぶれてしまうかわからず、とても人間を乗せるどころではなかったのである。

カルリク・ターと、バル・クル山脈と、ボグド・オーラの三つの山系は、ほぼ一直線をなして並んでおり、そのうちバル・クル山脈とボグド・オーラの末端とのあいだには、かなり大きな切れ目があって、そこだけは、主山脈の整然たる配列とは似ても似つかぬ、ごたごたにかたまり合った丘陵群によって占められていた。山中の道と言うのは、この丘陵地帯を通っているのであるが、あいにく、いまはこの道を通ることは不可能であり、それに丘陵群は雄大な主山脈よりもさらに大きく北のほうに張り出しているため、われわれは長いゆるやかなカーブを描きながら北のほうへ大回りしなければならなかった。バルクル盆地に通じる峠をたって、最初の日に、われわれは一群の石炭採掘場のそばを通りかかった。ここで掘り出された石炭は、去勢牛の曳く荷車でバルクルの町に運ばれるのである。採掘場のほとんどは、ごく簡単な露天掘りで、地下七、八メートルぐらいのところに石炭が露出しており、しかも驚くほど厚い層をなして地下深く続いているのである。中にはすでにかなり深く掘り下げられた坑もあったが、そう言うところでは、石炭を運び上げるのに、ロープの端にくくりつけたかごを用い、さらにそのロープを木のろくろを介して去勢牛に曳かせ、穴の縁から砂漠に向かってまっすぐに歩かせることによって、かごを地表にまで引っ張り上げてから、再びもとの位置に戻って来させると、かごがまた穴の底に降りて行くと言う操作を繰り返して採炭しているのであった。掘り出された石炭は、大部分がその場で燃やされて、コークスとして運び出されていた。

翌日の行進の最中にわたしは、われわれのすぐ前方を横切ったすばらしく大きな雄のカモシカを射止めた。このカモシカにかぎらず、いたるところでわれわれは、驚くほど近くを通ってもいっこうに逃げようとしない大胆なカモシカを見かけたが、どうやらこれは、われわれが犬を連れていないせいのようであった。隊伍を組んで行進しているラクダや人間は少しもこわくないらしいのである。それでいて、わたしがもっと近づこうとして列を離れようものなら、それこそあっと言うまに彼らは逃げて行ってしまうのが常であった。

この日の旅でわれわれは、大アルタイ山脈の南端の支脈を形成する峨々たる峰のそそり立つ大山塊にまで続いているバイティク・ボグドと言う連山が、はるか北のほうに望まれる地点に達した。進むにつれて、雪はしだいに深くなり、やがてあたり一面、チン・ミエンル・パイ「(青面耳白)、のっぺりした白い顔(半死半生の意)」、と呼んでラクダ曳きたちが恐れている、完全な銀世界となった。そのあいだ、西からやって来る隊商にも幾組か出会ったが、どの隊商の統率者から聞いた話も同じで、先へ行くにつれて雪はますます深くなり、おそらく数日ごとに猛吹雪に襲われるものと覚悟しなければなるまいとのことであった。風の向きは、日中はほとんど常に北ないしは北西であったが、日が暮れると今度は逆に南に連なる山脈から、《山おろし》とシナ人たちが呼んでいる寒い風が、まるで判で押したように正確にわれわれを襲って来るのであった。それがまた、実に想像を絶するほどの冷たさで、一と晩じゅうぎょりゅうの枝をたっぷり燃やしていてさえも、寒気は容赦なくテントを貫いて、羊の皮の寝袋から、さらには寝ているあいだも常に着ている毛皮の服にまで浸み透ってくるのであった。それから数日のあいだ、われわれはぎょりゅうの密生している地域から遠ざかったため、昼間の行進中に薪を集めたくても、たまさかにはえている痩せたぎょりゅうしか見つからず、そのあいだだけは満足に火をたくこともできなくて、夜の寒さはまたひとしおであった。また、ときおりわれわれは吹きさらしの平原にさしかかることもあったが、そのようなところでは、積もった雪もたえまなく風にこね回されて、鋭い角をもった凍てついたさざ波のような形を呈してわずかに吹きだまっているだけであった。だが、それ以外のところでは、たいてい六、七〇センチから九〇センチぐらいの深さに積もっており、ラクダに食わせたい牧草もすっかり雪の下に埋もれてしまっていた。かように夜間は寒さがことにきびしく、そのうえ牧草を見つけるのが困難であるため、われわれはこれまでのように夜中に行進をすると言う習慣を放棄せざるをえなくなった。代わりに明けがたにキャンプをたたむことにして、日中の最も暖かい時刻を選んでしばらく小休止をとり、そのあいだにラクダを遊ばせて、めいめい雪の上に顔を出している枯枝でも捜させ、それでひもじい思いを幾らかなりともまぎらせてやる一方、われわれ自身は大急ぎで薪を拾い集めた。それが済むと、再び午後遅くから日暮れにかけて少しばかり先へ進むと言ったぐあいに、もっぱら昼間だけ旅をすることにしたのであった。

　サン・タン・フを出てからちょうど八日めのこと、雑然と並んだ丘陵群を分ける、深い雪におおわれたなだらかな分水帯を越えたわれわれは、シナ人の国境警備隊の置かれたツェ・ファン（沢防）と言う名の、泥と石と煉瓦でできた廃墟同然の古い砦にさしかかった。この砦はもともと、バイティク・ボグド（夏になると、このあたりまでカザック人が足をのばして来るのである）と、ボグド・オーラ＝バル・クル山脈との、ちょうど切れ目のところに横たわる砂漠地帯の最も狭隘な地域を扼する目的で築かれたもので、いまは、満州人の老人を指揮官とする数人の、およそテニソン的趣味からはほど遠い、「柔和な眼をした、ものうげな安逸生活者《ロータス・イーター》」の一隊が守備についていたのである。老人は、かつて清朝の勢威はなやかなりしころには、バルクル駐在の高官として権勢をほしいままにした身であったが、共和政府の時代となるに及んでその地位を追われてからは、昔日の面影もない凋落の身をこの朽ちかけた城砦に寄せることを潔く肯んじたのであった。いまでもわずかにたくわえている口髭は、一方にほんの五、六本の毛がぐんにゃりと垂れ下がり、他の一方には氷柱が凍り着いていると言う、見るも哀れな落ちぶれようであった。こうして老人は、砦の近くににわか作りの畑を数枚耕し、二、三頭のみすぼらしい牛を飼って、痩せた妻と、これもまた骨と皮ばかりに痩せ細った娘を一人養うかたわら、アヘンを喫うのを唯一の楽しみにしていたのである。われわれ一行が到着すると、彼は砦の城壁の陰にテントを張ることを快く認めてくれた。そのうえ、燃料までも分けてくれたが、それがみなかちかちに凍った牛の糞ばかりで、たき火の上に置くとじくじくと汁を出してとけ、ものすごい煙とほんの申しわけ程度の熱を出すと言うしろ物であった。

ツェ・ファンは、強い風の吹くところとしてとくに悪名高い土地であったが、たしかに、一面に鋭いぎざぎざの畝《うね》をなして凍っている雪を見ても、風のすさまじさがしのばれるようであった。その風をついてよろめき進むうちに、雪はますます深くなり、それとともに、この深い雪の中に地面を露出した小さな穴が掘られているのを幾つも見かけるようになった。それは、ここを通った隊商が、強い逆風に妨げられて正規の行程を踏破することができなくなって、やむなく五キロないし八キロの間隔をおいて、吹きさらしの荒野のまん中で火もたかずに仮の野営を張った跡であり、ラクダ曳きたちの言いかたを真似れば、つまりこれは、隊商が次々に「漬かった」穴なのであった。一二月二三日の夕方、吹き荒れていた風が急にやんで、雪が降りはじめた。「これが、有名なグチェン・ツの白霜と言うやつでさ」とわたしの雇ったラクダ曳きが言った。「こいつが降りると、一と晩で野も山もまっ白になっちまいますぜ。」しかし、それにしては、ばかによく雪に似ているな、とわたしは思った。翌朝になってみると、はたしてわたしの思ったとおりであることが判明した。そればかりか、雪はまだ小やみなく降り続いていた。この悪天候を冒してわれわれはなおも先へ進もうとしたが、四〇〇メートルも行かぬうちに、雪の下に隠れた道からうっかりそれたため、たちまち進むことも退くこともならぬ完全な立ち往生の状態に陥ってしまった。平原にできたほんのわずかな起伏でさえも、いったんそこへ柔らかい新雪が厚く積もると恐るべき濠に早変わりし、そこへ落ち込んだラクダは足を取られて一歩も動けなくなって、ただいたずらに、げっそりとやつれた長い首をもの悲しげに振ってもがくばかりだった。そうしたみじめな姿は、いかに房々したたてがみや、冬になってはえ変わった豊かな厚い毛をもってしてもとうていおおい隠せるものではなかった。進退きわまったわれわれは、やむなくその場に野営を張ることに決め、そのあいだにラクダ曳きとわたしは見失った道を捜しに、とめどなく降りしきる雪の中にとび出して行った。だが、なにぶんにも視界が悪く、数メートル先も見えないほどであり、そのうえ、深い雪のためにどんな大声でもたちまち掻き消されてしまうのが恐ろしくて、あまり遠くまで足をのばせなかった。ついに道が見つからぬままむなしく引き揚げて来てから、ラクダ曳きは急にへたへたとなって、子供みたいに泣き出した。これではとてもグチェン・ツに行く道は見つかりっこないし、それにラクダだってそこへ着くまで持ちそうにもない。だから、積み荷を捨ててバルクルに引き返そう、と言うのである。こんな調子で、一と晩じゅう、彼は大声でうめいたりすすり泣いたりしていたが、どう見ても、わたしには、いまのところそんなにさし迫った危険があるとは思われなかった。われわれのいるところから道までは、おそらく、大声で呼べば聞こえるくらいの距離に違いなく、それに、たとえラクダが全部死んでしまったとしても、他の隊商が通りかかるまで食いつなぐだけの食糧は充分持っていたのである。ただ、帰化の隊商がことごとく先に行ってしまった現在、もし救いを待たなければならないようなことにでもなると、それは当然反対の方角に進む隊商を期待するよりほかなく、意に反してサン・タン・フかバルクルへ連れ戻される公算が大きいと言うのが、不都合と言えば不都合であった。

一夜明けたクリスマス・イブの朝は、前日とは打って変わって、目もくらむばかりの快晴であった。昨日どうしても捜し当てられなかった道が、一キロほど先でわけなく見つかると、あんなに悲観していたラクダ曳きまでが急に元気を取り戻した。道はまばらなぎょりゅうの茂みを一直線に貫いて走っており、しかもひっきりなしに通る隊商によって茂みが幅二〇メートルほどにわたってすっかり踏みしだかれているさまは、さながら堂々たる大通りと言ったところであった。この道を進みはじめてまもなく、われわれは道ばたに捨てられた一頭の死んだラクダと、まだ息のあるラクダ二頭を見かけた――こんな厳寒の広野に捨てられてもなお死なずにいるラクダを見るのは、これがはじめてだった。無事に旅がはかどって長い一日の路程が終わろうとするころ、われわれは、わずかに起伏する砂の丘に丸く取り囲まれた、風の当たらない平原の窪地に下り立った。ウ・トン・ウォ・ツ（梧桐窩子）フェニックス樹（野性のヤマナラシ）の巣もしくは隠れ家、と言うのがここの地名であった。ここには、いまでも冬になるとおびただしいカモシカが集まって来ると言うことであったが、昔は野生のロバの棲息地としても有名であった。だが、その後この地方では、野生のロバはカザック人に獲られてほとんど絶滅してしまったのである。モンゴル人もそうであるが、カザック人も、ほとんど他のいかなる猟獣よりも野生のロバを獲りたがり、そのためにはどんな苦労もいとわないとさえ言われているくらいである。彼らのあいだでは、野生のロバの肉が最も美味とされ、それに比べるとカモシカなどは、羊の肉よりも劣るとしてあまり珍重されないのである。また、ウ・トン・ウォ・ツは、カザック人が冬のあいだだけ利用する宿営地の一つと言うことであったが、われわれが着いたときには誰もいなかった。さらに彼らはここを、彼らの冬の猟場からバイティク・ボグドに移動する際の休息地としても利用するらしいのである。そればかりか、彼らがこの窪地で野営している姿が見えないときはむしろ用心すべきで、ここが荒野のまっただ中であり、しかも隠れるのに絶好の場所でもあるところから、彼らは隊商を襲撃しようとするときなどに、好んでこの窪地を待ち伏せの場所として使うと言うことであった。そう聞いて、われわれは一と晩じゅうまんじりともしないで警戒に当たったが、考えてみれば、それほど心配する必要はまずなさそうだった。とにかく、このきびしい風と寒さでは、いかに命知らずの略奪者といえども自分たちのキャンプから一歩も外へ出られなかったに違いないからである。さいわい、この窪地は燃料だけは実に豊富で、夜どおしわれわれは野生のヤマナラシの太い枝をたいて暖をとることができたが、ただし、この薪は火勢があまり強くないと言うのが玉にきずで、灰色をした柔らかい粉末状の灰になるまで赤々と燃え続ける、かのけっこうなぎょりゅうにはとうてい及ぶべくもなかったのである。

ウ・トン・ウォ・ツは、グチェン・ツから弧を描いて広がる低い丘陵群の末端からやや離れたところにできた一種の砂の露頭であり、砂丘群とボグド・オーラ山脈とのあいだには、この隊商都市に通じる道が無数に走っていたが、われわれがたどるはずの道はそのうちでも、雪の深い山麓地帯をできるだけ離れて砂丘沿いに進む最も北寄りの道であった。あくるクリスマスの日に、われわれは、この宿営地をたって広々とした平原を進んだが、そのあたりは強風のために雪もあらかた吹き飛ばされて、地面にはほとんど積もっていなかった。この平原を称して、スゥ・シー・リ・ピン・タン（四十里平坦）、四〇里の平坦な地、と言うのだそうである。これがまったくの不毛の荒野で、はえているものと言えば、せいぜい、一種類か二種類のバル・クル原産の毒草ぐらいであった（これが実は、背の低い灌木で、ちょっと見ただけではぎょりゅうの若木とほとんど区別がつかないのである）。この毒草にまつわる話として、平原のどこかに、ヤス・オボ[1]、骨のオボ、と言うのが立っているはずであった。何年か昔のこと、このあたりの道をはじめて通った張家口の隊商の一隊が、毒草のはえていることを知らずに、ここでラクダを放して草を食わせたため、ほとんど全滅の憂目に会った。そのときに死んだラクダの骨を積み上げて作ったのがこのオボで、旅の目じるしをかねて、他の隊商への警告の役をつとめているのであった。

前日、ウ・トン・ウォ・ツで宿営したとき、われわれは先に来た隊商が雪をすっかり掻いて泊まったらしい跡を見つけて、彼らが残して行ったたき火の上にテントを張ったのであるが、そのとき、たき火の燠《おき》はまだ赤く燃えていた。それから察すると、この隊商はわれわれよりもほんの一日くらい先を進んでいるに違いなく、とすれば、それはわれわれがたつ五日前にサン・タン・フを出た例の隊商と考えてまずまちがいはなさそうであった。彼らがきわめてゆっくりと進んでいると信ずるに足る証拠を、われわれはいたるところで目にしたのである。そればかりか、この平原にはいったころから、彼らや、彼らのすぐ前を行く隊商が捨てたとおぼしきラクダを見かけることが多くなり、われわれが歩いていてそうしたラクダの姿が一つでも眼にはいらないことはめったにないほどであった。しかも、これらのラクダはまだ相当数のものが生きており、どれを見ても、からだの片側にだけ凍った雪が厚くこびりついていた。これは、明らかに、われわれよりも先に行った隊商がただの降雪ならぬはげしい吹雪に会って難渋したことの、何よりの証拠であった。それにしても、ラクダの生命力は実に恐るべきもので、精魂尽き果ててもはや一歩も動けなくなってからでも、なお五日から六日にわたって、しかもたえまなく襲いかかる猛吹雪の下にあって、生き続けることができるのである。そのあいだ、彼らには、オオカミの牙にかかって死ぬと言う残酷な慈悲すらも与えられない。と言うのは、オオカミの習性として、立っているラクダを襲って倒すことはあっても、生きたラクダがじっとうずくまって身構えている異様な姿を見ると、かえっておじけづくらしいのである。そこで、腹をすかしたオオカミは、ラクダが断末魔の痙攣を起こしてごろりと横ざまにひっくり返るまで、何日でもしんぼう強く待つと言うことである。しかし、現にわれわれが見たラクダの中には、全然からだを横に倒しさえしないで死んでいるものもかなりあって、生きていたときとそっくりに脚をからだの下に竦めてうずくまったまま、苦悶の身振りよろしく首をうしろにねじったその姿からは、彼らが寒さに凍えながらも、せめて頭だけでも風から守ろうとした痛ましい様子がしのばれるようであった。一方、まだ生きているラクダは、われわれの近づく気配を感じると、すでに自由がきかなくなったからだはそのままに、頭だけめぐらしてわれわれをじっと見つめた。そして、通り過ぎて行くわれわれを追うようにして、頭をしだいに正面に戻しながらいつまでもすがりついた視線を離さなかった。一と思いに射殺してやれたらよかったのであるが、いまはそれをするのがわたしには恐ろしかった。あまりにも大きな危険を冒すことになるからである。と言うのは、かりにわたしが彼らを撃ち殺したとして、そのあとで、たとえば、天気が急に悪くなったりしようものなら、たちまちそれは、不当な暴力によって死にいたらしめられたラクダのさまよえる霊のせいだと言うことになって、わたしは皆から非難されるであろうし、ひょっとしたら、恐慌さえ起きるかもしれないのである。だが、それにしても、あの黒いゴビの荒野に、歩哨線のように点々と並んでいた死骸の列を思い出してみてさえも、たしかに今度のほうがそれ以上に悲惨であるように思われてならなかった。

われわれがウ・トン・ウォ・ツの窪地に下りる直前、晴れ渡った西の地平線に沈む夕陽のそばに、あたかも雪原の上にぽっかりと浮かんでいるかのごとき小さな三角形をした青い山が見えた——これぞ、その名も隠れなき、かのマン・トウ・シャン（曼頭山）モ・モ・シャン、パンの山、グチェン・ツの象徴たる雪の山、ボグド・オーラ山脈の主峰大ボグドに違いなかった。それは、グチェン・ツを隔たること二四〇キロのかなたにあり、いまわれわれがいるところは、さらに町から一六〇キロ手前であった。次の日の夕刻にも、われわれは再びそれを見ることができたが、このときには山頂だけではなく、連綿と連なる山脈全体が一望のもとにながめられたのである。ところが、どう言うわけか、日中はほとんど、きらきらと陽光にきらめく氷の粒らしきものからなる靄にさえぎられて、山はおろか、あたりの景色すらほとんど見えなかった。砂丘群はわれわれの右手の、しかもかなり近いところにあると聞いていたが、事実、ときおり靄を透してほのかにかすんだ山なみが見えることがあった。この厚い靄の中で、ある日われわれは、砂丘の奥にあるカザック人の冬の居住区分からさまよい出て来たらしい数頭の矮馬の群れに、二度ばかり出会った。

一二月二六日に、やっとわれわれはすぐ前を行く隊商に追い着いた――それが何と、二隊を一つにした珍しい編成の隊商で、ラクダの数は三〇〇頭、ラクダ曳きたちも数が多いために、二人の統率者の下で二つのテントに分かれて働いているほどの大部隊であった。今日、隊商貿易に携わっている商社のうちで最大の規模を誇るテン・イ・ツァン（天一桟）には、かような大編成の隊商が二つあり、われわれが会ったのは、そのうちの一つだったのである。近づいて見ると、うず高く積み上げた雪の山が幾つも並んでいて、そのそばで彼らは雪に埋もれた荷を掘り出しているさ中だった。ラクダ曳きたちの話ではここに着いてから彼らはたて続けに二度も猛吹雪に見舞われ、おかげで二日間もこのキャンプに釘づけになっていたと言うことであった。そればかりか、サン・タン・フをたって以来、道中ずっと嵐に襲われどおしだったらしいのである――とすると、われわれはどうやらたった一日か二日の差で、うまいぐあいに嵐を免れたと言うことになりそうである。彼らのほかに、三組の隊商もいっしょにここで宿営していたと言うことであるが、その連中は朝のうちにたってしまい、彼らだけがあとに残ったのだそうで、いっしょにたてなかったのは、一つには、彼らの荷がとくに多くて掘り出すのに時間がかかるからでもあったが、それよりももっと厄介なことに、彼らのラクダのうちに手当てを必要とするものがかなりあって、それを置き去りにするわけにはゆかなかったのである。問題のラクダと言うのは、テントの近くに寝かされていた。なるほど、かなりひどく衰弱しているようだったが、それでもうまく手当てをすれば助かるかもしれなかった。それにしても、こんなところで野営を張ると言うのはどう考えても時宜を得たこととは思われなかった。風を避けられそうな物陰一つなく、薪を集めようと思えばずっと遠くまで行かなければならず、これでは心地よく暖まることはおろか、どうにか凍えない程度に火をたくことすらおぼつかなかった。そうは思ったものの、わたしもここ数日の心細い旅ですっかり人が恋いしくなっていたせいか、みなのいるところから離れたくなくて、結局、朝のうちにたった隊商が泊まっていたらしい空き地にまだ燠の燃えているたき火の跡を見つけて、そこにテントを張った。

翌朝は、風も凪《な》いでうららかな天気だった――と言っても、もちろん、晴れているのは真上の空だけで、地平線のあたりは、例によって、厚い靄におおわれていたのである。ここから三キロほど北へ行った砂丘群の縁に、よい牧草のはえているところがあると言う知らせがはいったので、さっそくわれわれはラクダをそこへやって食わせることにした。正午ごろ、はるか南にそびえる山岳地帯から平原に向かって、かすかに風が吹きはじめたかと思うと、見るまに勢いが募って、一五分もすると、いわゆる《ブラン》と称する、これまでわたしの会ったいかなる風にもまして険悪な様相を帯びた無気味な烈風になった。真上の空は相変わらず雲一つなく、すき透るような薄い青色をたたえたままであったが、平原の地平線のあたりでは、早くも風で舞い上がった乾いた粉雪とおぼしき厚いとばりが、三メートルから四・五メートルぐらいの高さにまで立ちこめて、それが烈風に乗って、急かず止まらず、じわじわと広がって来たのである。鎮番のワ・ワは、わたしのラクダを連れて、テン・イ・ツァンの群れといっしょに牧草地に出かけていた。テン・イ・ツァンのラクダ曳きたちは、三〇〇頭ものラクダをこんなひどい風に逆らって連れ戻すことはとうていできそうにもないと見てとり、ワ・ワにも、この風ではテントへ無事に帰り着けっこないからと言ってしきりに引き止めようとしたらしいのである。こうなったら雪に穴を掘って隠れ、ラクダを楯にして風を避けながら嵐がおさまるのを待つよりほかはない。ところが、ワ・ワはどうしてもテントに戻るのだと言ってきかなかった。ちょうど一頭のラクダにぎょりゅうの枝を積み終えたところで、さっそく彼は八頭全部を数珠つなぎにして、吹雪の道を引き返しはじめたが、道中の半分ぐらいは四つんばいになって進まなければならないほどの難行だった。あとで彼が語ったところによると、眼も耳もまったくきかなくなって、あやうくテントのありかがわからなくなってしまうところだったが、ちょうど近くにさしかかったときに、「キャンプの匂いがした」ので迷わずに済んだと言うのである。それより先、わたしの雇ったラクダ曳きも、嵐が吹きはじめるとすぐに、ラクダを連れ戻しにとび出して行ったのであるが、まもなくあたふたと戻って来たかと思うと、もうおしまいだ、すっかりヤオ・ミン(天命)、ヤオ・ミン——みんなお陀仏になってしまった、と言ってしくしく泣き出した。わたしも、そのあいだ、じっとしていたわけではなく、一度は捜しに出てみたのである。だが、なにぶんにも風の勢いが強くて、とてもまっすぐに身を起こして歩くこともならず、それにあいにくわたしはラクダがどこにいるのかも知らないうえに、たとえ運よく捜し当てたにしても、今度は帰りの道がわからなくなるに違いないと気がついて、すぐにテントに引き返してしまった。若者がやっとわれわれのテントにたどり着いたとき、その顔から喉や胸にかけて雪がびっしりと厚く凍りついて、見るも無残な姿であった。

すぐさま、われわれはテントを出て、吹きだまりを見つけてそこに大急ぎで穴を掘ってラクダをすわらせ、その回りに荷を積み上げて風よけを作った。みるみるうちに、雪はラクダの上に積もって、すっぽりと暖かく包み込んだ。その後も嵐は少しも弱まる気配がなく、無気味なまでに執拗に何時間もほえ続け、綿の帆布を二枚合わせた厚い天幕を貫いてざらざらした雪の粒をたえずわれわれの上に降り注いだ。その冷たさたるやまったくすさまじいかぎりで、からだじゅうがぞくぞくして、手足の感覚までが失われていくようだった。テントの回りには風よけとして雪を高く積み上げておいたにもかかわらず、それを越えて吹きつける風ですっかり綱がぐらぐらにゆるんでしまい、そのためせっかくのたき火も用をなさず、風下に回って当たるとやっと幾らか暖かみを感じると言ったみじめなありさまであった。ところが、日が暮れてまもなく——たしか、まだ七時半にもなっていなかったと思うのであるが——あんなにはげしく吹いていた風が、まるで門の扉をいきなり閉ざしたみたいに、急にぴたりとやんでしまった。しばらく、耳鳴りのする無気味な静寂があたりを包んだ。次いで、北のほうから吹き戻しが起こり、二、三度強い風がテントを揺さぶったが、まもなくそれもやんで、あたりは水を打ったように静かになった。「汽車のようにやって来たかと思ったら、汽車みたいにぴたりと止まった」とラクダ曳きたちのいわく。「『ぴゅうっ』と来て、『ぴしゃっ』と止まると言う奴ですよ。」風がやんでからも、われわれは横になって寝る気になれなくて、たき火に当たりながらうとうととして過ごした。燃料もそろそろなくなりかけていた。そこへもってきて、嵐が過ぎてからの冷え込みがまた一段ときびしく、それに比べれば風が吹いていたあいだの寒さなどまったくものの数ではなかったのである。

明けがたの四時ごろだったであろうか、どこからともなく羊のなき声が聞こえてきたかと思うと、まもなく、一人のカザック人の若者が、疲労のあまり物も言えないほどふらふらになって、われわれのテントの入口からころがり込んで来た。昨日のワ・ワとそっくりに、彼の喉や胸には厚い氷がびっしりとこびりついていた——たしかに、これは見かけはいかにも寒そうであるが、実際にはそれほどでもなく、むしろこれがあると皮膚と氷とのあいだに体温の薄い膜ができるため、凍傷にかかるのを防いでくれるのである。それにしても、人間の喉が呼吸をするたびにからからと音を立てるのを聞くのは、わたしにとってはじめての経験だったので、最初のうち、何となく恐ろしくて手を出しかねるほどだった。たき火に近づけすぎないように気をつけながら、一五分ばかりも暖めてやると、ようやく若者は少しずつ元気を取り戻した。彼の語った話によると、群れからはぐれた羊やヤギを集めている最中にとつぜん嵐に襲われたらしいのである。それでも、さすがにそこは屈強の遊牧民だけあって、家畜の群れをしっかりとまとめて吹雪の中を歩き続けた。無事に嵐を切り抜けてからも、さらに懸命に前進を続けて、ついにわれわれのたき火の明りを見つけることができた。まったく運がよかったわけで、もし火が見えなかったら彼は確実にのたれ死んでいるところだった。とにかく、疲労困憊の極に達していたうえに、気温もどんどん下がっている最中だったのである。この若者を見て、わたしの雇ったラクダ曳きはまたしても持ち前の悪魔的な勇気を燃え上がらせた。こんな「ハ・サ（カザック）の盗っ人」などは助けるにはおよばないから放り出してしまえと言って、食べ物はおろか、茶一杯恵んでやろうとさえしなかったのである。そのむごい仕打ちに腹を立てたわたしは、彼へのつらあてに、手もとに残っていたパンを半分若者にくれてやった――と言っても、すでにみなで一回の食事をするだけのパンも残っていなかったのである。ここ二、三行程の旅に思わぬ時間がかかって、用意した食糧もほとんど尽きてしまい、カモシカを撃とうにも、その後さっぱり姿を見せてくれなかった。カザックの若者は、何となくしょんぼりした様子で、パンを茶に浸しながら食べた。

やがて夜が明けると、この不死身の若者はまだ疲れていたにもかかわらず、どうにか歩けるようになったからと言って、羊の群れを率いて砂丘目ざして帰って行った。一方、われわれも、こんな縁起の悪い場所からは一刻も早く逃げ出すにかぎるとばかり、さっそく荷をまとめにかかった。テントはかちかちに凍っていて巻くことができなかったので、ラクダの背にそのままかぶせて運ぶよりほかなかった。ところで、その肝心のラクダも寒さにひどく参ってしまい、雪を掘って助け出してやらないことには満足に起き上がれないほどであった。とくにそのうちの一頭などは、たいして重くもない半分の荷しか積んでいないのに、三人がかりで助け起こしてやらなければならなかった。夜明けとともに、再び風が吹き出して、まもなくすさまじい嵐になった。またもや雪の弾幕が平原のかなたからわれわれに追い迫って来たが、さいわい、そのときにはすでにわれわれはこの忌まわしい荒野の縁に達していたので、最後になだらかな坂を一つ下りるだけで無事に嵐から逃れることができた。ことほどさようにわれわれの逃げ足が速かったというのも、つまりはたった八頭のラクダを扱うのに四人もの人間がいたからで、これが大編成の隊商ともなるとそうはゆかず、ラクダを集めるのにてま取って、連中はまたしても脱出しそこね、とうとう三日続けて天候待ちをさせられるはめになったのである。

われわれが下り立ったところは、例の砂丘群であった。ちょうどそのあたりで、砂丘はわれわれの進路をまたぐかたちに湾曲しており、シャ・メン・ツ、砂の門、と言う名がここに冠されていた。ここで、われわれは、かねて聞かされていた例の三組の隊商に追い着いた。そのうちの二組は、ごく軽い装備の小規模な隊商であったが、これらはいずれも、その持主である商人が一攫千金の夢を託して送り出したものの、みごとにおもわくが外れてすごすごと引き返す、その途中だったのである。彼らの計画と言うのは、まず穀物と小麦粉をひそかにモンゴルに持ち出して、それを矮馬と交換する。そして、その足で新疆省に舞い戻っては危険なので、帰化まで行って矮馬を売りとばすと言う手はずであった。ところが、パルクルでは民政府と軍当局の衙門が互いに仲たがいしているため、せっかく下っ端役人に握らせたそでの下も効を奏さず、詰局、双方の裁判にかけられて多額の罰金を取られるはめになり、おかげで隊商主は一文無しになってしまったと言うのである。この隊商の一組に、直隷の若い商人が一人混じっていた。何でも、モンゴルにある彼の商社にたまった負債を取り立てに行くつもりで、この隊商に加わったらしいのである。西部の人間ばかりの中にたった一人ぼっちでいるのがよほど心細かったのか、モーゼやわたしを見るとすぐに寄って来て、しきりになつかしがり、片ときもわれわれのそばを離れようとしなかった。同じ隊商にもう一人、あばた面の砂山ネズミがいたが、たしかにこの男は、わたしがこれまでに会った彼の同類のうちで、とにかく親切心らしきものを持っている唯一の人間だった。と言うのは、ワ・ワと話していて、かつてこの若者の家族の名を聞いたことがあるとわかると、さっそく、昔のよしみでグチェン・ツに着いたら力になってやろうと申し出てくれたものである。

一方、わたしの雇ったラクダ曳きであるが、そろそろ彼のラクダもグチェン・ツに近づいたことでもあり、当然機嫌もよくなってしかるべきであるのに、どう言うわけか、路程が進むにつれてますます虫のいどころが悪くなり、またしても例の理不尽な悪意に満ちた怒りをワ・ワの上にぶちまけはじめた。それに対してわたしのほうでは、ここ数か月と言うもの、つとめて手綱を引き緊めて報復の機会をうかがっていたのであるが、ここにいたってついに彼は気違いじみた怒りを爆発させたことによって、自らまんまとわたしの術中に飛び込む結果となった。ことのしだいはこうであった。燃料も不足がちのまま寒さに震えながら雪の穴の中で一夜を過ごしたあとで、ワ・ワはいそいそとして新しい友人のテントに出かけて行った。それっきり、彼は昼ちかくになるまで帰って来なかった。ラクダ曳きの顔が無言の怒りでしだいにどす黒く濁ってきた。やがて、荷を積んで出発する時間になり、その作業も済んで、最後にラクダを蹴りつけて起き上がらせてしまってから、彼は、例によって、一と悶着起こそうとするときの合図である、薄びらきの流し目をして、低くうなりながらワ・ワに向かって何やら二言三言しゃべった。何を言われたのか、ワ・ワはこの挑戦を受けて立つ様子もなく、いともあっさりと引き退った――おそらく、出て行けとでも言われたのであろう、彼の同類たちが失意の果てによくするように、じっと荒野にすわり込んで死を待つよりほかないとあきらめたらしく、このうえは潔く我が身の始末をつけようと、たった一人ですごすごと雪の中に出て行こうとした。事の成り行きを察したわたしは、ワ・ワを引き止め、われわれのあとについてキャンプに来るように、そしたらそこでちゃんと話をつけてあげるから、と言って安心させた。それから、モーゼを別の隊商で働いている例の直隷の男のところへやって、この喧嘩の仲裁に立ってくれるように頼ませた。男はさっそくやって来て、きわめて穏やかにとりなしてくれた。そのあとで、われわれ二人は、さっさやかなわれわれのラクダの列の最後尾について、他の隊商よりもかなり早めに宿営地をたった。

わたしには、ラクダ曳きの肚のうちが手にとるようにわかっていた。彼がこんな常軌を逸したふるまいをするのは、一つには、世の中や、自分の運命に対するやり場のない憎悪にはけ口を与えようとしてのことであったが、もちろん、それだけではなく、グチェン・ツに着いたときに、自分だけ義務を免れて、わたしの信用をまるつぶれにしてやろうという下心があってのことだったのである。ワ・ワは、もともと、名目上は彼に雇われて賃金をもらうと言うことになっていたが、実際にはわたしが彼の保護者をつとめており、わたしの食糧で彼を養っていた。このことは、他の隊商のあいだでも誰知らぬ者のない暗黙の事実であった。したがって、もしわたしがワ・ワを見棄てるようなことにでもなれば、それはラクダ曳きがついにわたしを屈服させたと言うことを天下に向かって公表するのも同然であった。それにまた、例のラクダの一件もあった。ワ・ワが吹雪を冒してラクダを一応無事に連れ戻したからには、当然、ワ・ワはラクダの命の恩人であり、したがって、ラクダ曳きとしてはこのままワ・ワをお払い箱にしないでグチェン・ツにはいれば、いやでもそれ相応の報酬をはずまなければならなくなるのである。

行進をはじめてからも、先頭を行くラクダ曳きの態度が一足ごとにますますふてぶてしくなり、昂然と肩で風を切って歩いているのを見て、モーゼとわたしは再び額を集めて協議を重ねた。鎮番のワ・ワは、やはりこのわたしが力を貸してやらないことには、どんな悲惨な目に会うかわからない。同郷の友人が一人いるとは言っても、この男は一介のラクダ曳きにすぎないのであるから、隊商の掟に照らしてみるまでもなく、まさかワ・ワを自分のテントに引き取るわけにもゆかないであろう。それに、隊商の統率者たちにしても、よそのラクダ主とその傭人との喧嘩などにわざわざ口出しをするいわれはないわけであり、たとえその雇い人が放り出されたところで、これを迎え入れたりして公然と助けることは許されず、せいぜい、行進の合いまなどにときおり食べ物を恵んでやるくらいのものであろう。それでも、運がよければワ・ワはどこかの村にまでたどり着けるかもしれない。だが、村の住民と言うのは、概して薄情であり、それに、西部地方は音に聞こえた悪党の巣窟である。荒野からふらりと村に舞い込んで来るような宿無しは、どうせ隊商から追い出された者に決まっている、いや、ことによると何か恐ろしい悪事でも働いて来たのかもしれない、と村人たちに疑われて、冷たくあしらわれるのがおちであろう。とすれば、わたしの雇ったラクダ曳きに関するかぎり、ワ・ワに出て行けと命じることが死の宣告にも等しいと言うことを承知のうえで、そう言ったとしか考えられなかった。

最初のうちモーゼは、ひとまずここは折れて出たほうがよいと思ったらしく、たしかにワ・ワには気の毒なことではあるが、いかに悲惨な結果になるとわかってはいても、とにかく、運命の命じるままに行かせて、われわれは一刻も早くグチェン・ツにおもむき、われわれ自身の問題を片づけることにしてはどうか、とわたしに提案した。こんなことを言うところを見ると、どうやらさすがの彼もうち続く寒さと窮乏にすっかり参って、いままではワ・ワに対する思いやりの気持をあらかた失くしてしまったかのごとくであった。だが、わたしがそんな忠告には取り合わず、とことんまで奴と渡り合うしかないのだとがんばると、やっと彼も気を取り直したようであった。そこで、さっそくわれわれは、来るべき対決に先だって、われわれのとるべき方策を幾つかの異なった項目に分けて検討してみた。まず第一に、あんないまいましいラクダ曳きは、本来なら、有無を言わせずに打ちのめしてしかるべきところであるが、幾ら何でもこればかりは断じて差し控えなければなるまい。なぜなら、そんなことをすれば、たちまち、この喧嘩は外国人対シナ人の争いと取られて、当然わたしのほうが一方的に悪者にされてしまうに決まっているからである。第二に、われわれとしては、ありきたりの隊商内のもめごとに端を発する喧嘩の類に対して隊商の慣習法がきわめて大きな裁定権を持っている事実に鑑みて、あくまでもこの掟の定めるところから踏みはずさないように行動しなければならない。さて、そのためにはどうしたらよいか、とわれわれは知恵をしぼった。わたしに対するラクダ曳きの攻撃が、隊商の慣習法を犯す行為と判定されるような形に、何としても持ってゆかなければならないのである。思案することしばし、ついにまぎれもない霊感のひらめきから生まれたとしか思われない破壊的な論理に身を固めた一大計画が、忽然としてわれわれの前に姿を現わした。

「野営を張ってしまってから」とモーゼが言った。「旦那さまのほうからラクダ曳きに穏やかな調子で話しかけるのです。まず、ワ・ワをもう一度迎え入れてやってはくれまいか、と下手に頼んでごらんになる。すると、奴は、ワ・ワを追い出したときにすぐ旦那さまが文句をおっしゃらなかったので、きっと旦那さまが奴のことを恐れているのだと思うに決まっています。そこで、奴は、これでまた自慢の種がふえたと大喜びで、旦那さまにありったけの罵詈雑言を浴びせるでしょう。ワ・ワを入れてやるわけにはゆかぬ、と奴はきっぱり断ります。そこで旦那さまはこう言ってやるのです。『それならせめてワ・ワにわたしの食糧をやって、われわれのあとについて来させることだけでも認めてくれないか。あなたにはいっさい迷惑がかからないようにするから、どうかこれだけは認めて、わたしの顔が立つようにして欲しい』すると奴は、もうすっかりいい気持になっているので、旦那さまのおっしゃることには耳も貸さず、威丈高になって、これ以上ワ・ワとかかわり合うなら、旦那さまや、旦那さまの荷物を運ぶのはご免こうむると言うに決まっています。その一と言を合図に、二人して奴を叩きのめすのです。」まさに名案である。輸送を業とする者は荷と旅行者を必ず目的地まで送り届けなければならないと言うのが、隊商の掟やしきたりの核心をなす大原則なのである。日限を少々超過するくらいはかまわない。契約の条項のどれか一つに違反するか、その他もろもろの作為不作為の罪を犯してめんどうをひき起こすとかしても、たいていは大目に見てもらえる。その代わり、預った荷物だけはどんなことがあっても、そっくり無事に終着地に届けなければならない。この義務にそむいた者は、輸送業者としての資格を完全に剝奪されることになっているのである。

計画はまったく気味わるいくらいうまく運んだ。その夜、われわれはシ・チュアン、西の泉、と言うところでさらにもう三組の隊商に追い着いて、空家になった一軒の宿屋に泊まった。どの隊商もここで泊まることに決めて、さっそく数人のラクダ曳きに元気なラクダを曳かせて、雪原のはるか南にある村へ糧秣を買いに行かせた。われわれにかぎらず、他の隊商もみな食糧が底をついて青息吐息の状態だったのである。われわれがテントを張った場所は、宿屋の古い建物に囲まれた内庭だったので、燃料に事欠く心配はなく、建物の棰《たるき》をちょっと失敬して燃やすだけで充分だった。これなら、おそらく、長い籠城にも耐えられそうである。ただ一つ不足しがちな食べ物にしても、他の隊商がいるからにはそれほど心配することもあるまい。たとえそれ以外の援助はしてくれなくとも、せめて手持ちの食糧ぐらいは分けてくれるに違いないからである。さて、こうしてすっかり野営の準備が整ってから、やおらわたしは、かねての計画どおりに、おずおずとラクダ曳きのそばに寄って行った。彼はテントの入口のすぐ近くに腰を下ろして、一人で茶を入れながら、ときおりせせら笑うような顔をしてわれわれのほうを見たが、一と言も口をきかなかった。わたしが話し出すと、彼は黙って聞いていたが、聞き終わるやいなや、けんもほろろな調子で、決めてしまったことは変えるわけにはゆかぬと突っぱねた。いやでも何でも、とにかく従ってもらうまでだ、ワ・ワが凍え死のうと飢えて死のうとおれの知ったことでない——だから、もうそんな申し開きは二度と聞かせてもらいたくない。そこでわたしは、依然として穏やかな声の調子を保ちながら、次のように持ちかけた。ワ・ワがもらうはずの賃金のことは忘れてくれてもいい。グチェン・ツまで連れて行ってもらえるだけでも、彼は充分満足しているはずだから。そこで、ものは相談だが、誰にも迷惑をかけないようにさせるから、彼をテントに泊めてやってくれないか。それに、どっちみち、テントはわたしのものなのだし、食べ物もわたしの食糧を分けてやることにする。だから、ラクダ曳きのほうではワ・ワの存在など無視してくれてもかまわないのだが。すると、奴は悠然とふんぞり返って、きせるにタバコを詰めはじめた。それから、おもむろに、まるで一語一語に勝利の喜びをかみしめるかのように、こう言い放った。「あいつを呼び入れて旦那のテントに泊めるんだったら、あいつにテントを運ばせるんだな。わしのラクダを使うのはお断りだ。あいつに旦那の食べ物や料理鍋を使わせるんなら、それもあいつに運ばせりゃいい――だが、わしのラクダに積むのはごめんだな。」「と言うとつまり」と、わたしは相変わらず哀れっぽい調子で尋ねた。「わたしの荷物は運んでくださらないと言うわけですか。」「ああ、そうとも」と彼は答えた。

とたんに、わたしはがらりと態度を変えて開き直った。「わたしの荷物を運ぶのがいやなら」とわたしは言った。「このテントから出て行け。さあ、とっとと出て失せろ。お前との契約はもうこれっきりだ。」すると、彼はあわてて語調を変え、何やら弁解めいたことを言いはじめた。「いまさら何を言うか」とわたしは彼をさえぎるなり、「出て行け」と叫んだ。「出て行け」とモーゼもわたしに和した。そして、二人で彼の首とズボンをつかんで持ち上げざま、うず高く積み上げられた雪の山に放り出した。さらに、ころがった彼の上にわたしは躍りかかり、彼の首を小脇にはさんでぎゅうとねじり上げてやったが、それでもけがを負わせないように手加減することだけは忘れなかった。とにかく、われわれとしては、どんなことがあっても道理を味方につけておかなければならないのである。やがて、すっかりのびてしまった彼からまずモーゼが手を離したのに続いて、わたしもひとまず彼を放免してやり、彼が起き上がるのを待って、盗人扱いされるのがいやなら即刻わたしのテントから出て行けとおどしてやった。そのあいだにモーゼは、大急ぎでできるだけたくさんのテントを回って、事件の第一報をふれて歩いた。しかも、うまいぐあいに、いよいよ彼がテントから放逐されると言うときになって、われわれのあとから一人遅れてついて来たワ・ワが到着し、われわれといっしょに、この恨み重なる数十日間の鬱憤をいっきょに晴らすに足る感激の光景をながめて、喜びをともにすることができたのである。

溜飲の下がる思いとはまさにこのことであった。ついにわたしは復讐を遂げた。それは間然するところのない復讐であり、しかも、あくまでシナの流儀に則ったものであるからには、わたしが威圧的な外国人のようにふるまったと言う非難を受ける恐れはまったくなかったのである。これまでわたしが、シナ人の旅行者でさえ受けたことがないようなむごい扱いを受けて苦しんでいたことは、全隊商を通じて誰一人知らぬ者のない事実であった。それに、何と言っても、わたしの雇った男は職業上の最大の罪を犯した、契約どおりにわたしとわたしの荷物を運ぶことを拒絶したのである。わたしではなく、彼のほうが契約にそむいたのである。かくて、宿営地じゅうにそのことが知れ渡るや、アジア的とも言うべき無情な哄笑がどっと湧き起こった。わたしのラクダ曳きが高慢の鼻をみごとにへし折られたと言うので、みな大喜びだったのである。だが、やがて、幾らか物のわかる連中がこの事件の容易ならぬ性格に気がついて、これがグチェン・ツにまで持ち込まれたらただでは済みそうにもないと心配しはじめるにおよんで、彼らも笑ってばかりはいられなくなり、めいめい額を集めて新たな相談にとりかかった。どんな理由があるにしろ、とにかく、雪の荒野のまっただ中で自分の預った旅客に対して輸送を拒否すると言うのは、由々しい脅迫である。これが知れたら、男はもう二度と立ち上がれないほどの恐ろしい処罰を受けるに違いない。と言うわけで、まもなく数人の調停者がわたしのところへやって来た。彼らに免じて、いま少し穏便な処置を認めてはもらえないだろうか。

だが、わたしは頑として譲らなかった。わたしは何もすき好んでこんな喧嘩をしたわけではない。みなも知ってのとおり、ただ公正な扱いを受けんがためにやったことである。だから、わたしとあの男と、どっちの言い分が正しいか、それはみなで判断してくれればいいのだ。とにかく、わたしは自分の名と名誉にかけて、あくまでも恥辱をすぐつもりである。絶対にこの喧嘩をうやむやに葬るようなことはしない。あの男とこれ以上話し合うこともご免こうむる。もし奴に言い分があるなら、グチェン・ツに着いてからわたしといっしょに判事の前に出て言ってもらおう。わたしの剣幕に押されて調停者たちが引き退ると、今度は隊商の統率者たちで作った委員会がやって来て、目先を変えた論法でわたしを説得しにかかった。シナ人の通有性とでも言うのか、何ごとによらず極端に走るのを好まない彼らとしては、やはりこうしたもめごとは、シナ流に、いわば同業者組合の裁判で決着をつけたほうがよいように思う。それに、何と言ってもあの男は同業者であり、その彼にあまりむごい態度で臨むのはどうも気が進まないのだが。しかし、この説得にもわたしは揺るがなかった。いよいよとなれば、モーゼとワ・ワにわたしのテントの番をさせて、一人でグチェン・ツにおもむいて別のラクダを借りて来るつもりだ、とわたしは決意のほどを表明した。かくして、話し合いは完全に行き詰まったかに見えたときであった。例の直隷の商人が、わたしのひそかな期待に応えて、敢然とわたしの支援を買って出てくれたのである。もともと彼は隊商貿易とは縁もゆかりもない身であるため、他の連中のように、つまらぬおもわくなどに捉われることなくふるまえたのである。彼の助力のかいあって、結局、何もかもわたしの望んでいたとおりになった。そして、なおそのうえに、積み荷のない隊商の統率者からは、「全隊商の良き評判のために」と称して、われわれをグチェン・ツまで無料で送り届けようと言うきわめて懇切な申し出さえも受けたのであった。

これで、腹黒い仏頂づらのわがラクダ曳きが完膚なきまでに打ちのめされたのはもちろんであるが、それと同時に、グチェン・ツでわたしを待っているいろいろ厄介な問題も、しごく簡単に片づけられそうな見通しが立った。わたしとの契約がまだ解けていない、例の最初の請負人である隊商主は、わたしに対しては一〇〇ドル、ラクダ曳きの男には一二〇両《テール》の借りがあった。その一〇〇ドルをわたしから請求されれば、彼の兄弟が代わってそれをただちに返済しなければならないわけであり、万一返済をしぶるようなことがあれば、法廷で争わなければならなくなって、いやでも治安判事の耳に、彼の一族の代表者が、かつて匪賊の手先であったことを自ら吹聴しているような名うての悪党にわたしとの契約を下請けさせたと言う事実が、筒抜けになってしまうのである。ところが、他方、これがわがラクダ曳きの場合となると、そうはゆかず、まずもって頼みの一二〇両《テール》を即座に返してもらえる当てはなさそうである。どうしてもそれを取り戻そうと思えば、法廷に持ち込まざるをえなくなって、彼にとってはかえってやぶへびである。彼がわたしとの契約に公然と違反したことや、匪賊と気脈を通じているいかがわしい人物であることが治安判事に知られたが最後、死刑とまではゆかなくとも、投獄の憂目に会うことは確実であり、そのうえになお、少なくとも、彼のラクダを一頭残らず没収されるくらいの罰を受けるに決まっているのである。そう言えば、たしか奴は自慢話のついでに、彼のラクダのうち少なくとも二頭は匪賊から褒美としてもらったものだとか言って得意になっていたようだった。

　結果はまさにわたしの思ったとおりであった。わたし自身の用件は実に順調に運んだのである。ラクダ曳きのほうではどんなふうに話をつけたのか知る由もなかったが、とにかく、金を払ってもらえなかったことだけは確かで、おかげで彼は、グチェン・ツには来たものの、まったくの一文無しとあって動きがとれず、八頭のラクダを売って金にしようにも、長の旅ですっかり痩せ衰えてしまったラクダを元値で買ってくれるような相手の見つかるはずもなかった。困り果てた彼は、一度、わたしに取りなしを頼みにやって来た。だが、それすらも仇な望みに終わった。と言うのは、その日、わたしはわれらが無二の親友である周家の御曹司に招かれて宴の席に出かけることになっていたのである。モーゼもその席に連なったのはもちろんである。

　さて、話をもとに戻すと、ラクダ曳きとの事件が落着したあと、われわれはさらにもうまる一日この無人の宿屋で過ごした。そのあいだに再度食糧を買い入れて、翌日、いよいよグチェン・ツに向かって最後の旅に出発した。残るはわずか三、四行程であったが、それがいずれも長い行程ばかりで、人もラクダも疲れきったからだに鞭打って、最後の力を振りしぼらなければならなかった。わたし自身も、うち続く疲労と寒さにすっかり参って、日誌をつける気力さえも失ってしまい、あとになって記憶をたぐろうにも、昼夜の別さえも怪しくなって、満足に日数の計算すらできないありさまであった。とにかく、いまのわたしには、たった一つの願いしかなかった。一刻も早くグチェン・ツに着いて、わたしの借りたラクダに関する契約事務を片づけ、その足でさらに二四〇キロかなたのウルムチへ駆けつけたかったのである。そこへ行けば、わたしの妻についての第一報が聞けるはずであり、いずれにしても、わたしとしてはそれを聞かないことには、はるかシベリアの国境付近で彼女を迎える手はずの取り決めもできなければ、シナ領中央アジアを目ざす今後のわれわれの旅行計画を立てることさえもおぼつかなかったのである。

　わたしがそんなに疲れていたとすれば、セーゼの衰弱ぶりはまたそれ以上にはなはだしく、すぐにも風の当たらない場所に移して、ほんの少しでも休息をとらせてやらなければならないような状態であった。それでも彼は、疲れた様子を見せまいとして、けなげにも重い足を鞭打ちながらしっかりした足どりで歩き続け——ラクダに乗ろうにも、このひどい寒さではとてもそれどころではなかったのである——口に出かかる愚痴さえも冗談にまぎらして、ついぞ一と言も弱音を吐かなかったが、長い厳寒との戦いにしだいに彼が参って来ていることは、誰の目にも明らかだった。眼の回りがげっそりと落ち窪み、一時はまるまると太っていた頬も血の気が薄れ見るも哀れなほどしなびてしまっており、夜中は夜中でしきりにうめいたりつぶやいたりして、よく眠れなかったのである。若いわたしにとってはせいぜい不快な思いぐらいで済まされることでも、彼にとっては恐るべき試練であってみれば、それもむりからぬ話で、むしろそれをここまでよくぞ耐え抜いた彼の努力をこそ褒むべきであり、これまで二〇年近くにおよぶ生活において、運動と言えばせいぜい一キロ半かそこら離れた市場へ歩いて行って、人力車で帰って来るぐらいのことしかやったことのない、太り肉《じし》の四〇男にしては、たしかにあっぱれと賞してしかるべき快挙であった。

　わたし自身にしても、いよいよ旅の終わりが近づいたころには、疲労困憊のあまりめまいすら催して、脚も満足に動かせないくらいであった。だが、それにもかかわらず、サン・タン・フからグチェン・ツにいたる最後の行程を、二〇日あまりにおよぶ長いがむしゃらな努力によって着実に征服していった、あのすばらしい旅のことを思い出すたびに、わたしは誇らしい喜びに胸がふくらむのを禁じえない。先へ進むにつれて、雪はますます深くなって、ついには踏み固められた細い道の上しか歩けなくなった。その道と言うのがまた、せいぜい三〇センチくらいの幅しかなく、しかも踏み固めた雪がかちかちに凍っているため、もともと滑りやすい道を歩くのがにがてにできているラクダにとってはたいへんな難行で、いったん足を滑らせたが最後、ほとんど踏みこたえる術もなく柔らかい吹きだまりの中へころげ落ちるものがあとを断たなかった。よろめく足を踏みしめながら歩いているあいだは汗がじっとりとにじんでくるほどであったが、ひとたび立ち止まると、たちまち身も凍るような寒さが襲って来た。わたしの記憶では、たしかそれからまもなくわれわれは、ボグド・オーラの山麓に沿って並んだ一連の窪地に達した。ここは、アル・フン・ツ（二婚子）、非部族民、と呼ばれる、シナ人の父親とモンゴル人の母親とのあいだに生まれた混血人種がよく使う冬の猟場であったが、このあたりの山地にはこの種の住民がかなりたくさん住んでいるらしく、現にわたしもメチン・オーラの山中で彼らの姿を二、三見かけたことがあった。窪地にはいると、地面をおおった雪の単調な広がりを破って、ここかしこにチー・チ草の穂が顔を出していた。さしもの風もここまではわれわれを追って来なかったが、代わって静まり返った空から音もなく、凍てついた鋼のような鋭い寒気がひしひしと迫って来た。かくして、ついにわれわれの旅もあと一日を残すのみとなり、その夜、例の、夏のあいだだけ通れる山越えの荷馬車路と合流するあたりで一軒の宿屋を見つけて、そこに泊まった。いよいよ最後の日の朝が明けると、わたしははやる心を押えきれず、本隊より一と足先に、直隷の商人といっしょにラクダに乗って出発した。シナ人の商人がモンゴル人の住む土地へ商いにおもむくときの常として、この男もモンゴル人と寸分違わぬ服装をしていた。われわれの乗ったラクダは滑りやすい道に足をとられてころんでばかりいて、そのたびにわれわれも雪の上に放り出されるので、とうとうあきらめてラクダから下り、われわれ自身もこけつまろびつしながら、手綱を引いて歩くよりほかなかった。幾ばくも行かぬうちに――それは、日が上ってからまもなくであったが――あたりを押し包んでいた朝靄が急に晴れ上がった。そのとき、ついに待ちに待ったものをわたしは見たのである。今日はたしか一九二七年の一月二日ごろのはずであり、したがって帰化をたった日から数えて実に一三〇余日めにして、ついに行く手に広がる盆地のかなたに憧れのグチェン・ツが見えたのである——雪に閉ざされた城壁の町、はるかなる隊商の都、アジア奥地への門戸なるグチェン・ツの町が、いまわたしの前にその姿を現わしたのである。思えば、長い旅であった。果てしないモンゴルの広野をはるかあとにして、よくぞここまで来たものである。一時間後、われわれはラクダを曳いて町の城門にたどり着いた。そこでほとんど最初にわたしを迎えた声は、忘れもしない、かの、記述もはばかられる実にうらやましいあだ名を持ったラクダ曳き——他の者たちがみなてっきり亡霊にとりつかれたと思い込んでいたときに、わたしが腹痛の手当てをしてやった、例の周家の男が発する歓迎の叫びであった。

「それにしても、こうした歓呼に迎えられると言うのは」とわたしは、勝利の喜びにひたりながらも、なぜか一抹の悲哀に襲われる自分を感じて、こう述懐したことであった。「やはり、わたしがもう旅人でなくなったと言う証拠なのであろう。とうとうわたしの旅も終わったのだ。」

（1）かように、シナ人のラクダ曳きたちがこのオボにモンゴル語の名を冠したことからも、彼らがその生活に多分にモンゴル的要素を取り入れていることがうかがわれるのである。

解説

深田久弥

わたしが最初にラティモアの名を知り、その紀行を読んだのは、国民地理雑誌（National Geographic Magazin）一九二九年六月号で、それには本書と同じく『西域への砂漠の道』と題され、それに添えて「かつてシナから中世の西洋へ向かって行なわれた東洋商業のキャラバンの足跡をたどって、アジア内奥部を横断した二〇世紀の旅行」と記されていた。

この雑誌は世界の地理や風俗に興味を持つ一般人のためのもので、堅苦しい記述がなく一種のダイジェストであるが、単行本では望めない、たくさんの美麗な写真の載っている点がいい。ラティモアの約四〇ページの旅行記にも四五枚の写真が挿まれていた。その中の一枚、からだが氷でおおわれた一匹のラクダが、立ち上がる力もなく、見捨てられて、凍死までにまだそのまま数日生きねばならない、その哀れなさまのラクダが今も眼に残っている。その写真は本書には収められていないが。

本書の最初の出版は一九二九年二月となっているから、雑誌のほうはその摘要であろう。ただ雑誌のほうには、概略ながら、ラティモアの旅行の最後まで載っているが、本書はその前半で終わっている。このことはあとでもう少し詳しく述べよう。

まずオゥエン・ラティモアがこの旅に出るまでの、彼の経歴を知っておく必要がある。それが現在彼をして独自の東洋学者たらしめている、大きな素因でもあろうから。

彼は一九〇〇年アメリカで生まれたが、満一歳に満たないうちに中国へ移った。彼の父が中国政府（当時はまだ清朝）から新教育の教師として招かれたからであった。一二歳まで中国で過ごしてから、スイスの学校へはいりそこで二年間、たまたま第一次大戦が起こったためイギリスへ行ってそこの学校へ五年間通った。

一九一九年満一九歳で学校は卒業したが、家計が許さないので大学へ進むことができなかった。後年彼はよく大学で正規の学問を受けられなかったことを挙げているが、その代わり彼流の学問のしかたをして、真似手のない学者になったことを思えば、大学へ進まなかったことがかえってプラスになったのかもしれない。しかしそのときは進学できなかったことに大きな失望を感じつつ、中国へ戻った。

中国の貿易港天津で、一年間英字新聞で働いてから、あるイギリスの貿易商に雇われそこに六年間勤めた。この商社は、中国沿岸に古くから根を張って有利な商いをしていた。ヨーロッパから中国に物を売り込み、ヨーロッパの必要とするものを中国から買いだしていた。ちょうどそのころ中国は第二次革命（一九二五―二七年）にいたる軍閥時代で、国内は混乱し、中国に対するヨーロッパの支配力は弱くなりつつあったが、それでも外国の資本家は中国では王侯の暮らしをしていた。商社の外国人が奥地へ商用で出かけるときには、通訳や召使いや料理人を従え、贅沢な食糧を持参し、中国にありながらまるで自国内を旅行するような方法を取った。

ラティモアはこれに反発を感じた。こんな外国人の俗物的根性に愛想をつかし、その俗物どもから変人と見られるようなロマンチックな精神を起こした。すなわち中国についてうんと勉強し、中国語を教わって、直接中国人に接しようとした。

中国語を身につけた彼は、同僚の商用まで引受けてできるだけ多くの旅行をし、今までの殿様的なやりかたを廃して、自ら中国商人とじかに交渉し、そうすることによっていろいろの知識と経験を得た。当時は自分の職業を、生活の糧を得るための味気ない手段に思っていたが、あとになってそれが貴重な現場実習であったことがわかった。

一つの転機が来た。羊毛の荷の運送に関する仕事で、彼は内モンゴルへ派遣された。奥地から来た羊毛はそこの境界の町で貨車に積み換えられる。その貨車の荷を、折しも内乱中の地をうまく通過させるための交渉であった。しかしラティモアが境界地帯で引きつけられたものは、遠い地から来たラクダの隊商であり、その荷を受取る中国商人のやりかただった。これらの人たちから断片的にいろいろ聞きかじっているうちに、彼に一つの決心ができ上がった。それは隊商に食っついてその終極地まで行ってみたいというロマンチックな願いだった。

そこで天津へ帰ると商社に辞職届を出した。支配人たちは彼に、一年だけ北京にいて政府の役人と折衝する仕事をやってみないかと言った。彼は喜んで引受けた。その一年のうちにラティモアは一女性と知り合って結婚した。それがエリノア夫人であった。

ついに時期が来た。一九二六年ラティモアは念願の旅についた。その旅行記が本著である。わたしは読者の先廻りをして本の中味をここに紹介することをやめる。それは読者の楽しみに残しておこう。ただわたしの知っているうちで、最もおもしろい西域探検紀行の一つであると断言できる。ラティモアがかような旅行を敢行しようとするにいたった動機は、本著にも書いているとおり「けっして科学的な研究にあったのでもなく、またいかなる種類の《伝道》もしくは《探検》の任務のために派遣されたわけでもなかった。いわば見果てぬ夢を追う老人、あるいは大いなる幻視につかれた青年の気持が、わたしをしてこの旅を思い立たせたとでも言ったところであろうか。」

もちろんそれだけではなかったが、その行動の自由と大きな憧れとが、彼の紀行に生彩を帯びさせている。旅行を終わった翌年の一九二八年一一月、彼がロンドンの王室地学協会に招かれて講演をしたときも、その最初の言葉は「旅行者が探検家と呼ばれるよりもむしろ放浪者と呼ばれるに適した昔の時代に、わたしは属していて、今の世の中では時代遅れの人間です。」そしていかにも放浪者にふさわしく、物々しい探検隊など組まず、たった九頭のラクダとラクダ曳きと、年来父親に使われてきた忠僕と、それだけで困難な砂漠の大旅行を果たしたのである。ラティモアの強味は、土地の人々の言葉がわかることであった。彼は食物も着物も彼らと同じく、毎日の生活全体が彼らと溶け合っていた。

ラティモアの小自伝によると、彼がこの旅行のプランを立てるにあたって、強い影響を与えられた本として、ヤングハズバンドの『大陸の心臓部』、ダグラス・カルサースの『知られざるモンゴル』、オーレル・スタインの『砂漠地カセイの廃墟』を上げている。ヤングハズバンドのその著は『カラコルムを越えて』という題で本全集にはいっており、スタインの著も本全集中の『中央アジア踏査記』に含まれている。

また本著の中に出てくるプルジェワルスキーのモンゴル旅行記『モンゴル、タングートの国、および北チベットの荒野』はすでに邦訳があるので、彼の第二次探検の『天山からロプ・ノールへ』、それからやはり本著に現われるコズロフの著として『蒙古と青海』、いずれも本全集中に収められる。

一八八七年のヤングハズバンドのゴビ砂漠横断は、帰化をたって、外モンゴルを通り、アルタイ山脈の南麓に沿う往時の主要な隊商路であったが、外モンゴルが閉鎖したためそのルートは利用できなくなった。ラティモアのとったのは、羊腸の道と称せられる、屈曲の多い、不毛地帯を通るラクダ道であった。ラティモアの通った翌年、まったく同じ道ではないが、スウェン・ヘディンの学術探検隊がこの不毛地帯を通過している。さらにその後一九三四年にはヘディンが、一九三五年にはエリック・タイクマンが、自動車で通過している。それらの紀行を合わせ読むと興味深い。

ラティモアのこの紀行は、一九二六年八月二〇日帰化を出発して、翌二七年一月二七日グチェン・ツ到着をもって終わっている。しかし彼の旅行はそれで終わりではなかった。彼はラクダ隊と別れ、忠僕だけを手もとに残して、次の旅行の段階に移る。そのグチェン・ツ以後の旅行記を『高地韃靼』(High Tartary)と題して一九三〇年九月に出版した。

ラティモアの後半の旅行の行程を簡単に記しておこう。グチェン・ツからウルムチに行き、そこから北京にいる妻のエリノアに連絡を取った。彼女は夫がモンゴル横断に成功したという報を待っていたのである。その報を受取ってまもなく、彼女は夫と会うために、満州、シベリア経由の旅の途についた。一方ラティモアは妻を迎えるために、セミパラチンスクの駅まで行こうとしたが、あいにくアメリカとソ連との外交上の悶着があって、彼はソ連領へはいることができなかった。

セミパラチンスクへ着いたが(当時はそこが鉄道の終点)、夫の姿が見えず、その理由も聞かされなかったエリノアは、やむをえず、一年で最悪の時期の二月、新疆へ向かって馬橇で出発した。大吹雪をついて国境のチュグチャクまで六四〇キロの旅行は、ラティモアのゴビ横断に劣らぬ冒険であった。チュグチャクで彼女はやっと、不安げに待ちわびている夫を見つけた。

エリノア夫人はこのときの経験を、後になって(一九三四年)一冊の本にまとめた。それは『トルキスタンの再会』(Turkistan Reunion)という題で、わたしはまだ読んでいないが、その旅行を生き生きと描き出しているそうである。

再会した二人は、忠僕モーゼを連れて、新しい旅にのぼる。まずイリ川上流のクルジャを訪ね、天山山脈を越えてアクスゥへ出、それからカシュガルに着いた。カシュガルからヤルカンドをへて、カラコルム峠を越え、インダス川のレーに出た。この道は昔からよく踏まれている隊商ルートであるから、格別目新しいところもないが、ラティモアの意図は現在のキャラバン・ルートを古代のそれと比較することにあった。エリノア夫人は、北京から中央アジアを通ってスリナガルへ出た旅行者としては、最初の女性であった。

『高地韃靼』は、九月一五日レーへの到着で稿を閉じているが、彼らはそれからカシミールのスリナガルにいたり、あとは文明の乗物でボンベーに出て船を待った。

韃靼、すなわちタータリイという言葉は、中央アジアに興味を持つ人にはなつかしい響きを持っている。それについてラティモアの要を得た説明があるから、ついでに引用しておこう。

「高地韃靼(High Tartary)という名前は現代の地図には見つからない。それは現在のような国々の境がまだきまっていなかったころのアジアの地理の名残りである。韃靼人、すなわちタタールまたはタータールという名は、西方およびはるか東方を略奪するために波状的に中央アジアから進出したすべての蛮族を呼ぶのに用いられた。チンギス・ハンの全領土が韃靼であった。それが分割されてそれぞれ彼の子孫たちの配下にはいったが、それらの土地も同じく韃靼と呼ばれた。満州は東方韃靼または満州韃靼と称せられ、モンゴルは単に韃靼であった。パミールや天山の抜きんでて高い土地は、高地韃靼と呼ばれてきた。韃靼人、すなわちタタールまたはタータールという名は、いかなる言葉にもまして、中央アジアの地理と歴史を結ぶ一つの鐶である。」

本の解説はこれで終わるが、その後のラティモアについて知るところがあれば、著者に対する親しみはいっそう増すだろう。旅行を終わって一九二八年にアメリカへ帰ったときには、彼はまったく金がなくなり、今後は旅行をして著述によって暮らして行こうとするよりほかになかった。ところがふとした好機を得て、満州の植民者研究のための助成金を、社会科学評議会から出してもらうことになった。しかも満州へおもむく前に、一九二八―二九年の一学年をハーバード大学人類学科の学生として勉強する便宜を与えられた。

一九二九年の秋、ラティモア夫妻は満州に行く途中日本に寄った。日本山岳会の松方三郎さん等一〇人ほどが、夫妻を招いて懇談会を開いた。岳人には国境なし、和気藹々として探検旅行の話にふけったという。

一九二九―三〇年の一年を満州の踏査で過ごした。いまやラティモアは、満州、内モンゴル、新疆を通訳なしに広く旅行したただ一人のアメリカ人となった。おそらくその点は現在でも同じだろう。それに続く三年間、一九三〇―三三年は、北京のハーバード燕京大学で研究に励んだ。日本が満州に事変を起こしたのは一九三一年で、満州を占領し、それに熱河省を加え、侵略の手を華北、内モンゴルに広げて行ったのは、ラティモアの北京在留中であった。

この混乱した時期に、彼はモンゴル語を習い、内モンゴルへ出かけた。ラクダを四頭買い、母語しか話せないモンゴル人を一人仲間にして、旅行して歩いた。北京に帰るときにはそのラクダを仲間にあずけ、モンゴルへ行くときにはいつでもまたともに旅行するようにした。長いあいだ歴史の渦の中に緩漫にただよっていた内モンゴル人の生活は、一九三〇年代に急激に歴史の怒濤に襲われた。見ているうちに多くの古いものが流され去り、すぐには理解に苦しむような新しいことが起こりつつあった。ラティモア夫妻はそれを観察し、ノートを取った。一九四一年に『モンゴル旅行記』(Mongol Journeys)を出版したのは、その古いノートを参考にし、二人で過去のできごとを思い出し語り合いした結果であった。

一九三三年アメリカへ帰ったときのラティモア夫妻には、また金がなく将来のあてもなかった。しかしまもなく、ラティモアは太平洋問題調査会から出していた「パシフィック・アフェアズ」の編集に携わることになった。この調査会は、太平洋地域の問題を研究し討議するための国際組織で、ラティモアの編集方針は「パシフィック・アフェアズ」を各国の対立意見のフォーラムにしようとすることにあった。何年もあとになって、アメリカのマッカシー上院議員がラティモアを「最も危険な共産主義の手先」として弾劾したのは、彼が「パシフィク・アフェアズ」を利用してアメリカに危険思想を浸透させようと計ったという上院の偏見からであった。

ラティモアはニューヨークで編集のコツを覚えてから、また北京に戻って編集と研究に従事したが、相い変わらず内モンゴルへもたびたび出かけ、ソ連、ヨーロッパ、アメリカへも旅行した。こういう生活が一九三七年末まで続いたが、ついに北京を立ち退かねばならなくなった。というのは、日本が中国の制圧に乗り出し、日本の占領下にあった北京では編集の仕事が不可能になったからである。

アメリカに帰ったラティモアは、ジョン・ホプキンス大学の国際政治研究所の所長に任じられたが、かたわら「パシフィク・アフェアズ」の編集に携わり、それは一九四一年まで続いた。一九四一年は日本の真珠湾攻撃の年だが、その六か月前に、ラティモアはルーズベルト大統領の指名によって、蔣介石の政治顧問に任命された。しかし戦局の進捗とともにその用がなくなり、蔣のもとから身を退いて、一九四二年の終わりにアメリカに戻り、戦時情報部に勤務することになった。

一九四四年、ウォレス副大統領がソ連領トルキスタンと中国へ使節として派遣されたとき、ラティモアは戦時情報部から随行を命じられた。彼にとってはよい経験だった。これまで満州、モンゴル、新疆の側から見ていたアジアの辺境を、ソ連側から訪れることができたからである。セミパラチンスクからソ連領トルキスタンにはいり、それからウルムチへ飛行機で飛んだが、その機上から長いあいだ彼は下をながめつつ感慨無量であった。そこは一九二七年妻とともに旅行したところだったからである。

終戦後は対日賠償問題委員として日本へ来たことがあり、一九五〇年には国連の対アフガニスタン技術援助調査委員会主査として現地へ赴任したりして、政治的な活動も忙しかったが、その間にも自分の研究は怠らなかった。辺境と辺境地帯諸民族の問題が、いつも彼の頭の中にあった。それに関する多くの論文を書いたが、たびたび旅行して辺境の実情にふれたおかげで、他人の書物から引き出した糸で理論を紡ぐようなことはしなかった。

「旅行は本から仕入れた観念を修正するすばらしい機会である」と彼も言っている。わたしも辺境が好きであるから、ラティモアの書いたものから教わるところが多い。次に引用する遊牧の説なども、わたしには大きな興味であった。

「遊牧制というのは、かなり遅く発達した社会形態であって、原初的あるいは原始的な形ではない。農業は遊牧民の定住から発生したというのは、より低い形からより高い形へ発展するというダーウィンの進化論を見当違いにあてはめた、一九世紀に普及した誤解であった。しかし実際は、農業の方が遊牧よりも早く現われ、遊牧制の起源に主たる貢献をしたのは、農業に携わっていた人々だったのである。中国の北辺、内陸アジア、中東における、農耕地帯の周辺で、農作物の補いに飼っていた家畜の数をふやすのが有利であると気のついた人々がいた。こうして、農耕の規準から逸脱しはじめたグループの中から、牧畜のほうがずっと有利だとして、ついに耕作を棄てるもの、あるいは散漫な農業をまったく補助的なレベルで行なうものが現われたのだ。遊牧に人員を提供した他の源は、それまで森材を狩猟をしていた民族や、また、限られた地域では、トナカイの飼育をしていた人々であった。」(磯野富士子氏訳)

ラティモアは一九五八年から五九年にかけて、ソルボンヌ大学付属の研究所に教授として迎えられ、現在はイギリスのリーズ大学に中国研究科の主任教授として在任中である。著書は上げきれないくらい多いが、日本に訳されたものでは、わたしの知るかぎり、『中国』(岩波新書、一九五〇年)と『モンゴル』(岩波書店、一九六六年)がある。

『中国』は、民族と土地と歴史を書いたもので、中国に関する歴史として劃期的なものと見られている。今までの東洋史の例を破って、わずか六名の人名しか出て来ない、実におもしろい歴史の本である。

『モンゴル』は、外モンゴルすなわちモンゴル人民共和国のことである。「遊牧民と人民委員」が原著の題で、「再訪のモンゴル」と副題がついている。それが磯野富士子氏の訳によって「モンゴル」という題名で出た。

ラティモアは一九二八年から一九五八年までの三〇年間に書いた辺境に関する論文を集めて、「辺境史研究」(Studies in Frontier History)を一九六二年に出版した。その本には長大な「序文」がついていて、磯野富士子氏のその訳がある。ラティモアの経歴について、わたしはその訳文から大きなおかげをこうむったことを付記して、お礼に代えよう。

本訳書のオリジナルは "The Desert Road to Turkestan" Boston: Little, Brown, and Company, 1929. わが国で最初の訳であることは言うまでもない。

＊

深田久弥氏解説中に「西域探検紀行全集」あるいは「本全集」とあるのは、本選集の元になった全15巻の全集を指します。

本書の初版は『西域探検紀行全集』の第12巻として
1967年1月に小社より刊行された

西域探検紀行選集(全6冊)
西域への砂漠の道

二〇〇四年 五 月二〇日 印刷
二〇〇四年 六 月一〇日 発行

訳 者 © 谷《たに》口《ぐち》陸《りく》男《お》
発行者 川村雅之
装幀者 田淵裕一
印刷所 株式会社 三陽社
発行所 株式会社 白水社
東京都千代田区神田小川町三の二四
電話 営業部〇三(三二九一)七八一一
編集部〇三(三二九一)七八二一
振替 〇〇一九〇-五-三三二二八
郵便番号一〇一-〇〇五二
http://www. hakusuisha. co. jp
乱丁・落丁本は、送料小社負担にてお取り替えいたします。

松岳社(株)青木製本所

ISBN4-560-03151-7
Printed in Japan

深田久弥／長澤和俊
シルクロード
過去と現在

《シルクロード踏査隊》の成果をもとに、地域・時代別に考察、さらに帰国後の研究を加えシルクロードの歴史と文化交流のあとを歴史的・美術的・探検史的視野から概説。
A5変型判　298頁＋口絵40頁　定価3568円

深田久弥
中央アジア探検史

アレキサンダー大王の東征から二十世紀初頭まで、東西交渉の治乱興亡をたどり、英雄、探検家、仏教徒らの群像を学殖を傾けて語る。
A5変型判　562頁＋口絵5頁　定価7560円

オーレル・スタイン
砂に埋もれたホータンの廃墟

ヘディンと並び称される探検家の第一次中央アジア踏査行の全記録。砂中に眠る古代都市を発掘・調査し、厖大な遺物を収集した。山口静一／五代徹訳
A5判　458頁　定価7980円

ハインリヒ・ハラー
チベットの七年
ダライ・ラマの宮廷に仕えて

ヒマラヤ遠征に参加中、大戦勃発でインドへ抑留されたが脱走、禁断の都ラサへ……そこでの幼いダライ・ラマとの心あたたまる交流。福田宏年訳
A5判　402頁＋口絵20頁　定価4725円

ピーター・ホップカーク
チベットの潜入者たち
ラサ一番乗りをめざして

禁断の国チベットは、命を賭けて聖都めざした西欧列強のスパイ、軍人、登山家たちによって、いかにその秘密のヴェールをはがされていったのか？　今枝由郎他訳
四六判　336頁　定価2940円

デイヴィッド・スネルグローヴ
ヒマラヤ巡礼

英国の仏教学の碩学がネパール西部のチベット人居住区を探索・記録した紀行の名著。仏像や壁画への造詣、最奥トルボ地方の記述は圧巻。吉永定雄訳
四六判　382頁＋口絵8頁　定価3045円

定価は5％税込価格です.　(2004年5月現在)
重版にあたり価格が変更になることがありますので，ご了承下さい.